FILOSOFIA DO DIREITO E DO ESTADO

PAULO FERREIRA DA CUNHA

FILOSOFIA DO DIREITO E DO ESTADO

2ª edição revista, ampliada e atualizada

Belo Horizonte

FÓRUM
CONHECIMENTO JURÍDICO
2021

Conselho Editorial

FÓRUM
CONHECIMENTO JURÍDICO

Luís Cláudio Rodrigues Ferreira
Presidente e Editor

Coordenação editorial: Leonardo Eustáquio Siqueira Araújo
Aline Sobreira de Oliveira

Av. Afonso Pena, 2770 – 15º andar – Savassi – CEP 30130-012
Belo Horizonte – Minas Gerais – Tel.: (31) 2121.4900 / 2121.4949
www.editoraforum.com.br – editoraforum@editoraforum.com.br

Técnica. Empenho. Zelo. Esses foram alguns dos cuidados aplicados na edição desta obra. No entanto, podem
ocorrer erros de impressão, digitação ou mesmo restar alguma dúvida conceitual. Caso se constate algo assim,
solicitamos a gentileza de nos comunicar através do *e-mail* editorial@editoraforum.com.br para que possamos
esclarecer, no que couber. A sua contribuição é muito importante para mantermos a excelência editorial. A Editora
Fórum agradece a sua contribuição.

Dados Internacionais de Catalogação na Publicação (CIP) de acordo com a AACR2

C972f	Cunha, Paulo Ferreira da
	Filosofia do Direito e do Estado / Paulo Ferreira da Cunha. 2. ed.– Belo Horizonte : Fórum, 2021.
	716p.
	ISBN 978-65-5518-182-1
	1. Filosofia do Direito. 2. Filosofia do Estado. 3. Filosofia Social. 4. Teoria do Direito. 5. Teoria Geral do Estado 6. Direito Público. 7. Direito Constitucional. 8. Ciência Política. I. Título.
	CDD: 340.1 CDU: 340.12

Informação bibliográfica deste livro, conforme a NBR 6023:2018 da Associação Brasileira de
Normas Técnicas (ABNT):

CUNHA, Paulo Ferreira da. *Filosofia do Direito e do Estado*. 2. ed. Belo Horizonte: Fórum, 2021.
716p. ISBN 978-65-5518-182-1.

À memória de Mário Bigotte Chorão e de Paulo Bonavides.

Os Governos são as velas, o Povo é o vento,
o Estado é o barco, e o Tempo é o mar.
(Léon Blum)

1987

(1) *O Procedimento Administrativo*, Coimbra, Almedina, 1987 (esgotado);

(2) *Quadros Institucionais – do social ao jurídico*, Porto, Rés, 1987 (esgotado); refundido e aumentado no volume seguinte:

(2 a) *Sociedade e Direito. Quadros Institucionais*, Porto, Rés, 1990 (esgotado);

1988

(3) *Introdução à Teoria do Direito*, Porto, Rés, 1988 (esgotado);

(4) *Noções Gerais de Direito*, Porto, Rés, 1.ª ed., 1988, 2.ª ed. 1991, há outras edições ulteriores (em colaboração). Edição bilingue português-chinês, revista, adaptada e muito aumentada: *Noções Gerais de Direito Civil*, I, trad. de Vasco Fong Man Chong, Macau, Publicações O Direito, ed. subsidiada pelo Instituto Português do Oriente e Associação dos Advogados de Macau, 1993; nova edição pela Calendário das Letras, Vila Nova de Gaia, 2015;

(5) *Problemas Fundamentais de Direito*, Porto, Rés, 1988 (esgotado);

1990

(6) *Direito*, Porto, Edições Asa, 1990; 2.ª ed. 1991; 3.ª ed., 1994 (esgotado);

(7) *Mito e Constitucionalismo. Perspectiva conceitual e histórica*, Coimbra, 1988, Separata do "Suplemento ao Boletim da Faculdade de Direito de Coimbra", vol. III, Coimbra, 1990 (esgotado);

(8) *Pensar o Direito I. Do realismo clássico à análise mítica*, Coimbra, Almedina, 1990 (esgotado);

(9) *Direito. Guia Universitário*, em colaboração, Porto, Rés, 1990 (esgotado);

1991

(8a) *Pensar o Direito II. Da Modernidade à Postmodernidade*, Coimbra, Almedina, 1991 (esgotado);

(10) *História da Faculdade de Direito de Coimbra*, Porto, Rés, 1991, 5 vols. (com colaboração de Reinaldo de Carvalho, Prefácio de Orlando de Carvalho);

1992

Mythe et Constitutionnalisme au Portugal (1777-1826). Originalité ou influence française?, Paris, Université Paris II, 1992 (tese policopiada e editada parcialmente);

1993

(11) *Princípios de Direito. Introdução à Filosofia e Metodologia Jurídicas*, Porto, Rés, 1993 (esgotado);

1995

(12) *Para uma História Constitucional do Direito Português*, Coimbra, Almedina, 1995 (esgotado);

(13) *Tópicos Jurídicos*, Porto, Edições Asa, 1.ª e 2.ª ed., 1995 (esgotado);

(14) *"Peço Justiça!"*, Porto, Edições Asa, 1995 (esgotado) – há edição em Braille, Porto, Centro Prof. Albuquerque e Castro, n.º 1176, 8 volumes;

(15) *Amor Iuris, Filosofia Contemporânea do Direito e da Política*, Lisboa, Cosmos, 1995 (esgotado);

1996

(16) *Constituição, Direito e Utopia. Do Jurídico-Constitucional nas Utopias Políticas*, Coimbra, Faculdade de Direito de Coimbra, Studia Iuridica, Coimbra Editora, 1996;

(17) *Peccata Iuris. Do Direito nos Livros ao Direito em Acção*, Lisboa, Edições Universitárias Lusófonas, 1996;

(18) *Arqueologias Jurídicas. Ensaios jurídico-humanísticos e jurídico-políticos*, Porto, Lello, 1996;

1998

(19) *Lições Preliminares de Filosofia do Direito*, Coimbra, Almedina, 1998, esgotado, há 2.ª ed. e 3.ª ed.;

(20) *A Constituição do Crime. Da substancial constitucionalidade do Direito Penal*, Coimbra, Coimbra Editora, 1998;

(21) *Instituições de Direito. I. Filosofia e Metodologia do Direito*, Coimbra, Almedina, 1998 (organizador e coautor), Prefácio de Vítor Manuel Aguiar e Silva;

(22) *Res Publica. Ensaios Constitucionais*, Coimbra, Almedina, 1998;

1999

(23) *Lições de Filosofia Jurídica. Natureza & Arte do Direito*, Coimbra, Almedina, 1999;

(24) *Mysteria Ivris. Raízes Mitosóficas do Pensamento Jurídico-Político Português*, Porto, Legis, 1999;

2000

(25) *Le Droit et les Sens*, Paris, L'Archer, dif. P.U.F., 2000;

(26) *Teoria da Constituição*, vol. II. *Direitos Humanos, Direitos Fundamentais*, Lisboa, Verbo, 2000;

(27) *Temas e Perfis da Filosofia do Direito Luso-Brasileira*, Lisboa, Imprensa Nacional-Casa da Moeda, 2000;

(20 a) *Instituições de Direito. vol. II. Enciclopédia Jurídica*, (organizador e coautor), Coimbra, Almedina, 2000;

(28) *Responsabilité et culpabilité. Abrégé juridique pour médecins*, Paris, P.U.F., 2000 (esgotado);

2001

(29) *O Ponto de Arquimedes. Natureza Humana, Direito Natural, Direitos Humanos*, Coimbra, Almedina, 2001 (esgotado);

(30) *Propedêutica Jurídica. Uma perspectiva jusnaturalista*, Campinas, São Paulo, Millennium, 2001 (em colaboração com Ricardo Dip);

2002

(31) *Lições Preliminares de Filosofia do Direito*, 2.ª edição revista e atualizada, Coimbra, Almedina, 2002;

(25 a) *Teoria da Constituição*, vol. I. *Mitos, Memórias, Conceitos*, Lisboa, Verbo, 2002;

(32) *Faces da Justiça*, Coimbra, Almedina, 2002 (esgotado);

2003

(33) *Direitos Humanos. Teorias e Práticas*, Coimbra, Almedina, 2003 (org.), com Prefácio de Jorge Miranda;

(34) *O Século de Antígona*, Coimbra, Almedina, 2003;

(35) *Teoria do Estado Contemporâneo* (org.), Lisboa / São Paulo, Verbo, 2003;

(36) *Política Mínima*, Coimbra, Almedina, 2003 (esgotada a 2.ª ed.);

(37) *Miragens do Direito. O Direito, as Instituições e o Politicamente Correto*, Campinas, SP, Millennium, 2003;

(38) *Droit et Récit*, Québec, Presses de l'Université Laval, 2003;

2004

(39) *Memória, Método e Direito*, Coimbra, Almedina, 2004 (esgotada a 2.ª ed.);

(40) *O Tímpano das Virtudes*, Coimbra, Almedina, 2004;

(41) *Filosofia do Direito – Primeira Síntese*, Coimbra, Almedina, 2004 (esgotado);

(42) *Direito Natural, Religiões e Culturas*, org., Coimbra, Coimbra Editora, 2004;

2005

(43) *Anti-Leviatã*, Porto Alegre, Sérgio Fabris, 2005;

(44) *Repensar a Política. Ciência & Ideologia*, Coimbra, Almedina, 2005 (esgotado; há 2.ªed., com uma Apresentação de J. J. Gomes Canotilho);

(45) *Lusofilias. Identidade Portuguesa e Relações Internacionais*, Porto, Caixotim, 2005 (Menção Honrosa da SHIP);

(46) *Escola a Arder*, Lisboa, O Espírito das Leis, 2005;

(35 a) *Política Mínima*, 2.ª ed., corrigida e atualizada, Coimbra, Almedina, 2005 (esgotado);

(47) *Novo Direito Constitucional Europeu*, Coimbra, Almedina, 2005;

(48) *História do Direito. Do Direito Romano à Constituição Europeia*, Coimbra, Almedina,

2005 (em colaboração com Joana de Aguiar e Silva e António Lemos Soares), esgotado, foi feita reimpressão, de novo esgotada, e mais recentemente 2.ª ed.;

(49) *Direito Natural, Justiça e Política*, org., Coimbra, Coimbra Editora, vol. I, 2005;

(50) *O Essencial sobre Filosofia Política Medieval*, Lisboa, Imprensa Nacional-Casa da Moeda, 2005;

2006

(51) *O Essencial sobre Filosofia Política Moderna*, Lisboa, INCM, 2006;

(52) *Per-Curso Constitucional. Pensar o Direito Constitucional e o seu Ensino*, Prefácio de Manoel Gonçalves Ferreira Filho, São Paulo, CEMOROC- EDF-FEUSP, Escola Superior de Direito Constitucional, Editora Mandruvá, 2006 (esgotado);

(53) *O Essencial sobre Filosofia Política da Antiguidade Clássica*, Lisboa, Imprensa Nacional-Casa da Moeda, 2006;

(54) *Pensamento Jurídico Luso-Brasileiro*, Lisboa, Imprensa Nacional-Casa da Moeda, 2006;

(55) *Raízes da República. Introdução Histórica ao Direito Constitucional*, Coimbra, Almedina,

2006 (esgotado);

(56) *Direito Constitucional Geral*, Lisboa, Quid Juris, 2006 (esgotado; há nova edição);

(57) *Filosofia do Direito*, Coimbra, Almedina, 2006 (esgotado; há 2.ª edição);

(56 a) *Direito Constitucional Geral. Uma Perspectiva Luso-Brasileira*, São Paulo, Método,

2006, Prefácio de André Ramos Tavares (Prémio Jabuti para o melhor livro de Direito);

(58) *Constituição da República da Lísia*, Porto, Ordem dos Advogados, 2006;

2007

(59) *A Constituição Viva. Cidadania e Direitos Humanos*, Porto Alegre, Editora do Advogado, 2007, Prefácio de Ingo Sarlet;

(45 a) *Repensar a Política. Ciência & Ideologia*, 2.ª ed., revista e atualizada, Coimbra, Almedina, 2007, com uma Apresentação de J. J. Gomes Canotilho;

(60) *Direito Constitucional Aplicado*, Lisboa, Quid Juris, 2007;

(61) *O Essencial sobre Filosofia Política Liberal e Social*, Lisboa, INCM, 2007;

(62) *O Essencial sobre Filosofia Política Romântica*, Lisboa, INCM, 2007;

(63) *Manual de Retórica & Direito*, Lisboa, Quid Juris, 2007, colaboração com Maria Luísa Malato (esgotado; 2.ª ed. em preparação);

(64) *Constituição, Crise e Cidadania*, Porto Alegre, Livraria do Advogado Editora, 2007, com Prefácio de Paulo Bonavides;

2008

(65) *Direito Constitucional e Fundamentos do Direito*, Rio de Janeiro / São Paulo / Recife, Renovar, 2008, com um texto de J. J. Gomes Canotilho;

(66) *Comunicação e Direito*, Porto Alegre, Livraria do Advogado Editora, 2008;

(67) *Tratado da (In)Justiça*, Lisboa, Quid Juris, 2008;

(68) *Direito Constitucional Anotado*, Lisboa, Quid Juris, 2008 (esgotado);

(69) *Fundamentos da República e dos Direitos Fundamentais*, Belo Horizonte, Forum, 2008, Apresentação de André Ramos Tavares;

(70) *O Essencial sobre Filosofia Política Contemporânea (1887-1939)*, Lisboa, Imprensa Nacional-Casa da Moeda, 2008;

(71) *O Essencial sobre Filosofia Política do séc. XX (depois de 1940)*, Lisboa, Imprensa Nacional-Casa da Moeda, 2008;

2009

(72) *Filosofia Jurídica Prática*, Lisboa, Quid Juris, 2009;

(73) *Direito Constitucional & Filosofia do Direito*, Porto, Cadernos Interdisciplinares Luso-Brasileiros (coord.), 2009 (esgotado);

(72 a) *Filosofia Jurídica Prática*, Belo Horizonte, Forum, 2009, Prefácio de Willis Santiago Guerra Filho, Apresentação de Regina Quaresma;

(74) *Da Declaração Universal dos Direitos do Homem*, Osasco, São Paulo, Edifieo, 2008 (2009);

(75) *Geografia Constitucional. Sistemas Juspolíticos e Globalização*, Lisboa, Quid Juris, 2009;

(76) *Direito & Literatura*, coord., Porto / São Paulo, Cadernos Interdisciplinares Luso-Brasileiros 2009 (esgotado);

(77) *Síntese de Filosofia do Direito*, Coimbra, Almedina, 2009;

(67 a) *Breve Tratado da (In)Justiça*, São Paulo, Quartier Latin, 2009;

(31 a) *Lições Preliminares de Filosofia do Direito*, 3.ª ed., Coimbra, Almedina, 2009;

(39 a) *Iniciação à Metodologia Jurídica. Memória, Método e Direito*, Coimbra, Almedina, 2009 (esgotadas a 2.ª e a 3.ª eds.);

(78) *Pensar o Estado*, Lisboa, Quid Juris, 2009;

2010

(79) *Presidencialismo e Parlamentarismo*, Belo Horizonte, Forum, 2010, Prefácio de Marcelo Figueiredo, Apresentação de Maria Elizabeth Guimarães Teixeira Rocha;

(80) *Traité de Droit Constitutionnel. Constitution universelle et mondialisation des valeurs fondamentales*, Paris, Buenos Books International, 2010 (também com edição em eBook);

(81) *Justiça & Direito. Viagens à Tribo dos Juristas*, Lisboa, Quid Juris, 2010;

(82) *Para uma Ética Republicana. Virtude(s) e Valor(es) da República*, Lisboa, Coisas de Ler, 2010, Prefácio de Eduardo Bittar;

(83) *Filosofia Política. Da Antiguidade ao Século XXI*, Lisboa, Imprensa Nacional-Casa da Moeda, 2010;

2011

(84) *O Essencial sobre a I República e a Constituição de 1911*, Lisboa, Imprensa Nacional-Casa da Moeda, 2011;

2012

(85) *Droit naturel et méthodologie juridique*, Paris, Buenos Books International, 2012, Prefácio de Stamatios Tzitzis;

(86) *Avessos do Direito. Ensaios de Crítica da Razão Jurídica*, Curitiba, Juruá, 2012, Prefácio de Lênio Streck, Apresentação de Maria Francisca Carneiro;

(87) *Constituição & Política. Poder Constituinte, Constituição Material e Cultura Constitucional*, Lisboa, Quid Juris, 2012;

2013

(88) *Rethinking Natural Law*, Berlin / Heidelberg, Springer, 2013, Prefácio de Virginia Black;

(57 a) *Filosofia do Direito. Fundamentos, Metodologia e Teoria Geral do Direito*, 2.ª edição revista atualizada e desenvolvida, Coimbra, Almedina, 2013 (esgotado);

(89) *Filosofia do Direito e do Estado*, Prefácio de Tercio Sampaio Ferraz Junior, Apresentação de Fernando Dias Menezes de Almeida, Belo Horizonte, Forum, 2013;

(90) *Repensar o Direito. Um Manual de Filosofia Jurídica*, Prefácio de Mário Bigotte Chorão, Posfácio de José Adelino Maltez, Lisboa, Imprensa Nacional-Casa da Moeda, 2013;

(56 b) *Direito Constitucional Geral*, Nova Edição (2.ª): Aumentada, Revista e Atualizada, Lisboa, Quid Juris, 2013;

(57 b) *Filosofia do Direito. Fundamentos das Instituições Jurídicas*, Rio de Janeiro, G/Z, 2013;

(91) *Nova Teoria do Estado. Estado, República, Constituição*, São Paulo, Malheiros, 2013, Prefácio de Paulo Bonavides, Apresentação de Carmela Grüne;

2014

(92) *O Contrato Constitucional*, Lisboa, Quid Juris, 2014;

(93) *La Constitution naturelle*, Paris, Buenos Books International, 2014;

(94) *Direitos Fundamentais. Fundamentos e Direitos Sociais*, Lisboa, Quid Juris, 2014;

(95) *Desvendar o Direito. Iniciação ao Saber Jurídico*, Lisboa, Quid Juris, 2014;

(96) *Republic: Law & Culture*, Saarbruecken, Lambert Academic Publishing, 2014, Prefácio de Patrick Hanafin;

(35 b) *Política Mínima*, nova edição (3.ª), com Prefácio de Adriano Moreira, Lisboa, Quid Juris, 2014;

(39 b) *Iniciação à Metodologia Jurí*dica, 3.ª ed., Coimbra, Almedina, 2014 (esgotado);

(97) *Constitution et Mythe*, com prefácio de François Vallançon, Quebeque, Presses de l'Université Laval, 2014.

2015

(98) *Fundamentos del Derecho. Iniciación Filosófica*, Prólogo de Francisco Puy Muñoz. Estudio Introductorio de Milagros Otero Parga, Epílogo de Santiago Botero Gómez, Biblioteca Jurídica Americana, México, Editorial Porrúa y Red Internacional de Juristas para la integración Americana, 2015;

(4 a) *Noções Gerais de Direito*, Vila Nova de Gaia, Calendário das Letras (nova edição, em colaboração);

(86 a) *Avessos do Direito. Ensaios de Crítica da Razão Jurídica*, edição portuguesa, Lisboa, Juruá, 2015, Prefácio de Lênio Streck, Apresentação de Maria Francisca Carneiro, Posfácio de António Braz Teixeira;

(99) *Political Ethics and European Constitution*, Heidelberg, Springer, 2015, Prefácio de Paulo Archer de Carvalho;

2016

(100) *Palimpsesto: A Democracia*. Rio de Janeiro, Lumen Juris, 2016 (org. em colab. com Sérgio Aquino);

2017

(101) *Direito Internacional. Raízes & Asas*, Belo Horizonte, Forum, 2017, Prefácio de Marcílio Franca e Posfácio de Sérgio Aquino;

(102) *Direito Fraterno Humanista. Novo Paradigma Jurídico*, Rio de Janeiro, GZ, 2017;

(103) *Direito Fraterno Humanista. Novo Paradigma Jurídico*, Rio de Janeiro, G/Z, 2017, Prefácio de Germano Schwartz, Posfácio de Reynaldo Soares da Fonseca;

(104) *Tributo a César. Arte, Literatura & Direito*, Florianópolis, Empório do Direito, 2017, Prefácio de António Arnaut, Posfácio de Paulo Bomfim;

2018

(105) *Síntese de Justiça Constitucional*, Oeiras, A Causa das Regras, 2018, Prefácio de André Ramos Tavares;

(106) *Teoria Geral do Estado e Ciência Polí*tica, São Paulo, Saraiva, 2018, Prefácio de Ricardo Aronne;

(57 c) *Filosofia do Direito. Fundamentos, Metodologia e Teoria Geral do Direito*, 3.ª edição, revista atualizada e aprofundada, Coimbra, Almedina, 2018;

(107) *Teoria Geral do Direito. Uma Síntese Crítica*, Oeiras, A Causa das Regras, 2018;

2019

(48a) *História do Direito*, 2a ed., Coimbra, Almedina, 2019 (em colaboração com Joana de Aguiar e Silva e António Lemos Soares).

(101a) *Repensar o Direito Internacional. Raízes & Asas*, Coimbra, Almedina, 2019, Prefácio de Maria Helena Pereira de Melo.

(57d) *Filosofia do Direito. Fundamentos, Metodologia e Teoria Geral do Direito*, 3.ª edição revista atualizada e aprofundada, Coimbra, Almedina, 2019, reimpressão.

2020

(108) *Dicionário de Metodologia Jurídica. Guia Crítico de Fundamentos do Direito*, São Paulo, Tirant Brasil, 2020, Prefácio de Jean-Marc Trigeaud, Introdução de Lenio Luiz Streck.

(109) *Crimes & Penas. Filosofia Penal*, Coimbra, Almedina, 2020, Prefácio de Cândido da Agra.

(110) *Filosofia do Direito e do Estado. História & Teorias*, Coimbra, Almedina, 2020.

(111) *O IV Cavaleiro. Direito, Cultura e Apocalipses*, Coimbra, Almedina, 2020, Prefácio de José António Henriques dos Santos Cabral.

(112) *Primavera Outono. Direito & Artes*, Oeiras, A Causa das Regras, 2020, Prefácio de Gonçal Mayos, Átrio de Emerenciano, Posfácio de Henrique Fabião e Sérgio Amorim.

(113) *Pós-Estética? Diálogo sobre Arte e Pensamento*, colaboração com Sousa Dias, Porto, Quadras Soltas, 2020.

(114) *Vontade de Justiça. Direito Constitucional Fundamentado*, Coimbra, Almedina, 2020, Prefácio de Luiz Edson Fachin.

(4b) *Noções Gerais de Direito*, Primeira Edição editora (nova edição, em colaboração com José Falcão, Fernando Casal, António Sarmento de Oliveira, revista e ampliada por José Diogo Falcão), 2020.

2021

(39 c) *Metodologia do Direito. Iniciação & Dicionário*, 4.ª ed. atualizada, revista e ampliada, Coimbra, Almedina, 2021.

Ficção e Poesia

(1) *Tratado das Coisas não Fungíveis*, Porto, Campo das Letras, 2000;

(2) *E Foram Muito Felizes*, Porto, Caixotim, 2002;

(3) *Escadas do Liceu*, São Paulo, Mandruvá, 2004, Apresentação de Gilda Naécia Maciel de Barros;

(4) *Livro de Horas Vagas*, São Paulo, Mandruvá, 2005, Prefácio de Jean Lauand;

(5) *Linhas Imaginárias*, Dover, Buenos Books America, 2013, com um Prólogo de José Calvo;

(6) *Caderno Permitido*, Lisboa, A Causa das Regras, 2014;

(7) *Relatório sem Contas*, Oeiras, A Causa das Regras, 2017, Prefácio de Luiz Rodolfo de Souza Dantas, Posfácio de Roberto Senise Lisboa;

(8) *Estado das Cidades*, Oeiras, A Causa das Regras, 2018;

(9) *Fauves*, Oeiras, A Causa das Regras, 2019, Prefácio de Gabriel Perissé, Posfácio de Luis Rodolfo Ararigboia de Souza Dantas.

SUMÁRIO

II
ANTIGUIDADE CLÁSSICA

III
IDADE MÉDIA

IV
HUMANISMO, RENASCIMENTO, REFORMA

V
O BARROCO

VI
O PERÍODO ROMÂNTICO

VII
O LIBERAL E O SOCIAL

VIII
A CAMINHO DA CONTEMPORANEIDADE (1887-1939)

IX
OS TEMPOS ATUAIS (1940-2020)

> *Evidentemente que só entabulamos uma conversa com*
> *os filósofos. Por isso é necessário que discutamos com*
> *eles ponto por ponto aquilo de que falam (...) Uma*
> *coisa é estabelecer e descrever opiniões de filósofos.*
> *Outra muito diferente é discutir ponto por ponto com*
> *eles aquilo que dizem, isto é, aquilo sobre que falam.*
> Martin Heidegger

"Nem só de pão vive o Homem" (Mt. IV, 4): são vitais ainda outros alimentos, "pão cultural", "pão espiritual", "pão e justiça" (Ferreira da Cunha, 2015: 127 ss.), etc. Entre os que devem alimentar pessoas e sociedades sãs está o nosso legado intelectual, o património do Pensamento, que na reflexão da Filosofia teve o seu mais alto expoente teórico, e na prática da convivência social, inspirado pelas ideias e animado pelas decisões, se concretizou no tipo de sociedade política a que chamamos Estado e na forma de diálogo e equilíbrio entre as ações dos sócios a que damos o nome de Direito – na sua constante e perpétua tentativa de alcançar a Justiça.

Esse património é elemento relevantíssimo da cultura, e lição histórica para a orientação na vida (como já advertira Cícero – nisso sempre atual), pessoal e coletiva. Na experiência e na reflexão dos grandes autores há um tesouro infelizmente muito desprezado pela superficialidade suficiente dos nossos dias. Não se estudam, obviamente, para seguir o passado de forma acrítica (aliás, qual dos passados? Quais autores?), mas para esclarecidamente ponderar o destino a traçar para o futuro. A História do pensamento, da filosofia, das ideias, da política (todas aqui convocadas) são um laboratório *a posteriori*, em que podemos ver ação e reação de grandes rasgos da Humanidade.

A presente obra traça perfis intelectuais de grandes pensadores do Direito, do Estado, da Política e da Sociedade (em relação com os três aspetos anteriores), desde a Antiguidade aos nossos dias. Igualmente se propõe, sobretudo a partir dos tempos, mais recentes, em que avultam correntes e movimentos intelectuais e políticos, captar algumas dessas tendências do Pensamento e da História na sua dimensão jurídica e política. Infelizmente, o seu âmbito é apenas o "ocidental" mais clássico (sabendo-se quanto esse rótulo é discutível), não por etnocentrismo, que recusamos, mas por reconhecimento de que haveria que estudar muito para alargar o panorama para fora do mundo euro-americano. Outros, mais preparados nesses outros horizontes, complementarão entre nós um dia esta síntese, e esperamos ainda poder ser dos primeiros a aprender com os seus trabalhos. Mas não se nos peça o que não pretendemos dar: *nemo dat quod non habet*.

É este, pois, um intento assumidamente pós-disciplinar.

Não se pode, deveras não se pode, entender nada de essencial no Direito sem o compreender, antes de mais, no seu sentido mais profundo, que é o humanístico, na sua inserção histórica, geográfica (comparatística), sociológico-antropológica e – *last but not the least* – filosófica. Assim como se não pode viver o Direito sem o fazer agir num contexto, com a sua prática, sobretudo a forense. Ou seja: é necessário ao mesmo tempo pensar o Direito e fazer o Direito. Só essa experiência multifacetada é completa e permite ter o conhecimento, dir-se-ia, por comodidade, tanto teórico como prático da "arte jurídica", que também tem aspetos científicos.

E, do mesmo modo, nada se entenderá do Direito se ele não for encarado ainda no seu contexto político, embora obviamente não o reduzindo a tal circunstância – que é mais que isso. Não, obviamente, dessa "política" rasteira, pedestre, que compreensivelmente enjoa e afasta muitos, mas da Política como uma das mais altas atividades humanas, porque governo dos Homens, das suas Sociedades.

Uma filosofia do Direito (mesmo uma filosofia do Direito, e provavelmente *a fortiori*) que procure um excessivo isolamento ou pretensa *purificação*, que ensimesmada olhe apenas o seu próprio umbigo, um umbigo (por exemplo) metodológico (e, pior ainda, logicista-metodologista ou histórico-teórico-metodologista, etc.), cai sempre num alienado logicismo ou metodologismo, em apriorismos definitórios ou afins, numa palavra, nas mil e uma formas de falar de uma coisa sem dela ter a noção contextual e essencial. Não será filosofia, mas *Ersatz* de filosofia. Evidentemente que a metodologia pode ser libertadora, como em Descartes, e levar até a interessantes especulações, como, por exemplo, a *Introduction à la Méthode de Leonard de Vinci*, de Paul Valéry (1919). Mas no domínio do Direito tal é mais complicado, porque ele é, em si mesmo, método, ou, se preferirmos, método aplicado. E a redundância é pouco produtiva.

Compreender-se-á, assim, que este estudo se preocupe, sobretudo nos tempos contemporâneos (em que a questão mais se coloca), muito mais com o contexto político e até das ciências sociais e da filosofia "pura" do Direito que com as rivalidades e polémicas entre as suas correntes puramente internas, em grande medida metodológicas. É certo que nessas querelas não raro desaguam problemas filosóficos: mas elas têm o condão de os multiplicar e complicar especularmente. Ora, compreendidas as grandes linhas das filosofias do Direito e as grandes dicotomias que dividem os filósofos e as filosofias jurídicas, facilmente se entenderá o que representam as várias conceções do método, que não pode, ao invés, obnubilar o mais profundo debate filosófico, mesmo que com o argumento da específica tecnicidade e por vezes a pretensão de purificação do jurídico face ao político ou ideológico.

Além do mais, essa pretensa pura tecnicidade e distanciamento do que seria "ideológico" ("ideológico" é o apodo que alguns defensores de algumas ideologias que se não assumem lançam aos de outras ideologias que normalmente se assumem mais – como se pode aprender, desde logo, em Roland Barthes – 1957 – e no seu conceito de *exdénomination*) é altissimamente ideológica, como bem denunciou, em Portugal, um Orlando de Carvalho (1981), a propósito de um tema que muitos ingenuamente cuidam asséptico: a teoria geral da relação jurídica, base da teoria geral do Direito Civil, que, *inter alia*, esse saudoso mestre de Coimbra lecionava de forma inesquecivelmente brilhante.

Do mesmo modo, uma Filosofia Política que se pretendesse olimpicamente superior ao fenómeno meramente "normativo" (e ancilar, ou superveniente) do Direito, não captaria a totalidade do próprio fenómeno político, que é proteico, assumindo por vezes a forma jurídica – não menos política que as outras, mas especial.

É assim que uma Filosofia Política compreensiva não pode alhear-se do fenómeno jurídico e uma Filosofia do Direito não ensimesmada não pode recusar-se como sendo *política*, e em contextos e diálogos políticos.

ooo000ooo

Há ainda que sublinhar uma questão epistemológica. Para nós, o Estado não tem, de modo nenhum, o sentido que tinha para Cabral de Moncada, nem sequer pensamos que a expressão se possa aqui usar em sentido literal ou muito rigoroso. Na verdade, somos daqueles que consideram que Estado, *stricto sensu*, é apenas o Estado moderno. Pelo que, se levássemos o conceito a fio de Espada, só poderia haver Filosofia do Direito e do Estado a partir de Maquiavel, de Bodin, de Hobbes... Sobre o Estado, aliás, desenvolvemos alguns estudos de que seria dada conta no nosso manual de Direito Internacional, *Repensar o Direito Internacional* (Ferreira da Cunha, 2019).

Ora não é nesse sentido estrito, normalmente organizatório ou administrativo, que aqui falamos em Estado, mas numa perspetiva latíssima, como toda a organização política, para designar, realmente, o político em consubstanciação.

Poderíamos ter chamado a este volume, por exemplo, *Filosofia do Direito e da Política*, mas tal nos pareceu ainda mais impreciso, com o risco de esta "Política", que é nobilíssima e em muitos casos apenas teórica (pois se falamos de Filosofia...), se poder vir a confundir (ainda que num sentido nebuloso e inconsciente no leitor), com uma outra coisa, também com nome de "Política", infelizmente tão desacreditada em tantos círculos.

Evocando esta designação *Filosofia do Direito e Estado*, pretendemos sobretudo lembrar o ar de família entre os dois elementos do título, sem deixar de recordar que antes do século XVII, a própria "Política" *tout court* englobava, naturalmente, a reflexão sobre o Direito (pelo menos os seus princípios). Um filósofo do Direito como Michel Villey, para mais com sólida formação histórica, é muito claro sobre tal hibridação (1982: 143).

Finalmente, uma nota que seria decerto desnecessária: é impossível descrever o pensamento e a vida de autores e as linhas de força de ideias e movimentos do espírito sem, por um lado, fazer opções tácitas, até inconscientes, desde logo na seleção do que dizer ou não dizer. Mas é evidente que seria uma grave afronta à inteligência e maioridade intelectual do leitor tentar o autor deste livro furtar-se a, quando interpelado por uma ideia, comentá-la. Nem sempre tal ocorrerá, mas algumas vezes sim.

Estamos, pois, não perante um "resumão" (talvez grande demais: mas é ao paradigma que nos referimos) pseudo-inócuo (nada há de inócuo nestas áreas), com dados pretensamente "objetivos", mas de um verdadeiro diálogo com o pensamento jurídico e político do mundo ocidental, naturalmente com autoria. Pretendendo-se rigoroso na apresentação dos dados, não prescinde de um estilo e de um posicionamento. Tentar *vender* outra coisa afigura-se-nos mesmo impossível: poderia ser, isso sim, mais dissimulado. Mas para quê?...

Há incontáveis obras que procuram tratar assuntos semelhantes a este. A escolha da presente é a escolha de um dos possíveis cicerones na viagem guiada ao mundo do pensamento sobre o Direito, o Estado, a Política...

Bibliografia

BARTHES, Roland, *Mythologies*, Paris, Seuil, 1957. ed. port. com prefácio e trad. de José Augusto Seabra, *Mitologias*, Lisboa, Edições 70, 1978.

CARVALHO, Orlando de, *Para uma teoria geral da relação jurídica civil*, 2ª ed., atual. Coimbra, Centelha, 1981.

CABRAL DE MONCADA, Luís, *Filosofia do Direito e do Estado*, 2ª ed., Coimbra, Coimbra Ed., 1955, 2 v. Há eds. ulteriores em um só volume.

FERREIRA DA CUNHA, Paulo, *Avessos do Direito. Ensaios de Crítica da Razão Jurídica*, Lisboa, Juruá, 2015, Prefácio de Lenio Luiz Streck, Introdução de Maria Francisca Carneiro, Posfácio de António Braz Teixeira.

—, *Filosofia do Direito. Fundamentos, Metodologia e Teoria Geral do Direito*, 3ª ed., revista, atualizada e desenvolvida, reimp., 2019.

—, *Repensar o Direito Internacional. Raízes & Asas*, Coimbra, Almedina, 2019.

SALDANHA, Nelson, *Da Teologia à Metodologia. Secularização e Crise no Pensamento Jurídico*, Belo Horizonte, Del Rey, 1993.

VALÉRY, Paul, *Introduction à la méthode de Leonard de Vinci*, Paris, Gallimard, 1919 (1ª ed. 1895).

VILLEY, Michel, *Philosophie du droit*, 3ª ed., Paris, Dalloz, 1982. v. 1.

Já o nosso livro *Filosofia Política*, editado em Lisboa pela Imprensa Nacional – Casa da Moeda (atualmente esgotado), seguia a perspetiva de um estudo da política com muito explícita consideração do fenómeno do pensamento jurídico, e do pensamento filosófico-jurídico em especial.

Decidimos mais tarde dar ao público brasileiro (precisamente na editora Fórum, de Belo Horizonte) não tanto a visão dessa realidade pelo prisma sobretudo político, com alargamento de vistas ao Direito (assim como a outras ciências sociais e estudos conexos), mas empreender de novo uma visão unificada destas matérias, retomando o título (e a *episteme*) *Filosofia do Direito e do Estado*, que foi, por exemplo, o nome que o restaurador da cadeira em Coimbra, Cabral de Moncada, viria a dar ao seu manual da cadeira Filosófico-Jurídica que regeu, obra essa que conheceu várias edições (Cabral de Moncada, 1955). O nosso livro brasileiro encontra-se também esgotado há uns anos, e esta é a sua segunda edição, mantendo o título.

Entretanto, na recordação de ambos os anteriores textos (o português e o brasileiro), mas procurando revê-los, refundi-los, desenvolvê-los e aprimorá-los num patamar que se desejou superior, saiu uma nossa *Filosofia do Direito e do Estado* na editora Almedina, com o subtítulo identificador: *História e Teorias*. Nele se adaptaram alguns textos anteriormente editados (e não constantes de nenhum daqueles dois referidos nossos livros), nomeadamente sobre o Conselheiro Avellar Brotero e sobre Kant, respetivamente na "Revista Brasileira de Estudos Constitucionais" e no volume de Atas do Colóquio "A Filosofia Luso-Brasileira do Século XIX", editado pelo MIL, na revista "Scientia Ivridica" e na "Revista Portuguesa de Filosofia", querendo deixar registado o nosso agradecimento aos respetivos diretores e editores. Nele também se acolheram ecos de outros textos, sobretudo sobre autores portugueses, que se destinaram primariamente a volumes coletivos, ou atas de colóquios. O último texto desse livro ecoa já particularmente os tempos de crise pandémica (embora então ainda no seu início, em Portugal e no Brasil), e recebe em parte um artigo que oferecemos à primeira edição exclusivamente *online* de "As Artes entre as Letras". O nosso igual agradecimento aos respetivos responsáveis.

Ocorre ainda que, entretanto, a nossa *Filosofia do Direito* (também editada pela Almedina) no plano mais doutrinal e sistemático (não tanto histórico) chegou à sua formulação talvez mais vasta, constituindo um livro que desenvolve um diálogo tácito com este (Ferreira da Cunha, 2019).

Ocorre que o referido livro mais desenvolvido em Portugal acabaria por ser o pano de fundo direto do presente. Precisamente por ser o mais desenvolvido e atualizado. Acabando, assim, por haver um salutar e criativo vai-vém entre o que vamos dando à estampa de um e do outro lado do grande lago Atlântico, que nos une, apesar de todas as restrições pandémicas e de todos os eventuais mal-entendidos, para alguns.

As circunstâncias presentes da nossa vida profissional não permitem que se faça, como gostaríamos, uma atualização minuciosa, e muito menos uma obra totalmente nova. Estamos, presentemente, a viver a faceta prática do Direito, completamente absorvente. Porém (há males que por bem acabam por vir), essa necessária abstenção face às novidades acaba por saldar-se num resguardo salutar face a modas... Em geral, as puras modas, nestas matérias, não trazem nada de novo. Aguardemos com distanciamento e vejamos o que poderá vir a ser decantado entretanto, a dar notícia numa próxima edição. No Brasil ou em Portugal, ou em ambos os países.

OS SABERES DO DIREITO
E DA POLÍTICA

Ars est principium faciendi et cogitandi quæ sunt faciendi.

Summa Alexandri, II, 12, 21.

DA EPISTEMOLOGIA E DAS *PERI-EPISTEMAI*

A Epistemologia serve para termos as ideias arrumadas sobre o que cada disciplina estuda. Desde logo, para não confundirmos medicina com bruxaria, nem sequer cosmogonia com cosmologia, ou química com alquimia, ou astronomia com astrologia. Mas não nos edifica nem nos forma sobre o conteúdo específico das várias disciplinas. É sobretudo um sistema aduaneiro com fronteiras. Quem conhecesse os limites de todos os países nem por isso seria um excelente geógrafo, nem sequer um mediano turista...

Nem todos os dias se descobre a pólvora ou a penicilina. Um conhecido autor de livros científicos (das ciências ditas "duras") afirmou que boa parte do trabalho dos cientistas é constituído por labores de limpeza teórica. Não apenas os científico-naturais ou científico-experimentais. Em muito grande medida, também, os de disciplinas ou *epistemai* menos "duras", como as Filosofias, as Humanidades, as Ciências Humanas, as Ciências Sociais, etc.. E, naturalmente, o Direito.

De todos os estudos, aqueles que menos resultados concretos trazem (embora treinem o rigor do espírito) são, afinal, os epistemológicos (e alguns metodológicos), os quais, como sublinhou Gilles Lane (1997), podem ser mera *peri-filosofia* (ou, por extensão, peri-ciência, ou *peri-episteme*), ou seja, os "passos em volta" (recordemos o título de Herberto Helder – 1980) do cerne da filosofia ou da ciência que se aborda, que se circunda, que se rodeia, sem nela se entrar realmente.

As epistemologias e as metodologias teóricas não nos informam, como dissemos, sobre o conteúdo das disciplinas em ação, mas podem ser, em certos casos, questão prévia obrigatória para, pensando nomeadamente nos seus limites e no seu matiz ou estilo, no seu problema ou na sua teleologia (ou em todos esses elementos caraterizadores) bem se saber depois o que *se anda a fazer* quando se faz essa ciência. E hoje cada vez mais a economia é o que os economistas fazem, a sociologia o que os sociólogos fazem, e assim por diante. De há muito que o público em geral confunde o Direito com os juristas.

Confessámos já, e reiteramos, a nossa insatisfação ou mal-estar perante um alargado conflito entre perspetivas, fazendo perder de vista o essencial, que seria o estudo do *quid*. Já várias vezes sublinhamos a importância de ultrapassar as querelas epistemológicas, sobretudo quando se tem em vista fins didáticos. Fizemo-lo, por exemplo, no nosso *Repensar a Política* (2007: 31 *et seq.*).

Contudo, a propósito destes problemas há conteúdos e formas de pensar que podem ir sendo apresentadas. E isso nos animou mais a empreender esta tarefa.

Bibliografia

FERREIRA DA CUNHA, Paulo, *Repensar a Política. Ciência & Ideologia*, Coimbra, Almedina, 2ª ed., revista e atualizada, 2007.

HELDER, Herberto, *Os Passos em Volta*, 4ª ed., emendada, Lisboa, Assírio & Alvim, 1980.

LANE, Gilles, *À quoi bon la Philosophie*? 3ª ed., Quebeque, Bellarmin, 1997.

OS SABERES DA FILOSOFIA DO DIREITO

I. Filosofia ou Direito?

Não discutiremos muito se a Filosofia do Direito é Filosofia ou Direito. Seria uma das piores maneiras de começar.

Cremos que precisamente esse é um belo exemplo dos ardis do *epistemologismo*, doença teórico-especulativa que nos leva à já referida *peri-filosofia*, e quantas vezes em círculo vicioso, do vero cerne filosófico-jurídico, distraindo-nos assim da verdadeira *démarche* epistémica útil, que em geral, para os leigos, como nós, é simples, clara e curta. Não nos interessam senão coisas úteis. Como aliás, em toda a Filosofia. O problema é que a nossa noção de utilidade não é primária, nem imediatista, nem utilitarista.

Respondemos já. A Filosofia do Direito é filosofia, naturalmente, e é o cerne e o sumo do Direito, porque é o direito pensado. A forma, o método, o estilo são da filosofia (embora com alguma, natural, "contaminação" por parte do "objeto" de estudo, o direito). Mas os temas, os problemas, o conteúdo, pertencem ao Direito.

Obviamente que aqueles juristas, e mesmo filósofos do Direito (e outros observadores, por exemplo, sociólogos ou antropólogos) para quem o Direito seja apenas um fenómeno positivo, uma determinação do poder, num dado tempo e lugar, ou, no máximo, uma emanação do poder próprio de uma comunidade (desaguando nessa fonte de direito que é o costume) não compreenderão como a Filosofia do Direito possa, ela própria, também ser Direito. Quando muito, ela poderia ser inspiração para os determinadores do Direito – "fonte filosófica" do Direito...

Já para quem considere que a própria lei – hoje rainha das fontes do Direito – é sobretudo produto de ideias (e, no limite, ideias filosóficas, sistemas filosóficos), e a sua materialização normativa, parecerá evidente que a Filosofia do Direito se integra no mais essencial que o próprio direito positivo tem: o seu espírito. E não é por acaso que, numa boa hermenêutica, assim como numa boa compreensão comparatística dos sistemas jurídicos e das ordens jurídicas, temos que voltar a essa categoria, que deu título à imortal (mas pouco lida) obra de Montesquieu – *De l'Esprit des Lois*.

II. Os Filósofos e os Juristas

Há é uma filosofia do Direito dos juristas e outra dos filósofos. O ideal seria que quem filosofa sobre o Direito aproveitasse de ambas as experiências. Porque uma filosofia só filosofante, sem noção vivencial da experiência jurídica, é abstrata, e normalmente uma aplicação lógica ou uma extensão particular de um sistema filosófico geral (disso foram acusados mesmo Kant e Hegel). Em contrapartida, uma filosofia excessivamente presa ao mundo jurídico, feita por quem não tenha um arcaboiço filosófico político e filosófico puro suficiente, corre o risco de ser pouco crítica, pouco burilada, e afinal uma forma de reflexão teórica dos próprios institutos e instituições, ou uma visão cultural(ista) sobre o Direito – que tem o seu lugar, mas se não pode em rigor chamar filosofia jurídica.

Acresce que não é bom que se seja só filósofo do Direito, sendo-se jurista. É preciso ter-se o pé numa realidade concreta do mundo jurídico, sob pena de se especular no vazio, ou apenas com reminiscências do aprendido remotamente nos bancos da Universidade. Há ligações naturalíssimas nessa hibridação: os jurisfilósofos constitucionalistas e os que são penalistas são talvez os casos mais comuns. Mas impõe-se uma prevenção: se é necessário que quem se dedica à Filosofia do Direito cultive na prática uma ciência jurídica material (ramo do Direito), também é imprescindível que haja jurado fidelidade a esta *episteme* (e não se trate de um capricho, tentativa de mudar de área por desenfado, quiçá com esperança de ter férias), e que tenha conhecimento especializado nela (deve exigir-se título a não ser para um génio autodidata, que é raríssimo), e mais: que possua sólido conhecimento filosófico. Não se improvisam os cultores da Filosofia do Direito. Por vezes o desdém com que alguns juristas do direito positivo olham esta matéria volve-se em curiosidade, e podem ter mesmo a tentação de destruir a matéria querendo ensiná-la. É necessário que ela se defenda do amadorismo. Nenhum cultor de nenhum ramo do direito positivo (não vale a pena dar exemplos: são mesmo todos os ramos) toleraria semelhante descida de nível e intromissão. Como pode haver quem pense que esta matéria (como, aliás, outras matérias jurídico-humanísticas) pode ser lecionada praticamente por qualquer um, jurista, ou até não jurista?

III. Filosofia do e no Direito

Há também Filosofia *do* Direito e *no* Direito. A primeira é a reflexão rigorosa, racional, sobre a realidade cultural e fáctica que é a juridicidade, nas suas mais diversas facetas e manifestações. A primeira pergunta pelo que é o Direito, o que o fundamenta, como se legitima, como atua, para que serve. Afinal, o que é, de onde vem, para onde vai... A segunda procura desvendar, dentro do Direito, traços de filosofias gerais: porque o Direito de um dado tempo e lugar, de uma certa corrente doutrinal, de uma dada legislação, traz no seu código genético o DNA de perspetivas filosóficas que o determinam no que ele tem de mais essencial.

E não se trata apenas de filosofia geral, da conceção do ser e da verdade, mas também de filosofia política, que por vezes dificilmente se distinguirá, se for muito elementar, da ideologia. Do mesmo modo que o Direito grego antigo parece espelhar, nas suas mil formas, as noções correntes na Hélade sobre a natureza e o homem, assim o direito romano tomou a feição prática e organizada do espírito latino clássico, o direito medieval quase desapareceu, numa pulverização de poderes feudais e numa subordinação à religião e, por via dela, a uma moral, o direito moderno se subjetivizou, e não por acaso se baseou numa relação jurídica assente num "direito subjetivo", o direito liberal se imbuiu de individualismo, por vezes "possessivo" (Macpherson, 1962), o social da preocupação com a massa, e quiçá o direito que começa a despontar (em disputa com o neoliberalismo conservador, mau herdeiro do velho liberalismo) recorde a necessidade da cooperação, da mediação, da concórdia, da paz, e da fraternidade, mais que o rosto severo, dogmático e coativo do *dura lex sed lex*, que, aliás, foi brocardo romano, sim, mas apenas em tempos de decadência.

IV. Filosofia dos Professores e Filosofia dos Filósofos

Fala-se na filosofia dos professores e na filosofia dos filósofos que o não são. Deve mesmo advertir-se que muitos professores de filosofia (pura, de outras especialidades e do direito também, é claro) não são, realmente, filósofos. Tal como muitos professores de ciências biológicas não são cientistas botânicos nem zoólogos. Mesmo professores de escultura podem não ser realmente escultores: o que não quer dizer que não possam fazer, de quando em vez, umas *instalações*. Na filosofia é ainda mais evidente essa diferença: muitos professores de filosofia podem ser competentes pedagogos, mas não terem especulação filosófica própria, original. E o mesmo se diga, como é óbvio, dos professores de filosofia do Direito. Não é crime não se ser filósofo, sendo-se professor de filosofia. Pode ser que ainda não tenha chegado o tempo (ou nunca tenha chegado o tempo – e pode ser mesmo que jamais chegue...) para se saltar da exposição das posições dos outros para declarar posições próprias, não tiradas do nada ou da simples subjetividade (Cruz Malpique dizia: como a aranha de si tira o fio), mas baseadas no muito estudo das opiniões alheias.

Pois bem. Quando o professor de filosofia se mete a filosofar, teria uma particular forma de o fazer: mais sisuda, talvez, mais sistemática, decerto, mais "escolar"... E certamente mais institucional e diz-se que em alguns países mais eclética.

Muita da filosofia do direito dos professores de filosofia do direito é afinal uma mescla, uma manta de retalhos (ou uma admirável síntese) de muitas teorias dos muitos autores que estudaram e ensinaram.

Isto tem, como é óbvio, vantagens e inconvenientes. A vantagem é a não precipitação, o não se pensar que se descobriu uma pólvora afinal já descoberta. Vantagem é a moderação e a perspetivação, sopesando-se argumentos de uns e de outros. Mas inconveniente é que, de tanto mirar e remirar as teorias já existentes, muitas vezes o filósofo professor vê abafar-se em si a criatividade, a espontaneidade do criador... E muitas vezes acaba mesmo por nem dar nascimento a uma filosofia que ia germinando no seu pensamento... Mas que secou, à míngua de ousadia, de rasgo, e de alguma imprudência também. Não há bela sem senão...

Já a Filosofia dos filósofos *tout court*, muitas vezes é estigmatizada como literatura, poesia, reflexão pouco depurada, ou como ideologia camuflada (ou nem isso). Por exemplo, um conjunto de pensadores que foi sendo identificado com o rótulo de "Filosofia Portuguesa", ou "movimento da filosofia portuguesa", uns formados e até docentes universitários, outros mais autodidatas, durante bons anos foram olhados de soslaio pela filosofia universitária, como algo de não filosófico. Por exemplo, um dos seus expoentes, Agostinho da Silva, fundador de várias universidades, seria menosprezado nesse contexto. Ora Agostinho da Silva não é um pensador convencional. Cremos ter vivido como pensava e pensado como vivia. Era um filósofo vivencial.

Mas mesmo descontando casos extremos, é claro que um filósofo sem as peias da rotina e da burocracia universitárias crescentes, sem as *bienséances* da etiqueta académica, sem os seus temores, tremores e terrores reverenciais e não só, se tiver meios de subsistência para filosofar sem as corveias do trabalho quotidiano absorvente, pode filosofar mais livremente. A profissionalização dos filósofos pode destruir a verdadeira filosofia, a que coloca as grandes perguntas, hoje substituídas pela técnica (muito mais segura) (Solomon/Higgins, 2007: 11).

E, contudo, se dirá que muitos dos constrangimentos institucionais (da academia, mas, por exemplo, de uma igreja ou seita, ou de um partido, ou de um Estado-partido ou partido-Estado), em que alguns filosofam, ou a partir de onde filosofam, também são benéficos, por vezes. Obrigando a mais rigor, e por vezes a mais engenho. Até para iludir certas censuras, ou evitar certas críticas, ou a afastar dados anátemas... A adversidade aguça inegavelmente o engenho.

V. Filosofia Explícita e Implícita

Também devemos fazer a distinção entre o explícito e o implícito em Filosofia do Direito. O que parecerá à primeira vista muito simples, mas não deixa de ter um ou outro obstáculo teórico: desses que aguçam o engenho. Não podem ser tudo caminhos aplainados...

Quando (hoje em dia normalmente os professores de filosofia do Direito) se faz um livro de filosofia do direito (ou um vídeo, ou um programa de rádio, televisão, um blog, uma página de uma rede social) que se chama mesmo "filosofia do direito" ou um nome semelhante, e tem o fim confesso e explícito de se ocupar de tal matéria, estamos patentemente no domínio da Filosofia do Direito explícita.

Um pouco mais complicadas são as coisas com a filosofia do direito implícita.

A sua consideração como tal depende de uma interpretação *a posteriori* feita pelo observador, normalmente um estudioso da nossa área. Este, perante uma obra literária (um romance, um poema, uma peça de teatro), ou um filme, uma ópera, enfim, uma manifestação discursiva de alta cultura, ou mesmo de cultura popular (um romance de cordel, uma lengalenga, um canção popular, etc.), ao detetar a presença de muito importantes, de muito significativos elementos de reflexão sobre o Direito, a Justiça, a Lei, o Poder, o Estado, etc., passa a integrá-la nessa categoria. Fá-lo para si. Mas a comunidade dos interessados no tema pode ter casos consensuais de obras nesta classificação.

O problema reside em que haverá certamente casos tão consensuais. O carácter literário de uma obra poderá colocar uma outra questão: a dos géneros literários da Filosofia do Direito. Vejamos, por exemplo, a *Antígona* de Sófocles, que Javier Hervada dizia estar sempre presente em todas as obras da nossa área. É verdade que ela é uma peça de teatro, e como tal foi apresentada, segunda as regras da época, na sua estreia. Mas não será ela, afinal, um exemplo apenas de filosofia do direito na sua versão de *filosofia dos não professores?* O fito de Sófocles não seria precisamente refletir filosoficamente sobre o poder, o dever, a ordem, a desobediência, o crime, a punição, as leis positivas e as leis a elas superiores, etc., etc.? E não o fez de uma forma eficaz, tão eficaz que é muito mais citado que grossos in-fólios teóricos sobre os mesmos assuntos? Não chegou a mais público? E não são profundas e dignas de meditação as suas aporias?

É que, realmente, tal como "a verdade sopra onde quer", a filosofia também se manifesta em múltiplos géneros literários, e não apenas em volumes pesados e maçadores de forma dogmática, apriorística, abstrata. Ou com aquilo a que Kant chamava já "um ar de grão senhor em filosofia".

VI. Filosofia do Direito e Géneros Literários. Direito e Literatura e outros Saberes Humanísticos Afins

Para obras mais antigas, sobretudo, como entrar nas intenções dos autores? Será que o autor queria mesmo fazer filosofia do Direito? E ele saberia que isso existe? Poderia não saber o nome, mas querer a coisa... E realmente interessa assim tanto a intenção do autor, ou o sentido intrínseco da obra?

Julgamos que o que tem mais interesse é mesmo a obra. Objetivamente, o *Poema de Parménides*, a peça de teatro *Antígona*, de Sófocles (como várias outras, de muitos mais autores que o tema glosariam ao longo dos séculos) ou a novela *A Queda*, de Camus, são importantes para reflexão filosófica sobre o Direito, são Filosofia do Direito. E, no fundo, tanto importa que seja explícita como implícita. Aliás, o reconhecimento da importância da literatura para a Filosofia do Direito (e para o Direito, *tout court*) está na pujante nova área de estudos de Direito e Literatura (*Law & Literature*), que é uma das que, justamente, tem mais sucesso entre juristas e mesmo não juristas nos EUA. E muitos outros países vão seguindo este bom exemplo. Enquanto outros teimam em elogiar e pasmar-se apenas com os maus...

As relações entre Direito e Literatura têm passado por várias fases que, como as "gerações" dos direitos fundamentais, a partir do momento que existe, passam a coexistir – acabando por ser, mais que fases, dimensões.

Não podemos esquecer-nos dos primeiros tempos, em que a literatura era vigiada, e por vezes perseguida. Quantos processos judiciais foram mesmo perseguidores de escritores (como de artistas plásticos)! É o tempo em que há pelo menos algum

Direito contra a Literatura. E ao sublevar-se e ao criticar a injustiça, haverá também, naturalmente, Literatura contra Direito.

Ao verificar-se que a literatura tinha tantas matérias jurídicas, começou o interesse por analisar o Direito na Literatura. É uma investigação ainda hoje em curso, e fascinante, e que do simples inventário da presença de tópicos jurídicos pode elevar-se a questões mais filosóficas: a culpa em Dostoievsky, ética e marginalidade em João Guimarães Rosa, crime e castigo em Camilo Castelo Branco. Ou então passar a temas ético-jurídico-políticos: nobreza de espírito e totalitarismo em Thomas Mann, poder e lei natural em Sófocles, pessoa, massa e partido em *As Mãos Sujas* de Jean-Paul Sartre e *O Doutor Jivago* de Boris Pasternak. Também se podendo passar a algum comparatismo entre autores ou obras: a presença do poder e do direito nas *Antígonas* de Sófocles e Jean Anouilh, a imagem da corrupção da "corte" liberal n'*A Queda de um Anjo* de Camilo Castelo Branco e n'*A Capital* de Eça de Queiroz, etc.

Certamente pela convivência de alguns investigadores juristas com a literatura, terá surgido a ideia espantosa para alguns – e decerto muito chocante, arrepiante até – de que o próprio Direito é Literatura. E é um ovo de Colombo, afinal. Por exemplo, quando se vê uma acusação criminal, por exemplo, é toda uma história que está a ser contada, normalmente até com os nomes próprios dos protagonistas (mesmo que sejam pessoas importantes: mas esse era o procedimento até da tragédia grega). E as sucessivas peças vão rebatendo a história, dando pormenores, esclarecendo outros, apresentando versões sucessivas... Germano Schwartz (2006), por exemplo, colocou a questão mais centrado na Constituição. Ela também, afinal, uma forma de escrito literário. Há bastantes anos que temos defendido (sem conotações valorativas, note-se) que a Constituição é uma utopia descarnada, escrita em artigos, e as utopias constituições com maior fôlego literário (Ferreira da Cunha, 1996).

É muito útil a um jurista saber que o direito é literatura. E ao advogado saber que uma sentença é ainda literatura, e ao juiz saber que a lei também o é (assim como as peças processuais que faz e que recebe). Porque do lado da literatura floresceram toda uma panóplia de saberes (que não são propriamente literatura, mas gravitam na órbita das ciências da literatura) que constituem também armas de longo alcance na desconstrução dos textos a que a gravidade jurídica empresta uma especial *auctoritas*. Na confluência do literário e do filosófico pode hoje o jurista contar com a hermenêutica, a semiótica, a linguística, análises de conteúdo, além da retórica, da tópica e da dialética, e outras, que propiciam uma muito melhor compreensão e preparação para a sua função que é, em grande medida, a de leitor e intérprete de texto, e produtor e intérprete (agora no sentido teatral) de textos.

Finalmente, José Calvo González (2009) viria a sintetizar (pelo menos por agora) estes estudos, com a categoria Direito *com* Literatura. Uma das manifestações dessa convivência mais plácida e normal das duas áreas, e especialmente da presença da Literatura no Direito, mesmo no normal Direito positivo, é a integração na economia retórica até de manuais de disciplinas mais ou menos clássicas, como o Direito Constitucional, de elementos literários (assim como artísticos em geral). Como ocorre, por exemplo, com o manual de Direito Constitucional de Walter Claudius Rothenburg (2010: 45 *et seq.*).

VII. Epistemologia Jurídica Geral ou Externa e Especial ou Interna

Pode ser útil estabelecermos, como há anos fez Miguel Reale (1990: 306), uma divisão entre epistemologia jurídica especial, ou interna, compreendendo os diversos ramos do Direito ou ciências jurídicas materiais: Constitucional, Penal, Civil, etc.) e epistemologia geral ou externa (versando as conexões interdisciplinares do direito: desde o direito e outras ordens sociais normativas, como direito e outros saberes, ciências, e experiências humanas...). Esta última é objeto, em boa medida, de estudos no seio da Filosofia do Direito, como os de direito e ética e moral, direito e estética, direito e arte, direito e literatura, análise económica do direito, etc., etc.

E os estudos de epistemologia jurídica especial concentram-se sobretudo sobre a delimitação territorial e relações fronteiriças entre o direito positivo, em toda a sua extensão: o que são os diversos ramos do Direito (o que é cada um deles) e como se articulam.

Houve tempo em que as primeiras páginas dos manuais de todas as cadeiras académicas do Direito positivo começavam precisamente com a delimitação das disciplinas respetivas face às demais. O que para alguns era redundante. Mas não o seria tanto assim, porquanto, se bem víssemos, não haveria completa correspondência quanto à delimitação de fronteiras – havendo sempre lugar a zonas cinzentas e territórios passíveis de disputa.

Grandes fatias do bolo da Filosofia do Direito são hoje compreendidas no que poderia considerar-se elementos de uma Epistemologia especial: ou seja, desde logo, Direito e Literatura, Direito e Ética, Análise económica do Direito, etc. Contudo, talvez se deva analisar a questão com mais refinamento teórico: é verdade que a epistemologia jurídica geral ou externa trata das relações do Direito com outras ciências, realidades, etc. Mas, do mesmo modo que cada cadeira e cada disciplina de direito positivo é autónoma, e não se pode compreender, senão na sua dimensão epistémica (que é de si uma parte bem pequena, se compararmos com o demais), na epistemologia jurídica especial ou interna, também os grandes continentes do axiológico no Direito, do literário no Direito, do social no Direito, do político no Direito, etc., etc. não são simples apartados desta disciplina. Têm vida própria, dentro da Filosofia Jurídica, *tout court*, e como estudos interdisciplinares que também são.

VIII. Filosofia do Direito e outras *Epistemai*

A Filosofia do Direito é uma disciplina (ou *episteme*: não queremos usar o nome de "ciência" porque nem o Direito é ciência, nem a Filosofia o é – salvo no sentimento muito geral e pouco denotativo de "disciplina", área de estudos) jurídico-humanística. Ou seja, não é uma disciplina jurídica material, substantiva ou adjetiva (estas, como se sabe, são direitos processuais), mas é um saber de índole cultural, social e humanístico.

Acontece que depende do observador e das suas preocupações e inserção epistémica a particular qualificação deste tipo de saberes por vezes: são associados a questões mais de tipo social, e qualificados como ciências sociais; outras vezes, são os clássicos que prevalecem, e até um certo tom literário, e então consideram-se humanidades ou letras jurídicas; outras vezes ainda apelam para a sua generalidade e dizem-se estudos (ou "ciências") jurídicos gerais; noutros casos ainda reconhece-se que são matérias fundamentais, e no seu nome, mesmo em alemão, já se colocou esse título (que outros, teoricamente amigos do que vem da Alemanha, contudo não parece suportarem): Fundamentos do Direito.

Seja qual for a denominação, porém, tudo conflui para englobar neste grupo a rosa dos ventos do filosófico, do histórico, do sociológico-antropológico e do comparatístico. Essas são as disciplinas jurídicas humanísticas.

Mas outras há que são muito próximas das intenções da Filosofia do Direito. E alguns mesmo confundem-nas com ela.

A Teoria do Direito, por exemplo, não é uma disciplina propriamente filosófica. Por vezes substitui a Filosofia jurídica quando há alguma aversão à expressão *filosofia*, que alguns confundem com uma metafísica dogmática, ou mera extensão de dogmas extra-jurídicos. Mas a Teoria do Direito tem o seu lugar, como que ordenando, no seio da racionalidade propriamente jurídica, a casa formal do Direito. Do mesmo modo que todos os estudantes de Direito conhecem a Teoria Geral do Direito Civil, assim também será fácil conceber uma Teoria Geral do Direito (Ferreira da Cunha, 2018). E há ainda, relativamente bem conhecida, a Teoria Geral do Estado – que em boa medida é Direito, embora possa também ser, por exemplo, Ciência Política. Mas não se confunde nem com a Filosofia do Direito, nem com a Filosofia Política (ou do Estado).

Já a Metodologia do Direito é mais claramente recortável. E é a disciplina do *modus operandi* jurídico. Se analisarmos como o Direito atua, encontraremos as suas diversas partes.

Na medida em que o Direito é norma, a Metodologia jurídica preocupa-se com a sua elaboração, numa teoria da legislação e áreas afins, normalmente cultivadas pelos constitucionalistas e não pelos filósofos do direito "puros".

Na medida em que o direito é facto, é já fora da Metodologia que a questão se coloca – na sociologia e na antropologia jurídicas.

Enquanto valor, é na Filosofia do Direito que a questão se aborda: numa ética jurídica e até numa estética jurídica.

Mas o Direito é também texto. E como texto, volta a ser objeto da Metodologia jurídica. Como texto escrito, normalmente, é objeto da interpretação/aplicação, na Hermenêutica jurídica. E como texto escrito ou oral, na dimensão da persuasão, na disciplina da Retórica Jurídica, que é solidária da Tópica e da Dialética.

A Metodologia do Direito pode embrenhar-se, é claro, pela história das teorias metodológicas, por exemplo. E será assim muito esclarecedora do passado e do presente dos andaimes teóricos das nossas *epistemai*. Mas se quiser ser prática, e ter uma importância mais imediata na formação dos juristas, não deixará que a sua formação metodológica propriamente dita ande ao sabor do que, esparsamente, irão aprendendo nesta ou naquela disciplina de direito positivo, esperando também que as sempre repletas e normalmente desvirtuadas introduções ao direito ensinem alguns rudimentos.

Assim, a Metodologia jurídica é sobretudo: teoria e técnica da legislação, hermenêutica jurídica (teoria e técnica de interpretação/aplicação) sinalagmatologia ou teoria e técnica de firmar pactos (contratos e tratados), e retórica jurídica (teoria e técnica de persuasão).

IX. Função Proselítica e Função Legitimadora na Filosofia do Direito?

É evidente que pode haver filosofias do direito, ou pretensas filosofias do direito que, com intuitos ideológicos, de poder, religiosos ou outros, se revistam de uma falsa *auctoritas* (por exemplo, de uma linguagem, de um estilo, da citação de autores da nossa área de estudos...) apenas com o fito de promover um conjunto de crenças e de dogmas, ou mesmo de fazer a apologia de um poder qualquer, de qualquer tipo. Obviamente que os cultores da área mais experimentados não terão dificuldade em detetar estes intentos realmente propagandísticos e legitimadores.

Pode assim dizer-se que fazer *marketing* de ideias ou legitimar grupos ou situações políticas, por exemplo, não faz sequer parte da Filosofia do Direito e que os seus autores têm de ser desmascarados e banidos das nossas fileiras? Temos que entender a condenação que fizemos em termos hábeis. Ela não pode ser proscrição senão para o que não tem, de todo, qualidade especulativa. Pode haver elementos de valor filosófico numa intenção pervertida, de fito propagandístico ou apologético. Aliás, se formos muito rigorosos, e se julgarmos apenas as filosofias destes e daqueles pelas suas intenções (as declaradas, e sobretudo, quiçá, as profundas e inconfessadas), poderia ser que o desinteresse total, o saber pelo saber, não viesse a ser apanágio geral. E que as convicções religiosas ou políticas tivessem um grande papel, em última instância, na decisão de filosofar.

A prevenção deve ser, pois, sobretudo em relação aos que pretendam fazer passar como filosofia o que é meramente de outro sector da atividade humana. E que, portanto, venham a infiltrar no rigor filosófico (que contudo é lato, e plural) formas de argumentação que não são as nossas.

X. Descrever ou Valorar na Filosofia do Direito. Filosofia do Direito Analítica ou Descritiva e Filosofia do Direito Normativa. Filosofia do Direito Crítica

Diferentemente das funções proselítica e legitimadora se passa com outras funções que têm, de há muito, sido identificadas como possíveis nesta nossa matéria.

John Austin (1832) distinguiu entre *analytical jurisprudence* e *normative jurisprudence*. É certo que a "Jurisprudence" anglo-saxónica não será exatamente a mesma coisa que a nossa Filosofia do Direito. Por exemplo, será talvez difícil encontrar realmente, no seio desta última, divisões como a *historical jurisprudence* ("a study of the historical development and growth of legal systems and the changes involved in that growth" – *Jurisprudence*, 2002: 3), que nos parece ser mais do âmbito da nossa História do Direito, ou a *sociological jurisprudence* ("seeks to clarify the link between law and other social phenomena and to determine the extent to which its creation and operation are influenced and affected by social interests" – *ibidem*). E a mesma coisa, *mutatis mutandis*, se diria para a *economic jurisprudence* ("investigates the effects on the creation and application of the law of various economic phenomena, for example, private ownership of property" – *ibid.*: 3-4).

Embora a Filosofia do Direito não prescinda de conhecimentos histórica e sociologicamente baseados. E, no caso concreto da ligação do Direito com outros fenómenos sociais (como referido no texto citado), em muito grande medida pareça dever ser ela a tratar da questão. Ou, pelo menos, partilhar o tema. Veja-se, por exemplo, a questão das relações entre direito e moral, direito e religião, direito e cortesia, etc., que não podem ser encaradas meramente do ponto de vista sociológico. A menos que a sociologia em causa também se transporte já para um patamar mais filosofante. O que por vezes sucede.

Há, pois, muitíssimo em comum entre a *Jurisprudence* e a Filosofia do Direito ao ponto de muitos as considerarem a mesma coisa, e traduzirem uma pela outra.

Feita a referida prevenção, assim procederemos.

A Filosofia do Direito analítica é descritiva. A Filosofia do Direito Normativa é valorativa.

À realidade epistémica a que Austin chamava *analytical jurisprudence* parece chamar o mais contemporâneo Raymond Wacks (2006: XIV ss.) *descriptive jurisprudence*. Esta divisão lembra, embora sem rigor, a divisão do *quid juris* e do *quid jus* (embora só este seja filosófico; o primeiro é jurídico-positivo), e, com mais propriedade, a contraposição germânica do *sein* e do *sollen*, ou, na tradição anglo-saxónica, o debate *is/ought*.

Assim, a Filosofia do Direito analítica (ou descritiva) preocupa-se não com a solução específica para um caso, mas com o funcionamento efetivo, "a realidade" do Direito, o seu "ser" (*sein, is*). Já a Filosofia do Direito normativa ou valorativa se detém na questão do "dever-ser" (*sollen, ought*).

Pareceria assim que a Filosofia do Direito analítica realmente descreveria... E apenas a normativa imprimiria uma direção axiológica ao seu labor. Mas estas, como todas, as divisões são feitas apenas por comodidade, para arrumação provisória e falível das coisas. Porque ao analisar e descrever o filósofo do Direito, o simples professor de Direito que procura sistematizar, não deixa de transparecer as suas opções, os seus preconceitos, até. E a descrição pode não conter em si comandos, máximas, mas a forma como se analisa e o resultado da análise já se encontram como que contaminados pela inveterada sede de determinar o real, de o ver com os nossos próprios olhos, ou as nossas próprias lunetas...

Isto não retira, contudo, o carácter prático da divisão.

XI. Normas, Factos e Valores em Filosofia do Direito

Problematizemos apenas um pouco mais. Se, como diz Wacks, a Filosofia do Direito descritiva é sobre factos e a normativa sobre valores (*ibid.*), perguntamos, na célebre divisão que Miguel Reale burilou e difundiu: e onde estão as normas? Porque o Direito é norma, facto, valor (e também texto, mas, neste caso, como suporte de todos, parece).

Alguns se inclinarão certamente a pensar que as normas são do foro do direito positivo, e só os factos e os valores da filosofia jurídica. Mas outros diriam, então, com idêntica legitimidade, que os factos, sendo sociais, seriam da sociologia, o os valores da ética. É infindável a epistemomaquia, e é por isso que deve ser limitada ao mínimo útil, com uma navalha mais afiada que a de Ockham: *inutilia truncat*, diríamos, com os académicos (ulteriores ao filósofo inglês, como é óbvio).

A verdade é que a tríade *normas, factos, valores*, está intimamente imbricada. Falar num deles é falar nos demais. Não há, em Direito, como focar o puro facto, a pura norma, o puro valor, se quisermos ter um raciocínio coerente e com consequências práticas. Assim, as normas (como os factos e os valores) também são, obviamente, do foro da Filosofia do Direito. Simplesmente, como será evidente, a forma como vê a norma um prático do Direito (e pior ainda um burocrata desconhecedor do Direito, e ainda pior um burocrata ignorante, cuidando que as normas que a sua miopia alcança são todo o Direito) não é a maneira como a encara um jurista completo.

E dizemos "jurista completo" porque o filósofo do Direito, na nossa perspetiva, não deve ser um sujeito abstruso, excêntrico, que não conheça o direito real, e que efabule teorias incompreensíveis; antes, pelo contrário, filósofo do Direito deve ser o jurista integral, completo, que conhece, além da norma, o seu sentido, a sua génese, a sua razão mais profunda, etc., etc.

Não é assim incompatível, antes complementar, o conhecimento das normas do conhecimento dos factos e dos valores. Só no conhecimento destas três dimensões (e no domínio dos textos e da sua hermenêutica) é que poderá haver bons juristas. É inevitável que o jurista que não cursou filosofia do Direito, tal como dizia um texto de Bacon para a necessidade absoluta da leitura, da escrita e da conversa, terá que se dar a alguns artifícios, ou colmatar a lacuna pelo autodidatismo.

Por outro lado, ainda, em certo sentido a norma é facto. E nela deve estar incorporado valor – pelo que, por uma forma ou por outra, acabaria por estar abrangida pela Filosofia do Direito.

XII. Filosofia Jurídica Crítica

Importa ainda uma precisão, nestas primeiras classificações.

Quando a Filosofia do Direito valorativa procura sobretudo crítica do *statu quo*, e aponta vias para a sua mudança, pode bem chamar-se, como alguns fazem já, Filosofia do Direito Crítica (*critical jurisprudence*). É uma forma de Filosofia do Direito normativa, cremos. Não uma categoria à parte (como categoria à parte é tratada *in Jurisprudence*: 3).

A designação Filosofia do Direito Crítica, numa disciplina académica ou num título de um livro ou artigo parece-nos ser leal aviso do autor ao seu potencial público de que não fará plácida descrição de Filosofia analítica integrada e conformada. Mas que, provavelmente com instrumentos analíticos mais ideológicos ou de filosofia política menos conservadores, procurará um olhar menos aderente ao real do direito dado, e pretenderá quiçá que a sua análise seja normativa, e interventiva até. Contudo, pode ocorrer que as críticas sejam desencontradas. E conhecemos pelo menos um caso em que, de dois autores que se afirmam "críticos" ou algo afim, ao menos um deles não reconhece o outro como tal...

XIII. Divisões Filosóficas da Filosofia do Direito

A Filosofia do Direito comunga com a restante Filosofia não só de preocupações, como de nomenclaturas, como é evidente. Assim, se em geral os problemas além dos físicos (além dos concretos, palpáveis, materiais) são considerados metafísicos, é a Metafísica do Direito a que trata de questões análogas no âmbito jurídico. Se o ser é objeto da ontologia, será ontologia jurídica o que lide com o ser do direito. Se o conhecimento é tratado na gnoseologia, o conhecimento jurídico está sob a alçada da gnoseologia jurídica, etc., etc.

Esta é mais uma das importantes razões para se não improvisar nesta matéria, e se conhecer os conceitos e o vocabulário próprio da Filosofia... Pelo seu adequado uso (ou não) se pode bem aquilatar da consistência de quem pretende refletir sobre o Direito.

XIV. Filosofia Jurídica Prática

Não é fácil e não concita unanimidade o conceito de Filosofia Jurídica Prática. Razão tem Adela Cortina ao considerar a filosofia prática *tout court* uma aventura:

> Embrenhar-se no âmbito da filosofia prática – moral, jurídica e religiosa – é sempre uma aventura. Mas uma aventura irrenunciável para qualquer sociedade que deseje medir-se com a altura humana – não apenas animal – no decorrer quotidiano da vida. Disso dá testemunho a nossa já vasta tradição ocidental que, a par do saber pelo saber, converteu em foco da sua preocupação o saber para e a partir do fazer: o "saber prático".

> Nele se incluem, por direito próprio, três perguntas (...): pela felicidade, pela justiça e pela legitimidade do poder. (Cortina, 1992)

Depois de termos refletido sobre várias abordagens do tema (bastante diversas entre si), sintetizaríamos que a Filosofia Prática é mais terra-a-terra: não se embrenha pelas regiões arcanas da metafísica, da teodiceia (e obviamente da teologia, que não é sequer filosofia, embora dela necessite), ou mesmo da ontologia, que são os mistérios tremendos do Ser e da Transcendência. Mas se estas alturas não estão no seu horizonte, igualmente se não preocupa com as dimensões lógica, gnoseológica, metodológica, epistemológica, e afins, as quais constituem como que o *instrumentarium* tecnológico do saber. Dir-se-ia então que, quase tudo o mais na Filosofia, fora as altas regiões do Ser e as rigorosas planícies do método, das regras do pensamento, das ciências e afins pode caber na filosofia prática, em sentido lato.

Mas repensando tudo, como poderíamos sintetizar e concretizar a síntese? Diríamos certamente que a dimensão prática da Filosofia Jurídica está, em grande medida, no que ela tem de político (e portanto no que poderia ser uma Filosofia do Direito Político ou Constitucional), e no que ela comporta de axiológico, dirigido à ação (englobando, assim, a Estética do Direito e as relações entre Direito e Estética e Arte, por um lado, e, por outro, a Ética Jurídica e as relações entre Direito e Ética).

XV. Afinal, o que é a Filosofia do Direito?

De há muitos anos que compreendemos que a definição é um ardil positivista, e que no Direito ela é ainda mais perigosa, porque, por vezes, se apresenta sob o manto da "descrição", a qual acaba por ser nada menos que uma definição mais longa, e por vezes até assumidamente mais impressionista (menos rigorosa).

Mas a definição/descrição não é apenas perigosa para o Direito – isso já os romanos sabiam: *omnis definitio in iure periculosa est* (D. 50, 17, 202. A máxima é de Giavoleno Prisco). Ela é letal para a Filosofia do Direito. Uma Filosofia jurídica feita de conceitos e sem liames entre eles, sem as devidas exceções, sem um olhar segundo (e terceiro, e quarto...) sobre os objetos, sem dialética, seria o contrário de si mesma. Por isso parece-nos não ser uma boa ideia definir ou descrever o que seja a Filosofia do Direito.

Já sabemos o seu fito: pensar e repensar o Direito, fora das amarras do quotidiano forense ou da mera preparação para nele ganhar causas, acusar, ou julgar. Pensá-lo tendo em vista a questão fundamental da Justiça (ou, para os céticos, a sua inexistência, ou a sua impossibilidade, ou a sua ilusão). Será isto uma definição? Não o cremos. Apenas a identificação do seu projeto.

A própria filosofia nos diz que para identificar uma *episteme* precisamos de um objeto, de um método... e depois foi-se acrescentando, e acertadamente, que também um problema, um escopo, e uma congregação de especialistas.

A Filosofia do Direito tem como objeto o Direito e a Justiça, o seu método é o da filosofia, com toda a pluralidade das suas variantes, o seu problema é o de como encontrar formas justas (corretas, úteis, adequadas, etc.) de convivência humana através de mecanismos politicamente formalizados e autonomizados num sistema de fontes complexo, que são aceites, em geral, pelos cidadãos como obrigatórios. Mas note-se que esta perífrase poderia ser bem diversa... na forma.

E a congregação de especialistas existe, embora sempre ameaçada de morte (e efetivamente atacada, comprimida e extinta, quando o possam fazer) por aqueles a quem este saber incomoda (aqueles para quem o direito deve ser apenas obedecido, e não pensado – ou pelo menos não pensado radicalmente como a Filosofia pode e deve fazer: pensando as coisas na sua raiz): são os cultores da filosofia do Direito, uns filósofos do Direito, outros apenas aprendizes de filósofo do Direito...

XVI. O que diz a Filosofia do Direito sobre o que seja o Direito? Direito e outras Realidades

A Filosofia do Direito não é a tutora do Direito. Uma das provas mais cabais de ignorância filosófica e jurídica é acreditar-se que os filósofos do Direito seriam uns sábios que dominariam um qualquer esoterismo superior, e assim seriam capazes de ditar aos práticos do foro a verdade pura sobre a sua ciência. Nada de mais falso. Tanto como os práticos, os filósofos (e os melhores de entre eles também foram ou são de algum modo práticos) têm entre si opiniões tão desencontradas que em vão pediria um Norte quem piamente neles acreditasse... O problema não é, pois, que a Filosofia do Direito indique soluções, mas que levante, eternamente, problemas. Que desafie e inquiete os dogmáticos. Essa a sua grande função.

Evidentemente, há algumas coisas que a Filosofia do Direito é capaz de esclarecer, e esse esclarecimento pode ser meio caminho para uma solução. Contudo, tal não ocorre senão em questões mais ou menos laterais ou instrumentais. Os grandes, os mais sérios problemas, continuam sem solução: ou, noutros casos, como nos problemas que relevam da política ou da ideologia, com soluções alternativas, conforme a paixão e a opinião de cada um e de cada grupo, e, por vezes, de modas, ventos, correntes.

O mesmo ocorre com as questões que relevam de problemas morais. Já lá vai o tempo em que "moral e bons costumes" pareciam ter no seu acolhimento legal uma formalização unívoca. Tempos mais austeros se avizinham, e certamente algumas liberdades de comportamentos tenderão a, de novo, ser vistas como dislates de cigarras, por formigas conservadoras. Há, nas sociedades, ao longo da História, e de terra para terra, muitas divergências sobre os comportamentos corretos: os pais de muitas gerações chocam-se com a falta de maneiras e de pudores dos filhos, e os avós também, embora o distanciamento seja já suficientemente grande para os desculparem mais, e a liberdade da idade mais permita que, nalguns casos, menos secretamente os invejem... De todo o modo, até no velho e pétreo Egito antigo se deplorava a perdição da juventude...

Também, de vez em quando e em certos grupos, há reações e rigorismos que voltam, revivalismos que se revivem.

O que tem o Direito a ver com tudo isto? Há quem pense no Direito como uma espécie de moral armada, mas é um erro pensar-se assim. Há mesmo quem gostasse que o Direito fosse guarda avançada de uma crença religiosa, ou filosófica, ou afim... Mas isso seria uma guerra civil ideológica. Uma das correntes profundas do Direito é precisamente essa liberdade de mínimos, inscrita no seu código genético, desde a sua autonomização romanística: o Direito não é um moralismo, não pode servir uma religiosidade, é apenas – e isso já é muito – um conjunto de bases para convivência pacífica e justa entre pessoas diferentes, com perspetivas diversas. Claro que os ventos modernos, iluministas, liberais e sociais viriam a densificar e a alargar este "isolamento" do Direito. Foi bom.

Mas não há uma purificação total, uma racionalidade jurídica completamente alheia a outras racionalidades ou a outras ordens sociais normativas. E isso, não contendendo com a laicização do Direito e o seu não moralismo, não é um mal, é um bem.

Mil e uma teorias se podem encontrar (e certamente todas imperfeitas e lacunosas) para explicar a situação de intersecção entre Direito e Moral. É inegável que um direito antimoral, imoral num sentido muito abrangente, porque injusto, não seria vero Direito. Mas, existindo verdadeiramente caótico (ou anómico) pluralismo moral, será que o Direito tem de agradar a todas as morais, de todas as pessoas e grupos? Morais além do mais antagónicas? Obviamente que não.

Na prática, a questão tem de resolver-se com recurso a uma história ideológica das morais (uma *genealogia da moral*, se quisermos). O certo é que, se por um lado todas as morais aspiram à universalidade (transformando-se quiçá em Éticas no sentido mais depurado), elas são, todavia, radicadas, e em muitos casos são éticas de classe. A burguesia foi de tal forma eficaz na promoção da universalização da sua ética, que mesmo chegaria a contaminar os seus jurados "inimigos de classe"... A moral judaico-cristã, que lhe está na base, passa em muitos casos por ser a grande matriz no nosso mundo ocidental.

O Direito não recebe acriticamente nem passivamente as injunções da moral cristã ou da moral burguesa, ou mesmo da moral proletária que se tentou implantar nos países soviéticos. Ele filtra a moral, mas não deixa de ter nela inspirações e determinações. O Decálogo, não sendo, como pretende Álvaro D'Ors, a quintessência do direito natural, não deixa de estar subliminarmente presente nas grandes linhas das ordens jurídicas em que vivemos...

Há muita insatisfação no tratamento deste tema, muito propenso a exageros ou a nem-nem-ismos que não dizem nada. É um desafio não pequeno tratar-se de forma rigorosa e desapiedada de preconceitos.

Afigura-se-nos que o Direito atual se encontra banhado no grande oceano da moral, embora seja um navio com motores próprios e velas que captam outros ventos: por exemplo, os da política. Será possível navegar em seco, sem nenhuma moral? Será possível transplantar-se para outro oceano?

Em todo o caso, e do ponto de vista prático, há algumas prevenções importantes a fazer. Antes de mais, o Direito não pode sofismar as querelas morais: não pode assumir como indiscutível uma moral de grupo, ainda que prestigiado ou maioritário. Depois, não pode esquecer a presença social dessas morais de peso simbólico e até numérico. Mas deve assumir uma perspetiva ética própria, que não é uma *via per mezzo*, mas uma decisão de acordo com aquilo a que poderíamos chamar, alargando o emprego do conceito, "mínimo ético". Não é nada de novo. Já os Romanos sabiam que nem tudo o que pode ser permitido é em si moral – *non omne quod licet honestum est*.

Mas ao mesmo tempo que o Direito não pode ir a reboque de morais e de morais tantas vezes impostas por religiões, não deixando de atentar no que de muito válido, racional e consensual há nelas, também não pode, e com não menor vigor, alinhar por uma perspetiva desenraizada, meramente utilitarista, que tem numa lógica de mercado ou na mecânica de silogismos principiais a sua apoteose.

Quando, por exemplo, os Estados decidem não ensinar boas maneiras, nem educação cívica, nem direitos humanos, nem política, nem religião, sob o pretexto de que não podem doutrinar, não querem doutrinar (só os totalitários doutrinariam), entram por uma linha de assepsia excessiva, não por uma neutralidade moral ou ideológica, mas por uma passividade que é objetivamente condenável. Os Estados democráticos têm o dever ético de ensinar para a cidadania e para a democracia. Não, obviamente, com cartilhas, catecismos e propagandas, mas precisamente permitindo a educação da Liberdade, do exercício do espírito crítico, etc. É sintomático que os mesmos que não querem cadeiras de Direito, Direitos Humanos, Etiqueta, Educação Sexual, Educação Cívica, etc., também não acham interesse ou dão importância às velhas cadeiras de Filosofia no Ensino Secundário. É a confusão da função do Estado, que para alguns só teria que instruir, e não educar. Ora é tanto mais preciso que o Estado eduque quanto é certo que as famílias, cada vez mais nucleares, e não raro monoparentais, vergadas ao peso de horários de trabalho crescentes e sem tempo para as crianças e os jovens, cada vez menos se encontram em condições de fazer o papel educativo que outrora era pacífico e repartido por muitos em agregados familiares extensos, em que a casa e o trabalho muitas vezes se confundiam.

Considerar a possibilidade de coisas mais ou menos absurdas pela simples aplicação de princípios é de repudiar. E a falta de discernimento e de prudência por vezes invadem os que não conhecem limites.

Será que um juiz deve conceder que um município se endivide para pagar uma cirurgia plástica a um cidadão que não gosta do formato do seu nariz, porque todos têm direito à felicidade? Ou que um outro tenha direito a asilo pago pelo Estado, por ser alérgico ao seu país? E será que um presidente de Câmara pode proibir os pássaros de cantar a partir de certa hora, com base no direito ao repouso dos cidadãos, e outro pode impedir os cidadãos homens de sair de casa num determinado dia da semana, para dar a vez às mulheres? E é justo que durante um terramoto os sobreviventes com recursos espoliem os demais, aproveitando-se da sua debilidade, invocando as leis da oferta e da procura?

São tudo exemplos reais de falta de bom senso, que, nos tempos em que vivemos, deveria ser uma das primeiras bases de uma moralidade consciente e abrangente. O Direito não pode pactuar nem com a moral hipócrita de quem se choca por tudo e por nada, nem com a moral plástica amoral e potencialmente imoral de quem perdeu toda a memória, todo o bom senso, toda a prudência.

Não nos parece ser verdade, como dizem sofisticamente alguns, saudosos quiçá de tempos de ar mais *grão-senhor em Filosofia*, que o pluralismo hoje imperante seja uma férrea e unitária ditadura, pior que a ditadura de quem dogmaticamente ditava as suas leis...

Mas não deixa de ser um perigo o pluralismo mal recebido pelo Direito. Porque o Direito tem também como função indicar rumos, e julgar, decidir. Não pode ficar paralisado se uns querem A e outros o contrário de A e ambos o defendem com juras de morte e imprecações épicas. O Direito mais dúctil, que se espera venha poder vir a surgir e a imperar, pode, em muitos casos, tentar composições, conciliações. Mas noutros casos tem de dar a Pedro e tirar a Paulo, dar razão a este e não àquele.

A questão da ligação entre Direito e Moral é a mais complexa. Hoje a pós-disciplinaridade jurídica permite muito mais *diálogos* do Direito com muitas outras realidades, racionalidades, experiências humanas.

Mesmo a ligação com a religião só não é por vezes pacífica por se não levar a sério a necessária separação entre os Estados e as Igrejas, e haver, em certos casos, alguns ressentimentos mal curados, e, noutros, pretensões hegemónicas e de instrumentalização. Felizmente em Portugal as questões dessa índole estarão, espera-se, a caminho de uma convivência saudável, apesar de aqui e ali serem naturais escaramuças de fronteira, incidentes que os *estadistas* de parte a parte têm só vantagens em acalmar e minimizar.

O Direito tem tudo a ganhar com mais educação cívica, com mais educação *tout court*, e espera-se que, entretanto, ninguém confunda boas maneiras com deveres jurídicos.

Por vezes, há casos de penumbra: a continência é devida nas Forças Armadas, não é uma atenção de cortesia. E já houve um caso em tribunal, comentado, sobre o uso obrigatório de fato de macaco numa empresa... Em contrapartida, são de temer imposições de salamaleques por ordem de serviço, ou ordem simples, por parte de pequenos tiranos recém-chegados a certos poderes (por vezes mínimos, quando vistos em perspetiva). Ou mesmo retaliações por faltas de vénias e de ademanes de tratamento pessoal ou por escrito. O mundo do Direito é também o mundo das honras, e as normas de trato social são uma espécie de democratização de honras, que alguns querem só para si... O Direito não pode alhear-se desse continente algo esquecido, algo ignoto.

Mas se, como muito rapidamente fomos dizendo, o Direito se recorta por entre as normatividades, se é diverso de uma religião, de uma moral, de normas de cortesia, etc., o que vem a ser ele?

Os positivistas legalistas conseguiram impor uma definição, que sempre mais ou menos se repete, com uma ou outra variante: *o Direito é um conjunto (ou sistema) de regras (ou normas/e normas) que se impõem coativamente pelo Estado com o fim da ordem (ou da paz, ou do bem social, etc.).*

Mesmo analisando apenas os factos mais patentes do que tem sido o Direito, veríamos que não há um único aspeto desta definição que não tenha erros, ou muitas e significativas exceções. O Direito positivista tem, realmente, os traços de acervo ou sistema (não de problema e de caso), normativista (não judicialista, não consuetudinário, etc.), coativo (não de diálogo, conciliação, equidade, fraternidade), estadualismo (não de outras dimensões políticas, infra- e supraestaduais), e envolve-se num mito de ordem e pacificação sociais ou bem comum, que é o que legitima com um toque positivo o bastante desagradável de tudo o resto.

Do lado não positivista não há propriamente uma definição. Mas há quem remeta para Ulpianus e a descrição de Justiça, sendo que esta é a *mãe do Direito*, como dizia uma glosa medieval: a Justiça seria a constante e perpétua vontade de atribuir a cada um o que é seu – *Iustitia est constans et perpetua voluntas suum cuique tribuendi.*

Cremos que, depois de muitos milhares de páginas lidas sobre o assunto, ainda é esta a melhor maneira de falar do Direito: não falando diretamente. Dizendo que ele tende para a Justiça, pretende reencontrar a sua Mãe, mas que é a ela que se deve mais procurar. E a Justiça de Ulpianus também não é fixista: ela é problema, ela é sempre algo que se nos escapa – *constante e perpétua vontade.* Não há vontade constante e perpétua vontade do que possa colher-se, comprar-se, congelar-se, isolar-se, definir-se.

Mas vontade de quê? *De atribuir a cada um o que é seu.* Não numa perspetiva meramente titularista, mas entendendo que há coisas de cada um porque ele ou ela é uma Pessoa. Portanto, há direito por título positivo e direitos por título natural: e o mais alto de todos é a própria humanidade. *És Homem, logo, tens direitos.* E direitos ao Mundo. Como Tomás de Aquino sublinhou, a própria propriedade privada é uma invenção de direito positivo. Só os proprietaristas é que a pensam como um direito natural.

Obviamente, como sabemos, e o diz o Estagirita, melhor cuida cada um do que lhe dói na fazenda, e portanto é socialmente útil a propriedade. Mas para sabermos o que é de cada um precisamos, por isso, de avaliar a utilidade social, geral, comunitária, de qualquer direito de propriedade (entendido em sentido lato).

O Direito diz o que é o teu e o meu, divide, reparte. Mas, por detrás dele, não só a moral o inspira, como a ideologia. Não é o mesmo acreditar-se que *a propriedade é um roubo*, como para Proudhon, ou um direito natural, como para Locke. Direitos diferentes daqui decorrem.

Varridos, chocados, indignados, espantados por tempos críticos, os cidadãos da Europa, que criou o Direito, certamente verão que o Direito a emergir, depois da crise, será diferente. Não importará tanto a legislação pontual que vai adaptando direitos contratuais, legais e até constitucionais, mas o que se vier a consolidar.

Ora é a oportunidade de que surja um Direito mais próximo das pessoas, mais dúctil, menos coativo, mas rigoroso e eficaz, menos estadualista, mas sensível aos diversos patamares da *pólis* global/glocal, etc., etc.

De qualquer modo, ele será sempre *constante e perpétua vontade de atribuir a cada um o que é seu*: por título positivo e por natureza. Pode é no concreto aproximar-se ou distanciar-se mais da mãe Justiça. Mas essa proximidade depende do sentimento ético geral que inspire a ação política, esta ou aquela. O Direito depende da imaginação jurídica, e, normalmente antes dela, da imaginação política.

Não é também o Direito uma mera correia de transmissão da política, mas, como está hoje patente, sem política justa, sem política com sensibilidade ao justo, dificilmente a autonomia que hoje ao Direito se consente consegue instituir uma ordem justa. Platão sabia-o muito bem, e por isso, na *República*, tratou do problema da Justiça precisamente no seu contexto: o da cidade justa.

Obviamente que todos e cada um dos juristas (obviamente mais responsabilidades tem um juiz de um Tribunal Constitucional que um advogado de uma aldeia recôndita) são armados cavaleiros da Justiça, e perante ela prestarão contas (ainda que simbolicamente, por exemplo na reputação social ou histórica com que ficarão). A todos, quotidianamente, se coloca o dilema (não maniqueísta, mas real) do Bem e do Mal, da transigência ou da defesa dos princípios e dos valores, mas também da inflexibilidade ou do diálogo.

Um dos problemas fulcrais é o da Ética no Direito. E nela podem analisar-se valores e virtudes. Das virtudes, deve certamente cuidar expressamente mais a política. E como hoje são precisas as clássicas virtudes republicanas! Dos valores, cumpre especialmente ao Direito atualizar os valores jurídicos e jurídico-políticos. Os valores são luzeiros éticos com vida própria, e deles dependem até os princípios, que inspiram e iluminam as regras. Donde que os valores superiores sejam essenciais. Mas como encará-los?

A Constituição espanhola de 1978 integrou os valores logo no primeiro artigo, e começa por falar de três (há um menos importante): Liberdade, Igualdade e Justiça. Essa tríade é que valorativamente deve iluminar as nossas Constituições, logo, o nosso Direito (porque elas são o máximo direito, do qual todo o mais deve decorrer e ao qual todo o mais deve obedecer).

O nosso Direito deve ser pois, de fundo ético e político, devidamente filtrado e ponderado pela racionalidade jurídica autónoma (problemática, judicialista e pluralista – no nosso entender), e fundar-se nos valores superiores da Liberdade, da Igualdade e da Justiça (esta última, por vezes, sendo em alguns casos substituída pela Solidariedade – mas todas caminhando para o terceiro elemento da tríade clássica já: a Fraternidade, que é mais alta que a Solidariedade e que a Justiça), para no concreto se conseguir sempre, e cada vez mais, uma atribuição do *seu a seu dono*.

Pode não ser a mais alta aventura do Homem na terra, mas é, sem dúvida, uma demanda essencial, e exaltante.

XVII. A Filosofia do Direito, Arma de Longo Alcance

A Filosofia do Direito é arma de longo alcance para os juristas que ousem ultrapassar a miopia do imediatismo. E não se pense que os jurisfilósofos são misantropos em suas cavernas a especular sobre o que não interessa. Muito pelo contrário. Os cultores da filosofia do direito estão nas primeiras linhas dos combates pelo Direito. E quanto a bons empregos, também os têm tido, e dos melhores... Mas não são os bons empregos que os movem. Eles servem onde for a sua trincheira: nos anfiteatros das aulas, nas ágoras da política, no resplandecer da banca, no rendilhado da diplomacia, nos mil e um lugares da cultura, do poder, da finança... Mas transportam consigo uma arma que não é secreta, mas que faz toda a diferença: um olhar diferente, mais distanciado, mais panorâmico, mais sabedor, sobre o Direito, o Estado, a Sociedade... Isso pode ser, certamente, empecilho a soluções fáceis, rasgos de momento, precipitações que alguns, primários, aplaudem como decisões de carácter ou de liderança. Mas o verdadeiro líder é o que chama os outros, que envolve os demais, e que conferencia não só com os seus pares como com os conselheiros dos livros e do passado.

Da mesma forma que há certas bebidas que não se apreciam logo na primeira vez, que é preciso "aprender a gostar", também os efeitos da Filosofia do Direito são de longo prazo. Felizes os que imediatamente por ela se apaixonam (e há alguns: fomos um deles...), mas há os que só virão a entender o bem que lhes fez muitos anos depois de a terem estudado. Há também os que reconhecem que fora mal não terem começado a estudar o Direito por ela. E verdadeiramente têm razão.

Os efeitos benéficos têm de ser experimentados. Não podem ser relatados antes do tempo, e são experiências pessoais incomunicáveis. Nada de místico ou esotérico, claro – estamos a falar afinal de ginástica do espírito – mas de muito racionalizável.

E tudo se sintetiza no sorriso. Por vezes, como Camus lembrou, é necessária uma gargalhada filosófica que varra a nossa testada – até de vendilhões do templo. Mas na Filosofia do Direito é sobretudo o sorriso.

Esse sorriso sapiente que tantas vezes contemplamos nesses juristas calmos, que nos olham não inquietos, não sobressaltados, sem a faca na cinta (ou na liga). Esses que respiram naturalmente o fervor da Justiça.

É grande a diferença de quem sabe filosofia face a quem não a sabe. Na segurança de um saber superior, mais complexo e profundo, face a um saber simplesmente técnico. Na compreensão do que está por detrás do palco. Na relativização do que outros creem ser o *Alpha* e o *Oméga*. Na imaginação que induz, na agilidade que comunica, na inteligência que aguça, na argumentação que potencia, na felicidade pessoal resultante da sensação de dever cumprido que pode trazer.

Mas obviamente não se pense que se pode atingir esse outro estádio com a leitura simples, ou sequer com a memorização linha por linha, deste pequeno e modestíssimo manual. Ele apenas pretende despertar um espírito, que tem que ser cultivado por cada um. Com muitas leituras, muitas pesquisas, muitas conversas, muitas meditações, e muita vivência consonante com os princípios do direito pensado, em constante busca da Justiça.

Bibliografia Geral

AUSTIN, John, *The Province of Jurisprudence Determined*, 1832.

CALVO GONZÁLEZ, José, *Derecho y Literatura. Intersecciones Instrumental, Estructural e Institucional*, in *Direito & Literatura*, coord. nossa, "Cadernos Interdisciplinares Luso-Brasileiros", v. II, Porto/São Paulo, IJI/CEMOrOc, 2009.

CORTINA, Adela, *Etica Mínima. Introducción a la Filosofía Práctica*, 3ª ed., Madrid, Tecnos, 1992.

FERREIRA DA CUNHA, Paulo, *Constituição, Direito e Utopia. Do Jurídico-Constitucional nas Utopias Políticas*, Coimbra, 'Studia Iuridica', Boletim da Faculdade de Direito, Universidade de Coimbra / Coimbra Ed., 1996.

—, *Teoria Geral do Direito. Uma Síntese Crítica*, Oeiras, A Causa das Regras, 2018.

Jurisprudence, 3ª ed., Londres / Sydney, Cavendish, 2002.

MACPHERSON, C. B., *The Political Theory of Possessive Individualism*, Clarendon Press, Oxford University Press, 1962.

MONTESQUIEU, *De l'Esprit des lois*, 1748.

REALE, Miguel, *Filosofia do Direito*, 13ª ed., São Paulo, Saraiva, 1990.

ROTHENBURG, Walter Claudius, *Direito Constitucional*, São Paulo, Verbatim, 2010.

SCHWARTZ, Germano, *A Constituição, a Literatura e o Direito*, Porto Alegre, Livraria do Advogado Editora, 2006.

SOLOMON, Robert C. / HIGGINS, Kathleen M., *A Passion for Wisdom. A Very Brief History of Philosophy*, Oxford, Oxford University Press, 1997, trad. cast. de Ángel Rivero, *Breve Historia de la Filosofía*, 2ª reimp., Madrid, Alianza Editorial, 2007.

WACKS, Raymond, *Philosophy of Law. A Very Short Introduction*, Oxford, Oxford University Press, 2006.

DOS SABERES DA POLÍTICA

I. Das *Epistemai* Políticas em Geral

A Política é o objeto ou a substância dos Estudos Políticos. Tal deveria ser uma mais que óbvia evidência. E Política num sentido lato, muitas vezes englobando, como veremos, a normatividade e até a juridicidade. Tal era, aliás, o sentido clássico da Política. Antes do século XVII, a própria "Política" *tout court* englobava, naturalmente, a reflexão sobre o Direito (pelo menos os seus princípios). E, como vimos, Michel Villey é claro sobre tal (1982: 143). No nosso *Filosofia Política* (2010), que o presente texto tem como um dos panos de fundo, procuramos, no contexto das diversas "filosofias", uma Filosofia Política, perspetivada historicamente. Portanto, não um desenvolvimento da perspetiva política do autor ou de algum autor, mas um panorama do pensamento político ocidental, desde os primórdios até aos nossos dias. Logo então advertimos que tal *démarche* não deveria causar qualquer angústia epistemológica ou metodológica. Mas suspeitávamos que isso pudesse levantar alguns problemas teóricos, até porque se trata de uma matéria cheia de intersecções com outras áreas de saber.

Há autores, como R. Patai (1974), que adiantam uma metodologia redentora para casos espinhosos: a melhor forma de atacar a apresentação de um livro seria definir antes de mais os termos constantes do respetivo título. A mesma lição poderíamos utilizar para uma qualquer ciência ou *episteme*.

Tomemos uma das possibilidades para estes estudos: Filosofia Política.

Uma tentativa de seguirmos esta sugestão de tão evidente bom senso revelar-se-ia pouco mais que vã: *filosofia*, para além do etimológico significado de "amor à sabedoria", quer dizer tantas e tão complexas coisas que não cabe nas talas da definição; e *política*, neste nosso contexto de reflexão, começa logo por não se saber se é arte ou ciência, ou se a deveremos remeter para a "realidade" social, ou para outro *quid*, ainda que tenha como fito ora atividades muito excelsas, ora ações muito perversas ou movediças.

Passemos à Ciência Política. O que quer dizer ciência, para além de nos evocar assepsia, batas brancas?

Ou então, voltemo-nos para a Teoria. *Teoria* vem do grego, e de palavra que significa "visão". Uma teoria é uma "visão" das coisas...

Filosofia, Ciência, Teoria e outras hipóteses, tal como Política, deixarão sempre o burocrata das ciências desconsolado. Ele quereria coisas palpáveis, quantificáveis, registáveis... Não é possível nestes estudos tão evanescentes e fugidios que preferimos não lhes chamar ciências sequer, mas disciplinas, matérias, *epistemai*.

Definir não parece ser procedimento adequado.

Mas voltemos ao nosso intento, insistamos. Miremos a questão de outro prisma. Ao (re)lermos o sintagma da "Filosofia Política" ora pensamos nele como um todo, ora o decompomos nos seus dois elementos. E assim, em pré-compreensão, *grossissimo modo*, poderemos, sem nenhum rigor, dizer que filosofia é função ou ação de pensar, refletir, com profundidade e radicalidade, sem as limitações (algo tautológicas) das ciências, sem os dogmas e as crenças das religiões ou das ideologias, indo ao fundo dos problemas, à raiz dos problemas com rigor e espírito crítico; e que política é a atividade humana da luta pela conquista, manutenção e/ou alargamento (expansão) do poder, a qualquer nível – desde o internacional ao estadual, ao corporativo, ao social, ao organizacional, ao familiar...

Enquanto realidades, fenómenos, quer a filosofia quer a política podem atingir um grau de elaboração e aprimoramento que lhes dê a dimensão de "arte" (há quem fale de filosofia como "uma das belas-artes"), e numa perspetiva de racionalidade mais formalista e racionalista poder-se-á falar também para ambas em Ciência.

Começa então a alternativa Ciência a ganhar algum mérito. E é óbvio que o mesmo poderia, *cum grano salis*, ocorrer para "teoria".

Realidade ou fenómeno, arte e ciência (e também técnica, ciência aplicada ou pré-ciência "ritual", funcionalizada) são atributos possíveis quer da política quer da filosofia. Embora no caso da ciência e da técnica quadre mal à filosofia tal tipo de epítetos. Husserl considerará a filosofia uma ciência de rigor. Mas não é de ciência que normalmente se trata, antes de uma *sagesse* que recorta a *episteme* de forma diversa. Também a política pode ser várias coisas. E nelas nos deteremos, porque no sintagma "Filosofia Política" o cerne, o "X" do assunto é a Política, sendo a Filosofia de algum modo "determinante" ou "adjetivante".

A Filosofia Política é uma das formas de abordagem do estudo da Política. Não é, desde logo, uma forma ou uma modalidade de Política, mas um estudo teórico (por isso ela poderia ser chamada também Teoria), uma espécie possível de "visão" sobre ela. Desde logo, pois, se afasta da política *como política*, da prática política, ou da vida política. Esta flui, normalmente, na reação entre as ideias (e as ideologias, se for caso disso) e os desafios das circunstâncias de cada presente. Há políticos mais pragmáticos (que se acomodam mais às realidades em que se movem) e outros mais idealistas, ou mesmo utópicos ou utopistas (que reagem mais fortemente contra esses condicionalismos, procurando de uma forma ou de outra vencê-los).

Para além da política enquanto prática, várias são as disciplinas teóricas (e académicas) que se distinguem precisamente a partir dessa prática.

As expressões são várias, mas cremos poder dividir as várias *epistemai* em dois grupos: o das disciplinas mais especulativas e atinentes a objetos mais axiologizados ou personalizados, e o das disciplinas mais positivas ou "científicas" *tout court*. Tentemos uma ordem, que, procurando ser *ob-jetiva*, nunca deixa de ter um toque pessoal.

Assim, no primeiro grupo se integrarão a Filosofia Política propriamente dita, a Teoria Política e o Pensamento Político. Tendo como extensões históricas a História do Pensamento Político, a História das Ideias Políticas e a História da Filosofia Política.

No segundo grupo, além da mais específica Sociologia Política, pode desde logo encontrar-se a Ciência Política. Com as suas diversas divisões, dela emerge hoje com relevo o estudo das Relações Internacionais. Mas na qual (segundo a classificação da UNESCO, no que confluem, em língua portuguesa, Freitas do Amaral, Paulo Bonavides, ou Nery Costa) cabem tanto a Teoria Política como a História das Ideias Políticas.

Nessa perspetiva, a Ciência Política de algum modo passa a grande *episteme* do político, a que poderíamos designar por *Scientia Politica*, geral estudo ou conhecimento de todo o campo político. Para mais, mesmo a Ciência Política *tout court* (sem necessidade de expressão mais abrangente na fórmula latina ou alatinada) é hoje de novo considerada um campo vastíssimo, em que se incluem múltiplas matérias. Algumas partilhadas com o Direito (sobretudo o Direito Político e o Direito Constitucional, o Direito Internacional Público, e a Filosofia do Direito), outras com a Filosofia (desde logo na versão Filosofia Política). Ao ponto de se poder perguntar se não seria de, mais latamente, enveredar por uma vasta e em si mesma interdisciplinar Ciência do Estado (embora o Estado seja uma entidade datada: e de novo caímos na preferência por uma "Ciência Política" ou várias "Ciências Políticas" como Ciências do Poder e da organização do Poder a vários níveis). A expressão Estado tem, por seu turno, foros de cidade e na verdade até muitos pergaminhos teóricos nas fórmulas e *epistemai* Filosofia do Direito e do Estado (poderia haver só Filosofia do Estado), e talvez até mais ainda na Teoria do Estado, e Teoria Geral do Estado (de origem germânica).

II. Das *Epistemai* Políticas em Particular

As disciplinas estão longe de serem arquétipos inteligíveis, com claro recorte como ciências no céu dos conceitos. As suas contextualidade e mestiçagem começam a emergir sempre que as confrontamos entre si. Para além das guerras de território e afins, as *epistemai* comportam terras de ninguém e zonas em litígio, normalmente de intersecção de racionalidades e perspetivas.

Assim, Anthony Quinton exprimiu com alguma graça e muito acerto o que se passa com as três disciplinas mais "normativas" da Política, afirmando que, antes de mais, as três não são ciência política. E poderia ter dito: não são também sociologia política.

Sem dúvida que é uma delimitação pela negativa, mas, neste universo esquivo de distinções subtis, estabelece uma *summa divisio* muito forte e radical. Por outro lado, mesmo esta divisão comporta a necessidade de uma pormenorização interna.

Se a Ciência Política, numa perspetiva restritiva (porque na lata englobaria todas estas matérias, enquanto geral *scientia*, conhecimento, do político – como vimos), é sobretudo empírica e comparativa (ao ponto de em algum momento se poder confundir – decerto pelo menos nos tempos aristotélicos matinais – até com o Direito Constitucional Comparado), e a Sociologia Política se terá de guardar de excessivos comentários e inferências, pois ultrapassando um tanto a sociometria se inclinará para o valorativo, quiçá o normativo, já as disciplinas deste último jaez não precisam de excessiva "castidade metódica", embora jamais possam fazer economia do rigor.

Na verdade, e seguindo uma advertência por Léo Strauss retomada, a Filosofia Política não é nem uma filosofia geral aplicada à política (pelo que a história da filosofia geral se encontra noutro ritmo, diverso do da história da filosofia política), nem, por outro lado, representa o simples *quid* "atemporal" ou sincrónico daquilo a que diacronicamente se chama "História das Ideias Políticas". Ou, por outras palavras, a Filosofia Política é vera Filosofia, não simples "pensamento (político)"; o qual pode ser até historicamente decisivo, mas nem sempre se elevando à profundidade, sistematização e grandeza da filosofia. E nem mesmo a "Teoria Política" se confunde com a Filosofia Política, apesar da normal sinonímia ou quase sinonímia.

Como decorre até do uso corrente das expressões, o "pensamento político" pode ser constituído por ideias avulsas, preconceitos, políticas (*policies*) ou propostas de políticas, sem necessidade de uma visão. O político, quando pensa, tem "pensamento político". Mas nem o "estadista", que sobrepuja de longe o simples político em visão e sentido do interesse público (ou do Bem Comum), pode estar seguro de possuir suficiente articulação e rasgo nas suas "ideias políticas" para se dizer que tem uma "teoria política".

Donde se dirá que a História das Ideias Políticas será o primeiro grau. Pois nem todas as ideias formam um *pensamento*, original, coerente, articulado. Depois, num grau superior de elaboração, virá o Pensamento Político e a sua história. Num grau mais elevado ainda, encontra-se a Teoria Política. A distinção da Filosofia Política acaba por ser cada vez mais difícil, à medida que as *epistemai* com ela se vão aparentando mais, subindo na escala abstrativa e especulativa.

Apenas seria Filosofia Política, na pureza das coisas, para uns a especulação pura, do tipo conceitual, sobre a essência ou natureza do estado dos direitos dos cidadãos, assim como dos seus deveres (Quinton). Mas o interessante é que esta delimitação, sobretudo anglo-saxónica, esbarra com algumas ideias concorrentes no continente europeu. Comentando a falta de desenvolvimento da filosofia política na Alemanha, um autor como Jürgen von Kempski, em balanço do século XX filosófico-político, considera que a primeira *episteme* se integrava no direito natural, tradição que teria perecido no século XIX, tendo no plano epistemológico sido retomada a questão no quadro da Filosofia do Direito e do Estado. É verdade que os mesmos problemas de fundo vão sendo metamorfoseados, mas permanecem, ao serem retomados por novas *epistemai*. Efetivamente, os problemas que a alguns pareceriam ser típicos e exclusivos da Filosofia Política, para outros constituem a Filosofia do Direito e do Estado.

Na prática, porém, acaba por compreender-se a Filosofia Política em sentido muito amplo. E assim compreenderá ela pelo menos alguns aspetos da Filosofia do Direito e do Estado (desde logo toda a Filosofia de Estado *a fortiori*), assim como os temas que para os mais puristas se integrariam na Teoria Política: considerações entre o prático e o teórico sobre os diversos níveis da sociabilidade e interação, sobretudo na perspetiva do poder, da organização/ instituição; análise institucional (de instituições pessoa e coisa); fim da política (*politics*) e meios para os alcançar (*policies*); e até as mais filosóficas discussões políticas sobre a natureza humana.

Nenhuma destas relações é realmente nova, como sabemos. A ligação da Política com o Direito é, obviamente, antiquíssima, para mais derivando ambas da primeira função indo-europeia, nas sociedades com essa origem. Mas mais que isso: pela imbricação dos estudos políticos e jurídicos até muito tarde, mesmo já durante a Idade Moderna.

E não nos esqueçamos, por exemplo, que o primeiro volume de uma Ciência Política, de José Adelino Maltez (1996), poderia quiçá ter como título (ou subtítulo) "Filosofia do Direito"...

Na verdade, uma das vias de acesso (até histórico-epistemicamente) à Ciência Política é o Direito. Por exemplo, uma muito conhecida obra de António José Fernandes (2008) comporta, além de matéria sociológico-política e ideológico-filosófico-política – e com pleno cabimento em todas as entradas – uma boa parte de Teoria Geral do Estado (muitas vezes objeto do Estudo em Direito Constitucional, como, *v.g.*, no ensino de Jorge Miranda, no seu *Manual*...), parte de Direito Constitucional propriamente dito (como a estrutura orgânica do aparelho de Estado e temas afins), parte de Comparação de Direitos Constitucionais, Sistemas Constitucionais Comparados ou Direito Constitucional Comparado, ou Geografia Constitucional (como se queira chamar), etc.

Concluímos assim que as *epistemai* do político são várias, complexamente entrecruzadas, mas que as principais divisões nos levam a considerar: em termos latíssimos, uma geral *scientia* política, a todas as *epistemai* políticas englobando; em termos ainda muito latos, uma Filosofia Política abrangendo todas as disciplinas não "científicas", ou seja, excluindo a Ciência Política *stricto sensu* e a (se autónoma) Sociologia Política; numa perspetiva mais rigorosa, agrupando, de um lado, a Filosofia Política, a Teoria Política e o Pensamento Político e, de outro, aquelas duas demais ciências – Ciência Política e Sociologia Política.

Descendo ao pormenor e ao concreto, juntaríamos, por essencialmente semelhantes e complementares (realmente quase sinónimas) a Filosofia Política e a Teoria Política, apartando as dos relativamente menos elaborados conceitos teóricos de Pensamento Político e Ideias Políticas.

Assim, se as Histórias do Pensamento Político "ou" Histórias das Ideias Políticas poderiam englobar o pensamento de grandes cabos de guerra ou líderes políticos, podendo versar, por exemplo, sobre César ou Napoleão, ao invés, numa História da Filosofia Política, tal seria estranho e inadequado.

III. Dos Estilos de Escritos da Política

Perante as tão diversas formas de encarar a Filosofia Política e suas *epistemai* afins, parece que a demanda de uma especificidade se impõe. E descobrimo-la num tipo de problema totalmente diverso dos que ocupam mesmo as outras disciplinas do político: quem se preocupa com a boa política e a boa sociedade política? A discussão pode centrar-se na cidade ideal, e no seu mito (sendo, portanto, uma utopia, como, desde logo, a *República* de Platão), ou na demanda da melhor forma (ou combinação de formas) de governo, como com Aristóteles nas *Políticas*.

As formas "literárias" de que se reveste a Filosofia Política não são, pois, menosprezáveis. Atendendo à sua sedimentação histórica, ela tem sido sobretudo utopia (como com Platão, Tomás Moro, Campanella, Bacon, etc.) ou quase utopia (com os constitucionalismos), tratado (com Aristóteles, Espinosa, Hegel), ou crítica (o *Elogio da Loucura* de Erasmo, o *Manifesto do Partido Comunista* de Marx e Engels).

Há assim fundamentalmente três formas de tratar a Filosofia Política: por autores, ou por obras, ou por temas. Nenhuma das perspetivas é suficientemente esgotante. Jean-Jacques Chevallier, por exemplo, sentiu necessidade de proceder tanto a uma abordagem por autores (combinada com temas), em *Histoire de la Pensée Politique*, 1993, como a uma focalização baseada nas obras, em *As Grandes Obras Políticas*, em colaboração com Yves Guchet, 2004.

Em muitos casos se combinam os critérios, sendo certo que a orientação primacialmente temática é a mais complexa e suscetível de assimetrias e lacunas, porquanto nem todas as épocas nem todos os autores se preocupam com os mesmos temas políticos.

Permitimo-nos recordar a nossa própria experiência no tratamento destes temas. Ela é realmente plural.

No nosso livro *Filosofia Política* optámos inicialmente pela perspetiva autoral, cronológica e exemplificativa, limitando-nos aos traços mais salientes dos autores que consideramos mais significativos, entre os clássicos. Só nos momentos mais contemporâneos, sem abandonar esta ótica, perspetivamos sobretudo o momento da sua abordagem tendo como marcos as obras publicadas, cronologicamente consideradas, e os contextos e contemporaneidades entre os autores. Já no nosso *Repensar a Política* optámos pela perspetiva mais "científica", não histórica, mas temática, embora não tenhamos podido deixar de recordar dois "fundadores" epistemológicos essenciais – para a autonomização do político, Maquiavel, e para a autonomização do jurídico, Aristóteles. O nosso pequeno livro *Política Mínima* (2005), esse, é estritamente temático, sem excursos históricos ou sobre autores verdadeiramente significativos.

Evidentemente, há alguns temas maiores na Filosofia Política. Conforme as predileções e as angústias de cada pensador, assim variarão. Mas há temas pouco menos que eternos. Por exemplo, na parte da política do seu *Philosophy: The Basics*, Nigel Warburton seleciona (por esta ordem) a igualdade, a democracia (igualdade política), a liberdade, os fins das penas (com nomes que não são os correntemente utilizados na nossa doutrina penalística – mas que significam o mesmo), e a desobediência civil. Numa clave bastante diferente, François Vallançon, no seu *L'Etat, le Droit et la Société Modernes* (1998), para cada um dos três tópicos de que se compõe o seu título escolhe três autores clássicos: Maquiavel, Bodin e Hobbes para o Estado; Montesquieu, Rousseau e Kant para o Direito, e Comte, Marx e Tocqueville para a sociedade.

Já mais complexa é, *v.g.*, a *démarche* de Philippe Corcuff, *Philosophie Politique* (2000). Começando pela relação antropológica com a cidade, desde Platão às ciências sociais, passando pela dialética entre dominação e justiça, e terminando "entre fundamentos e desconstrução", em todos os casos com referência aos respetivos autores representativos, de Platão a Derrida.

Afigura-se-nos que uma tópica das grandes ideias políticas incluiria necessariamente os *lugares* Estado, Pólis, Império, República, e as formas de governo, desde logo as puras e as corruptas (monarquia/tirania, aristocracia/oligarquia, democracia/anarquia ou demagogia – para usar Aristóteles); os grandes valores, princípios e palavras de ordem (e afins) da política, como a Liberdade, a Igualdade, a Fraternidade, a Justiça, e a ordem, a segurança e ainda a propriedade. Esta última é a pedra-de-toque das ideologias, formas eficazes, maciças, de divulgação (e também de deformação vulgarizadora) das filosofias políticas.

Consideramos importante dar particular relevo às temáticas que, de entre estas, em cada autor considerado, se revelarem mais salientes. Mas, por muito que os temas sejam redutores e organizem sem dúvida o pensamento em afinidades e contrapontos desafiadores, acompanhamos Philippe Raynaud quanto à infungibilidade, para a Filosofia Política, do exemplo de alguns perfis essenciais para a compreensão das relações entre o Homem e a Cidade.

O projeto de Teoria do Estado (outra *episteme* vizinha da nossa, e em alguma medida coincidente) de Eric Voegelin tinha três partes, sendo a última, embora sob o título de "História das Ideias Políticas", na verdade muito próxima do nosso escopo. Conta-nos, entre nós, Mendo Castro Henriques que as 250 páginas de encomenda do editor para este último projeto se multiplicariam por mais de dez (chegaram a 2611). No entanto, o livro que acabou por chegar até nós, incluindo páginas brancas e prefácio, tem exatamente 254 páginas (Voegelin, 1996). Contudo, tal esforço sintético não seria empreendido pelo autor, que assumidamente desistira da sua obra. Mesmo assim, as 254 páginas são a "compactação" de 820 páginas de entre as mais de 2600. Os autores contemplados pela síntese são: Erasmo, Moro, Maquiavel, Lutero, Bodin, Vico, Schelling, Comte, Marx e Nietzsche.

IV. Do Conhecimento do *Thesaurus* Político

Um empreendimento bibliográfico que possa ser minimamente compreendido e utilizado por estudantes normais do ensino universitário, *hic et nunc*, precisa de não vulgarizar, limitando a política a abstrações ou a meia-dúzia (*sic*) de autores da predileção do professor ou autor. Mas também não pode ser um monumento de erudição que afaste qualquer leitor ou estudante médio.

Um programa universitário ou um manual que aspirem a alguma utilidade e efetivo uso, situar-se-ão, em extensão, entre a síntese e a compactação intermédia. Sabemos, com Aristóteles, que há sempre um ponto em que é preciso parar (*ananké stenai*). E os especialistas e amigos de minudências sempre observarão lacunas.

Ninguém é especialista em mais de meia dúzia de temas, sobretudo num tempo, como o nosso, em que as bibliografias se pulverizaram de forma incompulsável. No que não somos especialistas, temos, de algum modo, de procurar ser algo como conscienciosos "amadores" com responsabilidades institucionais.

Ao contrário da excelente *História da Arte* de Gombrich, em que o autor protesta não falar de nenhum quadro que não tenha visto ao vivo, de entre as muitas centenas de livros que se citam em manuais de coisas políticas pode bem ocorrer que não todos tenham sido pelos autores lidos do princípio ao fim. Raymond Aron teve a coragem de confessar, no seu prefácio à edição da Dalloz do *Traité de Sociologie Générale*, de Vilfredo Pareto (1958), que não tinha lido essa obra inteira. É, realmente, um monumento portentoso.

Cremos que seria até uma impossibilidade de tempo. Portanto, todos os livros que faltam, mesmo a obras monumentais – e são sempre muitos: porque há milhares e milhares de livros que tocam a política nestes séculos todos –, também não poderiam ser lidos pelo leitor.

O mais importante na pedagogia dos estudos políticos é um convite à reflexão autónoma, não uma doutrinação. E para isso impõe-se que os destinatários de um curso ou de um livro recebam e aceitem um convite à leitura, sobretudo dos clássicos da política.

De algum modo, a superabundância de comentadores mata o necessário convívio direto com as fontes originais. Contudo, o acesso direto às fontes não pode ser caótico, mas necessita de uma formação de base que as contextualize.

Bem vistas as coisas, se uma disciplina ou um manual se chamam Filosofia ou História, Teoria ou Ciência importa muito menos. De todo o modo têm de versar sobre o Poder, as Normas, as Comunidades e Sociedades Políticas, a Justiça e a Injustiça e os seus protagonistas, pensadores e instrumentos.

Bibliografia

CHEVALLIER, Jean Jacques, *Histoire de la Pensée politique*, nova ed., Paris, Payot, 1993.

—, *As Grandes Obras Políticas*, em colaboração com Yves Guchet, trad. port. de Mira Sintra, Publ. Europa-América, 2004.

CORCUFF, Philippe, *Philosophie politique*, Paris, Natham / Her, 2000.

FERNANDES, António José, *Introdução à Ciência Política. Teorias, Métodos e Temáticas*, Porto, Porto Editora, 2008.

FERREIRA DA CUNHA, Paulo, *Filosofia Política. Da Antiguidade ao Séc. XXI*, Lisboa, Imprensa Nacional, 2010.

—, *Política Mínima*, 2ª ed., corrigida e atualizada, Coimbra, Almedina, 2005.

MALTEZ, José Adelino, *Princípios de Ciência Política. Introdução à Teoria Política*, com prefácio de Adriano Moreira, Lisboa, Universidade Técnica de Lisboa, Instituto Superior de Ciências Sociais e Políticas, Centro de Estudos do Pensamento Político, 1996.

PATAI, Raphael, *Myth and modern man*, trad. bras. de Octavio Mendes Cajado, *O Mito e o Homem Moderno*, S. Paulo, Cultrix, 1974.

PARETO, Vilfredo, *Traité de Sociologie Générale*, prefácio de Raymond Aron, Genebra / Paris, Droz, ed. de 1958.

VALLANÇON, François, *L'Etat, le droit et la société modernes*, Paris, Armand Colin, 1998.

VILLEY, Michel, *Philosophie du droit*, 3ª ed., Paris, Dalloz, 1982. v. I.

VOEGELIN, Eric, *História das Ideias Políticas*, apresentação, abreviação e trad. de Mendo de Castro Henriques, Lisboa, Ática, 1996.

II.

ANTIGUIDADE CLÁSSICA

Os nossos antepassados juravam por Jerusalém e pela Bíblia, e uma seita nova jurou por Esparta, Atenas e Tito Lívio. (...) Elogiaram-nos a liberdade de Roma e da Grécia (...).

Volney

1

AS PALAVRAS E AS COISAS DO PODER E DO DIREITO NA ANTIGUIDADE CLÁSSICA

I. Do Poder e da Política

Sendo a filosofia política da Hélade e de Roma uma espécie de alfabeto e gramática elementares e essenciais de toda a questão política, seria quase uma tautologia, mas sem dúvida um atrevimento, especificamente introduzir o que já é introdução: tal obrigaria a sínteses ainda impossíveis, ou a antecipações prejudiciais. Permita-se-nos que apenas citemos um autor esquecido, numa obra de tema hoje inusitado, mas em que a "verdade" parece ter "soprado":

> Os gregos já possuíam palavras para exprimir todas as coisas e sentimentos, mas é possível que tenham sido as palavras que os levaram a conceitos filosóficos que deram à cultura uma forma ao mesmo tempo mais teórica, artística e espiritual. (Mello: 381)

E os Romanos, neste aspeto, limitaram-se a seguir os Gregos. Assim se justifica que a verdadeira "Conclusão" de um texto como este se venha a projetar no estudo das épocas ulteriores... A "conclusão" dos clássicos são os modernos. E conclusão inconclusa, como é óbvio. Embora – não esqueçamos, porque tal pode ser a chave de muita coisa – todas as filosofias (e também as políticas e as jurídicas) são de todos os tempos. Aliás, mais as filosofias jurídicas e políticas a tal se prestam que, por exemplo, as filosofias das ciências, irremediavelmente arrimadas ao desenvolvimento destas num dado tempo e lugar.

Regressamos aqui às primeiras ideias e às primeiras palavras: a Filosofia Política fala em grande medida ainda grego e latim. E o Direito ainda hoje fala muito latim. Ou, quando o não fazem nas línguas originais, falam de forma traduzida. Nem sempre com respeito pelo vernáculo, pelas instituições e pelas ideias iniciais, mas quase sempre com veneração pela *patine* do tempo e pelo mito da Antiguidade Clássica – que animou algumas das mais fascinantes épocas de renovação do pensamento e da ação políticas e a construção da juridicidade como coisa autónoma.

Como clássica que é, a Antiguidade Clássica e as suas ideias e instituições revivem com frescura a atualidade em muitas épocas ulteriores. O clássico é o que já foi, mas continua sendo. Também em Política e em Direito.

II. Da Filosofia Jurídica Grega

O legado da Hélade para a reflexão sobre a Justiça é imenso, mas inegavelmente muito complexo. Começa tudo com o rigor das palavras e das ideias: *Phusys, cosmos, taxis, dikaion* (para não falar já em *paideia, polis, politeia*) – todas estas expressões gregas não são realmente o que parecem, e a sua tradução latina, e depois nas línguas modernas é, em regra, empobrecedora. Sem dominarmos o universo de significações dos gregos, não seremos capazes de aceder ao seu pensamento. É por vezes confrangedor ver algumas traduções literarizantes de clássicos, que retiram às expressões originais toda a carga original, e as atualizam normalmente, com evidente anacronismo conceitual e institucional.

Há matérias em que não se pode senão ficar no peristilo, reverentemente. Sabendo que há todo um templo de saber diante de nós, mas para o qual ainda não nos encontramos suficientemente preparados. A jurisfilosofia helénica parece ser um desses casos: devemos saber que existe, mas só mais tarde estaremos preparados para a apreciar devidamente.

Os pré-socráticos dão-nos um sem-número de intuições, mas ainda muito centrados no cosmos. Há, contudo, um pulsar latente da questão da Justiça.

Os sofistas são importantes. Até porque nos permitem ver, no passado, os tempos atuais em que se pode dizer tudo e o contrário de tudo. E em que há uma desconfiança letal quanto à verdade, e a persuasão (de qualquer tipo) é tudo.

Nos sofistas principalmente vemos aquelas duas teorias perversíssimas (mas tão inteligentes e tão bem observadas que parecem realmente espelhar o que se passa) sobre a Justiça: a de Trasímaco, para quem o direito, e especificamente as leis, são apenas expressão dos interesses e da vontade do mais forte; e a de Cálicles, segundo o qual elas são engenho dos mais fracos para conseguirem lugar ao sol, retirando aos ricos o que seria seu, diríamos hoje, com Darwin, "por seleção natural". No primeiro, não podemos deixar de ver a muito ulterior crítica marxista comum ao direito como expressão da vontade e do interesse da classe dominante, e o segundo poderá quiçá lembrar Nietzsche, a propósito de outros assuntos, também muitos séculos depois.

Platão, sobre cujas ideias jurídicas (e sobretudo políticas) correram rios de tinta, subordina a questão do justo à da cidade justa, e por isso navega para as águas da utopia, na sua *Politeia*, conhecida normalmente pela tradução derivada da latina, *República*.

Ideias que depois reveria de forma mais modesta e realista. Aristóteles vai estilizar o Direito, recortá-lo na síncrise inicial. Deles falaremos *infra*.

Dos demais gregos, vamos preferir a filosofia que se diria implícita à explícita: falaremos em seguida da tragédia, que de forma mais simples e direta nos dá filosofia jurídica. Fiquemo-nos para já com ela, até estarmos prontos (para mais desenvolvimentos, Tzitzis, 2011). Mas antes disso, vamos a Roma, ver como viria a criar-se a disciplina autónoma do Direito. E depois vamos ao teatro...

III. Autonomização do Direito em Roma

Em certo sentido, o Direito é uma especificação da Política. Se a Filosofia Política é mais helênica, o Direito é profundamente romano na sua génese. Foram os romanos que, com inspiração grega (sublinhe-se), autonomizaram o Direito enquanto disciplina científica (ou afim), enquanto *scientia* ou *episteme*, por um processo histórico a que se chama *ius redigere in artem*, ou *Isolierung*. A primeira expressão descreve o processo (quase alquímico) pelo qual o direito passa a ser uma arte (no sentido próprio, técnico, que *ars* tem em Latim e na civilização romana); a segunda, em alemão, alude ao isolamento que corresponde à autonomia (que implica separação) do Direito face ao caldo de cultura sincrético da primeira função dos indo-europeus.

Na verdade, antes da separação operada pelos Romanos, na depois chamada (anacronicamente) "função soberana" da "ideologia" (melhor se diria, também, "cosmovisão") indo-europeia, conviviam unidos aquilo a que hoje chamamos religião (com elementos míticos, mágicos, litúrgicos ou rituais, etc.), moral, política e direito.

Albert Nolan (2007) chama a atenção para o facto, surpreendente para muitos, mesmo cultos, de que, na sociedade em que viveu Jesus não havia distinção entre religião e política, e só assim se compreende, em tensão com o que ia ocorrendo do lado de Roma (naturalmente numa situação complexa, porque em sede de direito das gentes, em contacto com povos não romanos nem realmente romanizados), a ida de Jesus de Herodes para Pilatos (em conflito de jurisdições), e finalmente a escolha da amnistia a Barrabás, que seria hoje um criminoso político, e a efetivação da execução do primeiro, que, afinal, respondia por delito de opinião, mas que hoje, certamente, seria coberto pelo manto protetor da liberdade religiosa.

Não pode deixar de pensar-se também na condenação de Sócrates, por não venerar os deuses e corromper a juventude, numa Grécia ainda sem Direito propriamente dito. O primeiro delito é religioso, e o segundo (nos seus termos clássicos ambíguo) será, quiçá, aos nossos olhos de hoje, uma questão de moral... Há aqui ambiguidades.

Mas Roma não teria chegado à afirmação da autonomia do Direito, ao arrancar da juridicidade do bloco informe do misto "religioso-moral-político-normativo" sem, por um lado, a própria experiência grega e a sua reflexão filosófica, muito em especial de Aristóteles, como veremos.

E também, como é óbvio, os Romanos criaram afinal o Direito como resposta cultural e civilizacional aos seus desafios de eficácia administrativa e de secularização. Eles mesmos tinham afinal – antes da conversão de Constantino, que terá sido, para muitos, uma manobra política – uma religião cívica. O que, se baixa a tensão do místico e do numinoso, melhor se compatibiliza com o fenómeno laicista, que chegava ao sincretismo de deixar um altar vazio para um novo deus desconhecido que chegasse de qualquer ponto dos confins do Império.

Por outro lado, os Romanos tinham também a experiência de maus magistrados (como lembra Santo Isidoro de Sevilha, numa passagem aliás significativa: *deinde cum populus seditiosos magistratus ferre non posset, Decemviros legibus scribendis creavit – Etimologias, V, 1, 3*) sem um corpo sistemático de leis e sem um contexto institucional e mental – o que procuraram suprir. Os pretores foram buscá-los ao exército, os jurisconsultos foram sendo formados, e o foro foi-se distanciando da ágora ateniense, domínio dos vendedores de palavras, os logógrafos (que mais que os sofistas eram o que hoje chamamos "sofistas"), e a balança romana passou a ter um fiel (representando precisamente o pretor, condutor supremo do processo), sendo direito o que ocorre quando o mesmo cai a prumo, *de-rectum*. Na Grécia, sem fiel, os processos eram decididos em muitos casos (mesmo os políticos, de voto ao ostracismo) em grandes assembleias. E não havia, de início, corpos especializados de magistrados, advogados, etc. Devendo até o réu defender-se a si mesmo. Por isso, temos a ficcionada *Apologia de Sócrates*, de Platão, em que o filósofo maldito de Atenas a si mesmo se defende. Bem no plano dos princípios, mas muito mal no quanto é necessário para persuadir uma assembleia de juízes.

Mas mais razões terão levado à criação do Direito. Uma delas política. Esses perversos magistrados que torciam o direito, não eram senão agentes políticos perversos, prevaricadores. A intromissão excessiva da política na justiça foi sem dúvida outra razão para que se autonomizasse o mundo do Direito.

Se o mais importante, aos olhos de hoje, no Direito da Antiguidade Clássica, é o espírito e a técnica do Direito Romano, nem sempre as suas soluções e a sua mundividência nos podem servir. Em alguns aspetos, o Direito que a contemporaneidade precisa é precisamente o contrário do romano. Desde logo, o paradigma fundante dele é o direito objetivo, do *ius utendi, fruendi et abutendi*: usar fruir e abusar da sua propriedade, segundo o direito dos Quirites (*ex iure quiritium*). Ora, nos tempos atuais, já mesmo o paradigma seguinte, que devemos à modernidade, do direito subjetivo, parece conter a multiplicidade, contraditoriedade e fluidez das relações interpessoais, que o direito procura ir explicando e regulando com a sua linguagem própria. É certo que, como afirma justamente Miguel Reale (1982: 9), "Os juristas falam uma linguagem própria e devem ter orgulho de sua linguagem multimilenar, dignidade que bem poucas ciências podem invocar". E essa linguagem, na base, e sobretudo no mundo do direito privado, é romana. Porém, o direito privado tem cedido muito o passo ao direito público (Francisco Puy afirma que só o direito administrativo é mais de meio direito), que não só foi criando outra linguagem, como até princípios por vezes opostos ao simples negócio entre particulares.

A Filosofia do Direito, porém, precede o Direito como entidade separada e cientificamente estruturada e livre de tutelas – porque ela é, antes de mais, filosofia da normatividade em toda a sua dimensão.

Sabe-se que o sonho de autonomia ou purificação do Direito é um sonho sem fim. Nem mesmo realizado pela tentativa de Hans Kelsen de uma *Reine Rechtslehre* – teoria pura do Direito, que acabaria colocando-o, afinal, sob a alçada do Estado. Mais uma razão para se entender a necessidade e a justeza da análise conjunta do filosofar político (e estadual, quando oportuno) e jurídico.

IV. Os Símbolos e as Palavras do Direito na Hélade e em Roma

O intelectual comum, e *a fortiori* o jurista comum de hoje (houve tempo em que os juristas eram muito cultos: ainda não há muito tempo...) não estão familiarizados com uma categoria da cultura que durante séculos teve uma importância capital – e ainda vai tendo, embora obnubilada pela cultura feérica do efémero. Quando, na Idade Média, as catedrais abriam, diante dos olhos de todos, poderosas e eloquentes Bíblias de pedra, era pelo simbolismo das imagens que instruíam o povo analfabeto.

Não é este o lugar para colmatar essa terrível falha da nossa cultura, em geral. Devemos, contudo, chamar a atenção para a fundamental expressividade dos símbolos, que ao mesmo tempo ocultam e revelam...

E precisamente a autonomização do Direito pode ser contada pela estória dos símbolos grego e romano do Direito. A qual se liga incindivelmente às palavras que hoje usamos para a nossa área epistémica: palavras do campo semântico de "Direito" e de "Jurídico"...

Se não multiplicarmos desnecessariamente as distinções (*entia non sunt multiplicanda præter necessitatem*), *jurídico* e *de direito* são sinónimos. Contudo, não têm exatamente a mesma conotação em termos histórico-etimológicos.

Na Roma antiga, dizia-se *directum* ou *derectum* (palavras de que deriva "Direito") do fiel da balança que simbolicamente pesava as ações no tribunal. Um fiel a prumo, direito (*derectum, directum*), significava que os pratos da balança estavam equilibrados, isto é, que se tinha feito justiça, colocando num prato os bens, ou os cargos, ou as penas correspondentes ao direito do sujeito em julgamento.

Na Grécia antiga, por seu turno, sem fiel na balança, o que contava era que eles estivessem nivelados, *isos*: expressão de onde derivam outras nossas, que remetem para a ideia de uma certa paridade ou igualdade, como isonomia.

O fiel da balança pode representar a figura do pretor, que inexistia na normatividade helénica, de julgamentos coletivos, por vezes mesmo por assembleias.

O termo *jus*, de onde deriva "jurídico" e afins, tem origem mais erudita. Muitos pensam que seria derivado do próprio nome do pai dos deuses, Júpiter, Jovis ou Jove, do qual deriva a justiça. Assim, *jus* seria o direito ordenado por Jove.

A imagem clássica do Direito como deusa com uma balança revela-nos o mesmo que algumas simbologias modernas, que representam o direito sob a forma de triângulos. Têm razão. A deusa pesa o que está em dois pratos. O juiz também é uma espécie de vértice do triângulo. Os atores da justiça são, desde sempre, os litigantes (as partes) e o juiz. São três, como os lados ou ângulos do triângulo.

Dos símbolos mais clássicos passou para as artes plásticas mais modernas (sobretudo para a escultura, mas também para a pintura) um excesso de informação simbólica que além do mais é erróneo do ponto de vista histórico e simbólico. Demasiadas representações da Justiça, mesmo em tribunais e escolas de direito, nos apresentam a deusa da Justiça (uma deusa indiferenciada e inominada, em geral) com espada, balança e venda.

Dos três elementos, apenas a balança é comum, e, como dissemos, a grega não tem fiel e a romana tem-no.

A justiça grega (*Themis, Dikê*), menos intelectualizada, tem ainda espada. A romana (*Iustitia*), menos se preocuparia com a punição que com a justa deliberação de direito; por isso, é desprovida dela. Recordemos que o processo romano começa pela questão de direito e só depois passa ao apuramento dos factos.

De modo semelhante, ilustres autores, entre os quais Sebastião Cruz (1918-1996), têm referido que a venda seria apanágio da justiça romana, mais preocupada com a imparcialidade, a não aceção de pessoas, enquanto a justiça grega olharia os céus (ou o Olimpo) em busca de inspiração, de olhos bem abertos (1974, 1980).

Estampas de várias épocas, mas sobretudo a partir do século XVI, mostram uma justiça com duas cabeças, uma vendada e outra sem venda, já que também se compreendeu a limitação do símbolo do toldar o olhar: uma justiça justa teria ao mesmo tempo que ver e não ver.

Mas a grande questão que nos parece ainda subsistir é se, realmente, haveria mesmo venda na justiça romana. Há quem diga, como Gustav Radbruch (1878-1949), que a justiça vendada é uma paródia que depois se foi recuperando e assimilando. Seria como o rei ou o imperador vendado... O certo é que ainda não encontramos nenhuma escultura ou pintura romanas representando a Justiça com venda (Radbruch, 1974). Fica o desafio a novas pesquisas...

Bibliografia

CRUZ, Sebastião, *Direito Romano, I. Introdução. Fontes*, Coimbra, Ed. do Autor, 1980.

—, *Ius. Derectum (Directum)*, Coimbra, edição do autor, 1974.

FERREIRA DA CUNHA, Paulo, *Die Symbole des Rechts. Versuch einer Synthese*, in "Archiv für Rechts- und Sozialphilosophie", v. 80 – 1994 1. Quartal. Heft 1, Stuttgart, Franz Steiner, 1994.

—, *Repensar a Política. Ciência & Ideologia*, 2ª ed., Coimbra, Almedina, 2007, máx. p. 65 *et seq.*

FRANCA FILHO, Marcílio Toscano, *A Cegueira da Justiça. Diálogo Iconográfico entre Arte e Direito*, Porto Alegre, Sergio Antonio Fabris, 2011.

GERNET, Louis Jules, *Droit et pré-droit en Grèce ancienne*, "L'Année sociologique", 1951, p. 21-119.

KELSEN, Hans, *Reine Rechtslehre*, trad. port. e prefácio de João Baptista Machado, *Teoria Pura do Direito*, 4ª ed. port., Coimbra, Arménio Amado, 1976.

KISSEL, O. R., *Die Justitia. Reflexionen über ein Symbol und seine Darstellung in der bildenden Kunst*, München, C. H. Beck, 1984.

NOLAN, Albert, *Jesus before christianity*, Maryknoll, Nova Iorque, Orbis Books, 2007.

PLATÃO, *Apologia de Sócrates*.

—, *Górgias*.

—, *República*.

RADBRUCH, Gustav, *Vorschule der Rechtsphilosophie*, 1948, 4ª ed. cast., trad. de Wenceslao Roces, *Introducción a la Filosofía del Derecho*, México, Fondo de Cultura Económica, 1974.

REALE, Miguel, *Lições Preliminares de Direito*, 10ª ed. revista, Coimbra, Almedina, 1982.

ROULAND, Norbert, *Aux Confins du Droit*, Paris, Odile Jacob, 1991, p. 71 *et seq.*

SELLERT, Wolfgang, *Recht und Gerechtigkeit in der Kunst*, Göttingen, Wallstein, 1993.

THOMAS, Yan, *Mommsen et "l'Isolierung" du Droit (Rome, l'Allemagne et l'État)*, Paris, Diffusion de Boccard, 1984.

TZITZIS, Stamatios, *La Formation du droit en Grèce, in Instituições de Direito*, org. de Paulo Ferreira da Cunha, Coimbra, Almedina, 1998, v. 1, p. 191 *et seq.*

—, *Introduction à la philosophie du droit*, Paris, Vuibert, 2011, p. 9 *et seq.*

2

A TRAGÉDIA GREGA, DIREITO E PODER. SÓFOCLES

(COLONO, ATENAS, 496 A.C.-ATENAS, 406 A.C.)

> *Tão-pouco creio que tuas ordens tenham tanta força, sendo tu um simples mortal, de modo a poderem derrogar as leis não escritas e inconcussas dos deuses; porquanto não são apenas de hoje nem de ontem, mas vigoram sempre e ninguém sabe quando é que elas apareceram.*
> Sófocles

I. A Tragédia Grega

Disse-se que Atenas era uma teatrocracia. E, na verdade, o teatro aí desempenhou um papel não só de grupo testemunha sociológico, como de vetor de mudança, de opinião pública (veja-se o Coro!), de laboratório de ideias, de discurso legitimador, de diálogo profano com o divino. E, sem dúvida, também, de catarse coletiva.

Aliás, nem por ser teatro, e portanto literatura, esse tipo de reflexão (dialogada, encenada) deixa de ser Filosofia, e especificamente filosofia do direito e da política. Estas filosofias (como outras) não escolhem géneros. É possível filosofar-se em tratado ou ensaio ou monografia específica, ostentando título revelador, fanérico (filosofia explícita), como é possível usar-se outro tipo de género: reconhece-se sem polémica por exemplo o diálogo (como os de Platão), ou o poema (como o de Parménides). Mas poderia pensar-se na novela, ou no conto (Voltaire, por exemplo, tem obras dessas), ou no romance (Sartre, ou Camus – para falar apenas em grandes do século XX). E obviamente o teatro não pode ser excluído, precisamente desde os clássicos helénicos.

Tem especificamente a tragédia (que terá nascido cerca do século V a.C.) um sem-número de funções políticas (e jurídicas, ou, no mínimo, parajurídicas), a primeira das quais poderá bem ser a da humanização dos deuses e a sua vinculação com a Justiça. Não esqueçamos que Pisístrato, elevado ao poder pelas classes rurais menos abastadas, será o grande instituidor dos concursos dramáticos que têm uma função também claramente cívica, e de formação política.

Ésquilo vai ser o grande fundador da tragédia grega, embora não haja sido, como é óbvio, o primeiro dramaturgo. Mas com ele se eleva e consolida o género. O *Prometeu Agrilhoado* começa por colocar em cena uma punição: a do titã que ousara furtar o fogo divino e dá-lo aos Homens. A trilogia da Oresteia é toda uma teia de crimes sucessivos, que começam com o homicídio de Agamémnon por sua mulher, Clitemnestra, vingado, por sua vez, por seu filho Orestes. Mas o desfecho, com o célebre *deus ex machina*, é um excelente ponto de reflexão: as vingadoras Eríneas que perseguem Orestes pelo seu crime acabam por transformar-se nas justas Euménides (na peça homónima). Da simples vingança de talião, se passa a uma Justiça mais elaborada que admite causas de desculpação, atenuantes, e, afinal, o próprio perdão. A nossa civilização tem demorado séculos a efetivar plenamente o que já se encontrava anunciado nesta sucessão dramática.

II. Sófocles

Com Sófocles, a tragédia atinge uma maturidade clássica, e os temas da Justiça e da Política nele alcançam o nó do problema: por um lado e inevitável hibridação do jurídico e do político; e, por outro, a reivindicação da Justiça no Direito e na Política.

Sófocles participou empenhadamente na política ateniense, na qual desempenharia até vários cargos. Foi eleito estratego por três vezes, tesoureiro da Liga de Delos, general de Péricles, sacerdote de Halon (como se vê, a indiferenciação na primeira função indo-europeia também se manifesta nas carreiras pessoais), e desempenharia ainda outras funções, mesmo em momentos de exceção, designadamente no rescaldo da derrota contra a Sicília, em 413 a.C. É todavia celebrado como poeta trágico, ou dramaturgo (autor de cento e vinte e três tragédias, das quais vinte e quatro premiadas: embora só tenham chegado até nós completas umas escassas sete).

Contudo, a filosofia, como o Espírito, *sopra onde quer*, e não tem reservados ou privativos géneros literários. Sófocles é autor de filosofia política implícita especialmente nessa obra-prima que é um tópico reiterado de referência na jurisfilosofia: *Antígona*.

Tem sido dito que no centro desta peça reside um exemplo crucial e sempre repetido para a apreciação da ligação entre o poder e a justiça, ou, noutros termos, para a avaliação dos limites éticos do poder. E outras formulações são possíveis (desde falar-se de lei natural, a direito natural, e, mais modernamente, de direito de resistência). Parece por isso totalmente adequado que, até pelo simbolismo que tal comporta, comecemos precisamente por Sófocles e sua *Antígona*, a qual, aliás, terá uma enorme posteridade, com obras literárias homónimas mais talentosas ou mais medíocres, mas de que vale a pena sobretudo salientar, por genial, a de Jean Anouilh, e por ser mais nossa, a de António Sérgio.

Embora Sófocles (que significativamente chegaria a vencer Ésquilo nos festivais de Dioniso) tenha sido o inventor da terceira personagem em cena (elevando o teatro grego a "conjunto escultórico"), será nos Diálogos de *Antígona* que mais claramente se explicita esta dialética do poder e da justiça.

Antígona é uma heroína mítica, filha de Édipo e de Jocasta, reis de Tebas. Édipo, no culminar de um trágico inquérito criminal por si mesmo dirigido, conclui ter acabado por cumprir os fados que lhe tinham sido pressagiados pelo oráculo ao nascer: apesar dos cuidados de seus pais de sangue e de seus pais adotivos, e da sua própria fuga ao destino, fora afinal parricida e incestuoso com sua mãe. Esta é a temática dessa extraordinária peça de Sófocles que se traduz por *Édipo Rei,* embora no original se chame *Édipo Tirano* – com o particular sentido, mais antigo e genuíno, de *tirano,* como o que ascende ao poder pelo título do mérito ou da *fortuna,* e não pela simples hereditariedade. Ironia trágica, até no título.

Tendo Édipo abdicado do trono, deveriam suceder-lhe alternadamente os dois filhos varões, Etéocles e Polinices. Mas o primeiro a reinar não desejou ceder o trono ao irmão, pelo que este se aliou a forças estrangeiras, pondo cerco à cidade. A peça *Os Sete contra Tebas,* de Ésquilo, revela admiravelmente esse minuete macabro nas sete portas da Pólis: na última, enfrentam-se até à morte (e à desfiguração total, dirá a nova peça de Jean Anouilh) os irmãos inimigos.

Mortos assim os dois pretendentes, Creonte, irmão de Jocasta, tio e futuro sogro de Antígona (que está noiva de Hémon), é elevado ao poder. Não tem meias-medidas: um dos cadáveres (feito bode expiatório) será condenado à exposição. E será punido com a morte quem, contra tal ditame, ousar dar-lhe sepultura.

Seguindo o seu coração de irmã, Antígona obedece à lei natural (para outros, ao direito natural, para outros ainda ao direito consuetudinário, outros ainda falam em direito de resistência) infringindo as ordens de Creonte (que para alguns também não teriam sido totalmente inéditas, mas ancoradas em precedentes). Julgada sumarissimamente pelo rei, reivindica a obediência a normas superiores àquelas que o monarca pode editar, e é condenada à morte. A sentença é executada. Seguem-se mortes em cadeia...

Não se pode deixar de recordar o momento central do impressionante diálogo que, tendo começado em tom forense, se eleva a um terçar de armas que tem algo já de político, sem deixar de apelar para o que de mais alto e profundo possa haver no Direito:

CREONTE: Tiveste, então, a ousadia de transgredir o meu decreto?

ANTÍGONA: Não me foi intimado por Zeus; nem a *Dike,* que coabita com os deuses sub-terrâneos, estabeleceu essa lei entre os homens. Tão-pouco creio que tuas ordens tenham tanta força, sendo tu um simples mortal, de modo a poderem derrogar as leis não escritas e inconcussas dos deuses; porquanto não são apenas de hoje nem de ontem, mas vigoram sempre e ninguém sabe quando é que elas apareceram. (Trad. do P.ᵉ Dias Palmeira)

Independentemente de se estar, no caso concreto, perante direito natural, lei natural, ou costume jurídico, direito de resistência, ou simplesmente piedade filial, de índole ética ou moral, o resultado é o mesmo: Antígona permanece como símbolo da Justiça, contra uma política cega e inumana, que se obstine na *raison d'état*, nas abstrações e no puro poder, desprezando as pessoas, as suas crenças e sentimentos, a sociedade, as suas tradições e quiçá algo mais ainda.

Com Sófocles, a tragédia atinge uma maturidade clássica, e os temas da Justiça e da Política nele alcançam o nó do problema: por um lado, a inevitável hibridação do jurídico e do político; e, por outro, a reivindicação da Justiça no Direito e na Política. Em *Édipo Rei* (*Oidipus tyranus*) é a trágica situação do criminoso que (sem o saber) investiga o seu próprio crime e a si mesmo acaba por punir: é em certo sentido a fundamental ideia, prévia a qualquer julgamento, de que a Justiça tem acima forças (eventualmente da *moira*, do destino, ou dos deuses em geral: tudo fora previsto pelo oráculo de Delfos) que não domina, e não pode ser completamente justa porque as ações humanas não são completamente, inteiramente, limpidamente voluntárias. A tragédia é mesmo isso: homens de grande relevo, da realeza normalmente, tratados em grande medida como joguetes da sorte. Mas isto compreendido, em *Antígona*, que poderíamos dizer a grande peça da filosofia do Direito (que dará lugar a toda uma posteridade de outras peças notáveis, desembocando na recriação notabilíssima de Jean Anouilh no final dos anos 50 do século XX), vê-se que há uma enorme margem de manobra para o livre arbítrio. E que podemos desobedecer a leis ou ordens injustas do poder, como faz a heroína Antígona, pagando por isso com a própria vida. O poder pode sempre abusar, agir contra o direito. Mas a justiça sempre encontra alguém que seja a sua voz e que se lhe oponha. Ainda que para o martírio imediato. A Justiça é sempre um além a alcançar, e todos os dias os poderes a atropelam, pelo que todos os dias os cavaleiros (e as amazonas) da Justiça, como Sísifo, têm de subir de novo a encosta reivindicando-a.

E talvez a boa lição desta dialética sem fim seja que apesar de cada nova perda de direitos, recuo da justiça, quando esta recobra ânimo e triunfa de novo, ainda que efemeramente, ganha um pouco mais de terreno ao arbítrio. Notemos que cada constituição (salvo obviamente os interregnos de retrocesso, que os há) recomeça a liberdade e os direitos um pouco acima da anterior, prevenindo com garantias e cuidados que se não caia de novo nos erros, desvios, recuos do passado anterior.

Eurípides viverá tempos de problematização e, em certo sentido, de declínio. Os veredictos que a posteridade literária e filosófica sobre este autor foram proferindo (a História não profere uma única e definitiva sentença) seriam muito diversos. Talvez porque em Eurípides estão as profundas contradições do seu tempo, e as suas próprias as refletem.

Há no teatro de Eurípides aquele lado dionisíaco que perturba e lança o mistério. Cremos que só Francine Lachance, na sua utopia contemporânea *Québécie*, daria da Sorte uma visão mais simpática e mais jurídica. Em geral, o Destino e a Sorte são o contrário da ordem própria do Direito e da Justiça. *Medeia* é uma vingança terrível, dessas vinganças autodestruidoras, que sempre dão péssimos resultados, mesmo quando se trate apenas da posição burguesa empedernida de um herdeiro, como conta António Alçada Baptista (essa obstinação o teria mesmo decidido a deixar de ser advogado), ou ecoa em *Bleak House*, de Charles Dickens. Do mesmo modo, o Direito parece ser mais o (algo ingénuo) rei Penteu dessa tragédia estranha que são *As Bacantes*. O Direito lida mal com realidades menos palpáveis. É, afinal de contas, uma arte prosaica...

E por isso, de todos, é no "meio termo" de Sófocles que colhemos as lições mais claras para o Direito e para a Política. "Meio termo" que obviamente relembra o "mesotes" aristotélico.

Bibliografias

(Nesta, como em todas as demais notas bibliográficas, apenas referimos as obras que, nas diversas categorias consideradas, foram mais relevantes para o nosso presente estudo, podendo suceder, no limite, que as mais importantes obras de alguns autores acabem até por ser omitidas, por versarem sobre objeto diverso do nosso, *v.g.*, filosófico puro.)

Bibliografia ativa

Das mais de cem peças que escreveu, chegaram-nos completas apenas as tragédias: *Ájax* (c. 445 a.C.), *As Traquínias* (c. 445 a.C.), *Antígona* (c. 442 a.C.), *Electra* (c. 415 a.C.), *Filoctetes* (409 a.C.), *Édipo em Colono* (401 a.C.).

Edições correntes/recomendadas

SÓFOCLES, *Tragédias do Ciclo Tebano. Édipo Rei/Édipo em Colono/Antígona*, versão do grego pelo P.e Dias Palmeira, Lisboa, Livraria Sá da Costa, 1957; em língua inglesa, v. lista de John Burgess (2005: 383-384); em francês, v. a edição das Belles Lettres, de Paul Mazon, Paris, 1964, e a da Pléiade, inserida em *Tragiques Grecs. Eschyle, Sophocle*, trad. de Jean Grosjean, com preciosas introduções e notas de Raphael Dreyfus, Paris, Gallimard, 1967.

Bibliografia passiva seletiva

BARROS, Gilda Naécia Maciel de, "Agraphoi Nomoi", *Notandum*, n° 3, São Paulo – http://www.hottopos.com/notand3/agrafoi.htm.

—, "Antígona – o Crime Santo, a Piedade Ímpia", *Videtur*, n° 25, São Paulo – http://www.hottopos.com/videtur25/gilda.htm.

BLOCH, Ernst, *Derecho natural y dignidad humana*, trad. de Felipe González Vicen, Madrid, Aguilar, 1961, máx. p. 113 *et seq.*

BURGESS, John, *The Faber Pocket Guide to Greek and Roman Drama*, Londres, Faber and Faber, 2005.

CORNEILLE, *et al.*, *Édipo Moderno*, Porto, Rés, s.d.

ÉSQUILO, *et al.*, *Édipo Antigo*, Porto, Rés, s.d.

HIRZEL, Rudolf, *Themis, Dike und Verwandtes – Ein Beitrag zur Geschichte der Rechtsidee bei den Griechen*, Leipzig, S. Hierzel, 1907.

ILIOPOULOS, Giorgios, *Mesotes und Erfahrung in der Aristotelischen Ethik*, in φιλοσοφια, n° 33, Atenas, 2003, p. 194 ss.

KAMERBEEK, J. C, "Individu et norme dans Sophocle", *in Le Théâtre tragique*, Paris (VIIe), CNRS, MCMLXII, p. 29-36.

LESKY, Albin, *Die griechische Tragödie*, Estugarda, Alfred Kroener; trad. port., *A Tragédia Grega*, São Paulo, Perspectiva, 1971.

LIDA, Maria Rosa, *Introducción al teatro de Sófocles*, 2ª ed., Buenos Aires, Editorial Paides, 1971.

MEIER, Christian, *De la tragédie grecque comme art politique*, Paris, Les Belles Lettres, 1991.

REINHARDT, Kart, *Sophokles*, Klostermann, 1933; trad. fr., *Sophocle*, Paris, Les Éditions de Minuit, 1971.

STEINER, George, *Antígonas*, trad. de Miguel Serras Pereira, Lisboa, Relógio D'Agua, 1995.

TZITZIS, Stamatios, *La Philosophie pénale*, Paris, PUF, 1996, p. 69 *et seq.*

—, *Introduction à la philosophie du droit*, Paris, Vuibert, 2011.

ISÓCRATES

(ATENAS, 436 A.C.-338 A.C.)

Foi a palavra que fixou os limites legais entre a justiça e a injustiça, entre o mal e o bem, e se essa separação não fora estabelecida, seríamos incapazes de habitar uns perto dos outros. É graças à palavra que confundimos as pessoas desonestas e fazemos o elogio dos homens de bem; é graças a ela que formamos os espíritos incultos e pomos à prova as inteligências, porque fazemos da palavra precisa o mais seguro testemunho do pensamento justo; uma palavra verdadeira, conforme a lei e a justiça, é a imagem de uma alma sã e leal.
Isócrates

Isócrates nasce no demo de Erquia, em Atenas, numa família de posses, pertencente ao segmento social dos "cavaleiros", espécie de classe média e moderada. Filho do rico industrial Teodoro (se então se pode falar já de indústria), receberia assim educação esmerada. Estudou com Pródico e com Górgias, além de certamente ter deambulado com o próprio Sócrates, o que poderá ser revelador de que este último seria uma fonte comum de duas "escolas desavindas".

Em 404, Isócrates, cuja família se viu depauperada pelas transformações (inclusive demográficas) consequentes à instalação no poder de uma oligarquia pró-espartana, encontra-se do lado de Teramene, a quem apoia contra Crísias, na assembleia da Bulé, em 404. Porém, após a morte deste, vê-se forçado (contra sua vontade) a viver como logógrafo, ou seja, autor de discursos judiciários, como tantos sofistas do seu tempo. Os proventos dessa função investi-los-á, por volta de 393-390, na fundação de uma escola alternativa à Academia platónica, de cujo método e pressupostos será acérrimo adversário, porquanto defensor de uma diversa forma de *Paideia*, que lhe mereceu já o cognome de "pai do Humanismo" (Burnet, Barker).

Fazendo-se pagar, como os sofistas, e tendo discípulos de posses, Isócrates acabará por ser um dos cidadãos mais ricos de Atenas, para mais apostando no fanerismo do seu ensino, prático, e de grande utilidade para a preparação política e judiciária. Terá sido um dos primeiros a utilizar o panfletarismo em prol das suas ideias (e participou ativamente em muitos debates políticos do seu tempo), e, indiretamente, da sua escola. Foram seus alunos Éforo, Teopompo, Hipérides, etc.

Desiludido depois da derrota de Queroneia, quer a lenda que se deixou morrer de inanição, durante duas longas e dolorosas semanas, em setembro de 338. Milton cantou esse mito num dos seus sonetos: "(...) as that dishonest victory / At Chaeronéa, fatal to liberty, / Kil'd with report that Old man eloquent". Eloquente, mas não orador, pois de compleição e voz débeis e muito tímido. Sucede por vezes que quem ensina pode fazê-lo bem sem conseguir praticar na perfeição. Foi o seu caso.

Chegaram-nos apenas pouco mais de um terço dos seus registados sessenta grandes discursos. Uma meia dúzia dos que resistiram ao tempo são peças da sua atividade de logógrafo. Contudo, é possível que apenas uma trintena de entre os discursos que lhe são atribuídos tenha realmente sido da sua autoria.

Há quem contraponha (desde logo o clássico Werner Jaeger) à filosofia (com Platão) a retórica e a cultura "humanística" e a pedagogia de Isócrates, cada uma pretendendo ser a melhor forma de formação e mundividência. Independentemente de guerras científicas, *epistemomaquias*, no plano político, representam ambas as perspetivas um lugar possível na filosofia política. Isócrates traça uma via original, que vai robustecendo, entre uma política que se vê excessivamente resvalar para a ética política, e até para a utopia (com Platão), e a mera técnica oratória da retórica simplesmente utilitarista e sem ética dos sofistas. O elogio do *Logos* em Isócrates é ético:

> Em verdade, de todos os nossos outros caracteres, nenhum nos distingue dos animais. Somos mesmo inferiores a muitos deles sob o ponto de vista da rapidez, da força e de outras facilidades de acção. Mas, porque recebemos o poder de convencer-nos mutuamente e de fazer aparecer a nós próprios o objeto de nossas decisões, não só nos desembaraçamos da vida selvagem, mas nos reunimos para construir cidades. Fixamos leis, descobrimos as artes e foi a palavra que nos permitiu conduzir a bom fim quase todos os nossos inventos. Foi a palavra que fixou os limites legais entre a justiça e a injustiça, entre o mal e o bem, e se essa separação não fora estabelecida seríamos incapazes de habitar uns perto dos outros. É graças à palavra que confundimos as pessoas desonestas e fazemos o elogio dos homens de bem; é graças a ela que formamos os espíritos incultos e pomos à prova as inteligências, porque fazemos da palavra precisa o mais seguro testemunho do pensamento justo; uma palavra verdadeira, conforme a lei e a justiça, é a imagem de uma alma sã e leal. É com o auxílio da palavra que discutimos os negócios contestados e prosseguimos nossas investigações nos domínios desconhecidos. Os argumentos pelos quais convencemos os outros ao falar são os mesmos que utilizamos quando refletimos (...); Em resumo, para caracterizar este poder, veremos que nada do que se faz com inteligência pode existir sem o concurso da palavra: a palavra é o guia de todas as nossas acções como de todos

os nossos pensamentos; recorre-se tanto mais a ela quanto mais inteligência se tem. (Trad. de Roque Spencer Maciel de Barros)

Tirando as amargas lições da guerra do Peloponeso, Isócrates considera que a única salvação da Hélade reside num pan-helenismo: na paz e no entendimento em pé de igualdade entre os irmãos desavindos, tendo Atenas uma primazia apenas espiritual, fundada na sua muito própria afeição à cultura.

Para além de páginas de uma frescura e de uma atualidade muito impressivas, como as que denunciam os falsos educadores, e para além da ideia de *concórdia*, que lhe não é, contudo, peculiar, provavelmente a mais relevante ideia política de Isócrates prende-se com a política da cultura e com um posicionamento que anuncia o fim dos preconceitos etnocêntricos e chauvinistas. Obviamente, considerando as devidas distâncias. Para ele, é grego quem se irmana na geral cultura grega, na sua *Paideia*, muito mais do que quem o é por simples nascimento (*Paneg.*, 51).

Bibliografias

Bibliografia ativa principal/específica

Além dos discursos (*v.g. Contra Eutínoo, Calímaco* e *Loquites*), as suas obras mais "políticas" são *Archidamos* (365-362 a.C.), *Areopagítica* (c. 354 a.C.), *Filipe* (346 a.C.), *Panatenaica* (342-339 a.C.); *Panegírico* (380 a.C.); *Sobre a Paz* (356 a.C.).

Edições correntes/recomendadas

ISOCRATE, *Discours*, trad. de G. Mathieu e A. Brémond, Paris, Les Belles Lettres, 1928 (v. I: *Contre Euthynous, Contre Callimakhos, Contre Lokhites, Sur l'Attelage, Trapézitique, Éginétique, A Démonicos, Contre les Sophistes, Hélène, Busiris*), 1961 (v. II: *Panégyrique, Plataïque, À Nicoclés, Nicoclés, Evagoras, Archidamos*, e v. III: *Sur la Paix, Aréopagitique, Sur l'Échange*), 1962 (v. IV: *Philippe, Panathenaïque, Lettres, Fragments*), edição bilíngue.

ISÓCRATES, *Discursos*, trad. de J. M. Guzmán Hermida, Madrid, Gredos, 1979 (v. I: *Contra Eutino, Recurso contra Calímaco, Contra Loquites, Sobre el Tronco de Caballos, Sobre un Asunto Bancario, Eginético, A Demónico, Contra los Sofistas, Elogio de Helena, Busiris, Panegírico, Plateense, A Nicocles, Nicocles, Evágoras, Arquidamo*, e v. III: *Sobre la Paz, Areopagítico, Sobre el Cambio de Fortunas/Antídosis, Filipo, Panatenaico, Cartas*).

—, trad. de G. Norlin, The Loeb Classical Library, Harvard University Press, Londres, William Heinemann Ltd., 1954 (3 v.).

Bibliografia passiva seletiva

BARROS, Gilda Naécia Maciel de, "Areté e cultura grega antiga – pontos e contrapontos", *Videtur*, n° 16, São Paulo.

BURK, August, *Die Pädagogik des Isokrates als Grundlegung des Humanistischen Ideals*, Würzburg, 1923.

BLASS, F., *Die attische Beredsamkeit*, 2ª ed., Leipzig, 1892.

CLOCHE, Paul, *Isocrate et son temps*, Les Belles Lettres, Annales littéraires de l'Université de Besançon, 1963. Euzebio, Marcos Sydney, "Isócrates – contra os sofistas", *Mirandum*, n° 12, São Paulo.

GOMPERZ, H., "Isokrates und die Sokratik", *Wiener Studien*, 27, 1905, 28, 1906.

JEBB, R., *Attic Orators*, II, Londres, 1876.

KENNEDY, G., *The Art of Persuasion in Greece*, New Jersey, Princeton University Press, 1963.

LÉVÊQUE, P., *A Aventura Grega*, trad. de R. M. Rosado Fernandes, Lisboa, Edições Cosmos, 1967.

MARROU, H. I., *História da Educação na Antiguidade*, trad. de Mário Leônidas Casanova, São Paulo, Ed. Herder/EPU, 1975.

MATHIEU, Georges, *Les Idées politiques d'Isocrate*, Les Belles Lettres, 1965.

PAGOTTO EUZEBIO, Marcos Sidnei, *Isócrates, Retor Socrático*, "Notandum", Libro 10, São Paulo, CEMOrOC-Feusp/IJI-Universidade do Porto, 2008, ed. electrónica: http://www.hottopos.com/notand_lib_10/marcos.pdf.

—, *Isócrates – Contra os Sofistas*, "Mirandum", v. XII, Murcia, p. 93-100, 2001. ed. electrónica – http://www.hottopos.com/mirand12/euzeb.htm.

—, *O Filósofo Isócrates e o Retórico Platão*, "Cadernos de História & Filosofia da Educação", São Paulo, v. 2, n° 4, 1988, p. 125-132.

PLEBE, Armando, *Breve História da Retórica Antiga*, trad. de Gilda Naécia Maciel de Barros, São Paulo, EDUSP, 1978.

PLATÃO

(ATENAS, 429 A.C.-347 A.C.)

E eis que, ao que parece, se gera um acordo sobre o que devemos ter por tirania: confirmando o provérbio, o povo, de tanto desejar fugir do fumo que é o jugo do poder exercido por homens livres, caiu nas chamas do fogo que é a tirania, o poder de um todo-poderoso escravo.
Platão

Permita-se-nos desde já um simplismo, para começarmos a desconstruir muitos simplismos correntes: Platão passa no *cliché* corrente por "comunista", quando era, antes de tudo, um aristocrata; é dito defensor da ditadura e até do "totalitarismo" (exageros que procuram invocar o nome de Popper em sua defesa) e contudo odiava supremamente a tirania; tem fama de nefelibata, e na verdade muito procurou pôr as suas ideias em prática; e até se fala de um amor dito "platónico", aparentemente tão etéreo e longínquo, que não parece ser nem *eros*, nem *philia*, nem sequer *agapé*...

A que se deverá tão vasta e tão perene incompreensão? Julgamos que sobretudo se tem difundido por psitacismo académico, a que se une algum preconceito e ligeireza política. Mas recuemos muito rapidamente à biografia, para melhor nos esclarecermos. Platão, cujos traços biográficos que possuímos são escassos e em alguma medida incertos, pertencia, como é sabido, a uma família aristocrática ateniense (descendendo de Sólon pelo lado materno, e do rei Codro, pelo paterno, e daí, miticamente, recuaria até ao próprio deus Poseidon), o que lhe moldou o espírito e lhe propiciou o contacto direto com muitos políticos atenienses, que chegaram a solicitá-lo para as suas atividades (como no Governo dos Trinta Tiranos, e depois na democracia – tendo-se contudo desgostado de ambos). Só o conhecimento direto (e por assim dizer doméstico, quotidiano e íntimo) lhe permitiria um saber tão depurado sobre os políticos e a política. A desilusão política precoce fez dele um filósofo, mas guardou sempre esse travo de superioridade aristocrática que, bem vistas as coisas, é necessário a todo o utopista, fabricador de modelos regeneradores do mundo – pois se necessita, para tanto, de uma superioridade face à simples imersão no real, no dado, na banalidade do cinzento quotidiano. Mesmo o tradicionalmente tão mal-entendido, mal-amado e mal qualificado "comunismo" de *A República* tem um toque evidente de aristocracia. Na verdade, porém, não se trata senão de uma enorme falta de compreensão e preconceito contra a visão conhecedora, experiente, vasta e ponderada do filósofo. É normalmente assim, com *clichés* ou lugares-comuns, que os pensadores pequeninos etiquetam os filósofos de génio: hoje, como no seu tempo.

Apesar das desilusões políticas em Atenas, por mais que uma vez seria de novo tentado pela ação prática, ou, ao menos, pela inspiração direta do governo, mas sempre fora de portas. É que tinha concluído, como assinala na sua Carta VII, que apenas os filósofos-governantes, ou os governantes-filósofos poderiam retamente governar – e será o que, sem êxito, procurará que ocorra, sobretudo em Siracusa, a que já aludiremos. O mesmo dirá, aliás, na *Politeia*: "Enquanto não forem, ou os filósofos reis nas cidades, ou os que agora se chamam reis e soberanos filósofos genuínos e capazes (...) não haverá tréguas dos males" (*Politeia*, 473c-d).

Política e Educação, Cidade e Paideia unem-se no pensamento platónico de forma admirável. Por alguma razão Rousseau, também ele grande pensador político e pedagógico, considerava *A República*, acima de tudo, o mais admirável estudo sobre educação até então elaborado. Quem sabe se o início do *Contrato Social* (I, 1) se não inspira na sua metáfora mais impressiva: a imagem dos homens acorrentados, da alegoria da caverna? (*Politeia*, 514a). As propostas políticas e educacionais de Platão (não esqueçamos que o género da sua principal obra nesse domínio é precisamente o utópico, que pressupõe sempre a questão educativa na base da Cidade) decorrem da sua filosofia geral, centrada no mundo das Ideias (com seus arquétipos inteligíveis), de que o terreno mundo sublunar em que vivemos é pálida e imperfeita concretização. Mas na sua tentativa de encontrar a cidade ideal passou por vários dissabores, porque a realidade, e sobretudo a realidade dos poderosos a quem tentou converter, se não queria moldar à idealidade (e generosidade) das suas conceções. Embora seja pouco conhecido pela *vox populi*, é profunda a argúcia no conhecimento das manhas e tricas da política que evidencia nos seus escritos, assim como a evidente genialidade da caracterização psicológica das determinações políticas, como ocorre, por exemplo, quando, na *Politeia*, explica os fenómenos de sucessão dos regimes políticos, e a personalidade dos respetivos tipos humanos: avultando aí a extraordinária caracterização do oligarca, do democrata, e sobretudo do tirano. Quem desejar instruir-se sobre os traços sob que se esconde um perfil deste tipo não tem mais que recorrer a essas tão belas quão perturbantes páginas.

Assim, como se sabe, numa interessante prova de adaptabilidade e de dialética entre a prática e a teoria, foi descendo a fasquia das suas pretensões reformadoras. De início, era a utopia mais global de *A República*, que, tendo nascido da preocupação com a Justiça, se foi (retoricamente, no decurso do diálogo) deslocando para o problema de encontrar uma Cidade Justa. *O Político* e *As Leis* serão sucessivas reformulações do seu pensamento, em processo de maior aproximação à realidade, ou melhor, à sua circunstância.

Recordemos que Platão estudou com Sócrates desde os seus 20 anos até à condenação e morte deste, dez anos depois. Na sequência deste primeiro golpe para a Filosofia, viajou e instruiu-se pelo esotérico Egipto e pela pitagórica Sicília. Em 387 a.C., regressado à sua cidade, resolveu abrir ensino próprio, a Academia – a qual dirigiria durante quarenta anos. Teria, entretanto, convites para tutor de príncipes, nomeadamente Dionísio (ou Dinis) II de Siracusa, mas a intriga palaciana fê-lo cair em desgraça. Estes poucos traços biográficos revelam-nos também por um lado a sua acrescida compreensão do fenómeno político, e quiçá permitem ainda que entendamos melhor a grande incompreensão de que tem sido repetidamente alvo.

Platão é, conjuntamente com Aristóteles, um dos pais-fundadores da nossa forma de filosofar ocidental, e é natural que se estabeleça entre eles, até por comodidade didática e ritualismo psitacista, uma oposição, por vezes exagerada. O fresco de Rafael na *Stanza della Segnatura*, no Vaticano, mal batizado como *A Escola de Atenas*, representa-os no centro da composição: um apontando o céu e o outro a terra, procurando refletir essa dicotomia. Apesar de os lugares-comuns deformarem e banalizarem de forma grosseira o pensamento dos autores, se Platão não representa de modo algum a ditadura e o coletivismo (basta ler as suas palavras, por vezes corrosivamente irónicas, sobre a tirania, para se entender como a abominava, prezando uma liberdade ordenada que evitasse precisamente a corrupção da democracia em tirania, pela licença ou libertinagem, excesso desordenado de liberdade) e se Aristóteles também não é simplesmente sinónimo de pluralismo e "sociedade aberta" à maneira de Popper (porque, desde logo, e encurtando razões mais profundas, um e outro se inscrevem no contexto da "liberdade dos antigos" e não da "liberdade dos modernos" – dicotomia importantíssima que devemos a Benjamin Constant), certo é que há algum *fumus* de verdade nesses simplismos catalogadores. Sobretudo numa perspetiva metodológica. Enquanto Platão especula, e nos dá o seu pensamento sobretudo sob a forma atraente e dialética do diálogo, construído com bastante cuidado, aliás, já Aristóteles, de formação biológica, filho de médico e iniciado nessa ciência e arte, procede como um cientista natural, empiricamente, e em grande medida pela observação do real e pela aplicação de chaves taxonómicas. Os seus textos são didático-expositivos.

A Platão importa mentalmente determinar a Justiça pela via da implantação de uma utopia (mas nele a utopia é quase utopismo, princípio de esperança – não se sabe por que sortilégio se nos torna natural e plausível, decerto pelo encantatório do discurso, o que quiçá acharíamos clausura se fosse apresentado de forma taxonómica e sistemática, e não conversável), por reis-filósofos ou filósofos-reis. Embora Aristóteles tenha como fim dos seus escritos ético-políticos a virtude, pode entender-se que essa virtude é a virtude geral ou social, e que não será radicalmente subjetiva. Porquanto o Estagirita se preocupa profundamente em conhecer o real (lembre-se o empreendimento sociojurídico e comparatístico de coligir, naturalmente com uma equipa, as Constituições gregas – constituições naturais e materiais, não codificadas). São duas linhas e dois tipos de preocupações que marcarão profundamente ambos os autores: mesmo no seu estilo, nos seus temas, no seu envolvimento crítico, na diversa dimensão normativa dos seus respetivos discursos. E as posteridades de um e de outro digladiar-se-ão igualmente sobre estas questões, por causa de uma idiossincrasia diversa.

Platão procura de início resolver vários problemas políticos recorrentes com soluções aparentemente drásticas. Perante o corrente divórcio entre o poder e o saber, quer instituir apenas reis-filósofos e filósofos-reis (sofocracia); perante a anarquia de vocações e o proliferar da incompetência, estabelece o primado da educação e cria castas ou classes em que cada um fará aquilo para que nasce e é educado – e a sua própria felicidade concreta decorre da felicidade possível no exercício da sua função, para proveito geral e não egoísmo próprio; face às disputas pela propriedade e pelas mulheres, estabelece a sua comunhão pública; confrontado com o nepotismo e a consequente incompetência e injustiça, institui a comunhão das crianças, etc., etc. Remédios, contudo, demasiado ousados para os males que pretende curar.

Platão ficará assim na história com todas as honras que se devem tributar a um grande filósofo, mas em certa medida mais ou menos subtilmente apoucado e até desprezado, por ter produzido um projeto considerado exagerado e utópico. A complexidade e a profundidade da sua obra mereceriam melhor destino. Até pelo facto de a facilidade e a clareza aparentes do seu estilo por vezes traírem o alcance real das suas palavras. Além do mais, Platão dá nas suas obras frequentemente voz a Sócrates, de quem foi discípulo. Até que ponto se deve falar apenas em Platão ou em Sócrates/Platão é um problema que subsiste... Além, evidentemente, da complexidade introduzida pelas demais personagens de Platão. Algumas, como a de Trasímaco, averbam já bibliotecas de comentários.

Não se pode esperar que uma obra de outro tempo responda aos mesmos problemas que normalmente se põem em diferentes épocas. Há, sem dúvida, filósofos que parece terem nascido fora do seu tempo (diz-se tal de Vico, por exemplo), mas cada filósofo, e especialmente cada filósofo político, responde, de uma forma ou de outra, aos reptos do que lhe foi dado viver, ler e testemunhar. Nem só os factos englobantes, nem apenas a vida pessoal, nem restritamente as leituras determinam os grandes problemas de cada autor. Embora se não possa pedir a nenhum autor do passado que responda aos problemas particulares de hoje, curiosamente, sem dúvida podemos na *Politeia* de Platão colher muito para as questões em que o presente encontra o seu passado, e para inquietações e aporias de sempre. Não se estranhará, assim, que o mito da caverna (um dos pontos de partida para toda a pedagogia da filosofia em geral) se encontre precisamente n'*A República*, no livro VII, que no livro IV se analise matéria psicológica, relativa aos elementos da alma, e que a obra termine (livro X) mesmo com matéria que hoje consideraríamos religiosa ou afim, com a defesa da imortalidade da alma, na versão da metempsicose (*Politeia*, 611b *et seq.*).

Mas antes e acima de tudo está a preocupação educativa, base de toda a *démarche* utopista. É uma prova de que a matéria filosófico-política e política *tout court* ainda se encontrava nesse lugar unitário da primeira função dos indo-europeus: em que preocupações e funções de poder se associam ainda sincreticamente às questões do transcendente, da formação, etc.

Há quem considere que o principal objetivo desta obra é provar que a Justiça é mais benéfica que a injustiça. É o caso, por exemplo, de Nicholas P. White. Atentemos numa passagem, que parece dar precisamente a "questão" do argumento da obra:

> Resta-nos ainda o velho problema sobre as vantagens e desvantagens comparativas entre a justiça e a injustiça: o que será melhor – se ser-se justo e agir-se justamente e praticar a

virtude, sendo ou não visto pelos deuses e pelos homens, ou, pelo contrário, ser-se injusto e obrar-se injustamente, pois não (se) penará sanção, nem o castigo nos regenerará? (IV-445a)

Contudo, seja este ou não o objetivo de Platão, a verdade é que a solução da questão se encontra na utopia, a descrição de uma cidade ideal, uma das vias "clássicas" da filosofia política (e não tanto pelos problemas da justiça, que remeteria para uma filosofia do Direito – de certa forma ainda "impossível", pois não houvera ainda o "corte epistemológico" aristotélico, dador ao Direito da sua autonomia). A ligação entre a bondade da sociedade política e o indivíduo parece até incindível – o que, anunciando já a unidade entre o que se chamará Direito (justiça particular) e Estado (justiça geral), denuncia traços do seu tão falado "totalitarismo", rótulo que, porém, divide os autores. Assim enuncia ele esse todo unitário, no bem como no mal, da Pólis e do cidadão:

> Eis, pois, a boa sociedade política (as traduções, aqui, vão do mais literal, *cidade*, ao mais generalista e atualista, *Estado*), a forma de constituição política que tenho por boa e adequada, sucedendo de forma semelhante para o homem bom e verdadeiro. E, se assim tudo isto é bom, pelo contrário tudo o que for diverso será o errado, tanto no que concerne a administração da sociedade política, como no que respeita à alma dos simples particulares. (V-449)

O procedimento de descoberta da cidade ideal e do homem reto corresponde, na verdade, a uma demanda da essência de uma e do outro, a uma ascensão para o mundo das ideias, no sentido de captação das respetivas "ideias", ou "arquétipos", de que as realidades do nosso mundo da caverna são apenas pálidas e imperfeitas imagens.

Um dos pontos centrais da análise política de Platão (talvez não já da sua filosofia política, mas, até, do que poderíamos qualificar como a sua "ciência política") é o da qualificação e sucessão dos regimes (*Politeia*, 544c *et seq.*). *Mutatis mutandis*, podemos afirmar que aqui se encontram das páginas mais agudas de intuição psicológica e sociológica que jamais se escreveram sobre a política. Não apenas se explica a passagem de umas formas de governo a outras (com o artifício metafórico de se falar das frustrações dos filhos dos representantes típicos de cada regime como agentes do seguinte – mas que tem não pequena razão de ser, mesmo como tipo-ideal "histórico"), como ainda um finíssimo e fidedigno retrato de cada tipo psicológico representativo de um regime.

Assim, recordemos, em traços muito gerais. A aristocracia pode degenerar em timocracia, governo dos ambiciosos, sedentos de honras. O homem timocrático entrega-se à ginástica ou à caça, é ao máximo alheio à cultura, e, implacável com os servidores, tem a paixão do mando. Sucede-lhe a oligarquia, que é o regime em que "são os ricos que se encontram no poder e em que o pobre não tem lugar" (VIII-550c). Os dirigentes são escolhidos, afinal, em função do rendimento (VTII-553a). O oligarca é, pela corrupção das riquezas, pela mesquinhez que o argentarismo e o economicismo (diríamos em linguagem atualizada) geram, o oposto do sábio. Da guerra necessária entre pobres e ricos gerada pela oligarquia acabará por emergir a democracia. Platão designa (como alguns autores) por democracia um regime que pode ser, de todos, o mais belo, e por muitos julgado o mais belo de todos. Segundo ele, é aqui que se deve procurar um regime, pois nele próprio se encontram os vários tipos de regime, como numa espécie de "bazar (ou feira) de regimes" (VIII – 557c-d). Contudo, não deixa de assinalar as suas debilidades, que alguns autores (como, por exemplo, Prélot e Lescuyer) sublinham, apresentando um Platão claramente antidemocrático (o que não se deduz claramente do seu texto integral e no contexto):

> Eis, volvi, além de outros que se lhe assemelham, os traços característicos da democracia: é um regime cativante, desprovido de autoridade, mas não sem um furta-cores até bizarro, e que não olha à igualdade nem à desigualdade dos sujeitos na dispensação do mesmo tratamento igualitário. (VIII-558c)

Assim, o homem democrático será múltiplo, podendo haver vários tipos humanos democráticos (tal como regimes que aí bebem e aí como que convivem). Finalmente, a tirania, que assim é magistralmente pintada:

> E eis que, ao que parece, se gera um acordo sobre o que devemos ter por tirania: confirmando o provérbio, o povo, de tanto desejar fugir do fumo que é o jugo do poder exercido por homens livres, caiu nas chamas do fogo que é a tirania, o poder de um todo-poderoso escravo. (VIII, *in fine*, 569b-c)

O texto continua por mais umas linhas, com observações muito inspiradoras.

Os regimes que desembocam nesta complexa tirania foram-se sucedendo: da timocracia se caíra na oligarquia (porque dos presunçosos e ambiciosos nascem os simplesmente materialistas), e desta na democracia (já que os que apenas na riqueza pensam empobrecem necessariamente um grande número, o qual um dia toma conta da situação), passando-se depois à tirania (governo de um só, que pela demagogia acaba por colher o acordo das massas desesperadas com a anarquia), pelo excesso de liberdade (libertinagem ou licenciosidade) de um regime que não temperara aquela sequer com a escolha de chefes competentes e à altura das dificuldades da excessiva licença geral. A timocracia, regime inicial corrupto, fora já fruto da degenerescência da aristocracia, esse sim, regime puro: porque os melhores se cristalizam, enquistam, se envaidecem, se dão à cupidez e à ambição, e assim se corrompem.

A atualidade educativa ou formativa destas observações não pode ser maior, sobretudo num tempo em que um ucronismo de eterno presente (que alguns teorizariam já como patético "fim da História") parece ser o fruto de uma sociedade sem consciência histórica, o que é potenciado pelo esquecimento suicida das sociedades contemporâneas, mesmo das democráticas, em preservar-se dos mitos dos seus novos "poetas" (a comunicação social ao serviço dos poderes, políticos ou económicos) e em investir em educação para a cidadania, que passa necessariamente pelo estudo do passado e pela formação de cidadãos críticos – portanto, formados e informados. Os ensinamentos que se podem colher ao longo de toda *A República* são imensos.

Mesmo abstraindo, ou sobretudo abstraindo do projeto político utópico do seu autor, se nos concentrarmos nos argumentos aparentemente laterais, nas observações sobre a realidade constante da *Política*, afinal, sobre os traços da natureza humana política, aí encontraremos preciosidades. Recordaremos o que já sabemos da nossa própria experiência, do que na História colhemos já, e tornaremos consciente e claro o que pairava ainda em suspensão no nosso espírito, em síncrise ou em latência, à espera de uma formulação.

No seu carácter múltiplo, alia a *Politeia* aspetos filosóficos puros (e dos mais profundos, desde a metafísica à gnoseologia) às questões filosófico-políticas e jurisfilosóficas, além de psicológicas e sociológicas da política, como vimos, sempre com a preocupação educativa, porque sem educação jamais poderá haver cidade ideal, e tudo cerzido na forma dialética ou de pura conversa entre vários interlocutores, contendo assim teses adversas em debate, e múltiplas pérolas de observação sobre a natureza humana na política. Essa dimensão, essa profundidade, essa sabedoria estão muito para além, valem muito mais que o esquema concreto proposto para a Cidade. E são principalmente essas observações que se nos revelam mais perenes. De resto, parece de há muito ultrapassada a busca pelo "sistema" de Platão. Como afirma Werner Jaeger, na sua monumental *Paideia*:

> Durante muito tempo, os intérpretes de Platão afadigaram-se por descobrir o seu "sistema" empenhados em medi-lo pela tabela das formas de pensamento das épocas posteriores, até que se compreendeu finalmente que este filósofo, fosse por razões de exposição ou por razões críticas, não aspirava a edificar, como outros pensadores, um corpo de doutrina completo, mas pretendia outra coisa: pôr a descoberto o próprio processo do conhecimento. (Jaeger, 1979: 699)

Para além do grande argumento utópico d'*A República*, podemos nela detetar pontos que haveriam de ser momentos interessantes, senão altos, no diálogo ulterior da filosofia política ocidental.

Todos sabemos que, quando Trasímaco afirma que a Justiça não é senão o que é útil ou conveniente ao mais forte (*Politeia*, I, 338c), reconheceremos aí não uma proposição original, mas o dogma, bem anterior a ele e a Platão, que lhe dá voz, de todos os ditadores, mas (ainda que por vezes involuntariamente e sem que disso se apercebam) também de todos os juspositivistas. Não é, assim, deste tipo de evidentes tópicos muito "transversais" que poderemos tratar, por serem muitos e não ser prestável o seu enunciado.

Mas devemos considerar pontos mais evidentemente expressivos. Significativamente, há uma passagem de Santo Agostinho que costuma confundir os estudantes. Lida fora do contexto, não raro é atribuída a um qualquer anarquista. Por aí começaremos, recordando também que nem sempre a nossa capacidade de captar uma cor local é perfeita, e não raro mesmo os especialistas se enganam nas datações. Recordando uma aguda passagem de Umberto Eco, na sua justificação de *O Nome da Rosa*:

> Em todo o caso houve um facto que me divertiu muito: por vezes um crítico ou um leitor escreveram ou afirmaram que uma das minhas personagens dizia coisas demasiado modernas; pois bem, em todos esses casos, e precisamente nesses casos, eu tinha usado citações textuais do século XIV. (Eco: 63)

Ora, se o espanto de ver a passagem que já vamos citar como saída do punho de Agostinho de Hipona é grande, imagine-se como ficará o leitor moderno desprevenido ao ver que essa mesma passagem parece ser eco (e sublinhe-se a cautela desta formulação) do próprio Platão.

Trata-se da conhecida passagem que começa: "Tirando a Justiça (...) que são os reinos senão grandes bandos de ladrões? E o que é um bando de ladrões senão um pequeno reino?" (*Civ. Dei*, IV, 4). Nela, um pirata responde desenvoltamente ao imperador que só o é porque tem uma grande marinha, enquanto, por ter escassa frota, o pirata é... pirata. Nomeando-se o imperador como sendo Alexandre Magno, tudo apontaria, na melhor das hipóteses, para uma fonte anterior e comum a Agostinho e Platão. Eis a passagem de Platão, n'*A República*, que contudo não assinala a fábula, mas a sua "moral". Significativamente, é a propósito da tirania que surge esse passo:

> Trata-se da tirania, que arrebata os bens alheios a ocultas e pela violência, quer sejam sagrados ou profanos, particulares ou públicos, e isso não aos poucos mas de uma vez só. Se alguém for visto a cometer qualquer dessas injustiças de per si, é castigado e receberá as maiores injúrias. Efetivamente, a quem comete qualquer destes malefícios isoladamente, chama-se sacrílego, negreiro, gatuno, espoliador, ladrão. Mas se um homem, além de se apropriar dos bens dos cidadãos, faz deles escravos e os torna seus servos, em vez destes epítetos injuriosos é qualificado de feliz e bem-aventurado, não só pelos seus concidadãos, mas por todos os demais que souberem que ele cometeu essa injustiça completa. (*Politeia*, 344a-c)

O mesmo trecho relembra-nos diferentes momentos da obra de Voltaire. Sobretudo estes dois pontos acutilantes das *Idées Républicaines*:

> III. Un peuple est ainsi subjugué ou par un compatriote habile, qui a profité de son imbécillité et de ses divisions, ou par un voleur appelé conquérant, qui est venu avec d'autres voleurs s'emparer de ses terres, qui a tué ceux qui ont résisté, et qui a fait ses esclaves des lâches auxquels il a laissé la vie. IV. Ce voleur, qui méritait la roue, s'est fait quelquefois dresser des autels. Le peuple asservi a vu dans les enfants du voleur une race de dieux; ils ont regardé l'examen de leur autorité comme un blasphème, et le moindre effort pour la liberté comme un sacrilège.

Outros momentos poderiam ainda recordar-se, neste autor, como o artigo sobre a "tortura", do *Dicionário Filosófico* (1764), etc.

E no momento em que se alude ao arrebatar os bens alheios de uma só vez, não pode deixar de se recordar a recomendação de Maquiavel, n'*O Príncipe*, VIII, 8: "Perchè le ingiurie si debbono fare tutte insieme, acciò che, assaporandosi meno, offendino meno: e benefizii si debbono fare a poco a poco, acciò che si assaporino meglio".

Voltemos então à *Politeia*. E já que estamos nessa penumbrosa divisão entre poderosos e bandidos, recordemos que a justiça parece ser tão importante que até entre estes necessita de ser mantida.

Diz Platão, pela boca de Sócrates: "(...) parece-te que uma Cidade, um exército, piratas, ladrões, ou qualquer outro grupo que tentasse algum golpe em comum, poderiam ser bem-sucedidos, caso se enganassem uns aos outros?" (*Politeia*, 351c).

Eis que surge o eco da leitura de Cícero, *Dos Deveres*, II, X, 40, num passo que, aliás, para um português não deixa de ser uma relativa afronta, derivada de etnocentrismo imperialista romano:

(...) as coisas são de tal forma que, mesmo os que se sustentam das suas malfeitorias e crimes, não conseguem viver sem um pouco de justiça; porque, o que rouba ou subtrai o que quer que seja a um dos seus companheiros do bando, deixa de ter o seu lugar entre os bandidos; e mesmo se o chefe dos piratas não partilha equitativamente o produto do saque, arrisca-se a ser morto ou abandonado pelos seus comparsas: pelo contrário existem, segundo se diz, entre os ladrões, leis a que eles obedecem e que respeitam; foi graças à sua equanimidade na repartição do saque que Bardylis da Ilíria, de que fala Teopompo, adquiriu grandes riquezas; e ainda mais Viriato da Lusitânia, que fez curvarem-se mesmo os nossos exércitos e generais; foi o pretor C. Lélius, cognominado o sábio, que o quebrou e enfraqueceu; ele reprimiu a sua insolência a tal ponto que tornou a guerra fácil aos seus sucessores. Se a justiça tem força suficiente para assegurar e aumentar a fortuna dos que se dedicam à rapina, que força não terá ela num Estado organizado, com leis e tribunais?

Pode tratar-se evidentemente de uma mera coincidência; mas foi precisamente tudo isso que quisemos levantar.

Seria demorado explicitar aqui, mas é um lugar-comum, vermos como a Justiça se encontra entre extremos (*Politeia*, máx. 358e, 359b) – o que viria a ser retomado desde logo por Aristóteles, não só para a Justiça, como até para toda a sua teoria das virtudes (sendo a virtude uma espécie de equilíbrio entre vícios opostos). Assinalemos que a Justiça é colocada por Glauco num meio-termo, curiosamente entre o maior bem, que seria o conseguir furtar-se ao pagamento da pena por atos injustos, e o maior mal, que é não ter meios de se retribuir uma injustiça. Há, evidentemente, entre o tipo de meio-termo aqui enunciado e o de Aristóteles uma importante diferença, porque não se pode considerar que os extremos platónicos sejam verdadeiramente "vícios"; pelo menos não o será o segundo, sem sombra de dúvida, mas simples privação de meios de resposta a uma ofensa. Mas não nos alonguemos mais neste ponto. Nem sequer nos detenhamos na posteridade do anel de Giges (*Politeia*, 359d *et seq.*), das obras do Iluminismo ao Homem Invisível... e até mais recentes... Do mesmo modo, todo o pensamento utópico, de fundação de uma (mítica) cidade ideal, se encontra sintetizado neste entusiástico passo: "Ora vamos lá! – prossegui – Lancemos pelo pensamento os fundamentos de uma Cidade" (*Politeia*, 369c). Platão em vários passos estabelecerá as bases teóricas do género utópico, reconhecendo a refrangência do real, a dificuldade da ação, embora sempre enaltecendo o empreendimento utopista (*Politeia*, 472d *et seq.*).

Vimos um dia a expressão *suum cuique* atribuída num livro de um universitário a Santo Agostinho. Sorrimos, com a nossa formação jurídica, pois muito antes a reconhecíamos em Ulpiano (*justitia est constans et perpetua voluntas suum cuique tribuere*), de onde passaria ao Digesto. Mas, na altura, não pensámos em Platão. Já obviamente havíamos lido *A República*, mas antes dos estudos filosóficos jurídicos não havíamos advertido que já está na *Politeia* uma fórmula interrogativa da maior importância que vai conduzir, no decurso do diálogo, a algo de muito semelhante. O ponto de partida é, sem dúvida, o momento da concordância aparente com Céfalo, logo no livro I, em que se questiona se duas coisas consideradas justas o serão sempre: a primeira é dizer a verdade; a segunda remete para um tipo de comportamento de restituição, retribuição, ou pagamento de dívidas (as várias traduções consultadas, em várias línguas, significativamente não são concordes nesta matéria da mais subtil precisão técnico-filosófico-jurídica); em suma, trata-se efetivamente de formas concretas do geral *suum cuique* (*Politeia*, 331c) – encetando-se conhecida discussão (que vai pelo menos até

Politeia, 336 a), onde nomeadamente se perguntará: "Pois bem. E a arte denominada justiça, a que é que dá o que é devido?" (*Politeia*, 332d).

Neste mesmo ponto, nova ficha nos salta: e é de um conhecido passo de Tomás de Aquino, outro autor fundamental para o pensamento jurispolítico, que adotará a fórmula de Ulpiano quanto à Justiça, considerando-a expressamente correta desde que "bem entendida" (*Summa Theologiæ, IIa, IIæ*, q. 57, art. 1). Além disso, o mesmo exemplo da restituição de um depósito de armas por alguém que, entretanto, enlouquece (ou tornado sedicioso, acrescenta o "doutor Angélico") surge como um caso, quer em Platão, quer em São Tomás, no qual se não deve restituir o que seria em regra devido ao seu legítimo proprietário (*Politeia*, 331c; *Summa Theologiæ, IIa, IIæ*, q. 57, art. 2 *ad primum, in fine*).

Mas regressemos ao *suum cuique*. Há ainda outro passo paralelo em que a questão é referida, curiosamente a propósito da pintura: "Meu caro amigo, não julgues que devemos pintar os olhos tão lindos que não pareçam olhos, nem as restantes partes, mas considera se, *atribuindo a cada uma o que lhe pertence*, formamos um todo belo" (*Politeia*, 420d).

Contudo, parece tratar-se em Platão apenas de atribuir a cada coisa a sua devida cor ou proporção, o que está ainda longe do *suum cuique* jurídico. Afinal, tal não andará distante da própria conceção de justiça, em Platão, que não é tanto a de uma atribuição (dinâmica), como a *constans et perpetua voluntas* dos Romanos, mas a mais estática pertença de cada um ao seu lugar, designadamente não indo o sapateiro além da fivela ou da chinela (de todo o modo, no âmbito do calçado). E esta citação proverbial, ainda hoje por vezes usada, foi, como se sabe, cunhada por Plínio (*História Natural*, 35-36) – *sutor ne supra crepidam* – em alusão a um mítico dito do pintor Apeles. Precisamente dirigido a um sapateiro que, depois de ter opinado com acerto sobre o calçado pintado numa sua composição, passou a discretear sobre o que não conhecia: tudo o resto. Ora Platão afirma expressamente que "(...) era uma imagem da justiça o princípio de que o que nasceu para ser sapateiro faria bem em exercer esse mester, com exclusão de qualquer outro, e o que nasceu para ser carpinteiro em ter essa profissão, e assim por diante" (*Politeia*, 443c).

Passando de novo para um plano mais jurídico, são sem dúvida páginas de grande sabedoria as que Platão consagra às relações jurídicas "privadas" *hoc sensu* (que obviamente se não confundem com as da nossa *summa divisio* moderna entre direito privado e direito público). Aí, parte-se de um pressuposto que, pela positiva, equivale a idêntica posição em Paulo de Tarso, pela negativa. Afirma Platão que "não vale a pena ditar preceitos a homens de bem, porque eles com facilidade descobrirão a maior parte das leis que é preciso formular em tais casos" (*Politeia*, 425d-e). E recordemos São Paulo, na Primeira Epístola a Timóteo, VIII, 9: "*Scimus autem quia bona est lex, si quis ea legitime utatur, sciens hoc quia iusto lex non est posita, sed iniustis et non subiectis (...)*".

Quando um autor, como Platão, deteta algumas das causas de um problema fulcral, e esse mesmo problema persiste, e se agrava, com os séculos, é muito natural que pelos mesmos caminhos venham a passar outros. É o que sucede com o problema da inflação legislativa, em consequência, além do mais, da intromissão da lei em zonas que lhe não deveriam ser francas e da estulta convicção prometeica do seu sucessivo melhoramento. Platão é expressivo com esta imagem sobre a correção sem fim das leis: "estão a tentar cortar as cabeças da Hidra" (*Politeia*, 426e).

Há, contudo, outro pressuposto nesta construção teórica, aliás acertadíssima: é que, como citávamos *supra*, as leis "descobrem-se", não se inventam. O que não pode deixar de nos fazer recordar uma ideia de lei que muito mais tarde ganharia uma formulação lapidar na obra de Montesquieu: a de que as leis, as leis mais profundas e propriamente ditas, mesmo as leis jurídicas, são naturais: ora a investigação das coisas naturais funda-se na descoberta, não na invenção. É assim que *De l'Esprit des Lois* começa logo (I, 1): "Les lois, dans la signification la plus étendue, sont les rapports nécessaires qui dérivent de la nature des choses". E continua, explicitando que, neste sentido, todos os seres, todas as coisas, têm as suas leis – a divindade, o mundo material, as inteligências superiores ao homem, os animais e, evidentemente, também os homens.

Tópicos muito execrados ao longo dos tempos, como a "comunidade de filhos e de mulheres" (*Politeia*, 423, 457, 462), ou, noutra formulação, a "abolição da família", poderiam levar-nos a vasta maranha de diálogos, desde as dificuldades expressamente postas por Aristóteles (*Políticas*, II, 1, *in fine*, e 2, 1260a). Estes temas receberiam até dos marxistas um eco ambíguo e algo irónico. Marx e Engels, no capítulo II do *Manifesto do Partido Comunista*, afirmam, depois de uma longa defesa: "Os Comunistas não têm necessidade de introduzir a comunidade das mulheres; ela tem existido quase desde tempos imemoriais". Mas, como se sabe, o problema não fica por aí.

Em contrapartida, já alguns pontos sobre igualdade da Mulher e do Homem (apesar de todas as restrições – nomeadamente sobre uma alegada "debilidade" feminina (*Politeia*, 455d-e) estaria hoje, quiçá, em relativa boa cotação, e de novo seria difícil fazer o elenco dos interlocutores a considerar. E o raciocínio platónico é irrepreensível, designadamente neste passo: "Se, portanto, utilizarmos as mulheres para os mesmos serviços que os homens, tem de se lhes dar a mesma instrução" (*Politeia*, 451c). Tudo começa, afinal, na Educação, e depois com o trabalho – embora, como sucede tantas vezes em situações de crise e escassez (e muito nas últimas guerras mundiais, fatores de grande mudança social), seja não raro este a determinar aquela. Mas a Educação continua a ser o grande agente da igualdade (como da liberdade).

As páginas sobre as qualidades do bom governante (*Politeia*, 484b *et seq.*, tendo como pontos altos 487a, e 519b-d, 521b, 535a, *et seq.*) poderiam ser cotejadas com muitos livros de espelhos de príncipes: mas as referências seriam múltiplas e dispersas, além de que este género literário não produziu clássicos – a menos que como tal se considere a pequena grande obra do Secretário Florentino. Do mesmo modo, as críticas aos falsos filósofos (e à invasão da filosofia – *Politeia*, máx. 487c, *et seq.*, 495c/d, 496a – e o mesmo se poderia dizer da educação – por impreparados e oportunistas) também têm presença em muitos escritos ulteriores, como, entre nós, desde logo, no expressivo Frei Amador Arrais. Mas não nos alonguemos e sigamos apenas a reminiscência imediata, e em matérias mais diretamente políticas.

Um ponto fulcral, mas que de si consumiria todo um livro, é o da delimitação e sucessão das formas de governo, que muitos se habituaram a fazer recuar a Aristóteles, mas que já se encontram em Platão, e são na verdade mais antigas ainda. Ao contrário da simetria dos três regimes puros degradando-se em três regimes corruptos, na versão do Estagirita (*Políticas*, III, 7-1279a-b), Platão ensinara antes dele haver quatro regimes, imperfeitos todos, sucedendo-se como que ciclicamente: da timocracia para a oligarquia, desta para a democracia e da democracia para a tirania... passando de novo à timocracia. Aristóteles não adota essa divisão, mas o próprio Platão alteraria, como é sabido, a sua tipologia em obras ulteriores. As tipologias são, realmente, formas de organizar e explicar as realidades: não são as próprias realidades.

Na exposição aristotélica das formas de governo, e por todo o texto de *Políticas*, suscitam-se muitos ecos de Platão. Mas só isso daria também matéria para um ou vários volumes autónomos, sendo lugar-comum qualquer das teorias sobre o "platonismo" de Aristóteles. Em todo o caso, permita-se-nos que sublinhemos um ponto fulcral sobre a caracterização da democracia tanto em Platão como em Aristóteles: para ambos a sua característica fundamental é a Liberdade (*Politeia*, máx. 557b; Aristóteles, *Políticas*, VI, 2-1317a *et seq.*). É aliás um legado universal... E ela pulsa em alta oratória no discurso fúnebre pronunciado por Péricles, que Tucídides, na *História da Guerra do Peloponeso* (II, 35 *et seq.*), reconstitui. Pode, porém, haver leituras alternativas deste discurso (Brague, 2007, 36 *et seq.*) Ora, se a oração de Péricles sobretudo elogia a consistência da constituição democrática ateniense, já em Platão se pode ver alguma crítica à inconsequência no dividido ou disperso espírito do homem democrático, mas aparentemente mais ainda enquanto "amante da igualdade" (*Politeia*, 561e). E Platão não é um adepto da democracia, em boa medida porque lhe vê debilidades que a fazem resvalar para a tirania... A própria liberdade, princípio da democracia, é, para Platão, a causa da sua perdição (*Politeia*, 562b-c). O que não quer dizer – muito pelo contrário – que o autor da *Politeia* prefira a tirania. Cremos que é sobretudo o problema da decadência ou da corrupção que preocupa o nosso autor.

Terminemos com essa questão da decadência, juntando Platão a Heidegger. Comecemos pelo último: Heidegger, na sua *Einführung in die Metaphysik*, I, traça o negro quadro do "obscurecimento do mundo": "o exílio dos deuses, a destruição da terra, a gregarização do homem, a preponderância da mediocridade". As descrições do exílio dos deuses e do desencantamento do Mundo sucedem-se, não raro com a inspiração do poeta-filósofo Hölderlin, como num dos últimos capítulos de *Holzwege*. E qual a solução? Em Heidegger, a síntese passou até para os grandes *media*, e está num título de uma derradeira entrevista: "Nur noch ein Gott kann uns retten" (*Der Spiegel*, 31-V-1976). De um modo semelhante – e sublinhamos sobretudo o elemento formal de coincidência –, diz-nos Platão: "se, porém, for semeada, ganhar raízes e crescer num terreno não propício, o resultado será precisamente o contrário (não virtuoso), a menos que algum deus venha em seu socorro" (*Politeia*, 492a). Evidentemente releva sobretudo a coincidência na tradução, o que pode também fazer pensar numa "influência" da própria fórmula de Heidegger na tradução de Platão.

E é precisamente aqui que também queríamos chegar. Não só lemos os nossos textos com o olhar das ideias e das fórmulas dos clássicos, como lemos (e eventualmente traduzimos) os clássicos com as nossas ideias e fórmulas. Tudo assim fechando o círculo da *Paideia*.

Bibliografias

Bibliografia ativa específica

Alcibíades, ou Da Natureza do Homem; Apologia de Sócrates; Cármides ou Da Sageza Moral; Críton ou Do Dever; Górgias; Hípias Menor; Laques ou Sobre a Coragem; As Leis; Ménon ou Sobre a Virtude; O Político; A República.

Edições correntes/recomendadas

PLATÃO, *A República*, introd., trad. e notas de Maria Helena da Rocha Pereira, 3ª ed., Lisboa, Fundação Calouste Gulbenkian, 1980.

—, *A República. Politeia*, trad., prefácio e notas de Elísio Gala, Lisboa, Guimarães Editores, 2004.

PLATO, *The Dialogues of...*, trad. de J. Harward, Chicago *et al.*, Encyclopedia Britannica, 2ª ed., 5ª reimp., 1994 (coleção "Great Books").

PLATON, *Œuvres Complètes*, ed. fr. com notas de Léon Robin, Paris, Gallimard, Biblioteca da Pléiade, v. I, 1981, v. II, 1985.

Bibliografia passiva seletiva

ALAIN, *Idées. Introduction à la Philosophie Platon, Descartes, Hegel, Comte*, Paris, Flammarion, 1983 (1ª ed. 1939).

ANNAS, J., *An Introduction to Plato's Republic*, Oxford, Clarendon Press, 1981.

AVERROES, *Exposición de la `República' de Platón*, trad., estudo preliminar e notas de Miguel Cruz Hernandez, Madrid, Tecnos, 1987.

BANNES, Joachim, *Hitlers Kampf und Platons Staat*, 1933.

BARROS, Gilda Naécia Maciel de, *Platão e Rousseau: o Estado total*, "Revista Brasileira de Filosofia", São Paulo, v. 36, n. 148, p. 314-338, 1987.

—, *Platão, Rousseau e o Estado Total*, São Paulo, T. A. Queiroz Editor, 1995.

BRAGUE, *Rémi, Introduction au monde grec*, Les Éditions de la Transparence, 2005, trad. port. de Nicolás Nyimi Campanário, *Introdução ao Mundo Grego, estudos de história da filosofia*, São Paulo, Edições Loyola, 2007.

BRISSON, L., *Platon: Les mots et les mythes*, 2ª ed., Paris, La Découverte, 1994.

BRITO, António José de, "O totalitarismo de Platão", *Fides. Direito e Humanidades*, v. III, Porto, Rés, 1994, p. 25 *et seq.*

CAMBIANO, G., "I Filosofi e la costrizione a governare nella Repubblica platonica", *in* G. Casertano (org.), *I filosofi e il potere nella società e nela cultura antiche*, Nápoles, 1988.

CAPIZZI, A., *Socrate e i personaggi filosofi di Platone*, Roma, 1970.

CHANTEUR, Janine, *Platon, le désir et la Cité*, Paris, Sirey, 1980.

CHÂTELET, François, *Platon*, Paris, Gallimard, 1965 (trad. port. Rés).

CRAIG, L. H., *The War Lover. A Study of Plato's Republic*, Toronto, University of Toronto Press, 1994.

CROSS, R. C., e WOOZLEY, A. D., *Plato's Republic: a Philosophical Commentary*, Londres, The MacMillan Press, 1964, reimp. 1980.

CROSSMAN, R. H. S., *Plato Today*, 1959; 2ª ed., 2ª imp., Allen & Unwin.

ECO, Umberto, *Postille a "Il Nome della Rosa"*, Fabbri, Bompiani, Sonzogno; trad. port. de Maria Luísa Rodrigues de Freitas, *Porquê "O Nome da Rosa"*? Lisboa, Difel, s.d.

FIELD, G. C., "On Misunderstanding Plato", *Philosophy*, 19, 1944, p. 49-62.

GROTE, G., *Plato and the Other Companions of Sokrates*, nova ed., Londres, 1888.

GRUBE, G. M. A., *Plato's Thought*, Edimburgo, University Paperbacks, 1970 (1ª ed., 1935).

HÖFFE, O., *Platon, Politeia*, Klassiker Auslegen 7, Berlim, Akademie, 1997.

IRWIN, T., *Plato's Ethics*, Oxford, Clarendon Press, 1995.

JAEGER, Werner, *Paideia, Die Formung des Griechischen Menschen*, Berlim, Walter de Gruyter, 1936; trad. port. de Artur M. Parreira, *Paideia. A Formação do Homem Grego*, Lisboa, Aster, 1979.

KÉLESSIDOU-GALANOS, Anna, *À la recherche de la valeur supreme. Platon et l'Un absolu*, separata de *Filosofia*, Atenas, Academia de Atenas, 2, 1972.

LEVINSON, Ronald B., *in Defense of Plato*, 1953, reimp. 1970.

MAGALHÃES VILHENA, V. de, *O Problema de Sócrates – O Sócrates Histórico e o Sócrates de Platão*, Lisboa, Fundação Calouste Gulbenkian, 1984.

NETTLESHIP, R. L., *Lectures on the Republic of Plato*, Londres, 1908.

PATOCKA, Jan, *Platon et l'Europe*, trad. de Erika Abrams, Lagrasse, Verdier, 1973.

PENEDOS, Álvaro José dos, *O Pensamento Político de Platão*, Porto, FLUP, 1977.

—, *Ensaios*, Porto, Rés, 1987.

—, Gregos: em busca da igualdade, "Revista da Faculdade de Letras", Série de Filosofia, 5-6, 1988-1989.

—, Encantamentos. Platão e as artes de Abaris dos Hiperbóreos, *Revista da Faculdade de Letras*, Série de Filosofia, 7, 1990.

—, *A maravilhosa viagem de Er, O Panfílio*. A República revisitada, "Revista da Faculdade de Letras", Série de Filosofia, 9, 1992.

—, Platão no País dos Sonhos, "Revista da Faculdade de Letras", Série de Filosofia, 10, 1993.

PIEPER, Josef, *Über die platonischen Mythen*, Munique, Koesel, 1965; trad. cast. de Claudio Gancho, *Sobre los mitos platónicos*, Barcelona, Herder, 1984.

ROBIN, Léon, *Platon*, reed., Paris, PUF, 1968.

RUBIO CARRACEDO, José, *La utopía del estado justo: de Platón a Rawls*, 1982.

STOVE, David, *El culto a Platón y otras locuras filosóficas*, Madrid, Cátedra, 1993.

STRAUSS, Leo, *Argument et action des Lois de Platon*, Paris, Vrin, 1990.

—, *Études de Philosophie politique platonicienne*, Paris, Belin, 1992.

WHITE, Nicholas P., *A Companion to Plato's Republic*, Oxford, Basil Blackwell, 1979.

WEIL, Simone, *La Source grecque*, Paris, Gallimard, 1953, trad. port. de Filipe Jarro, *A Fonte Grega*, 1ª reimp., Lisboa, Cotovia, 2014.

WIND, Edgar, Theios Phóbos. Untersuchungen über die Platonische Kunstphilosophie, *Zeitschrift für Ästhetik und allgemeine Kunstwissenschaft*, XXVI (1932), p. 349-373, *in ex: La Elocuencia de los Símbolos. Estudios sobre Arte Humanista*, p. 41 *et seq.*

—, La Justicia platónica representada por Rafael, *in La elocuencia de los símbolos. Estudios sobre arte humanista*, ed. de Jaynie Anderson, biog. de Hugh Lloyd-Jones, trad. de Luis Millán (ed. orig.: *The Eloquence of Symbols: Studies in Humanist Art*, 2ª ed. rev., Oxford, Oxford University Press, 1993).

ARISTÓTELES

(ESTAGIRA, 384 A.C.-CÁLCIS, 322 A.C.)

Os bajuladores são honrados e os homens de bem sujeitados. O mesmo arbítrio reina nos decretos do povo e nas ordens dos tiranos. Trata-se dos mesmos costumes. O que fazem os bajuladores de corte junto a estes, fazem os demagogos junto ao povo.
Aristóteles

Filho de Nicómaco, médico de Amintas II, rei da Macedónia, Aristóteles seria precetor do neto deste, Alexandre Magno.

Discípulo e amigo de Platão, a quem teria abandonado por *amor da verdade* (*amicus Plato sed magis amica veritas*), virá a fundar o Liceu, em que, segundo reza a tradição, dava lições enquanto passeava – *peripatético*, pois.

Não parece que o general De Gaulle tivesse razão ao pressentir o sopro filosófico do Estagirita em cada conquista do jovem Imperador... Pelo contrário, contristado com os ímpetos imperiais de Alexandre, retira-se para Atenas. Após a morte deste, contudo, será acusado de partidário dos Macedónios e perseguido, tal como já o havia sido Sócrates. Ao contrário do filósofo mártir, e para evitar mais um atentado contra a Filosofia, exila-se em Cálcis, onde morrerá, porém, um ano depois.

Como referimos já, o quadro de Rafael, *A Escola de Atenas*, elucidar-nos-ia magnificamente sobre o carácter da filosofia de Aristóteles. Neste, ele como que "aponta" a terra, enquanto Platão indica o céu. Aristóteles é um espírito enciclopédico, uma mente poderosa, mas sempre preocupada com o real. Diz-se anedoticamente que passou boa parte da lua-de-mel catando conchinhas para os seus estudos científicos. Nada do humano lhe foi alheio. Alguma incompreensão relativamente ao filósofo parece dever-se ao abuso que, durante alguns momentos de decadência, os seus seguidores fizeram da sua doutrina, endeusada como autoridade intocável. Todavia, não se pode assacar tal culpa àquele que o próprio Augusto Comte apelidou de "filósofo incomparável". Não deixa de ser curioso verificar que os críticos de Aristóteles, que o acusam de desligado da natureza e do mundo, acabam por preferir o especulativo Platão, o utopista d'*A República*. As *Éticas a Nicómaco, Retórica* e *Política*, além de outras obras, incluem luminosas passagens sobre o Direito e a Política. Não sendo jurista – não se pode mesmo dizer que houvesse verdadeiros juristas antes do *ius redigere in artem* romano, sob inspiração aristotélica, aliás –, Aristóteles compreendeu perfeitamente a essência do Direito, e o seu contributo tem nestas áreas um valor inestimável – sempre apto a novas releituras e diferentes descobertas. Ao pensar as relações jurídicas como relações de proporção (nem desigualdade, nem igualdade matemática), ao entender o discurso jurídico como uma dialética, ao dividir a Justiça em justiça geral (moral, política, etc.) e justiça particular (especificamente jurídica, de atribuição a cada um do que é seu), Aristóteles clarificou os problemas e desbravou a floresta inicial, permitindo depois aos Romanos a construção do belo edifício do Direito. Ao mesmo tempo que delimita o Direito, Aristóteles dá os primeiros passos para a autonomização da Política: claro na divisão das formas do governo, agudo já antes de Maquiavel sobre a maneira de preservá-las e quanto à corrupção que as espreita, e, sobretudo, profundamente atento às várias formas de ser do homem, à etiologia humana – pois esse é o fundo das suas *Éticas*: os modos de o Homem ser...

O intuito manifesto e declarado do autor na *Ética a Nicómaco* é prático, e não de "especulação pura". Acresce que a conexão entre as éticas e as políticas é pelo próprio Aristóteles expressamente sublinhada: designadamente nos capítulos primeiro do livro I e final do livro X (o último) da *Ética a Nicómaco*. Procura-se na ética o máximo Bem. Mas ele depende da ciência suprema e "arquitetónica" por excelência, a Política, à qual todas as demais se subordinam, e que de todas as demais se serve numa Cidade.

Acresce que, num mundo em que a maioria esmagadora dos homens se encontra submetida às paixões, a argumentação é frustre, e apenas se poderia acreditar no efeito formador de uma educação para as virtudes, numa Pólis dotada de leis justas. É para tanto necessário estudar a ciência da legislação, que para Aristóteles é uma parte da Política. As linhas com que este tratado encerra são mesmo um convite ao estudo da Política.

Por tudo isto, também se haverá de considerar a *démarche* politológica (*hoc sensu*) de índole prática e não simplesmente especulativa. São ambas exemplos de τεχνη ou *arte*: englobando quer a dimensão teórica ou concetual, quer a dimensão fáctica ou agente na vida e no mundo. Uma filosofia prática, pois, esta ανθρωπινα φιλοσοφια, em que uma política prepara as leis e uma ordem que permita a educação nas virtudes, caminho para a felicidade dos cidadãos. Se a maior felicidade é a vida contemplativa racional, também de algum modo o "andar a procurá-la" (para lembrar Almada Negreiros) na vida política (de acordo com as virtudes) pode constituir um segundo nível de felicidade.

A arte arquitetónica por excelência é a Política. A Ética é mesmo considerada como uma forma de política. Esta teria como objeto coisas belas e justas. Aristóteles não deixa de nos advertir, a propósito da multiplicidade de opiniões em política, que o tipo de conhecimento depende da natureza diversa dos objetos sobre que se exerce: não se podendo pedir ao retórico o mesmo tipo de demonstrações rigorosas que ao matemático. Com efeito, tal como se diz no *Organon*, uma coisa é a verdade ou a certeza que se obtém quanto a ciências exatas, físicas ou naturais, em que é soberana a lógica ou a observação e a experiência, outra coisa, probabilística e falível, é o conhecimento que deriva da convicção que formamos nas ciências do homem (precisamente estas artes da ética, da política, e diríamos hoje também, desde logo, do direito).

Mas é curiosa a conclusão pedagógico-didática que daqui o filósofo retira: a pouca experiência da vida torna o estudo da Política – exemplo e mais alta arte arquitetónica – supérfluo para os jovens, por regra imprudentes, que só seguem as suas paixões, enquanto a dureza da matemática lhes conviria. Naturalmente pelo treino também... E certamente porque (metáfora extraordinariamente útil) a verdade é que nenhuma excelência na lógica é capaz de substituir a experiência e a prudência nas coisas humanas. Donde, por muito cientista que Aristóteles seja, é à primeira das artes humanas que atribui a primazia, e não às ciências abstratas, formais, conceituais, ou sequer físicas. Em gíria atual, dir-se-ia: ciências moles só depois das ciências duras, na aprendizagem, mas não na precedência do valor.

Ligando-se sobremaneira a ética ao problema do Bem, o Estagirita, depois de se opor a Platão, considera que o Bem é um fim perfeito, que se basta a si mesmo – a sua simples presença torna a vida desejável sem necessidade de nada mais. Ora, o que é mais desejado entre tudo (não sendo em si mesmo apenas um bem, mas um conjunto ilimitado de bens) é precisamente a felicidade, sendo assim esta a finalidade da ação humana. Aristóteles começa por discutir o que seja a felicidade: aparta o prazer, que é baixeza escrava, tanto da plebe como de alguns membros das classes altas, assim como a riqueza, que só leva a uma vida de canseiras, e deveria antes ser considerada como um meio e não como um fim. Se a honra é o fim da vida política, frequentemente depende mais dos que honram do que de quem é honrado, e assim passa a não ser uma qualidade própria, estando antes nestas condições a virtude. Mas nem ela se revela apta como felicidade, já que pode haver virtuosos abúlicos e, pior ainda, virtuosos infelizes.

A felicidade é, outrossim, conforme à mais alta virtude humana. Será, pois, a vida contemplativa a mais feliz, embora o *sage* tenha necessidade, para a tal se dedicar, de alguma prosperidade material, dada a sua natureza. Aristóteles não nos deixa sem um aprofundamento do conteúdo dessa felicidade, e acabará por identificá-la com uma dada atividade da alma concorde a uma virtude perfeita. Em todo o caso – e de novo vemos aqui a imbricação política e ética –, sendo o verdadeiro político o que, desejando transformar os seus concidadãos em gentes de bem, deve estudar as virtudes. Esta é a rampa de lançamento de todo o mecanismo de estudo das virtudes, avultando, entre elas, a Justiça.

Dela curará especialmente no livro V da *Ética a Nicómaco*. Aí, começa por verificar a polissemia dos termos "justiça" e "injustiça". Desde logo, destaca dois sentidos: o justo que o é pelo respeito à lei, e o justo que o é por respeito à igualdade. E concomitantemente os tipos de injustiça por desrespeito à lei e à igualdade (seja porque o injusto pretende mais do que lhe cabe nos bens, seja porque o injusto pretende menos do que seria seu dever nos males ou obrigações). Contudo, desde logo compreende que a justiça da lei o é apenas num certo sentido, e que a Justiça tem várias dimensões: quer como virtude, quer como *outra coisa*, quando se relaciona com os outros.

Enquanto qualidade da alma no sujeito, ela é virtude, e a mais perfeita das virtudes. Mas é mais que isso, ou melhor: pode ser vista por outro ângulo ainda. Para melhor a surpreender, Aristóteles parte da injustiça para chegar à justiça. E bem se compreende que possa haver uma injustiça mais claramente moral, mas em que o ganho material não seja o móbil do erro (mas, por exemplo, um vício eventualmente até não criminoso), enquanto outra injustiça implica claramente prejuízo material. No primeiro caso, está-se perante a injustiça que nega a virtude; no segundo, perante a injustiça que tem sobretudo conexão com a relação social, com os outros. Afinal, o primeiro caso é sobretudo uma imoralidade, e o segundo é uma injustiça num sentido restrito. Aliás, a nossa linguagem corrente recolheu precisamente a expressão "injustiça" para o segundo caso, sendo raro o seu uso no primeiro.

À justiça enquanto virtude tendemos a chamar justiça geral ou total, enquanto à justiça mais específica que vimos existir também (a justiça χατα μεροη) chamamos frequentemente justiça particular. Essa é o objeto próprio do direito, da arte jurídica. Pois, visando-se, como afirmará mais tarde Ulpianus, o *suum cuique tribuere*, é precisamente esta justiça que reparte as honras, as riquezas e (embora Aristóteles se lhes não refira neste ponto expressamente) as próprias sanções (que são o *seu* próprio dos infratores). A divisão aristotélica era, de facto, diversa, considerando uma justiça corretiva englobando nesta categoria duas subespécies: os atos voluntários, essencialmente contratuais e afins, de índole privada, e os atos involuntários, em que se chegam a incluir crimes. A subdivisão não se nos afigura hoje de particular interesse ou sequer inspiração, porque a nossa sistematização jurídica é diferente.

Detenhamo-nos, pois, apenas um momento mais, nessa descoberta fecunda: a justiça particular. A justiça particular é assim uma relação, e uma relação entre pessoas e "coisas", assumindo uma dimensão proporcional, de proporcionalidade geométrica. No final dessa indagação, que relaciona as pessoas com o *suum* de cada qual, conclui-se que a ação justa é um meio entre a injustiça cometida e a injustiça sofrida. Embora seja sempre complexa esta asserção, já que não se é culpado nem injusto por se sofrer uma injustiça, ao contrário do que sucede com os extremos das outras virtudes. Assim como se não pode ser injusto para si mesmo – o que será mais tarde advertido por Rousseau.

De qualquer modo, é fácil compreender que a justiça está no meio (já Platão entrevira esse meio, mas de forma diversa), enquanto as injustiças estão nos extremos. A justiça pode então ser considerada uma disposição que arma o homem justo (dela dotado) da capacidade de ser um reto repartidor, quer entre outros, quer entre si e os outros: tomando exatamente o que lhe é devido, atribuindo a cada um o que é seu. A injustiça será precisamente o inverso, e o homem injusto o que age contrariamente a este equilíbrio. No tempo do nosso filósofo, era mais patente que hoje a existência de direitos como que imperfeitos, protodireitos, como o das relações entre pai e filhos, marido e esposa, senhor e escravo. A esses direitos opõe Aristóteles a justiça que se exerce entre cidadãos, a que chama justiça política. Esta distinção pode vir a ter interesse nos nossos dias, se usarmos os conceitos agilmente.

Outra redescoberta fulcral de Aristóteles (porque não será o primeiro a compreendê-lo, constituindo tal noção um património praticamente universal não só das civilizações pré-clássicas e clássicas como das orientais e extremo-orientais) é a divisão da justiça política em natural e positiva. É a clássica divisão entre direito natural e direito positivo. O primeiro tem por toda a parte a mesma validade e não depende da opinião; o segundo é, à partida, indiferente, mas, desde que estabelecido, é obrigatório.

E Aristóteles dá como exemplo – um excelente exemplo – as penas. Na verdade, tendo que ser diversas, segundo tempos e lugares, mas com sentido e funções semelhantes.

O livro V termina com referência a algumas aporias da justiça, e referência ao valor da equidade, que é um justo superior a certa forma de justo (mais dura, mais rigorosa, no sentido do mais gravoso). A reflexão de Aristóteles sobre o direito em geral é assim sobretudo levada a cabo no trânsito da ética para a política, mas ainda colocada sistematicamente no domínio da primeira. Já o direito público, e especificamente o constitucional, será objeto de estudo nos livros das políticas. Questões jurídicas ou parajurídicas ou de interesse para o jurista também se encontram na *Retórica*, nos Tópicos do *Organon*, etc. Mas a sistematização encontra-se naquelas duas obras.

Aristóteles teria escrito vários livros de incidência política, que contudo se perderam: desde o *Político* (dois livros) e o *Da Justiça* (quatro grandes livros), de que nos dá notícia Cícero, assim como de outros estudos (*Alexandre ou da Colonização, Da Monarquia*). Possuímos sobretudo, neste domínio, os oito livros das *Políticas*, que têm complexos problemas de edição – desde logo sendo difícil saber a ordem por que se devem colocar sequencialmente os vários livros. Mas mais que essas questões editoriais, e antiquárias, importa a mensagem. Uma das originalidades de Aristóteles é o seu apurado sentido histórico-linguístico, essencial para a compreensão dos meandros conotativos da política. Assim, ora se congratula com a adequação do significado ao significante, ora assinala a polissemia – como quando afirma que *politeia* tanto é a *pólis* em que a multidão governa para a utilidade pública (e que tem sido traduzida de múltiplas formas: república, democracia, governo constitucional, etc.), como um nome comum a todas as sociedades políticas. Se Aristóteles dá o nome de democracia à sociedade política que corresponde à corrupção da *politeia* (tida não como designação geral, mas como república, etc.), fá-lo, contudo, com duas prevenções. A primeira é a de que se se pretende que a democracia ainda seja uma forma de governo, há que não usar tal nome para o caos resultante da perversão da *politeia-república*. Nestes termos o afirma:

> Não é sem razão que se censura tal governo e, de preferência, o chamam democracia ao invés de República; pois onde as leis não têm força não pode haver República, já que este regime não é senão uma maneira de ser do Estado em que as leis regulam todas as coisas em geral e os magistrados decidem sobre os casos particulares. Se, no entanto, pretendermos que a democracia seja uma das formas de governo, então não se deverá nem mesmo dar este nome a esse caos em que tudo é governado pelos decretos do dia, não sendo então nem universal nem perpétua nenhuma medida.

A segunda é uma observação de história da língua e evolução semântica: o Estagirita invoca um uso mais antigo de "democracia", em que este nome se identifica com a sua *politeia-república*. Parece que, apesar da corrupção do termo nos nossos dias, voltamos a recuperar o sentido pré-aristotélico de "democracia".

Muito vulgarizada é a expressão do Estagirita – *zoon politikon*. O Homem é um animal político, ou social: quem não é impelido a estar com os outros homens ou é um deus ou um bruto – e a linguagem é o sinal dessa sociabilidade. Na verdade, o Homem é, por natureza, especialmente um ser da *pólis*. Pois o Filósofo atribui à *pólis* um sentido muito profundo e como que transcendente.

Sendo a natureza de cada coisa o seu fim, Aristóteles considera que a *pólis* – que é contudo uma forma sociopolítica determinada e não se confunde com outras – se encontra nos próprios desígnios da natureza. Além do mais, a própria sociedade política, que na *Pólis* adquire a sua forma mais perfeita, seria mesmo "o primeiro objeto a que se propôs a natureza".

A imbricação da natureza humana com a política é muito visível em Aristóteles e corrobora o seu intento de construir uma una *episteme* do Homem. Por isso pode afirmar: "assim como o homem civilizado é o melhor de todos os animais, aquele que não conhece nem justiça nem leis é o pior de todos". A natureza humana é, pois, necessariamente, uma natureza social e política, com uma dimensão irrecusavelmente jurídica.

Também no domínio da economia, Aristóteles se posiciona pela natureza – como veremos *infra*. Assim, é desfavorável ao comércio, e sobretudo à usura – por antinaturais.

Há, portanto, dois vetores essenciais sobre que parece fundar-se boa parte do pensamento político de Aristóteles: o vetor natureza e o vetor sociabilidade. A Pólis parece reunir assim, em síntese, a natureza do Homem, que será de cidadania.

Aristóteles, teórico e prático, não deixa de discutir os prós e os contras da vida ativa e da vida contemplativa. Cidadão é, em geral, o homem politicamente ativo, politicamente partícipe da coisa pública. Sobretudo se for membro de assembleia deliberativa ou juiz, ou seja, se, de algum modo ou em alguma medida, participar do poder público. E especialmente se o enquadramento geral da sua participação política for, precisamente, uma forma política propícia a essa participação, como a democracia.

Podendo haver diversas formas de cidadania, e várias classes ou tipos de cidadãos, a verdade é que Aristóteles compreendeu bem que pode haver uma cidadania mais formal que real, e que a verdadeira cidadania implica uma efetiva participação (até nos cargos). Esta ordem de ideias leva a uma conclusão talvez chocante, mas muito verdadeira: é que sem um mínimo de ócio e de ilustração não se pode ser verdadeiro cidadão, até porque se não pode participar, por falta de tempo e de disponibilidade mental, reflexiva. Não é, assim, por elitismo ou outro qualquer complexo de exclusão que Aristóteles considera não poder um artesão ser um autêntico cidadão. É que ele não se encontra suficientemente livre, e não alcançará a plena virtude, que é incompatível com uma vida "mecânica e mercenária".

E nem sequer o homem de bem e o bom cidadão são uma e a mesma coisa, pois requerem diferentes virtudes. Quem comanda, por exemplo, deve ter como principal virtude a prudência. E é muito adequado que os cidadãos sejam tão capazes de mandar como de obedecer... Mas o que será melhor: participar ativamente na cidadania, ou remeter-se para o recolhimento da vida privada? Para responder a esta questão, Aristóteles procura primeiro indagar qual a verdadeira felicidade. Porque não é ser-se político ou ser-se particular de qualquer forma que está em causa, mas a excelência da vida política, de um lado, e a excelência da vida privada, por outro. Neste sentido, antes de mais, deve investigar-se sobre as condições da felicidade particular. E, ao contrário do que muitos pensam, tanto nesse tempo como hoje, tal felicidade não reside na acumulação da riqueza ou dos bens exteriores, que apenas são instrumentos úteis. Assim, o que realmente importa são a inteligência e costumes excelentes, os bens da alma.

Depois de rigorosa ponderação, o Estagirita pronuncia-se a favor da vida ativa, mas não da mera ação pela ação. A felicidade estará na ação política, desde que devidamente precedida pela meditação. A felicidade é, assim, tanto nos particulares como nas sociedades políticas, fruto de uma ação ponderada, previamente refletida. De uma ação fruto da virtude, e de uma virtude pensada.

A cidadania tem, pois, de ser virtude, e só ela conduzirá à felicidade.

Outro ponto em que Aristóteles é politicamente importante é na classificação dos regimes. Aristóteles utiliza dois critérios combinados para determinar as formas de constituição: o número de governantes e a sua inclinação para a Justiça. Há assim (pela variação do número de governantes) várias modalidades de constituições justas, e cada uma delas pode engendrar, em certas condições de corrupção, a respetiva forma injusta.

Nestes termos, na monarquia um príncipe honesto, e único, vela pelo interesse comum; na aristocracia o encargo da felicidade pública é cometido a um grupo, escolhido de entre os mais honestos; e na *politeia* (cuja tradução, como sabemos, oscila entre república, democracia e até Estado constitucional) é a multidão que governa para a utilidade comum.

A degeneração das formas de governo ocorre paralelamente a estas categorias: na monarquia corrompida, o monarca vira-se para a sua utilidade e descura a geral, passando-se assim a uma tirania; na oligarquia, que é a corrupção da aristocracia, desvia-se o governo para a utilidade dos ricos; finalmente, a *politeia* pode corromper-se numa forma de governo somente preocupada com a utilidade dos pobres ou dos mais desfavorecidos. A essa forma de governo chama Aristóteles democracia... Mas sabemos que há que ter cuidado com as designações, e muito especialmente com as do governo por muitos, seja na forma pura, seja na corrupta – questão já analisada pelo próprio Estagirita.

Aristóteles especifica e desenvolve cada forma de governo, por exemplo descrevendo quatro (ou cinco) tipos-ideais de monarquia, ou comentando o problema, posto que pouco normal, de poder haver mais ricos que pobres em casos muito excecionais – o que coloca problemas de classificação. Alude ainda a fórmulas específicas, segundo princípios redutores de governo: a *Aisymnetia*, ou despotismo eletivo, a *Ponerocracia*, governo de más leis, etc. Também admite fórmulas mistas, que acabam por ter o nome de "República". A "República" é assim uma forma louvada por Aristóteles que curiosamente associa elementos de duas formas *degeneradas*: a oligarquia e a democracia. Esta forma de governo assenta socialmente na classe média, combinando dois princípios que de algum modo se equilibrariam: a riqueza, princípio oligárquico, e a liberdade, princípio democrático. E Aristóteles louvará a classe média, considerando, nomeadamente, com o apoio de várias autoridades e exemplos, que os melhores legisladores foram precisamente pessoas de medianas posses. Mas, evidentemente, a conceção de democracia de Aristóteles, mesmo quando não é usada com uma conotação negativa, tem diferenças relativamente à *vox populi* de hoje: por exemplo, para o Filósofo é próprio da democracia o sorteio dos magistrados, e da oligarquia a eleição. A tirania é sem hesitação qualificada como o pior dos governos. Seguida da oligarquia, que se distingue muito da aristocracia, de onde deriva, a qual comporta também várias modalidades.

Clarifica Aristóteles que nem a oligarquia é o regime da minoria, nem, correlativamente, a democracia é o da maioria. Antes a primeira é o domínio dos ricos, e a segunda dos homens livres.

Também a democracia tem diversas formas. O grande problema surge quando as leis não têm força e irrompem da multidão os demagogos. E então o povo se volve em tirano, e – como esta descrição é real! – "(...) os bajuladores são honrados e os homens de bem sujeitados. O mesmo arbítrio reina nos decretos do povo e nas ordens dos tiranos. Trata-se dos mesmos costumes. O que fazem os bajuladores de corte junto a estes, fazem os demagogos junto ao povo".

E é nesta corrupção da lei, da magistratura, do clima geral, que o Filósofo vê justificação para que tal caos se não chame República, mas democracia, ou então nem isso.

Em todas as constituições vê Aristóteles, com vivo discernimento, precisamente três poderes: um poder deliberativo, que compete a uma Assembleia, e que muito se assemelha ao nosso legislativo; um poder de magistraturas governamentais, a que nós chamaríamos (com menos propriedade, porém) executivo; e um poder judicial.

Há, evidentemente, várias formas de assembleias deliberativas. Importa sobretudo salientar que quando as deliberações sobre todas as matérias pertinentes a este poder são decididas por todos os cidadãos, nos encontramos em democracia. Mesmo assim, existem diversas formas de esta deliberação igualitária se poder exercer. Mas há a possibilidade de os poderes se encontrarem divididos. Nesse caso, estaremos numa aristocracia ou numa república. Havendo possibilidades mistas.

No domínio do poder executivo, Aristóteles demora-se nos diferentes cargos, não esquecendo propostas interessantes (e ainda atuais nos nossos dias) como a da rotatividade dos cargos de carcereiros, a conveniência da não acumulação de cargos e da não renovação de mandatos, a não ser após longos intervalos, e mesmo assim só em alguns casos. Embora Aristóteles não esqueça, no domínio do executivo a que chamaríamos administração pública, vários cargos de índole ou implicações jurídicas, é sobretudo descritivo nas formas de que se pode revestir o judiciário.

Não foi só Platão que pensou na República ideal. Aristóteles tem também ideias a propósito do melhor governo... Mas Aristóteles não pode ser considerado um verdadeiro cultor do género utópico. Para ele, não há um tipo de sociedade política perfeito, independentemente do tempo, do lugar, das pessoas. Não estabelece de forma abstrata e racionalista, geometricamente, o *dever-ser*. Apercebe-se das vantagens e dos inconvenientes de cada forma de governo, estuda os respetivos tipos de corrupção, e inclina-se para um regime misto, e mesmo assim com tanta moderação que não ousa ir além de um acerto da pureza com a corrupção.

Onde a sua perspetiva mais se inclina para um certo utopismo é no domínio da formação, da educação. Ciente de que nas "nossas democracias, sobretudo nas que passam por ser as mais populares, a instrução não tem um valor maior; reina ali uma liberdade mal compreendida".

E citando Eurípides, o Estagirita concorda com o trágico quando este considera que um sofisma miserável faz pensar que a liberdade e a igualdade permitem a cada um comportar-se a seu bel-prazer (recordemos também o que Platão sobre tal pensava). Por isso, Aristóteles crê que é muito importante uma educação que desde cedo (desde a própria conceção – e daí a eugenia) crie cidadãos honestos, capazes de bem conhecerem os caminhos para a felicidade.

O legislador deve, assim, indelevelmente marcar o espírito do povo que deve educar. É por isso mister que se estabeleçam hierarquias: subordinando o necessário e o útil ao honesto, a guerra à paz, o trabalho ao ócio. Desde as idades para a procriação à melhor estação do ano para a geração, muitas matérias ocupam Aristóteles na preocupação eugénica. E na pedagógica também, como a educação infantil, ou o lugar e o papel da ginástica e da música.

Aristóteles, sendo aquilo a que hoje chamaríamos um moderado, sabia, porém, que a educação tem de ter alguma diretividade, sob pena de se negar a si própria, e tem de ser pública, cremos que para uma aculturação e preparação relativamente homogénea de todos – o que também tem a ver com uma certa igualdade necessária à boa ordem da *pólis*. Tudo acaba por desembocar e depender da Educação. Como diz o brocardo: *paideia teleion ton nomon* – a educação é superior às leis. Eis que o círculo da ciência do humano se fecha – na Educação.

Impõem-se ainda duas linhas sobre a propriedade na obra do Estagirita, dado ser a propriedade uma das pedras-de-toque da ideologia.

Aristóteles inclina-se para uma teoria da propriedade concorde com a natureza. Não tendo propriamente elaborado uma teoria geral da propriedade, não deixa de sobre ela refletir, como objeto direto do seu estudo, sobretudo nas *Económicas*. Considerando que a diferença essencial entre a política e a economia é que a primeira versa sobre a cidade e a segunda sobre a arrumação da casa, ou seja, sobre a administração da comunidade doméstica, envolvendo a primeira o governo de muitos e a segunda o governo de um só, o Estagirita considera precisamente que tal comunidade se compõe do homem e da propriedade.

Para Aristóteles, a primeira preocupação é a de que a propriedade esteja de acordo com a natureza. Neste sentido, privilegia de entre as atividades económicas a agricultura, por melhor realizar a justiça. Já que a atividade agrícola não implicaria o trabalho, como no comércio e artes mecânicas (não se fala ainda de indústria ou de serviços), mas um esforço salutar, oferecendo a mãe natureza igualmente a todos os seus frutos.

Ao falar de propriedade, Aristóteles verdadeiramente não a discute, embora haja um *fumus* de aspiração à natural igualdade dos homens na exaltação da agricultura, ligada à mãe natura.

A riqueza e a complexidade da obra de Aristóteles aconselham à sua leitura e releitura diuturnas. Se, como disse Mário Bigotte Chorão, o estudo do livro V da *Ética a Nicómaco* do Estagirita deveria ser ponto de honra de todo o jurista e de todo o aprendiz de Direito, para o político e o politólogo o mesmo se diria também das *Políticas*. Mas, na verdade, a obra de Aristóteles é essencial para quase tudo – à exceção de algumas matérias matemáticas, e mesmo assim demonstra ser geómetra, até na *Ética a Nicómaco*, quando desenvolve a temática da Justiça, no respetivo livro V. Um autor que, assim, pelo seu enciclopedismo, acaba por convidar mais à concisão do comentador do que à audácia de pretender aumentar a já imensa coleção de materiais sobre o filósofo.

Bibliografias

Bibliografia ativa específica

A Constituição de Atenas; Ética(s) a Eudemo; Ética(s) a Nicómaco; Organon; Metafísica; Poética; Política(s); Retórica.

Edições correntes/recomendadas

ARISTOTLE, *Politica*, ed. de W. D. Ross, Oxford, Oxford University Press, 1957.

—, *The Politics of Aristotle*, ed. de W. L. Newman, Oxford, 1887, 4 v.

ARISTOTE, *Rhétorique*, Paris, Les Belles Lettres, 1960.

—, *La Métaphysique*, Paris, Vrin, 1962.

—, *Éthique à Eudème*, 2ª tiragem, Paris, Vrin, 1984.

—, *Éthique à Eudème*, trad. de Vianney Décarie, com a colab. de Renée Houde-Sauvée, 2ª tiragem, Paris, Vrin, Presses University Montréal, 1984.

—, *Éthique à Nicomaque*, 6ª tiragem, Paris, Vrin, 1987.

—, *Les Économiques*, 3ª tiragem, Paris, Vrin, 1989.

—, *Les Politiques*, Paris, Flammarion, 1990.

—, *La Politique*, Paris, PUF; trad. port., *A Política*, São Paulo, Martins Fontes, 1998.

ARISTÓTELES, *Dos Argumentos Sofísticos*, trad. de Leonel Vallandro e Gerd Bornheim, São Paulo, Nova Cultural, 1991.

—, *Metafísica*, trad. de Vincenzo Cocco, introd. e notas de Joaquim de Carvalho, 2ª ed., Coimbra, Atlântida, 1964.

—, *Organon*, trad. port. e notas de Pinharanda Gomes, Lisboa, Guimarães Editores, 1987, 5 v.

—, *Poética*, trad., pref. e notas de Eudoro de Sousa, Imprensa Nacional-Casa da Moeda, 1986.

—, *Política*, edição bilíngue, trad. de António Amaral e Carlos Gomes, introdução de Mendo Castro Henriques, Lisboa, Vega, 1998.

Bibliografia passiva seletiva

AQUINO, Tomás de, *in decem libros ethicorum Aristotelis ad Nicomachum expositio*, trad. cast. de Ana Mallea, estudo preliminar e notas de Celina A. Lertora Mendoa, *Comentário a la Ética a Nicómaco de Aristóteles*, Pamplona, EUNSA, 2000.

AUBENQUE, Pierre, *La Prudence chez Aristote*, Paris, PUF, 1963.

FERREIRA DA CUNHA, Paulo, A contemporaneidade jurídica à luz do realismo clássico (legado de Aristóteles), *in Pensar o Direito*, I, *Do Realismo Clássico à Análise Mítica*, Coimbra, Almedina, 1990.

—, Paulo, O comentário de Tomás ao livro V da Ética a Nicómaco de Aristóteles, *Videtur*, nº 14, São Paulo, 2002, p. 45-58; nova versão: As duas justiças – justiça moral e política *vs.* justiça jurídica (a partir do comentário de Tomás de Aquino ao livro V da *Ética a Nicómaco* de Aristóteles), *in O Século de Antígona*, Coimbra, Almedina, 2003, p. 43-70, máx. 57 *et seq.*

FORSCHNER, Maximilian, *Über das Glück des Menschen* (*Aristoteles, Epikur, St. Thomas von Aquin, Kant*), Darmstadt, Wissenschaftliche Buchgesellschaft, 1993.

GARCÍA HUIDOBRO, Joaquin, Filosofia, Sabiduría, Verdad. Tres capítulos de la *Metafísica* de Aristóteles (Met. I, 1-2 y II, 1) como introducción a la filosofía *in Anuario de Filosofía Jurídica y Social*, Sociedad Chilena de Filosofía Jurídica y Social, 1991, p. 11 *et seq.*

GUTHRIE, W. C. K., *History of Greek Philosophy*, v. VI, *Aristotle: an Encounter*, Cambridge, Cambridge university Press, 1983-1990.

HENRIQUES, Mendo Castro, "Introdução" à edição bilíngue grego-português da *Política* de Aristóteles – http://www.terravista.pt/PortoSanto/1139/Artigo%20introduz%20aristoteles.htm.

JAEGER, Werner, *Aristóteles*, trad. cast. de José Gaos, 2ª reimp., México, Fondo de Cultura Económica, 1984.

MOREAU, Joseph, *Aristote et son école*, Paris, PUF, 1962.

ROSS, Sir David, *Aristotle*, Methuen & Co., Londres, 1983; trad. port. de Luís Filipe Bragança S. S. Teixeira, *Aristóteles*, Lisboa, Dom Quixote, 1987.

SIEGFRIED, W., *Untersuchungen zur Staatslehre des Aristoteles*, Zurique, 1942.

VILLEY, Michel, Mobilité, diversité et richesse du Droit Naturel chez Aristote et Saint Thomas, *in Archives de Philosophie du Droit*, XXIX, 1984, p. 190-199.

6

ARCÁDIO DE MEGALÓPOLIS, POLÍBIO

(201 OU 204 A.C.-122 A.C.)

*O peculiar de minha obra, e o que causará a admiração
dos presentes é que, assim como a Providência tem feito
inclinar a balança de quase todos os acontecimentos do
mundo até um ponto e os tem forçado a tomar um mesmo
rumo, assim também eu nesta História exporei aos leitores sob um só ponto de vista o mecanismo de que ela tem
se servido para a consecução de todos os seus desígnios.*
Políbio

Há alguns paradoxos na vida, na obra e na fortuna de Políbio.

O primeiro, o mais importante, é o da sua relativa penumbra na ribalta da
história do pensamento político, quando parece certo que o seu contributo, caldeado
numa vivência privilegiada como observador simultaneamente de dentro e de fora de
Roma, é, em grande medida, precursor da racionalidade política objetiva, anunciadora
do fundador Maquiavel (Gettel: 92).

Ao paradoxo da fortuna junta-se o paradoxo da vida. Políbio é um grego
aristocrata, militar, diplomata e um dos dirigentes da Liga Aqueia, que os seus
concidadãos democratas, uma vez conquistadores, enviam como refém para Roma.
Contudo, o refém em Roma encontrará o ambiente e o acolhimento que lhe permitirão ler,
escrever uma volumosa *História de Roma*, em quarenta livros, e até, às ordens de Roma,
viajar e participar em campanhas militares romanas. Em 150 a.C. terá permissão para
regressar à Grécia, mas continuará a voltar várias vezes a Roma e a aí permanecer. É,

como o qualificam Prélot e Lescuyer (2000: 110), "um grego latinizado". Mas é sobretudo um *outsider/insider*, e vice-versa: procurando a objetividade sem paixões.

O paradoxo da obra de Políbio decorre de ele aparentar ser um viajante, um homem de ação e um historiador, de tudo indicar na vertente política da sua obra historiográfica que se aproxima muito da forma clássica, grega, e mais precisamente aristotélica (nomeadamente da divisão das formas de governo), quando na realidade o que escreveu tem aspetos verdadeiramente inovadores.

Por um lado, é muito impressivo o modo como retrata a *anacyclosis*, essa espécie de eterno retorno que na História leva os regimes a sucederem-se uns aos outros, conduzindo a corrupção de uns à eclosão de outros.

Mas mais importante ainda será certamente a defesa consistente – para alguns a primeira – do regime misto, em toda a sua extensão e tendo em conta todas as consequências. Quando Platão e Aristóteles, conhecendo já o conceito de regime misto, pensam no melhor estado ou na melhor constituição, acabam por se inclinar para um carácter misto tendo como base uma das formas temperada por outra – e tal é muito claro no Estagirita. Já Políbio, ao considerar o sistema romano (ou ao idealizá-lo, como mais tarde Montesquieu fará com a constituição inglesa), vê um são equilíbrio político nessa ordem em que os cônsules representam o princípio monárquico, o senado o aristocrático, e as assembleias o democrático.

Políbio é, sem dúvida, um desses autores clássicos que a fama de algum modo arrisca a manter sepultado em algumas referências vagas e veneradoras. Aguardando que novos investigadores afrontem com olhar renovado os seus escritos pouco lidos.

Bibliografias

Bibliografia ativa principal/específica

Apenas nos chegaram os primeiros cinco livros da *História de Roma*, e fragmentos dos restantes.

Edições correntes / recomendadas

POLYBIUS, *The Histories of...*, trad. de Evelyn S. Shuckburg, Londres, Macmillan, 1889.

—, *The Histories*, trad. de W. R. Paton, Cambridge, Loeb Classical Library, Harvard University Press, 1922-1927, 6 v.

Bibliografia passiva seletiva

WALBANK, Frank W., *A Historical Commentary on Polybius* (v. I, 1957; v. II, 1967; v. III, 1974).

—, *Polybius, Rome and the Hellenistic World. Essays and Reflections*, Cambridge University Press, 2002.

—, *A Historical Commentary on Polybius*, Oxford, 3 v., 1957-1979.

—, *Polybius*, Berkeley, 1972.

7

MARCO TÚLIO CÍCERO

(AEPINUM, ROMA, 106 A.C.-43 A.C.)

De tudo aquilo sobre que versam as discussões dos filósofos,
nada tem mais valor que a plena inteligência de que nascemos
para a justiça e de que o direito não se baseia na opinião,
antes na natureza. Tal é evidente se se considera a sociedade
e a união dos homens entre si. Pois nada é tão igual, tão
semelhante a outra coisa, como cada um aos demais. Assim,
se a depravação dos costumes, o carácter vão das opiniões e
a estupidez dos ânimos não retorcesse as almas dos débeis e
as fizesse girar em qualquer direção, nada seria tão idêntico
a si mesmo como cada um dos homens a todos os demais.
Cícero

Cícero é sobretudo conhecido como grande orador, mestre de retórica e clássico das letras latinas, e depois pela sua ação política em Roma, que terminaria tragicamente com o seu assassinato cruel.

Preside já a Roma novo fado horrendo,

Morto Cecerão, Cezar vencendo;

Roma perdêo em huma mesma idade

A voz do Estado e a sua liberdade

assim reza um poema de António Ribeiro dos Santos, *Poesias de Elpino Duriense*, III, p. 116. Na verdade, a palavra e a liberdade andam de mãos dadas.

Cícero é símbolo da Palavra que se quer Liberdade. Nele vemos não apenas o jurista prático, capaz de pleitear com muito êxito no foro, nem só o estadista brilhante invetivando Catilina e a sua conspiração com coragem e fôlego. É ainda uma figura de primeiro plano na reflexão jurídica e política, integrando-se no legado romanístico de um jusnaturalismo prático, mudando a tradição do realismo clássico. Bom romano, Cícero não é filosoficamente original face ao legado grego; soube, contudo, dizer o já pensado de forma elegante e preservar o património. Eclético, inclina-se, porém, mais para o estoicismo, que aprendeu sobretudo com Possidónio. Diz Alain, no seu excelente *Abrégés pour les Aveugles* (p. 55), que o orador amava o platonismo porque mais belo, mas venerava o estoicismo porque mais forte. E acrescentava, decerto com alguma malícia, que não compreendia profundamente nem um nem outro. Porque o seu pensamento era auxiliar da política (e poderia ter dito também do Direito). Teria tido todas as virtudes do "honnête homme", menos a "vertu d'esprit". Ora, como sabe um "honnête homme" de hoje, nem a primeira expressão quer dizer "homem honesto" nem a segunda "virtude de espírito", que aliás não quer dizer nada apenas assim expressa...

No terreno jurídico usufrui o autor da sua doutrina ética, a par do conhecimento dos jurisconsultos clássicos e da experiência vivida como escolar, político, militar, homem de Estado (procônsul, cônsul) e advogado. Este valor da experiência influiu na sua metodologia expositiva, essa sim, segundo alguns, verdadeiramente original face à filosofia jurispolítica anterior (mais utopizante em Platão e mais metafísico-teleológica em Aristóteles), patenteando nos seus diálogos uma dialética exercida sobre exemplos da concreta constituição romana.

Politicamente, Cícero antecipa muitas doutrinas que só bem mais tarde viriam a obter algum ganho de causa teórico, todas elas forjadas no ideal da *humanitas*: parece favorável à abolição da escravatura, à liberdade de circulação de pessoas e bens, ao estado misto (que séculos depois se viria a conjugar com a separação de poderes na sua fórmula liberal), à paz entre as nações (só sendo de admitir aquilo a que um dia se viria a dar o nome de "guerra justa"), etc.

Tendo conhecido períodos de prosperidade e glória e outros de desgraça (como quando, após a liquidação da conjura de Catilina, seria, por seu turno, levado ao exílio pelo partido de Júlio César), distanciado também, por convicção filosófica, do fátuo do triunfo mundano, Cícero chega a transportar para o Além o prémio do reto serviço à Pátria: no seu *De Republica*, Cipião Africano aparece em sonhos ao seu neto adotivo, Cipião Emiliano, exortando-o à luta pelo bem comum, o direito e a justiça, animando-o com a glória eterna como recompensa. Esta passagem, o chamado "Sonho de Cipião", teria uma fortuna histórica apreciável, pela lição que encerra, não só cívica, mas até religiosa.

Para o realismo jurídico clássico, de que foi um cultor eminente, Cícero importa sobretudo pela teorização jurisfilosófica, várias vezes glosada, e que contemporaneamente encontra em língua portuguesa estudos a considerar, como os de Virginia Black. É particularmente relevante a sua teorização do direito natural.

A ligação do Direito à Filosofia, que ficará imortalizada no *Digesto*, tem aqui uma das primeiras fontes explícitas. Mas não só à filosofia: também à divindade e à razão. De facto, para Cícero, a razão vem do divino aos homens, e a lei é concebida como a reta razão, presente, melhor, *conatural* à própria natureza. Esta sólida imbricação é alicerce de um edifício indestrutível, no qual a lei humana se tem de integrar, fiel às fundações transcendentes e às limitações imanentes (naturais e racionais). Donde em Cícero se antecipem muitas ideias ulteriores, desde a definição de lei em Montesquieu à ideia de lei injusta em São Tomás. É temerário falar em influência. Na verdade, as mesmas conclusões podem ser extraídas da comunhão de alguns princípios – e realmente encontramos em Cícero a base da ideia de Direito e de Lei. Tal significa que a vontade humana, fátua e transitória, fruto de uma razão por vezes obnubilada, não fará autênticas leis senão quando saiba ser partícipe das essências naturais, racionais e, em último termo, divinas.

Com momentos de sageza muito profundos, Cícero encara o valor do *otium*, cuja prática elevada (*otium cum dignitate*, fonte da filosofia e da cultura) consegue exsudar para nós, mesmo em diálogos como o tratado *Das Leis*.

Entremos, para finalizar, nesse seu mundo reservado, a sua propriedade natal, em que conversa com o seu amigo Ático: sem negar o valor prático do exercício forense, é com alguma mágoa e distanciamento que o vê generalizadamente corrompido, decerto por ser pasto da opinião, que não é fonte de Direito. Ático perguntara-lhe, já lhe adivinhando o pensamento, mas forçando a nota, se iria procurar a ciência do Direito não nos éditos do pretor, como era então corrente, nem nas mais venerandas Doze Tábuas (todos direito positivo), mas antes no próprio cerne da filosofia. Cícero pede ao amigo que se não ocupem da arte de se defender em tribunal, matéria para si relevantíssima, mas de um assunto ainda mais elevado – do Direito na sua magnitude e unidade, no qual o direito civil (*ius civile*), ou seja, o principal direito positivo de então, não ocupará senão um pequeno lugar. Refere-se Cícero ao estudo do Direito inserido no mundo, no real que lhe serve de pano de fundo e fundamento, isto é, na natureza. E aponta depois o estudo das leis. Interrompido por Quinto, responde-lhe com uma verdade ainda hoje totalmente válida: que é a ignorância do Direito, e não a sua sabedoria, que faz dos homens quereladores, isto é, amigos de pleitear em juízo como partes. E o diálogo continua. Com Quinto, com Ático... e com os séculos vindouros, até nós e ao futuro.

Bibliografias

Bibliografia ativa principal/específica

Catilinarix orationes – *Catilinárias* (63 a.C.); *De Oficiis* – *Dos Deveres* (44 a.C.); *De Partitione Oratória* – *Divisões da Arte Oratória* (54 a.C.); *De Inventione* (85 a.C.); *De Oratore* (55 a.C.); *Defesas Penais* (vários discursos); *De Republica* – *Da República* (51 a.C.); *Rhetorica ad C. Her-renium* (?) – *Retórica a Herénio* (85 a.C.); *Tópica* (44 a.C.); *Tusculanes Disputationes* – *Tusculanas* (45-44 a.C.).

Edições correntes/recomendadas

CÍCERO, *Da República*, trad. de Amador Cisneiros, 4ª ed., São Paulo, Atena, 1956.

—, *De Republica*, trad. fr. de Esther Bréguet, *La République*, 2 v., Paris, Les Belles Lettres, 1980.

—, *De Legibus*, trad. fr. de G. de Plinval, *Traité des Lois*, Paris, Les Belles Lettres, 1968.

—, *De Oratore*, trad. fr. de Edmond Courbaud, *De l'orateur*, Paris, Les Belles Lettres, 1967. 3 v

—, *As Catilinárias/Defesa de Murena/Defesa de Árquias/Defesa de Milão*, Lisboa/São Paulo, Verbo, 1974.

—, *De Officiis*; trad. fr., *Traité des Devoirs*, in *Les Stoïciens*, Bibliothèque de la Pléiade, Paris, Gallimard, 1962.

—, *Pro Archia de Cicéron et Correspondance*, apresentação de Pierre Tabart, Paris, Hachette, 1955.

Bibliografia passiva seletiva

ALAIN, "Cicéron", *in Abrégés pour les aveugles*, Paris, Flammarion, MCMLIV, p. 55-56.

BLACK, Virginia, "Introdução" a Cícero, *Do Orador...*, Porto, Rés, 1992.

COWELL, F. R., *Cicero and the Roman Republic*, 4ª ed., Penguin, 1967; trad. port. de Maria Helena Albarran de Carvalho, *Cícero e a República Romana*, Lisboa, Ulisseia, [s.d.].

MACKENDRICK, Paul, com a colaboração de Karen Lee Singh, *The Philosophical Books of Cicero*, Londres, Duckworth, 1989.

MULLER, Philipe, *Cicéron, un philosophe pour notre temps*, Paris, L'Âge de l'Homme, 1990.

PEREIRA, José Esteves, "A actualidade de Cícero", *in Cultura*, v. XVI/XVII, 2003, p. 45 *et seq.*

SARAIVA, José Hermano, *A Morte de Cícero* (teatro), Lisboa, 2001.

STOCKTON, David, *Cicero. A Political Biography*, Oxford, Oxford University Press, 1971.

8

PAULO DE TARSO

(TARSO, ÁSIA MENOR, C. 10-ROMA, 67)

Porque, quando os gentios, que não têm lei, fazem naturalmente as coisas que são da lei, não tendo eles lei, para si mesmos são lei. Os quais mostram a obra da lei escrita em seus corações, testificando juntamente a sua consciência, e os seus pensamentos, quer acusando-os, quer defendendo-os.
Paulo de Tarso

Nascido numa família judaica, mas titular da cidadania romana, Paulo de Tarso destaca-se primeiramente como intrépido perseguidor dos cristãos. Segundo os *Atos dos Apóstolos* (IX, 1-18), uma visão de Cristo a caminho de Damasco (essa *estrada de Damasco* que se tornará um *tópico*) cega-o temporariamente e converte-o ao cristianismo. Viajante incansável, assume a tarefa de organização da Igreja num sentido missionário, desligando-a radicalmente do judaísmo. Alguns descobrem nele, com maior ou menor heterodoxia, um verdadeiro segundo (ou até primeiro!) fundador do cristianismo. Homem culto, discutiu em Atenas com os filósofos, que porém se não converteram. Não era, realmente, de esperar.

É autor de numerosas epístolas, inseridas no *Novo Testamento*. A tradição conta que teria sido decapitado, em Roma, enquanto São Pedro era crucificado: privilégio de cidadão romano.

Um dos mais profundos pensadores e mais belos estilistas dos textos bíblicos, Paulo confrontou-se com a filosofia grega e com o Direito Romano, assim como com a velha lei de Moisés. Não se lhe pode pedir um pensamento rigoroso sobre questões políticas e jurídicas, num momento de síncrise entre todas as ordens normativas. Todavia, a *Epístola aos Romanos*, por exemplo, contém importantes reflexões sobre a lei natural e a lei humana. Referindo-se ainda a uma lei que engloba religião, moral e Direito, Paulo afirma que, se o judeu possuía a lei escrita em tábuas pelo dedo de Deus, o gentio também a possuía, mas escrita por Deus no seu coração (*Rom.*, II, 14-15). A primeira é lei divino-positiva; a segunda é lei natural – de índole moral, e a não confundir com o próprio direito natural (Tomás de Aquino virá a estabelecer categorias mais rigorosas e inteligíveis sobre estes diversos planos de normatividade). Como sabemos, estas distinções são fulcrais para determinar o espaço de liberdade e de ação das ordens sociais normativas e, em consequência, são também pedra-de-toque política.

Os grandes autores são polissémicos, e a sua tradução política é frequentemente plural. No plano ainda mais especificamente político, é a Paulo que muitos autores cristãos ulteriores irão buscar a fundamentação de uma certa passividade e obediência acrítica face ao poder (*Rom.*, XIII). Crisóstomo, Agostinho, Ambrósio e Bernardo, todos santos, seguirão na senda desta passagem de Paulo (v. desenvolvimentos *in* Calmon, 1952: 46-60). Evidentemente, nem todos os cristãos se situarão apenas na linha da passividade política; alguns, totalmente ao invés, encontrar-se-ão na vanguarda da luta contra a tirania e o despotismo, invocando por exemplo a lição do profeta Isaías.

Bibliografias

Bibliografia ativa principal/específica

Epístolas a: *Colossences*; *Coríntios*; *Efésios*; *Filémon*; *Filipenses*; *Gálatas*; *Hebreus*; *Romanos*; *Tessalonicenses*; *Timóteo*; *Tito* (v. respetivos livros da Bíblia).

Bibliografia passiva seletiva

BARTH, Karl, *Der Römerbrief*, 2ª ed., Zurique, Theologische Verlag, 1922.

BASLEZ, Marie-Françoise, *Saint Paul*, Paris, Fayard, 1991.

BOSSUET, "Panégyrique de Saint Paul", *Sermons*, org. de Philippe Sellier, Paris, Larousse, 1975.

DÍAZ RODELAS, Juan Miguel, *Pablo y la Ley*, Navarra, Editorial Verbo Divino, 1994.

JAEGER, Werner, *Cristianismo Primitivo e Paideia Grega*, trad. de Teresa Louro Perez, revisão da tradução de Artur Morão, Lisboa, Edições 70, 1991.

NARDONI, Enrique, "Justicia en las Cartas Paulinas", *Los que buscán la Justicia. Un estudio de la justicia en el mundo bíblico*, Pamplona, Verbo Divino, 1997.

NOLAN, Albert, *Jesus before Christianity*, Darton, Longman and Todd, 1977; trad. do grupo de trad. S. Domingos, *Jesus antes do Cristianismo*, São Paulo, Edições Paulinas, 1988.

OLIVEIRA, Zacarias de, *Paulo, Apóstolo de Cristo*, Porto, Edições Paulistas, 1959.

PASCOAES, Teixeira de, *São Paulo*, Porto, Tavares Martins, 1934.

ROUGIER, Louis, *O Conflito entre Cristianismo Primitivo e a Civilização Antiga*, trad. de Manuela Barreto, Lisboa, Vega, 1995.

TAMAYO, Juan José, *Cristianismo: profecia y utopía*, Baranain (Pamplona), Verbo Divino, 1987.

DOMITIUS ULPIANUS

(TIRO, 170?-ROMA, 228)

A Justiça é a constante e perpétua vontade de atribuir a cada um o que é seu.
Ulpianus

A vida de Ulpianus espelha toda ela a luta pelo Direito e por uma boa política, e a fusão da teoria e da prática nessa permanente peleja. Quando hoje verificamos que, sozinho, este jurisconsulto é responsável por cerca de uma terça parte das *Pandectas* justinianeias, não devemos pensar nele como num tranquilo letrado, especulando despreocupada e distantemente, alheio às grandes questões e aos graves riscos do seu tempo. Sem dúvida que a sua ligação intelectual e discipular com Papiniano (que provavelmente terá superado) o ajudou na carreira. Mas conheceu também o desterro, e acabaria por morrer assassinado pela guarda pretoriana, por ter tentado entravar a sua cobiça sem freio, quando de novo aparentemente bafejado pela fortuna, no tempo do imperador Alexandre Severo (desde 222).

A sua importância como jurisconsulto cobre a totalidade do Direito, e a sua doutrina sobreviveu-lhe, sendo uma das autoridades respeitadas e citadas por muito tempo.

A ele se devem as grandes formulações filosófico-jurídicas do *Digesto* e das *Instituições*. É certo que tais fórmulas não terão sido obra original, criada a partir do nada; mas a sua escolha, pelos agudos compiladores bizantinos, revela a outra faceta (e não menos importante) da singularidade – a elegância e a fecundidade expressivas. É pelas certeiras, lapidares palavras de Ulpianus que recordamos algumas ideias essenciais aos juristas de todos os tempos: que o Direito deriva da Justiça; que os juristas são sacerdotes, verdadeiros filósofos práticos; que o direito natural é o que a natureza ensina a todos os animais (quão atual perspetiva); que a Justiça é a constante e perpétua vontade de atribuir a cada um o que é seu; que os três preceitos jurídicos são viver honestamente, não perturbar outrem, e atribuir a cada um o que é seu; que a Jurisprudência (a disciplina do Direito) é o estudo de coisas humanas e divinas, saber do justo e do injusto, etc.

Bastaria recuarmos a estas passagens do primeiro livro das *Instituições* de Ulpianus para nos banharmos na água lustral, pura, originária dos momentos matinais da ciência jurídica, e recuperarmos assim o sentido das coisas elementares e essenciais que se foi perdendo.

A importância política de Ulpianus é maior do que se poderá pensar. É graças aos seus textos, coligidos no *Corpus Iuris Civilis*, que muitas e muitas gerações de juristas e de políticos, durante séculos, puderam ver o sistema romano de separação e convivência entre a coisa política e a coisa jurídica. Mesmo no seio do próprio Direito, foi primeiro pelas palavras de Ulpianus que muitos aprenderam a distinção (hoje mais complexa, evidentemente) entre o público e o privado. Pedro Calmon vai mais longe, ao afirmar: "Apartando o direito nos seus ramos público e privado, separou Ulpiano o político (*ad statum rei romanæ spectat*) do individual (*ad singulorum utilitatem pertinet*)" (Calmon, 1952: 44). Um separador de águas, um dos responsáveis pela organização da mente dos juristas e dos políticos que compreendem o seu lugar epistemológico e os limites da sua ação.

Bibliografias

Bibliografia ativa principal/específica

Ulpiani Liber singularis regulorum; Ad Sabinum; Ad edictum; Institutiones.

Edições correntes/recomendadas

ULPIANUS, *Institutiones*; podem colher-se fragmentos em *Domitii Ulpiani fragmenta*, ed. De Tilius, Paris, 1549; novas eds.: Berlim, 1834; Bona, 1836; e Girard, *Textes de droit romain*, Paris, 1890. Cf. *Corpus Iuris Civilis*, Máxime Digesto, III Parte.

Bibliografia passiva seletiva

BERGER, Adolf, "Ulpianus", *Encyclopedic Dictionary of Roman Law*, Filadélfia, 1955, p. 750.

KUNKEL, Wolfgang, *Herkunft und soziale Stellung der römischen Juristen*, 2ª ed., Graz/Viena/Colónia, 1967, p. 245 *et seq.*

THOMAS, Yan, Mommsen et "l'Isolierung"du Droit (Rome, Allemagne et l'État), Paris, diff. Boccard, 1984.

História geral, da filosofia, das ideias e da cultura da Antiguidade Clássica e afins

BARROS, Gilda Naécia Maciel de, *A Constituição dos Lacedemônios – Seu Valor Heurístico para a Iniciação na Leitura de Textos Antigos*, in Fontes e Métodos em História da Educação, org. de Célio Juvenal Costa *et al.*, Dourados, MS, UFGD, 2010, p. 111 *et seq.*

BEARD, Mary, An Open Forum? New emphasis on the place of the citizens in the Roman polity, *The Times Literary Supplement*, nº 5, Q17, 28 maio 1999, p. 3-4.

BERGER, A., *et al.*, *História da Grécia Antiga*, trad. de João Neto, Lisboa, Arcádia, [s.d.].

BONNARD, André, *Civilization Grecque*, Éditions de L'Aire, trad. port. de José Saramago, *A Civilização Grega*, Lisboa, Edições 70, 2007.

BORDET, Marcel, *Précis d'Histoire Romaine*, Paris, Armand Colin, 1991, trad. port. de Zaida França e Amílcar Guerra, *Síntese de História Romana*, Porto, Asa, 1995.

BRETONE, Mario, *Storia del Diritto Romano*, trad. port. de Isabel Teresa Santos e Hossein S. Shooja, *História do Direito Romano*, Lisboa, Estampa, 1988.

BURGESS, John, *The Faber Pocket Guide to Greek and Roman Drama*, Londres, Faber, 2005.

BURCKHARDT, J., *História de la Cultura Griega*, trad. de Antonio Tovar, Barcelona, Iberia, 1947, 5 v.

CORNFORD, F. M., *Principium Sapientiæ. The Origins of the Greek Philosophical Thought*, trad. port. de Maria Manuela Rocheta dos Santos, *Principium Sapientiæ. As Origens do Pensamento Filosófico Grego*, Lisboa, Fundação Calouste Gulbenkian, 1975.

COULANGES, Fustel de, *A Cidade Antiga. Estudo sobre o Culto, o Direito e as Instituições da Grécia e Roma*, trad. e glossário de Fernando de Aguiar, 10ª ed., Lisboa, Livraria Clássica Editora, 1980.

CRUZ, Sebastião, *Direito Romano*, I, 3ª ed., Coimbra, s.d.

CURTIUS, E. R., *La Littérature européenne et le moyen-âge latin*, Paris, PUF, 1956. 2 v.

DE ROMILLY, Jacqueline, *La loi dans la pensée grecque*, Paris, Les Belles Lettres, 1971.

DÍAZ-PLAJA, Fernando, *Griegos y Romanos en la Revolución Francesa*, Madrid, Revista de Occidente, 1960.

DIÓGENES Laércio, *Vidas e Doutrinas dos Filósofos Ilustres*, trad, de Mário da Gama Kury, Editora da Universidade de Brasília, 1987.

DUBY, Georges, *Civilisation Latine*, Olivier Orban, 1986; trad. port., *A Civilização Latina. Dos Tempos Antigos ao Mundo Moderno*, Lisboa, Dom Quixote, 1989.

FERREIRA, José Ribeiro, *Pólis. Antologia de Textos Gregos*, 4ª ed., Coimbra, Minerva, 2001.

FINLEY, M. I., *The World of Odysseus*, Nova Iorque, The Viking Press; trad. port. de Armando Cerqueira, *O Mundo de Ulisses*, Lisboa, Presença/Martins Fontes, 1972.

—, *Politics in the Ancient World*, Cambridge, Cambridge University Press, 1983.

—, *A Economia Antiga*, 2ª ed., trad. de Luísa Feijó e Carlos Leite, Porto, Afrontamento, 1986.

FREIRE, António, *O Teatro Grego*, Braga, Publicações da Faculdade de Filosofia, 1985.

GRIMAL, Pierre, *Dictionnaire de la mythologie grecque et romaine*, Paris, 1969; trad. port., *Dicionário de Mitologia Grega e Romana*, 3ª ed., Lisboa, Difel, 1999, coord. de Victor Jabouille, revisão de Pedro Dourado.

—, *Le Théâtre antique*, Paris, PUF, 1978.

—, *La Civilisation romaine*, Paris, Arthaud, 1984; trad. port. de Isabel St. Aubyn, *A Civilização Romana*, Lisboa, Edições 70, 1988.

—, *A Alma Romana*, trad. de Telma Costa, Lisboa, Teorema, 1999.

—, *Cristianismo Primitivo e Paideia Grega*, trad. de Teresa Louro Perez, revisão da tradução de Artur Morão, Lisboa, Edições 70, 1991.

—, *The Greeks*, Harmondsworth, Penguin; trad. port. de José Manuel Coutinho e Castro, *Os Gregos*, 3ª ed., Coimbra, Arménio Amado, 1980.

JAEGER, Werner, *Paideia, Die Formung des Griechischen Menschen*, Berlim, Walter de Gruyter, 1936; trad. port. de Artur M. Parreira, *Paideia. A Formação do Homem Grego*, Lisboa, Aster, 1979.

JONES, Peter V. (org.), *The World of Athens*, Cambridge, Cambridge University Press, 1984, trad. port. de Ana Lia de Almeida Prado, *O Mundo de Atenas. Uma Introdução à Cultura Clássica Ateniense*, São Paulo, Martins Fontes, 1997.

KITTO, H. D. F., *Greek Tragedy – A Literary Study*, Londres, Methuen, 3ª ed., 1966; trad. port. de José Manuel Coutinho e Castro, *A Tragédia Grega. Estudo Literário*, Coimbra, Arménio Amado, 1972, 2 v.

LIVINGSTONE, R. W. (ed.), *The Pageant of Greece*, Oxford, Clarendon Press, 7ª reimp., 1953.

LUCAS, D. W., *The Greek Tragic Poets*, 3ª ed., Londres, Cohen & West, 1969.

MELLO, A. da Silva, *A Superioridade do Homem Tropical*, Rio de Janeiro, Editora Civilização Brasileira, 1965.

MOSSÉ, Claude, *L'Antiquité dans la Révolution française*, Paris, Albin Michel, 1989.

—, *Le Citoyen dans la Grèce antique*, Paris, Nathan, 1993.

MOSSÉ, Claude, e SCHNAPP-GOURBEILLON, Annie, *Précis d'histoire grecque*, Paris, Armand Colin, 1991; trad. port. de Carlos Carreto, *Síntese de História Grega*, Porto, Asa, 1994.

NESTLE, Wilhelm, *Vom Mythos zum Logos. Die Selbstentfaltung des griechischen Denkens*, 2ª ed., Stuttgart, Alfred Kröner, 1975.

NUSSBAUM, Martha C., *A Fragilidade da Bondade. Fortuna e Ética na Tragédia e na Filosofia Grega*, trad. port., São Paulo, Martins Fontes, 2009.

PATAI, Rafael, *O Mito e o Homem Moderno*, São Paulo, Cultrix, 1974.

PETERS, F. E., *Termos Filosóficos Gregos. Um Léxico Histórico*, trad. de Beatriz Rodrigues Barbosa, pref. de Miguel Baptista Pereira, Lisboa, Fundação Calouste Gulbenkian, 1977.

RODRÍGUEZ, Adrados F., *Ilustración y Política en la Grecia Clásica*, Madrid, Revista de Occidente, 1966.

SAÏD, Suzanne, TREDE, Monique, e LE BOULLUEC, Alain, *Histoire de la littérature grecque*, Paris, PUF, coll. Quadrige, 1997.

SÉRGIO, António, "Paideia", in *Obras Completas, Ensaios*, VII, Lisboa, Sá da Costa, 1974.

TAGGART, Caroline, *A Classical Education*, Londres, Michael O'Mara Books, 2009.

TZITZIS, Stamatios, "La Naissance du droit en Grèce", in *Instituições de Direito*, I. *Filosofia e Metodologia*, coord. Paulo Ferreira da Cunha, Coimbra, Almedina, 1998, p. 191 *et seq.*

VERNANT, Jean-Pierre, *Les Origines de la pensée grecque*, 5ª ed., Paris, PUF, 1983; trad. port. de Manuela Torres, *Origens do Pensamento Grego*, Lisboa, Teorema, 1987.

—/ VIDAL-NAQUET, Pierre, *Mythe et tragédie en Grèce ancienne*, I e II, 1986, 1995.

VEYNE, Paul, *La società romana*, Roma-Bari, Laterza, 1990; trad. port. de Maria Gabriela de Bragança e Clara Pimentel, revisão de Carlos Morujão, *A Sociedade Romana*, Lisboa, Edições 70, 1993.

—, *Les Grecs ont-ils cru à leurs mythes?*, Paris, Seuil, 1983; trad. port., *Acreditaram os Gregos nos Seus Mitos?*, Lisboa, Edições 70, 1987.

IDADE MÉDIA

A Idade Média é um mundo maravilhoso,
é o nosso western, e nisso corresponde
à procura crescente de evasão e de exotismo
dos nossos contemporâneos.
Georges Duby

1

INTRODUÇÃO

Ainda mítica e ritualisticamente considerada em vasta literatura de vulgarização e ensino como um *período de trevas* (que, contudo, realmente não foi, pelo menos na sua multiplicidade de aspetos e vastidão temporal), a Idade Média transporta no seu próprio nome a conotação do intercalar, o que revela já um certo juízo negativo. "Bode expiatório" histórico a considerará Heers (1994)... Entre a grandeza fundadora do pensamento filosófico, com o Classicismo Antigo, sobretudo helénico, e o advento do Novo, como que "nosso semelhante e irmão", dessa Modernidade que começa por ser "Renascimento" e logo depois passará a "Reforma(s)", a Idade Média faz, pelo menos, precária figura de interregno. E todavia... que duradoiro e que variado interregno!

Per numeros ad homines: do nascimento de Aurélio Agostinho (354) até à morte de Guilherme de Ockham (1349 ou 1350) medeiam mais de mil anos. E o passamento do primeiro grande filósofo cristão (430) pode dizer-se – em contas feitas por alto a tantos séculos – quase contemporâneo da queda do Império Romano do Ocidente (476), convenção usada para datar o início da Idade Média. Cassiodoro (480-575), o grande preservador do legado clássico, morre em data próxima do nascimento de Maomé: quase um século certo após a derrocada ocidental. E, durante mais de dois séculos, a Filosofia parece ter-se apagado na Europa: João Erígena nascerá só no início do século IX, e nos confins, na Irlanda. Entretanto, nem sempre se presta a devida atenção a um nome também geograficamente periférico: o do hispânico Isidoro de Sevilha (entre 560 e 570-636), que, com as suas *Etimologias*, completa o balanço de Cassiodoro, prolongando até aos alvores do século VII a reflexão filosófica europeia.

Alguns terminam a filosofia medieval com Ockham, outros estendem-na até Nicolau de Cusa (1401-1464), embora, se datarmos o fim da Idade Média, não com a queda de Constantinopla (1453), mas com a de Granada, ou a Descoberta da América (1492), devêssemos nela cronologicamente incluir Pico della Mirandola (1463-1494), que escreve o seu *Discurso sobre a Dignidade do Homem* em 1486. Porém, tal como Agostinho, tendo morrido antes da queda de Roma, vai projetar a sua influência, de um modo ou de outro, por todo o período medieval (assim se justificando a sua inclusão), já qualquer destes dois últimos autores (quer o pai da *Docta Ignorantia*, de 1440, quer o sábio Pico) apresenta indesmentíveis traços de modernidade – os quais são até frequentemente detetados nos dois últimos filósofos políticos aqui incluídos: Marsílio de Pádua (entre 1275 e 1280-1343) e Ockham (entre 1280 e 1295-1349 ou 1350).

Tempo de trevas, este, mas também tempo de luzes (retomando um título de Régine Pernoud – 1984), como aliás muitos outros (desde logo o "século das Luzes"): luzes e trevas que mudam consoante o observador e as próprias "luzes" da sua ilustração e perspetiva. Impossível se torna o intento de falar de traços gerais de uma filosofia política medieval, dada a variedade dos pontos de vista e o digladiar-se das doutrinas, de luzes e de trevas, de *sic et non*, de dialética bipolar, mas também dos matizes do *distinguo*.

Há, contudo, generalizações que poderão ajudar, ou talvez não, pela sua evidência ou redundância. E a principal de entre elas é a de que a filosofia política medieval é – obviamente – fruto do seu tempo, respondendo às angústias da sua circunstância, e com os métodos que lhe eram próprios. Assim, não custa muito afirmar-se (resta saber se com tal se explica muito) que é uma filosofia política não já para a Pólis grega, nem para a República ou o Império Romano, nem ainda destinada ao Estado moderno. Nesse tempo, e pela pena de sucessivos observadores, que não raro são atores políticos (ou a "segunda linha", a retaguarda pensante, da política), se vai refletindo como conceber e organizar politicamente o que lhe resta, institucional e culturalmente: a cristandade, os reinos, a Igreja e o sonho (a "saudade") do império (ou o "mito de Roma", como diria Garcia Pelayo – 1981): a partir de 800 renascido, com Carlos Magno, mas renascido como um avatar do que fora. Pode assim dizer-se que este vasto momento da história da filosofia política é o da filosofia cristã. Mas nem por isso se pense em qualquer tipo de monolitismo: dos autores aqui selecionados, dois seriam excomungados (Marsílio e Ockham), enquanto dos dois outros canonizados, um fora pagão e herético (Agostinho) e outro (Tomás) esteve em vias de se ver condenado por heresia, dadas as suas predileções aristotélicas. No plano metodológico, poderíamos dizer que a filosofia deste período é essencialmente escolástica. E a expressão, apesar do seu mau curso no léxico corrente ou pseudoculto de hoje, também comporta um vasto conjunto de conotações e denotações. Até pelo facto da evolução (e degenerescência) de uma metódica que, de fulgurantemente dialética na busca de "verdades", decairia em subtileza e ardil verbalista, formalista, logicista.

Filosofia política medieval, filosofia sobretudo para a *Respublica Christiana*, entre o Império e o Estado moderno (e, pelo menos nos seus limites, quiçá já atraída por um e ainda pelo outro), de forma escolástica, de espírito, cultura e ambiente cristãos (apesar do carácter laico da sociedade, depois das invasões até finais do século VIII, como sublinhou Henri Pirenne). Mais se não pode dizer como síntese. Feita esta, afigurou-se-nos que a melhor forma de tratar o tema, no limite de espaço disponível, seria dar a traços largos os perfis de alguns dos vultos filosófico-políticos mais salientes desta vasta época. Naturalmente com muitas lacunas, quer nos presentes, quer pelos ausentes (e elas nos forçaram a não prescindir de bibliografias talvez mais longas do que seria esperável). E, naqueles, não poucas outras imperfeições.

Mil anos de Filosofia, afinal (cerca de oitocentos, se contarmos o interregno), ficam representados por pouco mais de meia dúzia de nomes (e meia dúzia certa de "capítulos"). Numa ou noutra das contas (se a História e a Filosofia tivessem contas certas), teríamos cerca de século e meio por autor. Muito desigual é a extensão do tratamento de cada um, mas mesmo que cada qual tivesse direito a número certo de páginas, pode avaliar-se a dificuldade de acomodação... até tendo apenas em atenção a bibliografia produzida.

A forma de tratamento de cada autor decorreu da sua idiossincrasia, prevalecendo – sem prejuízo da preocupação central com o seu significado para a filosofia política – ora os traços biográficos, ora a bibliografia, e não apenas aspetos estritamente de poder político ou de organização da Cidade, mas também, sempre que possível e oportuno, o seu enquadramento (ainda que brevíssimo) no pensamento filosófico geral do autor.

Trata-se assim de uma (de entre muitas possíveis) brevíssima e impressionista história do significado, do papel e das ideias de filósofos do Poder e do Direito, na Idade Média europeia ocidental, nas suas atinências propriamente políticas, e nalgumas das suas conexões jurídicas e teológico-religiosas.

O Direito na primeira fase da Idade Média recuou bastante, tanto no plano teórico-epistemológico, como no plano meramente fáctico. O Justo passou a ser considerado não o *bonus paterfamilias* romano, cumpridor escrupuloso, recto e irrepreensível em *atribuir a cada um o que é seu*, mas o temente a Deus, tendo como exemplo Job. Daí que toda a conceção de justiça mudou.

É normal que tal tenha sucedido, dado o desmantelamento do Império Romano, e as poucas letras que os governantes seguintes tinham. O caso de Boécio, que conseguiu ser uma espécie de Primeiro-ministro de um rei bárbaro, é elucidativo: acabaria por ele morto. Os bárbaros e de poucas letras (que são outra forma de bárbaros), quando detêm o poder não compreendem como possam não ser obedecidos cegamente. É uma das vantagens da ilustração (como também da maturidade) um certo distanciamento face às coisas e uma visão menos deificada das glórias, das riquezas e dos poderes.

Não é que na Idade Média não houvesse muita normação. Poderia dizer-se até que existia demasiada, concorrente entre si, etc.:

> Na sociedade medieval, todos os aspectos da actividade humana estavam submetidos a regras. O desrespeito destas últimas era interdito e condenado. Na Idade Média, o tradicionalismo dos costumes sociais, a sua dependência face à religião, engendraram uma regulamentação geral do comportamento social do indivíduo. Por esta razão, o direito apresentou-se como um regulador omnipresente e omnipotente das relações sociais. (Gurevitch, 1990: 183-184)

Não se deve, porém, confundir, como parece fazer o autor do texto citado, Direito com normatividade. Havia na Idade Média muitas normas, mas pouco Direito. Porque Direito é apenas um tipo muito específico de normatividade, desde logo depurada já do peso do trato social (ou etiqueta), da religião e da moral... O Direito havia encontrado a sua autonomização em Roma, mas de novo caiu na síncrise durante os primeiros séculos medievais. E quem vai redespertar essa racionalidade independente vai ser, como por milagre, um religioso que viria a ser santo católico: Tomás de Aquino. Ele vai redescobrir Aristóteles e, como ele, um sentido laico para o Direito.

Contudo, até que ponto a sua teorização teve resultados práticos, esse é já outro problema. E depois dele o pensamento nominalista levaria o Direito para outros caminhos.

Pressupomos aqui uma visão clássica ou tradicional da Idade Média, com os seus limites desde o fim do Império Romano do Ocidente ao meio ou ao final do século XV. Muito diversa é a perspetiva de Jacques Le Goff, de um pan-medievalismo.

Bibliografia

FERREIRA DA CUNHA, Paulo, *Dividir a História: da epistemologia à política?*, História. Revista da FLUP. Porto, IV Série, vol. 5 – 2015, pp. 167-174 .

GARCÍA PELAYO, Manuel, *Los Mitos Políticos*, Madrid, Alianza, 1981.

GUREVITCH, Aron I., *KategorySrednevekovoj Kulturi*, Moscovo, Edições Iskustvo, 1972, trad. da ed. fr. de João Gouveia Monteiro, *As Categorias da Cultura Medieval*, Lisboa, Caminho, 1990.

HEERS, Jacques, *Le Moyen-Âge, une imposture*, Librairie Académique Périn, 1992; trad. port. de António Gonçalves, *A Idade Média, uma Impostura*, Porto, Asa, 1994.

LE GOFF, Jacques, *Para uma Visão Diferente da Idade Média (entrevista a Jean-Maurice de Montremy)*, in *Viva o Ano 1000. A Modernidade da Idade Média*, por Jacques Le Goff et al., trad. port. de Magda Bigotte de Figueiredo, Lisboa, Teorema, 2000, ed. orig. *Vive l'An 1000*, Paris, "Le Magazine Littéraire".

PERNOUD, Régine, *Luz sobre a Idade Média*, trad. port., Lisboa, Europa-América, 1984.

2

(AURÉLIO) AGOSTINHO

(TAGASTA, NA NUMÍDIA, HOJE SUKH AHRAS, ARGÉLIA, 13-XI-354-HIPONA, HOJE ANNABA, 28-VIII-430)

Sem a Justiça (...) que são os reinos senão grandes bandos de ladrões? E o que é um bando de ladrões senão pequenos reinos? Porque se trata de uma reunião de homens em que um chefe comanda, em que um pacto social é reconhecido, em que certas convenções regulam a partilha do produto do saque. Se esta quadrilha funesta, recrutando para si malfeitores, cresce ao ponto de ocupar um país, de estabelecer postos importantes, de tomar cidades, de subjugar povos, então arroga-se abertamente o título de reino, título que lhe assegura não a renúncia à cupidez, mas a conquista da impunidade.
Aurélio Agostinho

Agostinho, visto à luz da periodologia, não é medieval. Mas isso pouco importaria, afinal: o simplesmente cronológico é em grande medida convencional, não raro, deformador, e sempre à forma devemos preferir o fundo das coisas. A questão é outra: é que, sendo um pensador que se move, em geral, ainda pelos paradigmas da Antiguidade (até pelo seu léxico, espelho do pensamento), dir-se-ia contudo que Aurélio Agostinho, mais tarde Santo Agostinho, é uma erupção aparatosa do fim de um tempo, marcando precisamente o fechar de um ciclo. E não sem rasgos intemporais, que lhe haveriam de assegurar uma receção vasta e uma fama perene. Mais ainda: parece, em alguma medida, ser já moderno, tendo mesmo sido considerado, por Peter Sloterdijk (1947), em *Philosophische Temperamente*, "o único indivíduo histórico antes do Renascimento".

Pela importância do seu pensamento político na Idade Média, escolhemo-lo para abrir esta brevíssima síntese. Não seria só, nem talvez principalmente, em alguns casos, o pensamento de Agostinho a ter grande curso medieval: também as confusões sobre o mesmo, como veremos, designadamente sob a forma do impropriamente chamado "agostinismo político", tão infiel à fonte invocada. E quem diria hoje, de resto, ante a sua enorme fortuna, que esta expressão foi apenas cunhada em 1933 ou 1934, por Arquillière?

A sua vida aventurosa e a sua alma atormentada contribuiriam certamente para que forjasse uma filosofia de resposta às suas próprias inquietações pessoais, não recusando precisamente o contributo do "eu", antes integrando-o, no curso do seu pensamento: não só anunciando a relação cartesiana do *cogito – penso, logo existo*: "Ainda que eu esteja errado ainda assim existo. (...) Se me engano, existo" (*A Cidade de Deus*, XI, 26), como utilizando como forma de expressão nomeadamente o género das *Confissões*: talvez o assumidamente mais pessoal e intimista de todos. Mesmo a sua reflexão sobre o tempo é de algum modo psicológica: vendo nele não uma categoria exterior a quem o pensa e vive, mas no fundo uma parte refletida dos seus protagonistas: "meço o tempo na minha própria mente" (*Confissões*, XI, 27). E parece inegável que as suas sucessivas conversões, primeiro ao maniqueísmo e depois à ortodoxia cristã, em que enfatizou a componente da Graça, representaram estádios da sua convivência agitada e trágica com o mal, o pecado e a culpa. Primeiro, vendo no dualismo maniqueu a expressão da eterna luta que em si mesmo se travava, nomeadamente entre os seus voos filosóficos e os seus desejos sensuais, e pacificando-se depois num desculpador cristianismo que ambiguamente parece a alguns rondar já a predestinação, que o calvinismo iria depois levar às mais extremas consequências. Não será também alheio ao tempo agitado que viveu – assistindo a mutações profundas dentro e fora de si – uma reflexão pioneira sobre a História, que, além do mais, é, como ensinava Cícero (autor clássico que lia e relia desde os 15 anos e que o terá despertado para a filosofia), verdadeira testemunha dos tempos (*testis temporum*), matéria que tanto o inquietou.

Apesar, naturalmente, de toda a originalidade do seu pensamento, Agostinho não parte do nada: pelo contrário, o seu esforço será o de conciliar o neoplatonismo de Plotino com as verdades cristãs, tornando-se, realmente, no primeiro grande filósofo cristão. E mais: dotando verdadeiramente o cristianismo latino das bases filosóficas que pareciam nele ainda se não encontrarem plenamente seguras.

Nascido de uma família mediana de proprietários rurais, de pai pagão (Patrício, só tardiamente convertido) e de mãe cristã (a futura Santa Mónica, padroeira das mulheres casadas), terá sentido desde cedo a necessidade de libertação da tutela materna, que várias vezes pessoalmente o perseguiu, com instâncias e orações para a reforma de seus costumes.

Atraído efemeramente pela advocacia numa primeira fase, e tendo em tempos boémios frequentado o teatro (que depois abjurará com veemência: o teatro é sempre um desafio à personalidade, à sinceridade e à verosimilhança), Agostinho tornar-se-á especialista em retórica, e professor da sua disciplina. Primeiro na sua terra natal, depois em Cartago e finalmente, em busca de fama e maior remuneração, passaria a Roma (382) e seguidamente a Milão (finais da década de 380). É em Milão que se vai afastar do maniqueísmo, tendo nos sermões do bispo Ambrósio (o futuro Santo Ambrósio) compreendido pela primeira vez como era possível uma alta craveira intelectual florescer no âmbito do cristianismo oficial. Esta compatibilização entre a fé e a cultura tem sido um problema recorrente (e um desafio de sempre aos credos), e decerto secreta responsável por este vaivém de atração e afastamento nos sensíveis intelectuais. As seitas parece não atraírem intelectuais; as religiões sim, apesar de haver também uma sedução intelectual pelo agnosticismo e pelo ateísmo.

Era este o grande passo para a sua conversão, o intelectual. O momento passional ou sobrenatural viria quando, num momento de desespero, abandonou os livros e foi vaguear no seu jardim. Uma voz infantil parecia entoar uma cantilena que dizia: *"Tolle lege, tolle lege"* ("Toma, lê"). Agostinho correu aos Evangelhos, que se abriram nesta passagem fulminante como a voz divina na Estrada de Damasco: "não na orgia na embriaguez, não na luxúria e na lascívia, não na disputa e na inveja. Ao invés disso, chama a ti o Senhor Jesus Cristo e não te demores mais a pensar na carne, a fim de saciar os teus desejos". Na Páscoa de 387 seria, com o seu filho Adeodato, batizado pelo próprio Ambrósio.

A partir daqui, é a história de um escritor, polemista e clérigo cristão. Demitiu-se do cargo académico, reconciliou-se na fé com sua mãe (que viria a falecer pouco depois), renunciou (na verdade, praticamente repudiou) à mulher com quem vivia desde os 17 anos (que regressou, só, a Cartago).

Nesse mesmo ano, volta também a casa, onde funda uma comunidade do tipo monástico. Já em 391, o bispo de Hipona, Valério, convida-o a ordenar-se, e em 396 será já seu bispo auxiliar, sucedendo-lhe na cátedra episcopal um ano depois, cargo que ocupará até à sua morte. Será já como bispo que Agostinho desferirá golpes retóricos de morte sobre heresias sucessivas: além dos próprios maniqueus, que tão bem conhecia de experiência própria, ainda sobretudo os donatistas e os pelagianos.

Os donatistas colocavam um problema político no seio da sua teologia anatematizada como herética. Parecendo rejubilar com as perseguições, e considerando o martírio como a coroação da perseguição, signo de santidade, estes fanáticos do século IV propugnavam a revolução social contra o "Estado" (tanto quanto de tal se possa falar), que, obviamente, desejavam totalmente separado da Igreja. Ao longo da História, muitos outros movimentos heréticos (sobretudo milenaristas) irão desempenhar um relevante papel de legitimação ideológica de ações dissolventes. Há nestes donatistas também uma crença apocalíptica de consumação dos tempos.

O pelagianismo, por seu turno, parece ter sido uma heresia algo simétrica à clave tão agostiniana da Graça salvífica. Morgan, o seu criador, um frade galês impressionado com a dissolução de costumes de Roma, mesmo entre o clero (e mais chocado ainda por tal ocorrer no seu seio), viu na desculpação da doutrina da Graça, próxima da da predestinação, o fulcro teológico dos erros morais, e daí passou ao exagero oposto que consistia em, negando o pecado original, sobrevalorizar o papel das obras na salvação, prescindindo da Graça e insistindo sobre o livre arbítrio, ao ponto de, segundo Agostinho, acabar por tornar supérflua a Incarnação de Cristo.

Uns e outros vão ser objeto das diatribes oratórias de Agostinho. A luta contra os primeiros ocupará o bispo de Hipona entre 396 e 411, e, logo depois da conclusão das *Confissões*, em 399, redige *Da Trindade* (400-416), dirigindo-se simultaneamente contra os segundos durante a década de 410.

Perante o cataclismo não só político como simbólico e existencial que constituiu o saque de Roma pelos Visigodos, comandados por Alarico (410), Agostinho sobe ao púlpito e pronuncia o célebre sermão *Ex urbis excidio*, sobre a devastação de Roma, que é já a síntese e o anúncio da sua monumental obra, *A Cidade de Deus*, que só terminará em 426.

Tal como no sermão, também nesta volumosa obra Agostinho tranquiliza os cristãos pela queda de Roma, porque os Godos serão julgados no além e, os justos, recompensados. Já no *Ex urbis excidio* dissera, em grande arroubo oratório:

> Por acaso a debulhadora que lança ao ar a espiga para que se quebre não é a mesma que faz sair o grão puro? E o fogo que alimenta a fornalha do ourives e purifica o ouro das impurezas não é o mesmo que consome a palha? Assim também a tribulação de Roma serviu para a purificação ou salvação do justo e para a condenação do ímpio. (Tradução de Jean Lauand)

Por outro lado, explica que há duas cidades que no mundo coexistem: a cidade dos homens, que se baseia no amor-próprio, levado até ao desprezo de Deus, e a cidade de Deus, que se baseia no amor a Deus, levado até ao desprezo de si mesmo (livro XIV).

Mas não se trata apenas de uma obra de "consolação", antes de um labirinto complexo de filosofia e teologia, a que nomeadamente não faltam passagens políticas da maior importância e que virão a ter grande repercussão, embora nem sempre na fidelidade ao espírito e à letra do respetivo texto. Significativamente se afirma que a cidade dos homens está possuída pela vontade de poder, enquanto a cidade de Deus tem homens com caridade e desejo de servir.

A cidade deve fundar-se no Direito e este na Justiça – considerada imutável, eterna e soberana, e embebida de uma perspetiva cristã. Donde o poder deva ser instrumento da Justiça, a que se tem, naturalmente, de subordinar. O poder político deve estar separado da igreja, prestando, todavia, o braço secular o seu apoio à igreja, nomeadamente apoiando as conversões forçadas. Esta perspetiva levaria a ulteriores extrapolações abusivas, tendo o agostinismo político passado para a História como uma fórmula de subordinação do poder político à Igreja. Quando o próprio Agostinho alerta para os perigos da síncrise ou da confusão, pela ingerência de um poder nos domínios do outro.

Pela diuturna citação *pro domo*, truncada e descontextualizada (normalmente, só se cita a segunda parte da primeira frase que citamos e sublinhamos *infra*), vale a pena recordar uma vez mais uma passagem de Agostinho, até porque nos dá uma visão muito mais arejada do poder de radicalidade crítica do nosso filósofo:

> Sem a Justiça (...) *que são os reinos senão grandes bandos de ladrões?* E o que é um bando de ladrões senão pequeno reino? Porque se trata de uma reunião de homens em que um chefe comanda, em que um pacto social é reconhecido, em que certas convenções regulam a partilha do produto do saque. Se esta quadrilha funesta, recrutando para si malfeitores, cresce ao ponto de ocupar um país, de estabelecer postos importantes, de tomar cidades, de subjugar povos, então arroga-se abertamente o título de reino, título que lhe assegura não a renúncia à cupidez, mas a conquista da impunidade. Foi um dito certo e de espírito o que a Alexandre Magno respondeu um pirata caído em seu poder. 'Em que pensas para infestar o mar?' – questionou o monarca. 'E em que cuidas tu para infestar a terra?' – retorquiu o pirata, com audaciosa liberdade. 'Mas porque tenho uma pequena frota, chamam-me corsário, enquanto tu, por teres uma grande marinha, dizem-te conquistador'. (*A Cidade de Deus*, IV, 9)

Contudo, Agostinho não será aqui totalmente original, posto que inegavelmente denote a sua coragem. Porquanto se lê já n'*A República*, de Platão, algo que o poderia ter inspirado, como vimos já.

Mas o empreendimento filosófico-político de Agostinho, estando embora ainda ligado aos clássicos, segue contudo noutra direção: recusa quer a busca da cidade ideal na terra, a utopia platónica (assim como recusa o simples profetismo judaico), quer uma constituição feliz e virtuosa, certamente mais próxima do empreendimento aristotélico. Se considera que há regimes uns melhores do que outros, dá às coisas humanas uma relevância muito relativizada pelo esplendor das divinas. Separação da sociedade política e da sua direção (chamemos-lhe, anacronicamente, "Estado") da Igreja, apartamento das competências? Sem dúvida. Mas sempre, no fundo, uma prevalência da Igreja. Daqui derivaram os mal-entendidos, sobretudo potenciados pelo pensamento do Papa Gelásio (492-496), dando que pensar se o "agostinismo político" não será antes um "gelasianismo"...

Com Aristóteles e os naturalistas políticos, parte Agostinho da verificação da sociabilidade natural do Homem (um *zoon politikon*), considerando também natural, desde a família, a instituição da autoridade – sempre, como é óbvio, sob o comando divino último. A sociedade humana é imperfeita, e também humanamente perfetível, como é conceção corrente na mais normal ortodoxia cristã (embora esta seja das coisas consabidas, uma das que têm custado a realmente admitir, em todas as suas consequências). Mas, no esforço humano por aperfeiçoá-la, já Agostinho, mais sombrio, profundo pessimista antropológico, vai aplicar de algum modo os seus moldes mentais maniqueístas, explicando a História como a luta entre a cidade de Deus e a cidade do diabo, ou, noutra dicotomia igualmente cortante, entre a cidade celeste e a terrestre: Jerusalém contra Babilónia. Embora, no absoluto rigor da teoria, esta última, terrena ou diabólica, não se possa identificar totalmente com a sociedade política, tantos são, apesar de tudo, os sinais ou marcas do mal nas coisas políticas, que não raro nos surge a assimilação. Neste panorama pessimista (ou realista), já não se falará sequer na vera Justiça, ou na autêntica República (*lato sensu*), ou no justo e perfeito governante, que só teriam afinal lugar numa situação cristã ideal: que nos valha ao menos uma mais rude, mas ainda assim justa, justiça natural. Esta será a posição efetivamente tomada pelo bispo de Hipona; pois que a teoria que leva abusivamente o seu nome, como dirá Gilson, tendendo a absorver a ordem natural na ordem sobrenatural, acabará também por consumir o direito político natural (dito "droit naturel de l'État") na justiça sobrenatural e no próprio direito eclesiástico. Mas a lógica desta angústia pensante irá mais longe ainda: o próprio direito se deixa contaminar totalmente, no seu alto ideal, pela espiritualidade, e a primeira norma de justiça será o amor a Deus (*amor Dei*). E a justiça, perdida a esperança nos homens, só pode residir em Deus. Mas não em qualquer objetivação (que quiçá todas parecem vãs e corruptíveis), antes precisamente no extremo da liberdade divina (veremos que depois Ockham enveredará por via semelhante): a Justiça é, para Agostinho, nada mais que a vontade de Deus: *Quod Deus vult, ipsa iustitia est*. Júpiter também se ligava à Justiça pelo que ordenava – *Iustitia est quod Iovis iubet* –, mas os Romanos souberam objetivar essa subjetividade divina. E da vontade divina haviam passado à humana: uma justiça como constante e perpétua vontade humana, de atribuir a cada um o que é seu – *Iustitia est constans et perpetua voluntas suum cuique tribuendi*. A consequência da voluntarização humana da Justiça, no seu contexto romano, fora a autonomia (até por via teleológica) do Direito; a da sua voluntarização divina, uma síncrise religiosa, ética e jurídica. É que o Direito, pressupondo, como diziam os Romanos, o conhecimento de algumas coisas humanas e de algumas coisas divinas, é ainda assim matéria humana, demasiado humana...

O pessimismo antropológico, o signo dionisíaco e o sentido trágico de Agostinho traduzem-se, porém, em alguns sectores, em exemplos de prudente realismo.

Quanto à propriedade, o autor da *De Civitate Dei* é já moderado, anunciando um pouco o que viria a ser desenvolvido magistralmente por Tomás de Aquino, sobretudo numa perspetiva não materialista e de uso da propriedade como instrumento de aperfeiçoamento humano, desde logo pela dadivosidade esmoler, enaltecendo o trabalho (e não condenando o comércio), e proscrevendo, como seria de esperar no seu ambiente cultural, a usura.

Agostinho tinha consciência de que um mundo estava a ruir: e desde logo as suas posições no domínio do direito internacional vão para a preferência pelo pluralismo de "Estados" (rejeitando qualquer projeto idealista de paz pelo governo mundial), um pluralismo naturalmente armado, e que tem como sanção possível da agressão para restaurar os direitos a guerra justa. Tal pressupunha, evidentemente, a ideia da superação da ordem internacional ditada pelo Império Romano.

A morte de Agostinho ocorre num momento simbólico. A partir de 428, o Norte de África romano começa a sofrer as incursões vândalas. Em maio de 430, inicia-se o cerco de Hipona. Agostinho será poupado ao saque da sua diocese. Morre em 28 de agosto, ainda durante o cerco, que duraria um ano.

Bibliografias

Bibliografia ativa principal/específica

Confessiones (400); *De civitate Dei* (420-429); *De libero arbitrio* (388-395); *De ordine* (386).

Edições correntes/recomendadas

No *Corpus Christianorum script. Eccl. Lat.*, Academia de Viena; no *Corpus Christianorum*, série latina, Tournhout, Paris.

AGOSTINHO, S., *De civitate Dei*; trad. ingl. de Henry Bettenson, *City of God*, reimp., Harmondsworth, Penguin, 1984.

—, *Confissões*, trad. port. de J. Oliveira Santos e A. Ambrósio de Pina, prólogo de Lúcio Craveiro da Silva, 11ª ed., Braga, Livraria Apostolado da imprensa, 1984.

—, *et al.*, *Textos de Hermenêutica*, trad. de José Andrade, seleção e introdução de Rui Magalhães, Porto, Rés, 1984.

—, *O Livre Arbítrio*, trad., int. e notas de António Soares Pinheiro, Faculdade de Filosofia, Braga, 1986.

Obras de Agostinho na *Internet* – http://membres.lycos.fr/abbayestbenoit/augustin/.

FRY, Carole, *Lettres croisées de Jérôme et Augustin*, Paris, Les Belles Lettres, J.-P. Migne, 2010.

Bibliografia passiva seletiva

ARQUILLIÈRE, H.-X., *L'Augustinisme Politique*, 3ª ed., Paris, Vrin, 1972 (1ª ed., 1934; 2ª ed., 1955).

DEANE, Herbert A., *The Political and Social Ideas of St. Augustine*, Nova Iorque/Londres, Columbia University Press, 1963.

GILSON, Etienne, *Introduction à l'étude de Saint-Augustin*, Paris, 1943.

LOMASK, Milton, *St. Augustine and his Search for Faith*, Nova Iorque, Farrar, Strauss & Cudahy, 1961.

MARROU, Henri-Irénée, *Saint Augustin et l'augustinisme*, Paris, Seuil, 1955.

PAPINI, Giovanni, *Santo Agostinho*, trad. port. de M. G. da Costa, 3ª ed., Braga, Livraria Cruz, 1958.

PASCOAES, Teixeira de, *Santo Agostinho* (*Comentários*), fixação do texto, introdução e notas de Pinharanda Gomes, Lisboa, Assírio & Alvim, 1995.

3

BOÉCIO

(ROMA, 480-PRÓX. DE PAVIA, 524)

CASSIODORO

(SCYLLACIUM, 480-VIVARIUM, 575)

Assim é a natureza humana: superior a todo o resto da criação quando usa de suas faculdades racionais, mas da mais baixa condição quando cessa de ser o que realmente é. Nos animais, essa ignorância de si mesmo é inerente à sua natureza; no homem é uma degradação. Como é grande o vosso erro quando pensais em vos exaltar com coisas externas! É algo inconcebível!
Boécio

O estudo é glorioso, primeiro porque purifica os costumes dos homens, segundo porque proporciona o benefício da cultura.
Cassiodoro

Depois de Agostinho, o pensamento político estagna, de algum modo, se considerarmos os grandes nomes. No Ocidente, destacam-se, contudo, ainda duas vias de preservação do grande legado: a de Boécio (que chegará a ser, em 522 e durante dois anos, uma espécie de ministro do Interior de Teodorico, em Ravena), mas que pagará com a vida os limites que procurara traçar ao poder bárbaro, e a de Cassiodoro, que opta por não afrontar o poder, até decerto por transigir, e claudicar, para poder escrever e velar pelo património adquirido, promovendo cópias e traduções dos clássicos. Está presentemente provado que a Idade Média preservou (a seu modo, e com os seus condicionalismos próprios) o legado clássico, como o atestam os estudos de E. R. Curtius. Cassiodoro deu para isso um grande contributo.

Ontem como hoje, são duas vias possíveis, e ambas confluentes e úteis. Cassiodoro só se recolheria ao convento aos 50 anos: foi prefeito do pretório e conselheiro (ou uma espécie de ministro da Educação) de Teodorico, *o Grande*, devendo-se-lhe, entre outros escritos, uma *Historia Ecclesiastica Tripartita*. Ministro, igualmente, Boécio foi, pela sua irreverência, acusado de traição e morreu na sequência de tortura, depois de ter escrito, na prisão, a obra que o imortalizou, *Da Consolação da Filosofia*. Foram, assim, contemporâneos, e decerto Cassiodoro terá mesmo sido discípulo de Boécio, e parece que lhe não foi fiel pessoalmente, não só não o apoiando no infortúnio, como ainda por cima tendo elaborado um panegírico ao acusador do seu mestre.

Contudo, Josef Pieper absolve Cassiodoro destas fraquezas (ou destas táticas) argumentando com a fidelidade deste, não à pessoa, mas à obra de Boécio (ou à obra conjunta empreendida pelos dois). Como poderemos julgar os homens, em tempos tão feros, e ante valores tão complexos e contraditórios?

Mais ainda que o seu pensamento político, importa o testemunho vivencial destes dois protagonistas da política viva. O próprio estilo das duas obras-testamento dos dois autores é, efetivamente, espelho do que cada um era, e do que representam. A *Consolação*, poética e inspirada, torturada e visionária, escrita com a alma e a mente a tratos, define Boécio. Já as *Instituições*, espécie de grande compilação e índice de muitas mais obras, é caracterizadora desse preservador e transmissor que foi Cassiodoro. Pouco de original tem sido detetado nesta última.

Em todo o caso, na *Consolação* não deixa de haver referências à ordem do mundo e à justiça, bem como à tirania, que são a expressão mais gritante da sua negação.

E a tirania é, curiosamente, a própria negação do poder. Num dos passos versificados, afirma a deusa Filosofia (*Consol.*, III, 10):

> Desejas tu o poder?
>
> Sê senhor dos teus impulsos
>
> Não te abandones ao prazer:
>
> Recusa um guia tão vergonhoso!
>
> Ainda que a terra distante
>
> Da Índia sob tuas leis trema
>
> E que, no fim do mundo, te obedeça Tule,
>
> Expulsa os teus negros cuidados
>
> Deixa de te comprazer
>
> Senão, o poder não será teu.

Bibliografias

Bibliografia ativa principal/específica

BOETHIUS: *Institutiones* (c. 500); *Opuscula sacra*; *De divisione* (505-509?); *De consolatione philosophiæ* (524).

CASSIODORUS: *De anima* (540); *Historia Ecclesiastica tripartita*; *De Artibus ac Disciplinis Liberalium Litterarum*; *Historia Gothorum* ou *De rebus geticis* (526-533) (só sobreviveu na abrev. de Jordanes); *Institutiones Divinarum et Secularium Litterarum* (543-555); *Varie epistole* (537).

Edições correntes/recomendadas

BOÉCIO, *Philosophie Consolatio*, ed. L. Bieler, Corpus Christianorum, 94, Turnhout, 1957.

—, *De philosophie Consolatione*; trad. fr. de Colette Lazam, *Consolation de la Philosophie*, Paris, Rivages, 1989 (ed. latina: texto estabelecido por E. K. Rand, The Loeb Classical Library, Harvard University Press e William Heinemann Ltd., 1978).

Bibliografia passiva seletiva

CHADWICK, H., *Boethius, The Consolations of Music, Logic, Theology and Philosophy*, Oxford, Clarendon Press, 1981.

CURTIUS, E. R., *La Littérature Européenne et le Moyen-Âge Latin*, trad. fr. de Jean Bréjoux, prefácio de Alain Michel, Paris, PUF, 1956.

GIZEWSKI, Christian, "Die Konversion Cassiodors als Typus politischen Handelns" –http://www.tu-berlin.de/fb1/AGiW/Scriptorium/S6.htm; http://82.1911encyclopedia.org/B/BO/BOETIUS.htm – com inúmeras referências activas e passivas; http://ccat.sas.upenn.edu/jod/boethius.society.html – *International Boethius Society*.

O'DONNELL, James J., *Cassiodorus*, University of California Press, 1979, 1995 – http://ccat.sas.upenn.edu/iod/texts/cassbook/toc.html.

PIEPER, Josef, *Scholastik. Gestalten und Probleme der mittelalterlichen Philosophie*, in ed. cast. de Ramón Cercós, *Filosofía Medieval y Mundo Moderno*, 2ª ed., Madrid, Rialp, 1979, máx. p. 48 (referência no texto).

ISIDORO DE SEVILHA

(SEVILHA, ENTRE 560 E 570-636)

Não para o rei, mas para a lei.
Isidoro de Sevilha

Isidoro de Sevilha vai ser uma nova luz no horizonte da filosofia do poder, e mesmo da prática política. Mas o Direito não deixa de ser objeto da sua reflexão, e ação. A ele se devem fundamentalmente os Concílios Toledanos, institucionalizadores das liberdades ibéricas, e as *Etimologias*, que, além de outras influências, se projetarão sobre o *Decreto* de Graciano e depois virão a inspirar, em alguns pontos, Tomás de Aquino.

Isidoro, bispo de Sevilha, estudioso e estadista, viu-se envolvido na crise da monarquia eletiva vigente entre os visigodos da Península Ibérica. A sua filosofia da política e do direito reflete, a um tempo, a herança clássica e os desafios da vida prática. É discutível se foi um simples transmissor, ou se alcança a originalidade (a questão é posta, por exemplo, por Copleston). Embora uma tal categoria seja totalmente incompatível com a cosmovisão do seu tempo, que a não apercebia nem desejava. Ela é própria do Iluminismo e sua posteridade mental (Mortier, 1982; Ferreira da Cunha, 2014, 27 *et seq.*).

Isidoro de Sevilha recebeu o episcopado de seu irmão, São Leandro, que participara nos esforços para a unificação política do país e desempenhara um importante papel na conversão do rei (e do seu povo) da heresia ariana para a ortodoxia cristã. Isidoro seguiu-lhe os passos, presidindo aos Segundo (619) e Quarto (633) Concílios de Toledo e influenciando de forma decisiva os textos neles aprovados.

Com a cátedra episcopal, recebe Isidoro a cura espiritual de um reino visigótico ibérico sempre instável, mas unificado, política e religiosamente, e reconduzido ao redil do cristianismo *tout court*. A sua tarefa fundamental será a de solidificar os alicerces dessa monarquia e da respetiva igreja, tendo para isso empreendido e levado a cabo duas gigantescas tarefas: o enciclopedismo intelectual (patente nos dezassete tratados que hoje se conservam, das célebres *Etimologias às Sentenças*, passando pelos estudos sobre a natureza das coisas, etc.) e o génio criador político-jurídico (patenteado não só na parte teórica jurispolítica das suas obras, como fundamentalmente na sua ação prática de mediador e obreiro de uma nova conceção dos direitos: síntese de romanismo, germanismo e cristianismo, de que são ecos os cânones dos Concílios de Toledo, especialmente o Quarto Concílio, em 633).

No plano intelectual, elegeu a gramática e a etimologia como paradigmas essenciais do seu pensamento. E se algumas origens de palavras serão, historicamente, erróneas e fantasistas, não podemos deixar de as apreciar pela sua engenhosidade e pela sua utilidade explicativa.

No plano jurídico-político, Santo Isidoro redefine o direito natural, numa perspetiva mais operativa que a clássica, do *Digesto*, recorda que o poder real só pode manter-se pela legitimidade de exercício (pelo reto agir do monarca) e, através do legado dos Concílios Toledanos, inaugura a forma objetiva, realista e concreta dos direitos ibéricos, que mais tarde se espalharão pelo mundo, na expansão lusa e hispana.

O legado de Isidoro passa pela reinterpretação de alguns aspetos da filosofia do direito romano, por uma posição bem marcada acerca da legitimação jurídica do poder e por uma nova conceção do papel dos governados, especialmente no que respeita às suas relações com a autoridade política. Muito embora esta paternidade raramente seja reconhecida, Isidoro esteve na origem da maior parte da tradição ocidental no que concerne a vários aspetos do direito natural e à forma de encarar a tirania no exercício do poder, bem como de toda uma família de sistemas relativos à proteção dos direitos.

Isidoro não era um legalista. O "Direito" (*ius*) deriva do "justo" (*iustum*); esta etimologia assemelha-se à conceção do direito romano fixada por Ulpiano: é, aliás, a clássica perspetiva realista. Este direito, *ius*, pode ser materializado quer em leis (*lex*: derivação de *legendo*, ler), quer em costumes (*consuetudo*: de *communis usus*, uso ou prática comum). São os "analogados secundários", a partir do primeiro sentido de *ius*. Isidoro recorda-nos ainda que as leis podem ser divinas ou humanas. As segundas estão ancoradas no costume, as primeiras são fundadas na natureza. A diferença entre os diversos direitos das várias nações deve-se à existência de uma miríade de costumes, mutáveis de povo para povo, de lugar para lugar. Isidoro adianta também a razão para a existência de um direito romano escrito, e a razão é toda política, embora com o argumento de uma história por assim dizer mitificada: o povo romano não teria podido suportar mais os seus magistrados, que o haviam defraudado, pelo que fora redigida a *Lei das Doze Tábuas*, a fim de tornar os preceitos legais públicos e com isso evitar a corrupção e os erros dos fracos. Esta justificação é em tudo semelhante à que mais tarde dará o nosso Almeida Garrett para a passagem do constitucionalismo natural, não codificado, para o constitucionalismo voluntarista, ou moderno, baseado em códigos de direito político: as atuais constituições escritas.

A importante questão em torno da razão e da elaboração das leis não lhe foi alheia: a lei deve ter em consideração cada indivíduo na sociedade, seja ele vítima ou criminoso. Deve ser honesta, justa, possível e clara, consonante com a natureza e concorde com o costume nacional, apropriada local e temporalmente, e dirigida ao bem comum.

A lógica interna da teoria de Isidoro pode esfumar-se, numa primeira análise, devido à sua abertura ao meio religioso: nomeadamente pela presença da lei divina, nem sempre compatível com a estrutura do seu sistema; ou pela ideia de que todos os sistemas normativos baseados na razão (lei ou costume) são direito. Tal característica revela o sincretismo então corrente.

A sua conceção de uma proteção real e objetiva das pessoas, aliás base fundamental para toda a construção ibérica da(s) liberdade(s), está também presente no conceito de Isidoro de direito natural. O autor considera que o casamento, a procriação e a educação são instituições naturais, e que o direito natural é comum às pessoas e aos animais, seguindo assim a pista lançada por Ulpiano, e presente no início do *Digesto*. Isidoro afirma ainda que a liberdade e a propriedade comum de tudo quanto não seja individualmente possuído estão limitadas pela apropriação individual. Assim se estabelece o princípio de que a propriedade privada é um bem social. Isidoro defende ainda um direito à restituição do que é emprestado e um direito à legítima defesa. Para além disto, alarga os direitos naturais às "coisas similares". Neste ponto específico, segue a tendência do seu tempo, incluindo no direito natural os deveres de obediência para com Deus, para com os pais ou para com a nação, apesar de tomar o pensamento clássico de Pompónio como fonte de inspiração. Nos nossos dias, ainda há quem considere o direito natural mais de deveres que de direitos, ou somente de deveres (como é o caso de Álvaro d'Ors).

Esta definição do direito natural, reafirmada pelo *Decreto* de Graciano, lança ainda luz sobre o conceito de *ius gentium,* que para Isidoro é já um direito internacional.

No que respeita ao direito público, as atas dos Concílios revelam muito mais do que os tratados teóricos que deles nos chegaram. Todo um legado no sentido de uma poderosa teoria do direito político seria firmado pela frase *Rex eris si recte facias, si non facias non eris* ("Sois rei se vos comportardes retamente, se assim não o fizerdes, não o sois"). Embora não se trate de uma descoberta original, estando já presente no pensamento romano e ecoando o próprio Horácio, esta ideia tornou-se o mote para uma nova era político-jurídica na Península Ibérica, e o gérmen para a sua liberdade concreta, material. A legitimação dos cargos e do seu exercício e as teorias sobre o tiranicídio não pararam de germinar desde então. A destituição de reis incompetentes e despóticos surge pois como perfeitamente natural face a esta doutrina, e ocorreu várias vezes ao longo da História. A título ilustrativo, cite-se que, nos nossos dias, até a versão portuguesa, ilustrada, do sintético livro de Le Goff *L'Europe racontée aux jeunes* não deixa de assinalar casos portugueses de deposição. O que parece atestar a importância do facto no "imaginário" da historiografia.

Bibliografias

Bibliografia ativa principal/específica

Chronicon; Historia de Rebus Gothorum, Vandalorum et Suevorum; De Viris illustribus liber; Etymologiæ.

Edições correntes/recomendadas

ISIDORO DE SEVILLA, S., (*Etymologiæ*) *Etimologias,* ed. bilíngue preparada por Jose Oroz Reta e Manuel-A. Marcos Casquero, com introd. geral de Manuel C. Díaz y Díaz, I, 2ª ed., Madrid, B. A. C., 1993.

—, *Etimologias,* vers. Luis Cortés y Góngora, com introd. geral e índices cient. de Santiago Montero Díaz, Madrid, Ed. Católica, SA, 1951.

—, *History of the Kings of the Goths, Vandals and Suevi*, 2ª ed. rev., trad. de Guido Donini e Gordon B. Ford, Jr., Leiden, E. J. Brill, 1970.

Bibliografia passiva seletiva

ALBERT, Bat-Shiva, "Isidore of Seville. His Attitude toward Judaism and his impact on Early Medieval Canon Law", *in Jewish Quarterly Review*, 80, 1990.

BOURRET, J. C. E., *L'École chrétienne de Seville sous la monarchie des Visigoths*, Paris, 1855.

BREHAUT, Ernest, *An Encyclopedist of the Dark Ages: Isidore of Seville*, Nova Iorque, B. Franklin, 1964.

COPLESTON, Frederick, *A History of Philosophy*, v. II, *Augustine to Scotus*, Londres, Search Press / New Jersey, Paulist Press, 1ª ed., 1950, máx. p. 105 (referência no texto).

FERREIRA DA CUNHA, Paulo, *Constitution et mythe*, [Québec], Les Presses de l'Université Laval, 2014.

—, Do Direito Clássico ao Direito Medieval. O papel de Isidoro de Sevilha na supervivência do Direito Romano e na criação do Direito Ibérico, in *Para uma História Constitucional do Direito Português*, Coimbra, Almedina, 1995, p. 93-113, hoje em *id. et al.*, *História do Direito. Do Direito Romano à Constituição Europeia*, Coimbra, Almedina, reimp., 2010.

—, "Isidore (Bishop of Seville)", *Philosophy of Law: An Encyclopedia*, Nova Iorque, Garland Publishing, 1999, p. 437 *et seq.*

FONTAINE, J., *Isidore de Seville et la culture classique dans l'Espagne Wisigothique*, Paris, Études Augustiniennes, 1959.

KING, P. D., *Derecho y sociedad en el reino visigodo*, Madrid, Alianza, 1981.

LE GOFF, Jacques, *L'Europe racontée aux jeunes*, Paris, Seuil, 1996, versão port. de Luísa Ayala Botto / José Amigo, *A Europa Contada aos Jovens*, Lisboa, Gradiva / Público, 1997.

MORTIER, Roland, *Originalité. Une nouvelle catégorie esthétique au siècle des Lumières*, Genève, Droz, 1982.

SÉJOURNE, Paul, *Le dernier Père de l'Église*, Saint Isidore de Seville, Paris, 1929.

TOMÁS DE AQUINO

(CASTELO DE ROCCASECCA, AQUINO, 1225-FOSSANOVA, TERRACINA, 1274)

A lei é uma prescrição da razão, ordenada ao bem comum,
dada por aquele que tem a seu cargo o cuidado da comunidade.
Tomás de Aquino

Tomás de Aquino, religioso, teólogo e filósofo cristão, canonizado pouco tempo depois da sua morte, nasceu de família nobre no Castelo de Roccasecca, Aquino, 1225 e faleceu a caminho de uma missão eclesiástica em Fossanova, Terracina, em 1274. Pode dizer-se que foi, por muito paradoxal que a alguns possa parecer, *o Santo Laicizador do Direito* (Fassò, 1982).

Se durante a Idade Média, como bem observou Anthony Quinton, muito do pensamento político só marginalmente se apoiava em fundamentos deveras filosóficos, constituindo boa parte dele mais história do debate político que da filosofia política propriamente dita, Tomás de Aquino, solidamente apoiado no Estagirita (mas também alicerçado, por outra banda, nas suas sólidas fontes escriturísticas, patrísticas e afins), vai completamente mudar tal panorama. Por isso haveremos de o tratar, ainda que brevemente, com maior detença. Porque, nele, o pensamento político mais clara e irrefutavelmente se torna filosofia política. Sem evidentemente deixar de acusar, apesar dos seus claros intentos e conseguidas realizações autonomizadoras e distintivas, a tendência do seu tempo para a consideração conjunta ou analógica de matérias da política, da teologia, da moral, do direito, etc. Não é por acaso, por exemplo, que boa parte da sua filosofia jurídica se encontra na *Summa Theologiæ*. Tenhamos, porém, a visão suficiente para reconhecer que, desde que superado o sincretismo, como foi o seu caso, a consideração conjunta de todas estas matérias e entidades é positiva, porque omnicompreensiva – hoje diríamos "pósdisciplinar".

Tomás de Aquino é importantíssimo (é mesmo um ponto de viragem crucial, e simultaneamente do retomar de uma tradição interrompida) na história do pensamento jurídico e da reflexão filosófico-jurídica em geral. Como veremos, ele recupera a visão aristotélico-romanista, tornando-se um dos elementos fulcrais da tríade do realismo jurídico clássico: com o legado de Aristóteles, e da experiência jurídica romana.

De família nobre, é destinado desde a infância a um alto lugar eclesiástico. Aos 5 anos, ingressa na abadia de Monte Cassino, da qual estava familiarmente destinado a tornar-se abade. Contudo, e apesar da feroz discordância da família (que se tornou ora ardilosa, ora violenta), decide entrar, aos 19 anos, para uma ordem pobre e letrada, os dominicanos. Não seria jamais abade. Em contrapartida, virá a ser um estudioso de primeira água, tendo ensinado nomeadamente na já então prestigiadíssima Universidade de Paris. Chamado a Nápoles para a reestruturação da respetiva Universidade, é pouco depois convidado, como teólogo, para o Concílio de Lião. Mas a morte colhe-o na viagem. Crê-se que o último texto comentado por Tomás tenha sido o *Cântico dos Cânticos*, o que também sucederia, em Salamanca, com Frei Luís de León, antes do interregno do seu aprisionamento. Não havendo milagres a registar aquando do processo de canonização do Doutor Angélico, interveio o papa, empunhando a *Summa*, e dizendo algo como: "cada artigo é um milagre". E hoje o Mestre Tomás é santo. Um santo capaz de acreditar mais depressa que um boi voa do que um monge mente; um santo que se não coíbe de dar um murro na mesa do rei de França quando descobre, discorrendo de si para si, durante um banquete, como destruir os argumentos heréticos; um santo que ponderava sobre a astrologia, que teria apreciado a boa mesa, e que finalmente acabaria por considerar a sua obra, só comparável (por Panofsky) a majestosa e rendilhada catedral, como simples "palha", depois de uma visão divina.

A sua obra principal, a *Summa Theologiæ* (*Suma Teológica*), é um imenso monumento de conciliação entre a fé e a razão. Aí, através do método dialético, São Tomás expõe brilhantemente os argumentos pró e contra, para depois concluir. Adverso às ideias correntes, o Aquinatense mostrou como Aristóteles continuava vivo – apesar de tal posição o ter colocado no limite da heresia, num tempo em que o platonismo filosófico era imperante na Igreja. Não é propriamente uma coroa de glória para o único papa português, Pedro Julião, ou Pedro Hispano, o ter mandado proibir nas escolas, em 1277, algum desse aristotelismo e certas teses tomistas, pela mão do bispo de Paris, Estêvão Tempier. O que, porém, deixa intocada a sua fama de filósofo, sobretudo devotado à lógica.

Ao contrário do que até muitos dos seus discípulos pensam, não existe um tomismo. Ou, tal como sucederá também para o marxismo com Marx, o tomismo ou os tomismos são miniaturizações do grande pensamento de Tomás. O Doutor Universal (cognome que também se lhe atribui) não pretendeu (aliás, tal como Aristóteles) criar uma filosofia própria, original (aliás, a busca insana da originalidade nada tem a ver com o seu tempo, mas parece ter nascido no século XVIII, como assinalou Roland Mortier), mas fazer filosofia perene, duradoira. Na realidade, Aristóteles e Tomás, por vezes polémicos e até, no limite, menos considerados em suas vidas, persistem na nossa memória, ao passo que há milhares de filosofias glorificadas como modas e irremediavelmente mortas pouco tempo depois. Uma lição para glóríolas de hoje.

Não jurista, e religioso, Tomás é um grande filósofo do Direito Natural e da "laicização" do Direito. O que tem enormes consequências políticas também. Parece um paradoxo, mas deve-se a ele a redescoberta da especificidade da justiça particular, específica do Direito, por contraposição aos sentidos religiosos, morais e políticos de justiça. A justificação da propriedade, as páginas sobre o homicídio e o suicídio, sobre as leis divinas e humanas, ou a discussão sobre a obediência a toda a lei escrita são momentos altos dessa obra que, ao contrário de tantos tratados pseudo-originais de hoje, continua viva, atual, e nunca nos aborrece.

Tomás de Aquino tem sido interpretado politicamente das mais diferentes formas, desde apresentado como defensor do absolutismo monárquico a representante do constitucionalismo, primeiro democrata, ou fundador da democracia cristã. Não é certamente indiferente, neste ponto, a atribuição como certa da sua paternidade do *De Regimine principu* ou *De regno*, ou a sua consideração como total ou parcialmente apócrifo. Seja como for, tem muita importância sobretudo como redescobridor e atualizador de Aristóteles na clara determinação das áreas de influência da Política e do Direito, assim como da Religião (e seus poderes) e do "Estado" (poder político), em ambos os casos na linha cristã do *a César o que é de César* (como desenvolvemos no nosso *O Século de Antígona*).

É sabido que Tomás não apreciava os juristas, a quem considerava, aliás, ignorantes. Contudo, a sua intenção de pôr os pontos nos *ii* na cultura do seu tempo – levado pela *démarche* filosófico-teológica –, levou-o, naturalmente, a interessar-se pelo Direito, e a arrumar a casa. E realmente, a maior parte das tarefas científicas são tarefas de limpeza, de arrumação da casa, afinal. Pois seria um não-jurista como Tomás a arrumar, no seu tempo, a casa do Direito. E a arrumação saiu tão asseada, que ainda hoje é difícil fazer melhor. Pelo menos em alguns aspetos, que são, aliás, os mais fundantes, os mais essenciais.

Tomás de Aquino trata da Justiça e do Direito na medida em que a Justiça é uma virtude – uma das virtudes cardeais –, e o Direito é o seu objeto. A negação da Justiça é tratada na perspetiva do pecado. Sabemos que, embora sejam abordagens certamente imperecíveis, não são universais, não são as únicas. Correspondem naturalmente à cosmovisão religiosa do autor, e integram-se na sua *Summa Theologiæ*, como é óbvio, dentro de uma argumentação predominantemente teológica.

Veremos de seguida alguns pontos da Teoria da Justiça de Tomás, especialmente aqueles que se nos afiguram de mais interpelante atualidade.

Como aflorámos, a conceção de Justiça como virtude é uma perspetiva própria do autor, mas sobretudo típica do seu tempo e do seu tema – a que Tomás tem de ajustar-se. Poderíamos hoje encará-la como valor, princípio, tópico, ou outra categoria ainda. Mas há uma universalidade a reter neste tipo de abordagem: a consideração da Justiça como virtude continua muito plástica, e não prejudicará uma eventual reconsideração categorial da temática, pois quase tudo o que se diz da virtude da Justiça se poderá dizer, *mutatis mutandis*, da Justiça valor, princípio ou tópico... a que apenas se acrescentarão outras focalizações.

Como virtude, a Justiça é – como aliás as demais virtudes – um hábito (*S.T.*, IIa, IIæ, q. 58, art. 1, solução), um hábito eticamente positivo, uma repetição diuturna de atos bons, com a consciência de que o são e devem ser repetidos por o serem.

Seguindo a lição do Estagirita (*Ética*, II, 4), Tomás recorda que os atos de virtude exigem a consciência do agente, a sua escolha como meio apto a atingir um fim, e a não mudança de ideias a propósito de tal deliberação da vontade – imutabilidade (*S.T.*, *IIa, IIæ*, q. 58, art. 1, solução). Assim, Tomás vê esses traços característicos na clássica descrição romanística (e também da aristotélica) de Justiça, que recupera. A *voluntas* indica, nela, obviamente a vontade. A determinação que tal *voluntas* é *constans et perpetua* exprime a estabilidade do ato. Perpétua não por durar sempre, perpetuamente (o que implicaria uma infinitude divina), mas porque alguém sempre a queira fazer. Tomás lembra (o que é evidente, mesmo para os criminosos) que é difícil alguém querer sempre agir injustamente. Nem Al Capone, nem Hitler, Estaline ou até Átila terão sempre agido injustamente, sobretudo com os seus próximos, parentes, amigos, etc. Trata-se do propósito geral (dos Homens) de perpetuamente observarem a Justiça. O *constans* alude ao propósito da perseverança nesse propósito.

Este carácter *constante* e *perpétuo* da Justiça parece-nos poder ser hoje interpretado, atento o contexto, como o sinal da incompletude e da necessidade de contínuo aperfeiçoamento da Justiça, que nunca chega a cabalmente concretizar-se pelo Direito. Uma vontade constante e perpétua de atribuir a cada um o que é seu é uma vontade persistente, decerto porque não pode esmorecer e porque a sua pedra rola até ao sopé da montanha, como no mito de Sísifo. Vontade que é assim como uma fome insaciada (mais que insaciável): pois essa vontade nos remete para a "fome e sede de justiça" do Sermão da Montanha. Há certamente algo de político, de justiça política, nesta insatisfação da fórmula de Ulpiano, que Tomás quase retoma *ipsis verbis*.

Os atos que a Justiça pratica são atos de justiça. E o *quid* encontra-se determinado: *ius suum cuique tribuens*. É de *atribuir a cada um o que é seu* que se trata (*S.T., IIa, IIæ*, q. 58, art. 1, solução).

Pode assim dizer-se, numa primeira abordagem, que a *Justiça é a virtude, o hábito, de, com vontade constante e perpétua, atribuir a cada um o que é seu*. Como deixámos pressentir, aproxima-se esta visão mais da de Ulpiano que da de Aristóteles, para quem (citemos a citação de Tomás, em latim) *iustitia est habitus secundum quem aliquis dicitur operativus secundum electionem iusti* (a justiça é um hábito que nos faz agir escolhendo o que é justo).

Tomás não deixa de discutir se a Justiça é virtude (*S.T., IIa, IIæ*, q. 58, art. 3). Ainda hoje algumas das objeções à consideração da Justiça como virtude se poderiam levantar. Por exemplo, o dizer-se que o cumprimento do dever, ou fazer o que se deve, sendo obrigação, não é virtude – a qual estaria de algum modo para além do devido. Contudo, mesmo não beneficiando ninguém excecionalmente, para além do devido, a ação de justiça ainda assim é virtuosa, porque produziu um bem para o próprio cumpridor. Na verdade, fazer o correto é bom e é fonte de satisfação (do dever cumprido) para quem o faz livre e espontaneamente. E esse procedimento reto livre e espontâneo é virtuoso. Além disso, a Bíblia (*Sab.*, VIII, 7) inclui a Justiça conjuntamente com as demais virtudes cardeais – termina por invocar Tomás (*S.T., IIa, IIæ*, q. 58, art. 5, objeções, 1).

Acresce que a Justiça é simultaneamente virtude geral e particular (*S.T., IIa, IIæ*, q. 58, art. 5, solução; resp. a 1; art. 6, solução) – questão que mais detidamente veremos *infra*, a propósito do direito.

Enquanto virtude geral, Tomás alinha com Aristóteles (*Ética a Nicómaco*, V, 2), que cita, considerando a Justiça até como virtude total: *iustitia est omnis virtus*. E até como virtude superior às demais (*S.T.*, IIa, IIæ, q. 58, art. 6, máx. resp. a 2).

Há, porém, divergência conhecida entre os autores: uns consideram ser a Justiça a máxima virtude, outros a *prudentia* (há ainda posições intermédias ou *nuancées*, como a de Berthold Wald). Tomás de Aquino parece claramente inclinar-se para a preeminência da Justiça, mesmo da Justiça particular, porque reside na parte mais nobre da alma, é relacional e não pessoal apenas, sendo, de certo modo, o bem dos outros e não apenas o bem próprio (*S.T.*, IIa, IIæ, q. 58, art. 12, solução). Nisso segue a doutrina do Estagirita (*Retórica*, IX).

Enquanto as demais virtudes aperfeiçoam o homem apenas como um ser em si mesmo, a Justiça implica uma relação interpessoal, a alteridade (*S.T.*, IIa, IIæ, q. 57, art. 1, solução).

Como veremos, a Justiça implica igualdade. Ora, nada pode ser "igual a si mesmo, mas a outrem". Apenas metaforicamente se pode dizer que há justiça numa mesma pessoa se ela racionalmente governa o seu elemento irascível e concupiscível (*S.T.*, IIa, IIæ, q. 58, art. 2, solução).

A Justiça é um meio-termo, entre um mais e um menos (aliás como as demais virtudes – considera Tomás numa linha que vem de Aristóteles e até já de Platão, *República*, 358 e 359b) que consiste numa certa proporção de igualdade entre a obra externa de alguém e uma outra pessoa.

No livro de Michel Tournier, *Vendredi ou les Limbes du Pacifique*, a personagem que representa Robinson Crusoé chega mesmo a autopunir-se, numa encenação ritual desta justiça unipessoal metafórica. Pelo contrário, em rigor, continua válido o brocardo *ubi ius, ibi societas, ubi societas, ibi ius*.

A Justiça não é assim uma qualidade pessoal intrínseca de cada um, que cada pessoa pudesse ostentar frente aos demais, mas precisamente uma virtude que se exerce na relação com os outros – e só se exprimindo e ocorrendo nessa relação. Por isso, dizer-se que Job era um justo só faz sentido na medida da sua vivência de Justiça com os outros, e não quando passou, sob as pragas que o testaram, a viver isolado. Por isso, *Os Justos* de Camus é certamente um título irónico, pois o grupo anarquista russo que aí é retratado não se preocupa com o seu próximo, mas com uma humanidade fictícia, ideal, em nome e pelo advento da qual pouco importam as vidas das pessoas concretas ao lado e em redor.

A Justiça ordena os atos de cada um com respeito aos outros. Esta ordenação do comportamento relativo à alteridade implica uma certa igualdade. Igualdade, tema candente da reflexão e da ação políticas, mas que pode ser tratado com serenidade e elevação. Tomás utiliza para provar esta relação (tão atual) entre Justiça e Igualdade o método filológico. Afirma que a própria palavra "Justiça" demonstra esta relação: pois daquilo que implica igualdade se diz, usualmente, *iustari*, ou seja, ajustado. O que realmente tem como raiz o *ius* de justo (*S.T.*, IIa, IIæ, q. 58, art. 2, solução).

É justa assim uma ação de alguém que corresponde, mantida a proporção de uma certa igualdade, a uma ação de outrem que com esse alguém entra em relação jurídica (*S.T.*, IIa, IIæ, q. 58, art. 2, solução). Aliás, sendo a Justiça uma virtude, e sendo as virtudes meios-termos, entre um mais e um menos, Tomás considera, como Aristóteles

(*Metafísica*, X, 7), que o igual é um meio-termo real entre esses extremos ou exageros (*S.T.*, *IIa, IIæ*, q. 58, art. 11, solução).

Nos tempos modernos, a igualdade foi pervertida pela ideia de uma igualdade concebida como "mesmidade" ou identidade (a que alguns adjetivam como "aritmética"), quando deve pensar-se como igualdade proporcional, de forma subtil, em termos hábeis. O igualitarismo é sempre quimérico ou semente de desigualdade violenta e despótica. Mas a Igualdade é irmã da Justiça e também da Liberdade. Além da Fraternidade. E de tal forma o é, que desde pelo menos genuínos liberais, como Adam Smith, a verdadeiros socialistas (como alguns dos que determinaram a Constituição espanhola de 1978), concordam que estes três elementos são os autênticos "valores superiores" da Política e do próprio Direito Constitucional.

As demais virtudes têm uma essencial, decisiva, componente subjetiva. Ninguém é exteriormente prudente se o não for interiormente; ninguém é socialmente dotado de fortaleza sem que o seu coração e o seu espírito estejam imbuídos dessa fibra; quem for apenas temperante em relação, não o será verdadeiramente, porque tem de sê-lo consigo mesmo. E nas virtudes teologais ainda é mais evidente essa necessidade interior: a fé pública sem fé privada não é fé, é hipocrisia; a esperança vem de dentro, e é triste a desdita de quem finge uma esperança que não possui; finalmente, a própria caridade realmente é amor que vem de dentro, e não meros atos de "caridadezinha" prestativa, que podem ser benévolos, dadivosos, úteis a quem recebe, mas que não acrescentam virtude realmente senão a quem vive interiormente esses atos.

O caso da Justiça é diferente. No ato de justiça, no ato justo, se esgota a Justiça, que não necessita, ao contrário das demais virtudes, de implicar a subjetividade do ânimo da retidão do devido. O modo por que um ato justo é praticado (de má vontade, contrariado, de mau humor até) não atinge o carácter desse ato.

Por isso, é clara a relação da Justiça com o seu objeto, com o que visa, com o ato de justiça. Este objeto está em si mesmo determinado (e não pela intenção ou modo do sujeito), e a tal objeto se chama "direito" – *ius* (*S.T.*, *IIa, IIæ*, q. 58, art. 2, solução, *in fine*).

O direito é filho da Justiça. Deriva dela *como um filho de sua mãe*, como diz uma glosa medieval. Mas se a Justiça é a virtude, o direito é o fruto, objeto dessa virtude: a objetivação da virtude, que, sendo embora de si a mais objetiva de todas, enquanto virtude, ainda tem um peso de subjetividade.

A objetividade da Justiça prende-se e/ou manifesta-se ainda no facto de ela, ao contrário da fortaleza e da temperança, não lidar diretamente com as paixões. A Justiça é uma virtude intelectual, movida pela vontade, dirigida à comunicação com os outros – e essa relação não é imediatamente relacionada com as paixões (*S.T.*, *IIa, IIæ*, q. 58, art. 10, máx. solução).

Uma virtude qualquer deriva de uma potência (diretora) que se traduzirá atual e praticamente em ato. A potência diretora de qualquer virtude é o sujeito da virtude. O objeto é o ato que a potência tende a produzir. Sendo o ato o justo, a ação justa, a potência ou sujeito não é a razão, mas a vontade.

Não é por conhecermos o justo que somos justos, mas por agirmos de forma justa (*S.T.*, *IIa, IIæ*, q. 58, art. 4, solução). O intelecto, a razão, é uma potência cognoscitiva, que não é a determinante dos atos justos. A Justiça é uma potência apetitiva – por alguma razão, diríamos nós, o Sermão da Montanha fala em "fome e sede" de Justiça (*Mt.*, V, 6). Contudo, há dois tipos de apetites: o da vontade, esclarecido e baseado na razão, e o sensitivo, que releva do que os Gregos chamariam *aesthesis*, seja concupiscível, seja irascível. A potência agente de Justiça é voluntária, de uma vontade esclarecida e racional – a vontade é um apetite racional (*S.T.*, *IIa*, *IIæ*, q. 58, art. 5, resp. a 1) –, e não meramente sensível (*S.T.*, *IIa*, *IIæ*, q. 58, art. 4, solução). Por isso, o sujeito da Justiça é a vontade. A Justiça é uma vontade, naturalmente fundada na razão, mas sobretudo vontade.

Diferente desta questão do sujeito da Justiça é a do principal protagonista do *suum cuique tribuere*. Citando Aristóteles, Tomás sublinha: "O juiz dá a cada um o que lhe pertence, mandando e dirigindo; porque o juiz é a justiça animada, e o chefe é o guarda da justiça, como diz Aristóteles. Ao passo que os súbditos dão a cada qual o que lhe pertence, a modo de execução".

Hoje teríamos algum distanciamento mais em relação à dureza desta consideração, que se nos afigura poder ser matizada, de direito e de facto.

A Justiça exerce-se através de ações exteriores, em relação, com os outros. O *suum* de cada um, o "seu" de cada qual, é o que lhe é devido por uma igualdade proporcional. Tomás parece não ter muito como provar, realmente, que a Justiça é mesmo o *suum cuique* – o atribuir a cada um o que é seu. A sua argumentação parece dogmática na solução do artigo respetivo: afirma, não prova (*S.T.*, *IIa*, *IIæ*, q. 58, art. 12, solução).

Mas a partir da determinação de que o ato próprio da Justiça é atribuição a cada um do que é seu, facilmente estabelece as relações da Justiça com algumas virtudes secundárias, que lhe estão anexas, enquanto virtude cardeal: como a misericórdia, a benignidade, a piedade, a liberalidade. A explicação é que se atribuem por "redução" (*reductionem*) (sinédoque?) certas pequenas virtudes à grande virtude – que é a Justiça.

Problema candente de hoje é o da fronteira entre a Justiça particular, jurídica, e outras dimensões benévolas, que se inscrevem não no rigoroso *suum cuique*, mas em formas de dar mais que o devido literalmente por um título jurídico. Este é ainda um repto da política ao direito.

Clássica é a questão da divisão entre direito e caridade, ou direito e etiqueta, entre o justo jurídico e o *gentleman*, que dá um pouco mais do que recebe, ou o filantropo, que dá muito mais, ou só dá. Mais complexa se torna, porém, a tentativa de integrar no próprio direito fórmulas de compensação com fundamento muito vário (normalmente relativas a discriminação, passada ou presente), como é o caso das discriminações positivas, também chamadas "ações afirmativas". Até que ponto se estará, em cada caso concreto, perante uma forma de compreensão histórica, ou caridade, benignidade, liberalidade, ou novas formas de discriminação é questão complexa, sobretudo porque tais procedimentos, tendo fonte estadual, se inscrevem sempre mais ou menos na consabida e nada inócua fórmula da redistribuição, do tirar a Pedro e dar a Paulo... Aníbal de Almeida foi dos que, em Portugal, com mais clareza e oportunidade, logo explicitaram que uma discriminação positiva implica sempre alguma discriminação negativa. Questão a ponderar, pois.

Liberalidades privadas são possíveis, são quase intocáveis, porque com a sua fazenda cada qual faz o que lhe aprouver. Não assim os dinheiros públicos, que acabam sempre por estar implicados com qualquer política deste jaez.

Tomás refere que o direito é o objeto da Justiça em vários lugares. Discutindo explicitamente se o direito é objeto da Justiça, cita Tomás a Isidoro e a Aristóteles, no *sed contra*: "Mas, em contrário, diz Isidoro que o direito (*ius*) *é assim chamado porque é justo*. Ora, o justo é o objeto da justiça; pois, no dizer do Filósofo, *todos acordam em denominar justiça ao hábito que nos leva a praticar atos justos.* Logo, o direito é o objeto da justiça" (*S.T., IIa, IIæ*, q. 58, art. 1, *sed contra*).

Quando afirma que o direito é objeto da Justiça, o Doutor Angélico está a aludir ao direito em sentido objetivo, à *ipsa res justa*, à própria coisa justa ou devida. Ou seja, está a referir-se ao sentido próprio, inicial, de *ius*. Mas o próprio Aquinate admite analogados secundários, como o do seu sentido epistemológico – como quando Celso afirma que o direito é arte (boa e équa), ao sentido topológico –, como o que diz que se tem de comparecer *in iure* ("na justiça" ou "perante a justiça"), assim como mesmo alude Tomás a que também se chama direito ao formalmente justo, decidido por quem tem legitimidade para o fazer, ainda que substancialmente seja iníquo.

O mundo do direito inscreve-se no domínio do justo particular. O que tem uma enorme importância. Devemos deter-nos um instante neste ponto.

Continuando no domínio específico das virtudes, é verdade que a Justiça figura, no *Livro da Sabedoria*, da Bíblia, totalmente a par das demais virtudes cardeais. Omitindo no segundo argumento a própria *prudentia*, Tomás nega que tanto a temperança quanto a fortaleza sejam virtudes gerais, pelo que, aparentemente, a Justiça, tal como aquelas duas, não o seria (*S.T., IIa, IIæ*, q. 58, art. 5, 1 e 2).

Contudo, no *respondeo* respetivo (*S.T., IIa, IIæ*, q. 58, art. 5, resposta a 1), Tomás explicita que a Justiça entra no elenco das virtudes cardeais: não enquanto virtude geral, mas como virtude especial. Aliás, o facto de a Justiça provir do apetite inteletivo e não do sensitivo dá-lhe o caráter de virtude geral.

Uma possível distinção ainda prende-se com a cura do bem comum e a do bem particular. Daí a existência de uma justiça geral e de uma justiça particular. Contudo, não é este o principal contributo de Tomás, nem a nomenclatura aqui utilizada parece ser a mais apropriada. Geral e especial ou particular, para adjetivar a Justiça, são expressões que ganharam uma outra específica dimensão. E a polissemia é muito grande nestas designações, para nosso desespero.

Recordemos o texto do *Livro da Sabedoria*. Daí concluiremos facilmente, como o faz, *en passant* mas significativamente, Tomás, ao discutir se a Justiça particular tem matéria especial, que "a justiça particular (...) é uma das quatro virtudes cardeais" (*S.T., IIa, IIæ*, q. 58, art. 8, 2).

Há, assim, duas justiças, e a justiça particular (na aceção de *direito*) respeita, como diz Aristóteles – cuja autoridade é na *Summa* invocada –, às relações da vida (social). Esta justiça, como sintetizará o *anjo das escolas*, "não abrange toda a matéria da virtude moral, mas só a que respeita às ações exteriores e às cousas, encarando-as no ponto de vista especial de fundarem as relações dos homens entre si" (*S.T., IIa, IIæ*, q. 58, art. 8, solução).

A natureza humana não é imutável, por não ser a mesma, sempre e em toda a parte. Daí que o simplesmente natural possa falhar, por vezes. A própria maldade ou perversão dos homens pode obrigar a alterações e precisões nas determinações gerais que decorreriam de uma natureza sem mácula. Como no caso da restituição (em regra devida) de um depósito de armas a um depositante que enlouqueceu ou que decidiu promover ou aderir a uma sedição. Assim sendo, devemos distinguir no direito um justo natural, mais geral, e um justo positivo, que concretiza aquele. Mas apenas nas coisas que não repugnam ao justo natural (nos seus grandes princípios, diríamos hoje). No que é essencialmente contrário ao justo natural, não pode nenhum justo legal (positivo) ser considerado lícito (*S.T., IIa, IIæ*, q. 57, art. 2, resp. a 2). Por isso, a política está longe de poder ser todo-poderosa, para Tomás, que assim submete a sua vontade a uma natureza que contém uma ordem natural a ser respeitada. O direito natural deve comandar o positivo, o que é fruto da decisão política. Mas a verdade é que não poderia viver sem este (pela sua própria natureza de generalidade e essencialidade – e não concretização). Por esta via ficam também pistas relevantes para a delimitação do político e do jurídico: a política será muitas vezes a via da concretização do justo jurídico, até na própria conformação do direito positivo, adequando os princípios às situações concretas.

Tomás admite ainda a existência de um direito das gentes, diverso do direito natural – como sucedia, aliás, com os Romanos. Tal como Ulpiano, considera que o direito natural é, em certo sentido, comum aos homens e aos animais pela comum capacidade de ambos de apreenderem as coisas de modo absoluto. Mas o *ius gentium* é privativo dos homens apenas.

Evidentemente, Tomás, ao considerar a Justiça uma virtude, opõe-lhe um vício, e, teologicamente, especificamente, o pecado. É nessa lógica que se desenvolverá o estudo da injustiça e das injustiças.

Mas o Doutor Comum não confunde as matérias, os níveis, e está atento às subtilezas, sendo coerente com a sua divisão entre Justiça geral e Justiça particular. Nesse sentido, considera a injustiça um pecado especial, se a injustiça for oposta à justiça legal (ou especial). É pelo seu desprezo do bem comum, que é um objeto especial, que é pecado. Embora, por desprezar o bem comum, se possa cair em todos os pecados – o que dá ao pecado alguma generalidade, neste sentido. Ainda no sentido da especificidade milita o facto de a injustiça não versar sobre qualquer tipo de iniquidade ou mal, mas especificamente os que derivam de se querer alguma desigualdade face aos demais: mais bens, riquezas, honras, e menos males que os demais (*S.T., IIa, IIæ*, q. 59, art. 1).

A consideração de um pecado de injustiça diverso dos demais é um passo mais no sentido do laicismo jurídico de Tomás. O mesmo se deve dizer da separação entre a injustiça e o injusto, seguindo aliás Aristóteles: "Há quem faça injustiça e não seja injusto" (*Ética a Nicómaco*, V, 11). Tomás admite que qualquer pessoa (como a Justiça é objetiva, e assim também a injustiça) pode, sem intenção, ou por paixão, cometer injustiça, sem ser, por isso, intrinsecamente injusto – sem ter o vício da injustiça, o hábito da negação da Justiça (*S.T., IIa, IIæ*, q. 59, art. 2). Do mesmo modo, ninguém voluntariamente a si mesmo faz injustiça (*S.T., IIa, IIæ*, q. 59, art. 3) – o que aliás será, como sabemos, princípio retomado por Rousseau no contexto do político. Desde logo não se pode ser simultaneamente agente e paciente.

Poucas épocas terão precisado, como a nossa, de mais clareza na determinação do que é justo e injusto, ao menos teoricamente, mas com vontade de ver tais esclarecimentos frutificar na prática. A confusão é enorme. A perspetiva laicista de Tomás é tanto mais milagrosa quanto surpreende no ambiente do seu tempo, mas corresponde à mais sã ortodoxia dos evangelhos: *A César o que é de César, a Deus o que é de Deus* (Mt. XXII, 21).

A separação entre a justiça geral, virtude das virtudes, se quisermos, e a justiça particular é indispensável nos nossos dias para apartar o que seja moral, ético, político, do verdadeiramente jurídico. Contudo, a partir do momento em que justamente se ultrapasse o titularismo, seja positivista, seja jusnaturalista (ou pretensamente jusnaturalista – de um "jusnaturalismo positivista"), a questão torna-se muito complexa, pelas contradições que surgem no seio das soluções aventadas. É um caso em que se necessita de um novo Tomás de Aquino. Pois se, contando os títulos jurídicos todos, a alguém não queda quase nada com que viver? Alguns argumentam que há o título maior "natureza humana". Essa seria uma possível origem filosófica (ainda que insuspeitada) de prestações hodiernas como o "rendimento mínimo garantido", ou o "rendimento social de inserção", etc. Mas trata-se claramente de um direito com dimensão política, que dificilmente se compatibiliza com a ideia, normalmente defendida pelos "jusnaturalistas" clássicos, de uma "purificação" do jurídico (*Isolierung*) face a outras realidades e normatividades, poderes e racionalidades. Pese embora o eventual desvio teórico, é de Justiça essa dimensão de "justiça social".

Onde Tomás vê pecados, teremos de ver crimes, geralmente, na nossa perspetiva jurídica. Aliás, o crime é, em grande medida, primeiro braço secular do pecado, e depois seu sucedâneo secularizado. Embora hoje, à luz de um isolamento ainda mais profundo do Direito Penal, tendamos a fazer uma grande separação entre crime e pecado: o que, sobretudo se pensarmos nos erros, abusos e até horrores anteriormente perpetrados à sombra de uma confusão de gládios, é, antes de tudo o mais, um alívio. A "César o que é de César"... (cf., desde logo, o nosso *Crimes & Penas*).

O primeiro dos pecados de que Tomás fala parecerá certamente a muitos não ser do século XIII, mas do século XXI – e do que o precedeu, em cujos pressupostos ainda vivemos. Chama-lhe ele *aceção de pessoas* (*S.T.*, IIa, IIæ, q. 63, arts. 1 *et seq.*). Nome distinto, clássico, mas que se arrisca a não ser hoje reconhecido. Nós chamamos-lhe – sem nenhuma tecnicidade, por vezes – nepotismo, favoritismo, *cunha*, empenho, *fator C*, corrupção, etc., etc. Tudo problemas que atualmente estão no cerne da própria crise política generalizada que o mundo vive, designadamente potenciando a descredibilização da política e a concomitante perda de intervenção cidadã.

Como argumento a favor deste procedimento de escolher *os nossos*, os familiares, os amigos, os conhecidos, os do grupo, do partido, da seita, do clube, etc., São Tomás não hesita mesmo em citar uma passagem bíblica, em que parece que o exemplo desse desvio vem do alto, e de muito alto. Assim, "de duas pessoas que se encontram no mesmo leito uma será tomada e outra deixada" (Mt., XXIV, 40).

Mas será também da Bíblia, designadamente do *Deuteronómio*, que Tomás colherá o argumento único e decisivo do *sed contra*. Aliás um argumento muito moderno, porque vai ao cerne da ilusão essencial que toma (que aprisiona e ilude) quem faz aceção de pessoas: a aparência. Pois é fiando-se em uma qualquer aparência (designadamente de fidelidade ou de ganho) que o decisor escolhe quem não devia. O texto das Escrituras ordena que não nos deixemos seduzir ou iludir pela aparência das pessoas (Deut., I, 17).

Tomás demonstra uma notável prudência e conhecimento do mundo, dos hábitos e das fraquezas humanas no tratamento de toda a questão. Obviamente proscreve a aceção de pessoas, como pecado contrário à justiça distributiva (*S.T.*, IIa, IIæ, q. 63, art. 1, *respondeo*). E a escolha de Deus de entre dois aparentemente iguais refere-se à Graça divina, não à Justiça humana – pelo que não é invocável a favor da aceção de pessoas (*S.T.*, IIa, IIæ, q. 63, art. 1, *ad tertium*). Aliás, é significativa a atitude de quem tem poder para preterir quem sabe, quem é competente, quem merece, e para premiar quem ignora, quem não tem preparação ou mérito: assemelha-se a um demiurgo, procurando perversamente imitar o poder divino, mas ao contrário: na injustiça e não na justiça.

Num ponto apenas tece Tomás uma argumentação muito interessante e esclarecedora – que talvez não fosse a mais esperada:

Se, contudo, os parentes de um prelado são tão dignos como outros, pode-se legitimamente preferi-los sem que haja culpa por aceção de pessoas, dado que eles oferecem pelo menos a vantagem de que o prelado poderá ter mais confiança neles, e que administrarão de comum acordo com ele os assuntos da Igreja.

Contudo, uma reviravolta se produz logo a seguir no argumento: "Será necessário porém renunciar a uma tal escolha por medo do escândalo, se outros prelados se firmam nesse exemplo para confiar os bens da Igreja aos seus próximos sem ter em conta os seus méritos".

Sem comentários...

A questão da propriedade, pedra-de-toque de toda a filosofia política, é deveras importante e muito significativa em Tomás de Aquino. O Aquinate justifica a propriedade pela sua função social. Para Tomás de Aquino, aliás grande "jurista laico", como já se lhe chamou, e para mais "santo laico", a propriedade privada pode ser alvo de muitas críticas, de muitas refutações, mesmo extremas e radicais, porque é uma instituição humana, social (veremos que plenamente plausível e justificável), mas não deixa de ser uma instituição humana. Ora, o direito natural, a natureza das coisas, a própria ordem natural das coisas sociais, se preferirmos, não prescreve obrigatoriamente a propriedade privada, mas, entretanto, e obviamente, permite que as sociedades estabeleçam os seus pactos tácitos em vários sentidos; e, logo, também nesse. E tal decisão social (política) parece ser a mais consensual, duradoira e social e pessoalmente útil.

Chegados a este momento, deveríamos meditar profundamente a obra de Tomás de Aquino, sobretudo na *Suma Teológica* (*S.T.*, IIa, IIæ, q. 66, arts. 1 e 2). Foi o que fez, em estudo monumental, precisamente sobre este tema, o mestre de Paris, François Vallançon (1943), no seu *Domaine et propriété*...

Citemos apenas o mínimo indispensável, sem nos dispensarmos, porém, da consulta do original, da clássica tradução brasileira de Alexandre Corrêa, jurista e filósofo, incansável tradutor da *Suma* – de que religiosamente traduzia um artigo por dia:

> Relativamente às cousas exteriores tem o homem dois poderes. Um é o de administrá-las e distribuí-las. E, quanto a esse, é-lhe lícito possuir cousas como próprias. O que é mesmo necessário à vida humana por três razões: – A primeira é que cada um é mais solícito em administrar o que a si só lhe pertence, do que o comum a todos ou a muitos. Porque, neste caso, cada qual, fugindo do trabalho, abandona a outrem o pertencente ao bem comum, como se dá quando há muitos criados. – Segundo, porque as cousas humanas são melhor tratadas, se cada um emprega os seus cuidados em administrar uma cousa determinada; pois se, ao contrário, cada qual administrasse indeterminadamente qualquer cousa, haveria confusão. – Terceiro, porque, assim, cada um, estando contente com o seu, melhor se conserva a paz entre os homens. Por isso vemos nascerem constantemente rixas entre possuidores de uma coisa comum e indivisa.
>
> O outro poder que tem o homem sobre as cousas exteriores é o uso delas. E, quanto a este, o homem não deve ter as cousas exteriores como próprias, mas como comuns, de modo que cada um as comunique facilmente aos outros, quando delas tiverem necessidade. Por isso diz o Apóstolo: "Manda aos ricos deste mundo que dêem, que repartam francamente (*sic*)".

O essencial sobre a propriedade privada e a sua função social está neste *respondeo* (*S.T.*, IIa, IIæ, q. 66, art. 2, resp.).

Tem havido várias interpretações, demasiadas e por vezes fantasistas, sobre as posições políticas de Tomás de Aquino. Mas mais do que determinar se este ou aquele livro decisivo para a questão é mesmo da sua autoria, ou se se trata de um apócrifo, e menos mesmo que as posições pontuais do autor, interessa a sua perspetiva política geral, e o contributo que para ela notoriamente deu.

Antes de mais, na querela agudíssima deste tempo, que opõe guelfos e gibelinos, papistas e regalistas, assume uma posição moderada face ao sacerdotalismo, concebendo na prática o papa mais como um árbitro, com poderes sobre o rei sobretudo em casos de heresia. Tomás alinha equilibrada e serenamente no partido do pontífice e da supremacia eclesial em última instância, mas deixa uma vasta margem de ação individual e política, até porque concebe a sociedade como um organismo vivo e não como um mecanismo artificial. O indivíduo só parcialmente, só por uma parte do seu ser, está dependente da comunidade política (*S.T., IIa, IIæ*, q. 21, art. 4, ad. 3).

Assim, segundo não poucos autores, e mesmo alguns atores políticos (desde os conjurados da Liga contra Henrique III aos de Von Stauffenberg contra Hitler), é defensor da resistência aos tiranos (além de o referir na *Suma Teológica*, advoga-o especialmente – *De Seditione*, 2 e 3), e chegaria até a legitimar o tiranicídio. Mas estamos longe de ter unanimidade nesta matéria, como aliás se demonstrou pela polémica que, entre nós, opôs Alfredo Pimenta a António Sardinha.

Por outro lado, o Aquinatense segue, nas linhas gerais do seu pensamento político, muito da lição do Estagirita: quanto à naturalidade da sociabilidade humana e à origem da sociedade política, quanto às formas puras e corruptas de governo (acrescentando ou matizando apenas uma espécie de teocracia benévola, em que o rei se guia retamente pelo seu coração), etc.

A origem do poder continua a residir em Deus. Mas Tomás considera que a legitimidade não vai aos governantes diretamente da Divindade, antes tem de passar pelo Povo: *omnis potestas a Deo per populum*. De tudo isto resultam as suas interpretações contratualistas e mesmo democráticas, como a de Maritain. Contudo, a coerência da sua cosmovisão (de base teológica) levá-lo-ia a preferir, em teoria, a forma de governo monárquica. A qual, sujeita, contudo, à pior das corrupções, como a tirania, acabará, numa formulação mais realista, a ser preterida, numa segunda escolha, por uma fórmula que de novo aproxima Tomás de Aristóteles: propendendo assim para um regime misto (*politia bene commixta* – *Comentário* da *Política* de Aristóteles) de monarquia no topo do governo (*S.T., Ia*, 103, *Ia, IIæ*, 96, 4, etc.), aristocracia no corpo intermédio, e democracia na base social (por via do sufrágio e da eletividade). A sociedade política também não é autossubsistente, nem desprovida de fins, mas votada ao Bem Comum – um conceito tipicamente medieval, mas que chegaria até aos nossos dias, a reclamar mais purismo e mais propriedade na linguagem.

Fulcral no pensamento e no legado aquinatense é a separação das águas entre Direito e Política e entre ambos e Religião. Trata-se de uma revolução mental muito importante, na linha da melhor ortodoxia cristã (e a quem em parte também não é alheia a inspiração aristotélica), mas que ainda não foi na prática alcançada em muitos sectores – alguns até dizendo-se cristãos –, apartando do horizonte, pelo menos durante algum tempo (pois a Reforma irá, em certa medida, retomá-los), o signo sombrio do pessimismo antropológico (e, portanto, também político-jurídico) augustinista e os exageros da sua perversão ulterior. Decerto por este apolíneo e rigoroso laicismo, de natural separação das competências e prerrogativas, Michel Villey, conhecedor profundo de Tomás, considerá-lo-ia "introdutor da ciência política na Europa". Um título mais, e em nossos dias nada desprezável, a juntar aos tantos doutoramentos da *Fama* que a História foi juntando ao seu nome e à sua glória.

Bibliografias

Bibliografia ativa principal/específica

De Regimine principum ou *De regno*; *Summa Theologiæ* (1266-1274); *In Aristotelis libros expositio* (1265-1273), especialmente *In decem libros ethicorum Aristotelis ad Nicomachum expositio.*

Edições correntes/recomendadas

Há boas traduções da *Suma Teológica*. Em português, a do brasileiro Alexandre Corrêa; em castelhano, as da BAC (Biblioteca de Autores Cristianos); em francês, a excelente edição bilíngue das Éditions de la Revue des Jeunes, em pequenos volumes de bolso. Uma edição comentada mais recente, mas apenas em francês: Thomas d'Aquin, *Summa Theologiæ*; trad. fr., *Somme Théologique*, Paris, Cerf, 1984-1986, 4 v. Os *Great Books*, da *Enciclopaedia Britannica*, também traduzem para inglês a *Summa*, nos v. XVII e XVIII.

AQUINAS, *Selected Philosophical Writings*, seleção, trad., introd. e notas de Timothy McDermott, reimp., Oxford/Nova Iorque, Oxford University Press, 1998.

SANTO TOMÁS DE AQUINO, *Suma Teológica (selección)*, introd. e notas de Ismael Quiles, S. I., 11ª ed., Madrid, Espasa-Calpe, 1985.

TOMÁS DE AQUINO, *Verdade e Conhecimento*, trad., estudos introdutórios e notas de Luiz Jean Lauand e Mario Bruno Sproviero, São Paulo, Martins Fontes, 1999.

—, *In decem libros ethicorum Aristotelis ad Nicomachum expositio*, trad. cast. de Ana Mallea, estudo preliminar e notas de Celina A. Lértora Mendoza, "Comentário a la *Ética a Nicómaco* de Aristóteles", Pamplona, EUNSA, 2000.

Bibliografia passiva seletiva

BEUCHOT, Mauricio, *Introducción a la filosofia de Santo Tomás de Aquino*, México, UNAM, 1992.

CHESTERTON, G. K., *Saint Thomas du Créateur*, trad. fr., Niort, Antoine Barrois, 1977.

FABRO, C., Ocáriz, F., Vansteenkiste, C., e Livi, A., *Tomás de Aquino, también hoy*, 2ª ed., Pamplona, EUNSA, 1990.

FASSÒ, Guido, "San Tommaso giurista laico?", *in Scritti di Filosofia del Diritto*, a cura di E. Pattaro, Carla Faralli e G. Zucchini, Milano, Giuffrè, I, 1982, p. 379 *et seq.*

FERREIRA DA CUNHA, Paulo, "El Derecho y la Razón en Sto. Tomás de Aquino. Para una relectura jusfilosófica", *Actas del I Congreso de Filosofía Medieval*, Saragoça, 1992; versão portuguesa *in Pensar o Direito*, II, *Da Modernidade à Post-Modernidade*, Coimbra, Almedina, 1991, p. 39 *et seq.*

—, "O Comentário de Tomás ao livro V da *Ética a Nicómaco* de Aristóteles", São Paulo/Porto, *Videtur*, nº 14, 2002, p. 45-58; nova versão: "As duas justiças – justiça moral e política *vs.* justiça jurídica (a partir do Comentário de Tomás de Aquino ao livro V da *Ética a Nicómaco* de Aristóteles)", *in O Século de Antígona*, Coimbra, Almedina, 2003, p. 43 *et seq.* (referência no texto).

FORMENT, Eudaldo, *Id a Tomás*, Pamplona, F. Gratis Date, 1998.

GARCÍA LÓPEZ, Jesús, *Tomás de Aquino, maestro del orden*, Madrid, Cincel, 1985.

GILSON, Etienne, *Le thomisme. Introduction a la pensée de Saint Thomas d'Aquin*, 6ª ed., Paris, Vrin, 1986.

GUREVITCH, Aron I., *Kategory Srednevekovoj Kulturi*, Moscovo, Edições Iskustvo, 1972, trad. da ed. fr. de João Gouveia Monteiro, *As Categorias da Cultura Medieval*, Lisboa, Caminho, 1990.

HENLE, S. J., R. J., Sanction and the Law according to St. Thomas Aquinas, *in Vera Lex*, v. X, nº 1, p. 5 *et seq.*

KILLORAN, John B., "Divine reason and virtue *in* St. Thomas' Natural Law Theory", *in Vera Lex*, v. x, nº 1, p. 17.

LAUAND, Luiz Jean, Tomás de Aquino: vida e pensamento – estudo introdutório geral, *in* Tomás de Aquino, *Verdade e Conhecimento*, trad., estudos introdutórios e notas de Luiz Jean Lauand e Mario Bruno Sproviero, São Paulo, Martins Fontes, 1999.

—, *Actualidad del Pensamiento de Tomás de Aquino*, Salamanca, Arvo, 2000.

—, *Em Diálogo com Tomás de Aquino. Conferências e Ensaios*, São Paulo, Mandruvá, 2002.

LECLERCQ, Jacques, *La Philosophie Morale de Saint Thomas devant la pensée contemporaine*, Paris/Louvain, Vrin/Publ. University de Louvain, 1955.

MARITAIN, Jacques, *De Bergson à Thomas d'Aquin*, Paris, Flammarion, 1947.

MONCADA, L. Cabral de, *Universalismo e Individualismo na Concepção do Estado: S. Tomás de Aquino*, Coimbra, Arménio Amado, 1943.

MORTIER, Roland, *L'Originalité. Une nouvelle catégorie esthétique au siècle des Lumières*, Genebra, Droz, 1982 (referência no texto).

PIEPER, Josef, *Einführung zu Thomas von Aquin. Zwölf Vorlesungen*, Munique, Koesel; trad. cast. (agrupando um estudo sobre a escolástica), *Filosofia Medieval y Mundo Moderno*, 2ª ed., Madrid, Rialp, 1979.

PIMENTA, Alfredo, *Tomismo*, parte II de *Estudos Filosóficos e Críticos*, prefácio do Prof. Dr. Ricardo Jorge, Coimbra, Imprensa da Universidade, 1930, p. 99-160.

SERTILLANGES, A. D., *Santo Tomás de Aquino*, Buenos Aires, Desclée de Brower, 1946, 2 v.

TORRELL, O. P., Jean-Pierre, *Initiation à Saint Thomas d'Aquin. Sa personne et son œuvre*, Paris, Cerf/Éditions Universitaires Fribourg, Suíça; trad. port. de Luiz Paulo Rouanet, *Iniciação a Santo Tomás de Aquino. Sua Pessoa e Obra*, São Paulo, Edições Loyola, 1999.

VALLANÇON, François, *Domaine et Propriété* (*Glose sur Saint Thomas d'Aquin*, "*Somme Théologique*", IIa, IIæ, q. 66, art. 1, et 2), Paris, Université de Droit d'Économie et de Sciences Sociales de Paris (Paris II), 1985, 3 v., polic.

—, "Saint Thomas D'Aquin", in *Philosophie Juridique*, Paris, Studyrama, 2012, p. 176 *et seq.*

VILLEY, Michel, (*Précis de*) *Philosophie du Droit*, I, 3ª ed., Paris, Dalloz, 1982; II, 2ª ed., *ibidem*, 1984 (há nova edição em um só volume).

—, *Questions de St. Thomas sur le droit et la politique ou le bon usage des dialogues*, Paris, PUF, 1987.

—, *Théologie et droit dans la science politique de l'État Moderne*, Rome, École Française de Rome, 1991 (separata), p. 33 *et seq.*

WALTER, Edward, "The Modernity of St. Thomas Political Philosophy", *in Vera Lex*, v. x, nº 1, p. 12 *et seq.*

MARSÍLIO DE PÁDUA

(PÁDUA, ENTRE 1275 E 1280-MUNIQUE, 1343)

> *Os evangelhos ensinam que nenhuma punição temporal*
> *ou penalização deve ser empregada para compelir à obser-*
> *vância dos divinos mandamentos.*
> Marsílio de Pádua

Marsílio de Pádua é um dos primeiros grandes polemistas/teorizadores nas querelas entre papado e império do lado do poder temporal, e decerto o mais bafejado pela fama. Antes dele, o nome mais conhecido é o de Dante, mas não tanto quiçá pela sua defesa do poder real, na sua *Monarquia*, como pela *Divina Comédia*, e esse "Inferno" em que colocou alguns clérigos, e até papas. Ainda antes dele, já João de Paris (1269-1306), por exemplo, defendendo a propriedade dos particulares, beliscara os poderes papais, sobretudo quando arrogando-se a plenitude *potestatis*: o Papa não seria mais que um administrador dos bens da Igreja. Certo é que a fortuna privilegiou o polemista do *Defensor Pacis*. E não sem justiça.

Com efeito, Marsílio respira sinceridade nas suas teses. Não cerrou fileiras em torno do imperador por despeito relativamente ao papa ou à Igreja, ou para alcançar maiores benesses, mas por convicção, em coerência com as suas ideias filosóficas, teológicas e políticas (aliás, como sabemos, muito imbricadas entre si nesta matéria). Como atesta uma bula do papa João XXII, de 5 de abril de 1318, Marsílio – que era filho de um notário da Universidade de Pádua, mas de origem popular – conseguiria mesmo alcançar uma conezia na sua cidade natal: não era proeza de pouca monta. O seu problema residia nas ideias. Ora Marsílio, iniciado na filosofia de Averróis por Pedro Abano, desde 1300, irá lógica e coerentemente de distanciamento em distanciamento das teses papais, até à rutura, que culminará com a entrada para a corte intelectual do imperador Luís da Baviera, e a excomunhão.

Espírito enciclopédico, estudaria ainda, além da Filosofia, que professava, na linha aristotélica, na Faculdade de Artes, Medicina (há quem o considere mesmo "médico") e Direito. Chegaria a reitor da Universidade de Paris (porque dirigira a Faculdade de Artes), cargo que sabemos ocupar em 1313. Será de Paris que se verá forçado a fugir, na companhia do também averroísta Jean de Jandun, em 1324, após a publicação, embora anónima, da sua obra principal, o *Defensor Pacis*. Três anos depois (esses processos eram apesar de tudo demorados, no papado de Avinhão), é lançada a excomunhão contra ambos (que para alguns serão coautores da referida obra), mas já em 1328 o vemos nomeado vigário imperial, ao serviço de Luís.

A avaliação da obra de um autor com os padrões de outro tempo é normalmente fatal para a sua compreensão. E o mesmo sucede quando se procura em autor antigo um suporte, um pergaminho de legitimação, uma *auctoritas* de ancestralidade para ideias de um tempo ulterior, especialmente *o tempo do comentador ou intérprete*. Tem-se dito do empreendimento do paduano, sem dúvida anticlerical e antipapal, duas coisas distintas. Para uns, é um precursor do laicismo, e daí a fazê-lo campeão da liberdade moderna vai um passo. A recuperação do contrato social (que também não foi inventado por Rousseau, diga-se) a tanto ajuda igualmente. Outros, porém, encontram nele o exato simétrico da conceção sacerdotalista, ou seja, nas suas posições detetam um totalitarismo não já eclesiástico como o do sacerdotalismo, mas civil.

Sendo o augustinismo político, como sabemos, uma abusiva e errónea interpretação do pensamento de Santo Agostinho, no sentido de confundir (contra a distinção do bispo de Hipona) o poder temporal e o espiritual, poderá dizer-se que a confusão desaparece em Marsílio, pela abolição de um dos termos: o poder eclesiástico. Surgindo assim, antes mesmo de Maquiavel, uma teorização de autonomia do político.

É interessante que a acusação de totalitarismo pareça vir sobretudo dos mais sensíveis à importância de os gládios serem pertença última do sucessor de Pedro (ainda que distribuídos, na prática, ou não...), e o louvor de laicismo advenha dos menos afetos a tais poderes. Mas nada de mais natural...

Em todo o caso, o radicalismo das posições do paduano é só por si motivo para lhe não regatear originalidade: designadamente quando, contra a quase totalidade da doutrina, dos mais variados matizes, nega o direito natural divino. A justiça da lei acaba por se aproximar muito da sua utilidade, e, de todo o modo, não mais é uma descoberta de uma lei natural colocada no coração dos homens por Deus, nem apenas uma elaboração racional – antes é, evidentemente, voluntarista e política.

Bibliografias

Bibliografia ativa principal/específica

Defensor Pacis; Defensor Minor; De translatione imperii; Consultatio de jurisdictione Imperatoris in causa matrimoniali.

Edições correntes/recomendadas

Obras recolhidas *in* Melchior Goldast (ed.), *Monarchia S. Romani Imperii*, II, Frankfurt, 1614.

MARSÍLIO DE PÁDUA, *Defensor Pacis*; trad. port. de José Antônio Camargo Rodrigues de Souza, *O Defensor da Paz*, Petrópolis, Vozes, 1997.

Bibliografia passiva seletiva

BARANI, Francesco, "Il concetto di laicità come chiave interpretativa del pensiero politico: Marsilio da Padova", *in Medioevo. Rivista di storia della filosofia medievale*, v. v, 1979, p. 259 *et seq.*

BATTAGLIA, Felice, *Marsilio da Padova e la filosofia politica del medio evo*, Florença, Le Monnier, 1928.

BERTI, Enrico, "Il 'Regnum' di Marsilio tra la 'Polis' aristotelica e lo 'Stato' moderno", *in Medioevo. Rivista di storia della filosofia medievale*, v. V, 1979, p. 165 *et seq.*

CECCHINI e BOBBIO (org.), *Marsilio da Padova*, Pádua, 1942.

DOLCINI, Carlo, *Introduzione a Marsilio da Padova*, Roma, Laterza, 1995.

GEWIRTH, Alan, *Marsilius of Padua, The Defender of Peace*, Nova Iorque, Columbia University Press, 1956.

—, Republicanism and Absolutism in the Thought of Marsilius of Padua, *in Medioevo. Rivista di storia della filosofia medievale*, v. 5, 1979, p. 23 *et seq.*

GHISALBERTI, Alessandro, "Sulla legge naturale in Ockham e in Marsilio", *in Medioevo. Rivista di storia della filosofia medievale*, v. 5, 1979, p. 303 *et seq.*

POPPI, Antonino, "Appunti sullo Stato e la persona nel 'Defensor pacis'", *in Medioevo. Rivista di storia della filosofia medievale*, v. vi, 1980, p. 347 *et seq.*

QUILLET, Jeannine, *La Philosophie politique de Marsile de Padoue*, Paris, Vrin, 1970.

SOUSA, José Pedro Galvão de, *O Totalitarismo nas Origens da Moderna Teoria do Estado (um Estudo sobre o "Defensor Pacis" de Marsílio de Pádua)*, São Paulo, Saraiva, 1972.

SOUZA, José A. de C. R. de, *Marsílio de Pádua e a plenitudo potestatis*, "Revista Portuguesa de Filosofia", Braga, v. XXXIX, 1983, p. 119 *et seq.*

7

GUILHERME DE OCKHAM

(OCKHAM, SURREY, A SUL DE LONDRES, ENTRE 1280 E 1295-MUNIQUE, 1349 OU 1350)

Defende-me com a tua espada que eu te defenderei com a minha pena.
Guilherme de Ockham

Muitos leram o romance "medieval" policiário-filosófico de Umberto Eco *O Nome da Rosa*. Muitos mais viram o filme homónimo. Mas certamente nem tantos se terão apercebido de que o protagonista, o arguto monge-detetive Guilherme de Baskerville, um frade moderno que até já usa óculos, deve o seu nome a um duplo tributo do autor: o nome de família é o mesmo da imortalizada por Conan Doyle numa novela de Sherlock Holmes, graças ao seu cão, e o nome próprio é uma homenagem a Guilherme de Ockham, considerado por alguns o primeiro dos Modernos.

Provavelmente graças à forma proverbial, aforística, biográfica (e até hagiográfica) e mnemónica da pedagogia já esquecida desses tempos, é-nos possível encontrar para muitos dos vultos de relevo da idade Média não apenas epítetos, como mesmo frases lapidares e historietas exemplares que, correndo de texto em texto, é impossível não repetir, pela eloquência da síntese que tantas vezes representam. Os tópicos (verdadeiros "lugares-comuns") sobre Guilherme de Ockham dão-nos já uma ideia bastante adequada de quem teria sido.

O frade Guilherme não era doutor (parece que não chegou a ser sequer *magister*, mestre, embora aos 20 anos já ensinasse em Oxford). Estaria no caminho para o ser quando a sua carreira académica se viu abruptamente interrompida. Nunca consumaria com a ciência o seu casamento, com a conclusão dessa prova: também por isso lhe chamaram *venerabilis inceptor* (venerável iniciador: que decerto, metaforicamente, poderá ser também "noivo"; mas, propriamente, *inceptor* é o bacharel, grau obtido por Guilherme). Tal facto não constituía, porém, verdadeiro obstáculo a que o grau lhe fosse e continue a ser-lhe atribuído como que *honoris causa*, pela voz corrente, e com elogiosa distinção: designam-no como *doctor invencibilis*. O que, na prática da *disputatio* da época, não é pequeno elogio.

Mas, para além dos apodos pessoais, é um lema o que mais o carateriza na sua ação, e que ele teria dirigido ao imperador Luís da Baviera, o qual o viria a acolher, e cuja causa defenderia nos seus escritos, contra o papa, aliás, contra três papas: *Defende me gladio, et ego te defendam calamo* ("Defende-me com a espada que te defenderei com a pena").

Ainda em matéria de metáforas com objetos cortantes, é conhecido o tópico da "navalha de Ockham", também designado por "princípio de economia", sobretudo com aplicação lógica e científica, tendo recebido formulações como *entia non sunt multiplicanda præter necessitatem, numquam ponenda est pluralitas sine necessitate, frustra fit per plura quod potest fieri per pauciora*, etc. O que parece até ser uma válvula de segurança contra o atomismo pulverizador potenciado pelo seu nominalismo. Mas não nos antecipemos...

Como chega aqui Guilherme? A amplitude temporal em que se inserem as hipóteses de data para o seu nascimento é quase ímpar para estes tempos: nada mais nada menos que quinze anos de intervalo possível, entre 1280 e 1295. A primeira notícia que dele se tem respeita à sua entrada para a ordem franciscana, e mesmo assim a datação se revela ainda pouco segura: por volta de 1305-1306. A breve trecho, entra na Universidade de Oxford, onde, seguindo o curso normal das coisas, estuda primeiro na Faculdade de Artes Liberais, passando depois à de Teologia. Em traços gerais, depois de uma ignorada vida de estudioso que segue a linha tradicional de estudos da época, obtém o grau de bacharel em Teologia em 1319-1320, elabora comentários dos autores do cânone em voga e leciona, sobretudo, Física, Lógica e Teologia.

A sua vida vai, porém, mudar radicalmente quando (vítima de um procedimento então corrente, que hoje consideraríamos totalmente contrário à *libertas docendi*, e, dizendo as coisas à nossa maneira contemporânea, sem sombra de dúvida violando os direitos humanos) é chamado ao papa de Avinhão, sob acusação universitária de heresia, delação que se deveu à sua própria casa oxoniense. A comissão inquisitorial declarará sete teses suas como heréticas e mais cinquenta e uma suspeitas de heresia. Outros autores assinalam, para além das sete consideradas seguramente heréticas, trinta e sete falsas e as demais "temerárias ou ridículas".

É aí que o seu destino se vai cruzar e fundir mais profundamente com o da sua ordem religiosa, então em dissenso aberto com o sumo pontífice, João XXII, quanto ao problema da pobreza. A princípio estranho à polémica, que trouxera igualmente à corte papal o seu geral, Miguel de Cesena, e outros irmãos, é num primeiro tempo solicitado por este a contribuir para o debate doutrinal a favor da pobreza, e, num segundo tempo, vendo todos os frades que a situação se deteriorava irreversivelmente, acaba por acompanhá-los na fuga de Avinhão para Pisa, onde Luís IV da Baviera os acolhe e toma como colaboradores teóricos da sua polémica antipapal. Se o papa excomunga o imperador, este "deporá" nominalmente aquele, por "herético notório e manifesto", indicando mesmo um novo sumo pontífice, o franciscano Pedro da Corvara, o qual tomaria o nome de Nicolau V. Sediado no convento franciscano de Munique, Guilherme, durante vinte anos, até à sua morte (presumivelmente acometido de peste), não deixará de desenvolver a sua teorização antipapal, reagindo aos diversos episódios do tempo, e sempre se opondo a qualquer conciliação entre papado e império, perante algumas tergiversações do poder. Se no final da vida, já mortos os seus principais amigos e protetores, procurou ou não (e conseguiu ou não) obter a reconciliação com Roma, parece questão menor, meramente biográfica, porque o Guilherme de Ockham que conta, e que teria uma afortunadíssima posteridade intelectual, é o polemista, o rebelde, e não o eventualmente "reconciliado".

Princeps Nominalium foi epíteto que deram ao nosso presente filósofo. Não sendo embora o "inventor" do nominalismo, que vinha já de antes, pelo menos do século XII, Guilherme será talvez o seu mais coerente explanador (até Duns Scot acabará, de algum modo, por ser colocado do lado do realismo) e sem dúvida o seu mais afortunado defensor, se atendermos à receção das suas ideias, que nem um duvidoso édito proibitivo de Luís XI, no século XV, conseguirá travar – pelo contrário. Normalmente, aliás, as proibições filosóficas, literárias, artísticas e culturais em geral são a melhor propaganda possível para uma ideia. É no nominalismo que se funda o essencial do legado filosófico de Ockham para o Direito e para a Política. Opondo-se nos seus mais profundos alicerces à cosmovisão realista, o nominalismo abala toda a estrutura mental de então, sendo, realmente, uma via moderna. No nominalismo de Ockham se alicerçam, mais ou menos direta, mais ou menos remotamente, não apenas a reforma protestante, desde logo o pensamento de Lutero, como ainda o positivismo jurídico (que é uma doutrina, talvez até antes de jurídica, política), não apenas o de Hobbes, como o de Comte. E houve também quem visse em Ockham alguns laivos de pré-maquiavelismo. Para não falar no ter aberto o caminho (ou desimpedido os escolhos, e indiretamente incentivado os estudos) para a ciência experimental moderna, uma vez quase tornada sem sentido toda a indagação que não fosse concreta, prática e pontual, individual. Ora a ciência experimental, é o que mais próximo existe dessa individualidade das coisas, cujas afinidades apenas se podem aquilatar fenomenicamente, e generalizar indutivamente.

Como se passa de uma doutrina filosófica, e sobretudo baseada na dialética, para um estado de coisas que, apesar da experimentação e das ciências naturais, é, em humanidades (e com as chamadas ciências sociais e humanas até), e sobretudo em direito e em política, sobretudo dogmático, o mais antidialético possível? Pela febre da razão, pelo excesso lógico, pelo levar um modelo formal ao extremo das suas possibilidades simplesmente formais. Será sem dúvida a dialética excessiva o caminho para um esquecimento da dimensão substancial e natural das coisas.

Tudo deriva do formalismo lógico (em que o estrutural se sobrepõe ao real), por um lado, e de uma conceção da omnipotência divina levada ao extremo, por outro. Se o poder (ou liberdade) de Deus é completamente ilimitado (e é-o porque – argumento legalista – não há ninguém que lhe imponha proibição – *In IV Sent*, q. 9 E; *Centiloq. Theol.*, concl., 7, B, 7), logicamente não há razão ou natureza que regulem o mundo, e a Sua vontade tudo pode, com um poder quase se poderia dizer arbitrário porque pontual, para cada coisa e situação. Até o pecado nos homens não o seria em Deus: *faciendo peccatum Deus non peccat* (*Centiloq. Theol.*, concl., 5, c). Do mesmo modo, o mundo não tem uma ordem, nem relações necessárias entre os entes, mas apenas o atomismo caótico de entidades desconexas – *præeter illas partes absolutas nulla res est* ("para além das partes não há absolutamente coisa nenhuma") (*In Sent. I*, dist. XXX, q. 1). Mesmo os universais, as ideias gerais, as generalizações, sejam a de Homem ou a de Justiça, não mais são que "nomes", generalizações sem subsistência autónoma. O próprio Guilherme de Ockham, no decorrer das suas polémicas, objetaria ao Papa que na verdade não existe ordem franciscana, mas apenas múltiplos e individuais frades franciscanos, espalhados pela Europa. Daí o vero refrão ser: "A Ordem é rica e os frades são pobres" (não "poucos"). Se no plano teológico este nominalismo tem como consequências, desde logo, o desfazer do edifício poderosamente levantado por Tomás de Aquino (realista) da compatibilização entre a fé e a razão, postulando o *venerabilis inceptor* a indemonstrabilidade da primeira, no plano jurídico é toda a filosofia jusnaturalista, e a respetiva metodologia, que ficam postas em causa. Com enormes implicações políticas.

Assim, ficando sem existência real (mas como mero nome, apto apenas à conotação) a própria Natureza, e especialmente uma natureza não simplesmente física (da *physis*) mas com uma dimensão axiologizada, deixa de haver natureza das coisas, deixa de haver coisas de que se possa extrair (embora não de forma imediata: isso seria incorrer na falácia naturalística) a norma da coisa, o *dever-ser* do *ser*, já que este contém em si elementos de normatividade. Assim, perde sentido qualquer Direito Natural. O direito deixa de ser uma consagração de uma ordem dada, para passar a fruto de uma vontade, simplesmente política, posta. A própria exclusividade de recurso por Guilherme de Ockham a textos jurídicos positivos na sua argumentação jurídica é exemplo eloquente deste positivismo legalista, que é a forma mais evidente de prometeísmo político, invasor, aliás, do próprio domínio do Direito. Mas nesta omnipotência do político legislador não pode deixar de se ver a imagem dessacralizada de uma divindade ativa e ilimitada natural ou racionalmente, de um Deus voluntarista e de uma omnipotência tão excessiva que chega a pôr em causa, a nosso ver, a sua divindade: por comportar contradição (*Deus potest facere omne quod non includit contradictionem*). O que é a negação do divino. Mesmo uma Sua negação lógica. Nem os deuses do Olimpo foram assim tão absolutos (*legibus solutus*). Zeus obedecia, no mínimo, ao destino e à retribuição, o que é sinal de uma ordem natural. A possibilidade, admitida por Ockham, de Deus legitimamente usando a Sua omnipotência, poder transformar o Bem em Mal, e vice-versa, revela-se bem mais perigosa que a ulterior hipótese de Grotius, segundo a qual, mesmo sem divindade, ainda assim quedaria o Direito Natural (*De Iure bel.*, Proleg., XI). Porquanto, uma vez se tendo prescindido de Deus, com "hipótese inútil" ou algo de análogo, sucessivas secularizações dos mesmos pressupostos teológicos (que são perenes e sobrevivem mesmo à "morte de Deus") acabarão por conferir primeiro ao soberano absoluto esse carácter todo-poderoso, e livre da moral, e mais tarde, cortada a cabeça do monarca, essa exagerada e tirânica liberdade do soberano passará para o seu novo titular: o povo, ou quem o represente, ou fale e atue em seu nome. Metamorfoses da "soberania"...

Desta negação da natureza, do Direito Natural e do método de sociologia axiologizada, próprio do realismo, desde a formação romana do Direito (*ius redigere in artem*), decorre uma política que pode atuar *ad libitum*, também pelo direito (rebaixado a simples forma, a mero meio), e uma conceção de direito que inteligentemente concilia a pobreza franciscana com o individualismo moderno que assim se funda. O direito passa a ser concebido não em termos naturais e gerais, nem em termos tangíveis, como era o caso do tempo do paradigma objetivo do direito (cujo culminar era a propriedade plena romana – *plena in re potestas* –, como poder absoluto – até exagerado, aos olhos da nossa propriedade social de hoje, que aliás devemos remotamente a Tomás de

Aquino – de usar, fruir e abusar da coisa – *ius utendi, fruendi et abutendi*), mas em termos subjetivos, individuais e voluntaristas. Por isso, aí reside a origem do direito subjetivo moderno (que, ao contrário do que alguns pensam, não recua nem a Adão e Eva, nem à Revolução Francesa), pedra-de-toque do direito burguês que vem até aos nossos dias (e cuja substituição por um novo paradigma, por exemplo, um "direito fraterno", ainda está longe de se encontrar suficientemente teorizada, embora seja cada vez mais urgente). Aquele paradigma estruturante de muito boa parte do nosso direito atual (da sua parte de leão) é definível nos nossos dias nestes abstratos termos, ou equivalentes:

> (...) poder ou faculdade de exigir ou pretender de outro indivíduo um comportamento, traduzido numa ação (comportamento positivo) ou numa omissão (comportamento negativo), ou de, por um acto livre da vontade, actuando só de per si, ou com o concurso de uma entidade pública, obter a produção de certos efeitos jurídicos que, independentemente da vontade da contraparte por eles tocada ou afetada, verá imporem-se na sua esfera jurídica, inelutavelmente, sendo mesmo a violação dessa vontade invencível não uma violação deste último direito, chamado subjetivo potestativo, e inviolável, mas apenas a violação de um direito subjetivo simples, *tout court*, constituído por via do direito potestativo.

Há tratados volumosos a explicar esta "definição" ou "descrição"; não nos deteremos nela senão para sublinhar que mesmo o leigo facilmente verá a importância que aí é evidentemente dada ao indivíduo, ao seu poder de vontade, ao subjetivismo. O direito passa a ser sobretudo um poder que deriva da vontade individual. Tudo aliás em grande analogia com o poder ilimitado da divindade.

Ora Ockham vai formular a teoria do direito subjetivo no meio da polémica com o papa João XXII, jurista de formação, o mesmo que canonizou o defensor (equilibrado) da propriedade, Tomás de Aquino. Numa argumentação romanista sem mácula, o papa corrigia os seus predecessores, que haviam consentido na ficção de que os franciscanos, detentores de grandes propriedades e riquezas, as usavam apenas, com *usus* e sem *ius*, mantendo a pobreza: ou, pelo menos, a convicção e eventualmente a fama de que assim procederiam. A questão poderia discutir-se sem fim, mas havia pontos nevrálgicos de difícil defesa para os seguidores do *Poverello*: pelo menos o que comiam (e tudo o que é consumível) haveria de ser sua propriedade. Mesmo São Francisco teria tido como seu "o pedaço de queijo que comia"... Porém, os mais exaltados e fanáticos dos franciscanos, esses "espirituais" que haveriam de perecer na pira inquisitorial, ou abjurar (disso nos dá conta plasticamente, dramaticamente, *O Nome da Rosa*), argumentavam que não, que Cristo e os Apóstolos não tinham tido nada de seu. O que os colocava no terreno da heresia, porquanto a contraparte papal invocava até que Jesus e os Apóstolos teriam tido uma bolsa, sua óbvia pertença; caso contrário, não havendo o *ius*, estaria(m) Ele (e seus discípulos) cometendo injustiça (*iniustitia*). O que seria o cúmulo da blasfémia.

Ao contrário do papa, jurista clássico de formação obviamente romanista (outra não havia, na época), dando a cada palavra o sentido que ela tem, Guilherme, nada jurista e muito dialético, exímio na arte de argumentar, e persuadido de que as palavras são sacos vazios com os conteúdos que lá quisermos pôr, baralha as regras do jogo, redefinindo os termos em litígio, *rectius*, dando novos conteúdos ou sentidos à problemática que conhecia antes uma univocidade semântica feita de multissecular aderência e concordância entre significado e significante. Desde logo, Guilherme identifica o direito com um poder lícito. E a licitude desse poder é-lhe conferida por uma lei positiva. Além do mais, está provido de uma sanção, que se identifica com a sindicabilidade judiciária do mesmo poder.

No uso das distinções, o franciscano vê no uso de alimentos, e até de habitações, etc., pelos seus irmãos, não um direito, uma propriedade, um poder, mas apenas um uso de facto (*usus facti*). Estava salva a pobreza. E ao mesmo tempo o emprego do vocábulo *ius* deixa de ser *id quod iustum est*, a própria coisa justa, o devido, o direito objetivo, para se transformar no poder individual, fruto da sua vontade. Estamos assim no caminho do direito e da política modernas, individualistas e voluntaristas.

E devemos acrescentar: com todo o mal e com todo o bem que tal comporta.

Tal como a sua teorização de improvisado jurista, utilizando sobretudo uma grande bagagem e facilidade dialéticas, de raiz filosófica, se foi forjando na luta antipapal, também a sua doutrina política a partir dela se vai constituindo, sem por isso ter a dimensão e a estrutura de um sistema.

Defende, antes de mais, a tese da origem última (ou primeira) do poder em Deus, e mais imediatamente no povo, que tem o poder de escolher os seus governantes. Tal sucederia pelo menos num primeiro momento – valendo também o consentimento como espécie de sanação da "tirania de título", como teria sucedido com os povos romanizados.

Outro aspeto importante da teoria política que pode colher-se nos seus escritos é a defesa da universalidade de direito (*de iure*) da jurisdição do imperador (e a monarquia universal) e não do papa (que jamais poderia legitimamente nomear um governante para um hipotético povo que se quedasse sem governo). Esta jurisdição, latíssima, encontrar-se-ia apenas limitada pela não submissão *de facto* de todos os povos e territórios ao seu poder, por um lado, e, por outro, pela teleologia da função imperial, votada ao bem comum. Numa concessão menos utópica, reconhecerá contudo que, se a paz melhor, aparentemente, se garantiria com o imperador universal, seria ainda possível uma espécie de "governo mundial" resultante de um conselho de príncipes nacionais.

Ainda aqui, latejam nas considerações de Ockham algumas das profundas contradições de que o nosso tempo é também herdeiro.

É essa a característica dos clássicos de todas as épocas e de todos os quadrantes. Sempre nos interpelam, sempre nos oferecem perspetivas novas-velhas para o nosso presente, a partir do seu tempo, para nós passado. Não para que tenhamos a veleidade de acriticamente procurarmos decalcar soluções, como é óbvio, anacrónicas, mas para compreendermos o que é eterno e o que é mutável na sociedade e no Homem, e nos treinarmos em soluções, na variedade dos cenários, das intrigas e dos protagonistas.

Em Ockham se pode talvez antes de tudo o mais colher a raiz de um salutar perspetivismo antidogmático, e uma capacidade de resistir à autoridade e de inovar. Não é pequeno legado.

Bibliografias

Bibliografia ativa principal/específica

Dialogus inter magistrum et discipulum de imperatorum et pontificum potestate, inacabada; *Tractatus de potestate imperiali* (1338-1340); *Octo quæstionum decisiones super potestate Summi Pontificis* (1339); *Opus nonaginta dierum;*

De dogmaticus papæ Johannis XXII; Contra Johannem XXII; Compendium errorum Johannis papæ XXII; An princeps, pro suo succurso, scilicet guerræ, possuit recipere bona ecclesiarum, etiam invito papa (1338-1339); *Breviloquium de principatu tyrannico super divina et humana, specialiter autem super imperium et subjetos imperio a quibusdam vocatis summis pontificibus usurpato* (1339-1340); *De electione Caroli IV*.

Edições correntes/recomendadas

Edição crítica do Instituto Fransciscano, de Nova Iorque, em 10 vols.

Outras edições: *in* M. Goldast, *Monarchia S. Romani Imperio*, Hanôver, Frankfurt, 1611-1614, reprod. Graz, 1960; Guillermo Occam, *Tractatus de Principiis Theologiæ*, 1337-1350, trad. do latim, prólogo e notas de Luis Farre, *Tratado sobre los Principios de la Teología*, 4ª ed., Madrid, Aguilar, 1980; Guglielmo d'Ockham, *An Princeps; Epistola ad fratres minores*, introd. de Mariateresa Fumagalli Beonio Brocchieri, trad. e notas de Stefano Simoneta, *La Spada e lo Scettro. Due Scritti Politici*, Milão, Rizzoli, 1997 (ed. bilíngue); Guillermo de Ockham, *Breviloquium de principatu tyrannico super divina et humana, specialiter autem super imperium et subjectos imperio a quibusdam vocatis summis pon-tificibus usurpato* (1339-1340), estudo preliminar, tradução e notas de Pedro Rodriguez Santidrián, *Sobre el gobierno tirânico del papa*, Madrid, Tecnos, 1992.

SIKES, GARRETT e Offler (eds.), *G. de Ockham opera politica*, University of Manchester, 3 v., 1940-1943.

Bibliografia passiva seletiva

BAUDRY, L., Le philosophe et le politique chez Guillaume d'Occam, *in Archives d'Histoire Doctrinale et littéraire du Moyen-Âge*, nº 12, 1939, p. 209 *et seq.*

—, *Guillaume d'Occam, sa vie, ses oeuvres, ses idées sociales et politiques*, Paris, Vrin, 1950.

COPLESTON, Frederick, S. J., *A History of Philosophy*, v. III, *Late Medieval and Renaissance Philosophy. Ockham, Francis Bacon, and the beginning of the modern world*, nova ed., Nova Iorque, Doubleday, 1993.

GANDILLAC, M. de, "Occam et la via moderna", *in Histoire de l'Église*, de A. Fliche, V. Martin, Bloude et Gay, 1935-1956, v. 14.

GARCÍA MATARRANZ, Felix, Filosofia Política medieval en *El nombre de la Rosa*, *Revista de Estudios Políticos*, nº 56, Abr./Jun. 1987, p. 137 *et seq.*

GHISALBERTI, Alessandro, Sulla legge naturale in Ockham e in Marsilio, *in Medioevo. Rivista di storia della filosofia medievale*, v. 5, 1979, p. 303 *et seq.*

GONÇALVES, J. Cerqueira, "Guilherme de Ockham", *in Logos – Enciclopédia Luso-Brasileira de Filosofia*, Lisboa/ São Paulo, 1990, v. II, cols. 955 *et seq.*

GONZALEZ, Marcos Francisco, "El franciscanismo de Guillermo de Ockham: una aproximación biográfica-contextual de su filosofia", *in Revista Espanola de Filosofia Medieval*, nº 2, 1995, p. 127 *et seq.*

GUELLUY, R., *Philosophie et théologie chez Guillaume d'Occam*, Lovaina, 1947.

HAMMAN, A., *La doctrine de l'Église et de l'État chez Occam. Étude sur le "Breviloquium"*, Paris, Ed. Franciscaines, 1942.

LAGARDE, G. de, *La naissance de l'esprit laïc au déclin du Moyen-Âge*, Paris, Vrin, 1956, v. 4-6.

LEITE JR., Pedro, *O Problema dos Universais – A Perspectiva de Boécio, Abelardo e Ockham*, Porto Alegre, Edipucrs, 2001.

MINGUEZ PEREZ, Carlos, *De Ockham a Newton: la Formación de la Ciencia Moderna*, Madrid, Cincel, 1986.

PANACCIO, Claude (textos reunidos e apresentados por), *Le nominalisme. Ontologie, langage et connaissance*, Paris, Vrin, 2012.

SOUZA, J. A., Fundamentos éticos da teoria ockhamista acerca da origem do poder secular, *in Revista Portuguesa de Filosofia*, XLI, 1985, p. 139 *et seq.*

TOCCO, F. de, *La Questione della Povertà nel Secolo XIV secondo nuovi Documenti*, Roma/Nápoles, 1910.

VILLEY, Michel, La Philosophie Juridique de Guillaume d'Occam, *in La Formation de la pensée juridique moderne*, nova ed., Paris, PUF, 2003, p. 220 *et seq.*

DA FILOSOFIA POLÍTICA E JURÍDICA MEDIEVAL

Se alguém tivesse partido com dúvidas de que todas as filosofias, e mais ainda quiçá as filosofias políticas, são de todos os tempos, este rápido percurso teria bastado certamente para as dissipar. O contexto pode ser diverso, a linguagem distinta, mas os grandes problemas do poder estão na Idade Média como estão nos nossos dias. É uma questão de peso, conta, medida, de grau ou de relação, afinal. Percorrido o caminho, olhemos para trás, e procuremos uma síntese dos percursos dos diferentes protagonistas que fomos convocando na nossa demanda.

O pessimismo antropológico de Agostinho, coincidente com o fim dos tempos clássicos, leva-o a conceber uma política normalmente (ainda que não por princípio) ligada à Babilónia, e uma Igreja também por princípio na senda de Jerusalém. No direito, confia sobretudo nos planos suprassensível e divino-positivo. Acresce que à sua separação das águas temporais e espirituais sucederia o mal-entendido gelasiano que proliferaria no exagero do poder papal, cujas lutas com o Império e com o poder real vão marcar boa parte deste período.

Entretanto, na convulsão do advento dos Bárbaros, algumas figuras se destacam, preservando a dignidade contra a tirania, como Boécio, ou entesourando o património para o legar aos pósteros, como Cassiodoro. E enquanto a Europa além-Pirenéus ainda tarda a voltar a filosofar, na Península Ibérica já Isidoro de Sevilha, ao mesmo tempo que se dedica à arqueologia das palavras e à conservação enciclopédica do saber, nas suas *Etimologias*, volta a refletir sobre o direito em termos romanísticos, e estrutura, nos Concílios de Toledo, as bases das liberdades ibéricas tradicionais: numa síntese dos legados juspolíticos romano e germânico com a doutrina cristã. O resto é ainda quase só silêncio...

Apenas bastantes séculos depois, com Tomás de Aquino, se elevará o debate a uma verdadeira filosofia política estruturada: este recupera Aristóteles, separa as águas da Política, da Religião e do Direito, numa via moderada em tudo – no realismo filosófico, na fidelidade sacerdotalista ao papa e na autonomia pessoal, defendendo a liberdade e manifestando-se contra a tirania, equilíbrio bem patente ainda no fulcral tema da justificação e dos limites da propriedade privada. Ainda hoje muito haveria a aprender com a sua lição, tão longe quer do individualismo possessivo quer do coletivismo desresponsabilizante.

Depois de Tomás, o debate passa sobretudo para os franciscanos, encarniçadamente votados a defender a sua teórica pobreza contra o rigoroso romanismo dos papas, acabando alguns por romper com o papado e passar para as hostes do imperador: é o que sucederá com Marsílio de Pádua e com Guilherme de Ockham. Será este verdadeiramente a ponte da escolástica medieval, que tão eximiamente dominou, para o mundo político e jurídico moderno: se o Paduano vai totalmente autonomizar a política, eliminando a obediência papal, o Inglês cunhará a ideia de direito subjetivo, pilar e paradigma do direito burguês que se prolonga até hoje. E a sua cosmovisão nominalista impregnará o subjetivismo e o individualismo modernos, que em política têm ainda hoje curso, e conhecem a sua maior apoteose no chamado anarcocapitalismo neoliberal, a quem também se deu o nome de "teologia do mercado".

Todas as ideias são de todos os tempos, mas há tempos que mais se ligam a outros, por uma espécie de corredores temporais ou vasos comunicantes do Cronos. Lombardi Vallauri já comparou o nosso tempo à alta Idade Média quanto à dispersão e pluralidade das formas de criação de Direito (pluralismo jurídico que significa também, politicamente, poliarquia), o que evoca de algum modo o atomismo nominalista. Sabendo nós o fundamental papel desempenhado pelo paradigma jurídico e a sua síncrise com o político e outras normatividades no período considerado (como, *v.g.*, explanou Gourevitch), esta comparação reveste-se de grande significado. Desde sítios na *Internet* de estética mais ou menos "gótica", antiglobalização, ou da nova direita, até reflexões de filósofos ponderados, várias são as vozes que identificam o tempo presente com uma nova Idade Média, ou a anunciam para amanhã. Como a sua filosofia política e jurídica, a Idade Média é de todos os tempos. Aliás, as várias Idades Médias. Dito isto, é evidente que necessitamos de algum rigor periodológico, e não alinhamos pelas visões (mesmo de reputadíssimos historiadores) que alargam a Idade Média quase até aos nossos dias. Se tudo for medieval, nada o será.

História da filosofia medieval

CALAFATE, Pedro (dir.), *História do Pensamento Filosófico Português*, v. I, *Idade Média*, Lisboa, Caminho, 1999.

CARVALHO, Mário Santiago de, *Roteiro Temático-Bibliográfico de Filosofia Medieval*, Lisboa, Ed. Colibri / Faculdade de Letras de Coimbra, 1997.

D'ONOFRIO, Giulio (dir.), *Storia della teologia nel medioevo*, Casale Monferrato, Piemme, 1996, 3 v.

DE BONI, Luís (org.), *Idade Média: Ética e Política*, 2ª ed., Porto Alegre, Edipucrs, 1986.

EVANS, G. R., *Philosophy & Theology in the Middle Ages*, Londres, Routledge, 1994.

FARGES, A., e Barbedette, D., *Cours de philosophie scolastique*, 15ª ed., Paris, Baston, 1923.

FUMAGALLI, Mt., *et al.*, *Storia della filosofia medievale*, Roma, 1989.

GILSON, Étienne, *History of Christian Philosophy in the Middle Ages*, Sheed and Ward, London, 1955.

—, *L'esprit de la philosophie médiévale*, Paris, Vrin, 1979.

—, *La philosophie au Moyen-Âge*, Payot, Paris, 1944 (nova ed., 1986); trad. port. de E. Brandão, *A Filosofia na Idade Média*, Martins Fontes, São Paulo, 1995.

KRETZMANN, Norman *et al.*, *Later Medieval Philosophy* (*The Cambridge History of...*), reimp., Cambridge, Cambridge University Press, 1989.

—, *Medieval Philosophical Texts* (*The Cambridge Translations of...*), v. I, Cambridge, Cambridge University Press, 1988.

MCGRADE, A. S. (ed.), *The Cambridge Companion to Medieval Philosophy*, Cambridge University Press, Cambridge, 2003.

PANOFSKY, Erwin, *Gothic Architecture and Scholasticism*; trad. fr. de Pierre Bourdieu, *Architecture gothique et pensée scolastique*, Paris, Minuit, 1967.

PIEPER, Josef, *Scholastik. Gestalten und Probleme der mittelalterlichen Philosophie, Hinführung* (sic) *zu Thomas von Aquin. Zwölf Vorlesungen*; ed. cast. de Ramón Cercos, *Filosofia Medieval y Mundo Moderno*, 2ª ed., Madrid, Rialp, 1979.

QUADRI, G., *La Philosophie Arabe dans l'Europe médiévale. Des Origines a Averroès*, trad. do italiano, Paris, Payot, 1947.

SCHÖDINGER, Andrew B., *Readings in Medieval Philosophy*, Oxford, Oxford University Press, 1996.

VASOLI, Cesare, *La Filosofia Medioevale*, Milão, Feltrinelli, 1972.

História das ideias e da cultura medievais

BLOCH, Marc, *Les rois thaumaturges. Étude sur le caractère surnaturel attribué à la puissance royale particulière-ment en France et en Angleterre*, prefácio de Jacques le Goff, reedição corrigida, Paris, Gallimard, 1983 (1ª ed., Paris, Armand Colin, 1961).

CURTIUS, E. R., *La Littérature Européenne et le Moyen-Âge Latin*, trad. fr. de Jean Bréjoux, prefácio de Alain Michel, Paris, PUF, 1956.

DUBY, Georges, *As Três Ordens ou o Imaginário do Feudalismo*, trad. port., Lisboa, Estampa, 1982.

ECO, Umberto, *Arte e Bellezza nell'Estetica Medievale*, Milão, 1987; trad. port. de António Guerreiro, *Arte e Beleza na Estética Medieval*, Lisboa, Presença, 1989.

—, Porquê "O Nome da Rosa"?, trad. port. de Maria Luísa Rodrigues de Freitas, Lisboa, Difel, s.d.

ERBSTOESSER, Martin, *Heretics in the Middle Ages*, trad. ingl., Erfurt, Leipzig, 1984.

FOSSIER, Robert, *Gente da Idade Média*, trad. port. de Manuel Ruas, Lisboa, Texto Editores, 2010.

GARCÍA-PELAYO, Manuel, "La lucha por Roma (sobre las razones de um mito politico)", *Los Mitos Políticos*, Madrid, Alianza, 1981, p. 111 *et seq.*

GARIN, Eugénio, *Medioevo e Rinascimento*, Roma/Bari, Laterza; trad. port. de Isabel Teresa Santos/Hossein Seddighzadeh Shooja, *Idade Média e Renascimento*, Lisboa, Estampa, 1988.

GOUREVITCH, Aaron J., *Les Catégories de la Culture Médiévale*, trad. de Hélène Coutin e Nina Godneff, prefácio de Georges Duby, Paris, Gallimard, 1983.

HEERS, Jacques, *Le Moyen-Âge, une imposture*, Librairie Académique Périn, 1992; trad. port. de António Gonçalves, *A Idade Média, uma Impostura*, Porto, Asa, 1994.

KANTOROWICZ, Ernst, *The King's two bodies. A Study in Mediaeval Political Theology* (1ª ed., 1957); trad. fr. de Jean Philippe Genet e Nicole Genet, *Les Deux Corps du Roi. Essai sur la Théologie Politique au Moyen-Âge*, Paris, Galimard, 1989.

LE GOFF, Jacques (apresentação), *Hérésies et sociétés dans l'Europe pré-industrielle 11e-18e siècles*, Communications et débats du Colloque de Royaumont, Paris, Mouton-La Haye, 1967.

—, *Os Intelectuais na Idade Média*, trad. port., Lisboa, Estudios Cor, 1973.

—, *L'imaginaire médiéval*, nova ed., Paris, Gallimard, 1991; trad. port. de Manuel Ruas, *O Imaginário Medieval*, Lisboa, Estampa, 1994.

LEGENDRE, Pierre, *Le Désir Politique de Dieu. Étude sur les montages de l'État et du Droit*, Paris, Fayard, 1988.

PERNOUD, Régine, *O Mito da Idade Média*, trad. port., Lisboa, Europa-América, 1978.

—, *Luz sobre a Idade Média*, trad. port., Lisboa, Europa-América, 1984.

PIRENNE, Henri, *Mahomet et Charlemagne*, Paris, PUF, 1970; trad. port. De Manuel Vitoriano Dias Duarte, *Maomé e Carlos Magno*, Porto, Asa, 1992.

S. LOPEZ, Roberto, *Intervista sulla Città Medievale*, Bari/Roma, Laterza, 1984; trad. port. de Júlio Soares Pereira, revisão de Wanda Ramos, *A Cidade Medieval*, Lisboa, Presença, 1988.

SARAIVA, António José, *O Crepúsculo da Idade Média em Portugal*, Lisboa, Gradiva, 1990.

STRAYER, Joseph R., *On the Medieval Origins of the Modern State*, Princeton University Press; trad. port. *As Origens Medievais do Estado Moderno*, Lisboa, Gradiva, s.d.

WALEY, Daniel, *Later Medieval Europe. From St. Louis to Luther*, Londres, Longmans, 1964.

IV

HUMANISMO, RENASCIMENTO, REFORMA

(...) a noção de Política era ainda no princípio do século XVII muito mais vasta que hoje: ela incluía o Direito, pelo menos os Princípios do Direito.

Michel Villey

INTRODUÇÃO

Os tempos de que se cura de seguida são, antes de mais, de Renascimento: ou seja, de renovação, de ressurgimento do clássico e de construção do moderno com apelo e/ou sob pretexto de retorno à antiguidade greco-romana. Mas prolonga-se até ao momento da original perfeição teórica do Estado Moderno, categoria política indissociável da Modernidade.

Começamos com Nicolau Maquiavel (1469-1527), que rompe com os paradigmas e a retórica medievais, para talhar uma perspetiva política não idealista, mas realista, baseada no poder tal qual se apresenta a nossos olhos. A par desta inovação epistemológica, trata-se, para o Florentino, do assentar das bases do Estado moderno: desde logo com a ética maquiavélica, mas continuando em todo o período, mesmo apesar das inúmeras críticas de que vai sendo alvo, e que se prolongam até nós.

Entretanto, o Renascimento é também Humanismo – de *Homem medida de todas as coisas*, logo, de cultura e também de crise e crítica. E Renascimento é também tempo de Reforma, a qual assume as vestes de projeto de mudança social e de utopia em Tomás Moro (1478-1535), que seria juiz, e até chanceler de Inglaterra, o qual, aliás, vivendo como pensava, por tal pagaria com a própria vida. E já se reveste da máscara da paródia e do projeto pacifista e educativo-religioso em Erasmo de Roterdão (c. 1469-1536).

A Reforma (protestante ou proto-protestante: pois a católica será já sobretudo barroca) é, na verdade, uma outra face do humanismo: aplicando à religião a mesma crítica social e o livre arbítrio de investigação que outros usariam para as matérias laicas. Se com Martinho Lutero (1483-1546) temos sobretudo a demolição crítica do edifício eclesiástico católico romano da época, com João Calvino (1509-1564) vai já manifestar-se a marca do tempo, a aspiração ao Estado. Ambos eram juristas também, e não deixarão de ecoar algo do Direito (por vezes por reação) nas suas obras, tão diversas entre si, de resto.

O Estado – "obra de arte" renascentista – prosseguiria na sua marcha teórica com a soberania de Jean Bodin (1529/1530-1596/1597), que Tomás Hobbes (1588-1679) agigantaria no *Leviatã*.

Mas o pulsar crítico não cessa, mesmo perante a enorme e poderosíssima construção do Estado, que ainda irá crescer muito mais, em teoria, por exemplo com Hegel. E, na prática, chegando a um possível apogeu, na sua face perversa, com os totalitarismos do século XX (não se sabe como ficará na sequência da Covid-19). Já com o seu rosto mais humano, no mesmo século, brilhará no Estado de direito democrático, social e de cultura. E autores como Rabelais, Montaigne, Pascal e Bacon, servidos aliás por estilos literários novos (os três últimos claramente ensaístas, o primeiro autor de ficção de tese e de paródia) vão especular, duvidar, e colocar o dedo nas feridas e nos problemas, quer da política, quer do Direito.

Tempos estes ambíguos: de grandes aspirações à autonomia e à liberdade do Homem, a par de enormes passos no sentido do seu controlo por poderes cada vez mais absolutos.

No plano jurídico, vai começando o burilar do direito moderno, afastando-se, pelo impacto nominalista, das raízes clássicas. Agigantando-se cada vez mais uma conceção científica dura (geometrizante e naturalista) que não pode deixar de invadir a Filosofia e o próprio Direito. A ligação entre Direito e Estado reforça-se, para se tornar muito evidente no terreno propriamente jurídico. Ao falar-se mesmo em Estado (Maquiavel), soberania (Bodin e Hobbes), a consequência lógica parece (pelo menos parece-nos agora a nós) o positivismo jurídico, um *dura lex sed lex*, dado que a lei é ordenada pelo Estado, comandado pelo Príncipe. O direito natural passa assim a ser concebido (pelo menos "subconscientemente" para alguns) sobretudo como aquele que existe antes da instituição, pelo contrato social (que obviamente é anterior a Rousseau), da sociedade política. Ou seja, para Hobbes, o direito natural é o direito da guerra de todos contra todos, apenas subsistindo, na vigência do Estado, quer nos cidadãos, quer no soberano, o direito de autoconservação. E com esta liofilização ou redução do direito natural à sua expressão mais simples, avulta o direito positivo, e, nele, cresce a importância da lei, que viria a assumir nos nossos dias – apesar de todas as críticas e alternativas – a função de divindade.

Simbolicamente esta parte não terá "Conclusão", pois inconclusa se encontra ainda a Modernidade, prolongando-se na Contemporaneidade. Vivemos, pois, ainda, a Modernidade, ou avatares seus. E por muito que tenhamos aspirado a uma pós-modernidade, continuamos, em muitos casos e para muitos efeitos, simples e fatalmente "tardo-modernos".

Evidentemente que a palavra Humanismo é polissémica. E há múltiplos humanismos, naturalmente até conflituantes (Etcheverry, 1975). Contudo, na sua expressão mais simples e no seu sentido mais comum, é inquestionável que o Humanismo clássico destes tempos continua a ser um alto padrão de Humanidade para hoje e para amanhã. E o estudo das Humanidades é vital para a sobrevivência da Humanidade enquanto tal (Gil, 2016, Aguiar e Silva, 2010; Nussbaum, 2019).

Bibliografia

AGUIAR E SILVA, Vítor, *As Humanidades, os Estudos Culturais, o Ensino da Literatura e a Política da Língua Portuguesa*, Coimbra, Almedina, 2010.

BURCKHARDT, Jacob, *A Civilização do Renascimento Italiano*, trad. port., 2ª ed., Lisboa, Editorial Presença, 1983.

DELUMEAU, Jean, *A Civilização do Renascimento*, trad. port., Lisboa, Estampa, 1983, 2 vols.

ETCHEVERRY, SJ, Auguste, *Le Conflit actuel des humanismes*, trad. port. de M. Pinto dos Santos, *O Conflito actual dos Humanismos*, 3ª ed., Porto, Tavares Martins, 1975.

FERREIRA DA CUNHA, Paulo, *Erasmo, Maquiavel e Moro e a Modernidade...*, in História. Revista da FLUP, Porto, IV Série, vol. 7 – 2017, pp. 120-136 .

GIL, Isabel Capeloa, *Humanidade(s). Considerações radicalmente contemporâneas*, Lisboa, Universidade Católica Editora, 2016.

LAVROFF, Dmitri Georges, *História das Ideias Políticas*, trad. port., Lisboa, Edições 70, 2006, p. 125 *et seq.*

NUSSBAUM, Martha C., *Not for Profit: Why Democracy needs the Humanities*, Princeton University Press, 2010, trad. port. de Hugo Barros, *Sem Fins Lucrativos. Porque Precisa a Democracia das Humanidades*, Lisboa, Edições 70, 2019.

2

MAQUIAVEL

(FLORENÇA, 3 OU 4-V-1469-22-VI-1527)

> *E como Dante afirma que não se faz ciência sem regis-*
> *tar o que se aprende, eu tenho anotado tudo o que nas*
> *conversas me parece essencial, e compus um pequeno*
> *livro chamado De Principatibus, onde investigo profun-*
> *damente o quanto posso pensar desse assunto, discutindo*
> *o que é um principado, que tipos de principado existem,*
> *como são conquistados, mantidos, e como se perdem.*
> Maquiavel

Maquiavel parece posar para a História como o autor de um "Espelho de Príncipes" moralmente deformador, como um desses espelhos obtusos de Luna parque. Mas esse é o mítico Maquiavel, que já Shakespeare excomungava, e seria naturalmente diabolizado por todos os guardiães da ortodoxia do bom governo teórico (a par, tantas vezes, do pérfido governo real). Na realidade, esse Maquiavel é fantasiado, e não apenas o próprio se não vê assim, antes, muito mais meandrosa e subtilmente, também o não terão visto dessa forma os que o conheceram ou dele tiveram mais direta notícia.

Olhemos a sua principal iconografia, que se encontra sobretudo no Palazzo Vecchio de Florença. Ressalta imediatamente um enigmático sorriso de *Gioconda* no retrato pintado por Santi di Tito (Viroli, 2002); não já o ar ensonado do busto de terracota polícroma (Ridolfi, 2003). E dir-se-ia que aí o poder desejou apresentar-nos do secretário da República a dupla face de Janus: o fiel e zeloso burocrata (que realmente nunca foi) e o agudo observador do mundo, dos homens e suas misérias, especialmente das misérias do poder. Mas quer um, quer outro, estão longe do *alter ego* do demónio...

Há um misto de sentimentos e atitudes nessa expressão dúbia do retrato de Tito: dir-se-ia que Maquiavel a um tempo se ri do mundo com um dos olhos, zomba discretamente do ridículo espetáculo dos pequeninos homens, e com o outro olhar os teme – porque conhece a sua natureza essencialmente má. Os lábios, mantém-nos apertados, denotando não apenas a circunspeção do avisado político e diplomata, mas também o geral refrear de emoções, que contudo sabemos hoje terem sido profusas e flamejantes, em podendo expandir-se. O retrato confunde-nos e é, a seu modo, impenetrável. Como é também, estamos a vê-lo – paradoxalmente –, tão esclarecedor... Mas passemos aos factos.

Nicolau Maquiavel nasceu em Florença, perto do Arno, a 3 ou 4 de maio de 1469, de uma nobre família toscana, que ocupara no passado cargos cimeiros, mas que se vira progressivamente privada de bens. O pai era um culto jurista que se tornara insolvente. Será na biblioteca deste, sem dúvida mais que com precetores eventuais, que Maquiavel iniciará a sua formação, sobretudo nos clássicos latinos – e muito particularmente em Tito Lívio, cuja primeira *Década* tomará como pretexto analítico numa das suas obras, por sinal a mais "democrática". É duvidoso que tenha chegado a dominar o idioma grego, e significativamente escreverá sobretudo em italiano, sinal já do seu patriotismo e da sua modernidade.

Marcello Virgílio Adriani, entusiasta dos clássicos e da grandeza da antiga Roma, iniciou-o nos meandros dos Negócios Estrangeiros. Seria embaixador mais de vinte vezes e dirigiu algumas operações militares. Embora haja quem o considere nulo nessa matéria, e se conte uma anedota sobre tal inépcia, em que o *condottiere delle Bande Nere* o teria desafiado a comandar as suas tropas – que o burocrata florentino teria sido incapaz de dispor sequer em posição de combate. Não se peça aos estudiosos e criadores de ideias que sejam exímios nas execuções: cabem-lhes mais altas tarefas... que caberá a outros pôr em ação. Infelizmente, incapazes de julgar o que é próprio dos criadores, os fazedores *vão além da chinela* (ou da *fivela*) apontando-lhes erros que são apenas manifestações da sua natureza.

Alguns acontecimentos políticos terão marcado a memória e a sensibilidade de Nicolau. Quando criança, testemunha a execução sangrenta dos Pazzi, conjurados que em plena igreja tentaram eliminar Lourenço de Médicis; mais tarde, vê Carlos VIII de França invadir a sua pátria, e assistirá ainda, impressionado, às pregações do *profeta desarmado* e de triste fim que foi o exaltado Savonarola. Parece ter tido alguma simpatia por este, decerto dessas admirações ambíguas que podemos nutrir pelos contrários, sobretudo quando, derrotados, lhes detetamos os erros e sabemos a razão da sua perda.

No seguimento da substituição da teocracia deste visionário por um governo republicano, Maquiavel assume a secretaria da segunda chancelaria – cargo que ainda hoje é alvo de dúvidas quanto à importância e real poder: não podemos deixar de nos lembrar da banal e sonolenta escultura de terracota quando alguns retratam Maquiavel vindo das compras, com um saco cheio de legumes, cruzando a praça, rumo ao seu obscuro gabinete.

Com o derrube do "Gonfaloniero" Soderini pelos Médicis, Maquiavel é demitido, preso e até torturado. Resiste com dignidade e nada se lhe pode apontar. Uma vez libertado, recolhe-se à sua propriedade nos arredores de Florença, onde tem uma vida dupla: de dia, é um modesto mas *bonus paterfamilias*, que administra a pequena propriedade, levando uma existência medíocre, na melhor das hipóteses conversando com gente humilde e iletrada; à noite, enverga os mais ricos vestidos, dignos da pompa das cortes que frequentou, e estuda e escreve a sua obra – política, poética, dramática –, que muitos consideram sobretudo uma tentativa de cair nas boas graças do poder. O quarto em que Maquiavel escreveu a sua obra-prima, posto que algo sombrio, tem cores verdes de esperança, e a sua mesa de trabalho, tosca e estreita, dá para a janela dos seus sonhos. Uma austera cadeira e um pequeno armário concluem a mobília; neste estariam decerto os clássicos herdados do pai, sua maior riqueza e uma das suas fontes de inspiração.

Parece que Lourenço de Médicis, a quem Maquiavel enviara *O Príncipe*, tardou umas puxadas horas a enviar-lhe recompensa, que se limitou a duas garrafas de bom vinho. Assim pagam os grandes aos que procuram justificar o seu mando. Ingénuo quem se acolhe à sua sombra.

O secretário florentino voltará a um relativo favor do poder por mais duas vezes, mas de duração curta, e nunca de forma a saciar as suas altas ambições. Numa dessas ocasiões em que teve melhor *fortuna*, é encarregado de escrever a *História de Florença* – do que se desincumbirá com muito talento e originalidade, e evitando escolhos políticos comprometedores.

Escritor notável, fino psicólogo e humorista (como também se pode aquilatar pela sua peça mais célebre, *A Mandrágora*), Maquiavel é um desses vencidos da vida que a glória póstuma obviamente não cura em vida da desdita, e que durante a existência tormentosa procuram afogar a ingratidão da sorte nos prazeres, na ironia e no sonho de um poder que não tiveram, mas para que se sentiam vocacionados, ou a que consideravam mesmo ter jus.

A 22 de junho de 1527, um medicamento parece ter envenenado o amargo pensador, tirando-lhe a vida.

As interpretações de Maquiavel e do seu pensamento são múltiplas, mas ressalta, apesar de tudo, de entre a multidão de perspetivas adversas, um conjunto de traços relevantes: o seu pessimismo antropológico, o seu realismo político, sem ilusões, a par de um idealismo em prol da unidade italiana, sob o comando de um chefe ao qual não hesita em conferir todos os poderes, justificando-lhe até todas as perfídias como meios para alcançar o fim maior.

Sendo talvez de raiz ou por princípio um republicano e até eventualmente em teoria um democrata, e longe de, no íntimo da sua consciência, se poder legitimamente nele ver um imoral ou amoral, Maquiavel rende-se, todavia, e por completo, à dureza do jogo político, n'*O Príncipe*, acabando a sua obra por justificar muitos tiranos, de várias colorações políticas. Absolvidos desde que votados ao fim último maior que a sua política vise. No seu caso concreto, a justificação de todas as vilanias era, como vimos, a almejada unificação da Itália, correspondendo realmente a um Renascimento da sua antiga glória romana. Desses renascimentos que, como sempre, em qualquer tempo, invocam o mito do passado para construir a utopia do futuro, quer disso se apercebam, quer não. E quer a glória passada tenha realmente existido ou não.

O significado da obra de Maquiavel não pode ser entendido, de forma simplista, como um elogio do cinismo ou da perfídia em política. Trata-se antes de uma revolução científica no tratamento da *res publica*: o de um olhar frio, certeiro, não idealista. A política passa de discurso mítico legitimador, e de mistificação bem-intencionada, a coisa humana, decerto *demasiado humana*. E é também por isso que Maquiavel (ao contrário do que virá até a acontecer depois, mesmo com o livre-pensador Espinosa, ou o autoritário Hobbes, ou o liberal Locke, e tantos outros) não funda nenhuma das suas asserções em argumentos religiosos ou escriturísticos, nem com eles procura dialogar no seu *Príncipe*. Maquiavel é o primeiro dos modernos em política, e é o símbolo do renascimento político. Com ele, entra para o léxico político a palavra "Estado" (e a vontade da sua construção, que no seu tempo assentava caboucos) e a política é encarada na sua verdade de perigo, risco e mistério, entre a *virtù* e a *fortuna*, que são muito mais, no seu léxico próprio, do que as nossas simples "virtude" e "sorte". Maquiavel considerou que pelo menos metade dos sucessos dependem da *fortuna*. Mas mesmo a ela desejou compreender, estudando as leis do seu funcionamento: naturalmente influenciado pela sua própria experiência e circunstância, afirmaria a *fortuna* caprichosa como a Mulher, e como ela mais favorável aos jovens, aos audazes, etc. Eis uma das insuspeitadas observações que se podem colher no pequeno tratado d'*O Príncipe*.

Não deixou também de haver quem observasse que *O Príncipe*, mostrando sem véus a maldade dos poderosos, abriu os olhos dos demais. Independentemente da vontade real do seu autor, é indesmentível que a análise já em boa medida politológica de Maquiavel acaba por ter também essa função esclarecedora.

Bibliografias

Bibliografia ativa principal/específica

Il Principe (1532); *La Mandragola* (1520); *Belfagor Arcidiavolo* (1549); *Dialogo dell'arte della guerra* (1521); *La Clizia* (1526); *Discorsi sulla prima deca di Tito Livio* (1512-1519); *Relatórios diplomáticos*.

Edições correntes/recomendadas

Œuvres complètes, ed. de Edmond Barincou, prefácio de Jean Giono, reimp., Paris, Gallimard, Bibliothèque de la Pléiade, 1986; *Il Principe*, introd. de Piero Melograni, Milão, B. U. R. Rizzoli, 1991; *Il Principe e pagine dei Discorsi e delle Istorie*, org. de Luigi Russo, Florença, Sansoni, 1967; *Il Principe*, com um ensaio de Vittore Branca, reed., Milão, Arnoldo Mondadori, 2003; *Il Principe*, introd. de Nino Borsellino, seguido de *Dell'arte della guerra*, ed. de Alessandro Capata, 2ª ed., Roma, Newton, 2003; *Il teatro e tutti gli scritti letterari*, org. de Franco Gaeta, Milão, Feltrinelli, 1965; *La Mandragola e il Principe*, org. de Gian Mario Anselmi, Elisabetta Menetti e Carlo Varotti, Milão, Bruno Mondadori, 1993; *Opere complete*, Palermo, Fratelli Pedone Lauriel, 1868; *Tutte le opere storiche, politiche e letterarie*, org. de Alessandro Capata, com um ensaio de Nino Borsellino, Milão, Newton, 1998; *Tutte le opere*, org. de Mario Martelli, Florença, Sansoni, 1971; *A Mandrágora. Belfagor, o Arquidiabo*, São Paulo, Martin Claret, 2003; *Escritos Políticos/A Arte da Guerra*, trad. bras. de Jean Melville, São Paulo, Martin Claret, 2002; *História de Florença*, de Maquiavel, 2ª ed. rev., São Paulo, Musa, 1998; *O Príncipe*, comentado por Napoleão Bonaparte, trad. do texto de Fernanda Pinto Rodrigues, trad. dos comentários de M. Antonieta Mendonça, Mem Martins, Europa-América, 1976; *O Príncipe*, trad. port. de Francisco Morais, Coimbra, Atlântida, MCMXXXV; *O Príncipe*, trad., introd. e notas de António d'Elia, São Paulo, Cultrix, 2003; *O Príncipe*, trad. port. de Carlos Eduardo de Soveral, Lisboa, Guimarães Editores, 1984; *O Príncipe. Escritos Políticos*, trad. port. de Lívio Xavier, Abril Cultural, São Paulo, 1973.

Bibliografia passiva seletiva

ALBUQUERQUE, Martim de, *A Sombra de Maquiavel e a Ética Tradicional Portuguesa. Ensaio de História das Ideias Políticas*, Lisboa, Faculdade de Letras da Universidade de Lisboa/Instituto Histórico Infante Dom Henrique, 1974.

AMARAL, Diogo Freitas do, "Para uma história das ideias políticas: Maquiavel e Erasmo ou as duas faces da luta entre o poder e a moral", *in Direito e Justiça*, v. VI, 1992, p. 91 *et seq.*

BIGNOTTO, Newton, *Maquiavel Republicano*, São Paulo, Loyola, 1991.

—, *Maquiavel*, Rio de Janeiro, Zahar, 2003.

BRUSCAGLI, Riccardo, *Niccolò Machiavelli*, Florença, La Nuova Italia editrice, 1975.

BURNHAM, James, *Los Maquiavelistas, defensores de la libertad*, trad. cast., Buenos Aires, Emecé ed., 1953.

CANABARRO, Nelson, "Apresentação" de *História de Florença*, de Maquiavel, 2ª ed. rev., São Paulo, Musa, 1998.

CORTINA, Arnaldo, *O Príncipe de Maquiavel e Seus Leitores. Uma Investigação sobre o Processo de Leitura*, São Paulo, UNESP, 1999.

CURRY, Patrick, e ZARATE, Óscar, *Introducing Machiavelli*, reimp., Cambridge, Icon Books, 2000 (1ª ed., EUA, Totem Books, 1996).

DE GRAZIA, Sebastian, *Machiavelli in Hell*, trad. bras. Denise Bottmann, *Maquiavel no Inferno*, 2ª reimp., São Paulo, Companhia das Letras, 2000.

FERREIRA DA CUNHA, Paulo, *Maquiavel: Monólogos e Diálogos do Poder*, Rev. Fac. Direito UFMG, Belo Horizonte, nº 68, pp. 631-655, jan./jun. 2016 .

—, "Maquiavel, a Autonomização do Político", in *Pensar a Política*, 2ª ed., Coimbra, Almedina, 2007, p. 165 *et seq.*

GRAMSCI, Antonio, *Note sul Machiavelli, sulla politica e sullo stato moderno*, Turim, Einaudi, 1949; trad. port. de Marius Lauritzen Bern, *Maquiavel, a Política e o Estado Moderno*, Rio de Janeiro, Civilização Brasileira, 1968.

GUETTA, Alessandro, *Invito alla lettura di Niccolò Machiavelli*, Milão, Mursia, 1991.

GUILLEMAIN, Bernard, *Machiavel. L'Anthropologie Politique*, Genebra, Droz, 1977.

JANNI, Ettore, *Machiavelli*, Milão, Cogliati di Martinelli, 1927.

LEFORT, Claude, *Le Travail de l'Œuvre. Machiavel*, Paris, Gallimard, 1972.

MERLEAU-PONTY, Maurice, "Note sur Machiavel" (1949), *in Éloge de la Philosophie*, Paris, Gallimard, 1960, p. 370.

MUSSOLINI, Benito, artigo em *Gerarchia*, a servir de introdução a *O Príncipe*, de Maquiavel, trad. port. de Francisco Morais, Coimbra, Atlântida, MCMXXXV, p. v *et seq.*

NAMER, Émile, *Machiavel*, Paris, PUF, 1961.

NASSETTI, Pietro (?), "Perfil biográfico. Nicolau Maquiavel", *in A Mandrágora. Belfagor, o Arquidiabo*, São Paulo, Martin Claret, 2003.

POCOCK, J. G. A., *The Machiavellian Moment. Florentine Political Thought and the Atlantic Republican Tradition*, Princeton/Londres, Princeton University Press, 1975.

PROCACCI, Giuliano, *Studi sulla fortuna del Machiavelli*, Roma, Istituto storico italiano per l'età moderna e contemporanea, 1965.

RIDOLFI, Roberto, *Vita di Niccolò Machiavelli*, 7ª ed., Florença, Sansoni, 1978; trad. port. de Nelson Canabarro, *Biografia de Nicolau Maquiavel*, São Paulo, Musa Editora, 2003.

SENA, Jorge de, *Maquiavel, Marx e Outros Escritos*, 2ª ed., Lisboa, Cotovia, 1991.

STRATHERN, Paul, *Machiavelli in 90 minutes*, Chicago, Ivan R. Dee, 1998; trad. bras. de Marcus Penchel, *Maquiavel (1469-1527) em 90 Minutos*, Rio de Janeiro, Jorge Zahar Editor, 2000.

VIROLI, Maurizio, *Il Sorriso di Niccolò. Storia di Machiavelli*, Editore Laterza, 1998; trad. port. de Valéria Pereira da Silva, *O Sorriso de Nicolau. História de Maquiavel*, São Paulo, Estação Liberdade, 2002.

3

TOMÁS MORO

(LONDRES, 1478-1535)

Muitas vezes até acontece que a sorte do rico deviu ωuber ao pobre. Não há ricos avaros, imorais e inúteis? Pobres simples e modestos, cuja indústria e trabalho aproveitam ao Estado, sem vantagem para eles próprios? Eis o que invencivelmente me convence de que a única maneira de distribuir os bens com equanimidade e justiça, instituindo a felicidade do género humano, é a abolição da propriedade. Enquanto o direito de propriedade for o fundamento do edifício social, a classe mais numerosa e mais estimável só terá que partilhar miséria, tormentos e desespero.
Tomás Moro

Pensar o significado filosófico-político de Tomás Moro implica desde logo aludir aos estranhos vínculos do Tempo que o fizeram contemporâneo de Maquiavel e de Erasmo.

Com o secretário de Florença aparentemente não ressaltam senão contrastes: tudo parece afastar Moro de Maquiavel. E contudo, nas suas vidas reais, que não nas suas obras e na fama póstera, são ambos dois grandes perdedores históricos. Moro, com a grandeza da condenação, mas após cativeiro doloroso; Maquiavel, caído em desgraça e logo torturado, para depois vir a ser parcialmente reabilitado, mas deixado no limbo da latência ou da potência política, que não se torna ato. É deveras eloquente o simbolismo de ter sido humilhantemente presenteado ao final da tarde com um par de garrafas de bom vinho pelo Príncipe a quem dedicara e oferecera de manhã a sua obra imortal homónima. *O Príncipe* é um "manual do guerrilheiro político" (ou do *gangster*, como diria Bertrand Russell), para os outros, mas constitui, para o próprio Maquiavel, também uma utopia. Outra coincidência significativa é o facto de as obras que imortalizaram Moro e Maquiavel terem saído no mesmo ano. Já Pedro Calmon afirmara que tal "não é uma coincidência, mas um índice de plenitude" (Calmon, 1952: 174).

Já a relação entre Moro e Erasmo parece mais próxima, e na verdade foi pessoalmente próxima. Moro e Erasmo representam o rosto bifronte do Humanismo na política, como uma nova díade unida pelo tempo, pelas preocupações, e simbolicamente apartada pelo destino, como antes sucedera, nos tempos culturalmente ainda mais difíceis dos primórdios da Idade Média, com Boécio e Cassiodoro. Obviamente, sempre vários tipos de confronto e de associação podem ser feitos: por exemplo, entre Maquiavel e Erasmo (Freitas do Amaral, 1992: 91 *et seq.*).

Se o próprio Erasmo, amigo de Moro ao ponto de subtilmente o elogiar no título do *Elogio da Loucura*, se confessava incompetente para biografar o proteiforme humanista inglês, a tarefa é, na verdade, muito árdua. Mas aqui não se trata de biografias: apenas um sumário biográfico comentado.

Moro nasceu em Londres. Os biógrafos britânicos são precisos: foi em Milk Street, na paróquia de Santa Maria Madalena, numa casa de burguesia abastada. O próprio Moro evoca uma infância feliz e um pai honesto e afável, primeiro ligado ao comércio e depois ao Direito. Será também Direito que Tomás irá estudar, na Universidade de Oxford, onde se formará em 1501. A influência do pai – uma forte personalidade – para a tomada desta decisão parece indesmentível, tanto mais que um grande mentor de Moro, o futuro cardeal Morton, muito provavelmente preferiria que o seu protegido se encaminhasse para a carreira eclesiástica, à qual o jovem Tomás não era, aliás, insensível. Com efeito, esteve durante quatro anos em exercícios espirituais com os monges de Charterhouse, procurando um sinal sobre a sua vocação, embora plausivelmente tais exercícios não o tivessem absorvido totalmente, nem distraído por completo das suas vocações jurídica, política e humanística (Martz, 1990: 14 *et seq.*).

Decidido pela carreira secular, embora não abandonando a sua devoção, nem a sua queda eclesiástica (tendo-se nomeadamente também aplicado a veementes escritos contra as heresias, ofício pouco comum para um leigo), subirá os degraus do *cursus honorum* político: deputado desde 1504, ascende no Parlamento à condição de *speaker* em 1523. Seis anos mais tarde, torna-se lorde-chanceler. Acusado injustamente pelo seu exercício judicial, consegue provar a sua inocência. Mais tarde, apesar de tentar o compromisso pela reserva mental e pelo silêncio até ao limite da sua consciência, Moro não poderá deixar de afrontar o poder arbitrário do rei Henrique VIII: opondo-se ao divórcio deste rei do casamento com Catarina de Aragão, e ao cisma anglicano, bem como às formas político-constitucionais que os permitiram.

Durante o longo processo em que esteve encerrado na Torre de Londres, onde escreveu *Dialogue of Comfort against Tribulation* (1534), além de cartas de grande elevação e rara subtileza (para contornar indiscretos olhares dos carcereiros), sobretudo a uma filha predileta, Margaret Roper, conta a lenda que jogava xadrez com o monarca, numa única partida (quase) interminável (lembrando o "único conto" de Xerazade nas *Mil e Uma Noites*) – simbolismo eloquente. Não se pode deixar de recordar também a decisiva jogada do cavaleiro com a morte, n'*O Sétimo Selo*, de Ingmar Bergman.

Estavam em causa para Moro o poder espiritual do rei, o cisma com Roma (considerando o papa simples "bispo de Roma" sem jurisdição em Inglaterra). A questão poria em causa os próprios poderes do Parlamento, já que Moro não lhe reconheceu autoridade para aprovar tudo. O mito de que o Parlamento inglês (ou o *Rei em Parlamento*) tudo pode, salvo transformar um homem em mulher, ou vice-versa, já então era um mito. Há limites, há coisas que estão acima do simples jogo parlamentar, e até acima da mera democracia formal ou técnica (Montoro, 1979). Grande lição para os nossos dias, grande lição para sempre, exigindo todavia grande prevenção contra o subjetivismo e a ideologia sob capa de natureza das coisas...

A reconstituição dos diálogos na sessão que o haveria de condenar é impressionante, e pode reviver-se, de uma certa forma, no filme *A Man for All Seasons*. Mas aqui fica um breve passo, para que sintamos desde já o tom. Em julgamento, depois de várias acusações, entre as quais a de ter negado que o rei, Henrique VIII, pudesse validamente ter sido declarado pelo Parlamento chefe da Igreja em Inglaterra, e após lhe ter sido oferecido o perdão se se retratasse, Moro, depois de ter tecido considerandos sobre a prolixidade das acusações e a escassez das suas forças para as contestar, afirmaria:

> – Não me declaro culpado (...). No concernente ao primeiro artigo, no qual se afirma que eu, para expressar e mostrar a minha malícia contra o rei e o seu recente casamento, sempre censurei e resisti ao mesmo, só posso dizer o seguinte: que nunca por malícia disse uma palavra contra ele, e que aquilo que disse sobre o assunto, disse-o exclusivamente segundo o meu pensar, opinião e consciência. E por este meu erro (se lhe posso chamar erro, ou se a este respeito estou enganado) não escapei sem castigo, tendo os meus bens e gados sido confiscados, e eu próprio lançado para a prisão, onde ainda me encontro faz já quinze meses. Respeitando, pois, a esta acusação, respondo que, por esta minha taciturnidade e silêncio, não pode a vossa lei, nem nenhuma lei do mundo, justamente castigar-me, a menos que possais além disso acusar-me de qualquer palavra ou ação de facto. (Ackroyd, 2003: 274-275)

Ao que o advogado da coroa ataca:

> Esse mesmo silêncio é sinal e demonstração de uma natureza corrupta e perversa, que conspira e murmura contra o Estatuto; sim, não houve súbdito leal e fiel que, tendo-lhe sido perguntado o que pensava e opinava sobre o dito Estatuto, não se tenha disposto a afirmar, sem qualquer dissimulação, que o considerava bom, justo e legítimo. (Ackroyd, 2003: 275)

São as exigências do totalitarismo, em que os soberanos querem não só a obediência dos súbditos, mas o seu permanente louvor e até a sua cabeça e o seu coração.

Moro defende-se com armas de bom jurista que era, invocando os princípios gerais de direito:

> Em verdade, se as regras e as máximas do Direito civil são boas, admissíveis e suficientes, então *qui tacet consentire videtur* (quem cala presume-se que consente), e este meu silêncio implica e sugere mais uma ratificação e confirmação do que qualquer condenação desse vosso Estatuto. Pois asseguro-vos que nunca, até este momento, revelei e abri a minha consciência e opinião a qualquer pessoa viva neste mundo. (Ackroyd, 2003: 275)

Segue o julgamento, melhor, a farsa de julgamento, até que tem de ser o próprio réu a lembrar que as regras de direito em uso previam que a este fosse dada a palavra antes da sentença. Moro argumenta então juridicamente, considerando a lei do Parlamento em que se baseia o julgamento absolutamente iníqua, por contrária às leis de Deus. Para ele a pirâmide normativa tem como base essas leis, e tudo o mais que com elas se não conforme é lei corrupta, logo, não é lei.

Depois de lida a sentença (que, embora depois comutada pelo rei em decapitação, constava inicialmente de enforcamento não total, extirpação das entranhas ainda em vida, decepação do corpo e sua exposição pública – tal foi a vontade de mostrar serviço por parte desses juízes que se tornaram simples lacaios), Moro termina com estas palavras dignas de um santo, e santo mártir (que a Igreja depois canonizou):

> Nada mais tenho a dizer, meus lordes, exceto que como o abençoado apóstolo São Paulo, como lemos nos Actos dos Apóstolos, esteve presente e consentiu na morte de Santo Estêvão, e guardou as roupas dos que o apedrejaram, e no entanto são agora ambos santos no paraíso, e lá continuarão como amigos para sempre, assim eu verdadeiramente espero, e por isso rezarei, que, apesar de vossas senhorias terdes sido aqui na terra juízes da minha condenação, possamos ainda encontrar-nos alegremente no céu, para nossa eterna salvação, e do mesmo modo desejo que Deus Todo-Poderoso preserve e defenda Sua Majestade, e lhe mande bom conselho. (Ackroyd, 2003: 276-277)

Além do importante contributo jurídico-político que defendeu com a vida, na defesa de limites ao poder, o lugar de Moro na filosofia política *tout court* é especial. Foi não o criador do género literário (tão político e em certa medida constitucional) da "utopia", mas, com o seu livro, deu a definitiva palavra para uma "coisa", um *quid* que vinha de muito antes, e tivera já n'*A República* de Platão uma altíssima floração. Detenhamo-nos por momentos sobre a questão da utopia.

Com efeito, a palavra "utopia" deriva do livro homónimo de Tomás Moro, e significa etimologicamente "o que não tem lugar". Referem-se as utopias (*eutopias*, neste caso, pois também há *distopias*, utopias negativas, infernos intelectualmente fabricados) a maravilhosas terras em que os homens seriam felizes mediante uma organização social mais justa, na perspetiva do seu autor. Por extensão, o termo passou para todo o sonho, impossível, irrealizável. Mas designa rigorosamente o mito da cidade ideal (Mucchielli, 1980). Hoje já se sabe que o grande problema das utopias é que podem tornar-se realidade, como acentuou Berdiaeff, e Huxley recordaria na portada do seu *Brave new World* – uma das mais conhecidas distopias contemporâneas. A própria *Utopia* de Tomás Moro não se ficou pelo renome literário, mas houve mesmo quem a pretendesse pôr em prática: como o espanhol Vasco de Quiroga, no México.

Também muitas ideologias – senão todas – propõem mundos fantásticos, de algum modo se aproximando das utopias. As utopias, porém, são concretizações, normalmente muito descritivas, das propostas de inovação social. As ideologias são filosofias políticas vulgarizadas, que não têm necessidade desse grau de pormenor. O problema é que sempre que um tirano ou uma oligarquia, enfim, um grupo no poder, querem construir um paraíso, uma sociedade perfeita, constroem um inferno. O perigo das utopias é que se realizem. E, aqui como noutras coisas, o ótimo é inimigo do bom.

Diferente da utopia é a aspiração utópica, utopismo ou "princípio esperança" (Bloch, 1979): trata-se de não aceitar como uma fatalidade o *statu quo*, de ousar e de sonhar. O contrário, pois, do "there is no alternative".

Enquanto a utopia é normalmente enclausurante, geométrica e racionalista, potenciando as prisões e as peias, o utopismo deseja-se libertador, imaginativo e até, por isso, mais "realista".

Pelo seu carácter pioneiro, e pela justeza e sabedoria dos seus ensinamentos, vale a pena que nos detenhamos por momentos na *Utopia* de Tomás Moro, que na edição latina de Lovaina, datada de 1516, tem nome composto, eloquente sobre o seu conteúdo e escopo: *Utopia ou o Tratado da Melhor Forma de Governo*.

Nada substitui a importância e o prazer de uma leitura integral e pessoal. Seguimos a tradução do filósofo português José Marinho. Não faremos um resumo; apenas sublinharemos alguns aspetos que se nos afiguram mais interessantes. Mas, tal como no geral dos autores clássicos, também aqui é muito difícil selecionar.

A *Utopia* é ao mesmo tempo uma crítica da política do tempo do autor, sobretudo a partir da realidade inglesa (mas em muitos aspetos permanecendo até hoje em várias sociedades) – de que se ocupa principalmente o primeiro livro –, e a defesa pormenorizada de uma sociedade de tipo socialista – no livro segundo. Só nos referiremos mais detidamente adiante ao primeiro, que consubstancia a parte principial basilar do seu sistema, aplicado depois no segundo livro.

As filosofias políticas (e até as ideologias) têm essa virtualidade, que alguns menos informados, e outros mais puristas, se obstinam em não querer ver: é que, por mais estranho que tal resulte e pareça (e por mais estranho que realmente possa ser), todas as ideias se podem combinar com todas as outras. E, portanto, nada há de espantar de um socialismo cristão, como o de Moro. Nem pela parte dos socialistas, nem pela parte dos cristãos... Nem ainda pelos observadores nem socialistas nem cristãos. Muito mais de admirar, pelo menos à primeira vista, são outros conúbios. Mas o que uns acham estranho, outros consideram apenas união dos extremos ou atração dos contrários. Um exemplo de escola é o chamado "nacional-bolchevismo", associando princípios do nacional-socialismo e do marxismo-leninismo. E há, evidentemente, vários tipos de comunismo, desde logo pré-marxista-leninista (Vallauri, 1973: 181 *et seq.*; Ferreira, 1976).

Embora, por razões de criação de clima literário e de verosimilhança, Moro se atarde algumas páginas a contar como encontrou o navegador português Rafael Hitlodeu, que lhe fará o relato da utopia, logo no primeiro diálogo com ele coloca os primordiais problemas políticos, que são, antes de mais, a primacial importância da "filosofia do homem em geral", e especialmente da Política, superiores à "filosofia natural", e depois o da participação política individual. Essas eram já questões antigas, que encontram uma interessante discussão, aliás, em Aristóteles (*Ética a Nicómaco*, I, 1, 1094a *et seq.*; *Política*, 1998: 47 *et seq.*).

Por isso, das viagens, sem dúvida fantásticas, de Rafael não se preocupa Moro (na verdade, o narrador) em questionar sobre os monstros do bestiário fantástico que tanto comoveram os relatos dos que o precederam, mas com as pessoas, a sua organização política, que pode fazer mais que tudo maravilha, porquanto "o que é mais raro e digno de interesse é uma sociedade sã e sabiamente organizada" (Morus, 1972: 16).

E nesse mesmo passo se explicita a função da utopia (quer na sua dimensão distópica quer na eutópica) – no caso, transportada ficcionalmente para povos dos "novos mundos": "Rafael observou que entre esses povos há instituições tão más como as nossas, mas encontrou também um grande número de leis capazes de esclarecer e regenerar cidades, povos e reinos da velha Europa" (Morus, 1972: 16). Além do mais, note-se a ligação dessa regeneração ao poder das leis.

O outro tema liminar sintetiza-se numa pergunta: "Devemos ou não devemos entrar na vida pública?" No caso de Moro, atenta a sua circunstância, a questão não se põe tanto na medida do exercício livre, autónomo, de uma cidadania, mas na questão do serviço dos príncipes. E Moro espanta-se (ou retoricamente finge espantar-se) que Rafael nunca tenha entrado ao serviço dos príncipes, permanecendo um livre marinheiro. O diálogo é longo e saboroso. Hitlodeu, a quem Moro via como possível ministro, considera que os príncipes pouca distinção fazem entre ministros e lacaios (entre *servire* e *inservire*), e depois considera assim a sua relação com o serviço da *res publica*: "mesmo quando fosse cem vezes mais dotado seria inútil fazer à república o sacrifício da minha tranquilidade" (Morus, 1972: 19).

As razões para este distanciamento são o belicismo dos governantes a par da sua negligência com a administração, e a imprestabilidade dos conselhos que rodeiam os soberanos, os quais assim retrata – usando, certamente, da sua experiência prática na matéria:

> Dos seus membros, uns calam-se por inépcia, e esses precisariam até de ser eles próprios aconselhados. Outros são mais dotados e sabem que o são, mas compartilham sempre da opinião dos anteriores que estão em melhores graças, e aplaudem entusiasmados as tolices que estes têm por bem propinar. Vis parasitas só têm uma finalidade: alcançar, por meio da lisonja mais mesquinha e criminosa, a proteção do favorito do Rei. Há ainda escravos do amor-próprio, que ouvem apenas a sua própria opinião, coisa nada para admirar porque a natureza leva cada homem a afagar amorosamente aquilo mesmo que cria. (Morus, 1972: 19-20)

A descrição é também demorada, mas dela se conclui que os conselhos são dominados pela inveja, o interesse e a vaidade, sendo frequente a invocação da autoridade do passado para vetar as novidades e persistir no imobilismo (nesse tempo ainda não havia o vício simétrico de tudo querer revolucionar, mais próprio de tempos ulteriores). E, antes de começar o seu relato sobre a Inglaterra, Hitlodeu conclui que por toda a parte por onde andou encontrou esses tipos de conselheiros: "pusilânimes, tontos e vaidosos" (Morus, 1972: 20).

O relato e o diálogo seguintes vão dar oportunidade a Moro de criticar as causas dos males sociais ingleses. Explicando o crime por razões de pauperismo, opondo-se às penas mais severas (desde logo à pena de morte para o roubo) como potenciadoras de mais crimes (Morus, 1972, máx. 33), discutindo quais as melhores penas (e inclinando-se para o trabalho, que poderia até ser livre), verberando o luxo e outros vícios (Morus, 1972, máx. 29), etc. E vai Rafael abonando as suas opiniões com exemplos de outros povos por onde teria passado. Por exemplo, os Macários, vizinhos dos Utopianos, obrigam o seu rei a um juramento, na sua tomada de posse, que o impossibilita da avareza, porquanto promete não poder guardar nos seus cofres mais de mil libras de ouro ou o equivalente em prata (Morus, 1972: 52), fazendo assim jus àquela ideia de que os príncipes ricos fazem os povos miseráveis, e os príncipes pobres podem manter as suas gentes na abastança.

Nas páginas finais do livro I, avança a ideia da comunidade dos bens. É uma solução radical, advogada porque os paliativos redistributivos e de restrição aos abusos não funcionariam, o que comenta, lembrando, entretanto, que Jesus cometeu aos apóstolos a missão de pregar alto e bom som a Boa Nova. E tais máximas avança o jurista, governante e santo da Igreja Católica, Apostólica e Romana, Tomás Moro, e com elas se sintetiza o essencial do seu pensamento político. Já o livro II – como dissemos – é só uma aplicação concretizadora dos princípios:

> Muitas vezes até acontece que a sorte do rico devia caber ao pobre. Não há ricos avaros, imorais e inúteis? Pobres simples e modestos, cuja indústria e trabalho aproveitam ao Estado, sem vantagem para eles próprios? Eis o que invencivelmente me convence de que a única maneira de distribuir os bens com equanimidade e justiça, instituindo a felicidade do género humano, é a abolição da propriedade. Enquanto o direito de propriedade for o fundamento do edifício social, a classe mais numerosa e mais estimável só terá que partilhar miséria, tormentos e desespero. (Morus, 1972: 58-59)

Quase no final da pormenorizada descrição da *Utopia*, volta Moro, pela voz de Hitlodeu, ao seu tema da igualdade, de novo criticando as sociedades reais:

> Os ricos diminuem todos os dias de uma ou de outra maneira o salário dos pobres não só com fraudes de vária natureza, mas por meio de leis especiais. Tão mal recompensar aqueles que mais merecem da república afigura-se, antes de mais nada, crueldade evidente.
>
> (...)
>
> Eis porque, quando considero e observo as mais florescentes repúblicas de hoje, não vejo nelas, assim Deus me perdoe!, senão uma conspiração dos ricos, que realizam o melhor possível os seus negócios acobertados sob o nome e faustoso título de república. (...) Estas maquinações decretadas pelos ricos em nome do Estado e por conseguinte em nome dos pobres, também, tornam-se finalmente em leis. (Morus, 1972: 169-170)

E quase a terminar o seu discurso, Moro revela a sua fonte (que não é, obviamente, Karl Marx) nesta significativa passagem:

> Creio até que há muito tempo o género humano teria abraçado as leis da república utopiana, quer no próprio interesse, quer para obedecer à palavra de Cristo, porque a palavra do Salvador não podia ignorar o que há de mais útil aos homens, e a sua divina bondade deve ter-lhes aconselhado o que sabia ser bom e perfeito. Mas o orgulho, essa paixão feroz, rainha e mãe de todas as chagas sociais, opõe invencível resistência a essa conversão dos povos. Nem o orgulho seria o que é se não houvesse desgraçados a insultar e a tratar como escravos, se o luxo e a felicidade não fossem fruto das angústias da miséria, e se a exibição das riquezas não torturasse a indigência e lhe acentuasse o desespero. (Morus, 1972: 172)

Com este pensamento, Moro representa ao mesmo tempo a liberdade e a igualdade (embora esta na sua versão mais extrema – mas curiosamente de um igualitarismo quimérico baseado na comunidade cristã, proposta realmente rara): a integralidade do homem livre, que se não verga ante os poderes contra a sua consciência, e o teorizador de uma cidade nova, de homens iguais. Pagou com a cabeça a luta pela primeira, e deixou sobre a segunda um livro que o imortalizou.

No plano da teoria constitucional, e vendo a sua circunstância ao mesmo tempo determinada pelos pré-juízos e pós-juízos do nosso tempo, assim como procurando compreender a realidade e as malhas daquele que foi o seu, os mais clássicos problemas que Moro nos coloca são os das ligações do Estado com a Igreja, e o dos limites dos poderes do monarca e do legislativo, como dissemos. Emergiu não há muitos anos um problema que poria em causa a própria personalidade, o "eu" mais profundo, de Tomás Moro. Habituámo-nos, na verdade, como salienta Martz (1990: 3 *et seq.*), a uma personagem moldada pela clássica biografia de R. W. Chambers (1981), ou da peça não menos clássica de Robert Bolt que daria origem ao filme de Fred Zinnemann *A Man for All Seasons*. Contudo, essa imagem seria abalada por uma polémica de grande impacto e eco, protagonizada fundamentalmente pelas novas visões do crítico G. R. Elton (1974) e do contemporâneo biógrafo Richard Marius (1984). A que mais recentemente James Wood empresta a sua verve, sentenciando, no final de um muito crítico ensaio em que o não hagiográfico e mais moderno biógrafo Peter Ackroyd não é sequer poupado:

> On one of those sides was Sir Thomas More, cruel in punishment, evasive in argument, lusty for power, and repressive in politics. He betrayed Christianity when he led it so violently into court politics, and he betrayed politics when he surrendered it so meekly to the defense of Catholicism. Above all, he betrayed his humanity when he surrendered it to the alarms of God. (http://www.luminarium.org/renlit/wood.htm último acesso: 10.4.2020)

E o mais decisivo anátema será o próprio título do texto que acabámos de citar, propositadamente apontando ao coração do mito: *A Man for One Season*.

Já Louis L. Martz é um dos que procuram reabilitar a visão tradicional de Moro como um sereno letrado humanista e jurista, pleno de sabedoria e honestidade, cuja única inflexibilidade vai para o erro (e não para os que erram), e que no limite prefere a morte à afronta à verdade (e à religião que nela inclui como ponto fundamental).

Mas de que se trata, então? Fundamentalmente, de uma acusação que hoje cala fundo. Uma acusação que remete para aquilo a que nos nossos dias chamaríamos "violação dos direitos humanos", designadamente desrespeito grave pela liberdade religiosa. Moro é acusado de inflexibilidade, intolerância, histeria no ataque não só teórico (nas suas polémicas, que atingem até Lutero), como prático (estando comprovada a sua participação em metade – mas realmente são três – dos casos de heresia julgados em Inglaterra durante o tempo em que foi chanceler). Citam-se passagens em que se deteta fúria, ou sanha de inquisidor contra os hereges, para quem consideraria justo que fossem queimados vivos; mas alega-se, de outra banda, constituírem tais expressões apenas a tradução desse sombrio contentamento com a punição da justiça quando atinge quem a merece (ou se julga merecê-la).

Abalar o mito de Tomás Moro é sério empreendimento. Tal como esses mártires da Justiça, como Antígona, ou António, do *Mercador de Veneza* shakespeariano, para falar dos de ficção, ou Boécio, para de novo referir uma personagem histórica, Moro faz parte do nosso imaginário como exemplo. No dia em que as ideologias e as teorias "da suspeita" (quando não da subversão de valores) dinamitarem por completo os *exempla*, perigam seriamente as muralhas da cidade ética da política, isto é, a constituição moral ou axiológica, que preside em boa parte a tudo o mais. Mas deveremos apenas criticar os que mexem com os mitos estabelecidos, e com as nossas certezas familiares? Decerto que não.

A verdade, e desde logo a verdade histórica (que se não pode subsumir nas meras "leituras" ou "interpretações"), exige que se apure realmente se Moro foi um fanático fariseu, atirando primeiras pedras aos heréticos, ou se, pelo contrário, se deve levar a sua eloquência e a sua participação judicial contra eles à conta de ênfase da sua mestria de estilo e obrigação *ex officio*, talvez excedida pelo zelo pela verdade religiosa em que firmemente acreditava.

Macular a memória e o mito de Moro com a acusação de contrário aos direitos humanos, qual carniceiro que se comprazeria com o fogo e o fumo dos autos-de-fé, vibraria um profundo golpe na nossa galeria de retratos, no nosso álbum de glórias. Mas não podemos esquecer a ferocidade dos costumes político-religiosos da época, e que nem mesmo o santo pode fugir à sua circunstância.

Seja como for, se o mito pode exceder o Homem, o autor certamente o redime de qualquer acusação de menor fervor *antropodikeu* ou *jus-humanista*. Porquanto, no melhor governo possível, na sua *Utopia*, não só há muitas religiões dentro da mesma cidade como parece comungarem todas essencialmente de um deísmo elementar – o que seria necessária fonte de acusações de "heresia", se houvesse nessa bela cidade ideal um tal conceito. No contacto com o cristianismo, narra o viajante interlocutor de Moro que alguns utopianos se converteram, e outros não, vivendo, contudo, todos em plena harmonia.

Apenas os materialistas ateus são na *Utopia* discriminados (designadamente das magistraturas e dos lugares públicos), não em nome da religião, mas "da moral" (e realmente como forma de "prevenção") – pois tal negação da divindade parece a Moro ser sinal de que, só tendo como freio o código penal, teriam mais tendência a, podendo, ocultamente iludirem as leis e praticarem atos condenáveis. A justificação prática da religiosidade popular em Voltaire e Verdi, e até mesmo em Goethe e Kant, não anda muito longe dessa ideia utilitarista de que o medo do inferno torna os homens menos maus e previne assim desonestidades...

Ainda aqui, assim, se vê o ar do tempo, a que se não foge. Ainda durante muito tempo a própria "tolerância" será "intolerante" para uns tantos. Desde logo a de Althusius já o era (Touchard, 1970, III: 71-72; Kamen, 1968), e a de Locke também.

E é por estas e por outras que o mesmo Tomás Moro, diabolizado por uns como caçador de luteranos, será por outros alçado a primeiro grande defensor da moderna liberdade religiosa, pelas suas ideias económicas e sociais, qualificado como socialista, e pelas suas vistas políticas permissivas no mais alto sentido, tido como um precursor do liberalismo.

Neste último sentido vai a interpretação de um Kessler (2002: 207 *et seq.*), que afirma:

Thomas More advocated religious freedom in *Utopia* to promote civic peace in Christendom and to help unify his fractious Catholic Church. In doing so, he set forth a plan for managing church-state relations that is a precursor to liberal approaches in this area. Most scholars locate the origins of modern religious freedom in Protestant theology and its first mature articulation in Locke's *A Letter on Toleration*. This reading of *Utopia* shows that modern religious freedom has Catholic, Renaissance roots.

Eis, pois, que Tomás Moro se encontra em definitivo no mundo não hagiográfico, agónico e controvertido dos nossos dias. Na verdade, o conflito das interpretações era sobretudo até aqui relacionado com o teor e a profundidade do socialismo ou comunismo do autor, como sintetizaria um Peter Wenzel (http://webdoc.gwdg.de/edoc/ia/eese/artic96/wenzel/10_96.html#Morus). Agora, alcançou, como vimos, o cerne do próprio carácter de Moro, em relação com a questão da liberdade religiosa: e é anacronicamente julgado em função da "religião" dos direitos humanos.

Ao mito mais ou menos unitário, seja do Estado (Cassirer, 1983), seja do herói-mártir, sucede, de facto, um pluralismo interpretativo, que ainda não abala decisivamente o segundo, mas que já se não pode ignorar: assim como a crise do Estado e as novidades na Constituição, típicas do nosso tempo.

O facto de Moro poder ser interpretado como um liberal, um socialista, um católico, um humanista, e com todos estes atributos juntos, ou alguns deles, torna-o simpático aos olhos de muitos, ou então, recentemente sobretudo, antipático aos olhos de alguns. Independentemente dessas adesões e aversões de cardápio, que, quais reflexos condicionados, imediatamente saltam por causa dos rótulos e suas conotações, não esqueçamos que as utopias são utopias, mesmo a "utopia" de Moro. M. Delcourt (Chevallier, 1982: 283) agudamente se perguntaria como um espírito "folgazão" como o do autor da *Utopia* se conseguiria haver com a estrita disciplina da sua cidade ideal. A tal parece responder Marius, o biógrafo iconoclasta, com estas pesadas palavras:

> This was a man of stern temperament, and his *Utopia* suits the rest of his life. Nothing in *Utopia* is more like him than the Utopian law that anyone convicted twice of adultery will suffer the penalty of death. He was a man who considered the monastery but decided, as Erasmus said, to be a good husband rather than a bad priest. I have long maintained that the commonwealth of *Utopia* has the look of a monastic compound where marriage is allowed but strictly controlled so that conjugal relations relieve sexual needs without creating any genuine bonds of intimacy between husbands and wives. (Marius, *Utopia as a Mirror for a Life and Times*)

Embora pessoalmente nos não seja simpático (decerto porque desconfortável) o empreendimento desmitificador de Moro, desde logo pelo símbolo de luta contra o poder arbitrário que – seja como for – tem efetivamente representado, não podemos, contudo, deixar de dar razão a este crítico. Há na *Utopia*, em toda a utopia, um dogmatismo e um racionalismo geométricos ou geometrizantes que são o contrário da certamente caótica mas contudo livre natureza dos homens reais. E é essa luta contra a natureza, em que a heresia é pródiga, que choca na mente superior de Moro. Mas o problema subsiste: não deve a cultura (o espírito, a humanidade) superar (e por vezes para isso opor-se) à simples natureza? Não é o direito constitucional a clausura jurídica do feroz tigre da política? Não são o cilício e o chicote de Moro o seu primeiro carrasco? Ou o seu primeiro libertador? São questões demasiado complexas para serem respondidas, juntas ou separadas. Mas são questões para ir colocando.

Bibliografias

Bibliografia ativa principal/específica

History of King Richard III (1513), atribuído; *De optimo reipublicæ statu, deque noua insula Vtopia* (1516); *The Four Last Things* (1522); *Dialogue Against Tyndale* (1528); *Dialogue of Comfort against Tribulation* (1534).

Edições correntes/recomendadas

De optimo reip. statu, deque noua insula Vtopia..., ed. de Bâle, 1518, fac-simile *in* André Prévost, *L'Utopie de Thomas More*, Paris, Nouvelles Editions Mame, 1978; *Un Hombre Solo. Cartas desde la Torre*, trad. cast., introd. e notas de Alvaro de Silva, Madrid, Rialp, 1988; *Utopia*, trad. port. de José Marinho, Lisboa, Guimarães Editores, 1972.

Bibliografia passiva seletiva

ACKROYD, Peter, *The Life of Thomas More*, 1998; trad. de Mário Correia, *A Vida de Tomás More/Thomas More. Biografia*, Chiado, Lisboa, Bertrand, 2003.

AMES, Russell, *Citizen Thomas More and His Utopia*, Princeton, N. J, 1949.

ARISTÓTELES, *Política*, trad. port., São Paulo, Martins Fontes, 1998.

BLOCH, Ernst, *Das Prinzip Hoffnung*, trad. cast. de Felipe González Vicen, *El principio esperanza*, Madrid, Aguilar, 1979, 3 v.

CALMON, Pedro, *História das Ideias Políticas*, Rio de Janeiro/São Paulo, Livraria Freitas Bastos, 1952.

CASSIRER, Ernst, *The Myth of the State*, reimp., Connecticut, Greenwood Press, 1983; trad. port., *O Mito do Estado*, Lisboa, Europa-América, 1961.

CHAMBERS, R. W., *Thomas More*, nova ed., Brighton, The Harvester Press, 1981.

CHEVALLIER, Jean-Jacques, *Histoire de la Pensée Politique*, Paris, Payot, 1979; trad. port. de Roberto Cortes de Lacerda, *História do Pensamento Político*, t. 1, *Da Cidade-Estado ao Apogeu do Estado-Nação Monárquico*, Rio de Janeiro, Zahar Editores, 1982.

ELTON, G. R., "Thomas More, Councillor", *in Studies in Tudor and Stuart Politics and Government*, 2 v., Cambridge, Cambridge University Press, 1974, I.

FERREIRA, Serafim (coord. e trad.), *Babeuf, Saint-Simon, Blanqui, Fourier. O Socialismo antes de Marx* (antologia), Amadora, Edit. Fronteira, 1976.

FREITAS DO AMARAL, Diogo, "Para uma história das ideias políticas: Maquiavel e Erasmo ou as duas faces da luta entre o poder e a moral", *in Direito e Justiça*, v. VI, 1992, p. 91 *et seq.*

—, Para uma história das ideias políticas: Thomas Morus ou a utopia como crítica da realidade", separata do número especial do *Boletim da Faculdade de Direito*, Universidade de Coimbra, *Estudos em Homenagem ao Prof. Doutor Afonso Rodrigues Queiró, 1986*, Coimbra, 1992.

HERCOURT, Raymond, *"L'Utopie" de Thomas Morus*, thèse Sc. Po., University Poitiers, Poitiers, Soc. Fr. D'Imprimerie et de Lib., 1919.

HYTLODEV, Miguel Mark, e MARTINS, J. de Pina, *Utopia III. Relato em diálogo sobre o modo de vida educação usos costumes em finais do século xx do povo cujas leis e civilização descreveu fielmente nos inícios do século XVI o insigne Thomas More*, Lisboa, Verbo, 1998.

KAMEN, Henri, *O Amanhecer da Tolerância*, trad. port. de Alexandre Pinheiro Torres, Porto, Inova, s.d. (ed. orig., 1968).

KESSLER, Sanford, "Religious freedom in Thomas More's Utopia", *in The Review of Politics*, Notre Dame, Primavera de 2002, v. 64, n° 2, p. 207 *et seq.* –http://www.geocities.com/yskretz/morekessler.html.

LOGAN, G. M., *The meaning of More's Utopia*, Princeton, Princeton University Press, 1983.

MARTINS, José V. de Pina, *A "Utopia" de Thomas More como Texto de Humanismo*, separata especial do t. XXI, Lisboa, 1980, das *Memórias da Academia das Ciências de Lisboa – Classe de Letras*, p. 7-48.

—, "L'Utopie de Thomas More au Portugal (XVIᵉ et début du XVIIᵉ siècle)", *in Arquivos do Centro Cultural Português*, Paris, Fundação Calouste Gulbenkian, 1982, v. XVII, p. 453 *et seq.*

MARTZ, Louis L., *Thomas More. The Search for the Inner Man*, New Haven e Londres, Yale University Press, 1990.

MARIUS, Richard, *Thomas More*, Nova Iorque, Knopf, 1984.

—, Utopia *as Mirror for a Life and Times*: http://www.shu.ac.uk/emls/iemls/conf/texts/marius.html.

MONTORO BALLESTEROS, Alberto, *Razones y Límites de la Legitimación Democrática del Derecho*, Múrcia, Universidad de Murcia, 1979.

MOSER, Fernando de Mello, La très ancienne renommée de More au Portugal, *in Arquivos do Centro Cultural Português*, Paris, Fundação Calouste Gulbenkian, 1982, v. XVII, p. 447 *et seq.*

—, *Tomás More e os Caminhos da Perfeição Humana*, Lisboa, Vega, 1982.

MUCCHIELLI, Roger, *Le Mythe de la cité idéale*, Brionne, Gérard Monfort, 1960; reimp., Paris, PUF, 1980.

PRÉVOST, André, *L'Utopie de Thomas More*, Paris, Nouvelles Éditions Mame, 1978.

SOARES, Maria Luísa Couto, A *Utopia* de Tomás More é uma utopia?, *in O Sagrado e O Profano. Homenagem a J. S. da Silva Dias. Revista de História das Ideias*, Coimbra, instituto de História das ideias, Faculdade de Letras, nº 8, 1986, I.

TOUCHARD, Jean, *Histoire des Idées Politiques*, Paris, PUF, 1959; trad. port. e notas de Mário Braga, *História das Ideias Políticas*, Lisboa, Europa-América, 1970.

VALLAURI, Luigi Lombardi, Communisme matérialiste, communisme spiritualiste, communisme concentrationnaire, *in Archives de Philosophie du Droit*, Paris, XVIII, 1973, p. 181-211.

4

ERASMO DE ROTERDÃO

(ROTERDÃO, C. 1469-BASILEIA, 1536)

Doce é a guerra para quem a não experimentou.
Erasmo de Roterdão

Desidério Erasmo, de Roterdão, é figura alta nas Letras e nas Humanidades, mas – apesar de tudo – muito menos significativa do ponto de vista político que seu amigo Moro. Conciliador por natureza, tíbio até, segundo alguns, Erasmo não morrerá no cadafalso. E até por isso falámos de uma nova díade, com traços que recordam o mártir filósofo autor da *Consolação da Filosofia*, Boécio, e o incansável preservador do legado clássico, sobrevivente, Cassiodoro.

A natureza irénica de Erasmo (*v.g.*, Pinto, 1999: 7 *et seq.*) levá-lo-á a dois temas principais em política. Por um lado, a necessidade da educação, e especificamente a educação moral e religiosa do príncipe, meio mais adequado de lhe formar desde cedo a consciência e de lhe prevenir tentações de mau governo; e, por outro lado, a defesa, quase se diria angustiada, da paz.

As suas obras refletem estas preocupações. Desde logo, a importância da educação se revela no manual de boas maneiras, dedicado, precisamente, ao príncipe Henrique de Borgonha, filho de Adolfo, príncipe de Veere: *De Civilitate Morum Puerilium*, de 1530. Mas é sobretudo no novo "espelho de príncipe" que se manifestarão os seus conselhos políticos: na *Instituição do Príncipe Cristão* (1516).

Muito ao contrário de Maquiavel, que parece resignar-se (e *resignar-se* é a expressão certamente mais adequada para não deformarmos, por simplismo, o seu pensamento) a que o príncipe perca a sua alma contanto que salve a república, Erasmo não aparta a moralidade dos grandes da dos pequenos, e aconselha estes a curarem da salvação das suas almas, mesmo que para tanto devam perder as suas altas ocupações terrenas. Também parece a Erasmo que a guerra, e especialmente a guerra entre príncipes cristãos, é um escândalo e uma calamidade, que só pode ter como impulso pérfidas razões, e jamais uma necessidade cega e independente da vontade dos seus protagonistas.

Apesar de cauteloso durante o período conturbado da Reforma, forçado a uma peregrinação constante pela Europa (seria na tranquila e tolerante Basileia que mais conseguiria demorar-se: e mesmo assim apenas oito anos), também para se poupar a insultos e agressões dos que não entendem a moderação e clamam sempre o "quem não é por nós é contra nós", Erasmo não deixa de ser profundamente crítico para com a sociedade – e estamos em crer que não apenas para com a sociedade do seu tempo, mas, mais profundamente, para com a miséria da condição humana não cristã: pois na cristianização da humanidade (e até do humanismo) punha todas as suas esperanças.

O livro em que faz voar pelos ares as conveniências, as ideias feitas, os preconceitos a que, em geral silenciosamente, não aderia, por evidente motivo, é um discurso não da sua sabedoria, mas da loucura... A loucura fala, acusa, vitupera... Mas é sempre a loucura que o faz... Sempre cauto, mesmo quando resolve não o ser, Mestre Erasmo.

Poucas instituições (quer as chamadas instituições-coisa, quer as chamadas instituições-pessoa) ficam de pé depois deste libelo, enfeitado com a retórica da mitologia e da erudição greco-latinas. Criticam-se os retóricos que peroram em várias línguas, as mulheres que seduzem e os homens que correm atrás dos seus encantos, os filósofos incapazes de governarem as suas vidas, todos os cientistas e sábios vãos e duplamente infelizes, os comerciantes desonestos, sem esquecer os juristas, os mais vaidosos de entre todos (disso se lembrará, mais tarde, Matias Aires), e cujas boas leis nasceram dos maus costumes. A Loucura não poupa príncipes, os cortesãos, os dignitários eclesiásticos e até os papas.

A certo passo, observa Erasmo, aliás, a Loucura, com um realismo cortante: "Os teólogos têm fome, os físicos sofrem de frio, os astrólogos são ridicularizados, os dialéticos são votados ao desprezo" (Erasmo, 1973: 61).

Médicos e juristas estão na mira de Erasmo, que prossegue:

> Depois dos médicos, são os homens de leis que merecem o segundo lugar e não sei mesmo se não mereceriam o primeiro. A crer na opinião unânime dos filósofos, a sua profissão é digna de asnos. Porém, são estes asnos que governam, a seu grado, as grandes e as pequenas causas. Os seus domínios aumentam sem cessar, enquanto o teólogo, que conhece todos os segredos divinos, come legumes e persegue sem tréguas os piolhos que o devoram. O favor é dado às ciências que mais se aproximam da loucura. (Erasmo, 1973: 62)

Não há muitos anos, um filósofo do direito haveria de sublinhar o favor da medicina e do direito, não pela loucura, mas pela comum ligação à patologia – física ou social (Vallauri, 1981): mais afortunados são os ofícios que tratam dos piores males sociais, ainda que os não curem..., como recordará Blaise Pascal.

O método jurídico é retratado, de resto, de forma muito simples e certeira:

> Tal como Sísifo, a rolar o seu rochedo, amontoam textos e mais textos de leis em assuntos que nada têm a ver com elas. Acumulam glosa sobre glosa, opinião sobre opinião, para dar a impressão da extrema dificuldade da ciência que possuem. Estão, de facto, convencidos de que é digno de mérito tudo o que exija esforço e trabalho. (Erasmo, 1973: 96)

Para os Estados como para os credos, Erasmo prega a paz. E a sua lição, que nos interpela, desde logo, resume-se logo no ditado com que intitula um dos seus escritos sobre a guerra: *Dulce bellum inexpertis* ("Doce é a guerra para quem a não experimentou"). Lição perene.

Bibliografias

Bibliografia ativa principal/específica

Encomium Moriæ – *Elogio da Loucura* (1509-1511); *De libero arbitrio diatribe sive collatio* (1524); *Dulce bellum inexpertis* (1515/1517); *Querela pacis* (1517); *De civilitate morum puerilium* (1530).

Edições correntes/recomendadas

Dulce bellum inexpertiis/Querela pacis, trad. port. de A. Guimarães Pinto, *A Guerra e Queixa da Paz*, Lisboa, Edições 70, 1999; *Elogio da Loucura*, ed. port. com trad., prefácio e notas de Maria Isabel Gonçalves Tomás, Mem Martins, Europa-América, 1973; *De civilitate morum puerilium*, trad. port. de Fernando Guerreiro, *A Civilidade Pueril*, Lisboa, Estampa, 1978.

Bibliografia passiva seletiva

BAINTON, Roland H., *Erasmo da Cristandade*, Lisboa, Fundação Calouste Gulbenkian, 1988.

BATAILLON, Marcel, *Erasmo y el Erasmismo*, Barcelona, Crítica, 1983.

FREITAS DO AMARAL, Diogo, Para uma história das ideias políticas: Maquiavel e Erasmo ou as duas faces da luta entre o poder e a moral, *in Direito e Justiça*, v. VI, 1992, p. 91 *et seq.*

HALKIN, Léon-E., *Erasme parmi nous*, Paris, Fayard, 1987.

HUIZINGA, Johan, *Erasme*, Paris, Gallimard, 1965.

LEONE, Carlos, *Portugal Extemporâneo. História das Ideias do Discurso Crítico Moderno (Séculos XI-XIX)*, Lisboa, Imprensa Nacional – Casa da Moeda, 2 v., 2005, v. II, p. 18-31.

MARTINS, J. V. de Pina, *Humanismo e Erasmismo na Cultura Portuguesa do Século XVI*, Paris, Fundação Calouste Gulbenkian/Centro Cultural Português, 1973.

PINTO, A. Guimarães, "Introdução" à edição portuguesa de *A Guerra e Queixa da Paz*, de Erasmo de Roterdão, Lisboa, Edições 70, 1999, p. 7 *et seq.*

VALLAURI, Luigi Lombardi, *Corso di filosofia del diritto*, Cedam, Padova, 1978; nova ed., 1981.

ZWEIG, Stefan, *Erasmo de Roterdão*, 9ª ed., trad. port., Porto, Livraria Civilização, 1979.

5

MARTINHO LUTERO

(EISLEBEN, 10-XI-1483-1546)

JOÃO CALVINO

(NOYON, 1509-1564)

Aqui estou eu, e não posso fazer nada de diferente.
Martinho Lutero

A nossa vida deve ser orientada pela Lei, não apenas por honestidade externa, mas por profunda e espiritual retidão. A este respeito, a Lei de Deus difere das leis civis, sendo Ele um Legislador espiritual, mas não o sendo o homem.
João Calvino

Lutero é dessas figuras fortes, arrebatadas e arrebatadoras, que nos fazem parecer impossível que a História não seja, pelo menos em boa medida, obra das suas determinadas ideias e das suas empenhadas ações. Ecoa ainda nos nossos ouvidos a sua voz possante, decidida, em sintonia perfeita com a coerência das suas ações: *Hier stehe Ich, Ich kann nicht anders* ("Aqui estou eu, e não posso fazer nada de diferente do que faço"). É a ação que deriva de um imperativo de consciência. Quantos temos hoje assim?

De uma família humilde (o pai fora mineiro), acabaria por abandonar os momentâneos estudos de Direito, em que os seus punham todas as complacências, para enveredar pela vocação da luta contra o mal e o demónio, professando como frade agostinho, passando depois ao estado sacerdotal, e finalmente entregando-se ao estudo teológico. Subiu os degraus académicos até ao doutoramento, que lhe deu a cátedra de Teologia Bíblica.

As atividades e sobretudo as repercussões das posições de Lutero de algum modo mudariam a face da Europa e, logo, do Mundo. A reforma protestante, de que foi arauto, a partir das 95 teses mítica e emblematicamente afixadas a martelo e pregos na porta da catedral de Wittenberg, saldou-se não apenas num clamor contra abusos morais e contra a eficácia salvífica das indulgências, mas em toda uma mutação do mundo mental e comportamental europeu (por ação ou reação), que o fundador não previra em muitos aspetos e não conseguirá dominar em boa parte.

Sobretudo as repercussões políticas do seu gesto seriam incontroláveis. Foi, desde logo, o caso das revoltas camponesas que a sua insubmissão involuntariamente incendiaria. Acabará Lutero, como se sabe, por atacar os camponeses. Emblemática é esta passagem de uma carta de 30 de junho de 1525 a João Rühel, de Eisleben:

> Daß man den Bauern Barmherzigkeit wünschen will: sind Unschuldige unter ihnen, die wirt Gott gewiss erretten und bewahren, wie er es bei Lot und Jeremia getan hat. Tut es nicht, so sind sie bestimmt nicht unschuldig, sondern haben mondestens geschwiegen eingewilligt (...).

É a velha teoria da cruzada contra os Albigenses: "Matem-se todos, Deus escolherá os Seus".

O resultado mais visível da obra de Lutero foi a cisão (que se mantém hoje, apesar de todos os esforços ecuménicos) da cristandade, com implicações não só religiosas, que são óbvias, mas também a todos os níveis, por vezes insuspeitados.

A ética protestante, que Max Weber glosará histórico-socio-psicologicamente num livro célebre (Weber, 1920-1921), será diferente da católica; a relação do crente com Deus, com a comunidade e com a Palavra revelada também o é. Mesmo o fundo teológico da soteriologia (doutrina da salvação) assenta, em Lutero, numa certa interpretação de São Paulo e de Santo Agostinho, na insistência na Graça, e não no valor das boas obras (v.g., Küng, 1995: 125 et seq.).

Ao lembrar e enfatizar que o Homem é um ser marcado pelo pecado original e de algum modo naturalmente pecador; ao transportar para o reino de Deus toda a possibilidade de salvação; ao aproximar cada crente dos textos (lembremo-nos de que se lhe deve a tradução alemã da Bíblia, empresa aliás vital na fixação do idioma alemão), tornando possível a imagem algo racionalista da interpretação democrática das Escrituras ("cada homem e a sua Bíblia"), a teologia de Lutero tem imediata influência na conceção da Política e do Direito. Uma teologia pessimista (teologia da cruz, não da glória) implica ou muito Direito ou ausência dele. Lutero tinha antipatia pessoal pela juridicidade. Expressamente considera o teólogo que o jurista não pode ser bom cristão. Mas se um Tomás de Aquino também não tinha os homens de leis em boa conta, o que se passa com Lutero é diverso, e tem já a ver com a sua formação filosófica e o seu posicionamento teológico-político. Para ele, não está resolvida a questão das normatividades (como ficara já no Aquinate) em prol da separação das áreas de competência – remota influência de uma teocracia, ou simples agostinismo político? Isto há-de significar que o Direito surge sempre incompreendido nas suas manifestações, tidas como simplesmente pervertidas, e sempre aliado, ou melhor, ancilar, da política e da religião.

Lutero teve uma formação nominalista e não terá nem assimilado a lição jurisfilosófica de São Tomás nem, menos ainda, teria tido tempo para compreender a transcendência do legado romanístico. É por isso que, no plano jurisfilosófico, a reforma protestante poderia ser encarada como um retrocesso. Só que todas as doutrinas são de todos os tempos, o que frustra qualquer evolução ou progresso em filosofia. E ainda bem, em muitos sentidos. Villey também "retornaria" privadamente a Platão...

Não sendo possível determinar rigorosas causalidades adequadas no mundo evanescente e complexíssimo dos factos históricos, sempre se refletirá, todavia, em algumas coincidências curiosas. Porque "coincide", *grosso modo*, a zona de perene influência protestante com os territórios imperfeita ou nulamente romanizados? Porque são esses mesmos os florescentes adeptos de filosofias de raiz nominalista? Porque aí frutificou e daí tem irradiado a principal influência positivista no Direito? Porque são esses (ou foram, na modernidade) os países mais prósperos e dominantes, enquanto o Sul da Europa e a Ibéria declinavam numa senescente decadência? As perguntas são-no realmente, por retóricas que se afigurem. Insistimos que a causalidade é indeterminável. o que há são indícios de afinidade, não de causação.

Para a compreensão do protestantismo político e jurídico importa fazer dialogar as suas máximas figuras, comparando-as na sua doutrina, ação e significado. A psicologia parece facilitar-nos a vida na comparação entre os dois grandes reformadores protestantes, tão patente é a diferença entre Lutero e Calvino (o que se revela desde a compleição e aparência física até à idiossincrasia das áreas ou países que respetivamente acolheram as suas doutrinas). É, evidentemente, um processo redutor: mas quem resistirá a pensar na contenção e na secura fina e doente de Calvino, e na expansividade sanguínea e tonitruante de Lutero? Seja como for, na base comum da contestação a Roma, Calvino acentua a problemática da Graça no sentido da predestinação, sem que Deus houvesse atendido, na escolha dos seus, à presciência das suas ainda que maculadas boas obras. Mas este postulado, que coloca a salvação um tanto para além do bem e do mal terrenos, curiosamente não conduz à inação, antes a uma grande operosidade social, económica e política. É que, pelo menos para algumas interpretações evangélicas, o triunfo mundanal é signo de escolha divina. Terá isso a ver com a *fortuna* (ou sorte) de cada um dos teólogos?

E, na verdade, um ponto importante na distinção entre ambos os reformadores reside no facto de que ao teólogo francês, ao contrário do que sucedeu com o seu precursor germânico, foi dada a oportunidade de governar de facto, espiritual e temporalmente. Este impacto do "calvinismo real" dá-lhe toda uma dimensão juspolítica muito mais concreta no imaginário historiográfico.

Calvino não ficou pelos prolegómenos jurídicos, como Lutero. Estudou Direito o suficiente para o considerar, mais do que *mau*, secundário, ante o projeto de construção, em Genebra e no Mundo, da cidade ideal possível, a utopia calvinista. Calvino assume uma atitude sobretudo moralista. A sua sede de purificação opera (como é costume) uma cirurgia redutora, amputando mesmo o manancial de fontes cristãs em que poderia ter bebido. Em certo sentido, regressa à síncrise pré-aristotélico-romanista-tomista mas, sem passar tanto por Santo Agostinho como Lutero, dir-se-ia dirigir-se redutoramente para um certo legalismo veterotestamentário. Progressivo e desenvolvimentalista em matéria económica e social, defensor teológico da especialização no trabalho – nomeadamente equiparando todas as formas de vida a "vocações" (*v.g.*, Léonard, 1961: 309) –, preocupado com o progresso material dos Genebrinos (diríamos hoje, com a sua qualidade de vida), Calvino, ao desvalorizar o Direito e até ao afirmar face a ele o seu distanciamento pessoal, acaba (aí tal como Lutero) num positivismo legalista. E Genebra seguirá uma política de fechamento e até de intransigência: não foi só a Inquisição que queimou pessoas; a Genebra teocrática fez um auto-de-fé em que sacrificou Miguel Servet. Embora Calvino tivesse sido a tal contrário.

Nos seus infindáveis escritos (alguns num francês elegante e literário – mérito de louvar, em época de latinistas), Calvino denuncia aqui e ali a sua formação jurídica: no espírito disciplinador, organizador, na fórmula hermenêutica de algumas interpretações bíblicas (e debruçou-se sobre quase toda a Bíblia), até no nome que escolheu para a sua obra sintética e mais conhecida, as *Instituições da Religião Cristã*, na qual trabalhou toda a sua vida, em sucessivas edições francesas e latinas. A perspetiva institucional parece ser-lhe essencial. Não será por acaso que, na edição latina definitiva, de 1559, dos quatro pilares daquela sua obra, sistematicamente vertidos em outros tantos livros, a Igreja figura como derradeiro tema, a par de Deus Pai, Filho e Espírito Santo, ou da Divindade, da Redenção por Cristo, e da Graça, fruto daquela redenção. Igreja, instituição, sempre, apesar de tudo. E mesmo se em Calvino todas as formas se descarnam, todas as associações se individualizam.

À ideia reformadora da única autoridade do texto bíblico corresponde a ideia jurídica da sacralidade positivista da lei escrita – aí Calvino coincide com Lutero. Mas dele diverge em vários pontos, curiosamente com escassa posteridade: na conceção do culto como superstição, por exemplo, Calvino não fará escola na analogia juspolítica, porquanto o ritual (ou o procedimento) acabaria por ser o futuro do legalismo. Não há dogma que se sustente sem legitimação mágica, sacrificial. Apesar de os ventos não soprarem no Ocidente dessa banda, mesmo assim temos muito a aprender com a Genebra de Calvino, utopia triste, de gentes de fatos escuros, proibida de diversões e até de cantar senão hinos religiosos. Reino de política totalitária e antijurídica, esse, de legalismo e de ordem, mas jamais da liberdade, no qual, nas palavras de Léonard, "où l'on signale une insupportable inquisition dans la vie privée, parfois odieuse contre des peccadilles" (Léonard, 1961: 307).

Teocracia que esqueceu com severos custos a divisão dos gládios e o imperativo bíblico da separação do reino de César do reino de Deus. Mas, como sucede frequentemente com os pais fundadores, se Calvino pregava uma obediência ilimitada aos poderes temporais, muitos dos seus herdeiros espirituais ver-se-iam historicamente confrontados com situações que os conduziriam a professar doutrinas jusnaturalistas e até liberais e democráticas – o que parece provar compatibilizações e hibridações teológico-político-jurídicas pouco consentâneas com a verdade única duma cidade de Deus na terra. Ou com qualquer totalitarismo monocolor, religioso ou simplesmente idólatra, ainda que agnóstico ou ateu, ateu sob forma litúrgica, etc. Parece assim que os futuros calvinistas redimiram a circunstância política da Genebra de Calvino.

Importa acentuar que Calvino era não só jurídica como filosoficamente mais lido que Lutero, e compreendeu melhor a separação entre moral e direito, embora a não tivesse posto em prática senão de forma muito criticável. Tendo frequentado instituições ligadas à Universidade de Paris, e ainda as de Orleães e Bruges, possuía uma sólida formação clássica, designadamente estoica e humanística.

O balanço da obra de Calvino é complexo: lançou sementes de ordem opressiva, mas também de liberdade. Na sua Genebra nasce de algum modo um pouco da mentalidade da civilização moderna, preocupada com o material, a que se chega, paradoxalmente, pela via do espiritual, provando que uma espiritualidade rígida e dogmática cai no ritualismo e no seu inverso.

Em que medida Calvino é inspirador de homens novos, eis uma questão controversa. Vários tipos de homens novos e de novidades sairiam da Reforma, tanto luterana como calvinista. E as hibridações e por vezes paradoxais posteridades não cessam de surgir, provando, mesmo em tempos laicos, a enorme força política e social do fenómeno teológico e religioso. Comparar, por exemplo, estes tempos primeiros da Reforma com o papel político de alguns grupos "evangélicos" no Brasil atual (2020) pode ser deveras interessante.

Bibliografias

Bibliografia ativa principal/específica

CALVINO: *Institutions de la religion chrestienne* (1536); *La Bible de Genève* (1546).

LUTERO: *Disputatio pro Declaratione Virtutis Indulgentiarum* (1517); *An den christlichen Adel deutscher Nation von des christlichen Standes Besserung* (1520); *Von weltlicher Obrigkeit, wie weit man ihr Gehorsam schuldig sei* (1523); *Ermahnung zum Frieden auf die zwölf Artikel der Bauernschaft in Schwaben* (1524); *Wider die räuberischen und mörderischen Rotten der Bauern* (1525); *Ein Sendbrief von dem harten Büchlein wider die Bauern* (1525); *Ob Kriegsleute auch in seligem Stande sein können* (1526).

Edições correntes/recomendadas

CALVIN, *Selections from Institutes of the Christian Religion*, trad. de Henry Beveridge, nº 20 Great Books, 5ª ed., Britannica, Chicago *et al.*, 1994.

LUTERO, Martín, *Escritos Políticos*, ed. cast. com um estudo preliminar e trad. de Joaquín Abellán, Madrid, Tecnos, 1986.

LUTHER, Martin, *An den christlichen Adel deutscher Nation/Von der Freiheit eines Christenmenschen/Sendbrief vom Dolmetschen*, com biografia e apresentação de Ernst Kähler, 2ª ed., Estugarda, Philipp Reclam Jun., 1970.

Bibliografia passiva seletiva

BAUBÉROT, Jean, *Histoire du Protestantisme*, Paris, PUF, 1978; trad. port. De José Luís C. Monteiro, *História do Protestantismo*, Mem Martins, Europa-América, 1989.

DICKENS, A. G., *A Reforma na Europa do Século XVI*, trad. port. de António Gonçalves Mattoso, Lisboa, Verbo, 1971.

FEBVRE, Lucien, *Martin Luther, un destin*, Paris, PUF, 1928; trad. port. de Fernando Tomaz, *Martinho Lutero, um Destino*, Porto, Asa, 1994.

FRANZEN, August, *Kleine Kirchengeschichte*, ed. org. por Remigius Bäumer, trad. port. de Manuela Ribeiro Sanches, *Breve História da Igreja*, Lisboa, Presença, 1996, max. p. 264 *et seq.*

KLAEHN, Karsten, *Martin Luther, sa conception politique*, Paris, Sorlot, 1941.

KÜNG, Hans, *Grosse Christliche Denker*, trad. cast. de Cármen Gauger, *Grandes Pensadores Cristianos*, Madrid, Trotta, 1995, p. 125 *et seq.*

LÉONARD, Émile G., *Histoire générale du protestantisme*, I, *La Réformation*, Paris, PUF, 1961.

SILVA, Carlos, Pinho, Borges de, Almeida, Dimas de, Soromenho Marques, Viriato, Teixeira, Alfredo, e Barbosa, David Sampaio, *Martinho Lutero, Diálogo e Modernidade*, Lisboa, Edições Universitárias Lusófonas, 1999.

TREVOR-ROPER, H. R., *Religion, the reformation, and the social change*, trad. port. *Religião, Reforma e Transformação Social*, Lisboa, Presença-Martins Fontes, 1981.

VALLET DE GOYTISOLO, Juan, *Théologie et Droit dans la science politique de l'Etat Moderne*, Rome, École française de Rome, 1991 (separata).

—, *A Encruzilhada Metodológica Jurídica no Renascimento, a Reforma, a Contra-Reforma*, trad. port. de Fernando Luso Soares (Filho), Lisboa, Cosmos, 1993.

WEBER, Max, *Die protestantische Ethik und den Geist des Kapitalismus*, 1920-1921, trad. port. de Ana Falcão Bastos e Luis Leitão, *A Ética Protestante e o Espírito do Capitalismo*, 3ª ed., Lisboa, Presença, 1990.

ZWEIG, Stefan, *Castélio contra Calvino*, 7ª ed., trad. port., Porto, Livraria Civilização, 1977.

JEAN BODIN

(ANGERS, 1529/1530-LAON, 1596/1597)

A soberania é o poder absoluto e perpétuo de uma República,
que os Latinos chamam majestatem (...). É necessário aqui
formar a definição de soberania, porque não há jurisconsulto
nem filósofo político que a tenha definido: é o ponto principal
e o mais necessário de ser entendido no tratado da República.
Jean Bodin

Nascido numa família burguesa, Bodin parecia votado à carreira eclesiástica. Começou por fazer rigorosos estudos com os carmelitas na sua cidade natal, passando depois à Universidade de Paris, em que absorverá a filosofia escolástica e, por outro lado, o sopro de renovação renascentista. Porém, foi sempre adversário das ideias de Maquiavel, as quais, todavia, para muitos acabam por confluir, na prática, com as suas, construtores que foram ambos dos alicerces teóricos do Estado.

Não se sabe ao certo se teria sido acusado de heresia e se teria fugido para Genebra. Certo é que, por volta dos seus 20 anos, já se encontrava em estado secular, desligado de quaisquer votos eclesiásticos. Foi professor de Direito em Toulouse na segunda metade do século XVI, deputado do Terceiro Estado aos Estados Gerais de Blois, em 1576, onde teria um papel relevante e de coragem, e advogou em Paris, a partir do início da década de 60. Foi conselheiro do duque de Anjou, quarto filho de Catarina de Médicis, o qual acompanhou em várias viagens, designadamente à Holanda, e participaria em negociações para o seu casamento. Tendo herdado do seu padrasto o cargo de procurador em Laon, para essa cidade se muda. Aí o virá a colher mortalmente a peste, por volta dos 70 anos.

As hodiernas polémicas sobre a soberania dos Estados (em absoluto, ou sujeita a limitações), colocadas pelo mundo interdependente, globalizado e em vias de integração regional (como no espaço europeu), recolocou um pouco – e deveria recolocar ainda mais – a figura de Jean Bodin na ribalta filosófico-política.

Com efeito, ao contrário do que muitos "soberanistas" ou afins pensam, embora sentimentos de pertença (*belonging*), nacionalismos e bairrismos se encontrem certamente no nosso "código genético", associáveis decerto pelos etólogos ao sentimento "animal" de territorialidade (e propriedade), que todos mais ou menos partilhamos, a ideia de soberania estadual, como poder que não conhece superior nem no plano interno nem no externo, está eivada de historicidade (Kritsch, 2002) e foi cunhada por este autor. Antes dela, existiam outros tipos de relações de poder, os quais parece terem algo a ver com o que sucede hoje (Grossi, 2003). A ideia de soberania seria assim gizada para resolver problemas políticos muito concretos e práticos: para terminar com feudalismos e senhorialismos, além de ajudar a resolver querelas religiosas, e para pôr termo às pretensões de papa e imperador, especialmente em França; e assim afirmando o poder superior e centralizado do monarca, principal protagonista e construtor de um *novum* político, o Estado. Soberano é aquele que é imperador no próprio reino.

Tal o principal legado de Bodin, e este o seu principal artigo de fé política:

> Assim como o navio não é senão madeira, sem forma de embarcação, quando lhe tiramos a quilha, que sustenta o costado, a proa, a popa e o convés, também a República, sem um poder soberano que una todos os seus membros ou partes, e todos os lares e colégios, num só corpo, deixa de ser República.

Esta é a sua síntese da questão, muito eloquente.

Estamos perante um espírito de transição, contraditório em alguns aspetos. Enciclopédico e renovador, criativo, é também laço com o passado medieval. Além de teórico da política, foi Bodin jurista brilhante, economista precursor do mercantilismo (tendo formulado a teoria quantitativa da moeda) e até teólogo aplicado, com incursões que hoje nos parecem estranhas em matéria de astrologia, e mesmo da ciência dos demónios ou demonologia, associada com a bruxaria. O facto de os problemas de hoje serem diversos, e de a invocação da teoria de Bodin (como fazem alguns, ritualisticamente, ou sacrificando a um conservadorismo *à outrance*) levar a paradoxos de desconformidade gritante entre a teoria e a realidade, não retira à construção a sua genialidade, nem a apaga do universo das ferramentas juspolíticas, sempre pronta a sair da caixa, se acaso se viessem a revelar improfícuas as tendências atuais. Trata-se, sem dúvida, de uma imponente, poderosa, construção. Até pelo facto de se basear numa ideia muito simples.

O seu livro mais célebre e realmente o mais importante é *Os Seis Livros da República*, em que desenvolve a ideia da soberania exercida por um rei justo, defensor do bem comum, respeitador das leis divinas, dos princípios fundamentais, do direito das gentes e defensor dos direitos e liberdades (reconhecendo aos Estados Gerais o poder de autorizar impostos, que o "soberano" monarca não poderia impor sem seu consentimento) – e contudo, defendendo uma monarquia centralizada, unitária e absoluta. Não apenas soberanistas "à outrance", como psitacistas, atribuem à soberania de Bodin uma dimensão que não tem. Se relermos a *História das Ideias Políticas* de Jean

Touchard, ou o *Law of Nations* de Brierly, por exemplo, aperceber-nos-emos de que há como que "freios e contrapesos" ao poder do monarca – internos e mesmo externos.

Bibliografias

Bibliografia ativa principal/específica

Methodus ad facilem historiarum cognitionem (1566); *Les Six Livres de la République* (1576); *Paradoxes de M. de Malestroit touchant le fait des monnaies et l'enrichissement de toutes choses* (1568); *Exposé du droit universel* (1578); *Démonomanie des sorciers* (1580); *Amphithéâtre de la nature* (1595); *Théâtre de la nature universelle* (1597). Edições: in *Corpus des Œuvres de Philosophie en Langue Française*, Paris, Librairie Arthème Fayard, 1986, 6 v.

Edições correntes/recomendadas

Los seis libros de la República, Madrid, Tecnos, 1985, trad. cast. e estudo preliminar de Pedro Bravo Gala.

Bibliografia passiva seletiva

AA. VV., *Jean Bodin. Actes du Colloque International d'Angers*, Georges Cesbron, Geneviève Rivoire e Jean Foyer (eds.), 2 v., Angers, Presses de l'Université d'Angers, 1985, Vrin, 1996.

ALBUQUERQUE, Martim, *Jean Bodin na Península Ibérica. Ensaio de História das Ideias Políticas e do Direito Público*, Paris, Fundação Calouste Gulbenkian, 1978.

BAUDRILLART, Henri, *Jean Bodin et son Temps. Tableau des Théories Politiques et des Idées Économiques au Seizième Siècle*, Paris, 1853; reimp., Aalen, Scientia, 1963.

BIRELEY, Robert, *The Counter-Reformation Prince. Anti-Machiavellianism or Catholic Statecraft in Early Modern Europe*, Chapel Hill e Londres, The University of North Carolina Press, 1990.

CALASSO, Francesco, *I Glossatori e la Teoria della Sovranità. Studio di Diritto Comune Pubblico*, Milão, Giuffrè, 1957.

CHURCH, William Farr., *Constitutional Thought in Sixteenth-Century France. A Study in the Evolution of Ideas*, Cambridge, Cambridge University Press, 1941.

CLAPHAM, Andrew, *Brierly's Law of Nations*, 7ª ed., Oxford, Oxford University Press, 2012, p. 7 ss..

DAVID, Marcel, *La Souveraineté et les Limites Juridiques du Pouvoir Monarchique du IXe au XVe Siècles*, Paris, Éditions Dalloz, 1954.

GOYARD-FABRE, Simone, *Jean Bodin et le Droit de la République*, Paris, PUF, 1989.

GROSSI, Paolo, *Dalla Società di Società alla Insularità dello Stato fra Medioevo ed Età Moderna*, Nápoles, Istituto Universitario Suor Orsola Benin-casa, 2003.

FELL, A. London, *Bodin's Humanistic Legal System and Rejection of Medieval Political Theology*, Boston, 1987.

FERREIRA DA CUNHA, Paulo, "Repensar a Soberania", in *Repensar o Direito Internacional. Raízes & Asas*, Coimbra, Almedina, 2019, p. 107 ss..

FRANKLIN, Julian H., *Jean Bodin and the 16th Century Revolution in the Methodology of Law and History*, Nova Iorque, Columbia University Press, 1963.

—, *Jean Bodin and the Rise of the Absolutist Theory*, Cambridge University Press, 1973.

KRITSCH, Raquel, *Soberania. A Construção de um Conceito*, São Paulo, USP/ Imprensa Oficial do Estado, 2002.

NOVAES, Adauto (org.), *A Crise do Estado-Nação*, Rio de Janeiro, Civilização Brasileira, 2003.

QUAGLIONI, D., *I limiti della sovranità. Il pensiero di Jean Bodin nella cultura politica e giuridica dell'età moderna*, Pádua, Cedam, 1992.

QUARISTSCH, H., *Souveränität. Entstehung und Entwicklung des Begriffs in Frankreich und Deutschland vom 13. Jh. bis 1806*, Berlim, Duncker & Humblot, 1986.

TOUCHARD, Jean (org.), *História das Ideias Politicas*, Lisboa, Europa-América, 1970 (vários vols.), vol. III, p. 63 ss..

VILLEY, Michel, La justice harmonique selon Bodin, *in Actes du Colloque International Jean Bodin*, H. Dentzer (ed.), Munique, Beck, 1973.

ANDRÉ, João Maria, *Renascimento e Modernidade. Do Poder da Magia à Magia do Poder*, Coimbra, Minerva, 1987.

BAUMER, Franklin L., *Modern European Thought*, trad. port., *O Pensamento Europeu Moderno*, trad. de Maria Manuela Alberty, revisão de Artur Morão, Lisboa, Edições 70, 1990, 2 v.

BIRELEY, Robert, *The Counter-Reformation Prince. Anti-Machiavellianism or Catholic Statecraft in Early Modern Europe*, Chapel Hill e Londres, The University of North Carolina Press, 1990.

BLUMENBERG, Hans, *Die Legitimität der Neuzeit*, 4ª ed., Frankfurt, Suhrkamp, 1976; trad. ingl. de Robert M. Wallace, *The Legitimacy of the Modern Age*, Cambridge, Mass./Londres, 1983.

BRONOWSKI, J., e MAZLISH, Bruce, *The Western Intellectual Tradition*, 1960; trad. port. de Joaquim João Braga Coelho Rosa, *A Tradição Intelectual do Ocidente*, Lisboa, Edições 70, 1988.

BURCKHARDT, Jacob, *A Civilização do Renascimento Italiano*, trad. port., 2ª ed., Lisboa, Editorial Presença, 1983.

CARVALHO, Joaquim Barradas de, *Portugal e as Origens do Pensamento Moderno*, Lisboa, Livros Horizonte, 1981.

CHASTEL, André, *L'Uomo del Rinascimento*, dir. de Eugenio Garin, Roma/ Bari, Laterza, 1988; trad. port. de Maria Jorge Vilar de Figueiredo, *O Homem Renascentista*, Lisboa, Presença, 1991.

CLAVERO, Bartolomé, *Antidora. Antropologia catolica de la Economia Moderna*, Milão, Giuffrè, 1991.

CONSTANT, Benjamin, *De la Liberté Chez les Modernes*, antolog. org. por Marcel Gauchet, Paris, Hachette, 1980.

DELUMEAU, Jean, *A Civilização do Renascimento*, trad. port., Lisboa, Estampa, 1983, 2 v.

FEBVRE, Lucien, *Le Problème de l'Incroyance au XVIe Siècle*, Paris, Albin Michel, 1970; trad. port. de Rui Nunes, *O Problema da Descrença no Século XVI. A Religião de Rabelais*, Lisboa, Editorial Início, s.d.

FOISNEAU, Luc (ed.), *Politique, Droit et Théologie Chez Bodin, Grotius et Hobbes*, Paris, Kimé, 1997.

GARIN, Eugénio, *O Renascimento. História de uma Revolução Cultural*, trad. port., Porto, Telos, 1983.

—, (dir.), *L'Uomo del Rinascimento*, Roma/Bari, Laterza, 1988, trad. port. de Maria Jorge Vilar de Figueiredo, *O Homem Renascentista*, Lisboa, Presença, 1991.

HALE, John, *The Civilization of Europe in the Renaissance*, Harper Collins, 1993; trad. port. de Maria José la Fuente, *A Civilização Europeia no Renascimento*, Lisboa, Presença, 2000.

HENSHALL, Nicholas, *The Myth of Absolutism. Change and Continuity in Early Modern European Monarchy*, Londres, Nova Iorque, Longman, 1992.

HESPANHA, António, *La Gracia del Derecho. Economia de la Cultura en la Edad Moderna*, Madrid, Centro de estudios Constitucionales, 1993.

JEANNIN, P., *Les Marchands au XVIe siècle*, Paris, Seuil, 1961, trad. port. de Mário B. Nogueira, *Os Mercadores do século XVI*, Porto, Vertente, 1986.

KRISTELLER, Paul, *The Classics and Renaissance Thought*, Cambridge, Mass., Harvard University Press; trad. port. de Artur Morão, *Tradição Clássica e Pensamento do Renascimento*, Lisboa, Edições 70, 1995.

LECLER, Joseph, *Histoire de la tolérance au siècle de la Réforme*, Paris, Albin Michel, 1994 (1955).

MEINECKE, F., *La Idea de la Razón de Estado en la Edad Moderna*, Madrid, Instituto de Estudios Politicos, 1959.

MESNARD, Pierre, *L'Essor de la Philosophie Politique au XVIe Siècle*, 3ª reed., Paris, 1968.

PEREIRA, Miguel Baptista, *Modernidade e Secularização*, Coimbra, Almedina, 1990.

—, *Modernidade e Tempo. Para uma Leitura do Discurso Moderno*, Coimbra, Minerva, 1990.

SILVA, Nuno Espinosa Gomes da, *Humanismo e Direito em Portugal no Século XVI*, Lisboa, ed. do autor, 1964.

SKINNER, Quentin, *As Fundações do Pensamento Político Moderno*, trad. bras. de Renato Janine Ribeiro e Laura Teixeira Motta, revisão técnica de Renato Janine Ribeiro, São Paulo, Schwarcz, Companhia das Letras, 1996.

SOLARI, Gioele, *La formazione storica e filosofica dello stato moderno*, Napoli, Guida Editori, 1985.

STRAYER, Joseph R., *On the Medieval Origins of the Modern State*, Princeton University Press; trad. port. *As Origens Medievais do Estado Moderno*, Lisboa, Gradiva, s.d.

VALLET DE GOYTISOLO, Juan, *A Encruzilhada Metodológica Jurídica no Renascimento, a Reforma, a Contra-Reforma*, trad., pref. e org. de Fernando Luso Soares (Filho), Lisboa, Cosmos, 1993.

VALLANÇON, François, *L'État, le Droit et la Société Modernes*, Paris, Armand Colin, 1998.

VILLEY, Michel, *La Formation de la Pensée Juridique Moderne*, Paris, PUF, 2003.

V

O BARROCO

O barroquismo imita Fausto: vende a alma ao diabo. E a assinatura de sangue com que sela o pacto é, já na sua caligrafia, o símbolo do movimento: é uma assinatura de estilo Barroco.

D'ORS, Eugenio, *Lo Barroco*, Madrid, Aguilar, 1964: 102-103.

BARROCO, SEGUNDA ESCOLÁSTICA, ESCOLA MODERNA DE DIREITO NATURAL E OUTRAS ESCOLAS

I. Direito e Poder em Tempos Barrocos

Ninguém sabe bem, na presente crise dos períodos (em muitas áreas da cultura) o que é o Barroco, esse momento encravado entre Renascimento (e eventualmente o Maneirismo) e Iluminismo, e contudo todos sabemos muito bem do que estamos a falar. Daí o adotarmos aqui essa designação (e divisão), que tanto deve, no campo da cultura, a Eugénio D'Ors (1882-1954), aliás pai do romanista Álvaro D'Ors (1915-2004).

Se a Reforma protestante geraria as suas teorizações do Direito e do Estado, é natural que a reação católica que se lhe seguiu, chamada Contrarreforma ou Reforma Católica, conforme a sensibilidade e as inclinações dos autores, haveria igualmente de ter os seus representantes, nesse terreno, e igualmente de vulto.

A forma que assume filosoficamente esta reação, que também é renovação, inovação e continuidade (há divergências quanto ao sentido predominante da mesma) é também sujeita a alguma controvérsia designatória: uns falam em Neoescolástica, outros em Segunda Escolástica, expressão que preferimos, pois, mais perto de nós, em torno do Concílio Vaticano I (1869-1879) uma renovação da escolástica se virá a verificar, e sabe-se lá quantas mais poderá o futuro reservar.

A verdade é que tanto a vaga católica da Segunda Escolástica, como a nova vaga protestante, da Escola do Direito Natural moderno (porque já havia, como sabemos, e com que importância, um jusnaturalismo clássico), se olhadas com um certo distanciamento, assumem realmente uma feição única de modernidade.

Claro que do lado jesuítico (a Companhia de Jesus, espécie de guarda avançada da renovação católica, houvera sido fundada pelo que viria a ser Santo Inácio de Loyola, na sempre fervorosíssima e militante Espanha, em 1540) se proclamaram, politicamente, a soberania popular (ao menos "inicial e alienável") e mesmo o tiranicídio, numa crítica a teorias (nem só protestantes, diga-se), do "direito divino dos reis". Posição desde logo defendida por Jaime I de Inglaterra, *pro domo sua* – o que de pouco lhe valeria. Mas alguns criticaram esta posição como uma espécie de *revolucionarismo para exportação*...

Claro que, por exemplo, Grotius (1538-1545) vem a aventar a possibilidade, apesar das cautelas, de haver um direito natural mesmo que – por absurdo – não houvesse Deus. O que é de uma imensa modernidade, ou seja, é mais uma rutura.

E obviamente muitas diferenças se poderão detetar na arquitetura do poder e do direito em autores como os da Escola espanhola de direito natural e os ingleses, holandeses e alemães, como Hobbes, o referido Van Groot, ou Samuel Pufendorf (1632-1694). Contudo, são em quase todos os casos ventos de um outro espírito os que sopram nesta época nem medieval nem dos primórdios da Modernidade.

Como Michel Villey advertiu, na sua *La Formation de la Pensée Juridique Moderne* (2003), a segunda escolástica não é realmente muito fiel à primeira. Nem todos os autores estão de acordo, como veremos *infra*, ao referir um pouco mais detidamente o contributo e o significado da obra de Francisco Suarez.

Mas o mesmo espírito que exalta, apesar de tudo, a originalidade de Suarez pode ao mesmo tempo reconhecer que Paulo Merêa teria "certeiro golpe de vista" ao ponderar a hipótese da maior proximidade entre o luterano Pufendorf e a fonte de São Tomás, que entre este e os neoescolásticos católicos, a começar por Suarez (Cabral de Moncada, 1955, I: 195; Merêa, 1943: 305). Porém, na medida em que Pufendorf é também um voluntarista, não deixa de se afastar, num ponto essencial, do "intelectualismo" (para não dizer já "racionalismo") do Doutor Angélico (Tzitzis, 2011: 148 ss.) e aproximando-se do Doutor Exímio. E contudo, no seu afã sistematizador, procurando cientificar o direito (e o direito natural) Pufendorf não deixa de exercitar abundantemente a razão. O problema será, certamente, o da prevalência em última instância...

Assim, de um lado e de outro desta barricada imaginária entre direito natural católico e direito natural protestante (com alguns casos de autores que parecem do lado de lá – o que não será privativo desta época, e deles não desmerece, por si só) acaba por haver um ar legalista, uma predominância do poder e da razão de Estado face à clássica autonomização do Direito, uma valorização da vontade (natural, pelo próprio normativismo).

Enfim, tudo se prepara, por uma via ou por outra, para um entendimento consensual de um Estado mais autocentrado e antes de tudo maior. Em muitos casos com magnificências exteriores e artísticas, designadamente arquitetónicas e nas artes plásticas, que dão bem o tom barroco da teatralidade legitimadora.

Com muito acerto, e até beleza formal, encerra o capítulo sobre a filosofia jurídica do Barroco o manual que durante décadas foi certamente o único português sobre esta matéria. É uma síntese muito apropriada:

E assim termina a época do barroco, sem ser fácil marcar-lhe a fronteira exacta que a separa do Iluminismo. Como acabamos de ver, muitos dos expoentes máximos do seu pensamento filosófico, mesmo nos domínios mais elevados da especulação metafísica, como LEIBNIZ, como SPINOZA, pertencem já, em vários dos seus aspectos, ao século de VOLTAIRE, ROUSSEAU e KANT. O século XVII vem perder-se nele como as águas dos grandes rios que, antes de desembocarem no mar, se tornam salgadas muitos quilómetros antes da foz. (Cabral de Moncada, 1955, I: 195-196)

II. A Chamada "Escola Espanhola"

Será em alguns círculos doutrinais já um costume exaltar-se a doutrina "espanhola" desta época, e falar-se mesmo de uma "Escola Espanhola" de direito natural. Cremos que, sem embargo da importância dos autores estritamente "espanhóis" da época, como, por exemplo, quiçá Diego de Covarrubias y Leiva (1512-1577), primeiro autor da teoria subjetiva do valor – que contudo estudou com mestres, que o foram, de Coimbra, como o brabantino Nicolau Clenardo (1493-1542) e o próprio Doutor Navarro (1493-1586), todavia se não pode então esquecer uma outra perspetiva, contribuindo assim para o pluralismo cultural: reconhecendo a escola daqueles que (todavia com menos fama, porque com menos *marketing* internacional) viriam a ser conhecidos por os *Conimbricenses*, englobando, naturalmente, alguns naturais de nações que compõem hoje o estado espanhol.

Esta escola de Coimbra englobaria alguns nomes sonantes: como os de Francisco de Vitória (1492-1546), célebre no direito internacional nascente, Martin de Azpilcueta Navarro (1493-1586), tio aliás, do Padre João Azpilcueta, missionário jesuíta e linguísta no Brasil, Domingo de Soto (1494-1560) que participaria com Bartolomé de Las Casas (1474-1566) e outros na célebre "controvérsia de Valladolid" sobre a legitimidade da expansão além-mar, Luis de Molina (1535-1600), o controverso criador do "molinismo" que articula de um modo muito próprio a omnisciência divina com a Graça e o livre-arbítrio (v. *infra*, Pascal), o defensor do tiranicídio Juan de Mariana (1536-1624), autor do célebre *De Rege et Regis Institutione* (1598), e os portugueses Pedro Fonseca e João de Santo Tomás (1589-1644), este de pai austríaco.

Na verdade, os nomes são muito comuns a umas e outras das escolas neste período que é, para os espanhóis, o seu *Siglo de Oro*. O qual, agigantando-se em cronologia, abarcaria Renascimento (sobretudo do século XVI) e Barroco (do século XVII), e iria desde a publicação da *Gramática* do castelhano de Nebrija, no mesmo ano da descoberta da América e da expulsão dos Mouros de Granada (1492), até à morte do dramaturgo Calderón de la Barca (1681). Não fora alheio também ao Poder e ao Estado o príncipe dos poetas portugueses, Luís de Camões (1524-1579/80) (Aguiar e Silva, 1994, Albuquerque, 1988), que também tem importante lugar na Literatura espanhola (Filgueira Valverde, 1982).

No plano político (mas a cultura também disso se recente), como se sabe, não foram todos tempos áureos para Portugal, que depois de ter sido, nas míticas palavras do próprio, "herdado, conquistado e comprado" por Filipe II, teria de suportar a União Pessoal volvida em tirania. Como explicaria, afinal com base em doutrina jesuítica e afim – desde logo de Belarmino e Suarez – Francisco Velasco Gouveia (1580-1659) na sua *Justa Aclamação...* (1642). Como também se sabe, a dinastia filipina durou de 1580 a 1640, ano em que se retomou a independência nacional plena, *de iure* e *de facto*. Durante este interregno (assinalado, desde logo, com o desastre da dita "Armada Invencível", em que a frota portuguesa, forçada a participar em empresa estrangeira, quase seria dizimada), acabaria por desabrochar o sentimento nacional brasileiro e o sentido de solidariedade lusíada, sendo de destacar o marcante gesto da libertação de Angola e São Tomé e Príncipe por Salvador Correia de Sá (1602-1688), cujas *Memórias* infelizmente se terão perdido.

Bibliografia

AGUIAR E SILVA, Vítor Manuel de, *Camões: Labirintos e Fascínios*, Lisboa, Cotovia, 1994.

ALBUQUERQUE, Martim de, *A Expressão do poder em Luís de Camões*, Lisboa, Imprensa Nacional – Casa da Moeda, 1988.

CABRAL DE MONCADA, Luis, *Filosofia do Direito e do Estado*, 2ª ed., Coimbra, Coimbra Editora, 1955, 2 v.

FILGUEIRA VALVERDE, José, *Camões*, trad. port. de Albina de Azevedo Maia, Coimbra, Almedina, 1982.

GOUVEIA, Francisco Velasco – *Iusta Aclamação do Serenissimo Rey de Portugal D. Ioão o IV*, Lisboa, Officina de Lourenço de Anveres, 1642.

PAULO MERÊA, Manuel, *Escolástica e Jusnaturalismo: O Problema da Origem do Poder Civil em Suárez e em Pufendorf*, in "Boletim da Faculdade de Direito", Universidade de Coimbra, v. XIX, 1943, p. 289-306.

TZITZIS, Stamatios, *Introduction à la philosophie du droit*, Paris, Vuibert, 2011.

VILLEY, Michel, *La Formation de la pensée juridique moderne*, nova ed., Paris, Montchrestien, 1975, *novíssima* ed., Paris, P.U.F., 2003.

2

FRANCISCO SUAREZ

(GRANADA, 5 DE JANEIRO DE 1548-LISBOA, 25 DE SETEMBRO DE 1617)

Francisco Suarez começou por estudar Direito, em Salamanca, estudos que abandaria para ingressar na Companhia de Jesus, escassos vinte e quatro anos após a sua fundação. Passaria depois, já na Companhia, a fazer estudos de Filosofia e Teologia, tornando-se professor.

Herdeiro da tradição dos mestres itinerantes, doutorou-se em Évora, mas ensinou em Ávila e Segóvia (1575), em Valladolid (1576-80), em Roma (1580-85), em Alcalá (1585-93), em Salamanca (1593-97) e em Coimbra (1597-1615), onde deu à estampa duas das suas maiores obras: *De Legibus* (1612) e, a expresso pedido do Papa, *Defensio Fidei Catholicæ* (1613). Viria a falecer em Lisboa, encontrando-se sepultado na Igreja de São Roque. O seu renome valeu-lhe o epíteto de "doutor exímio".

Apesar de para muitos ser um autor originalíssimo, na opinião de Cabral de Moncada, por exemplo, que a este autor dedicou vários estudos, as posições do expoente máximo do "Neotomismo" da época, Suárez, "não tinham, nem podiam ter, dada a sua posição dentro do tomismo, nada de profundamente original" (Cabral de Moncada, 1955, I: 183).

Contudo, se analisarmos os pontos em que a filosofia do Direito e do Estado em Suarez é para o filósofo do Direito português uma não "reprodução" ou "repetição" da doutrina de Tomás de Aquino, embora "sem traição dessa doutrina", verificaremos não propriamente essa originalidade que faz pasmar os que veem em cada novo autor uma brilhante descoberta, mas uma sintonia com as novidades do tempo: e, nesse sentido, uma diferença face ao que já passara.

Assim, Moncada vai considerando Suarez, face a Tomás de Aquino, "mais normativista", "muito menos universalista e portanto mais nominalista" (Moncada, 1955, I: 134), acentuando ainda o papel relevantíssimo que dá à lei (o *De Legibus* chama-se, na verdade *De Legibus ac Deo Legislatore*: Deus passa a ser concebido não, como antes,

"Deus dos exércitos" (muito presente no profetismo, *v.g.* em Malaquias) ou "Deus-juiz", mas como *legislador* – e que "paradigma" irradiante esse não é!), e, naturalmente, à vontade, que considera (e justamente, se encararmos a questão pelo prisma moderno) a essência da lei. Suarez é voluntarista, legalista, nominalista, e, no plano moral (mas com repercussões de monta no Direito e na Política, claro está), casuísta e probabilista – no que não andou diferentemente dos jesuítas em geral. Posições que seriam pomo de discórdia com os jansenistas, como veremos em Pascal. Na prática, afrontavam-se as posições de maior ou menos flexibilidade na conduta moral, sendo os jesuítas acusados de laxismo e os jansenistas de rigorismo, duas posições que ainda hoje têm os seus avatares, já sem a carga teológica e ética desses tempos. Veja-se, por exemplo, num extremo, os defensores da "tolerância zero", "mão dura", "law and order", de um lado, e, no outro extremo, os que sempre clamam que não há culpados individuais, mas a culpa é apenas da sociedade como um todo – logo, também não é de ninguém.

Mas regressemos a Suarez: afigura-se-nos que são de muito tomo as novidades de Suarez face a São Tomás, até porque são do seu tempo...

Por estas e por outras razões é que Villey verá no jusracionalismo, que o Barroco prepara, não a afirmação de um Direito natural puro, mas um misto, já com uma composição majoritária de positivismo. Com efeito, o caminho para o positivismo jurídico é feito por nominalismo, por voluntarismo, por legalismo... ainda que em roupagens escolásticas. As quais, obviamente, não eram próprias do jusnaturalismo aristotélico ou romanista.

No plano político, a origem da sociedade política e do poder é fundada num pacto social – como será próprio dos autores do tempo – que na verdade são dois: o primeiro (*pactum unionis*) que estabelece entre os homens o Estado, e depois um segundo (*pactum subiectionis*) o que transfere o poder aos governantes. Contudo, este molde teórico, na verdade esta metáfora, tem em cada autor o seu sentido próprio, acabando por ser um salvo-conduto de concordância que não dá especificidade a nenhum pensamento neste ambiente barroco (como aliás mais tarde). Apenas Rousseau, entre os modernos, será um tanto mais claro na sua obra *Du Contrat Social*. Esta teorização de Suarez é a base para o ataque ao direito divino dos reis, que era obviamente conflituante com o poder papal. Já não se defendendo uma teocracia, pura e simples, a teoria do poder indireto dos Papas dava-lhes o poder de se sobreporem a leis que pusessem em causa a alma dos súbditos dos monarcas, podendo aconselhá-los, e no limite depô-los, porque o poder espiritual dirigiria e corrigiria o poder político. Afinal, a aparente democraticidade e até republicanismo (com que se acusaram estas ideias) tinha por detrás (ou, no mínimo em paralelo) uma outra preocupação, com a afirmação de um outro poder.

Especificamente no terreno do Direito, Suarez, retomando as classificações e terminologia do Aquinate, dá-lhes contudo contornos algo diversos, e afeiçoados à sua teoria geral.

A lei natural concebe-a como lei moral, absoluta e necessária, imutável e de origem divina; o direito natural pode ser também imutável (como o do Decálogo – e esta posição tem posteridade até os nossos dias, como um Álvaro D'Ors, *Derecho y Sentido Común*?) – o *direito natural preceptivo* – ou passível de modificação – o *direito natural dominativo*; a lei, porém, ganha muito mais peso: sendo "preceito comum, justo, estável, suficientemente promulgado" (*De Leg.*, I, 12, 2).

Há quem pense que Suarez ficou obnubilado, esquecido e até escarnecido, pelo Iluminismo e sua posteridade. Talvez só a parte caduca dele. A sua parte circunstancial. Por alguma razão Moncada escreveria, em 1949, *O Vivo e o Morto em Suarez Jurista*. De Suarez, ainda há muito que está vivo. Se bom se mau, se bem se mal, isso depende dos observadores e das suas opções...

Bibliografia

Principais obras jurídico-políticas e afins

Disputatio ultima de bello, Roma, 1584.

Quaestiones de iustitia et iure, Roma, 1585.

De homicidio in defensionem propriae personæ, Alcalá, 1592.

De Legibus tractatus, Roma, 1582, Coimbra, 1601-1603, Lisboa, 1607.

Tractatus de legibus ac Deo Legislatore, Coimbra, 1612, Amberes, 1613, Lyon, 1613.

Edição recomendada e fontes

CAPITÃO, M. A. Ramos da Motta, *Bibliografía Portuguesa de Suárez*, "Revista Portuguesa de Filosofia", 4, 1953, p. 56-61.

SUAREZ, Francisco, *Tractatus de Legibus ac Deo Legislatore*, prep. L. Pereña, Madrid, Consejo Superior de Investigaciones Científicas, 1973, 5. v.

VASCONCELOS, Garcia Ribeiro de, *Suárez em Coimbra*, Colleção de documentos, Coimbra 1897.

Bibliografia passiva

ALVES, Paulo Durão, S. J., *A Filosofia Política de Suárez*, Porto, Livraria Tavares Martins, 1949.

CABRAL DE MONCADA, L., *O Vivo e o Morto em Suarez jurista*, Coimbra, 1949, in ex *in Estudos Filosóficos e Históricos*, Coimbra, Acta Universitatis Conimbrigensis, 1959, p. 52 segs.

CALAFATE, Pedro, *A ideia de soberania em Francisco Suárez, in Francisco Suárez (1548-1617), Tradição e Modernidade*, ed. Adelino Cardoso *et al.*, Lisboa, Colibri / Centro de Filosofia da Universidade de Lisboa, 1999, p. 251-264.

PAULO MERÊA, Manuel, *Suarez Jurista*: *O Problema da Origem do Poder Civil*, Coimbra, Imprensa da Universidade, 1917.

—, *Suárez, Grócio, Hobbes, Lições de História das Doutrinas Políticas feitas na Universidade de Coimbra*, Coimbra, Editor Arménio Amado, 1941.

—, *Escolástica e Jusnaturalismo*: *O Problema da Origem do Poder Civil em Suárez e em Pufendorf, in* "Boletim da Faculdade de Direito", Universidade de Coimbra, v. XIX, 1943, p. 289-306.

—, *Estudos de Filosofia Jurídica e de História das Doutrinas Políticas*, Lisboa, Imprensa Nacional – Casa da Moeda, 2004, Prefácio de Mário Júlio de Almeida Costa, Nota Introdutória de José Manuel Pizarro Beleza (incluindo os três estudos precedentes).

RECASÉNS SICHES, Luis, *La Filosofia del Derecho de Francisco Suarez, con un estudio previo sobre sus antecedentes en la patristica y en la escolastica*, Madrid, Libreria General de Victoriano Suarez, 1927.

ROMMEN, Heinrich Albert, *Die Staatslehre des Franz Suárez*, Munique-Gladbuch, 1927.

VASCONCELOS, A.G.P. de, *Suárez em Coimbra*, Colleção de documentos, Coimbra, 1897.

WERNER, Karl, *Franz Suárez und die Scholastik der letzten Jahrhunderte*, Regensburg, 2 v., 1861-1864.

3

GROTIUS, DIREITO NATURAL
E LIBERDADE DOS MARES

I. Hugo Grotius (Delf, 10 de abril de 1583-Rostock, 28 de agosto de 1645)

Hugo van Groot, de nome alatinado Grotius, foi uma personagem deveras aventurosa e algo original no contexto jurídico-político, provando que ser homem de ação não tira a possibilidade da reflexão. E pelo contrário: ação e pensamento mutuamente se inspiram e fecundam.

Foi um menino-prodígio: era poeta já aos oito anos, e entrou no curso de Direito da Universidade de Leida aos onze anos, tendo-se doutorado (ou graduado?) aos quinze. Mesmo sendo curtos os cursos, nessa época (estamos agora a reencontrar essa concisão académica), não podemos deixar de lembrar que o rei de França, Henrique IV, que o conheceu nessa idade, integrado numa embaixada do seu País, o consideraria um "milagre da Holanda" – numa Holanda que certamente acreditaria então pouco neles.

Teve também uma vida atribulada, tendo conhecido na pele as manifestações de intolerância religiosa: aos trinta anos era conselheiro em Roterdão; mas o triunfo do calvinismo com Maurício Nassau levá-lo-ia à condenação a prisão perpétua. Ele era também protestante, mas arminiano. Evadiu-se, escondido numa arca de livros. Exilado, esteve fugido na Alemanha com a cabeça a prémio, foi ajudado pelo rei de França, e viria a ser embaixador da Suécia em Paris. A caminho de Estocolmo, chamado pela rainha Cristina, naufragou. Salvou-se de mais essa atribulação, mas acabaria de morrer, exausto, uma semana depois do acidente marítimo, e em território germânico. Aparentemente desiludido com a falta de realizações da sua vida (para tantos conhecimentos que possuía)...

Tem sido dito (mas não há contudo unanimidade) que um dos maiores feitos de Grotius, que era um humanista sábio e tolerante, teria sido uma laicização do Direito (ou, pelo menos, o ter sido precursor de Thomasius – 1655-1728 – e do seu empreendimento de separação do direito e da moral: que também não é, como sabemos, original), concebendo um direito natural não metafísico, não religioso (é conhecida a sua tirada sobre a existência daquele, mesmo na hipótese de inexistência de Deus – *De Iure bel.*, Proleg., XI), mas ontologicamente ligado à natureza humana e de índole já muito racional. Em política, não se atarda nas teorias contratualistas e tem da soberania, ao contrário de tantos, no seu tempo, uma visão moderada.

II. A Polémica da Liberdade dos Mares

Mas foi na polémica sobre a liberdade dos mares que Grotius ganharia mais renome.

Se abrirmos a *Anthologie de la Pensée Juridique* de Philippe Malaurie, que tem a curiosa particularidade de ser certamente uma das escassas edições acessíveis e mais correntes em que pudemos contemplar um grande retrato colorido do agudo Hugo de Groot, dito Grotius, somos informados (p. 76) que o seu *Mare Liberum*, de 1609, foi contraditado brilhantemente em 1635 pelo inglês Selden, que escreve um simétrico *Mare Clausum*.

Se, não contentes com a cultura dos sábios de Paris, demandarmos a Enciclopédia Britânica (v. V, p. 524 ss.), aí veremos uma pequena e bicromática representação de Grotius no mesmo retrato do Rijksmuseum de Amesterdão, encimando um comparativamente longo artigo em que se não cita já sequer Selden. Estranha exclusão, ou talvez conclusiva... dado que Selden ficou objetivamente na mó de baixo da História.

Pois bem: será preciso, na verdade, demandar fontes espanholas e portuguesas para se ficar a saber o que os portugueses sempre souberam a este respeito, sobretudo graças à divulgação feita pelos professores Paulo Merêa e Marcello Caetano: que Grotius, aliás tendo publicado o seu escrito anónimo, foi contraditado ponto por ponto por um português, o Doutor Frei Serafim de Freitas.

A partir de aqui, um novo equívoco se gera: parece que Serafim de Freitas pleiteia em Portugal, por Portugal, ao serviço da nossa Coroa... contra holandês ao serviço dos interesses holandeses.

Equívoco que comporta matizes, porque a verdade não será decerto nem isso exatamente, nem precisamente o contrário disso.

III. Serafim de Freitas (Lisboa, 1570-Madrid, 1633)

Frei Serafim de Freitas estudou Humanidades no Colégio Santo Antão, da Companhia de Jesus, tendo-se doutorado na Faculdade de Cânones da Universidade de Coimbra. Como ocorria com frequência com intelectuais portugueses naquela época de União ibérica, certamente não encontrando em terras lusas emprego do seu talento, parte para Espanha onde certamente desejava pôr a render o saber do seu anel de esmeralda (o vermelho era privativo das Leis).

Em 1600, vinte anos após a referida união das duas coroas na dinastia filipina, já o vemos na cidade de Valhadolid, onde advoga. Sete anos mais tarde, alcançará a cátedra de Cânones nessa prestigiada Universidade.

Embora tenha tido uma obra na época de algum modo significativa, alcançará renome histórico apenas um libelo sobretudo polémico, *De Iusto Imperio Lusitanorum Asiatico*, editado em 1625. É a Grotius que Serafim de Freitas visa.

Compreende-se que o veredicto da história seja complicado para quem ficou claramente com o argumento perdedor e ousou afrontar um dos ganhadores, em muitos planos. Por isso, mesmo se por vezes se louva a sua empresa, a inatualidade das suas teses, e a grandeza do seu opositor não deixam de afetar o brilho da sua estrela. Contudo, não são as pessoas que realmente importam nestes estudos, mas o debate de ideias...

IV. Caminhos Cruzados

Recuemos um pouco para podermos tomar distância e acertar o ponto de mira.

Eram efetivamente antigas as pretensões reais ou estadualistas portuguesas de domínio sobre os Algarves d'aquém e d'além-mar em África, à Guiné, e sobretudo à *conquista e navegação da Etiópia, Arábia, Pérsia e Índia*, como constava do próprio título do monarca, e de que João de Barros, na 1ª *Década da Ásia*, faz a exegese legitimadora, explicitando que tais títulos têm um real conteúdo jurídico.

Também de modo algum se poderá interpretar como um *flatus vocis* a Bula *Romanus Pontifex*, outorgada pelo Papa Nicolau V, em 1454, a D. Afonso V de Portugal, o que lhe permitirá firmar a lei de 31 de agosto de 1474, a qual (entre outras) está na base das duras penas das Ordenações Manuelinas cominadas contra os que, portugueses ou estrangeiros, navegassem sem autorização régia.

Há, com efeito, um lastro legislativo e uma ideologia do poder nacional que se baseia, talvez antes de mais, no título *das lágrimas de Portugal* de que fala Pessoa, porquanto o título de "doação" pelos Papas se houvera fundado, passemos agora a palavra a João de Barros, "(...) nas muitas e grandes despesas que neste reino eram feitas, e no sangue e vidas de tanta gente português (*sic*) como neste descobrimento per ferro, per água, doenças e mil géneros de trabalhos e perigos pereceram" (*apud* Caetano, 1983, I: 14).

Mas é óbvio que a esta ideia de legitimidade difusa se opõe Grotius explicando que se os Portugueses redescobriram essas rotas generosamente, a eles se deve o tributo dos descobridores, se, pelo contrário, o fizeram pela cobiça, nela têm já a sua paga, não merecendo sequer elogio nem admiração.

E o próprio Marcello Caetano, para quem decerto o louvor do "patriotismo" de Serafim de Freitas poderia ser empreendimento algo solidário e analógico de outro em que era ou viria a ser um dos protagonistas, não deixará de assinalar, com honestidade intelectual, que esta atribuição papal, embora acatada (que remédio!) pelos demais países europeus, não o fora sem "algum murmúrio de descontentamento" (Caetano, 1983, I: 12). Pelo que, embora, como diz Grotius, a arbitragem papal das pretensões lusas e castelhanas fosse *res inter alios acta* desde o princípio, não vinculando por isso os terceiros em tal questão não intervenientes, nem por isso alguns deles deixaram de fazer sentir esse descompromisso e um óbvio mal-estar.

Marcello Caetano, autor de alguns dos mais documentados estudos sobre o assunto, e sem dúvida do mais divulgado – precisamente o prefácio à edição portuguesa da obra de Serafim de Freitas *Do Justo Império Asiático dos Portugueses –*, envolve a questão de tonalidades patrióticas, como dissemos. Tal facto em muito prejudica, no nosso modesto entender, a cabal compreensão do significado desta obra na história da nossa cultura e do nosso pensamento.

É que, se transpusermos as páginas desse para-texto prefacial, se o transpusermos de verdade, se conseguirmos desprender-nos da sua lição e da sua influência expansiva, se o esquecermos, melhor, se não o lermos, embora percamos muitas e muitas informações válidas e úteis, seremos todavia capazes de mais virginalmente aquilatar do sentido do livro de Serafim de Freitas, apologético do mar fechado, do mar com dono... Causa péssima, que não o é, como insinua (ou até afirma) o prefaciador, por ter perdido historicamente (oh tirania da sorte!), nem pode ser absolvida pela virtude excelsa do resgate da Pátria face a afrontas que não sofreu (no plano teórico ao menos: Grotius é em geral cortês, embora tenha fracassado pessoalmente quer como diplomata político quer como conciliador teológico de católicos e protestantes).

Pois bem. O livro de Serafim de Freitas é sem dúvida escrito por português, reitera e advoga com filigrana conceitual e retórica os interesses portugueses (mas interesses nem sempre são razões nem direitos). Mas em torno dele paira muito de Castelhano e do Estado Castelhano. O autor, embora haja feito estudos em Coimbra, terá preferido a cátedra em Valladolid (ou lha terão recusado em Coimbra); instalou-se e passou a viver em Espanha, e aí professou.

Passemos ao seu livro. É natural que dedicasse o livro ao monarca que cingia as duas coroas ibéricas. Mas o panegírico real, associado a um castelhanismo oficial que parece respirar-se, desde a capa, torna-se excessivo: dedicatória e quadra laudatória na capa, licença real seguinte, além de licenças várias, nova dedicatória a "Filipe IV. Monarca das Hespanhas e das Índias", que se prolonga por duas páginas, em que se incluem duas composições poéticas glorificando o monarca, e depois de uma invocação geral aos soberanos, novo privilégio dado pelo rei, seguida de mais duas licenças. Mesmo comparando com outros escritos da época (*et pour cause*) tudo parece indicar que se trata de obra muito apadrinhada e muito alinhada com o poder.

Se compararmos, depois, as fontes de Grotius com a argumentação de Serafim de Freitas, não por uma análise de segunda mão, mas pela leitura direta, chegaremos quiçá à paradoxal conclusão de que o holandês, embora tendo escrito este texto no contexto de uma por muito tempo inédita (só se editaria em 1868) obra maior (*De Iure praede*) destinada a justificar perante acionistas mais escrupulosos o apresamento da nossa embarcação "Santa Catarina" pelos holandeses, como resposta à sistemática barragem do caminho das Índias pelos hispânicos (aí se incluindo os portugueses), não só se baseou, em geral, em princípios universais de direito natural e de direito das gentes, como – e isso é o mais interessante – se fundamentou abundante e explicitamente na doutrina hispânica tradicional, que não ia no sentido do *mare clausum*, mas do *mare liberum*, título do seu manifesto. Havendo mesmo quem chegue a afirmar (como o holandês Van der Vlugt, retomado aliás pelo espanhol Garcia Arias – Vlugt, 1927, VII, II: 420;

Garcia Arias, 1979: 17) que a virtude deste ainda muito jovem Grotius (mas houvera-se doutorado aos 15 anos...) não fora senão compilar e sistematizar precisamente estudos de espanhóis: basicamente a ideia de Vitória segundo a qual todos os povos têm o direito de entrar em contacto com os demais, e de com eles estabelecer comércio; e em seguida a ideia de Fernando Vázquez de Menchaca, para o qual a ninguém pode caber o direito exclusivo de navegação.

Ora, como a obra de Serafim de Freitas é de 1625, daqui resulta que a fortuna é bem madrasta para com os autores originais. Nem os referidos espanhóis que influenciaram Grotius (que, recordemo-lo, publica anonimamente o seu *Mare Liberum* em 1609) normalmente granjeiam citação para a posteridade, nem sequer o português, que, afinal, escreveu antes do latino-americano Solórzano (*De Indiarum Iure*, 1629), pouco famoso porém, ou do inglês John Selden (*Mare Clausum*, 1635).

Com o declinar da influência portuguesa (que já em 1609 estava longe de poder patrulhar eficazmente os mares), a polémica passa a ter sentido sobretudo com os ingleses. Alguma razão teria Garcia Arias ao afirmar que o *"Mare Liberum* foi escrito contra Portugal, publicado contra Espanha e utilizado contra a Grã-Bretanha" (1979: 14-15). E é sintomática esta situação, concorrendo para a nossa tese: em 1625 Serafim de Freitas está sobretudo a defender os direitos do monarca castelhano-luso; pouco pode fazer já pela causa dos mares portugueses. Se o *Mare Liberum* é publicado contra a Espanha, o *Do Justo Império* invoca os direitos dos portugueses num contexto de castelhanização. Ninguém se defende de um ataque contra outrem... Na verdade, na conceção muito proprietarista de Serafim de Freitas, certamente fundada num romanismo coisificador pelo qual *res clamantant dominum*, todas e quaisquer coisas clamam por um dono, de algum modo se pode dizer que nos direitos do rei de Portugal sucedera o rei de Castela cumulando essa coroa. E na translação de direitos reais de rei para rei se justificava ainda defender o título do império lusitano, porque ele dava razão e fundamento ao novo império hispânico, em que o sol jamais se poria.

E então, embora nos possa custar e ao nosso álbum de glórias nacionais, compreendemos porque Serafim de Freitas pôde estar do outro lado da barricada histórica do progresso. Porque, enquanto Grotius se acabaria por filiar (com todas as suas heresias, é certo) na segunda escolástica, na escola de direito natural hispânico, aquela mesma que, também com todos os desvios, acaba por entroncar no que o pensamento jurídico ibérico tem de original e progressivo, a argumentação de Serafim de Freitas acaba por ser um exemplo do valor (muito relativo) do virtuosismo da metodologia jurídica: é que a lógica tem de ser atravessada pelo bom senso. O português afastou-se daquele realismo e daquela preocupação pela natureza das coisas que nos caracterizava, afastando-se, assim, da tradição ibérica. Tradição doutrinal, claro, independentemente da cobiça dos governantes e de alguns poderes delegados ou fácticos.

Importa agora fazer uma pausa e remeter para alguma literatura que nos dará uma maior abrangência da questão.

Alfred Dufour (1991: 115 ss.) analisará os problemas jurídicos da expansão, e assinalando a dupla tradição cristã e humanista que levaria, no século XVI, a um debate havido em grande liberdade de que resultaria a fundação da moderna noção de sociedade internacional.

Na polémica de Valladolid, não parece terem tido excecional relevância o conjunto de posições de um Sepúlveda, as quais, aparentemente, poderia pensar-se navegariam, de algum modo, mais no sentido de Serafim de Freitas. Uma análise documentada e minuciosa da Polémica de Valladolid, em que Sepúlveda e Las Casas se defrontaram, acaba por levar à conclusão de que, em muito, ambos se aproximariam durante o debate. Neste sentido, Jean Dumont (1995, 1997).

Observar-se-á ainda a dureza e desumanidade do esclavagismo espanhol, mas, curiosamente, sintomaticamente, a preocupação (mesmo que hipócrita) de se compatibilizar com as prescrições teológicas (e, já no Iluminismo, por se compatibilizar também com a Ilustração). Mas não era apanágio único dos espanhóis. O Código negro francês navega nas mesmas águas (Sala-Molins, 1992).

Retomemos o nosso fio, voltando ao problema ibérico...

Vai-se tornando conhecida a lição de Agostinho da Silva sobre esta matéria: a Península, sobretudo depois de Carlos V, *que é um imperador alemão*, deixa de desempenhar o seu papel próprio e de ser uma espécie de exportadora do direito romano, aliás direito imperial...

Mas, falando agora só de Portugal, já desde o absolutismo real do tempo dos Descobrimentos, que a velha terra lusa abandonara o seu génio jurídico próprio para se europeizar de forma utopista (ela já era europeia, mas a seu modo): e o alfabeto e a gramática e a moeda corrente dessa uniformização forçada e redutora foi o direito romano tardio, o chamado "direito imperial". O qual, para cúmulo, embora certamente com resquícios do seu próprio génio jurídico (muito patentes no chamado direito "indiano", das Índias Ocidentais), exportou para as terras de sua conquista e navegação.

Com isto não se quer obviamente afirmar que no direito romano se pudesse colher a solução, sem mais, do domínio exclusivo dos mares por um Estado, porque os juristas romanos eram sábios jurisprudentes. Mas na *pax romana* que fez do Mediterrâneo o seu lago, o *mare nostrum*, e no proprietarismo romano podemos ver dois paradigmas que decerto estariam presentes na *forma mentis* dos autores do *Mare Clausum*.

Na prática, é interessante olhar o comportamento dos monarcas hispânico e britânico e a das instituições holandesas: raramente parecem interessar-se pela polémica. Como se bem soubessem que o que importa, nesta matéria internacional, não é a força dos argumentos, mas os argumentos da força. Por isso, Filipe prefere proibir o *Mare Liberum* a patrocinar desde logo uma refutação, a nossa Restauração engolirá o sapo da liberdade marítima em troca do auxílio anti castelhano, por isso o *De Iure Praede* não se publica, por isso o refutador holandês de Selden verá a publicação do seu escrito proibida.

Outra lição importante a tirar desta polémica é a da inanidade da doutrina face à política, que encolhe frequentemente os ombros face às subtilezas e às razões dos jurisconsultos.

V. Das Teses

Não há tempo para entrar no pormenor da polémica, mas sempre dela se fará um breve enunciado de teses e antíteses.

Grotius defende, muito justamente, a existência de uma justiça natural que a infundada opinião dos homens e o costume não podem infirmar (Grócio, 1979: 73). Segue a velha doutrina de que, no fundo, há uma lei moral infundida na alma dos homens e alheia à sua vontade pessoal (p. 54) e considera ser de lei natural que haja coisas próprias e coisas comuns, sendo as comuns de uso geral de todos, sem preterição de ninguém (p. 55). E nestas coisas públicas inclui os rios, lugares públicos e mares (p. 56 ss.). Apela explicitamente para as leis hispânicas que com tal seriam concordes (p. 58), embora se trate mais de doutrina que de lei..., e dispõe-se ao diálogo e a aceitar arbitragem, como pleiteando para um tribunal superior: o da opinião pública e do julgamento divino, mas também os mediadores do caso em concreto (p. 60).

A partir daqui, extrai Grotius as suas teses, numa dedução em grande medida cartesiana, apenas matizada com abundantes citações jurídicas, bíblicas e de autores clássicos, tão ao gosto da época. São elas:

1. Pelo direito das gentes é a todos permitida a navegação para qualquer parte. Pela própria natureza das coisas, e vontade divina, que estabeleceu a raridade e a abundância de bens por toda a parte, a fim de que os homens se entreajudassem, comerciando entre si. 2. Os Portugueses não teriam, fundados no título do descobrimento, nenhum direito de domínio sobre as Índias com quem os holandeses também contactaram. Porquanto, além do mais, eles têm a sua própria organização política. 3. Não têm os Portugueses também, por título de doação pontifícia, o direito de domínio sobre as Índias. A intervenção pontifícia é considerada sobretudo um dirimir do conflito hispano-luso e os demais nada têm com isso. 4. Os Portugueses também não têm domínio sobre as Índias por título de guerra. Na medida em que o critério desta é precisamente o de entraves à circulação e instalação, ou pregação, coisa que não sucedeu com os portugueses, que, assim, a fazer a guerra, fariam guerra injusta. 5. O mar ou o direito de navegação não é propriedade portuguesa por título de ocupação. Porquanto os barcos não deixam edificação com o sulcarem os mares, além de que há coisas que, por natureza, não admitem propriedade. 6. Também o mar não pode ter sido doado pelo Papa. Desde logo porque "a doação de coisas fora do comércio não tem qualquer valor" (p. 116). 7. O mar ou o direito de navegar não são próprios dos Portugueses por título de prescrição ou costume. 8. Pelo direito das gentes o comércio é livre entre todos os povos. 9. O comércio das Índias orientais não é próprio dos Portugueses por título de ocupação. 10. O comércio das Índias orientais não é propriedade dos portugueses por título de doação papal. 11. O comércio das Índias orientais não é um direito próprio ou privativo dos Portugueses por título de prescrição ou costume. 12. A proibição do comércio pelos Portugueses não assenta em nenhuma equidade. 13. Os holandeses devem manter o seu comércio com a Índia em paz, em trégua e em guerra.

Se estas teses facilmente se retiram do próprio índice do trabalho de Grotius, é muito mais árdua a síntese do pensamento do polemista português. Além da sua obra ser muito mais volumosa, o autor perde-se pelos meandros dessas introduções gerais em que, como saborosamente afirma António Sérgio, nos interna "na selva de uma introdução genérica, histórico-genético-filosófico-preparatória, cheia de cipoais onde se nos enreda o espírito e de onde nunca se avista a estrada recta e livre" (1974: 72). Tem Serafim de Freitas, a mais que o comum, não lhe faltar o fôlego e concluir.

Conclui com muitas citações escriturísticas, clássicas e de história pátria, além de copiosas referências jurídicas, que tudo está basicamente bem ("As leis de Portugal são plenas de sentido" – Freitas, 1983). Dá logo no início da sua obra como provadas asserções como estas, que por sua vez servem de axiomas para novas argumentações (selecionamos de forma nada imparcial: propositadamente escolhemos algumas cujos títulos-tese maior choque poderiam suscitar): 1. a navegação pertence ao estado da natureza corrupta (107); 2. o navegar é contra a natureza (109-110); 3. o príncipe pode proibir o comércio aos estrangeiros em suas terras, e aos seus vassalos nas estrangeiras (111). 4. a liberdade de navegação não pertence ao primeiro estado de natureza íntegra, nem ao direito imutável das gentes (111 ss.). 5. pelo direito das gentes, negociar e viajar são lícitos até serem proibidos (119).

Mas a par destas e de muitas outras teses mais chocantes, evidencia grande argúcia e conhecimento da História e do Direito, argumentando com engenho. Confessamos que é hoje penoso e ociosíssimo tentar reconstituir o pormenor da argumentação, de tal modo o nosso espírito liberal (mas não liberal de rios privados, ou de mares fechados) é avesso a essa ideia de apropriação estadual do que é comum... Tudo isto porque afinal a apropriação estadual não é muito diferente da apropriação privada no que respeita a bens livres...

(E todavia talvez compreendamos o que está em causa se, *mutatis mutandis*, pensarmos, por exemplo, na decisão judicial sobre a Napster: instituindo, em nome do *copyright*, sacrossanto direito de propriedade de "descobridores", o *mare clausum* da navegação musical da *Internet*: tanto, que alguns temeram se teria passado a ser proibido passar a emprestar livros e CDs, *traditio brevi manu*.)

Enfim, a leitura de Serafim de Freitas devia, por isso, ser prescrição obrigatória para todos quantos põem o interesse e a política acima da razão e da equidade. Também à própria Inglaterra, que posa para a História (em vez do nosso teorizador) como paladino do *mare clausum*, também ela deu de barato a teoria de um mar próprio, porque a assegurou na prática, com o facto consumado do seu poderio naval.

Este direito internacional lembra o que Michel Villey, insuspeito de marxismo, disse do Direito do trabalho: um permanente jogo de forças, ali entre trabalho e capital, aqui entre poderes, mais fracos e mais fortes.

Prescrição, pois, de leitura da obra, e já agora também de meditação sobre o fim da personagem histórica. Se quiséssemos fazer literatura, invocaríamos o facto de que bem cedo o nosso polemista começou a ficar surdo e por isso teve de retirar-se do ensino. Surdo ao mundo novo que nascia, surdo aos argumentos de quem contraditou?

Não avancemos. Grotius também se recusou a defender o seu livro, agastado com a sua *ingrata patria*, de cujos cárceres teve de fugir.

VI. Para uma "Moral da História"

Paira no ar um desconforto amargo sobre a juridicidade e a consistência dos argumentos de ambos os lados.

Uma investigação com outro tempo permitirá certamente descortinar outros interesses e outras leituras nesta polémica.

E, todavia, não devemos esquecer a Geografia. Nesta polémica sobre a liberdade dos mares paira, em pano de fundo, o recorte das terras. Carl Schmitt mostrou-o em dois textos notáveis, embora decerto também marcados pela sua circunstância (1941), com os quais de algum modo nos permitimos dialogar, nesta parte final (Schmitt, 1941, 1943, 1990).

É que desde a segunda metade do século XVI que ganhava forma uma nova conceção da organização política da terra: o Estado. Conceção tão avassaladora que acabámos por interiorizá-la e projetá-la, *a posteriori* sobre todas as demais, num cronocentrismo de paradigmas sem precedentes.

Nesta polémica, criam-se duas noções diversas de Direito Internacional: uma territorialista, baseada na ideia de soberania de Jean Bodin, que funda e se funda no Estado, e uma marítima, que é aliás a forma de afirmar a liberdade face ao Estado. Se a terra se lhe submete, o mar é livre.

Todavia, o grande beneficiário desta polémica, que, como vimos, acabará por ser a Inglaterra, foi alternando no lado da barricada consoante as suas conveniências, e (por quê?) de algum modo procurou colher também quer as lições de Maquiavel (estadualistas), quer as de Tomás Moro, cuja utopia é anúncio talvez involuntário de uma terra sem lugar (*ou-topos*). Ora essa terra sem lugar é não apenas a Ilha, como o território flutuante, a frota. A frota inglesa será ao mesmo tempo água e terra, Leviatã e Behemoth.

Mas se vai uma enorme distância do *Mare Clausum* de John Selden (1617-1635) às *Observations* de Meadows (1689), que perfilham posições antagónicas, e se essa mudança é, grande medida, fruto da prevalência dos factos (e da frota) sobre os argumentos, a verdade é que, antes, durante e depois desta polémica o Reino Unido conseguiu construir um império sem ter sucumbido à ideia moderna e continental de Estado, com todas as vantagens que isso ainda hoje lhe traz (Pereira Menaut, 1992). Será que foi essa idiossincrasia que remotamente o lançou para a aventura do "Brexit"? Muito curioso é o livrinho de J. A. Hazeley/J.P. Morris (2018).

O mesmo não sucederia com Portugal e a Espanha, que na passagem da Sociedade medieval para o Estado moderno terão talvez tido um momento de glória, procurando aplicar aos mares e às possessões de além-mar as regras de Leviathã, mas que, findo tal sonho, se precipitaram na decadência: essa nem sempre "austera", mas sem dúvida "apagada e vil tristeza".

E apenas a imitação da estratégia inglesa, concebendo o poder como "flutuante" livraria o nosso país do desaparecimento sob a bota da grande potência terrestre e continental, a França, pela deslocação da corte para o Brasil, em novembro de 1807. O que, porém, terá levado talvez a nova imitação, desta feita dos ingleses, quarenta anos mais tarde. Sugere, com efeito, Disraeli: "A rainha reunirá uma frota poderosa e, com toda a sua corte e a elite dirigente, transferirá a sede do seu reino de Londres a Delhi. Ela encontrará aí um império imenso, pronto a recebê-la, um exército de primeira ordem, importantes proventos" (Schmitt, 1990: 140).

Parece que os tipos de organização política correspondem ao domínio dos elementos: para um domínio da terra ainda limitado pelo horizonte próximo (apesar dos Impérios da Antiguidade), as fórmulas pré-estaduais, onde desde logo à Pólis corresponde a democracia da Ágora; o Estado corresponde ao pleno assenhoreamento do planeta.

Carl Schmitt pressentiu que a conquista do espaço aéreo iria prejudicar o Leviathã terrestre e Estadual... Mas hoje, além do espaço real estamos já no domínio do duplo espaço: real e virtual. Em que medida são as metáforas eloquentes? O ciberespaço retomou as imagens da navegação. E de novo se pergunta se esse espaço tem lei, tem guarda, tem juiz...

Bibliografia

Principais obras

Adamus exul, Haia, 1601; *De republica emendanda*, Haia, 1984; *Parallelon rerumpublicarum*, Haarlem, ed. em 1801-03; *De Indis* (manuscrito de 1604-05) – pub. 1868 como *De Jure Praedae*; *Christus patiens* (tragédia), Leida, 1608; *Mare Liberum*, Leida, 1609; *De antiquitate reipublicae Batavicae*, Leida, 1610; *Meletius* (manuscrito de 1611), ed. Leiden, 1988; *Annales et Historiae de rebus Belgicus* (manuscrito de1612), ed. em Amsterdão, 1657; *Ordinum Hollandiae ac Westfrisiae pietas*, Leida, 1613, ed. Edwin Rabbie, Brill, 1995; *De imperio summarum potestatum circa* (manuscrito de 1614-17), ed. Paris, 1647; *De imperio summarum potestatum circa sacra*, ed. Brill, 2001; *De satisfactione Christi adversus Faustum Socinum*, Leida, 1617; *Defensio fidei catholicae de satisfactione Christi*, ed. Edwin Rabbie, 1990; *Inleydinge tot de Hollantsche rechtsgeleertheit*, Haia, 1631; *Bewijs van den waren godsdienst*, Roterdão, 1622; *Apologeticus*, Paris, 1922; *De jure belli ac pacis*, Paris, 1625; *De veritate religionis Christianae*, Paris, 1627; *Sophompaneas* (tragédia), Amsterdão, 1635; *De origine gentium Americanarum dissertatio*, Paris 1642; *Via ad pacem ecclesiasticam*, Paris, 1642; *Annotationes in Vetus Testamentum*, Amsterdão, 1644; *Annotationes in Novum Testamentum*, Amsterdão / Paris, 1641-50; *De fato*, Paris, 1648.

Edições mais correntes

FREITAS, Serafim de – *Do Iusto Imperio Asiático dos Portugueses* (*De iusto imperio Lusitanorum Asiatico*), trad. de Miguel Pinto de Meneses, reimpressão, Lx., Instituto Nacional de Investigação Científica, 1983.

GROCIO, Hugo – *Mare Liberum, sive de iure quod Batavis competit ad Indicana commercia, Dissertatio*, trad. cast. de V. Blanco Garcia / L. Garcia Arias, Madrid, *De la Libertad de los Mares*, Centro de Estudios Constitucionales, 1979.

Bibliografia passiva

BULL, Kingsbury and Roberts, eds., 1990. *Hugo Grotius and International Relations*. Oxford University Press.

CAETANO, Marcello, *Introdução a Do Justo Império Asiático dos Portugueses* (*De iusto imperio Lusitanorum Asiatico*), trad. de Miguel Pinto de Meneses, reimpressão, Lisboa, Instituto Nacional de Investigação Científica, 1983, v. I, p. 14.

CRAIG, William Lane, 1985, *The Historical Argument for the Resurrection of Jesus During the Deist Controversy*, Texts and Studies in Religion, v. 23, Lewiston NY & Queenston, Ontario, Edwin Mellen Press.

DE LA REZA, Germán A., *La invención de la paz. De la República cristiana del duque de Sully a la Sociedad de naciones de Simón Bolívar*, México, Siglo XXI Editores, 2009.

DUFOUR, Alfred, *Quelques problèmes juridiques de la conquête de l'Amérique par les Espagnols, de la Bulle 'In Caetera' à la dispute de Valladolid*, in "Cadmos", XIV ano, nº 53, Primavera 1991, p. 115 *et seq.*

DULLES, Avery, *A History of Apologetics*. Eugene, Oregon, Wipf & Stock, 1999.

DUMBAULD, Edward, *The Life and Legal Writings of Hugo Grotius*. Norman, OK: University of Oklahoma Press, 1969.

DUMONT, Jean, *La vraie controverse de Valladolid*, Paris, Critérion, 1995, trad. cast. de María José Antón, rev. de José Caballero Portillo, *El amanecer de los derechos del hombre. La Controversia de Valladolid*, Madrid, Ediciones Encuentro, 1997.

EDWARDS, Charles S., *Hugo Grotius: The Miracle of Holland*, Chicago, Nelson Hall, 1981.

GARCÍA ARIAS, Luis, *Prólogo a De la Libertad de los Mares* (*Mare liberum*), de Hugo Grócio, Madrid, Centro de Estudios Constitucionales, 1979.

Grotiana. A Journal of Grotius Studies, Assen, The Netherlands, Royal Van Gorcum Publishers, 1980.

HAAKONSSEN, Knud, *Hugo Grotius and the History of Political Thought*, "Political Theory", 13 (2), 1985, p. 239-265.

HAGGENMACHER, Peter, *Grotius et la doctrine de la guerre juste*, Paris, Presses Universitaires de France, 1983.

KNIGHT, W.S.M., *The Life and Works of Hugo Grotius*, London, Sweet & Maxwell, 1925.

LAUTERPACHT, Hersch, *The Grotian Tradition in International Law*, "British Yearbook of International Law", 1946.

MALAURIE, Philippe, *Anthologie de la Pensée Juridique*, 2ª ed., Paris, Éditions Cujas, 2000.

MEADOWS, Philip, *Observations concerning the Dominion and Sovereignty of the Seas*, 1689.

MÜHLEGGER, Florian, *Hugo Grotius. Ein christlicher Humanist in politischer Verantwortung*, Berlim e Nova Iorque, Walter de Gruyter, 2007, XIV (Arbeiten zur Kirchengeschichte, 103).

NELLEN, Henk J. M., *Hugo de Groot*: *Een leven in strijd om de vrede* (*official Dutch State biography*), The Hague, Balans Publishing, 2007.

PEREIRA MENAUT, Antonio-Carlos, *El Ejemplo Constitucional de Inglaterra*, Madrid, Universidad Complutense, 1992.

SALA-MOLINS, Louis, *L'Afrique aux Amériques. Le Code Noir Espagnol*, Paris, P.U.F., 1992.

SALTER, John, *Hugo Grotius*: *Property and Consent*, "Political Theory", v. 29, no. 4, 2001, p. 537-555.

SCHMITT, Carl, *Du Politique. Légalité et légitimité et autres essais*, Puiseaux, Pardès, 1990.

—, *La Mer contre la Terre*, in "Cahiers Franco-Allemands", VIII, 1941, 11-12, p. 343 ss.

—, *Souveraineté de l'Etat et liberté des mers*, in *Quelques aspects du Droit Allemand*, Fernand Sorlot, Paris, 1943.

STUMPF, Christoph A., *The Grotian Theology of International Law*: *Hugo Grotius and the Moral Fundament of International Relations*, Berlim, Walter de Gruyter, 2006.

TUCK, Richard, *The Rights of War and Peace*: *Political Thought and the International Order from Grotius to Kant*, Oxford University Press, 1999.

VAN DER VLUGT, Willem, *L'oeuvre de Grotius et son influence sur le développement du Droit international*, in "Recueil des Cours", Haia, 1925. 5. v.

VAN ITTERSUM, Martine Julia, *Hugo Grotius, Natural Rights Theories and the Rise of Dutch Power in the East Indies 1595-1615*, Boston, Brill, 2006.

VREELAND, Hamilton, *Hugo Grotius*: *The Father of the Modern Science of International Law*, Nova Iorque, Oxford University Press, 1917.

Referências no texto

HAZELEY, J. A. / MORRIS, J. P., *The Story of Brexit*, Londres (?), Ladybird Books / Penguin Random House, 2018.

SÉRGIO, António, *Cartas de Problemática*, Carta nº 4, Lisboa, 1952, *apud Iniciação ao Filosofar. Antologia e Problematização*, de Joel Serrão, 2ª ed., Lisboa, Sá da Costa, 1974.

TOMÁS HOBBES

(WESTPORT, PERTO DE MALMESBURY, 5-IV-1588 – HARDWICK HALL, DERBYSHIRE, 4-XII-1679)

O homem é o lobo do homem.
Thomas Hobbes

Tomás Hobbes passa normalmente por ser o pai teórico do autoritarismo moderno, a que se contraporiam o liberalismo de Locke e o "ultrademocratismo" totalitário ou a defesa *avant la lettre* da "democracia popular" de Rousseau. Contudo, esta visão, que não deixa de ter virtualidades classificatórias e interpretativas, está de há muito ultrapassada e bem longe de ser consensual. O retrato simplificado com que Hobbes é assassinado em muitos manuais não passa, realmente, de uma caricatura da complexidade do seu pensamento. Nada que não seja normal com grandes vultos, a quem a acanhada visão de epígonos e comentadores procura verter em apertados moldes. E pior só o olvido tecnocrático dos clássicos.

Há autores, por exemplo, que enfatizam os aspetos estadualistas e "soberanistas" da sua visão, colocando-o mais no plano do totalitarismo que do autoritarismo. Mas cuidamos não terem razão, porque Hobbes expressamente deixa nas suas obras um certo grau de liberdade à sociedade civil. Outros autores chegam a considerá-lo liberal. Ora, apesar de o liberalismo ter consentido muitas versões (e essa é tanto a sua força como sua fraqueza), não nos parece legítimo incluí-lo nesta família, não só e nem tanto porque as diatribes de Locke contra Filmer no seu *Tratado do Governo Civil* na verdade se dirigem sobretudo ao que deste foi inspirador, Hobbes, mas sobretudo porque as amarras com que este forja a sua versão de contrato social são excessivas, e os poderes do Estado verdadeiramente exagerados.

Em todo o caso, tem havido várias interpretações canónicas de Hobbes, de que W. H. Greenleaf detetou com argúcia grandes famílias. Por um lado, a versão tradicional vê nele um naturalista, cientista, mecanicista, aplicando simplesmente à filosofia e à política as ideias científicas de seu tempo. Uma outra visão encara o pensador na continuidade do pensamento jusnaturalista, apresentando afinal ideias basicamente medievais sob a capa de um fraseado moderno, adaptado à moda científica do seu tempo. Finalmente, uma terceira perspetiva faz entroncar a sua teorização no nominalismo escolástico.

É indubitável que, num plano mais generalizado de recetores, e com certa independência (mas apenas "certa") face à sua própria intenção, Hobbes é o autor do *Leviatã*, glorificador do Estado forte, da soberania de Bodin levada às últimas consequências. Embora Hobbes equipare a "democracia" quase monárquica de Péricles à monarquia simplesmente formal de Pisístrato, e posto que tenha obnubilado a importância da discussão sobre as formas de governo, pela sobrevalorização do Estado *tout court*, é inegável que as formas políticas que prefere são a ditadura (que na sua forma romana tem um *fumus* democrático – até por ser excecional e limitado no tempo), mas muito especialmente defende a monarquia absoluta.

Há quem veja – seguindo um procedimento quase ritual em certa História da Literatura e estudos afins que dela seguiram os passos neste particular – na vida de Hobbes uma clara inspiração para a sua filosofia. Intelectual e académico, não deixou de sofrer a polémica, a exclusão segregadora e o exílio. Companheiro e precetor de nobres e até de um príncipe, mas também interlocutor de filósofos e cientistas, não nos deixou um *espelho de príncipes* medieval, mas uma sua versão moderna, filosófica e com laivos ou traços estilísticos científicos. Contemporâneo de grandes convulsões políticas, teria desejado a pacificação dessa *guerra de todos contra todos*, com a ficção de um contrato que a todos beneficiaria, com a atribuição do poder a um Estado forte.

Vale, porém, a pena determo-nos (ainda que muito brevemente) em alguns aspetos de uma vida e de uma obra que modelam este retrato, e lhe fazem compreender os traços só de longe divisados, e por isso esbatidos.

A notável longevidade de Hobbes – 92 anos – permitir-lhe-ia ver muito, viver muito, e sempre ir desconfiando dos homens, consolidando em si uma antropologia talvez até mais pessimista que realista.

Nasceu sob um signo de ameaça: e há quem veja no medo a explicação de toda a sua filosofia. O ano do seu nascimento (1588) é o do grande medo da invasão britânica pela Invencível Armada espanhola, que tanto amedrontou sua mãe. Seu pai, um clérigo colérico, acabaria por abandonar a família e Tomás ficou a cargo de um tio. Depois dos estudos elementares, entrou aos 15 anos em Magdalen Hall, em Oxford, onde estudou a física e a lógica aristotélicas e se interessou particularmente por livros de viagens e mapas. Graduado em 1608, inicia a sua ligação com os Cavendish, começando por se tornar tutor de William II, matriculando-se ambos na Universidade de Cambridge nesse mesmo ano. Seguir-se-á, dois anos depois, o *grand tour* a França e Itália, onde tomaria contacto com a ciência moderna.

Dez anos mais tarde, vemo-lo secretário de Bacon, a quem auxilia na tradução dos seus *Essais* para o latim.

1628 é um ano significativo. Simultaneamente o do falecimento de Cavendish, da conclusão da sua empenhada tradução da *Guerra do Peloponeso* de Tucídides (para atacar a democracia), que sairia a lume no ano seguinte, e de nova viagem ao continente europeu, desta feita à França e à Suíça, acompanhando o filho de Sir Gervase Clifton. Novamente faria descobertas de novas fontes, ainda que clássicas, mas que alargaram os seus horizontes, no plano sobretudo da geometria. O método da demonstração geométrica apaixoná-lo-ia.

Dois anos depois, passaria a tutor do filho do falecido Cavendish, e, de 1634 a 1636, na sequência de novo *grand tour*, teria ocasião de aprofundar os seus contactos e leituras científicas. Galileu estava na sua agenda.

A partir de 1640, data dos seus *The Elements of Law, Natural and Politic*, sucedem-se os escritos, e exila-se em França. Logo no ano seguinte, polemizará com Descartes e suas *Meditações Metafísicas*. Em 1642, enquanto a Inglaterra se consome em guerra civil, publica em Paris o *De Cive*, seguindo-se-lhe múltiplos estudos científico-naturais. Nos inícios da segunda metade da década de 40, tem novo pupilo: nada menos do que o também exilado príncipe Carlos, mas já em 1651 cairá em desgraça nos meios monárquicos no exílio, na sequência do seu *Leviathan, or the Matter, Form, and Power of a Commonwealth, Ecclesiastical and Civil*, a obra que o iria imortalizar. Aí teria esboçado uma abertura para uma nova dinastia, ao que nos parece na sequência lógica da ideia de que o soberano deve estar em condições de realmente exercer o poder – e Carlos I já havia morrido, encontrando-se a causa legitimista sem esperança à vista. Já *persona non grata* das autoridades francesas por razões religiosas, decide conciliar-se com a ordem britânica e regressar à pátria, ainda em 1651. De regresso, envolve-se em novas polémicas, agora sobretudo filosóficas e matemáticas, que lhe valeriam novas malquerenças, e nomeadamente a exclusão da Royal Society.

Com a Restauração, em 1660, o seu antigo discípulo não só o reabilitará como recompensará. Mas de novo suspeitas de heterodoxia religiosa o irão importunar, apesar do apoio do monarca. Ao ponto de, em 1662, ainda se ver na necessidade de publicar uma autobiografia em sua defesa, com o significativo título *Mr. Hobbes Considered in His Loyalty, Religion, Reputation, and Manners*. Apesar de a proteção real o poupar a muito, Hobbes não só se viu obrigado a queimar alguns manuscritos que o poderiam comprometer em matéria religiosa, como teria de remeter a sua pena ao silêncio nos temas mais sensíveis. Embora ainda escreva o *Diálogo entre um Filósofo e um Jurista da Common Law* em 1664 e dois anos mais tarde uma história da guerra civil, *Behemoth*, serão ambas só postumamente publicadas, posto que apenas um ano após a sua morte (1680). Depois das polémicas políticas e científicas, e das contrariedades por motivos de fé, virou-se para a sua íntima paixão linguística, traduzindo a *Ilíada* (1673) e a *Odisseia* (1676).

A construção teórica de Hobbes parte logicamente à conquista da nossa adesão racional a uma ordem de coisas que dificilmente reconheceríamos sem a malha ardilosa dos passos todos mentais. De proposição em proposição, quase somos conquistados para a sua fé: porque Hobbes a deseja fundar só na razão.

Perante o triste espetáculo da guerra – e não esqueçamos a turbulência da guerra civil e das revoluções em Inglaterra, por mais "gloriosas" que tenham sido – e da agressividade e (diríamos hoje) anomia sociais, Hobbes procura indagar-lhes as causas e encontrar-lhes remédios eficazes, porque radicais: indo às raízes dos problemas.

Ficamos sem dúvida impressionados com a agudíssima capacidade de abstração e investigação do mais recôndito da nossa psicologia ao depararmos, por exemplo, com a afirmação, na base da filosofia hobbesiana, de um elemento crucial da natureza humana que é a igualdade natural entre os homens. Esta circunstância impressionará sem dúvida Rousseau, mais tarde, que detetará o paradoxo: "O homem nasceu livre e por toda a parte está a ferros" (*Du Contrat Social*, I, 1). Mas como vai Hobbes extrair dessa igualdade todo um edifício de autoritarismo político? Precisamente porque essa igualdade, que se não nega, antes claramente se proclama, é afinal a fonte do agonismo social.

"*Anch'o son' pittore*" ("Também eu sou pintor") – tal poderia ser a síntese dos problemas que derivam desta igualdade. Ao ver-se a ferros, ou, de todo o modo, numa situação de desigualdade face ao seu semelhante (que se reconhece "igual"), cada homem tem a esperança de conseguir mais e melhor, igualando ou superando os que o ultrapassam. Tal paixão reverte-se potencialmente em inimizade, disputa, agressão, guerra.

Não afirma Hobbes que a guerra e a discórdia, a desconfiança, etc., que tal estado acarreta sejam permanentes, atuais; mas são racionalmente muito plausíveis, dada a paixão de progresso e ascensão de cada um, que se segue ao reconhecimento da igualdade de todos. Competição, desconfiança e sede de glória são elementos da natureza humana concebida pelo autor, que concorrem claramente para que, em estado de natureza, o homem seja lobo do homem – *homo homini lupus*.

Sendo a *guerra de todos contra todos* fruto de miséria e insegurança gerais, situação em que se não pode contar com a eficácia do direito, mas apenas com as próprias forças, e prevalecendo naturalmente a vontade (que não a "lei") do mais forte, é do interesse geral resolver uma tal situação.

A fórmula hobbesiana é a do contrato social. Um contrato que é apresentado como voluntário, mas que, afinal, repousa apenas sobre uma voluntariedade presumida, posto que se trata de um contrato ficcionado. Jamais os cidadãos se juntaram numa praça pública ou numa clareira de uma floresta para celebrarem a transferência dos seus poderes para um maior Poder. A sociedade política (ou o Estado) funda-se assim numa obrigação jurídica contratual e não no poder. E, contudo, Hobbes considera que é por sua vez o Estado ou a sociedade política que funda a validade de quaisquer contratos entre particulares: pois sem a garantia coercitiva pública do seu cumprimento eles poderiam ficar letra morta. Há muito de círculo vicioso – a imagem que imediatamente assoma é a da pescadinha-de-rabo-na-boca – nestas construções legitimadoras, sobretudo quando se pretendem (se se pretendem realmente – mas de qualquer modo assim se manifestam) demonstrar *more geometrico*.

Contudo, Hobbes sabe que o fenómeno contratual é anterior ao da constituição do estado civil ou político. Nele, os homens justos cumprem as suas obrigações, mas os injustos não o fazem. Para o filósofo, assim, fácil é concluir que a justiça é o cumprimento dos contratos – *pacta sunt servanda*. Em incursões interessantes no terreno da interdisciplinaridade política, jurídica, filosófica e linguística, Hobbes considera o contrato um ato de linguagem e um vínculo de palavras. Mas para si há um valor muito especial na palavra, e alerta para a irracionalidade do incumprimento.

Coloca-se o problema de saber da verdadeira pedra angular em que assenta a legitimidade estadual e o que pode reclamar reta obediência aos seus ditames. Afirma-se que é uma razão jurídica, que o poder do Estado se fundamenta no contrato social jurídico. Contudo, também se observou que, bem vistas as coisas, realmente parece ser o contrário: tudo aparenta depor no sentido de que a juridicidade do contrato é ficcional (o próprio contrato social não é senão uma manifestação quando muito tácita de vontades presumidas) e que o Estado acaba por ser autossuficiente e autossubsistente, o mesmo é dizer, baseado no seu próprio poder. Evidentemente que esta refutação de Hobbes, que podemos ver já de algum modo em Rousseau, tem também contado com os seus próprios críticos, que repetem os passos da malha argumentativa hobbesiana.

Fundado o Estado na obrigação dita jurídica do contrato social, Hobbes poderá ser tido por "pai da representação política", mas ainda aí do que se trata é de uma representação fictícia e excessivamente generosa para com o "representante". Uma férrea obediência ao Estado é reclamada então, porquanto se considera injusta toda e qualquer desobediência por constituir quebra do contrato social jurídico prévio. Quase como, a crer em Montesquieu (*De l'Esprit des Lois*, VI, 13), no velho Japão quase todos os crimes eram punidos com a pena capital porque todos ofendiam o imperador, e para ofensa ao sagrado soberano nada menos que a morte poderia constituir reparação. A lógica dos absolutismos é sempre absoluta.

Daqui decorre que os cidadãos, na verdade, súbditos (embora na teoria das virtudes de Hobbes se passe o contrário, e se afirme que é o Estado que cria o modelo moral e logo o efetivo exemplo de cidadão; mas é de uma cidadania de submissão que se trata – logo, falsa cidadania), devem toda a obediência ao soberano, de preferência um monarca absoluto, o qual, por definição, e por esta interessante justificação, a nosso ver de mera aparência jurídica, para com eles não tem qualquer obrigação. Apenas por cálculo se deverá tal monarca guardar de exercer um mau governo, contrário às leis da natureza, porque tal acarretará desobediência, discórdia, sedição.

Não confundindo completamente direito e poder (na verdade, até distinguindo bem, embora *pro domo*), Hobbes parece deixar aberta uma porta de esfera individual, de círculo mínimo de poder ou pelo menos "espaço" individual, fora do domínio do poder estadual. Tal se revela na sua conceção de direito natural, concebido como um direito ou liberdade de eleger os meios necessários à própria conservação. Seria um último reduto pessoal, perante a compressão geral do poder. A obrigação comprime o direito de cada um, mas o poder não: mesmo submetido a um poder enorme e injusto subsiste, com escasso poder embora, o direito natural de sacudir as cadeias. Porém, não esqueçamos: o poder do Estado funda-se numa obrigação, pelo que limita profunda e fatalmente o direito. É de novo o círculo vicioso.

Bibliografias

Bibliografia ativa principal/específica

The Elements of Law, Natural and Politic (1640); *De cive* (1642); *Leviathan, or the Matter, Form, and Power of a Commonwealth, Ecclesiastical and Civil* (1651); *Mr. Hobbes Considered in His Loyalty, Religion, Reputation, and Manners* (1662); *A Dialogue between a Philosopher and a Student, of the Common Laws of England* (1664); *Behemoth* (1680).

Edições correntes/recomendadas

Opera philosophica quæ latine scripsit, 5 v., Londres, 1839-1845; *English Works*, 11 v., Londres, 1839-1845; reimp. Aalen, 1961 e 1962; *O Leviatã* – http://english-www.hsegs.cmu.edu/Govt/leviathan.txt; http://www.knuten. liu.se/~bjoch509/works/hobbes/leviathan.txt; Behemoth, trad. cast., Madrid, Tecnos, 1992; *Diálogo entre un filósofo y un jurista y escritos autobiográficos*, trad. cast., Madrid, Tecnos, 1992; *Leviathan*, ed. Harmondsworth, Penguin, reimp., introduction par C. B. Macpherson, 1986; *Leviathan*, Middlesex, Penguin, 1986; *Del Ciudadano y Leviatán*, estudo preliminar e antologia de Enrique Tierno Galván, trad. de Enrique Tierno Galván e M.

Sanchez Sarto, Madrid, Tecnos, 1987; *Leviatã*, trad. port., São Paulo, Nova Cultural, 1988; *Do Cidadão*, São Paulo, Martins Fontes, 1992.

Bibliografia passiva seletiva

BERNARDES, Júlio, *Hobbes & a Liberdade*, Rio de Janeiro, Jorge Zahar, 2002.

BOUCHER, David, e Kelly, Paul (eds.), *The Social Contract from Hobbes to Rawls*, Londres e Nova Iorque, Routledge, 1994.

CALVO GONZALEZ, José, Iconografias políticas fantásticas: el 'Leviathan' hobbesiano, *in Anuario de Filosofia del Derecho*, nova época, Madrid, 1988 t. v, p. 455-473.

HAMPTON, Jean, *Hobbes and the Social Contract Tradition*, 2ª ed., Cambridge, Cambridge University Press, 1988.

LESSAY, Franck, *Souveraineté et légitimité chez Hobbes*, Paris, PUF, 1988.

MACPHERSON, C. B., "Introduction" a *Leviathan*, de Thomas Hobbes, Middlesex, Penguin, 1986.

MALHERBE, Michel, *Thomas Hobbes*, Paris, Vrin, 1984.

MARTINICH, A. P., *Hobbes. A Biography*, Cambridge, Cambridge University Press, 1999.

MERÊA, Paulo, *Suárez, Grócio, Hobbes*, Coimbra, 1941. v. I.

MINOGUE, K. R., Thomas Hobbes and the Philosophy of Absolutism, *in* David Thomson (ed.), *Political Ideas*, reimp., Middlesex, Penguin, 1982.

NAVILLE, Pierre, *Thomas Hobbes*, Paris, Plon, 1988.

PACCHI, A., *Introduzione a Hobbes*, Bari, Laterza, 1971.

VIALATOUX, J., La Cité de Hobbes, *Théorie de l'État totalitaire (Essai sur la conception naturaliste de la civilisation)*, Paris-Lyon, 1935.

BLAISE PASCAL

(CLERMONT-FERRAND, 19 DE JUNHO DE 1623 – PARIS, 19 DE AGOSTO DE 1662)

A imaginação dispõe de tudo; ela faz a beleza, a justiça e a felicidade, que é o todo do mundo. (...) essa faculdade enganadora que parece nos ter sido dada de propósito para nos induzir a um erro necessário.

Pascal, *Pensées*, II, 82.

No século XVII, as ciências que hoje classificamos em "duras" e as "moles", ainda não estavam, na mente e na prática dos cientistas e dos humanistas, divorciadas e mutuamente incompreendidas como se encontram em grande medida hoje. Pascal é um exemplo flagrante da mais profunda espiritualidade (que é, obviamente, trans-científica já) e da mais exigente e bem-sucedida prática das ciências físicas e matemáticas. Mas de modo nenhum estará isolado, no seu tempo. Era então muito comum aliar-se ciências matemáticas, físicas, e naturais, com estudos humanísticos, morais e políticos. Só as designações, como é patente, dariam ensejo a rios de tinta.

Pascal revelou precocemente a sua inclinação científico-matemática. E ao contrário de muitos meninos-prodígio (hoje dizem-se, parece, sobredotados ou superdotados), viria a confirmar abundantemente na idade adulta a genialidade que os seus lhe detetaram em menino. Há um Pascal cientista rigoroso e inventivo. A ele se deve, por exemplo, a primeira calculadora, *la pascaline*.

No plano teológico, a sua proximidade com Port-Royal, essa abadia-academia de rigoristas em religião, seguindo as teorias da Graça de Jansénio contra a alegada relaxação dos jesuítas, seria motivo para um fulgurante renome, nomeadamente com a publicação das suas *Lettres Provinciales*. Pascal foi, assim, ao longo de mais de um ano, a pena publicística dos teólogos jansenistas, dando à estampa dezoito cartas (e estava recolhido material para uma décima nona quando, ao que parece taticamente, resolveria parar a catilinária), que animaram a opinião e que talharam um estilo novo na polemística mostrando um novo rosto, muito mais moderno, da língua francesa.

Há autores que procuram justificar uma ideia, ou uma posição, ou uma atitude (por vezes calando até em si próprios – ou na sua obra, por momentos, a complexidade do seu pensamento: como o republicano Maquiavel, que tantos interpretam como cínico, calculista, *maquiavélico*...), e há autores que, como Lutero em Worms (não sabemos se assim terá sido no seu polemismo contra os camponeses), dizem somente o que pensam (e nada mais e nada menos que isso), porque não sabem agir de outra forma. Essa sinceridade, quando levada às últimas consequências, produz, em Literatura, obras como *A la recherche du temps perdu*, de Proust, mais que própria e necessariamente as clássicas Memórias ou Autobiografias (que bem podem ser panfletos muito articulados de reconstrução do passado e da História). Já em Filosofia, e Ensaio, em que a busca, mesmo tortuosa e torturada, da "verdade" é (ou deveria ser) fito principal, essa preocupação de veracidade e completude, mesmo autognótica, se desdobra em géneros conhecidos, além de poder estar presente em todas as formas de expressão de que se reveste.

Pascal, a pensar muitas matérias, mas especialmente as do direito, da justiça e do poder, é sobretudo sincero, ainda que possa ser irónico ou mesmo cómico. Voltaire apreciava sobremaneira essa veia no autor das *Provinciales*. Hoje, infelizmente, entendemos mal a ironia. Ela pode ser a máxima sinceridade, apenas com o mínimo de opacidade para uma primeira proteção contra a nesciência. E ao entender mal a ironia, meio efeito da comédia se perde. Por isso tanto se lhe prefere o burlesco, e o efeito fácil da paródia e da bufoneria.

A sinceridade de Pascal deixou-nos dele *Pensamentos*, como poderia ter deixado *Meditações*, como em Marco Aurélio, e, mais ainda, *Confissões*, como em Santo Agostinho (as de Rousseau são pose... bela pose, mas ainda pose). É nesses pensamentos que temos de procurar o essencial da sua doutrina, das suas ideias, e das suas opiniões jurídico-políticas.

Este carácter aforístico e fragmentário dos *Pensamentos* levou Manuel Antunes a um dos textos mais completos (e contraditórios) sobre o autor, num Prefácio a uma edição de bolso:

> Há um Pascal jansenista e há um Pascal iluminista; há um Pascal racionalista e há um Pascal existencialista (antes da letra); há um Pascal empirista e há um Pascal fideísta; há um Pascal mecanicista (mesmo no plano das ciências humanas) e há um Pascal cultura-lista; há um Pascal realista e há um Pascal romântico (o Pascal do Infinito, do Espanto, do "Deus sensível ao coração"); há um Pascal conservadorista e justificador do *statu quo* e há um Pascal pré-marxista; há um Pascal trágico e há um Pascal dialético todo ele dado ao "renversement du pour au contre"; há um Pascal crente e há, até, um Pascal "ateu". (Antunes, 1998: 5)

Seria por esta multiplicidade que o filósofo contemporâneo André Comte-Sponville, numa conferência, de imprevisto sublinharia que Pascal era o maior espírito francês de todos os tempos?

Bem diferentes dos *Pensamentos* são as Cartas *Provinciales*. As *Provinciales*, constituindo outra sua obra de tomo, são demasiado votadas ao escopo teológico-moral.

A questão fundamental, que na época fez correr rios de tinta e exaltar as paixões dos contendores, é a dialética do livre arbítrio e da Graça... O que não deixa de ter repercussões ético-jurídicas de relevo, designadamente na responsabilidade e na culpa. Aliás, toda a questão imediata das *Provinciales*, a que lhes dá imediatamente motivo, acaba por assentar em questões jurídicas.

Na verdade, antes de mais, trata-se de um tempo de exercício de um poder especial sobre a re-elaboração doutrinal (e a liberdade de expressão – dir-se-ia hoje, mas aqui, certamente, ainda com algum anacronismo) por parte dos eclesiásticos. No caso, várias condenações (que são julgamento religioso, mas não deixam de evocar uma *auctoritas* jurídica e um *modus operandi* até, eventualmente, dialético... no seu dogmatismo final). A tese parece ser a revisão da síntese do problema da Graça e do livre arbítrio em Aurélio Agostinho e Tomás de Aquino, num sentido mais conforme ao último dos termos em presença, pelo jesuíta Molina, no seu *Acordo do Livre Arbítrio com a Graça Divina*, em 1588. Depois de acesa discussão com o molinismo, este acaba não por ser condenado, como muitos desejariam, mas, as *Congregationes de Auxiliis* (1597-1607) desembocariam em sucessivos decretos de interdição da edição sobre o assunto em geral – claramente para abafar a própria controvérsia (em 1611 e em 1625). Cornélio Jansénio, bispo de Ypres, responderá, poucos anos depois, no sentido anti-molinista, com uma obra monumental (que demoraria duas décadas a elaborar) a que deu o nome de *Augustinus*, mas que não deu à estampa, e que viria a ser publicada, completa, pelos discípulos, em Lovaina, em 1640. Nova polémica, e o Papa condena vagamente a obra em 1642, um ano depois da edição de Paris. Havia também pressões (algumas até políticas) para que a Sorbonne a condenasse. Mas as posições estavam divididas. Finalmente (mas não há na questão um "finalmente"), em 1649, a Sorbonne condena cinco proposições no *Augustinus*, solicitando que Roma fulmine a alegada heresia. O que vem, efetivamente, a ocorrer, em 1653 pela bula *Cum Occasione*.

Ora é precisamente a propósito destas condenações que entra a metodologia do Direito, na sua mais clássica estrutura: a diferença entre o facto e o direito. Os jansenistas, a começar por Arnaud (que já em 1643 escrevera uma apologia de Jansenius), vão conceder que as proposições condenadas são, na verdade, condenáveis (*de iure*), mas não se encontrariam de forma alguma na obra do bispo de Ypres (*de facto*). Pascal retornará ao problema, especificamente nas Cartas XVII e XVIII das *Provinciales*, declarando o que parece óbvio: que quer Papas quer concílios não teriam autoridade sobre os factos. Sobretudo porque se não pode colocar X ou Y a dizer o que não disse. E tal levanta, obviamente, questões jurídico-hermenêuticas. O poder de interpretar é muito forte, e é crucial.

Algumas questões levantadas por Pascal contra a casuística laxista (ou como tal considerada) têm evidente importância jurídica. Na Carta V, a propósito do chamado probabilismo, e da possibilidade de se crer e seguir um doutor contra outro, não podemos deixar de pensar no valor das autoridades jurídicas, e especificamente dos pareceristas. Na Carta VII, é a questão da "direção da intenção" que desperta a atenção do jurista, e especificamente do filósofo do Direito: pode fazer-se o mal com a intenção do bem? No limite, alguns laxistas, como o espanhol Hurtado, consideravam legítimo que um filho desejasse a morte do pai com o fito de herdar, já que a herança por parte de filho é coisa legal, e legítima... Contudo, haverá exemplos menos laxistas, que colocam a possibilidade dessa engenhosidade do espírito. Na Carta VIII há questões sobre contratos, desde logo sobre a usura, e sobre os juízes. Na Carta IX observações sobre a reserva mental. Nas Cartas XIII e XIV há interessantes observações sobre as teorizações jesuíticas justificadores do homicídio, em alguns casos. Pascal adverte solenemente os seus interlocutores, convidando-os a escolher o seu terreno, o da Jerusalém mística de que fala Santo Agostinho, ou o da Sodoma espiritual (Ap. XI, 8). E mantendo o rigor, assim termina a sua Carta: "l'homicide est le seul crime qui détruit tout ensemble l'État, l'Église, la nature et la piété".

Será escusado dizer que as *Cartas Provinciais* serão, por seu turno, colocadas no índice de livros proibidos, em 6 de setembro de 1657? Em 1661, Pascal haveria de pousar a pena polémica e mesmo (numa visão certamente superior às disputas fratricidas, já bastante doente, e em discordância com Arnaud) abstém-se de toda a polémica.

Mas a grande obra filosófica de Pascal (além de teológica, evidentemente) são os *Pensamentos*.

Como é sabido, não são os *Pensamentos*, no estado em que nos chegaram, um convencional tratado de apologética cristã organizado definitivamente pelo autor. Aliás, a sua organização e autenticidade – havia edições com interpolações e retoques – das passagens foi um dos quebra-cabeças nas edições – até que se resolveu ver os originais... Mas neste enorme laboratório e estaleiro de ideias, acabou por se misturar, como na realidade total da sua pessoa, o cético, quer dizer, o filósofo, o geómetra, ou seja, o cientista, e o cristão, ou seja, o crente. Embora no geómetra haja filosofia, certamente, e no homem religioso, além da crença e do sentimento, também haja razão. Pascal separava as qualidades de duvidar, asseverar (ou provar, certamente), e submeter-se (ou acreditar) (v. *Pensées*, fr. 201). É ele que crê não ser o nosso mundo o país da verdade, mas, como *per speculum* (I Cor., XIII, 12) está ela velada por um véu, que ele só considera ultrapassável pela fé. Contudo, ele mesmo se considera pirrónico, onde é preciso duvidar.

O mundo do Direito aparentemente relevaria da fé e da demonstração, da teologia e da ciência. Mas o desconcertante Pascal vai sobretudo enquadrá-lo na dúvida, e até na crítica. Tal como o seu mestre Santo Agostinho, que sobre o poder nos deixa perplexos ao diante de nós nos pintar a cena do pirata altivo e do imperador pirata (na verdade, umas das passagens mais impressionantes da filosofia política, para mais vinda de quem vem), Pascal não nos contará uma história piedosa sobre a necessidade de existência do poder e da lei, e da bondade da obediência a uma e ao outro. É mais, pois, o discurso relativizador do pirata que nele colheremos.

Pascal disserta especificamente sobre os costumes, as leis e a Justiça no artigo V dos seus *Pensamentos*. É a sua leitura que vamos comentar.

A primeira questão colocada é a arbitrariedade dos conceitos de justiça: porque se nasce deste lado da montanha, é justo o morgadio (V, 291); porque se está do outro lado da água (de um ribeiro, decerto) é lícito que Fulano mate Beltrano e ele é até um bravo que pratica uma ação justa (os seus reis devem estar em guerra), mas já seria crime se se matassem do mesmo lado da água (V, 292-293).

Parece que deveria haver uma justiça única, una, geral, universal. Parece a Pascal que os costumes dos diversos países (e implicitamente as suas leis) são particularismos, e não propriamente manifestações de equidade a consideração dessas diferenças, porque o brilho de uma equidade verdadeira traria a luz e a "justiça constante" a todos, sem exceções, de forma a que essa equidade universal seria ela o modelo dos legisladores particulares, e não "as fantasias e os caprichos dos Persas e Alemães" (V, 294).

Assim ridiculariza Pascal a mudança das leis segundo situações fortuitas:

"Trois degrés d'élévation du pôle renversent toute la jurisprudence; un méridien décide de la vérité; (é a geografia a decidir, ou seja, algo de alheio à vera normatividade) en peu d'années de possession, les lois fondamentales changent (certamente alude ao direito de conquista sobre um território, que não é aliás, na prática diverso do usucapião privado pelo qual se adquire o que não era seu); le droit a ses époques, l'entrée de Saturne au Lion nous marque l'origine d'un tel crime (agora são as explicações passionais e esotéricas que são criticadas: pelo exemplo astrológico). Plaisante justice qu'une rivière borne! Vérité au deçà des Pyrénées, erreur au delà" (de novo, e para rematar a tirada, o absurdo da mudança da justiça e da verdade por motivo de acidentes geográficos). (*ibidem*)

Mas Pascal não ignora outras explicações dos senhores do Direito. E vai afrontá-las com coragem. O nosso filósofo sabe que os juristas remetem frequentemente o fundamento dos direitos locais para "leis naturais, conhecidas em todos os países". E então não se deveria julgar o Direito meramente pela variedade e desconexão (e contraditoriedade) das caprichosas normas daqui e dali, mas por algo superior. Contudo, Pascal não vê uma só dessas leis superiores que seja, realmente, positivada em toda a parte. Nenhuma lhe parece universal, pelo contrário, há até crimes (que o serão aos olhos da opinião que o lê, sem grande dúvida) que em algum tempo e lugar já foram considerados não só legais, como mesmo virtuosos. É certo que Pascal força um pouco a argumentação, porque a sua consideração positiva parece que sempre dependeu de circunstâncias especiais do seu cometimento, e não em geral e em absoluto. Em todo o caso, não deixa de ser impressionante o argumento, e não sem algum apoio na comparação dos direitos e na história jurídica: "Le larcin, l'inceste, le meurtre des enfants et des pères, tout a eu sa place entre les actions vertueuses" (V, 294).

Há, na verdade, muitas teorias sobre a origem e o fundamento da justiça, e o nosso autor não deixa de as elencar: a autoridade do legislador, a comodidade do soberano, o costume em curso... E esta última lhe parece mais acertada ainda, pois segundo apenas a razão não parece que nada seja justo em si mesmo, antes sujeito às ventanias mutáveis dos tempos... Mas precisamente por se tratar de costume, há uma grande vulnerabilidade nestas leis. E Pascal recorda como se invocam, por vezes, as "leis fundamentais e primitivas de um Estado", que teriam sido revogadas por costumes injustos. É, curiosamente, essa argumentação a que virá, mais tarde, a ser usada pelas primeiras Constituições francesa, espanhola e portuguesa do liberalismo: o esquecimento das leis fundamentais teria levado aos *presentes* males. Pelos vistos, o argumento, que a nós sempre nos pareceu muito acertado (quer no plano fáctico, quer no plano mítico), já era conhecido no século XVII, e Pascal é dele crítico: seria um discurso legitimador (nas nossas palavras hodiernas) para iludir o povo – "c'est un jeu sûr pour tout perdre" (V, 294).

Três outros aspetos, de entre os vários que Pascal elege para a sua crítica, nos parecem merecer um apontamento.

Os primeiros dois têm entre si algum parentesco, porque radicam no que a etologia chamaria hoje territorialidade, instinto territorial, e que implica também o proprietarismo. Pascal conhece sem dúvida essa máxima pela qual o direito surge da necessidade de bem regular o "meu" e o "teu". E este é o seu comentário nada simpático para com tal pseudo-*ponto de Arquimedes* do Direito: "'Ce chien est à moi, disaient ces pauvres enfants; c'est là ma place au soleil'. Voilà le commencement et l'image de l'usurpation de toute terre" (V, 295).

E esta febre de se apossar (nomeadamente do que outros já possuíam antes) é a base da invasão, da pilhagem, da guerra. E aí Pascal, nesse domínio que é já do foro internacional, descobre a evidência que mesmo nos tempos atuais não encontramos meio de pôr em prática: a necessidade de uma justiça internacional, de um juiz internacional: "Quand il est question de juger si on doit faire la guerre et tuer tant d'hommes, condamner tant d'Espagnols à la mort, c'est un homme seul qui en juge et encore intéressé: ce devrait être un tiers indifférent" (V, 296).

Pascal obtém assim uma ligação direta com a estrutura processual que é a essência da juridicidade numa perspetiva dialética: não pode haver direito se não houver um juiz, que seja um terceiro independente. E quiçá a expressão "indiferente" sublinhará ainda mais a dita independência. Embora não lhe possa ser indiferente a justiça, como é óbvio.

Pascal é muito objetivo e realista na análise do Direito. E por isso vai por um lado pôr em relevo o lugar imenso que a força nele tem, e, por outro, divide cargos e funções de poder e de direito entre os que são reais e os que relevam da imaginação.

Tem o filósofo consciência de que a justiça sem a força é impotente, tanto quando a força sem a justiça é tirânica (V, 298). Até aqui, apenas clarividência. Mas Pascal arrisca-se a ir mais longe: para ele como que a força, mais estável, mais convincente, mais forte afinal, substituiu pura e simplesmente a justiça. Assim,

> La justice est sujette à dispute, la force est très reconnaissable et sans dispute. Ainsi on n'a pu donner la force à la justice, parce que la force a contredit la justice et a dit qu'elle était injuste, et a dit que c'était elle qui était juste. Et ainsi, ne pouvant faire que ce qui est juste fût fort, on a fait que ce qui est fort fût juste. (V, 298)

Por isso, "a força é rainha do mundo", e nem sequer o é a opinião, sendo a força que molda a própria opinião (V, 303). Mesmo os liames de respeito entre as pessoas são, em geral, cordas de necessidade (V, 304), ou seja, motivadas pela força. A Justiça é, pois, o que se encontra estabelecido, as leis são tidas por justas sem serem examinadas, porque são estabelecidas (V, 312). É, obviamente, um efeito da força, da estabilidade e imobilidade que ela, uma vez estabelecida, imprime à ordem jurídica.

Porém, Pascal apercebeu-se que para além da força bruta, e da obediência cega a essa brutalidade, pela pura necessidade, há necessidades mais elaboradas e obediências de várias ordens. E que as correntes da força são, por vezes, como se diria bem mais tarde, agrinaldadas com as rosas da ideologia. Pascal fala em imaginação (V. 304).

A força pode reforçar-se e apoiar-se não só nas armas, mas em processos mentais, em narrativas, em símbolos, em formas de imaginação.

Pascal chega mesmo a explicar a variação dos titulares dos cargos pela fantasia de alguém ser duque, rei ou magistrado, embora os cargos, em si, sejam reais (V, 306). Afirma, nomeadamente: "Le chancelier est grave et revêtu d'ornements, car son poste est faux; et non le roi: il y a la force, il n'a que faire de l'imagination. Les juges, médecins, etc., n'ont que l'imagination".

A opinião do autor sobre a nobreza, assim, não pode ser muito lisonjeira: "Que la noblesse est un grand avantage, qui, dès dix-huit ans, met un homme en passe, connu et respecté, comme un autre pourrait avoir mérité à cinquante ans. C'est trente ans gagnés sans peine" (V, 322).

E, mais adiante: "La puissance des rois est fondée sur la raison et sur la folie du peuple, et bien plus sur la folie" (V, 330).

Sobre esta matéria dos grandes e poderosos, desde logo nobres, parece que Nicole (1625-1695) seria o autor de três pequenos discursos, que editaria postumamente, propondo-se reproduzir o pensamento de Pascal sobre o tema. Trata-se de *Trois Discours sur la Condition des Grands*, 1670.

Ao contrário do espanto e até escândalo de alguns, temerosos de um Pascal revolucionário, o primeiro discurso assenta sobre bases clássicas, que estão já claras em autores anteriores: desde logo, a propriedade (e, por extensão, os títulos) não são devidos a alguém por direito natural, mas, afinal (embora o texto o não diga nestes termos é o que significa), por direito positivo. Portanto, não há qualquer salto, ou restrição, ou incongruência em no mesmo discurso se negar que seja de direito natural a propriedade, a riqueza e a nobreza, e no mesmo texto se dizer que tudo isso não é ilegítimo, por ser estabelecido pelos homens. Mais interessante é a lição que daqui o autor extrai: podem os grandes não revelar ao povo o segredo de não o serem por terem diversa natureza (dir-se-ia o "sangue azul"), mas é mister que não abusem da sua condição "com insolência"...

O texto aproveita, no segundo discurso, para fazer um matiz mais: há casos grandes por estabelecimento dos homens e há os que o são, afinal, por natureza. Mas, nesse caso, trata-se, como é óbvio, não de postos e títulos, mas do valor intrínseco das pessoas. No fundo, a grandeza por direito positivo é artificial, e a que é natural (não sabemos se por direito natural...) não tem necessariamente correspondência nas coisas do mundo. Uma é mistificação; a outra, realidade.

Noutro contexto, Pascal já havia tratado da enorme parte de "imaginação" implicados pelas ciências, e designadamente a jurídica, e pelos poderes, especificamente a realeza. O segredo, o "mistério", está afinal na mistificação. Em juristas e médicos:

> Nos magistrats ont bien connu ce mystère. Leurs robes rouges, leurs hermines, dont ils s'emmaillotent en chats fourrés, les palais où ils jugent, les fleurs de lis, tout cet appareil auguste était fort nécessaire; et si les médecins n'avaient les soutanes et des mules, et que les docteurs n'eussent des bonnets carrés, jamais ils n'auraient dupé le monde qui ne peut résister à cette montre si authentique. S'ils avaient la véritable justice et si les médecins avaient le vrai art de guérir, ils n'auraient que faire de bonnets carrés; la majesté de ces sciences serait assez vénérable d'elle-même. Mais n'ayant que des sciences imaginaires, il faut qu'ils prennent ces vains instruments qui frappent l'imagination à laquelle ils ont affaire; et par là, en effet, ils attirent le respect. (II, 82)

E mais adiante: "Nous ne pouvons pas seulement voir un avocat en soutane et le bonnet en tête, sans une opinion avantageuse de sa suffisance" (*ibidem*).

Contudo, na realeza, além do espavento, trompetas, tambores, exércitos engalanados, não tem ela só a *mise-en-scènes*. Tem também consigo a força. É uma significativa diferença, o que não significa que prescinda, com a força, da encenação, que afinal é outra forma de força.

E certamente por isso a imaginação, tal como a opinião, por algum tempo, podem governar, num "império" "doce e voluntário", como observa Pascal. Porém, reconhece que a força reina sempre (como que por detrás delas). E sintetiza: "Ainsi l'opinion est comme la reine du monde, mais la force en est le tyran" (V, 311).

E é a sina dos iconoclastas responsáveis, parece. Depois de ter impudicamente rasgado os véus da justiça, o autor dos *Pensamentos*, olha para o povo, e reconhece que a verdade pode não libertar, mas fazer mais mal ainda. Acaba por considerar que é "perigoso dizer ao povo que as leis não são justas":

> Il est dangereux de dire au peuple que les lois ne sont pas justes, car il n'y obéit qu'à cause qu'il les croit justes. C'est pourquoi il lui faut dire en même temps qu'il y faut obéir parce qu'elles sont lois, comme il faut obéir aux supérieurs, non pas parce qu'ils sont justes, mais parce qu'ils sont supérieurs. Par là, voilà toute sédition prévenue si ont peu faire entendre cela, et [ce] que [c'est] proprement que la définition de la justice. (V, 326)

Não deixa de ser um tanto dececionante que, depois da maior lucidez se resigne ao maior conformismo. Uma coisa será o preço a pagar pela outra? Como o sábio do provérbio, que, para se rir do mundo, teria que dele se esconder?

Em boa medida será apenas o escrúpulo do cientista que não consegue apreender cabalmente o seu objeto, e do moralista austero que não nos quer mentir sobre essa sua dificuldade: "La justice et la vérité sont deux pointes si subtiles que nos instruments sont trop mousses pour y toucher exactement. S'ils y arrivent, ils en écachent la pointe, et appuient tout autour, plus sur le faux que sur le vrai" (II, 84).

Bibliografia

Bibliografia ativa principal/específica

Lettres Provinciales (23 de janeiro de 1656 a 24 de março de 1657).

Pensées (póstumo e "editado" – 1670).

Trois Discours sur la condition des grands, 1670 (há quem discuta se a autoria não será antes de Nicole).

Há ainda fragmentos e manuscritos. Não se mencionam, por não pertinentes ao nosso escopo, as obras científicas ou puramente religiosas.

Edições correntes/recomendadas

PASCAL, *Œuvres Complètes*, texte établi par Jacques Chevalier, Paris, Bibliothèque de la Pléiade, 1954.

—, *Œuvres Complètes*, ed. de L. Lafuma, Paris, Seuil, 1963.

—, *Œuvres Complètes*, ed. de Jean Mesnard, Paris, Desclée de Brouwer, 4 v., 1964-1992.

—, As edições dos *Pensamentos* mais usadas foram, sem dúvida, as de Brunchvicg, Lafuma e Le Guerne.

—, *Pensées*, apresentação e notas de Gérard Ferreyrolles, texto estabelecido por Philippe Sellier, segundo a cópia de referência de Gilberte Pascal, Paris, Librairie Générale Française, 2000 (classiques de poche) é um volume acessível que faz referência a todas essas questões editoriais e apresenta mesmo tábuas de concordância.

—, *Provinciales*, ed. com introd. e notas de Louis Cognet, Paris, Garnier, 1965.

Bibliografia passiva seletiva

ABRANCHES DE SOVERAL, Eduardo, *Pascal. Filósofo Cristão*, 2ª ed., Porto, Elcla, 1995.

ANTUNES, Manuel, *Prefácio* a *Pensamentos*, de Blaise Pascal, 3ª ed., Lisboa, Europa-América, 1998, p. 5-10.

BOUCHILLOUX, H., *Apologie et raison dans les "Pensées" de Pascal*, Paris, Klincksieck, 1995.

BRIMO, Albert, *Pascal et le droit*, Paris, Sirey, 1942 (tese).

DENIS, J., *Vues politiques et sociales de Pascal*, Paris, Delesque, 1893.

FERREYROLLES, Gérard, *Pascal et la raison du politique*, Paris, PUF, 1984.

KRAILSHEIMER, Alban, *Pascal*, Oxford, Oxford University Press, trad. port. de Maria Manuela Pecegueiro, *Pascal*, Lisboa, Dom Quixote, 1983.

LAZZERI, S. E., *Force et justice dans la politique de Pascal*, Paris, PUF, 1993.

MESNARD, Jean, *Pascal, l'homme et l'oeuvre*, Paris, Boivin-Hatier, 1951.

PIEPER, Josef, La thèse de Pascal: théologie et physique *in* "Le concept de tradition", *La Table Ronde* nº 150, Paris, Plon, junho de 1960, trad. port. de Jean Lauand, *A Tese de Pascal: teologia e Física. Uma Introdução ao Préface au Traité du vide*, International Studies on Law and Education, nº 7, São Paulo/Porto, CEMOrOc-Feusp/IJI-University do Porto, janeiro-abril de 2011, ed. electrónica: http://www.hottopos.com/isle7/73-76Pieper.pdf.

O PERÍODO ROMÂNTICO

Os românticos pretendem uma síntese de contrários: o Povo e a Nação, o Estado e o Espírito, a Europa e as Regiões.

Alain De Benoist

INTRODUÇÃO

Uma ordem subterrânea liga os autores que se seguem. Em termos muito singelos e objetivos, esta parte vai do idealismo alemão, nos seus máximos expoentes filosófico-políticos, ao positivismo francês, passando pelos momentos de fundação do utilitarismo britânico.

À próxima parte presidirá a ideia das relações entre a liberdade, a igualdade e a propriedade, entre liberalismos e socialismos (dito "utópico" em Proudhon e dito "científico" em Marx). A abordagem do presente é uma espécie de outro rosto das faces de Jano desta época contemporânea, ou talvez (porque o tempo passa e os tempos envelhecem) já apenas "pré-contemporânea" – uma vez que o nosso tempo de hoje parece começar a destacar-se um tanto das questões aqui recorrentes. Cura-se agora desse outro lado da problemática setecentista e sobretudo oitocentista: a faceta da aspiração a uma ordem social, a uma sociedade organizada, e da conceção dessa mesma ordem em bases filosóficas racionais, ou, pelo menos, partindo delas (porque em Comte, positivismo e romantismo se conjugarão, e há também quem veja um Hegel essencialmente romântico).

Centramo-nos em quatro grandes autores: Kant (1724-1804), Bentham (1748-1832), Hegel (1770-1831) e Comte (1798-1857). O primeiro e o terceiro, professores com cátedra e com superficial fama de afastados do mundo, apesar de ambos pelo menos iniciais entusiastas da Revolução Francesa. O segundo e o último foram reformadores sociais sem sucesso político imediato e pessoal (embora com importante posteridade, direta ou indireta); partindo de teorizações que desejaram lógicas, racionais, acabam por sacrificá-las à atração do litúrgico ou do ritual. Bentham deixa em testamento as regras de uma espécie de "culto", não propriamente "da personalidade", nem ao menos da sua pessoa – mas sem dúvida da sua doutrina, simbolizada *post mortem*. Comte acaba por se investir como sacerdote de uma nova religião, religião da "Humanidade", mas ainda assim "religião".

Evidentemente, não são os pormenores que mais interessam, e muito menos a *petite histoire*. Dela, contudo, daremos alguns exemplos, aqui e ali, sobretudo para colorir de cor local teorias que, em geral, podem parecer excessivamente pesadas, e conferir um toque de humanidade a filósofos que parecem apenas mentais. Curiosamente, a biografia, embora não explique totalmente a teoria, acaba por dela poder ser um símbolo: Kant, com a sua vida regrada, parece ser a própria "ordem". Bentham, com a sua educação enciclopédica, e tendo deixado tantos milhares de páginas manuscritas, tinha o culto do método. Hegel tirava apontamentos e fazia recensões do que lia, e não faltou sequer à Universidade no sábado que precedeu a sua morte, significativamente num domingo. Comte falará de uma organização pessoal plena de "poder intrínseco", que o conseguiria tirar de um intervalo de grave crise mental (ou de simples grande fadiga, segundo, *v.g.*, Alain) que o chegou a levar ao internamento.

Evidentemente, todos estes autores têm diálogos, mais ou menos demorados, com as questões predominantes do seu tempo, que sente as ondas de difusão do marco da revolução de 1789, e que é revolucionário e até pós-revolucionário na sua maior parte. E esses problemas são, realmente, mais ainda os da liberdade e, depois, da democracia, que os da igualdade e do socialismo.

Mas mesmo estes temas os filósofos de que aqui curamos tratam de forma diferente e num contexto diverso dos demais. Embora se possa ver em Kant ainda um liberal, com a condescendência que comporta uma designação tão lata e polissémica, seria muito mais complicada a qualificação dos restantes três... e por vezes são estranhamente rotulados no plano político. Hegel também por vezes é apelidado de liberal (assim como de totalitário, conservador, autoritário e romântico...).

Em suma, trata-se da filosofia política e jurídica de um certo tipo de idealismo e de racionalismo que desemboca no positivismo. A ordem subterrânea que a todos une é essa linha de desejo de organização racional da sociedade, prevalecendo sobre outros valores e palavras de ordem. Mas trata-se de uma racionalidade que se encontra modelada por um ambiente a que só poderemos chamar "romântico". E acaba por ser o Romantismo o mais significativo elo.

A seguir virá a contemporaneidade plena, quer a mais "clássica", que é afinal ainda "moderna" (da Modernidade), quer a dita "pós-moderna", e finalmente o que se segue à crítica desse conceito. E nessa, salvo quiçá a "religião dos direitos humanos" (apesar de tudo não absolutamente consensual, mas sobretudo nem sempre baseada nos mesmos pressupostos filosóficos), já não será fácil encontrar o fio que una as contas de um colar disjunto...

IMMANUEL KANT

(KÖNIGSBERG, 1724-1804)

I. Perfil de Kant

> *Duas coisas enchem o ânimo de admiração e veneração
> sempre novas e crescentes, quanto mais frequentemente
> e com maior assiduidade delas se ocupa a reflexão: O céu
> estrelado sobre mim e a lei moral em mim. Não as hei-de
> procurar e presumir a ambas como envoltas em obscuridades
> ou no transcendente, fora do meu horizonte; vejo-as perante
> mim e religo-as imediatamente com a consciência da minha
> existência.*
>
> Kant

Pensa-se normalmente que a vida de Kant não teria sido senão ordem e regularidade, no que se aproximaria da sua filosofia, com todo o seu racionalismo e aquele estilo seco (para alguns impenetrável mesmo) que dela tem afugentado gerações sucessivas de estudantes menos empenhados. O próprio Alain (1954) não deixaria de sublinhar estas dificuldades; mas Alain era um filósofo cheio de subtileza literária e treinara-se a escrever nos jornais, que têm de ser lidos por um público não especializado.

Sem se negar que há uma linha de regularidade e algum ascetismo no decurso de uma vida afinal sobretudo consagrada ao estudo, mais recentemente começam a abrir-se janelas sobre a "humanidade" de Kant. Começa a duvidar-se se Kant era mesmo de todo insensível à música, à literatura e à natureza. Como interpretar o seu passeio das quatro às cinco, fizesse sol ou chovesse (*v.g.*, Bronowski/Mazlish, 1960: 488)?

Tendo nascido numa família dos mais férreos rigor e fervor pietistas, frequentado o colégio Fridericianum e a Universidade da sua terra natal, Kant apenas se afastou desta por dez anos, quando, após concluído o curso, foi precetor. O que não quer dizer que se encontrasse ensimesmado no seu domínio paroquial. Pelo contrário, com o mundo se preocupava, muito e bem. Apesar de ter por vezes opiniões políticas ou estratégicas bizarras, de que não abdicava, como a de que a expedição de Napoleão ao Egipto seria, na verdade, uma manobra de diversão, tendo o imperador verdadeiro interesse... em Portugal.

Os habitantes de Königsberg (reza uma lenda que de tão repetida acaba por parecer mentira) podiam aperceber-se com exatidão das horas pelas saídas e regressos a casa do metódico professor, por vezes acompanhado do seu fiel criado, munido de guarda-chuva para qualquer eventualidade meteorológica. Afinal podia sair quer fizesse sol ou chuva.

A tradição quer que este pacato professor da Faculdade de Filosofia (que ensinou Lógica, Metafísica e mesmo Astronomia e Matemática, entre outras) tenha quebrado em apenas dois momentos o ritmo da sua vida: quando se apressou a comprar o *Contrato Social* de Rousseau e quando correu a saber novidades da Revolução Francesa. Diz-se que chorou com a implantação da República em França. Em ambos aqueles casos, foi a política a grande paixão que a este sábio desinquietou.

A filosofia de Kant, sendo das mais essenciais para a compreensão da modernidade filosófica, é também das mais complexas. Recordemos apenas que, depois de ter seguido o dito "sono dogmático", com Leibniz e Wolf, e de ter experimentado também a influência de Locke, Hume e Rousseau, Kant recoloca antes de mais a pergunta: "O que podemos conhecer?" Há várias fases no pensamento do filósofo, sendo normalmente traçada a divisão das águas entre o período pré-crítico e o crítico. O Kant verdadeiro é o da maturidade, do período crítico.

Nem sensualizando o entendimento, nem intelectualizando o sensível e o fenoménico, nem ainda, por outro lado, sacrificando no altar do dogma, nem desistindo do poder da razão como o ceticismo, Kant inaugura o pensamento crítico, numa perspetiva nem imanentista nem transcendentalista, mas "transcendental". Se somos incapazes de alcançar a essência das coisas, ou *númenos,* vamos pelo estudo dos fenómenos, filtrados pelas *formas* da nossa razão, e a ideia de dever (entra aqui uma importância essencial do ético, na forma do *imperativo categórico*) aproxima-nos das coisas mesmas. Único juízo sintético *a priori* legítimo, a sujeição do homem à lei moral é um valor objetivo absoluto. E qual é o dever, que lei moral é essa a que ninguém pode escapar? Há para ela várias fórmulas, bastante divulgadas aliás: elas sublinham o carácter geral e abstrato (e por isso racional) das próprias escolhas éticas positivas, e formulam-se em máximas abrangentes que remetem para princípios de universalidade e humanidade.

Num tempo utilitarista e egoísta como o nosso, convém recordar a fórmula: "Age de forma a que consideres sempre a humanidade em ti próprio e nos demais como um fim e não como um meio".

Num tempo de dois pesos e duas medidas, umas para o próprio e os seus próximos e outras para os demais, não se pode deixar de lembrar a máxima: "Age como se foras a um tempo legislador e súbdito na república das vontades". Ou ainda: "Age de forma a que a máxima da tua ação possa ser alçada a lei universal".

Trata-se de uma filosofia abstrata, ainda racionalista, em grande medida mental, como teria sido, miticamente, o seu autor. Péguy diria algo como isto: "O kantismo tem as mãos puras, porque não tem mãos". E, contudo, esta poderosa construção impressiona: "Se se prescindir de tudo quanto há de secundário, só houve até agora dois sistemas filosóficos: o grego e o alemão – Sócrates e Kant", afirmará Wilhelm Windelband, nos seus *Präludien*.

E o mito de um Kant descarnado e todo feito de ideias vai sendo abalado, embora não completamente substituído pelo seu inverso. Roger-Pol Droit (1988: 132) pergunta, significativamente, se Kant viveu. Parece que pouco, mas alguma coisa. Quem diria que Kant, até se tornar quarentão, regressava normalmente a casa depois da meia-noite, fazendo serões de bilhar e jogo de cartas? E quase sempre foi reconhecido que era um gastrónomo (nomeadamente, apreciador de bom vinho) e bom anfitrião, características que viria a perder, ao que parece, com a idade. Nada, porém, de mais comum...

Kant acabou por lecionar, além de muitas outras coisas, Direito Natural. Foi durante muito tempo livre-docente (sem salário da universidade, mas pago pelos alunos), o que a um tempo lhe permitia e o obrigava a grande polivalência de cursos. Chegou a ensinar fortificações a militares, com grande sucesso, aliás. Estava-se no tempo daquela modalidade jusnaturalista a que viria a chamar-se Direito Natural moderno – duvidamos hoje se com plena justeza classificatória. Os críticos desta corrente, sobretudo os seus críticos jusnaturalistas mais apegados a uma perspetiva clássica, consideram normalmente este Direito Natural uma espécie de degenerescência do que houvera florescido no espírito e nos escritos de Aristóteles, vivido no quotidiano do Direito Romano clássico e, depois de obnubilado pelo tropel das invasões bárbaras e do ocaso dos primeiros séculos da Idade Média, renascido (ainda que por momentos apenas) sob a mente poderosa de Tomás de Aquino. Racionalista, apriorístico e abstrato, obra de teólogos, filósofos e até matemáticos, e sem pés no chão da realidade propriamente jurídica – eis algumas das críticas que se lhe dirigem a partir desta banda doutrinal. A questão, como aflorámos, não parece, contudo, hoje absolutamente líquida. Desde logo, porque esse assacado racionalismo tem já as suas origens precisamente nas três fontes clássicas invocadas pelos críticos e está ainda por fazer uma verdadeira comparação dos métodos e sobretudo dos resultados de um direito natural realista clássico e de um direito natural racionalista. Assim, uma suspensão do juízo se imporia. E nesta *épochê* Kant pode vir a recuperar parte do seu prestígio entre alguns juristas e jusfilósofos, quanto à sua faceta de expositor e autor de "direito natural" por obrigação académica.

Dessa obrigação académica e da dedução de princípios morais vai surgir a sua filosofia jurídica. O nosso filósofo parece que sabia astronomia, mas reconhece-se que não conheceria o Direito na prática. As suas obras revelam que, não sendo professor de Direito, nem mesmo o Direito Romano, então ainda muito ensinado na Universidade, perfeitamente dominava. Vai daí, produz considerações que podem parecer nebulosas e estranhas sobre o mundo jurídico, para mais aos juristas de hoje. Vai mais longe. Distingue o *quid jus*, as soluções e os princípios justos de Direito, do *quid juris*, as soluções para os casos práticos concretos. E atribui aos juristas a técnica de execução do segundo, enquanto reserva para a Faculdade de Filosofia a decisão do justo jurídico. Alguns dirão que a ideia que faz do Direito vogaria pelas águas do individualismo e de algum irrealismo. O prefácio de Michel Villey (1986) à célebre edição francesa da *Doutrina do Direito* é uma demolição de um ídolo. E já Schopenhauer, por seu turno, considerara que esta parte da obra do Mestre seria produto já senil e "deplorável".

E contudo... é um mistério insondável compreender a fama do kantismo entre os juristas e os estudiosos da política. Não o conseguiram ler, na sua maioria, nem os filósofos se interessaram por traduzi-lo inteligivelmente para a *forma mentis* jurídica e política. Todavia, ainda hoje comummente se adota a distinção entre dois *quid*, o que efetivamente é inócuo, mas, o que é verdadeiramente grave, há ainda muitos juristas satisfeitos com esse lugar subalterno. Kant estava a ser de algum modo profético: hoje, apesar de as grandes universidades manterem, ciosas, os seus pergaminhos de ensino dos Fundamentos do Direito (*Grundlegung*), com grandes quadros de professores, revistas e centros de investigação apenas dedicados ao estudo das humanidades jurídicas, de índole filosófica, histórica, sociológica, política, etc., nota-se um alijar dessas responsabilidades. Quando os próprios não querem tratar dessas matérias, não se pode recusar que outros as cultivem.

Mas ninguém é o seu *retrato-robot*. O destino prega partidas a estes homens apesar de tudo basicamente racionais e frios, todos dedicados à especulação abstrata, dando-lhes, por vezes, paixões irracionais pelo que lhes é oposto. Politicamente, Kant é, por paradoxo, em grande medida, um utopista. E tal posição faz sentido, porque a utopia é a cristalização dos ideais de esperança na reforma e na regeneração da sociedade levadas ao extremo por um excesso de confiança voluntarista fundada numa cegueira: a da razão que se sobrevaloriza.

Ainda neste pendor utópico se revela a obsessão pela ordem.

Mas não se diga que Kant é só oclusão de linguagem. Já na *Crítica da Razão Prática*, na Segunda Parte, a começar a conclusão, mostra que há decerto em si mais disciplina do que deformação. Porque, sendo a conclusão (tal como a introdução) um paratexto em que aos autores é permitida, pelos cânones da tradição, uma maior distensão, o filósofo de Königsberg brinda-nos com uma célebre passagem, que, pela sua profundidade e beleza (e a beleza é que importa mais neste preciso momento, sem desmerecer a profundidade), merece ser sempre recordada:

> Duas coisas enchem o ânimo de admiração e veneração sempre novas e crescentes, quanto mais frequentemente e com maior assiduidade delas se ocupa a reflexão: O céu estrelado sobre mim e a lei moral em mim. Não as hei-de procurar e presumir a ambas como envoltas em obscuridades ou no transcendente, fora do meu horizonte; vejo-as perante mim e religo-as imediatamente com a consciência da minha existência. (*Crítica da Razão Prática*, trad. de Artur Morão, 1984: 183-A, 288-289)

Vale a pena ler a continuação, o que aqui não pode ser feito, *brevitatis causa*.

Havia em Kant também sensibilidade e preocupação com os outros. Mas, racionalista ainda, essa preocupação haveria de se fazer sentir no amor à humanidade. Humanidade que se tem de libertar das suas cadeias mentais, da preguiça, da cobardia e do preconceito, e que tem de conviver em paz – todos objetivos racionalíssimos e dir-se-ia, em termos menos filosóficos: *idealistas*.

No seu texto *O Que é o Iluminismo?*, Kant dá-nos respostas que ainda hoje são inequivocamente válidas, o que prova que o Iluminismo tem várias formas, e que em grande medida a promessa libertadora do Iluminismo (que se não confunde com os despotismos feitos em seu nome) se não concretizou ainda (como sublinha Resta). Certamente por ter ele assumido derivas sobretudo absolutistas... Mas mesmo depois disso. Michel Foucault (1993: 73) duvida de que algum dia nos tornemos *maiores...*

O início do artigo é esclarecedor, e cada palavra tem um significado:

> O Iluminismo é a saída do homem da sua menoridade de que ele próprio é culpado. A menoridade é a incapacidade de se servir do entendimento sem a orientação de outrem. Tal menoridade é por culpa própria se a sua causa não reside na falta de entendimento, mas na falta de decisão e de coragem em se servir de si mesmo sem a orientação de outrem. *Sapere aude!* Ousa! Tem a coragem de te servires do teu próprio entendimento! Eis a palavra de ordem do Iluminismo. (*O Que é o Iluminismo?*, trad. de Artur Morão, *in* A Paz Perpétua e Outros Opúsculos, Lisboa, Edições 70, 1988: 11)

E prossegue, muito significativamente:

> A preguiça e a cobardia são as causas por que os homens em tão grande parte, após a natureza os ter há muito libertado do controlo alheio (*naturaliter maiorennes*), continuem, no entanto, de boa vontade menores durante toda a vida; e também por que a outros se torna tão fácil assumirem-se como seus tutores. É tão cómodo ser menor. (*ibid.*)

O nosso Agostinho da Silva, numa das suas *Conversas Vadias*, explicou-o com uma conotação ligeiramente diversa, a propósito da "liberdade" imensa (uma outra liberdade – diversa da liberdade responsável dos modernos) que dão os votos eclesiásticos de pobreza e sobretudo de obediência. Quem obedece cega, cadavericamente, tem a vida muito facilitada. Como dizia o já citado grande filósofo francês Alain: "Pensar é dizer não".

Kant vai, com efeito, operar uma rutura com o pensamento juspolítico anterior. Claro que é uma rutura que dificilmente se compreenderia sem Maquiavel, e quiçá até sem Hobbes. Mas não deixa de o ser. Os fundamentos da política e da normatividade são deslocados de fora para dentro do sujeito pensante: de uma exterioridade que poderia ser menoridade, passam a uma racionalidade radical. Como sintetizará, com alguma veemência, Wolfgang Kersting (1999: 342):

> In the previous history of practical philosophy foundations and first principles were sought in objective ideas, in a normative constitution of the cosmos, in the will of God, in the nature of man, or in prudence in the service of self-interest (...). We are subjected to the laws of reason alone: With this recognition Kant frees us from the domination of theological absolutism and the bounds of theological natural law, and likewise elevates us above the prosaic banalities of the doctrine of prudence. Human beings may and must obey only their own reason; in that lies their dignity as well as their exacting and burdensome moral vocation.

Na verdade, o empreendimento libertador (e nesse sentido exemplo de Modernidade) levado a cabo por Kant no seu tríplice edifício crítico acaba por pôr profundamente em causa o adormecimento e a menoridade anteriores. Como se sabe, a *Crítica da Razão Pura* coloca os problemas mais radicais do conhecimento, do saber – é a questão do verdadeiro; a *Crítica do Juízo* ou *da Faculdade de Julgar* coloca os problemas da avaliação artística, do belo; e a *Crítica da Razão Prática* (que mais interessa ao nosso objeto) ocupa-se da ética, da moral, do direito – ou seja, trata-se do justo, *lato sensu*.

Impossível e ridículo seria resumir uma filosofia desta envergadura. Contudo, há uma feliz formulação de Luc Ferry que poderá ajudar-nos a entender a base das implicações filosófico-políticas do pensamento kantiano. Assim como Pocock (1975) fala de um "momento maquiavélico", Ferry (1993: 21) avança um "momento kantiano" de rutura com o passado, com duas facetas essenciais, plenas de consequências futuras: a primeira é a emergência da laicidade, com uma revolução no entendimento das relações entre o homem e Deus, e, concomitantemente, uma desconstrução da subjetividade metafísica, mas ainda com uma possibilidade de metafísica, e não uma renúncia total a ela.

Partindo do estado de natureza, Kant chega, como vários antes de si, ao Estado civil (*civitas*), através do *contrato social* (onde se nota inspiração de Rousseau, bem como da sua "vontade geral") ou *contrato original*: nele, ao contrário de outros autores (desde logo Hobbes), o homem não perde liberdade, mas ganha-a, na dependência da lei (*Metafísica dos Costumes, Doutrina do Direito*, §47).

Como Locke, equaciona nessa forma política uma separação de poderes, e como Montesquieu assinala os poderes legislativo, executivo e judicial, a que chama *potestas legislatoria, rectoria et judiciaria*. Mas inova, fazendo um paralelo entre estes poderes e os três membros do silogismo da razão prática: a premissa maior é a lei, a menor é o comando subsumido à norma, e a conclusão é a sentença (*ibid.*, §45).

Kant é defensor da cidadania, em termos tão latos que os cidadãos só devem obedecer às leis a que deram o seu assentimento (*ibid.*, §46). Em Kant está a exaltação da cidadania pelo voto e do sistema representativo (*ibid.*, §52), mas também se encontra já (e ainda) a justificação das limitações oitocentistas ao sufrágio, com base na falta de personalidade civil de certos estratos da sociedade (criados, menores, e até mulheres) que agiriam então sem *Willkür*, na dependência de outros. Assim como critica o direito de resistência, a sedição, a rebelião e a revolução. Contudo, triunfando esta, devem os cidadãos obedecer à nova ordem instituída. Não reconhecendo estes levantamentos como direito, Kant aplaudiria a Revolução Francesa, apesar de, dentro da sua lógica, condenar como grave crime a execução do rei. Conclusão de André Tosel: "Kant revolucionário não é kantiano" (1988). A construção de Kant é subtil: teria sido o próprio rei Luís XVI a abdicar legalmente, desde o processo da convocação dos Estados Gerais. Esquecendo a rutura do juramento da Casa do Jogo da Pela e tudo o que se lhe seguiu, Kant mantém a perfeição teórica do seu sistema, e, nele, logicamente, a contrarrevolução é que surge como sediciosa (*ibid.*, §52; Tosel, 1988: 82 *et seq.*).

No plano internacional, Kant considera um dever aproximarmo-nos da paz perpétua por formas de associação dos Estados, acabando, contudo, por reconhecer que ela é irrealizável, o que não retira o dever de para ela tender. É a permanência do estado de natureza que causa maiores males à Paz (§61). Kant é assim precursor de todas as formas de federalismo e de união mundiais.

O nosso filósofo está longe de ser ingénuo quanto às críticas normais (ainda atuais) ao "Estado mundial", e por isso, no seu opúsculo sobre a relação entre a teoria e a prática, resolve assim a questão:

Assim como a violência omnilateral e a miséria que daí deriva levaram necessariamente um povo à resolução de se submeter ao constrangimento que a própria razão lhe prescreve como meio, a saber, a lei pública, e a entrar numa constituição civil, assim também a miséria resultante das guerras permanentes, em que os Estados procuram uma e outra vez humilhar ou submeter-se entre si, deve finalmente levá-los, mesmo contra vontade, a ingressar numa constituição *cosmopolita*; ou então, se um tal estado de paz universal (como várias vezes se passou com Estados demasiado grandes) é, por outro lado, ainda mais perigoso para a liberdade, porque suscita o mais terrível despotismo, esta miséria deve no entanto compelir a um estado que não é decerto uma comunidade cosmopolita sob um chefe, mas é no entanto um estado jurídico de *federação*, segundo um *direito das gentes* concertado em comum. (Kant, *Sobre a Expressão Corrente: Isto Pode Ser Correcto na Teoria, mas nada Vale na Prática*, III, A, 278-279, trad. de Artur Morão)

Como estas reflexões podem ser tão universais e intemporais!

No opúsculo *Zum ewigen Frieden* (1795), Kant fornece-nos em síntese muito do seu pensamento filosófico-político. Proscrevem-se os tratados com reservas (mentais) possibilitadoras de guerras futuras (I, 1). Advoga-se o desaparecimento gradual dos exércitos permanentes (I, 2). Proscreve-se a emissão de dívidas públicas conectadas com matérias de política externa (I, 3). Proclama-se o princípio da não ingerência nos assuntos internos de um Estado pelos demais (I, 4), designadamente na constituição do seu governo (I, 5). Proíbem-se hostilidades que ameacem uma confiança mínima que possa vir a comprometer a paz futura: por exemplo, o uso de assassinos, a instigação à traição, a rutura da rendição, etc. (I, 6). Para além destes pontos, há os chamados artigos definitivos para a Paz Perpétua: Defende-se a Constituição republicana em cada um dos Estados (II, 1). O Direito Internacional, ou *ius gentium*, direito das gentes, é concebido como assente numa federação de Estados livres (II, 2). Existiria uma espécie de direito de visita de cada homem a qualquer parte do mundo, pelo que o futuro direito cosmopolita consagraria e reconduzir-se-ia, como direito e não como filantropia, a essa hospitalidade (II, 3). Finalmente, no Suplemento Segundo, Kant legitima a sua proposta teórica (que aparece embora sob forma articulada de tratado... posto que comentado) com um artigo dito "secreto", de garantia da paz perpétua: "As máximas dos filósofos sobre as condições de possibilidade da paz pública devem ser tomadas em consideração pelos Estados preparados para a guerra". Neste mesmo ponto, num desses seus rasgos mais literários que nos deliciam e deleitam, Kant evoca os símbolos da justiça e, com uma graça crítica, lembra a pobreza rude dos juristas que não são filósofos, tentados a usar a espada para aclarar caminho e para humilhar os vencidos, assim como o brocardo segundo o qual a filosofia é serva da teologia, interrogando-se, porém, se vai à sua frente com uma tocha para lhe alumiar os passos, ou se lhe segura, atrás, a cauda dos seus vestidos. Contrariando Platão, termina o dito Suplemento com palavras que merecem reflexão: "Não é de esperar nem também de desejar que os reis filosofem ou que os filósofos se tornem reis, porque a posse do poder prejudica inevitavelmente o livre juízo da razão".

Insistindo depois na utilidade especulativa dos filósofos e no seu carácter inofensivo, não gregário e insuspeito de deformação por propaganda, como argumentos para que lhes seja permitido exprimir-se publicamente.

Apesar de o sentido da palavra "liberal" ser muito polissémico (e mais ainda nos nossos dias), e de alguns verem o Estado no caminho racional do seu engrandecimento nas dobras da filosofia kantiana (o imperativo categórico foi assimilado já "militarismo prussiano", como lembra Jean Lacroix), talvez tenha razão Oswald Külpe (1929: 177) nesta síntese:

> A sua conceção política difere (...) absolutamente das tendências da burguesia pedante. Era um verdadeiro representante do liberalismo, não pelo culto rotineiro de uma constituição liberal, mas por profundas convicções éticas. Como juiz supremo da sua própria conduta e para distinguir o bom do mau só admitia a sua própria consciência, o seu próprio juízo moral, e não o capricho dos preceitos dos demais.

Realmente, em Kant a ética precede e comanda a filosofia política e jurídica.

Bibliografias

Bibliografia ativa principal/específica

Kritik der reinen Vernunft (1781), *Idee zu einer allgemeinen Geschichte in weltbürgerlicher Absicht* (1784); *Idee einer Universalgeschichte von den kosmopolitischen Standpunkt* (1784); *Was ist Aufklärung?* (1784); *Grundlegung zur Metaphysik der Sitten* (1785); *Kritik der praktischen Vernunft* (1788); *Zum ewigen Frieden* (1795).

Edições correntes/recomendadas

Bibliografia de ética kantiana anotada: *Kantian Ethical Thought: A Curricular Report and Annotated Bibliography*, Tallahassee, Council for Philosophical Studies, 1985. Edição crítica: *Kant's gesammelte Schriften*, ed. Wilhelm Diltey, primeiro editada pela Real Academia Prussiana das Ciências e depois pela Academia Alemã das Ciências, 29 v. Livros de e sobre Kant em português: *Revista Portuguesa de Filosofia*, UCP/FF, Braga, 1988, t. XLIV/4, p. 559-566.

Kant's Political Writings, ed. Hans Reiss, trad. de H. B. Nisbet, Cambridge, Cambridge University Press, 1970.

KANT, *Crítica da Razão Prática*, trad. de Artur Morão, Lisboa, Edições 70, 1984.

—, *Doutrina do Direito*, 3ª ed., trad. de Edson Bini, São Paulo, Ícone, 1993.

—, *Kritik der reinen Vernunft*, reimp. da 2ª ed., rev., Hamburgo, Félix Meiner, 1956 (1ª ed., Riga, 1781); trad. port. de Manuela Pinto dos Santos e Alexandre Fradique Morujão, *Crítica da Razão Pura*, Lisboa, Fundação Calouste Gulbenkian, 1985.

—, *Fundamentação da Metafísica dos Costumes*, trad. de Paulo Quintela, Lisboa, Edições 70, 1988.

—, *Lecciones de Ética*, introd. e notas de Roberto Rodriguez Aramayo e trad. do mesmo e Concha Roldán Panadero, Barcelona, Crítica, 1988.

—, *Was ist Aufklärung?*; trad. cast. de Agapito Maestre e José Romagosa, *Qué es Ilustración?*, Madrid, Tecnos, 1988.

—, *Was ist Aufklärung?*, trad. fr. e análise de Jean-Michel Muglioni, Paris, Hatier, 2012.

—, *Zum ewigen Frieden*, etc.; trad. port. de Artur Morão, *A Paz Perpétua e Outros Opúsculos*, Lisboa, Edições 70, 1988.

Bibliografia passiva seletiva e citada

ALVES, João Lopes, *Ética & Contrato Social (Estudos)*, Lisboa, Colibri, 2005.

ARENDT, Hannah, *Lectures on Kant's Political Philosophy*, ed. Ronald Beiner, Chicago, Chicago University Press, 1982.

AUDARD, Catherine, "La stratégie kantienne de Rawls", *Magazine Littéraire*, nº 309, abril de 1993, p. 53 *et seq.*

BATSCHA, Zwi (ed.), *Materialien zu Kants Rechtsphilosophie*, Frankfurt, Suhrkamp, 1976.

BECK, Lewis White, *Studies in the Philosophy of Kant*, Indianapolis, Bobbs-Merril, 1965.

BOBBIO, Norberto, *Kant et le problème du Droit*, Paris, Vrin, 1975.

—, *Diritto e Stato nel pensiero di E. Kant*, Turim, 1958; trad. port. De A. Fait, *Direito e Estado no Pensamento de Emanuel Kant*, Brasilia, Ed., UNB, 1984.

BÖCKERSTETTE, Heinrich, *Aporien der Freiheit und ihren Aufklärungen durch Kant*, Estugarda, Frommann-Holzboog, 1982.

BORRIES, Kurt, *Kant als Politiker*, Leipzig, Felix Meiner, 1928.

CASSIRER, Ernst, *Kants Leben und Lehre*, Berlim, 1918; trad. ingl. de James Haden, *Kant's Life and Thought*, reimp., Yale, Yale University Press, 1983.

COHEN, Hermann, *Kants Begründung der Ethik nebst ihrer Anwendung auf Recht, Religion und Geschichte*, 2ª ed., Berlim, B. Cassirer, 1910.

DELBOS, V., *La Philosophie pratique de Kant*, Paris, Alcan, 1905.

DELEUZE, Gilles, *La Philosophie critique de Kant*, Paris, PUF, 1971, trad. port., *A Filosofia Crítica de Kant*, Lisboa, Edições 70, 1987.

DROIT, Roger-Pol, *La Compagnie des Philosophes*, Paris, Odile Jacob, 1988.

FERRY, Luc, "Kant, penseur de la modernité, propos recueillis par François Ewald", *Magazine Littéraire*, n° 309, abril 1993, p. 18 *et seq.*

FOUCAULT, Michel, "Qu'est-ce que les Lumières?", *Magazine Littéraire*, n° 309, abril 1993, p. 61-73.

FRIEDRICH, C. J., *The Philosophy of Kant*, Nova Iorque, Modern Library, 1949.

HECK, José, *A Liberdade em Kant*, Porto Alegre, Movimento, 1983.

KERSTING, Wolfgang, Politics, Freedom and Order: Kant's Political Philosophy, *in The Cambridge Companion to Kant*, ed. Paul Guyer, 9ª reimp., Cambridge, Cambridge University Press, 1999 (1ª ed., 1992), p. 342 *et seq.*

KÜLPE, O., *Kant*, trad. de Domingo Miral López, 2ª ed. cast., Barcelona/Buenos Aires, Labor, 1929.

LACROIX, Jean, *Kant et le kantisme*, Paris, PUF, 1966, trad. port., *Kant e o Kantismo*, Porto, Rés, 1979.

LEONE, Carlos, *Portugal Extemporâneo. História das Ideias do Discurso Crítico Moderno (Séculos XI-XIX)*, Lisboa, Imprensa Nacional – Casa da Moeda, 2 v., 2005, v. II, p. 173-187.

MAGISTER, Sandro, Ha letto Kant? Diriga la Fiat, *L'Espresso*, 12 de maio de 1995, p. 70 *et seq.*

MARQUES, Viriato Soromenho, *Razão & Progresso na Filosofia de Kant*, Lisboa, Colibri, 1998.

MULHOLLAND, Leslie A., *Kant's System of Rights*, Nova Iorque, Columbia University Press, 1990.

MURPHY, Jeffrie G., *Kant: The Philosophy of Right*, Londres, Macmillan, 1970.

PASCAL, Georges, *Pour connaître la pensée de Kant*, Paris, Bordas, 1966.

PEREIRA, José Esteves, Kant e a resposta à pergunta: o que são as Luzes?, *Cultura. Revista de História e Teoria das Ideias*, Lisboa, Centro de História da Cultura/UNL, III, 1984, p. 153-168.

PHILONENKO, Alexis, *L'Oeuvre de Kant*, Paris, Vrin, 2 v, 1975, 1981.

POCOCK, J. G. A., *The Machiavellian Moment. Florentine Political Thought and the Atlantic Republican Tradition*, Princeton/Londres, Princeton University Press, 1975.

PRAUSS, Gerold, *Kant über Freiheit als Autonomie*, Frankfurt-am-Main, Vittorio Klosterman, 1983.

SALGADO, Joaquim C., *A Ideia de Justiça em Kant*, 2ª ed., Belo Horizonte, Ed., UFMG, 1995.

TELES PIRES, Teresinha Inês, *O Primado da Razão Prática em Kant*, Porto Alegre, Nuria Fabris, 2012.

TERRA, Ricardo, *Kant e o Direito*, Rio de Janeiro, Jorge Zahar, 2004.

TOSEL, André, *Kant révolutionnaire. Droit et politique*, Paris, PUF, 1988.

VLACHOS, Georges, *La Pensée politique de Kant: Métaphysique de l'ordre et dialectique du progrès*, Paris, PUF, 1954.

VILLEY, Michel, "Préface" a Kant, *Métaphysique des Moeurs. Première Partie. Doctrine du Droit*, 3ª ed. fr., trad. de A. Philonenko, Paris, Vrin, 1986, p. 7 *et seq.*; também recolhido *in* Michel Villey, *Critique de la pensée juridique moderne*, Paris, Dalloz, 1976, p. 139 *et seq.*

WEIL, Éric, *Problèmes kantiens*, Paris, Vrin, 1979.

WILLIAMS, Howard, *Kant's Political Philosophy*, Nova Iorque, St. Martin's Press, 1983.

II. Kant Jurídico-Político

Ceux qui aiment trop Rousseau, et je suis de ceux-là, apprécieront ici le cœur du philosophe de Kœnigsberg, si austère dans sa froideur de moraliste, mais aussi tendre que le plus tendre des hommes, et qui doit avoir à se battre contre la grande idée de finalité qui lui a souri. Donc il est le plus poète des philosophes et digne de sa grande postérité, où, dans la philosophie allemande, on a vu s'unir les grandeurs du sentiment aux rigueurs de la pensée.
Alain (Émile Chartier) (1946: 41)

Kant, como vimos, não posa para a opinião (*doxa*) ("pública") como um desses autores acessíveis, "palatáveis", fáceis. Nem sequer nele poderíamos colher um manancial de frases decisivas, que, mais ainda, assim se tornariam pela *auctoritas* do seu nome. Pouco de Kant é citado para além do célebre tópico em que se tornou a sua frase, inegavelmente lapidar:

> Zwei Dinge erfüllen das Gemüt mit immer neuer und zunehmender Bewunderung und Ehrfurcht, je öfter und anhaltender sich das Nachdenken damit beschäftigt: Der gestirnte Himmel über mir und das moralische Gesetz in mir. (Kant, 1984)

E evidentemente entre nós não se citará em alemão...

Esta conclusão da *Crítica da Razão Prática* é das citações mais correntes de Kant e para alguns a única referência citável. Desde os bancos do Liceu antigo (hoje, em Portugal, escolas secundárias), quando era matéria obrigatória para todos, que Kant ganhou uma fama de autor denso, impenetrável, obscuro, e teoricista, sem amarras no real e muito menos consequências práticas do seu pensar.

Michel Foucault (2015:13) relata que um texto de Kant se teria perdido, e depois reaparecerá na edição de Starke (1831, 1831). Imagine-se o título, tão apropriado: *Von der intellectuellen Lust und Unlust*. Realmente, para gerações e gerações de estudantes do ensino secundário que estudaram Kant, tratou-se, em geral, não de prazer intelectual, mas de desprazer. Kant seria a quintessência do filósofo aborrecido, e complicado.

Só que Kant tem vários estilos, e ocupa-se de vários problemas. Porém, como sabem os especialistas (que, contudo, não somos), mas nada de mais difícil de pregar e propagar, as ideias-feitas só poderiam ser desfeitas pelo acesso direto ao autor, pela convivência com os seus textos.

Entre inumeráveis, afirma, por exemplo, André Tosel (1988) que poucos filósofos terão tido, como Kant, uma imersão tão clara nos assuntos políticos do seu tempo. Já referimos a lenda que Kant se teria atrasado duas únicas vezes no seu passeio quotidiano: uma para comprar o *Contrato Social*, e outra para saber notícias da Revolução Francesa. Mas Bertrand Russell diz que o filósofo ficou mesmo uns dias sem sair de casa a ler o *Emílio* porque (e essa experiência será a de muitos), numa primeira leitura ficava fascinado com o belo estilo de Rousseau e só em leituras subsequentes atentava nas ideias (1945: 705).

Ora é interessante que nem mesmo estas anedotas de *petite histoire* chegaram para dar de Kant uma ideia humana sequer. Num seu livro que nos deixa entrever o rosto não especulativo dos filósofos, Roger-Pol Droit (1988) apresenta um Kant mais vívido, não o austero e quase etéreo retrato-robô que alguns lhe fizeram. Mas esse tipo de perspetivas não se repercute na opinião pública, mesmo a "letrada", senão com o tempo e muito esforço de divulgação. Um filme sobre o autor ajudaria... sendo bem feito. Talvez haja sentido necessidade de divulgar um rosto humano do filósofo o autor encarregado do respetivo artigo na antiga e muito clássica "Verbo – Enciclopédia Luso-Brasileira de Cultura", que enfatiza o equilíbrio da personagem:

> K. impôs a si mesmo um regime de vida proporcionado à debilidade da sua compleição física, que rigorosamente manteve, embora a sua vida nada tenha do celibatário egoísta e maníaco, como por vezes é apresentado. Nada sacrificando à liberdade interior, gozava, porém, da convivência de um círculo de amigos, frequentava concertos e teatros, distrações que o repousavam do labor intelectual. (Morujão, 1971: 1038)

Sim, o Kant da *Crítica da Razão Pura* (1985), sobretudo, é, como ele mesmo se dava conta, um autor difícil, que nessa obra (o seu grande *opus*, para o comum dos mortais) não curou do verbo (e da simplificação) mas do rigor das ideias. Todavia há vários textos de Kant, precisamente os mais políticos, em que não apenas é claríssimo como até eloquente e dir-se-ia discursivo, no sentido de oratório. Visa a persuasão. É, propriamente, retórico.

Assim, ao contrário de muita *vox populi*, Kant é um autor empenhado politicamente, e mais, é um autor atual, e justifica um *Züruck zu Kant*, inteiramente.

A posição do filósofo sobre a popularização filosófica é interessante. É certo que Kant parece aplaudir, logo no Preâmbulo da *Metafísica dos Costumes*, a tese da popularização filosófica defendida por Garve, que elogia como "filósofo no sentido autêntico do termo":

> Este homem cheio de sabedoria exige com razão (...) que toda a doutrina filosófica – se aquele que a professa não quiser aparecer como suspeito de obscuridade nos seus conceitos – possa ser tornada popular (quer dizer, aproximar-se à sensibilidade o suficiente para poder comunicar-se universalmente).

Mas ao fazer o elogio da difusão filosófica não deixará de colocar reservas que o deixam defendido:

Aceito isso de bom grado, exceção feita apenas para o sistema da crítica da própria faculdade da razão e para tudo aquilo que possa ser determinado a não ser pela própria razão: pois que a distinção no nosso conhecimento entre o sensível e o supra-sensível é da competência da razão. (*ibid.*)

E explica:

Aquilo que é da competência da razão não poderá nunca tornar-se popular, como o não pode em geral qualquer Metafísica formal, pese embora os seus resultados poderem ser tornados evidentes para uma razão sã (de um metafísico sem o saber). (*ibid.*)

No fundo, como sabemos, Kant é adepto da filosofia difundida e popularizada apenas até certo ponto. E o próprio elogio a Garve pode ser apenas uma forma de *captatio benevolentiæ* antes desta restrição, que é muito decisiva.

Na verdade, afigura-se-nos que Kant não podia aceitar que a alta especulação caísse na vulgarização da rua (ainda que pela mão de filósofos "facilitadores" mas também "facilitistas" – diríamos). Em nota de rodapé à tradução deste passo, José Lamego recorda a *Fundamentação da Metafísica dos Costumes*, onde o autor ataca a *Popularphilosophie*.

E hoje mesmo esse talvez seja o primeiro problema político da sua filosofia (e da filosofia e do pensamento em geral), antes mesmo da problematização do seu conteúdo: com efeito, a Filosofia nunca foi tão popularizada, mas nunca foi tão maltratada. O grande problema é a facilitação deformadora do que é complexo, para consumo popular, e, pior ainda, decerto, a criação de uma vasta classe de pessoas que, autodidatas ou ensinadas, deficientemente (ou simplesmente avaliadas complacentemente), creem poder discorrer à vontade sobre temas de filosofia, com base em conhecimentos rudimentares, epitomísticos, e conjeturas, sem apoio factual e documental – sem a erudição e sem o rigor da técnica. Diz Luc Ferry (2004: 91):

Contrairement à ce que j'entends parfois de la part de certains professeurs, il existe bel et bien un corpus de savoirs philosophiques constitués qu'il est à mon avis totalement indispensable de maîtriser si l'on veut parvenir un jour à penser par soi-même! L'érudition et la technicité ne suffisent évidemment pas à faire un philosophe, c'est-à-dire à construire une vision philosophique originale, mais elles sont nécessaires à qui prétend y parvenir.

Atente-se também (e não apenas para a Filosofia, mas *a fortiori* para esta) neste passo de Normand Baillargeon (2015: 95):

A tragédia é que – e Montaigne bem sabia – sem esses simples factos, essas faculdades intelectuais não conseguem se revelar: e elas não existem independentemente deles: sem uma rica bagagem de conhecimentos em cada forma de saber, não há pensamento crítico, criador, etc., nessa forma de saber. Portanto, volta-se à longa, pesada mas indispensável tarefa de transmitir, pacientemente, pouco a pouco, os diversos conteúdos da cultura geral que decidimos fazer alguém adquirir.

E quanto a cultura geral é insuperável, a nosso ver, uma passagem do romance policial *Lord Edgware Dies* de Agatha Christie (que o grande historiador da Arte Ernst Gombrich recorda num dos seus ensaios), em que uma pessoa pouco culta se trai ao confundir o mítico Julgamento de Paris (filho de Príamo, rei de Troia) com o veredito da moda da cidade de Paris. Ambos se dizem, em inglês "the judgment of Paris", como se sabe. A passagem é esta:

> Somebody – I forgot who – had uttered the phrase 'judgement of Paris', and straight away Jane's delightful voice was uplifted. 'Paris?' she said. 'Why, Paris doesn't cut any ice nowadays. It's London and New York that count.'

Invocou-se já, algures, uma pretensa satisfação de Montesquieu no túmulo pelo não uso do indulto, em nome da separação dos poderes, e tal se afirma mediaticamente. Quando, pelo contrário, o autor do *Espírito das Leis* expressamente era favorável a esse instituto. Todos os autores estão sujeitos à invocação de seu nome em vão, e erroneamente. Kant só é um pouco mais preservado precisamente pela barreira que a sua fama *cryptica* lhe proporciona.

Evidentemente que a difusão da cultura filosófica é um bem, e não um mal, se for feita com rigor e exigência. Caso contrário, é uma fraude para os estudantes, para a sociedade, e talvez produza até mais males que benefícios. O curioso é que ao mesmo tempo que há popularização, por um lado, de filosofemas e nomes de filósofos, o ensino formal de filosofia tem sido submetido a vagas de ataques, procurando-se, em vários países, que deixe de ser obrigatório, e se rarefaça. Fará sentido, pois: a par de uma cultura pseudofilosófica mediática, a niilização da cultura filosófica escolar.

Por outro lado, a crença (por exemplo de Diderot) na perfetibilidade humana pela cultura, está também em profunda crise. Pode-se ser até um sábio, uma pessoa muito culta, e, naturalmente, um técnico competentíssimo e ser uma pessoa altamente reprovável. Luc Ferry escreveu um interessante artigo sobre o tema (2018: 58 ss.).

Kant, que coloca reticências à popularização filosófica, por causa da vulgarização deformadora, não deixará de escrever de forma muito clara sobre as inferências políticas do seu sistema. Os seus textos políticos, não "codificados", dispersos, são de grande clareza e mostram um autor com um outro estilo. O seu clássico tradutor português, Artur Morão, numa breve "Advertência" à edição de alguns desses textos considerados "menores" (mas que sabiamente qualifica como "menores (!)" – um sinal de pontuação que tudo muda), apresenta o estilo e o seu timbre teórico geral. E afirma: "(...) condensar num volume os escritos relativamente menores (!) em que Kant, com tanto brilho e tensão interior, expõe a sua filosofia política" (Morão, 1988: 9). "Brilho e tensão" interior: era disso que falávamos.

Há um Kant que normalmente não é estudado nem sequer muito discutido. Um Kant com verve robusta e com ideias inteligíveis pelo comum dos mortais, e ideais que ainda hoje nos podem exaltar. Vale a pena lutar pela Paz, pela Dignidade, pela maioridade dos Homens.

Há, realmente, um Kant que reflete sobre a política, o Estado e o Direito (especificamente na sua *Doutrina do Direito*, na *Metafísica dos Costumes*). É certo que autores como Michel Villey lhe puseram reticências, certamente por se distanciar das preocupações comuns do jurista, e de algum modo pelo seu teoricismo (1986). Mas tudo isso é absolutamente compensado pelo sopro renovador das ideias para a fraternidade universal, na sua *Paz Perpétua* (1947), e para a saída da Humanidade da sua menoridade letárgica, no *Was ist Aufklärung?* E curiosamente (significativamente) o culminar da filosofia prática de Kant não é uma filosofia política, que poderia redundar, como muitas vezes ocorre, em discurso legitimador, mas numa doutrina do Direito, numa filosofia jurídica (Barthel, 1995; Arendt, 1991: 21).

E há mesmo um Kant que nos adverte contra o pedantismo filosófico, que o invoca como cortina de fumo e verbalismo para que não se chegue à Filosofia concreta, e, mais ainda, à Filosofia prática. Alertando-nos para os *grão-senhores* da Filosofia (Kant, 1982), na verdade, em muitos casos, apenas uma outra forma de *perifilosofia* (Lane, 1997).

Fica, pois, o convite à leitura e releitura desse outro Kant.

Parece, entretanto, que já houve quem teorizasse esse fenómeno de incompreensão na receção, não apenas de Kant, mas de vários outros filósofos, de que se teria retido apenas a parte "negativa e crítica", sem se chegar à "positiva e construtiva" (Chevalier, 1955: 20).

Assim, e resumindo, de Descartes se haveria retido somente a dúvida metódica e a recusa da autoridade, assim como o mecanicismo; de Berkeley haveria ficado somente o método nominalista. E sobre Kant? Diz Jacques Chevalier na Introdução do Vol. I da sua *História do Pensamento*, que vimos seguindo:

> On arrête Kant à la *Critique de la raison pure*, et parfois même à l'Analytique des concepts, qui démontre le caractère formel de notre connaissance, et l'on ignore la voie qu'il ouvre, dans la Critique même, à une pensée plus profonde qui nous fait découvrir derrière la loi du devoir la liberte, l'immortalité de nos âmes et l'existence de Dieu. (Chevalier, *ibid.*)

As generalizações, apressadas ou cauterizadas, são grandes inimigos de todo o pensamento, de toda a Filosofia, e também da Filosofia do Direito. Apresentar Kant como o expoente descarnado e hiperracionalista do jusracionalismo, esquecendo o Kant "revolucionário" (Tosel, cit.), fraterno, com ideais, é um erro terrível, um empobrecimento fatal. Não apenas para Kant, não só para o entendimento da sua época, como sobretudo para nós, que com o filósofo de Königsberg temos muito a aprender.

Bibliografia

ALAIN, *Lettres à Sergio Solmi sur la philosophie de Kant*, 1946 (version numérique par Bertrand Gibier, bénévole, professeur de philosophie au Lycée de Montreuil-sur-Mer (dans le Pas-de-Calais), Dans le cadre de la collection: "Les classiques des sciences sociales", développée en collaboration avec la Bibliothèque Paul-Émile-Boulet de l'Université du Québec à Chicoutimi, *Site web*: http://bibliotheque.uqac.uquebec.ca/index.htm), Carta VIII.

ARENDT, Hannah, *Lectures on Kant's Political Philosophy*, University of Chicago Press, 1982, trad. fr. de Myriam Revault D'Allonnes, *Juger. Sur la philosophie politique de Kant*, Paris, Seuil, 1991.

BAILLARGEON, Normand, *Liliane est au lycée – Est-il indispensable d'être cultivé?*, Paris, Flammarion, 2011, trad. port. de Rosa Freire d'Aguiar, *De que Serve Ser Culto?*, Rio de Janeiro, apicuri, 2015.

BARTHEL, Georges, *Normes universelles et politique. De l'Actualité de Kant*, in *L'Année 1793. Kant sur la politique et la religion*, dir. de Jean Ferrari, Paris, Vrin, 1995.

CHEVALIER, Jacques, *Histoire de la pensée*, I. *La Pensée antique*, Paris, Flammarion, 1955.

DROIT, Roger-Pol, *La Compagnie des Philosophes*, Paris, Odile Jacob, 1988.

FERRY, Luc, *La culture n'a jamais empêché quiconque d'être um salaud*, in "Magazine philosophique", n° 122, setembro de 2018.

—, *La Plus belle Histoire de la Philosophie*, com Claude Capelier, Paris, Laffont, 2004.

FOUCAULT, Michel, *Génese e Estrutura da Antropologia de Kant* (...), trad. Port., São Paulo, Folha de São Paulo, 2015.

KANT, *Projet de paix perpétuelle. Esquisse philosophique*, [1795], trad. fr., Paris, Vrin, 1947.

KANT, Emmanuel, *D'un ton grand seigneur adopté naguère en philosophie*, trad. fr. de L. Guillermit, Paris, Vrin, 1982.

—, *Crítica da Razão Prática*, trad. port., Lisboa, Edições 70, 1984.

—, *Kritik der reinen Vernunft*, reimp. da 2ª ed., rev., Hamburgo, Felix Meiner, 1956 (1ª ed., Riga, 1781), trad. port. de Manuela Pinto dos Santos e Alexandre Fradique Morujão, *Crítica da Razão Pura*, Lisboa, Fundação Calouste Gulbenkian, 1985.

LANE, Gilles, *À quoi bon la Philosophie?* 3ª ed., Quebeque, Bellarmin, 1997.

MORÃO, Artur, "Advertência" a *A Paz Perpétua e outros Opúsculos*, de Immanuel Kant, trad. de Artur Morão, Lisboa, Edições 70, 1988.

MORUJÃO, Alexandre, *Kant*, in "Verbo – Enciclopédia Luso-Brasileira de Cultura", vol. XI, Lisboa, Verbo, 1971, Col. 1038.

RUSSELL, Bertrand, *A History of Western Philosophy. And its Connection with Political and Social Circumstances from the Earliest Times to Present Day*, 3ª imp., Nova Iorque, Simon and Schuster, 1945.

STARKE, *Kants Anweisung zur Menschen und Welterkenntnis*, Leipzig, 1831.

—, *Immanuel Kants Menschenkunde oder philosophische Anthropologie*, Leipzig, 1831.

TOSEL, André, *Kant révolutionnaire. Droit et politique*, Paris, PUF, 1988.

VILLEY, Michel, Prefácio a KANT, *Métaphysique des Moeurs. I. Doctrine du Droit*, de I. Kant, 3ª ed. fr. trad. e introd. de A. Philonenko, Paris, Vrin, 1986.

III. "Was ist Aufklärung?" e a Contemporaneidade

O primeiro grande pequeno texto a considerar na Filosofia Política de Kant é o clássico artigo *Was ist Aufklärung?*

Este texto metanarrativo, verdadeira fundação mítica textual de um movimento e de um tempo que já estavam, aliás, em curso (recordemos que um mito é um texto de algum modo ritual, e, em grande medida, narrativa das origens), é uma epopeia da Modernidade na sua apoteose conhecida (outras serão possíveis...mas estamos a regredir muito nos últimos tempos), as Luzes.

Tudo isto nos leva ao início desse grande pequeno texto, que assinala a culpa da Humanidade pela sua menoridade (que também é outra forma de dizer *alienação* – entre nós inventariada nas suas diferentes perspetivas pelo Padre Manuel Antunes): "O Iluminismo é a saída do homem da sua menoridade de que ele próprio é culpado." – seguimos a tradição portuguesa de Artur Morão.

É certo que Kant explica, mais adiante, as razões nefastas e culposas que determinam a menoridade humana: preguiça e cobardia e vontade (e facilidade) de alguns se tornarem tutores da maioria. E de forma muito plástica e vívida ilustra o filósofo de Königsberg essas entidades a quem preferimos confiar o nosso destino, a direção da nossa vida: o diretor espiritual, o médico, símbolos muito concretos do controle da alma e do espírito, de um lado, e do corpo, do outro. Mais adiante, Kant acrescenta outras entidades que gritam ao Povo que não pense, que não raciocine: "Diz o oficial: não raciocines mas faz exercícios! Diz o funcionário das Finanças: não raciocines, paga! E o Clérigo não raciocines, acredita!" (*op. cit.*, 13).

A primeira questão é se realmente acreditamos na força anímica revolucionária deste verdadeiro panfleto, mas panfleto profundo.

Certamente está pressuposta nesta contundente argumentação (sem brechas, sem dúvidas, sem reticências, e quase proclamatória, quase declaração de independência do Homem) uma fé inquebrantável no livre arbítrio, ou como quer que se lhe queira chamar de forma mais moderna (Santo Agostinho, 1986; Ferreira da Cunha, 2000). Como sintetiza Joan Solé, indo até mais longe, já para outras paragens teórico-práticas, mas com base na mesma ordem de ideias:

> A liberdade é o fundamento da moralidade. Pelo facto de poder obedecer ou não ao mandato da razão (diríamos antes ao "comando da razão" – mas é sempre a velha ideia do livre arbítrio), o ser humano define-se como ser moral ou ser situado à margem da moralidade. Ao mesmo tempo, a moralidade permite pensar na sua liberdade, porque a pressupõe. A razão diz-nos que não basta agir de acordo com o dever; a moral exige agir por dever (Solé, 2015: 108).

E não nos esqueçamos que, como sublinha a explicitação de Georges Barthel (1995) (mas já se poderá intuir de Hannah Arendt – 1991: 21) a concretização da *Metafísica dos Costumes* de Kant não é a legitimação do poder (devolução da responsabilidade, sono da razão e omissão da autonomia) por uma filosofia política, mas uma possibilidade de afirmação de direitos e deveres com uma dimensão acrescida de vinculatividade (alguns pensam até que uma "moral armada"), pela Filosofia do Direito, e pelo Direito em geral.

A pessoa tem a possibilidade de ser livre, no fundo é ontologicamente livre, mas por todo o lado *está a ferros*, como diria Rousseau, de que, como se sabe, Kant era leitor e entusiasta. De alguma maneira numa *coincidentia oppositorum* de maneiras de ser (mas não inteiramente de pensar, em aspetos geralmente políticos: Kant é, em vários aspetos, um "fiel admirador" do filósofo suíço, como põe em relevo François Vallançon – 2012_ 296): "L'homme est né libre et partout il est dans les fers." (Rousseau, 1971).

Não custa aceitar a liberdade como algo de natural ao Homem, como fazendo parte da sua natureza essencial. E não custa aceitá-lo, até pelo facto de que mesmo um cínico poderá considerar possível defender tal tese: mesmo que tal possa não ser verdadeiro no plano do ser (*sein*), poderá e deverá sê-lo (ao menos como discurso legitimador e meta) no plano do dever-ser (*sollen*). É um tanto o que se dizia ser, quanto à existência de Deus, a posição de Vivaldi, Goethe e outros (sobre Kant há uma perspetiva um pouco diversa, que envolve o seu criado): seria bom que se acreditasse em Deus – diziam que eles diziam – porque assim haveria menos roubos (e seriam pessoalmente menos roubados). Ou seja, tratava-se da fé como obstáculo ao crime, como medida de prevenção geral (sobretudo pela ameaça das penas do inferno). Liberdade natural e essencial, isso podemos dar por muito consensual. Hoje, porém, começa a haver personalidades mais desapiedadas que consideram que o vulgo é escravo por natureza, e que há que aproveitar disso. E o curioso é que há quem o diga com clareza, e colha, naturalmente, ou na aparência naturalmente, o aplauso de muitos.

Este facto leva-nos a perguntarmo-nos onde realmente está essa natureza livre do Homem. A resposta teórica é muito simples: é o texto de Rousseau no início do *Contrato Social*, e é o texto de Kant no início do *Was ist Aufklärung?*: a Humanidade é livre mas está a ferros, é autónoma mas está na menoridade.

Dando por resolvida a questão da liberdade, ressaltam esses obstáculos. Que os há, parece evidente. Basta olhar em volta. Mas Kant não é indulgente para com a Humanidade, que parece, porém, amar, dada a sua preocupação e empatia com ela, em tantos escritos. Considera que a menoridade é culpa dela.

É uma culpa muito difusa, distribuída por tantas pessoas. Mas será mesmo culpa geral? Evidentemente, se no início do texto nos recordamos de Rousseau, depois será da caverna de Platão que nos virão reminiscências:

> Preceitos e fórmulas, instrumentos mecânicos do uso racional ou, antes, do mau uso dos seus dons naturais são os grilhões de uma menoridade perpétua. Mesmo quem deles se soltasse só daria um salto inseguro sobre o mais pequeno fosso, porque não está habituado a este movimento livre. São, pois, muito poucos apenas os que conseguiram mediante a transformação do seu espírito arrancar-se à menoridade e iniciar então um andamento seguro. (*op. cit.*, 12)

Será que o habitante da caverna tem culpa mesmo na sua permanência nas profundezas obscuras da terra? Em teoria, poderia ser que pairassem dúvidas. Afinal, as pessoas não entraram por opção nessa treva. Nasceram e foram crescendo já dentro da caverna. Alguns, evidentemente, acariciam os seus grilhões, e até desprezam a liberdade, como Rousseau dirá, aliás, numa passagem terrível: *"de vils esclaves sourient d'un air moqueur à ce mot de liberté"* (Rousseau, *cit.*, III, 2).

Há, contudo, uma dialética de menoridade e tutela, que parece antecipar já a do senhor e do escravo, em Hegel (Hegel, 1807, IV), e que teria a sua apoteose, embora com outros contornos, já não míticos na aparência, na obra de Marx, como é óbvio. Contudo, em Marx a menoridade esbate-se para avultar a dominação, e perde-se, em absoluto, a ideia da culpabilidade das massas pela sua menoridade. Em certo sentido, poder-se-ia dizer: "pelo contrário". A culpa transfere-se para os tutores, exploradores. A "grande conversa" (Adler, 1994), só a partir do séc. XVIII, e sobretudo no séc. XIX, tem vários interlocutores que dão tonalidades diversas ao tema. Se em Hegel o Povo é considerado como "aquela parte do Estado que não sabe o que quer", avultando na sua absolutização do Estado, um tutor abstrato, permanente, e potencialmente ao menos "racional", já Nietzsche desmonta ("desconstrói" dir-se-ia com alguma *décalage* temporal) o discurso legitimador estadualista, e de algum modo pode fazer-nos recordar o sopro revolucionário contra o adormecimento lançado por Kant. Kant, o mesmo que acordou do sono metafísico. Recorde-se que a metáfora do sono é também muito presente em Montesquieu – *De l'Esprit des lois*, XIV, 13: «La servitude commence toujours par le sommeil». Enquanto o sono em Montesquieu é sobretudo uma metáfora para uma espécie de falta de vigilância contra a tirania (*lato sensu*), ele parece ser uma condição permanente do Homem não emancipado em Kant. Kant não o diz, mas de todo este texto que vimos analisando decorre um povo em estado de sonambulismo...

Só que, enquanto Kant acredita numa elevação e num acordar ético, que eleva o Homem ao reencontro com a sua natureza livre, o filósofo do martelo não tem qualquer simpatia para com o povo. Apenas cumpre uma função de iconoclasta, dizendo que o monstro estatal, na sua fria hipocrisia, acaba por pronunciar a grande mentira: "*Ich, der Staat, bin das Volk*" (Nietzsche, 1963: 57). Da culpa do pobre servo em Kant se passa à racionalização justificativa do senhor tutelar e abstrato *Estado* em Hegel, e o desprezo pelas massas em Nietzsche, sendo que Marx acredita numa libertação, que viria pela ação de um messias coletivo (mas vanguardista), a classe operária, redentora de todos. Hannah Arendt (1972) coloca o alfa e o ómega da tradição (ocidental) do pensamento político em Platão e na sua obscuridade da caverna, e em Marx, quando a filosofia passaria a ter uma realização na política: "Die Philosophen haben die Welt nur verschieden interpretiert, es kommt aber darauf an sie zu verändern" (*Thesen über Feuerbach*, 11).

E em que situação estamos hoje? A ideologia pós-moderna (digamos assim, *lato sensu*) bebeu nos ares ou no espírito dos tempos (*Zeitgeist*), teorizou e enfatizou essa demissão das metanarrativas. Aliás, a redução das esperanças de libertação, de maioridade, a simples questões de discurso já é sintomática. Por muito que o Homem seja a palavra (Verbo, *Logos*), é sob outro prisma que se deve entender a sua saga de libertação, de que Kant é um momento altíssimo.

Já vai havendo nos tempos que correm muitos críticos da democracia (além dos populistas, que poucos e perversos argumentos possuem, v. Dahl, 1989), que pareceria a cristalização consensual da liberdade, ainda há não muitos anos. A verdade é que as democracias liberais, representativas, burguesas, como se quiser chamar-se-lhes (enfatizando mais este ou aquele aspeto – v. Ferreira da Cunha, 2008: 157 ss.), decorrência da grande revolução ocidental, tendo como emblema a Revolução Francesa, e depois exportadas pelo mundo, parece em muitos casos estarem quase esgotadas. Pois perderam o *élan* (como também perdera, por exemplo, a alma e a chama a nossa I República, causa principal, segundo António Reis, da sua perda: esboroamento da consistência ideológica e do ideal ético – MMIX: 576 ss..). E no afã de os vários partidos conseguirem votos garantidores do poder, e, uma vez no poder, muita corrupção e inépcia ter existido (obviamente agigantadas por uma comunicação social sensacionalista que vive de escândalo, sangue, revolta – e que se tornou omnipresente pelo mau hábito de a televisão ser o novo altar doméstico, em volta do qual tudo se passa, e sobretudo tudo de comum decorre), descuraram-se os únicos antídotos que poderiam salvar as democracias e elevar o Homem à sua condição de Pessoa livre, verdadeiro cidadão: a educação e a formação ética ou moral.

A primeira via é mais de Rousseau e a segunda mais de Kant (Moutsopoulos, 1995: 195 ss.), mas ambas são clamoroso *deficit* das democracias, apesar delas próprias, contra elas mesmas.

Não é que não se gastem fortunas em ensino, mas não se cuida do mais importante: de cultura, de valores, de educação para a cidadania, dos Direitos Humanos, do próprio Direito, que são garantias gerais e primeiras da própria subsistência dos regimes democráticos. O grande problema está numa sucessiva formação laxista, em que as aprovações são para as estatísticas, e começa a enraizar-se em alguns países a ideia não apenas de que há um direito potestativo à aprovação, como às notas máximas. O ensino passa assim, de elevação, esforço e rigor de seleção, a uma atividade de faz-de-conta. E a ignorância aumenta, com a agravante de que alguns dos ignorantes são diplomados (Werneck, 2009; Ferreira da Cunha, 2005)... Com a ignorância aumenta também a servidão. É verdade, ao contrário do que pensaram muitos modernos, que os progressos científicos, técnicos, materiais e de educação formal (escolaridade e títulos académicos) não são, de modo algum, garantia de eticidade, de progresso moral. Por isso, mais razão teria Kant na sua ética de exigência (que tem sido atribuída a uma reminiscência da sua educação pietista). Resta saber até onde essa exigência possa ir. Há quem o diga excessivo, por ter atingido "o grau supremo do maximalismo rigorista" (Solé, 2015: 108). E em que consistiria esse cume certamente não da virtude, mas do vício de rigor excessivo (para usarmos o *mesotes* aristotélico – Iliopoulos, 2003: 194 ss.)? "(...) ao definir a liberdade como disposição e capacidade de acatar o dever ditado pela razão à vontade, ou seja, de se reger pela razão autónoma." (Solé, *op. loc. cit.*). Hoje, outras liberdades tomaram o lugar desta. E contudo, mesmo que se não tenha uma exigência para ela tão grande quanto a do imperativo categórico, é evidente que até Heidegger dirá que "Die Freiheit ist der Grund des Grundes" (Heiddeger, s.d.: 102-103). E é condição do esclarecimento das Pessoas, como dizia já Kant no nosso texto: "Mas é perfeitamente possível que um público a si mesmo se esclareça. Mais ainda, é quase inevitável, se para tal lhe for dada liberdade" (*op. loc. cit.*).

A banalização ou trivialização a que tudo é submetido na sociedade em que vivemos, chame-se pós-moderna, (técnica) de massas, da informação, do espetáculo ou do consumo (ou outra coisa) reduz as grandes escolhas, as escolhas vitais, a fúteis opções. E rebaixa a democracia a um supermercado de escolhas também. Ora não é nada disso a Liberdade nem a Democracia:

> (...) a democracia vai muito além do direito formal de votar, assim como o conceito de liberdade vai muito além da possibilidade de escolher entre centenas de modelos de telefones celulares ou uma viagem a Orlando para visitar a Disneylândia, ou a Paris para visitar o Museu do Louvre. (Bonsiepe, 2011: 20)

Assim, o Homem que se deveria ter emancipado, pelo contrário está hoje reduzido à condição de consumidor-espetador. Já Kant vira, neste mesmo texto, que as revoluções emancipatórias podem, é certo, apear *despotismos pessoais* e *opressões gananciosas*, mas não mudam as mentalidades (*op. cit.*, p. 13). É um ser passivo, mesmo quando se agita muito. É passivo em relação ao que interessa, em relação às grandes decisões da Pólis e da sua própria existência. No seu adormecimento, sonha, sonha abundantemente com imagens. E no sonho se confunde o real e o ideal:

> Torna-se difícil distinguir o que é real e o que não é. Neste mundo feito de imagens, o real não tem mais origem nem realidade. Daí a sensação corrente de que estas fachadas ocultem um mundo verdadeiro que estaria por trás. Mas não há nada lá. Tudo só existe na superfície sem fundo da imagem. (Peixoto, 1988: 362)

Evidentemente que, numa situação destas, avulta a possibilidade de os candidatos a senhores, a tutores, por um lado semearem preconceitos, que são sempre belíssimas imagens falsas projetadas na caverna. Embora já Kant aqui nos advirta para que estes preconceitos se voltam contra quem os semeia (*op. loc. cit.*). E, na verdade, é deplorável assistir ao espetáculo de alguns dos gurus ou a isso candidatos que pretendem derrubar a ciência de séculos e de hoje com meras opiniões retrógradas e fantasiosas (terra plana, negação do aquecimento global, criacionismo, delírios sobre vacinações, crença na terra oca habitada, etc.): eles parece acreditarem mesmo no que dizem... E há uma curiosa sedução mútua entre populismo e estas manifestações de uma falsa ciência, como já tinha havido antes entre ditadores fanáticos e vários tipos de ocultismo.

Curiosamente, é no seguimento desta observação que o nosso filósofo prevê (e com que clarividência!) a eclosão de novos preconceitos, igualmente manietadores do pensamento e da autonomia pessoal: A expressão em alemão é clara: "(…) *sondern neue Vorurteile werden, eben sowohl als die alten, zum Leitbande des gedankenlosen großen Haufens dienen.*"

Pensando que os retrógrados, já ilustrados com alguns exemplos, voltam, também, quais serão os novos? Cremos que não será difícil identificá-los por um conceito um tanto fluido, que hoje começa a ter defensores explícitos (mesmo identificando-o com o próprio *Oberbegriff* da "dignidade humana" – o que nos parece uma subversão das realidades, embora se entenda como retórica de defesa de alguns legítimos interesses e direitos): o de *politicamente correto* (Beard/Cerf, 1994; Ferreira da Cunha, 2003). É expressão que tem sido usada e abusada. Mas na sua mais correta utilização pode abranger o delírio da razão, a aplicação desenfreada de princípios racionais, como os democráticos, igualitários, etc., pervertendo o seu sentido (e os seus naturais e intransponíveis limites intrínsecos), o que, contudo, também não excluirá algumas posições meramente anímicas ou sentimentalistas.

De qualquer forma, pelo facto de esse tipo de perspetivas ter tido grande impacto e eco em alguns meios de comunicação social, e em alguns círculos, da política à Universidade, que o arvoraram em pensamento único (Estefanía, 1998), intocável e inquestionável, começou-se a estigmatizar os seus adversários ou contraditores (promovidos a inimigos e até "inimigos públicos", traidores, etc. (Eco, 2011 e 2010) sobretudo em algumas matérias aparentemente sacrossantas. Contudo, é importante distinguir, certamente, graus de correção política. Algumas formas de pensamento são como que aconselhadas, enquanto a fuga a outras é "pecado mortal". Acresce que há um politicamente correto de costumes e hábitos, que acaba por ser o mais totalitário (por ter a ver com a forma como as pessoas comuns vivem, no seu quotidiano: o que vestem, comem, fumam ou não, as formas de tratamento, de cumprimentar, a linguagem em geral, incluindo a gestual e a corporal), e um politicamente correto mais especificamente ideológico. Se no primeiro caso haverá certamente algum consenso quanto ao que na categoria se deverá incluir (em geral há uma preferência por causas que se diriam de uma "esquerda" "identitária", nem sempre, porém, assumidas por algumas esquerdas mais clássicas – veja-se a questão das touradas), já no segundo, embora a vaga seja ainda em grande medida neoliberal (com os neoliberais a converterem, no plano económico social, até os fascistas – combinação explosiva), não pode haver dúvida de que, apesar da declaração de óbito que Arrabal fez relativamente ao marxismo, há um certo marxismo de cartilha, um subproduto do pensamento marxista (e mais longe ainda do marxiano) que ainda tem curso em alguns círculos e cria preconceitos específicos, uma espécie de correção política que se reporta a uma teoria clássica, como é o materialismo histórico e dialético, mas que funciona com uma característica comum a toda a correção política: a simplificação até ao absurdo e a excomunhão dos demais.

Uma aliança objetiva do politicamente correto de mau marxismo (vulgarizador e dogmático) com o de reivindicações laterais e até bizarras, ou que causam no comum mortal alguma perplexidade, se não mesmo induzem a sátira (como o caso de uma possível reforma da linguagem e da cultura que acabasse com as fábulas em que alguns animais são menos bem tratados: por exemplo, os burros, e sobretudo os asnos não poderiam mais ser considerados pouco inteligentes, e as mulas não poderiam ser tidas por teimosas) é combinação explosiva contra todas as portas a abrir no pensamento e na sociedade. Funciona como uma espécie de antídoto ou vacina ao pensamento e à crítica. Porque o pacato cidadão de bom grado troca o futuro que não conhece e de que em princípio desconfia, pela sua segurança de todos os dias, baseada numa língua que conhece, em estórias de que se apropriou, e no fundo um sistema de crenças familiar. O salto no abismo e no escuro de mudanças "civilizacionais" (mas melhor se diria, na maioria dos casos, de usos e costumes) é assim um incentivo a que a pessoa comum se refugie na segurança de um tutor que prometa dar luta a essas fantasias. E o problema é que esses tutores afirmativos e que não sacrificam minimamente (antes pelo contrário) aos deuses da correção política são, frequentemente, eles mesmos, vítimas de um profundo sono da razão e embotamento do pensamento crítico. São cegos guiando cedos, como na célebre passagem bíblica (Mt. XV, 14) que tão vividamente seria expressa no óleo *De parabel der blinden*, de Bruegel, o Velho.

Kant, prudente e sage, divide o uso público e o uso privado da razão, compreendendo que há profissões e funções em que não se pode sempre, nem facilmente, dizer o que se pensa e pensar o que se diz. E dá o exemplo militar, que é o mais óbvio sobre cumprimento de ordens e manifestação de opiniões, ainda hoje (*op. cit.*, 13-14). Pelo contrário, o erudito (ou o intelectual) "tem plena liberdade e até a missão de participar ao público todos os seus pensamentos cuidadosamente examinados e bem intencionados (...)" (*id., ibid.*). Liberdade mesmo para o intelectual que seja clérigo e em matérias de religião e eclesiásticas.

A competência (a sua aquisição e o seu exercício) é uma forma útil e clara (dando sinais públicos pelas obras, as quais são prova da árvore, da essência) de sair do limbo da menoridade. O competente é alguém que, ao menos no domínio específico de uma área, designadamente profissional, não precisa de tutelas e afirma com brio e resultados positivos a sua autonomia. É admirável, sempre, a competência. Perdoa-se, por ela, alguma coisa ao competente (que pode deixar de ter outras qualidades, que o poderiam tornar sublime). Mas ninguém é perfeito. A incompetência, essa, é erva daninha que corrói o funcionamento de tudo. E pior é a incompetência absoluta, liminar, que se esconde sob a capa de megalomania, de pseudoprojetos e demagogia (pode ser sempre um agressivo ou sedutor *marketing* pessoal). Infelizmente, os que dela seriam beneficiários não apreciam, nem reconhecem a competência. Por vezes, muitas vezes, preferem a incompetência que os bajula na sua própria incompetência ou incapacidade, cultivando uma menoridade eterna... Ora, num momento de dúvida e até crítica não só dos intelectuais (anti-intelectualismo populista, demagógico) como das próprias elites (AA. VV., 2018: 50 ss.), corre-se o risco de se cair nos braços de ignorantes, ilusos, adormecidos, apenas mais atrevidos que as massas amorfas. Isso sobretudo quando os pouco apelativos líderes das democracias velhas (os líderes originais das democracias, pós-revolucionárias, são ainda carismáticos, normalmente) não conseguem mais entusiasmar as pessoas (não se pense que se vota por programas:

isso ocorre com uma ínfima minoria de intelectuais, que na verdade são ludibriados frequentemente pelo *chassé-croisé* ideológico – Landi, 1979). Kant falava em clérigos condutores do povo, mas podem não ser apenas clérigos. Além de que os "cléricos" a quem muitos rebanhos de hoje se confiam nada têm em comum (salvo exterioridades) com os austeríssimos pastores da Alemanha do tempo de Kant. E podem ter agendas políticas próprias, ou fazer alianças políticas decisivas e perigosíssimas, porque juntar as coisas de Deus com as de César é uma bomba de relógio permanente, pelo menos. Afirma Kant, e é necessário escutá-lo nestes tempos em que a laicidade de muitos estados, ainda que mantida formalmente nas Constituições, não é nada levada a sério na prática – o que pode conduzir ao nascimento absurdo e fora de tempo (pensar-se-ia) de estados teocráticos (obviamente repressivos e preconceituosos; e totalmente contrários às leis do Evangelho) sobre as ruínas de Estados Constitucionais: "Com efeito, é um absurdo, que leva à perpetuação dos absurdos, que os tutores do povo/(em coisas espirituais) tenham de ser, por sua vez, menores" (op. cit., p. 15). Além do mais, como recorda o autor da *Paz Perpétua*, *Cæsar non est supra grammaticos*. E isso significa que o poder não se deve imiscuir em muitas coisas em que a liberdade dos súbditos (mesmo sendo súbditos e não cidadãos) naturalmente se deve exercer. Contra os que pretendem hoje mesmo a volta de tutela religiosa sobre o Povo, Kant antecipa já a ideia de que a própria tolerância é "arrogante nome", devendo haver plena liberdade também em matéria de religião (*id., ibid.*, 17).

Não preveria certamente Kant que o dogmatismo e o fanatismo de poderes totalitários, ou caminhando para tal, viesse a alterar o interesse dos governos em imiscuir-se em questões das artes e das ciências. Pensava ele, pelo menos baseado no seu tempo e no governo que tinha, não haver interesse nessa intromissão. Hoje, porém, a ingerência de alguns poderes (ou candidatos a tais) sobre a liberdade artística e a ciência é efetiva. Há tentativas de criar ciências alternativas, em consonância com uma leitura pedestre deste como daquele dos livros sagrados, em clara contramão não só com as ciências *tout court* universais, como com a hermenêutica religiosa mais ponderada. E há mil e uma ações de censura do poder contra a Arte.

Mas, evidentemente, Kant tem pelo menos boa parte de razão: porquanto, quer na repressão à Ciência quer na censura da Arte, não são apenas os poderes instalados, os tutores, que fazem o seu papel nefasto, retrógrado, menorizante. São os próprios pseudo-cidadãos, mesmo de democracias fenecentes, incapazes de reagir e de acordar, que apedrejam cientistas e artistas, porque a realidade não é como inventaram, eles e os seus gurus, e porque a criação fere os seus preconceitos mais mesquinhos.

O tempo de Kant foi uma grande promessa. O nosso tempo pode ser encarado de várias formas: ou como um esvair-se das democracias, netas das Luzes (despedaçada entre politicamente corretos e fascistas), ou de vésperas de um novo ressurgimento, que vá beber a sua Esperança nesses tempos esperançados, que são, aliás, uma continuidade de outros tempos áureos...

Não há um curso da História pré-determinado. Com Kant, sabemos que tudo depende da opção que tomarmos, e que somos responsáveis por ela. Há é constrangimentos imprevisíveis. Quanto a esses só se pode tentar remediar.

Julien Benda já havia alertado para a traição dos *clercs*. Herbert Marcuse terá sido um dos que sonharam com uma cidade que desmentisse a utopia dos geómetras de Jonathan Swift, uma república dos intelectuais. Muitos vaticinarão depois a morte da Filosofia, da Política, do Direito...

Mas, como disse Mark Twain de si próprio, quando o deram por morto, são notícias manifestamente exageradas.

No Preâmbulo da *Paz Perpétua*, alude Kant "aos chefes de Estado (...) que nunca chegam a saciar-se da guerra" e aos "filósofos que se entregam a esse doce sonho (da paz)" (*Paz Perpétua*: 119). Será que seguiremos mais uma vez, docilmente, sim, para aventuras bélicas (ainda que domésticas), enquanto os filósofos poderão deleitar-se ainda no seu privativo *Begriffshimmel*? Kant parecia ter uma particular aversão a essa má fama dos filósofos, certamente porque acreditava que eles seriam capazes de mais. De qualquer forma, o problema que se põe é da responsabilidade do seu uso público da razão, num tempo tão pouco racional e tão pouco razoável como este nosso. Será que a sua voz se poderá fazer ouvir, sobretudo se for alheia a compromissos? Será que preservarão mais a pele e o estatuto que o amor à verdade? Naturalmente que uns sim e outros não. A casta dos filósofos é feita de vultos sem nome, epígonos de que não reza a História, e depois de dois tipos de filósofos, *grosso modo*: Cassiodoros que se salvam e Boécios que se elevam ao martírio, mas são consolados pela Filosofia.

E Kant? Como o atesta a própria questão sobre a *Religião nos Limites da Simples Razão* (Külpe, 1929: 162 ss.) não era um temerário. E este opúsculo não deixa de por várias vezes se escudar (com sinceridade ou não) na figura do iluminista que foi também Frederico, o Grande, rei da Prússia. Contudo, sente-se nele a vibração da liberdade, da aspiração à Liberdade, e o testemunho de Kant continua a frutificar (Lacroix, 1979; Delbos, 1992; Bouchindhomme, 1993: 42 ss.; Férry, 1993: 18 ss.).

E assim sintetiza Émile Boutroux (s.d: 7): "(...) até mesmo fora da Alemanha, o kantismo exerce uma influência cada vez mais forte, à medida que é mais bem conhecido. Refutado por uns, acolhido por outros, é um dos factores essenciais do pensamento filosófico contemporâneo.".

Mas não se trata apenas de avaliar a influência no plano meramente erudito, documental, académico *stricto sensu*. A questão, no caso, é do frutificar das suas ideias. E quanto a isso bastaria nomear a obra de John Rawls para aquilatar da importância e atualidade dos que vão esteira de Kant (Rawls, 1971; Audard, 1993: 53 ss.).

Bibliografia

AA. VV., *Avons-nous besoin des elites?*, dossier de "Magazine philosophique", nº 124, novembro de 2018, p. 50 ss..

—, *Les menteurs. Comment les populistes manipulent les idées et l'opinion*, dossier de "Le nouveau Magazine Littéraire", nº 11, novembro de 2018, p. 30 ss..

—, Dossier, *Avons-nous besoin des élites*, "Philosophie magazine", nº 124, novembro de 2018, p. 50 ss..

ADLER, Mortimer (ed.), *The Great Conversation*, 2ª ed., 5ª imp., Chicago *et al.*, Encyclopaedia Britannica, 1994.

AGOSTINHO, Santo, *O Livre Arbítrio*, trad., int. e notas de António Soares Pinheiro, Braga: Faculdade de Filosofia, 1986.

ARENDT, Hannah, *Between past and Future*, trad. fr. De Patrick Lévy, *La Crise de la culture*, Paris, Gallimard, 1972.

—, *Lectures on Kant's Political Philosophy*, University of Chicago Press, 1982, trad. fr. de Myriam Revault D'Allonnes, *Juger. Sur la philosophie politique de Kant*, Paris, Seuil, 1991, p. 21.

AUDARD, Catherine, *La stratégie kantienne de Rawls*, in «Magazine Littéraire», n° 309, avril 1993, p. 53 ss..

BARTHEL, Georges, *Normes universelles et politique. De l'Actualité de Kant*, in *L'Année 1793. Kant sur la politique et la religion*, dir. de Jean Ferrari, Paris, Vrin, 1995.

BEARD, Henri; CERF Christopher, *Dicionário do Politicamente correto*, trad. port. de Vera Karam e Sérgio Karam, Introdução de Moacyr Scliar, Porto Alegre, L&PM, 1994.

BECK, Ulrich, *Risikogesellschaft*, Francoforte-sobre-o-Meno, Suhrkamp, 1986.

BENDA, Julien, *La trahison des clercs*, Paris, Grasset, 1927.

BENJAMIN, Walter, *O Capitalismo como Religião*, org. de Michael Loewy, trad. de Nélio Schneider, São Paulo, Boitempo, 2013.

BLOCH, Ernst, *Das Prinzip Hoffnung*, Frankfurt, Suhrkamp, 1959, trad. cast. de Felipe González Vicen, *El Principio esperanza*, Madrid, Aguilar, 1979, III vols., trad. fr. de Françoise Wuilmart, *Le Principe espérance*, Paris, Gallimard, 1976, reimp. 1991.

BONSIEPE, Gui, "Design e Democracia", in *Design, Cultura e Sociedade*, São Paulo, Blucher, 2011, p. 20 ss..

BOUCHINDHOMME, Christian, *Les néokantismes*, in «Magazine Littéraire», n° 309, abril 1993, p. 42 ss..

BOUTROUX, Émile, *Kant*, trad. de Álvaro Ribeiro, 2ª ed., Lisboa, Inquérito, s.d..

DAHL, Robert Alan, *Democracy and its Critics*, New Haven/Londres, Yale University Press, 1989.

DEBORD, Guy, *La société du spectacle*, Paris, Gallimard, 1992.

DEBRAY, Régis, *Le moment fraternité*, Paris, Gallimard, 2009.

DELBOS, Victor, *De Kant aux postkantiens*, Prefácio de Maurice Blondel Introdução de Alexis Philonenko, nova ed., Paris, Aubier, 1992.

ECO, Umberto, *Construire il Nemico e altri scritti occasionali*, Milão, Bompiani, 2011

—, *Il cimitero di Praga*, Milão, Bompiani, 2010.

-ESTEFANÍA, Joaquín, *Contra el Pensamiento único*, 4ª ed., Madrid, Taurus, 1998.

FERRARI, Jean (dir.), *Kant sur la politique et la religion*, Paris, Vrin, 1995.

FERREIRA DA CUNHA, Paulo, *Constituição, Direito e Utopia. Do Jurídico-Constitucional nas Utopias Políticas*, Coimbra, Faculdade de Direito de Coimbra, Studia Iuridica, Coimbra Editora, 1996.

—, *Direito Constitucional Anotado*, 2ª ed., Lisboa, Quid Juris, 2008.

—, *Escola a Arder*, Lisboa, O Espírito das Leis, 2005.

—, *Filosofia do Direito e do Estado*, Prefácio de Tércio Sampaio Ferraz Junior, Apresentação de Fernando Dias Menezes de Almeida, Belo Horizonte, Forum, 2013.

—, *Mito e Constitucionalismo. Perspectiva conceitual e histórica*, Coimbra, Suplemento ao Boletim da Faculdade de Direito de Coimbra, vol. XXXIII, 1990.

—, *Mysteria Ivris. Raízes Mitosóficas do Pensamento Jurídico-Político Português*, Porto, Legis, 1999, p. 250 ss. *Responsabilité et culpabilité*, Paris, P.U.F., 2000.

—, *Teoria da Constituição*, I. *Mitos, Memórias, Conceitos*, Lisboa/São Paulo, 2002.

—, *Miragens do Direito. O Direito, as Instituições e o Politicamente Correto*, Campinas/SP, Millennium, 2003.

FERRIZ, Remedio Sánchez, *Introducción al Estado Constitucional*, Barcelona, Ariel, 1993.

FERRY, Luc, *Kant, penseur de la modernité, propos recueillis par François Ewald*, in «Magazine Littéraire», n° 309, abril 1993, p. 18 ss..

FLUSSER, Vilém, *O Universo das Imagens Técnicas. Elogio da Superficialidade*. Revisão técnica de Gustavo Bernardo, São Paulo, Annablume, 2008.

FRYE, Northrop, *Littérature et Mythe*, in "Poétique", n° 8, Paris, 1971, p. 489 ss.

GILLES LAPOUGE, *Utopie et civilisations*, Paris, Flammarion, 1978.

HÄBERLE, Peter, *El Estado Constitucional*, estudo introdutório de Diego Valadés, trad. e índices de Héctor Fix-Fierro, México, Universidad Nacional Autónoma de México, 2003.

HAN, Byung-Chul, *Psicopolítica. O neoliberalismo e as novas técnicas de poder*, trad. port., Belo Horizonte/Veneza, Âyiné, 2018.

HEGEL, Georg Wilhelm Friedrich, *Fenomenologia do Espírito* (1807).

HEIDEGGER, Martin, *Vom Wesen des Grundes*. ed. Bilingue, *A Essência do Fundamento*, Lisboa, Edições 70, s.d., p. 102-103.

ILIOPOULOS, Giorgios, *Mesotes und Erfahrung in der Aristotelischen Ethik*, Atenas, φιλοσοφια, p. 194 ss..

KANT, Immanuel, *Resposta à Pergunta, Que é o Iluminismo?*, in *A Paz Perpétua e outros Opúsculos*.

KLEIN, Naomi, *The Shock Doctrine, The Rise of Disaster Capitalism*, 2007, trad. port. de Vania Cury, *A Doutrina do Choque, A Ascensão do Capitalismo de Desastre*, Nova Fronteira, 2008.

KÜLPE, Oswald, *Kant*, trad. cast. do Prof. Domingo Miral López, 2ª ed., Barcelona / Buenos Aires, Labor, 1929.

LACROIX, Jean, *Kant e o Kantismo*, ed. Portug. Porto, Rés, 1979.

LANDI, Guy Rossi, *Le Chassé Croisé*, Paris, Lattès, 1979.

LUCENA, Manuel de, "Rever e Romper (Da Constituição de 1976 à de 1989)", in *Revista de Direito e de Estudos Sociais*, ano XXXIII, VI da 2ª série, nºs 1-2, p. 1-75.

LYOTARD, François, *Réécrire la modernité*, "Cahiers de philosophie", Lille, s.d., p. 202, *apud* Moisés de Lemos Martins, *A Escrita que envenena o olhar. Deambulação pelo território fortificado das Ciências do Homem*, In *Recuperar o Espanto: O Olhar da Antropologia*. Coord. de Vítor Oliveira Jorge; Raúl Iturra. Porto, Afrontamento, 1997.

MAGISTER, Sandro, *Ha letto Kant? Diriga la Fiat*, in "L'Espresso", 12 maio 1995, p. 70 ss..

MARX, Karl, *Thesen über Feuerbach*, 11.

MATTEI, Roberto de, *La Dittatura del Relativismo*, trad. port. de Maria José Figueiredo, *A Ditadura do Relativismo*, Porto, Livraria Civilização, 2008.

MONTESQUIEU, *De l'Esprit des lois*, XIV, 13.

MOREIRA, Adriano, https://www.noticiasaominuto.com/politica/198195/portugal-esta-governado-por-neoliberalismo-repressivo (última consulta em 10 de janeiro de 2019).

MOUTSOPOULOS, Evanghélos A., *L'Homme méchant par nature: Kant contre Rousseau*, in *L'Année 1793*.

MUCCHIELLI, Roger, *Le Mythe de la cité idéale*, Brionne, Gérard Monfort, 1960; reimp. Paris, P.U.F., 1980.

NIETZSCHE, Friedrich, *Also sprach Zarathustra. Ein Buch für Alle und Keinen*, I., "Vom neuen Götzen", Berlim, Walter de Gruyter, ed. de 1963.

PEIXOTO, Nelson Brissac, "O Olhar do Estrangeiro", in *O Olhar*. São Paulo, Companhia das letras, 1988.

PEREIRA, José Pacheco, *A ascensão da nova ignorância*, in "Público", 31 de dezembro de 2016, ed. online: https://www.publico.pt/2016/12/31/sociedade/noticia/a-ascensao-da-nova-ignorancia-1756629 (consultado a 2 de janeiro de 2017).

PUTNAM, Hilary, *O Colapso da Verdade e outros ensaios*, trad. port., Aparecida / SP, Ideias & Letras, 2008.

RAWLS, John, *A Theory of Justice*, Cambridge, Mass., Harvard University Press, 1971.

REIS, António, *Epílogo: O Fim da Primeira República*, in *História da Primeira República Portuguesa*, coord. de Fernando Rosas e Maria Fernanda Rollo, Lisboa: Tinta da China, MMIX.

RESTA, Eligio, *Il Diritto Fraterno*, Roma / Bari, Laterza, 2002.

RIEMEN, Rob, *De eeuwige terugkeer van het fascisme*, trad. port. de Maria Carvalho, *O Eterno Retorno do Fascismo*, trad. port., Lisboa, Bizâncio, 2012.

ROUSSEAU, Jean-Jacques, *Du Contrat social* (1762), III, 12.

—, *Du Contrat Social*, in *Oeuvres Complètes*, Paris, Seuil, 1971, 3 vols.

SOLÉ, Joan, *El Giro Copernicano en la Filosofía*, trad. port. de Filipa Velosa, *Kant. A Revolução Coperniciana na Filosofia*, s.l., Cofina Media, 2015.

VALLANÇON, François, *Philosophie juridique*, Paris, Studyrama, 2012.

WEIL, Simone, *L'Enracinement – Prélude à une declaration des devoirs envers l'être humain* (1949), trad. port., *O Enraizamento. Prelúdio a uma Declaração dos Deveres para com o Ser Humano*, Lisboa, Relógio D'Água, 2014.

WERNECK, Hamilton, *Se Você finge que ensina, eu finjo que aprendo*, 26ª ed. port., Petrópolis, Vozes, 2009.

JEREMY BENTHAM

(LONDRES, 1748-1832)

Não há discordância suficientemente insignificante que a perseverança e a altercação não venham a tornar grave. Cada um se torna aos olhos do outro um inimigo, e, se a lei o permitir, um criminoso. Esta é uma das características pela qual a raça humana se distingue (não excessivamente em proveito seu) da criação bruta.
Jeremy Bentham

Nascido em Londres a 15 de fevereiro de 1748, Jeremy Bentham foi educado desde a mais tenra idade numa imersão total de erudição por um pai jurista que almejava que ele ascendesse a Lorde Chanceler. Corre-se o risco de cair no anedótico, mas a realidade por vezes concorre e ganha à imaginação mais pícara. Não se pode dizer que fosse só um génio precoce ou um menino-prodígio (recordemos que o mesmo sucederá com John Stuart Mill, de resto seu discípulo). Muito se deve a essa pressão familiar educativa. Aos 4 anos dominava as línguas clássicas, e assegurava o pai que um ano depois escrevera versos em latim, os quais guardava religiosamente. Aos 7 anos, foi iniciado no francês por um precetor que, contudo, o afastou da ficção. Era, todavia, um excelente cravista e violinista, e mais tarde brilhava entre as damas com a sua música, e entre os homens no bilhar e no xadrez, até que, para o final da vida, começou a ficar menos sociável, embora quiçá mais democrata. Mas voltemos aos tempos de formação.

Estudou depois, de maneira mais institucional e formal, na Escola de Westminster, e no Queen's College de Oxford, a partir de 1760. Três anos mais tarde, seria o mais jovem jurista licenciado pelas universidades inglesas, passando depois ao estágio no Lincoln's Inn. Findo este, em 1767, tornar-se-ia oficialmente advogado, profissão a que, contudo, se não viria a dedicar. Viveu primeiro de uma pequena herança da mãe, e posteriormente, já depois dos 40 anos, passaria a contar mais desafogadamente com a herança paterna.

Não seria advogado, mas tornar-se-ia filósofo político e do Direito, empenhado na reforma social e das instituições do Estado, desde o seu primeiro livro, dado a lume anonimamente em 1776, *A Fragment on Government*. Além de nos oferecer passos notáveis sobre a doutrina da soberania, neste livro Bentham atreve-se a pôr em causa uma obra que viria a contar-se entre os míticos clássicos da doutrina jurídica britânica, os *Comentários sobre as Leis de Inglaterra*, de Blackstone. A fulminante acusação vale a este escrito ser considerado a abertura do "utilitarismo" inglês: o calcanhar de Aquiles do renomado jurista seria a sua desafeição à Reforma.

O escrito não passaria despercebido ao olhar atento de Lord Shelburne, o qual, nutrindo severo ódio a Blackstone, chamaria o jovem filósofo para junto de si. Começaria então uma duradoura amizade. Shelburne acolheu Bentham na sua propriedade de Bowood, e um dia teve mesmo a ideia de que a *Introdução aos Princípios da Moral e da Legislação* fosse lida em voz alta para as senhoras... Contudo, estamos a antecipar-nos.

Entre 1785 e 1788 é o tempo do seu *grand tour*. Passando pela Itália e por Constantinopla durante três longos meses, visitou depois o seu irmão Samuel na Rússia, que aí trabalhava como engenheiro ao serviço do príncipe Potemkin. Foi em Kritchev, onde passou largas temporadas, que escreveu o seu escrito emblemático *Introduction to the Principles of Moral and Legislation*, publicado parcialmente após o seu regresso a Londres (1789); a outra parte só postumamente veria a luz, em 1945, sob o título *Os Limites da Jurisprudência Definidos*. No ambiente russo, escreveria também várias cartas que compilou numa *Defesa da Usura*, editada em 1787. O texto deriva de se levarem os pressupostos de Adam Smith até às últimas consequências e não do facto de um seu avô ter sido agiota.

É certo que a carreira política que almejava se lhe não franqueou. Em contrapartida, a sua fama ultrapassou fronteiras: honraram-no com a cidadania da República Francesa, em 1792, e em Portugal traduziu-se, a expensas do Parlamento, a sua obra principal. Um dos trabalhos que mais contribuiriam para firmar os seus créditos no continente europeu seria organizado pelo seu discípulo Dumont: os *Traités de Législation Civile et Pénale*.

Muito ativo, incansável escritor (Edwin Chadwick encontrou, à sua morte, setenta mil páginas de manuscritos), fundou com intelectuais seus afins a *Westminster Review*, em 1823.

Influenciado certamente por autores como Epicuro, Hobbes e Hartley, foi num panfleto de Joseph Priestley que Bentham diz ter encontrado a sua "iluminação" utilitarista, polarizada na expressão, depois tão recorrentemente citada, da "maior felicidade do maior número". Mas o nosso autor admite também que a influência decisiva pode ter vindo de Beccaria, o celebrado autor de *Dos Delitos e das Penas*, que todavia não é muito original (precedido, que parece, pelo juiz português Manuel José de Paiva e, de certo modo, já anunciado por Voltaire, que aliás ao italiano tomou por discípulo e muito terá contribuído para a sua fama).

Mas Bentham não sabia disso... E sempre terá, durante uma longa vida, a exemplo dos temas do marquês italiano, profundas preocupações de reforma penal, das quais não pequena seria o projeto da prisão-modelo batizado como "Panopticon", em que os prisioneiros seriam permanentemente observados por guardas que se não deixariam ver. Como se sabe, esse projeto nunca foi totalmente posto em prática, mas inspirou muitas edificações penitenciárias e deu lugar, mais tarde, a reflexões filosófico-penais profundas, como as de Michel Foucault (1974). Bentham gastou rios de dinheiro na tentativa de o concretizar, ao ponto de ter sido indemnizado pelo Parlamento britânico, em 1813, pela soma de 23 000 libras.

No início da sua *Introduction* se resume a pedra angular da sua perspetiva: "A natureza colocou a humanidade sob o governo de dois senhores soberanos – a dor e o prazer. São apenas eles que indicam o que devemos fazer, assim como determinam o que faremos" (Bentham, 1879: I, 1). Ao princípio correto, e natural, da utilidade se podem opor dois princípios errados: o do ascetismo e o da simpatia e da antipatia (Bentham, 1879: II, 2). Evidentemente, estas motivações confundem a estrita contabilidade que o autor procurou fazer na relação entre prazeres e dores (Bentham: IV, 5):

> V. Para fazer o cálculo exato da tendência geral de algum ato pelo qual são afetados os interessados da comunidade, proceda do seguinte modo. Comece com qualquer das pessoas cujos interesses pareçam ser afetados de maneira mais imediata; e faça um cálculo:
>
> 1) Do valor de cada prazer distinguível que parece ser produzido por ele em primeira instância;
>
> 2) Do valor de cada dor que parece ser produzida por ele em primeira instância;
>
> 3) Do valor de cada prazer que parece ser produzido por ele depois do primeiro. Isso constitui a fecundidade do primeiro prazer e a impureza da primeira dor;
>
> 4) Do valor de cada dor que parece ser produzida por ele depois da primeira. Isso constitui a fecundidade da primeira dor, e a impureza do primeiro prazer;
>
> 5) Some os valores de todos os prazeres de um lado, e do outro lado o valor de todas as dores. O balanço, se for favorável ao prazer, dará a boa tendência do ato no conjunto, com relação aos interesses dessa pessoa individual; se for favorável à dor, a má tendência dele no todo.

Menor estranhamento produzirão, decerto, as palavras do autor sobre os perigos do princípio da simpatia e da antipatia:

> Por princípio de simpatia e antipatia refiro-me àquele princípio que aprova ou desaprova certas ações, não por conta da sua tendência para diminuir a felicidade da parte cujo interesse está em questão, mas apenas porque alguém se encontra disposto a aprová-las ou a desaprová-las – mantendo essa aprovação ou desaprovação como uma razão suficiente em si, e rejeitando a possibilidade de procurar algum motivo extrínseco. Isto no âmbito geral da moral; e no específico domínio da política, medido o *quantum* (assim como determinando o motivo) da punição pelo grau da desaprovação. (Bentham, 1879: II, 11)

E, mais adiante, concretiza:

> O princípio da simpatia e da antipatia é o que mais suscetível se encontra de cair no erro para a banda da severidade. Tal resulta de se aplicar punição em muitos casos que nenhuma mereceriam: e em muitos casos que apenas mereceriam alguma, tal ocorre pela aplicação de mais que o merecido. Não há incidente cogitável, mesmo do mais trivial, e mesmo muito afastado sequer da travessura, de que este princípio não possa extrair uma

base para a punição. Qualquer divergência de gosto, qualquer diferença de opinião, tanto sobre isto como sobre aquilo. Não há discordância suficientemente insignificante que a perseverança e a altercação não venham a tornar grave. Cada um se torna aos olhos do outro um inimigo, e, se a lei o permitir, um criminoso. Esta é uma das características pela qual a raça humana se distingue (não excessivamente em proveito seu) da criação bruta. (Bentham, 1879: II, 16)

Sem quaisquer preocupações religiosas ou metafísicas, o autor trata de estabelecer, ao longo da sua obra, parâmetros objetivos na contabilidade da razão entre prazer e dor. As características ou propriedades destes polos antagónicos poderiam, no entender de Bentham, ser mensuráveis. O autor delimitou sete itens: certeza, intensidade, duração, proximidade, fecundidade, pureza e extensão. Contudo, a subjetividade na apreciação dos prazeres e das dores tornaram a doutrina vulnerável. Alain, que prefere a felicidade ao prazer, viria a criticar, em geral, o cálculo dos prazeres, designadamente com o argumento da necessidade da pena (ou da de alguma dor) para se conseguir alcançar o verdadeiro prazer: "(...) mais dans ce calcul les vrais plaisirs sont toujours oubliés, car les vrais plaisirs veulent d'abord peine"... (*Propos sur le Bonheur*, 1928, Paris, Gallimard, reed. de 1985: 110).

É paradigmática a sua definição dos quatro fins comuns a todo o "governo", e especificamente às leis: ocupar-se da substância, favorecer a abundância, estabelecer a segurança e rumar para a igualdade.

Do mesmo modo, longe das velhas teorias retributivas ainda com odor a inferno, no plano penal, para o filósofo utilitarista, a pena só fará sentido na medida em que minimize a dor e aumente o prazer. Bentham divide com agudeza as penas em físicas ou naturais (aquilo a que se chamou "sanção natural", uma espécie de efeito de *boomerang* dos males... ou *karma*), a moral, a popular ou religiosa, e a política. Para o legislador apenas se trata de lidar com esta última.

Pedra-de-toque ideológica é, como sabemos, o problema da propriedade. Neste âmbito, Bentham passa do lado do particular para o lado do Estado. Define a propriedade não de uma forma natural, fenoménica, como é corrente, mas de modo psicológico e legal, como sendo uma simples expectativa dos particulares face à proteção, pelo Estado, do que possuem enquanto tal. No que é coerente com a sua *Weltanschauung*. Mas esta colocação da tónica totalmente do lado do Estado, ao invés de fazer pender as políticas relativas à propriedade num sentido coletivista, pelo contrário vai reforçar o direito de propriedade como direito individual. Na medida em que se trataria de uma expectativa para ser tomada muito a sério, e por isso escrupulosamente respeitada pelo seu garante, o Estado.

Não podemos, por outro lado, esquecer que o grande lema benthamiano é, como vimos, a promoção da *maior felicidade do maior número*. Ora o Estado, e especificamente o Estado enquanto detentor da função legislativa, deve promover com as suas medidas essa felicidade geral. Conhecedor dos limites da ação do Estado, Bentham considera que a sua intervenção deve ser mínima neste âmbito, pois é mais corrente que medidas que mudem as regras da propriedade e dos seus titulares mais contribuam para a geral infelicidade.

A ação política de Bentham em sentido estrito foi particularmente relevante no domínio eleitoral. Reivindicou a legislatura anual, o sufrágio universal, e o voto feminino. A primeira reivindicação ficou pelo caixote do lixo da História, mas as outras duas foram-se implantando no seu país e no mundo... *A Catechism of Parliamentary Reform* (1817) e *Constitutional Code* (1830) dão conta dos seus esforços constitucionais.

Faleceria em 6 de junho de 1832, envolto numa enorme reputação nacional e internacional. Consequente com a sua teoria utilitarista, legou o seu cadáver à Webb Street School of Anatomy, o que não era legalmente permitido então. O seu ato, associado à pressão dos seus discípulos, contribuiria para alterar a legislação sobre doação de corpos com efeitos *post mortem*. Hoje, o seu corpo mumificado preside simbolicamente a reuniões da sociedade utilitarista e encontra-se em exposição no University College de Londres, instituição que ajudou a fundar. Na verdade, assim termina o seu testamento:

> The skeleton he will cause to be put together in such a manner as that the whole figure may be seated in a chair usually occupied by me when living, in the attitude in which I am sitting when engaged in thought in the course of time employed in writing (...). If it should so happen that my personal friends and other disciples should be disposed to meet together on some day or days of the year for the purpose of commemorating the founder of the greatest happiness system of morals and legislation my executor will from time to time cause to be conveyed to the room in which they meet the said box or case with the contents therein to be stationed in such part of the room as to the assembled company shall seem meet.

A vontade de Bentham tem sido cumprida, provavelmente para o maior prazer dos seus discípulos.

A posteridade utilitarista tem sido imensa. Para a aquilatar em boa parte da sua dimensão, é interessante meditar o *best-seller Justice*, de Michael Sander (1953-...), sobretudo os seus primeiro e segundo capítulos. Independentemente da posição do autor, aí se recolhem exemplos de como esta teoria sem dúvida generosa pode ter – como está a ter – efeitos altamente nocivos, prescindindo da dignidade e especial valor do Homem, da sua natureza, dos seus direitos, etc.

Bibliografias

Bibliografia ativa principal/específica

A Fragment on Government (1776); *Introduction to the Principles of Morals and Legislation* (1789); *A Catechism of Parliamentary Reform* (1817); *A Book of Fallacies* (1824); *Anarchical Fallacies* (1824); *Constitutional Code* (1830); *Deontology, or Science of Morality* (1843).

Edições correntes/recomendadas

BENTHAM, J., *Tradução das Obras Políticas do sábio jurisconsulto... vertidas do inglês na Língua Portuguesa por mando do Soberano Congresso das Cortes Gerais, Extraordinárias e Constituintes da mesma Nação*, Lisboa, Imprensa Nacional, 2 v., 1822.

The Works of Jeremy Bentham, ed. John Bowring, Londres, 1838-1843; reed. Nova Iorque, 1962. v. 1: *Introduction; An Introduction to the Principles of Morals and Legislation; Essay on the Promulgation of Laws; Essay on the Influence of Time and Place in Matters of Legislation; A Table of the Springs of Action; A Fragment on Government: or A Comment on the Commentaries; Principles of the Civil Code; Principles of Penal Law*. v. 2: *Principles of Judicial Procedure, with the Outlines of a Procedural Code; The Rationale of Reward; Leading Principles of a Constitutional Code, for Any State; On the Liberty of the Press, and Public Discussion; The Book of Fallacies, from Unfinished Papers; Anarchical*

Fallacies; Principles of International Law; A Protest Against Law Taxes; Supply without Burden; Tax with Monopoly. v. 3: *Defence of Usury; A Manual of Political Economy; Observations on the Restrictive and Prohibitory Commercial System; A Plan for Saving All Trouble and Expense in the Transfer of Stock; A General View of a Complete Code of Laws; Pannomial Fragments; Nomography, or The Art of Inditing Laws; Equal Dispatch Court Bill; Plan of Parliamentary Reform, in the Form of a Catechism; Radical Reform Bill; Radicalism Not Dangerous.* v. 4: *A View of the Hard Labour Bill; Panopticon, or The Inspection House; Panopticon versus New South Wales; A Plea for the Constitution; Draught of a Code for the Organization of Judicial Establishment in France; Bentham's Draught for the Organization of Judicial Establishments, compared with that of a National Assembly; Emancipate Your Colonies; Jeremy Bentham to His Fellow Citizens of France, on Houses of Peers and Senates; Papers Relative to Codification and Public Instruction; Codification Proposal.* V. 5: *Scotch Reform; Summary View of the Plan of a Judiciary, under the Name of the Court of Lord's Delegates; The Elements of the Art of Packing; "Swear Not at All"; Truth versus Ashhurst; The King against Edmonds and Others; The King against Sir Charles Wolseley and Joseph Harrison; Optical Aptitude Maximized, Expense Minimized; A Commentary on Mr. Humphreys' Real Property Code; Outline of a Plan of a General Register of Real Property; Justice and Codification Petitions; Lord Brougham Displayed.* v. 6: *An Introductory View of the Rationale of Evidence; Rationale of Judicial Evidence, Specially Applied to English Practice,* Books I-IV. v. 7: *Rationale of Judicial Evidence, Specially Applied to English Practice,* Books V-X. v. 8: *Chrestomathia; A Fragment on Ontology; Essay on Logic; Essay on Language; Fragments on Universal Grammar; Tracts on Poor Laws and Pauper Management; Observations on the Poor Bill; Three Tracts Relative to Spanish and Portuguese Affairs; Letters to Count Toreno, on the Proposed Penal Code; Securities against Misrule.* v. 9: *The Constitutional Code.* v. 10: *Memoirs of Bentham,* Chapters I-XXII. v. 11: *Memoirs of Bentham,* Chapters XXIII-XXVI; *Analytical Index.*

Uma nova edição das obras completas pelo The Bentham Project at University College, University of London. Esta edição contém: *The Correspondence of Jeremy Bentham,* ed. Timothy L. S. Sprigge, 10 v., Londres, Athlone Press, 1968-1984. (v. 3, ed. I. R. Christie; v.. 4-5, ed. Alexander Taylor Milne; v. 6-7, ed. J. R. Dinwiddy; v. 8, ed. Stephen Conway.) *An Introduction to the Principles of Morals and Legislation,* ed. J. H. Burns e H. L. A. Hart, Londres, The Athlone Press, 1970; *Of Laws in General,* Londres, Athlone Press, 1970; *A Comment on the Commentaries and a Fragment on Government,* ed. J. H. Burns e H. L. A. Hart, Londres, The Athlone Press, 1977; *Chrestomathia,* ed. M. J. Smith e W. H. Burston, Oxford/Nova Iorque, Clarendon Press/Oxford University Press, 1983; *Deontology,* incluindo *A Table of the Springs of Action* e ainda *Article on Utilitarianism,* ed. Amnon Goldworth, Oxford/Nova Iorque, Clarendon Press/ Oxford University Press, 1983; *Constitutional Code:* v. I, ed. F. Rosen e J. H. Burns, Oxford/Nova Iorque, Clarendon Press/Oxford University Press, 1983; *Securities Against Misrule and Other Constitutional Writings for Tripoli and Greece,* ed. Philip Schofield, Oxford/Nova Iorque, Clarendon Press/Oxford University Press, 1990; *Official Aptitude Maximized: Expense Minimized,* ed. Philip Schofield, Oxford, Clarendon Press, 1993; *Colonies, Commerce, and Constitutional Law: Rid Yourselves of Ultramaria and Other Writings on Spain and Spanish America,* ed. Philip Schofield, Oxford/Nova Iorque, Clarendon Press/ Oxford University Press, 1995.

Bibliografia passiva

Por todos, cf. na *Internet* o Bentham Project – http://www.ucl.ac.uk/Bentham-Project.

BRITO, José de Sousa, Relire Bentham. À propos de l'édition de *Of Laws in General* de Bentham par Hart, *Archives de Philosophie du Droit,* v. XVII, 1972, p. 451-472.

—, Hart's Criticism of Bentham, *Rechtstheorie,* 1979, v. 10, p. 449-461.

—, Droits et utilité chez Bentham, *Archives de Philosophie du Droit,* v. XXVI, 1981, p. 93-119.

FOUCAULT, Michel, *A Verdade e as Formas Jurídicas,* Rio de Janeiro, PUC, 1974.

HALEVY, Elie, *La formation du radicalisme philosophique,* Paris, 1904. 3 vols.

HARRISON, Ross, *Bentham,* Londres, Routledge and Kegan Paul, 1983.

HART, Herbert L. A., Bentham on Legal Rights, *in Oxford Essays in Jurisprudence (second series),* ed. A. W. B. Simpson, Oxford, Clarendon Press, 1973, p. 171-201.

—, *Essays on Bentham. Jurisprudence and Political Philosophy,* Oxford, Oxford University Press, 1982.

LYONS, David, *In the Interest of the Governed. A Study in Bentham's Philosophy of Utility and Law,* Oxford, Clarendon Press, 1991.

MACCUNN, John, *Six Radical Thinkers,* 2ª ed., Londres, 1910.

MACK, Mary Peter, *Jeremy Bentham: An Odyssey of Ideas 1748-1792,* Londres, Heinemann, 1962.

MANNING, D. J., *The Mind of Jeremy Bentham*, Londres, Longmans, 1968.

MARI, Enrique, Jeremy Bentham: du 'souffle pestilentiel de la fiction' dans le droit à la théorie du droit comme fiction, *Revue Interdisciplinaire d'Études Juridiques*, 1985, n° 15, p. 1 *et seq.*

PENDAS GARCÍA, Benigno, *J. Bentham: Política y Derecho en los origenes del Estado Constitucional*, Madrid, Centro de Estudios Constitucionales, 1988.

PLAMENATZ, John, *The English Utilitarians*, Oxford, 1949.

POSTEMA, Gerald J., *Bentham and the Common Law Tradition*, Oxford, 1989.

ROSEN, Frederick, *Jeremy Bentham and Representative Democracy: A Study of the Constitutional Code*, Oxford, Oxford University Press, 1983.

SANDEL, Michael J., *Justice: What's the Right Thing to Do?*, Farrar, Straus and Giroux, 2009.

SANTOS, Maria Helena Carvalho dos, "'A maior felicidade do maior número'. Bentham e a Constituição Portuguesa de 1822", *in* Miriam Halpern Pereira *et al.*, *O Liberalismo na Península Ibérica na Primeira Metade do Século XIX*, Lisboa, Sá da Costa, 1982, I, p. 91 *et seq.*

STEPHEN, Leslie, *The English Utilitarians*, Londres, Duckworth, 1900. 3 vols.

HEGEL

(ESTUGARDA, 1770-BERLIM, 1831)

Quem quer algo de grande deve saber limitar-se. Quem, pelo contrário, tudo quer, nada, em verdade, quer e nada consegue.
G. W. F. Hegel

Georg Wilhelm Friedrich Hegel nasceu em 27 de agosto de 1770, em Estugarda. A família, protestante, tivera no século XVI de deslocar-se da Caríntia para Württemberg, pela incomodidade provocada pela restauração católica naquela região do Sul da Áustria.

A instruída mãe de Hegel exerceu sobre ele um papel significativo, tendo como pano de fundo de uma vida familiar calma, organizada e com posses moderadas, a figura de um pai regrado funcionário público como o haviam sido muitos dos Hegel. O pai de Hegel era, com efeito, um escrupuloso guarda aduaneiro. A mãe, vinda de um nível social mais elevado, apesar de ter falecido quando o menino contava apenas 13 anos, teve tempo de influenciar muito a educação intelectual do pequeno Georg Wilhelm, afirmando alguns que lhe ensinou Latim pessoalmente. Criança ainda, o pequeno Georg tornou-se um leitor infatigável, um verdadeiro "devorador" de livros, de que tomava notas, fazia resumos e colhia trechos. É normalmente essa formação, de rigor e atenção e de cultivo dos clássicos, um investimento seguro que dá frutos mais tarde. O rasto desse cabedal de conhecimentos pode ver-se pela sua obra, sobretudo nos seus primeiros trabalhos. Mais tarde, larga asas de maior originalidade, desprendendo-se mais das referências eruditas, mas, evidentemente, não esquecendo (como no dito de Bernardo de Chartres, referido por João de Salisbúria, *Metalogicon*, III, 4) os gigantes em cujos ombros firma os pés – sendo ele também um gigante agora.

Quando ingressou no ensino secundário, no *Gymnasium* da sua terra natal, o futuro filósofo deixou-se seduzir mais pelo Grego que pelo Latim. Mas, espírito regrado e afincado, exercitava-se redigindo o seu diário no idioma dos Romanos – texto que hoje se nos revela substancialmente pouco interessante, próprio de um espírito que só para o tarde irá desabrochar em originalidade e vigor intelectual. A sua educação clássica foi esmeradíssima, como dissemos. Leu os principais autores gregos, chegou a traduzir Sófocles, e não deixou de estudar muitos latinos, desde logo, Cícero e Tácito.

Ao contrário de muitos filósofos e intelectuais, Hegel, aluno regular e premiado, e professor cumpridor, não terá sofrido nem excessivas dificuldades financeiras nem complexos dramas passionais. Tal poderá ter contribuído para solidificar ainda mais a sua filosofia de "ordem". Com efeito, quando em 1788 se matriculou na Universidade de Tübingen, logo obteve uma bolsa ducal. Os colegas chamavam-lhe "o velho", apesar do seu temperamento ainda assim convivial (mas não eloquente) e da sua lealdade. Não brilhava. E curiosamente não brilhava na área em que se tornaria Mestre de Mestres: a sua informação final de curso indica que é deficiente em Filosofia. Poucos acreditariam que viria a ser o gigante da Filosofia em que se tornou, nem mesmo os mais chegados e amigos. Nem sequer é um traço biográfico que deva surpreender-nos, pois as velocidades e as notoriedades são diferentes entre as pessoas, e também entre os génios.

Após a conclusão do curso (renunciara, entretanto, a tornar-se pastor, por falta de vocação, preferindo dar mais utilidade aos seus estudos filosóficos que aos teológicos), tal como ocorrera com Kant, Hegel torna-se precetor.

Esteve primeiro em boa casa em Berna, até 1793. Aí dispunha de uma excelente biblioteca e abriram-se-lhe as portas da melhor sociedade. Durante essa estada na Suíça, escreveria sobretudo sobre filosofia da religião, além de uma vida de Jesus – obras que em geral são de grande legibilidade (ao contrário do que viria a suceder em fase mais madura). Mas interessou-se de novo por política, designadamente lendo Hume e Montesquieu, e estudando o sistema fiscal de Berna.

Instalou-se em Frankfurt em 1796, o que lhe proporcionou de novo comodidade e algum lazer acrescido para os seus estudos, de que aproveitou, tirando muitas notas e deixando boa cópia de manuscritos, em diferente estado de acabamento e desigual valor.

Três anos mais tarde, a herança de seu pai permitiu-lhe mudar-se para o ambiente mais intelectual de Iena, e concorrer à *Habilitation*, que na academia alemã é a grande prova de fogo, ainda hoje, muito mais que o doutoramento (uma espécie de Agregação em Portugal ou de Livre-Docência no Brasil). A escolha do local para assentar arraiais foi precedida de conselho pedido ao seu amigo Schelling: Hegel requeria um lugar para estudo que tivesse "boa cerveja". De 1801 a 1806, torna-se aí livre-docente. Data do início deste período (1801-1802) a redação de *A Constituição do Império Alemão*, de claro pendor juspolítico, só publicado no fim do século. Em 1807, publica a *Fenomenologia do Espírito*, onde figura a interessante passagem da dialética do senhor e do escravo, em que este, na sua servidão, vai ganhando autoconsciência, enquanto o amo se aliena na ociosidade. Uma metáfora que teria uma interessante posteridade.

Por aqui já se vê que Hegel não era um estudioso completamente frio e apenas lógico (ao pensarmos no que realmente ocorreu com ele e com Kant, interrogamo-nos se, realmente, haverá mesmo esse tipo-ideal de pensador). A política entusiasmava-o realmente desde o tempo de Tübingen em que, com Hölderlin e Schelling, participava nos clubes políticos e se entusiasmara (pelo menos de início) com a Revolução Francesa, ou quando, em Frankfurt, chegara a traduzir as *Cartas* de Cart sobre Direito Público e escrevera mesmo sobre a situação política de Württemberg.

Agora era convidado para dirigir um jornal em Bamberg, o que convinha à sua saída de Iena, ocupada pelas tropas francesas. Apesar de ter tido arroubos de entusiasmo pelo próprio Napoleão, que viu de relance, montado em corcel branco, Hegel não foi totalmente poupado à invasão. Um rasgo de sangue frio salvou-lhe os haveres quando os soldados franceses assaltaram a pensão em que vivia: dirigindo-se a um militar que usava a *Légion D'Honneur*, puxou-lhe pelos brios, reclamando, enquanto Homem de Letras, um tratamento honroso. Mas quando viu as casas vizinhas em chamas, deixou de acreditar na honra dos condecorados e partiu, com os manuscritos debaixo do braço.

Em Bamberg permanecerá um ano, muito penoso, porque a censura napoléonica transforma o jornal num mero registo de eventos, praticamente proibindo a emissão de opiniões editoriais. Felizmente é convidado para o Liceu de Nuremberga, onde virá a ser reitor. Dessas aulas surgirá a *Propedêutica Filosófica*, publicada postumamente.

Em Nuremberga viria a casar, em 1811, com uma jovem aristocrata da cidade, que contava então 19 anos. Do casamento, que dizem ter sido feliz, nasceram dois filhos – um deles destinado a alguma fama na História. É o próprio Hegel quem, numa carta a um amigo, associa a realização no trabalho e a felicidade matrimonial como os dois sucessos que lhe haviam permitido "ajustar contas com a vida". Nos cinco anos seguintes, Hegel escreveria a *Ciência da Lógica*.

A vida decorria calma, mas Hegel sentia o peso da burocracia universitária, a carga administrativa e o desgosto pela imaturidade dos estudantes. Era tempo de mudar...

As suas andanças pela Alemanha, de lugar em lugar, não deixavam de ser normais na via-sacra académica de então (e mesmo de agora, em vários países). O êxito da sua *Lógica* valeu-lhe convites de três universidades. Escolheria a velha cidade universitária de Heidelberg, para onde se mudou em 1816. Mas aí fechou-se no estudo, e por isso ganhou fama de preguiçoso... Quando não se faz *marketing* pessoal, está-se mais sujeito às calúnias. Sopravam já no seu interior de novo ventos de mudança... E parte.

Com efeito, dois anos mais tarde, sucedeu a Fichte em Berlim. Deixou de permitir que os alunos o interrompessem, como fora seu método até aí, ganhou mais segurança e eloquência, e a sua inflexibilidade (aliás também criticada pelos alunos) acabou por resultar. Será desta época a consolidação da sua teorização da necessidade de uma pedagogia não infantilizadora, ou menorizante, que não tem em conta a "necessidade de obedecer" e de "ser educado".

Debitava o seu sistema *ex cathedra*, e passou a ser consultado pelo Governo, não só em matéria de nomeações académicas, como em política geral. Era o coroar de uma carreira. Vestiu definitivamente a veste de filósofo oficial, sacerdote do Estado prussiano, condecorado por Frederico Guilherme III, reitor da Universidade de Berlim (desde 1829-1830) e sobretudo *capo di scuola*, fazedor de discípulos que se tornavam catedráticos embaixadores da sua doutrina. Muitos dos textos que correm hoje com o seu nome são, na verdade, compilações de aulas, dedicadamente coligidas pelos alunos: sobre história da filosofia, estética, filosofia da história, filosofia da religião, etc.

Será então que dará à estampa a sua obra jurisfilosófica e jurispolítica mais acabada, os *Princípios de Filosofia do Direito*, edifício árduo de compreender para um jurista de hoje, mas que tem toda a grandeza da construção do sistema.

Na verdade, Hegel é um filósofo de totalidade, a tudo integrando na abrangência do seu pensamento sistemático – quase tão lato e tão extenso como uma utopia.

Como que compensando a mudança geral de atitude deste período final, mais rígida pedagogicamente e mais comprometida politicamente com o poder instituído, tornou-se um apaixonado pelas artes, e um viajante em busca do Belo.

A morte colherá Hegel em 14 de novembro de 1831, vitimado pela cólera. Morreu durante o sono, mas pode dizer-se que morreu no seu posto. A epidemia de cólera assolara Berlim no Verão, e previdentemente os Hegel recolheram-se nos subúrbios. Mas mal recomeçaram as aulas, em novembro, Hegel estava na Universidade. Lecionou com especial eloquência no dia inaugural e no seguinte (uma quinta e uma sexta-feira). Não deixou de ir à Faculdade no sábado (não havia semana inglesa e menos ainda americana). Mas caiu gravemente doente no domingo, e seria na noite de domingo, dia sem trabalho na Universidade, que viria a falecer. Sem ter dado uma única falta, pois.

Jaz entre Fichte e Solger, conforme pedira no texto das suas últimas vontades. Uma semana antes, havia terminado o prefácio à 2ª edição da *Lógica*, em que já se resignava com a inevitável imperfeição dos escritos, sempre feitos no meio de mil e uma solicitações.

O legado de Hegel será objeto de viva controvérsia, mesmo entre os que de si se foram reclamando. Designadamente a sua posteridade dividiu-se em velhos hegelianos e novos hegelianos, hegelianos de direita e hegelianos de esquerda. Normalmente os grandes pensamentos têm polissemia e fecundidade bastantes para leituras várias, e até antagónicas. E apesar de a filosofia de Hegel se polarizar no Absoluto, num idealismo monista, a verdade também é que uma das mais fecundas das suas ideias (infelizmente deformada nas vulgarizações do hegelianismo) foi a conceção de um sistema dialético novo, em que tese e antítese se combatem (designadamente na História), para terminar na síntese. Ora quiçá o desacordo entre os seus discípulos possa constituir uma dialética de que só o mestre poderá ser, em seu trono etéreo, o juiz e sintetizador. Entretanto, há pelo mundo vários intelectuais que poderiam ser retratados por estas palavras irónicas do poeta Heinrich Heine, no final do seu poema "Doktrin":

> *Das ist die Hegelsche Philosophie,*
> *Das ist der Bücher tiefster Sinn!*
> *Ich hab sie begriffen, weil ich gescheit,*
> *Und weil ich ein guter Tambour bin.*

Porque na verdade nem Hegel poderia ter desvendado o sentido profundo de todos os livros, nem ninguém pode estar certo de o ou os ter compreendido bem, por mais inteligente...

A complexa e vastíssima construção sistemática de Hegel, desde o seu sistema de lógica e metafísica, os avatares da Ideia, o método irradiante da dialética e tantos outros aspetos de todas as disciplinas filosóficas que abarcou seriam impossíveis de sintetizar aqui, ou quiçá em qualquer outro lugar. Christian Atias (2004: 119) afirma que a filosofia hegeliana é "uma filosofia que se não resume". Limitamo-nos a alguns pontos que considerámos mais sugestivos da sua perspetiva política, como é do escopo deste livro.

Há quem pense mesmo que por detrás do filósofo puro está, em grande medida, o político desiludido. E que a sua filosofia seria uma espécie de tradução nostálgica da política perdida, sendo, por seu turno, a política uma forma de filosofia (Costa, 2005: 177).

Os *Princípios da Filosofia do Direito* são o último dos seus trabalhos maiores. Será por isso nele que deverá decerto procurar-se essencialmente a forma final do seu pensamento jurisfilosófico-político. Mas terá sido em vão que, na adolescência, escreveu duas traduções da *Antígona,* de Sófocles – uma em prosa e outra em verso? É que normalmente se sobrevalorizam uns aspetos políticos do autor em detrimento de outros: e assim ficámos com uma imagem truncada do seu pensamento, que tem matizes, evolução, complexidade. Uma resposta a meditar cremos poder ser dada por esta breve mas eloquente passagem (Fraga, 1969: 1659).

> Hegel assusta-se com frequência com as revoluções europeias, como a de 1830, por exemplo, mas esquece-se o que ele esperava da monarquia constitucional, sobre o negativo da Revolução; condena o enfraquecimento do poder real perante o parlamento, em Inglaterra, mas oculta-se que se ergue em defesa dos Irlandeses e denuncia o seu tratamento pelos conquistadores anglo-saxões; alia-se ao conservantismo da monarquia prussiana, mas cala-se a sua posição corajosa e clara, nas ações e na teoria, sobre a questão judaica, e o seu desprezo pelo nacionalismo demagógico.

Mas onde uns veem matizes, outros detetam contradições. Walter Theimer apresenta-nos, por seu turno, um Hegel "camaleónico", no dizer de Paulo Bonavides, que assim o traduz:

> Hegel é típico de como brilha, em diversas cores, o espírito político ainda quando este se manifesta numa única pessoa. Começa Hegel como democrata iluminista, cultua a Revolução Francesa quase tanto ou mais que seu colega Fichte; em seguida deslumbra-se, já em desacordo com Fichte, diante de Napoleão, herdeiro imperial da Revolução, e deixa-se estipendiar como redactor de um jornal napoleónico, na Alemanha; condena as guerras de libertação contra Napoleão, em cuja derrota não crê; com a Restauração torna-se ultraconservador, profeta do absolutismo. Mas até ao fim de sua vida festejou todos os anos com uma garrafa de vinho o aniversário da tomada da Bastilha. Oportunista, que se adapta às variações de cada época? Pesquisador, que se vale das experiências práticas e, por consequência, corre sempre na retaguarda dos factos? Um louco, como Rousseau? Um pouco talvez de tudo isso. Toda conceção, bem como o seu reverso, ele a abraçou com o emprego da mesma acuidade de espírito e poder de expressão. Seu principal tema na Filosofia foram as contradições; das próprias, todavia, não curou. (*apud* Bonavides, 2004: 122)

Há uma tendência excessiva para o purismo por parte dos críticos, dos teóricos, dos pedagogos. Recordemos mais uma vez que Peguy dizia que Kant tinha as mãos limpas porque não tinha mãos; muitos críticos julgam os autores como se não houvesse História e os acontecimentos e as ideias se quedassem suspensos à espera que eles os exponham a submissos discípulos. A desilusão política e a mudança de ideias, com o tempo, não é em muitos casos traição (sobretudo quando se não retira provento com isso), mas natural, até muito natural, nos espíritos por natureza críticos dos filósofos. O mesmo Hegel que planta uma árvore à liberdade em pública homenagem à República francesa pode bem ter-se desiludido com as violências do Terror. Beethoven não rasga a dedicatória a Napoleão da sua Sinfonia *Heróica*? As revoluções têm esse condão de devorar, como Saturno, os próprios filhos, de afastar prosélitos e captar novas adesões. Tanto mais que a Revolução Francesa não foi unitária, mas várias revoluções sucessivas.

O pensamento político de Hegel é tributário de Platão e de Rousseau, mas da maneira como um filósofo se apoia em poetas. Onde Rousseau poetiza a *volonté générale*, Hegel racionaliza-a e cobre-a com o manto da estadualidade. Até onde Montesquieu efabula sobre a Constituição de Inglaterra, Hegel adverte para os males concretos da poética construção do barão de La Brède. E a mesma pergunta surge, em muitos autores, a propósito quer de Platão, quer de Hegel: seriam eles totalitários?

Claro que ao afirmar coisas como "Der Staat ist die Wirklichkeit der sittlichen Idee", fazendo o Estado encarnar a realidade da Ideia moral (e a Ideia já é um verdadeiro deus), uma revelação divina, um deus manifestado, "realidade em ato da liberdade concreta", acima do qual só mesmo estaria o Absoluto, Hegel se habilita para uns a lugar totalitário e para outros a posto absolutista. Mais: Hegel exorta-nos a que adoremos o Estado como a um deus terreno.

Pelas posições diversas e pelos matizes que o seu pensamento foi adquirindo ao longo dos tempos, assim como pela complexidade e por vezes anfibologia do seu discurso, Hegel pode ser considerado como um desses autores de textos sagrados em que cada capelinha ou seita busca citações contraditórias em abono do seu credo particularista. Para enaltecer ou atacar, para uns é adepto do constitucionalismo, para outros do absolutismo, ou do totalitarismo até. Um outro grupo encara-o no centro, entre os exageros que atribui de um lado a Hobbes e de outro à Revolução.

O exemplo, já aflorado, do tratamento da separação dos poderes nos *Grundlinien* é paradigmático. Hegel adere teoricamente ao princípio, mas critica o seu uso excessivamente dogmático, que leva a que os poderes se entravem. Esta posição tanto pode ser considerada uma reflexão lúcida, em que se ancora uma perspetiva renovada e mais avançada da teoria da separação dos poderes, como pode ser tida, ao invés, como um simples *aleluia* juspolítico, uma falsa adesão ao princípio para, na verdade, o vir a fazer perder na prática.

Em todo o caso, sem dúvida estadualista na base do seu sistema político, Hegel convoca, porém, o imperativo categórico de Kant, no sentido de as pessoas serem tratadas sempre como fins em si e não como meios, e ousadamente estende tal imperativo aos bens, às coisas, à propriedade das pessoas. Sempre a velha pedra-de-toque da propriedade, na filosofia política.

A vontade da pessoa transportada para a sua propriedade torna esta parte de si própria. Não é já o trabalho, como em Locke, que coloca a pessoa na coisa, mas a vontade do indivíduo que assimila a coisa a si (eventualmente fazendo-a meio para si – mas esse é outro problema, que Hegel teria de resolver com Kant). A proteção conferida pelo Estado à vontade acabaria por ser a proteção do indivíduo, enquanto sujeito de livre vontade. A propriedade é a garantia da externalização da liberdade individual no mundo.

Hegel absolutiza e como que decanta, nobilitando-o, o conceito de propriedade. Para ele, não se trata de satisfazer puramente necessidades ou desejos individuais, mas de uma forma de supressão da própria subjetividade da personalidade individual.

Mas o estadualismo de Hegel não poderia deixar de manifestar-se. Apesar de conceder que apenas em casos excecionais o Estado pode anular a propriedade privada, por exemplo aprova a dissolução estadual dos mosteiros, porque aí há propriedade coletiva, e não de uma só pessoa. Eis o Estado ao serviço da propriedade privada.

Totalitário, autoritário, conservador, romântico ou liberal? Hegel desafia as classificações. Há entusiastas de cada um dos rostos desse Hegel polimorfo e contraditório. E há modas de classificação. Certas épocas classificam-no de um modo, certas outras de outro. Idealista, estadualista, organicista, defensor da ordem, embora com arroubos revolucionários e muitas leituras e referências liberais, o que mais parece marcar o seu pensamento é ainda o seu racionalismo romântico. No mais, como citámos já, é insuscetível de resumo.

Hegel pode ter importância muito direta hoje mesmo. Há um artigo, do período de Iena, *Über die wissenschaftlichen Behandlungsarten des Naturrechts...*, que merece uma releitura atenta. Hegel não prescinde do Direito Natural, mas aponta nos teóricos a si anteriores "pecados" empiristas e formalistas, propondo, ao invés, uma perspetiva especulativa. Quiçá hoje não seria necessária, mais do que nunca, ao menos uma revisitação metodológica desta crítica do Direito Natural, para o purificar e recuperar num ponto mais alto e depurado?

Bibliografias

Bibliografia ativa específica

Über die wissenschaftlichen Behandlungsarten des Naturrechts (1802-1803); *Die Phaenomenologie des Geistes* (1807); *Grundlinien der Philosophie des Rechts* (1818); *Des Geist des Christentums und sein Schicksal* (post. 1907).

Edições correntes/recomendadas

Edições mais completas

HEGEL, G. W. F., *Sämtliche Werke*, ed. do Jubileu, ed. Hermann Glockner, 3ª ed., Estugarda, Frommann, 1949-1959, 20 v.

—, *Grundlinien der Philosophie des Rechts. Mit Hegels eigenhändigen Randbemerkungen in seinem Handexemplar der Rechtsphilosophie*, org. de Johannes Hoffmeister, 4ª ed., Hamburgo, Felix Meiner, 1955.

—, *Gesammelte Werke*, Hamburgo, Meiner, 1968... (ed. crítica).

—, *Grundlinien der Philosophie des Rechts*; trad. port. de Orlando Vitorino, *Princípios da Filosofia do Direito*, 2ª ed., Lisboa, Guimarães Editores, 1976; 1ª ed., 3ª tiragem, São Paulo, Martins Fontes, 2003.

—, *Über die wissenschaftlichen Behandlungsarten des Naturrechts...*, trad. Apresentação de Agemir Bavaresco e Sérgio B. Christino, *Sobre as Maneiras Científicas de Tratar o Direito Natural*, São Paulo, Loyola, 2007.

HEINRICH, D. (ed.), *Philosophie des Rechts: Die Vorlesung von 1819-1820*, Frankfurt, Suhrkamp, 1983.

HOFFMEISTER, J. (ed.), *Jenenser Logik, Metaphysik und Naturphilosophie*, Leipzig, Meiner, 1923.

KNOX, T. (ed.), *Hegel's Political Writings*, Oxford, Clarendon Press, 1964.

NOHL, H. (ed.), *Hegels Theologische Jugendschriften*, reimp., Frankfurt, Minerva, 1966.

Bibliografia passiva seletiva

ALAIN, *Idées. Introduction à la Philosophie. Platon, Descartes, Hegel, Comte*, Paris, Flammarion, 1983 (1ª ed. 1939).

ALVES, João Lopes, *Rousseau, Hegel e Marx. Percursos da Razão Política*, Lisboa, Livros Horizonte, 1983.

—, *O Estado da Razão: da Ideia Hegeliana de Estado ao Estado segundo a Ideia Hegeliana*, Lisboa, Colibri, 2005.

AMENGUAL COLL, Gabriel, *Estudios sobre la "Filosofia del derecho" de Hegel*, Madrid, Centro de Estudios Constitucionales, 1989.

AVINERI, Shlomo, *Hegel's Theory of the Modern State*, Cambridge, Cambridge University Press, 1972.

BOURGEOIS, Bernard, *Le Droit naturel de Hegel, 1802-1803: commentaire*, Paris, Vrin, 1986.

CHÂTELET, François, *Hegel*, Paris, Seuil, 1968.

CORDUA, Carla, *El mundo ético: Ensayos sobre la esfera del hombre en la filosofia de Hegel*, Barcelona, Anthropos, 1989.

—, *Explicación sucinta de la Filosofia del derecho de Hegel*, Santa Fé de Bogotá, Temis, 1992.

CULLEN, Bernard, *Hegel's Social and Political Thought*, Dublim, Gill & Macmillan, 1979.

D'HONDT/DERRIDA/ALTHUSSER *et al.*, *Hegel et la pensée moderne*, Paris, PUF; trad. port. de Rui Magalhães e Sousa Dias, *Hegel e o Pensamento Moderno*, Porto, Rés, 1979.

DOTTI, Jorge E., *et al.*, *Estado e Politica. A Filosofia Politica de Hegel*, Rio de Janeiro, Jorge Zahar, 2003.

DUBOUCHET, P., *La Philosophie du droit de Hegel. Essai de lecture des principes*, Lyon, l'Hermès, 1995.

FISCHER, K., *Hegels Leben, Werke und Lehre*, 2ª ed., Heidelberg, Winter, 1911.

FLEISCHMANN, E., *La Philosophie politique de Hegel*, Paris, Plon, 1954.

FOSTER, Michael, *The Political Philosophies of Plato and Hegel*, Oxford, Clarendon Press, 1935.

FRAGA, Gustavo de, "Hegel", *in Verbo. Enciclopédia Luso-Brasileira de Cultura*, Lisboa/São Paulo, 1969, cols. 1658 *et seq.*

HARTMANN, Nicolai, *Die Philosophie des deutschen Idealismus*, 2 v., Berlim, Walter de Gruyter, 1923-1929, máx. v. II; trad. port. de Gonçalves Belo, *Filosofia do Idealismo Alemão*, Lisboa, Fundação Calouste Gulbenkian, 1976.

HYPPOLITE, Jean, *Genèse et structure de la Phénoménologie de l'esprit de Hegel*, Paris, Aubier, 1946.

KERVÉGAN, Jean-François, *Hegel, Carl Schmitt – le politique entre spéculation et positivité*, Paris, PUF; trad. port. de Carolina Huang, *Hegel, Carl Schmitt. O Político entre a Especulação e a Positividade*, Barueri, São Paulo, Manole, 2006.

KOJÈVE, Alexandre, *Introduction à la lecture de Hegel*, Paris, Gallimard, 1948.

LEFÈBVRE, Henri, *Hegel, Marx, Nietzsche ou le Royaume des Ombres*, Paris, Casterman, 1975; trad. port. de Rafael Gonçalo Gomes Filipe, *Hegel, Marx, Nietzsche ou o Reino das Sombras*, Lisboa, Ulisseia, 1976.

LEGROS, Robert, *Le jeune Hegel et la naissance de la pensée romantique*, Brussels, Ousias, 1980.

MARX, Karl, *Zur Kritik der Hegelschen Rechtsphilosophie*, trad. port. de Lúcia Ehlers, *Contribuição à Crítica da Filosofia do Direito de Hegel*, São Paulo, Expressão Popular, 2010.

POPPER, Karl, *The Open Society and Its Enemies*; trad. bras. *A Sociedade Aberta e Seus Inimigos*, Belo Horizonte, Ed. University de São Paulo, 1974.

ROSENKRANZ, K., *Vita di Hegel*; trad. it. de R. Bodei, Florença, Vallecchi, 1966.

ROSENZWEIG, Franz, *Hegel und der Staat*, reimp. Aalen, Scientia, 1962.

ROSSI, Mário, *Hegel e lo Stato*, Roma, Editori Riuniti, 1970.

SMITH, Steven, *Hegel's Critique of Liberalism: Rights in Context*, Chicago, University of Chicago Press, 1989.

TAYLOR, Ch., *Hegel et la société moderne*, Paris, Cerf, 1998.

VITORINO, Orlando, *Introdução Filosófica à Filosofia do Direito de Hegel*, Lisboa, 1961.

—, Prefácio à 1ª ed. de Hegel, *Princípios da Filosofia do Direito*, Lisboa, Guimarães, 1976.

WEIL, Eric, *Hegel et l'État*, Paris, Vrin, 1950.

WESTPHAL, Kenneth, The basic context and structure of Hegel's Philosophy of Right, *in The Cambridge Companion to Hegel*, ed. Frederick Beiser, Cambridge, Cambridge University Press, 1993, p. 234 *et seq.*

ZARADER, Marlene, La dialectique du crime et du châtiment chez Hegel et Dostoïevski, *Revue de Métaphysique et de Morale*, n° 3, Juil./Sept. 1976, Paris, Armand Colin, p. 350-375.

AUGUSTO COMTE

(MONTPELLIER, 1798-PARIS, 1857)

*O homem não tem menos inclinação para a revolta que
para a submissão.*
Augusto Comte

Nascido em 19 de janeiro de 1798, numa família religiosa, em pleno "Terror",
educado no rígido liceu instituído por Napoleão (onde entrará em 1806), Isidore Auguste
Marie Xavier Comte cursou a Escola Politécnica de Paris (1814-1816) e frequentou a
Faculdade de Medicina da sua terra natal (1816). Secretário do socialista utópico conde
de Saint-Simon (1817), acaba por romper com ele, considerando que havia sido plagiado
num artigo (1824). No ano seguinte à rutura com o seu patrono, casa civilmente com
Caroline Massin. Mas de abril a dezembro de 1826, ou seja, cerca de um ano depois, é
internado. Casará religiosamente no termo desse internamento, a 2 de dezembro. A sua
vida não para de se complicar, e em abril de 1827 tenta suicidar-se. Contudo, recupera
e, no início de 1829, volta à redação do seu *Curso de Filosofia Positiva* (que começará a
sair em 1830).

Almejando uma cadeira na Escola Politécnica, depara sempre com dificuldades.
Ficará eterno "explicador". Primeiro, explicador de Análise e Mecânica Racional,
na Politécnica; depois, examinador para admissão à mesma escola. Mas sempre
precariamente. Entre 1840 e 1845 multiplicam-se os problemas com a Escola, e perderá
definitivamente o seu lugar em 1851.

O seu trabalho é essencialmente extraescolar. Às vezes, os seus discípulos
cotizam-se para lhe pagarem as investigações, embora sempre tenha renunciado aos
direitos patrimoniais de autor das suas obras. Aparentemente antirreligioso, funda uma
filosofia positivista e é visto como o inventor da sociologia, que desejou, aliás, constituir
como rainha das ciências. Mas o seu positivismo resvala para uma religião nova, com

o novo deus-ciência. Ponto fulcral dessa orientação é o seu *Système de Politique Positive*, em quatro volumes (1851-1854), cujo título completo surpreenderá alguns: *Sistema de Política Positiva ou Tratado de Sociologia que Institui a Religião da Humanidade*... Escreve mesmo um catecismo dessa nova religião (*Catecismo Positivista*, 1852), inclusive com um novo calendário (*Calendário Positivista*, 1849-1860), onde figuram, aliás, com odor de nova santidade, nomes como os de Fernão de Magalhães, Afonso de Albuquerque, Vasco da Gama e Luís de Camões. Vale a pena ponderar o seu plano, porque os nossos heróis (ou santos) são símbolos das nossas ideias políticas também – ou suscetíveis de as traduzirem:

1º mês: Moisés. A teocracia inicial (Numa, Buda, Confúcio, Maomé).

2º mês: Homero. A poesia antiga (Ésquilo, Fídias, Aristófanes, Virgílio).

3º mês: Aristóteles. A filosofia antiga (Tales, Pitágoras, Sócrates, Platão).

4º mês: Arquimedes. A ciência antiga (Hipócrates, Apolónio, Hiparco, Plínio, o Antigo).

5º mês: César. A civilização militar (Temístocles, Alexandre, Cipião, Trajano).

6º mês: São Paulo. O catolicismo (Santo Agostinho, Hildebrando, São Bernardo, Bossuet).

7º mês: Carlos Magno. A civilização feudal (Alberto Magno, Godofredo, Inocêncio III, São Luís).

8º mês: Dante. A epopeia moderna (Ariosto, Rafael, Tasso, Milton).

9º mês: Gutenberg. A indústria moderna (Colombo, Vaucanson, Watt, Montgolfier).

10º mês: Shakespeare. O drama moderno (Calderon, Corneille, Molière, Mozart).

11º mês: Descartes. A filosofia moderna (São Tomás de Aquino, Bacon, Leibniz, Hume).

12º mês. Frederico. A política moderna (Luís XI, Guilherme, o Taciturno, Richelieu, Cromwell).

13º mês: Bichet. A ciência moderna (Galileu, Newton, Lavoisier, Gall).

Dia complementar: festa universal dos mortos.

Dia bissexto: festa geral das Santas Mulheres.

O seu contacto com Clotilde de Vaux (1844), a sua musa inspiradora (que logo faleceria, em abril de 1846), vai provocar um aprofundamento neste sentido menos "cientista" da sua doutrina, e os primeiros sequazes logo o acusam de traição. Chega a imitar a angelologia, concebendo uma espécie de anjo da guarda positivista, que seria uma versão do "eterno feminino"...

A repercussão das ideias positivistas foi enorme, invadiu todas as áreas do conhecimento, e impôs o seu império ao Direito sob a forma do juspositivismo, ainda em boa medida vigente – em diferentes avatares. No mundo de língua portuguesa, vultos como Benjamin Constant, Miguel Lemos, ou Teixeira Mendes acusam evidentes leituras e até "inspirações" comtianas. Para não falarmos de um Teófilo Braga e dos positivistas mais ortodoxos. E mesmo a tríade inicial da "filosofia portuguesa" oitocentista, Cunha Seixas, Amorim Viana e Sampaio Bruno, terá estudado o *Curso de Filosofia Positiva*, apesar de não comungar das ideias do *Sistema de Política Positiva*, como aliás bem adverte Álvaro Ribeiro.

A influência positivista não pôde deixar de se fazer sentir nas disciplinas e nas realidades políticas e normativas. O positivismo aplicado ao Direito, e em especial ao Direito político, é a total liberdade do poder, sem freios de uma instância crítica, é a subordinação pura e simples à Lei, e especialmente da Lei à força, ainda que tal força possa ser legitimada por um ritual democrático, por exemplo. Mas não distingue entre democracia e ditadura na proveniência dos comandos. É uma lógica de formalismo e obediência.

Como se revela pelo próprio percurso intelectual do seu fundador, o positivismo tem essa paradoxal característica de poder ser uma espécie de religião laica e antirreligiosa, dogmática num aparente antidogmatismo. O positivismo jurídico pode, porém, radicar mais longinquamente nas teorias absolutistas e legalistas de Hobbes, ou, recuando mais ainda, no nominalismo do franciscano Guilherme de Ockham (século XIV). Naturalmente Comte não é de modo algum culpado por todas as implicações da sua crença, nem obviamente se lhe pode assacar o que o precedeu. Aliás, Comte afirma na primeira nota do "Prefácio" da sua *Filosofia Positiva* que nunca leu em nenhuma língua nem Vico, nem Kant, nem Hegel, e ufana-se de ter seguido um método todo feito de meditação, a qual seria prejudicada pela leitura: daí que a "higiene cerebral" consistisse em não ler, permitindo assim a originalidade.

O sistema positivista de Comte encontrou no lema que se perpetua na bandeira do Brasil a síntese do seu fulcral escopo: "Ordem e progresso". Sendo para Comte o progresso o "desenvolvimento da ordem".

A lei dos três estados é o ponto de partida da sua filosofia. Ela tem aplicações epistemológicas, mas também noutros domínios, como o da filosofia da História e, evidentemente, na filosofia política. Comte faz mesmo um paralelo entre a evolução ontogenética e filogenética, neste domínio: comparando a primeira idade, a teológica, aos medos e superstições infantis, até à desenvoltura autossuficiente da maturidade humana. Analogamente, a humanidade evoluiria do estado teológico ou fictício para o estado metafísico ou abstrato, até ao estado científico ou positivo. Este férreo historicismo escatológico-soteriológico não pode deixar de lembrar uma filosofia com muita fortuna também, o marxismo – que por modos de produção sucessivos conta de antemão a história da humanidade até ao fim da História numa sociedade sem classes. Mas Marx coloca-se no terreno económico e Comte, antes de mais, no das mentalidades. Tais estados são, contudo, ainda estágios de formas de poder. Ou mesmo fases do protagonismo e da liderança sociais de sucessivas três classes: clero, nobreza e povo.

Adepto da propriedade privada e da herança e acusando os socialistas de teorizações que relevariam, afinal, da metafísica, Comte tende para uma política baseada em pressupostos de organicismo social. A sua divisão social não coincide com a velha trifuncionalidade indo-europeia (soberania e magia; guerra; economia e fecundidade), porque omite a função bélica, e subdivide a terceira função numa classe de ação material (trabalhadores e patrões) e numa função sentimental, desempenhada por uma "classe das mulheres". Da função soberana e mágica é herdeira a casta intelectual. Que sublinha assim, à sua maneira, o aspeto mais propriamente "mágico", ou, se preferirmos, "ideológico".

A filosofia política de Comte é ambígua nas suas concretizações, e tanto pode desaguar em reformas progressivas, como ancorar-se nos seus princípios organicistas e "conservadores", apesar de a conceção de conservadorismo do autor ser uma "terceira via" entre os revolucionários e os retrógrados.

Por algum motivo começa Alain o estudo sobre Comte no *Abrégé pour les Aveugles* (1942), texto que em parte coincide com o precedente, de *Idées* (ed. de 1983: 241), com uma espécie de epitáfio, mas que também é um balanço:

> Auguste Comte, polytechnicien, mort en 1857 à cinquante-neuf ans, eut une vie misérable par deux causes. D'abord il ne rencontra la femme digne de lui et l'amour vrai que tardivement en 1844 et n'en jouit guère qu'une année. Aussi des méditations trop prolongées sur l'ensemble du problème humain le jetèrent à plusieurs reprises dans un état de fatigue qui fit croire à quelque maladie mentale; de cette amère expérience, il prit, plus directement sans doute qu'aucun sage en aucun temps, l'idée des divagations anarchiques auxquelles est livré l'esprit sans objet et sans règles, réduit à ses propres rêveries; d'où cette discipline continuellement cherchée dans l'ordre extérieur, dans l'ordre social et dans les pratiques d'une religion strictement rationnelle fondée sur l'un et sur l'autre. Mais cette victoire fut chèrement achetée.

Contudo, a visão de Alain sobre Comte, e o seu entusiasmo pelo seu positivismo, derivam de uma leitura kantiana: o positivismo seria uma desvalorização da hierarquia temporal, ao contrário, totalmente ao contrário, do entusiasmo positivista de Maurras, teórico da monarquia (Aron, 1991: 93).

Também Comte, tal como os autores precedentes, é autor sagrado em que cada qual (sobretudo os discípulos que o elegem mestre) vê o que quer ver. Drama da "influência", paradigma dúbio em ciências sociais (Teixeira, 2006; Mortier, 1982), em que o "influenciado" escolhe o "influenciador", de acordo com critérios muito seus de interpretação do mesmo.

Como diria Jorge Luis Borges, "celebridade, pior das incompreensões".

Bibliografias

Bibliografia ativa principal/específica

Cours de philosophie positive (1830-1842); *Catéchisme positiviste* (1852); *Appel aux conservateurs* (1855); *Synthèse subjective ou Système universel des conceptions propres à l'état normal de l'humanité* (1857); *Système de politique positive ou Traité de sociologie instituant la religion de l'humanité* (1851-1854).

Edições correntes/recomendadas

COMTE, Auguste, *Système de politique positive ou Traité de sociologie instituant la religion de l'humanité*, t. II: *Contenant la statique sociale ou le traité abstrait de l'ordre humain*, 3ª ed., Paris, Larousse, 1890.

—, *Système de politique positive ou Traité de sociologie instituant la religion de l'humanité*, t. III: *Contenant la dynamique sociale ou le traité général du progrès humain*, 3ª ed., Paris, Larousse, 1890.

—, *Catecismo Positivista, ou Sumária Apresentação da Religião Universal*, 4ª ed., Rio de Janeiro, Apostolado Positivista do Brasil, 1934.

—, *Œuvres choisies*, introd. de H. Gouhier, Paris, Aubier, 1943.

—, *A General View of Positivism*, Nova Iorque, R. Speller, 1957.

—, *Politique d'Auguste Comte*, apresentação de Pierre Arnaud, Paris, Armand Colin, 1965.

—, *Œuvres*, 12 v., Éditions Anthropos, 1968-1971.

—, *Opúsculos de Filosofia Social*, São Paulo, USP, 1972.

—, *Reorganizar a Sociedade*, pref. e trad. de Álvaro Ribeiro, Lisboa, Guimarães Editores, 1977.

—, *Comte. Los fundamentos de la sociologia*, org. de Kenneth Thompson, México, Fondo de Cultura Económica, 1995.

Bibliografia passiva seletiva

ALAIN, "Auguste Comte", *in Abrégés pour les aveugles, Portraits et doctrines de philosophes anciens et modernes*, Paris, MCMLIV, p. 99-176.

—, *Idées. Introduction à la Philosophie. Platon, Descartes, Hegel, Comte*, Paris, Flammarion, 1983 (1ª ed. 1939).

ARNAUD, Pierre, *Politique d'Auguste Comte*, Paris, Armand Colin, 1965.

—, *Le "Nouveau Dieu". Préliminaires à la politique positive*, Paris, Vrin, 1973.

BORRALHO, Maria Luiza, Perfil de Augusto Comte, Prefácio à *O Espírito Positivo*, Porto, Rés, s.d.

BOURDET, E., *Vocabulaire des principaux termes de la Philosophie Positive*, Paris, G. Baillière, 1875.

CARVALHO, Amorim de, *O Positivismo Metafísico de Sampaio Bruno. As Influências de Comte e Hartmann. Crítica e Reflexões Filosóficas*, Lisboa, Sociedade de Expansão Cultural, 1960.

DESTEFANIS, G. L., *A Ordem Política e Social em Augusto Comte*, Curitiba, Vila do Príncipe, 2003.

DUCASSE, P., *Essai sur les origines intuitives du positivisme*, Paris, Alcan, 1939.

KOLAKOWSKI, Leszek, *La Philosophie positiviste*, Paris, Denoel, 1976.

KREMER-MARIETTI, A., *Le Concept de science positive, ses tenants et ses aboutissants dans les structures anthropologiques du positivisme*, Paris, Klincksieck, 1983.

LACROIX, Jean, *A Sociologia de Augusto Comte*, Curitiba, Vila do Príncipe, 2003.

LAUBIER, J. (org.), *Auguste Comte. Sociologie*, Paris, PUF, 1957.

LÉVY-BRUHL, L., *La Philosophie d'Auguste Comte*, Paris, Alcan, 1900.

MUGLIONI, Jacques, *Auguste Comte, un philosophe pour notre temps*, Paris, Kimé, 1995.

NETO, A. V. Lacerda, *A República Positivista. Teoria e Ação no Pensamento Político de Augusto Comte*, 3ª ed., Curitiba, Juruá, 2003.

RIBEIRO, Álvaro, *Os Positivistas*, Lisboa, Livraria Popular de Francisco Franco, 1951.

RUTTEN, Ch., *Essai sur la morale d'Auguste Comte*, Paris, Les Belles Lettres, 1972.

TORRES, João Camilo de Oliveira, *O Positivismo no Brasil*, 2ª ed., Petrópolis, Rio de Janeiro, Vozes, 1957.

VOEGELIN, Eric, "The Apocalypse of Man: Comte", *in From Enlightenment to Revolution*, Durham, Duke University Press, 1975.

6

TEÓFILO BRAGA. DIREITO, SÍMBOLO E POESIA

(PONTA DELGADA, 24.II.1843-LISBOA, 28.I.1924)

*Modificaram-se esses Symbolos nas suas normas tradicio-
naes, mas deram forma ao mesmo pensamento na historia.*
Teófilo Braga, 1902: XII.

I. Simbólica e Poesia

Teófilo Braga foi um pesquisador e um divulgador infatigável, mas também um inspirado criador. O juízo do severo crítico Camilo Castelo Branco sobre a sua poesia no-lo confirmaria. Ora, como ocorre com muitos criadores (e sintomaticamente nunca sucede com os epígonos – salvo quando desejam estes *épater le bourgeois*), Teófilo não resistiu a uma redescrição ou reelaboração dos conceitos, ou, se preferirmos, a uma criativa interpretação de significados perante significantes conhecidos. Tal é o que se verifica com a expressão "simbólica jurídica", que se nos afigura no cerne do seu pensamento especulativo sobre o Direito e a Justiça. Antecipando, assim, com muitos anos de "vantagem", quer a antropologia jurídica quer os estudos de Direito & Literatura.

A obra (e para mais obra de juventude) em que Teófilo Braga inaugura um sentido muito próprio para o "simbólico", em associação com o Direito, é *Poesia do Direito*, ensaio editado no Porto, pela primeira vez, na Casa da Viúva Moré, em 1865 (recolhido em Braga, 2000).

O autor tinha então nada menos – e sobretudo nada mais – que vinte e dois anos. E contudo, dir-se-ia ser esta uma obra de maturidade, pelas leituras que implicou (cremos que mesmo para além da bibliografia indicada; ou então trata-se de um prodígio de bom uso de fontes: delas retirando o melhor e o mais suculento), pelo teor das suas reflexões que revelam autonomia de espírito e originalidade.

Não, obviamente, que diga coisas radicalmente novas, mas di-las no contexto da reflexão sobre o Direito, e do nosso Direito nacional, sempre muito avesso a esses excursos (que não raro estigmatiza, do alto do seu *isolamento*, como intromissões, diletantismo, ou "perfumaria"). Sabemos como repetidamente – e talvez não tivesse sido só por razões políticas puras – as academias recusaram o autor como professor de Direito: quer em Coimbra, quer na Academia Politécnica do Porto.

O que ele nesta área não teria alcançado (*ou não*: diria um cético) se tivesse nela alcançado a cátedra!... Não cremos que o seu espírito inquieto viesse a dormitar à sombra da borla e do capelo rubros. Ele que, em volume comemorativo dos seus quarenta anos de vida literária, sintetizava assim a Coimbra académica ("bastilha do pensamento" dirá, impiedoso, recordando outro impiedoso crítico da universidade, Eça de Queiroz – Braga, 1902: VII) do seu tempo de estudante:

> Contra o mal estar de uma adaptação a um meio turbulento de dois mil estudantes, atmosphera medieval de dogmaticos doutores, que mantinham a respeitabilidade scientifica pelo terror auctoritario sob a espectativa das reprovações, n'esse ambiente que era como um lazaretto claustrado ás ideias modernas, ahi – senti-me livre! (*ibid*.: VI)

Sintomaticamente a um tempo enclausurado e livre... Embora essa liberdade que sentia fosse, em grande medida, o desembaraçar-se da sombra negativa da madrasta, que o acompanhava, como tirano espectro, desde os quatro anos de idade (*ibid*.: V).

Teófilo virá graduar-se em Direito (1867), e virá mesmo a obter o grau de Doutor em Direito da Universidade de Coimbra (em 26 de julho de 1868), mas em 1865, tendo-se matriculado apenas em 1862, estaria a pouco mais de metade do que hoje chamaríamos primeiro ciclo de estudos.

Ser-nos-á permitido maravilharmo-nos ainda com a obra de um estudante? Sabemos que o caso não é inédito. Também Paulo Merêa, por exemplo, pronunciou a sua célebre conferência *Idealismo e Direito*, em 1910 (embora só mais tarde editado – Merêa, 1913), gesto que seria responsável até por uma alteração (muito de saudar) no currículo académico: o regresso da Filosofia do Direito. Ora Merêa era então simplesmente estudante do terceiro ano de Coimbra. *O tempora, o mores...* Parece que teria então os seus 21 anos... Era a maioridade da época.

Seja como for, Teófilo começa por nos brindar com um efeito de estranhamento logo pelo título do seu livro e com a expressão "simbólica do Direito".

Não considerará *simbólica do Direito* o estudo iconográfico ou iconológico, nem semiótico, na dimensão dos símbolos jurídicos (a começar com a balança, a espada, etc.), que entre nós só alcançariam grande nível (ainda não superado, que saibamos) com os estudos ao mesmo tempo simbólicos e linguísticos de Sebastião Cruz. Coloca-se numa dimensão diversa, que diríamos *filosófico-historiográfico-antropológica*, talvez, em que, como afirma na introdução do seu estudo, "A Simbólica do Direito é o momento sentimental e poético que primitivamente teve o direito que hoje encontramos lógico, arrasador, abstrato" (Braga, 2000: 8).

Passamos, portanto, de uma área de estudos (digamo-lo assim, *brevitatis causa*) para um *tempo* e um *estilo* do Direito. Ou o surpreender do essencial em vários tempos e estilos.

E no citado período, lapidar, em duas linhas apenas, Teófilo ao mesmo tempo formula a sua teoria geral (a sua visão própria) sobre os primórdios do Direito (primórdios, na verdade, de *normatividade* que ele considera direito, e outros poderão até considerar ainda-não-direito ou pré-direito) e desfere certeira crítica ao direito do seu tempo, que aliás se tem arrastado até ao nosso – tempo em que mal despontam alternativas a essa lógica e aos abstracionismos realmente arrasadores, sufocantes, e em grande medida injustos. Alternativas que, todavia, em geral ainda necessitam de muito amadurecimento para verdadeiramente como tais possam ser seriamente encaradas...

Aliás, nesta senda de um ideoleto pessoal, o autor já nos surpreende pelo próprio título da obra, *Poesia do Direito*. De que poesia se fala?

Logo no início deste trabalho, somos esclarecidos sobre o sentido dado a poesia:

> À faculdade criadora que nos faz achar nas coisas contingentes a característica por onde se revela o sentimento, é ao que modernamente se chama poesia, noção profunda, proveniente do sentido primitivo da palavra, e tanto mais verdadeira, quanto a poesia de hoje tende continuamente a abranger todas as criações humanas. (Braga, 2000: 27)

Até aqui, a surpresa não será grande, senão para os que confundam poesia com prosa alinhada em pequenas frases quase visualmente simétricas no correr de uma página, e com sons rimados no final de cada linha – o que é uma noção bem acanhada (e aliás nada poética) de poesia.

Contudo, a teoria da poesia, ou a filosofia da poesia em Teófilo estava fadada a grandes voos. No já referido balanço de quarenta anos de vida literária desenvolverá a questão, começando por se referir a uma particular clave do seu espírito, que o formou e transportou, a que chamará (certamente por similitude e contraste com o "estado de Graça") "estado de poesia". E não será por acaso que a primeira parte desse texto se chamará "Estado da Poesia", que é, a par da síntese racional (a filosofia) a grande síntese emocional (Braga, 1902: X).

Mas "poesia do Direito"... ainda algo intriga...

Perguntamo-nos se *poesia do direito* e *simbólica do direito* não serão, para o autor, quase sinónimos, como apelo para a dimensão criativa (ou para o "génio", "Zeitgeist", hoje talvez se diga "paradigma", do direito de um dado tempo). Ao longo do estudo, Teófilo poucas vezes utilizará a expressão *poesia do Direito*: apenas quatro (se descontarmos, como é óbvio, os títulos e a citação da obra homónima de Grimm). E em todos os casos nos parece ser essa a ideia: estádio (e timbre de um estádio) de evolução criativa da realidade e vetor cultural "direito". No fundo, é de uma "Visão dos Tempos" no direito (e pelo direito) que se tratará.

Do mesmo modo, também a expressão simbólica do direito é usada parcimoniosamente.

Um lugar paralelo, do Prólogo das *Origens Poéticas do Cristianismo*, copiando o afirmado em 1869, precisamente na obra *Visão dos Tempos*, parece-nos esclarecer o que se entende aqui por poesia:

No Cristianismo católico o génio poético pertence exclusivamente ao povo rude, que inventou as grandes legendas que o tornaram universal. S. Jerónimo foi o primeiro que assinalou este facto. O povo seguiu nas suas crenças o génio ariano, que se revelava na grande alma indo-europeia.

Não é por acaso que a palavra génio, atribuída a um coletivo, e a um coletivo popular, surge aqui duas vezes... É a dimensão histórico-antropológica, que não pode deixar de associar-se aos operadores mito, símbolo, ritual, etc.

E contudo, como é óbvio, um sentido mais comum e literário ou para-literário de poesia assoma na obra. Porque, é óbvio, se trata de vasos comunicantes. Por exemplo, quando Teófilo alude à literatura popular, às lendas, aos provérbios, como condensadores dessa poesia popular, essa capacidade popular de criação... mesmo jurídica.

O que diria Teófilo das novas correntes que revisitam a poesia popular com implicação ou inspiração jurídica? É o caso da corrente "direito achado na rua", do pluralismo jurídico, etc... Como encararia ele o direito visto pelo prisma do cancioneiro popular, que, no Brasil, por exemplo, não pode deixar de remeter para a literatura de cordel, e também para o próprio samba? *Direito e samba*: projeto em andamento já, promovido pelo jornal "Estado de Direito", de Porto Alegre, e que parece prometer algumas surpresas.

Quase no final da sua obra, o também historiador literário não pode deixar de referir, pois, a literatura oral e a literatura popular com a sua sabedoria jurídica:

> Nos romances populares descobrem-se muitas fórmulas do antigo direito. O cadáver do devedor, que era exposto às portas da cidade à cainçalha, e só era enterrado depois de lhe lançarem esmolas, que cobrissem as dívidas, esta fórmula mais abominável que a dos devedores em Roma, está repassada de uma poesia indizível em um conto de cordel. (Braga, 2000: 123)

Estamos já no domínio geral do que se chamaria hoje *Direito & Literatura*, que, como se sabe, é uma matéria com crescentes cultores no departamento mais lato da jurisfilosofia. Infelizmente pouco cultivada ainda entre nós, prisioneiros que estamos do velho legalismo, apesar de teoricamente muitos o negarem.

II. O Direito como Símbolo

Como poderemos ter esquecido que o próprio Direito é símbolo? Se todo o Direito desaparecesse, disse um dia um consagrado jurista, ao menos quedaria o Direito das Obrigações. E, se neste tivéssemos que escolher uma só matéria, sem dúvida que seriam os contratos a permanecer. Além do mais, o contrato não é apenas obrigacional privado, pelo que também algo se salvaria no direito público. E aí está o contrato social a demonstrá-lo, desde muito antes de Rousseau.

O contrato baseia-se num laço, num sinalagma, um *toma-lá dá-cá*, que é a atualização mais evidente do velho brocardo *suum cuique tribuere*. E esta reciprocidade, este pacto jurídico, é, em grande medida, símbolo: duas metades de algo que se tornam credoras e devedoras recíprocas uma da outra, que *Deus separa* (aqui mais propriamente o homem...) *para melhor unir*. O próprio Direito é sinalagma e *sym-bollos*. Metades disjuntas que aspiram a unir-se. Diz Teófilo, embora ainda nebulosamente: "No direito o símbolo é como uma alegoria, a representação duma cousa por suas relações" (Braga, 2000: 119).

E a primeira relação que o jurista verá será, hoje, ainda, a relação jurídica, com seus cinco elementos: sujeitos (ativo e passivo), ligados entre si por um facto jurídico, versando sobre um *quid*, um objeto, sendo a relação protegida pela ordem jurídica, a garantia.

O jovem jurista já tinha a precisa noção desta realidade; porém, na prática da transposição de coisas e seus sentidos, à luz da História jurídica. É pela *stipulatio* romana que chega claramente ao paralelo simbólico.

> A *stipula* romana aparece no nosso direito, mas com um carácter de nacionalidade; é a talha de fuste. Da natureza da palavra se vê em que consistia: vem do latim talia ou talea ramo cortado. Era uma tábua ou ramo cortado, que o credor e o devedo trocavam entre si, tendo em cada uma das partes um sinal ou letra, que significa a declaração da divida ou paga, e que lhes servia de obrigação ou quitação dela: "E nom lhis pagam os dinheiros, e dam-lhis sanhas talhas de fuste, e que passa por um anno, e por tres, que nom podem avêr d'elles nenhuma cousa". Cap. Espec, de Santarém, de 1325. (Braga, 2000: 65)

III. Do Símbolo como uma Fase ou Estilo do Direito

Mas na indagação do poético no Direito, mais claramente se diria, da *Imaginação jurídica*, como já hoje existem obras que a tal se atrevem (na clave mais abstrata, menos poética dos títulos de hoje, é certo...), o autor da *Poesia do Direito* procura os grandes momentos evolutivos, e não se queda pela descoberta do símbolo no Direito. Obviamente fazendo suas as teorias das idades de Vico (1725) (e anunciando já a sua receção das idades comtianas?), Teófilo vê na evolução da metodologia jurídica, centrada em grandes constructos culturais, uma imediata homologia com as novas humanidades hesiódicas, agora invertidas, da decadência para o aperfeiçoamento racionalizador. Assim, sintetiza, com brilho mas também com uma trama muito esperável a quem conheça os andaimes teóricos do seu pensamento, ainda que na época apenas em formação:

> O símbolo, obscuro, complicado, supersticioso, inalterável, caracteriza o elemento aris-tocrático predominando no Direito. A fórmula ou o símbolo falado, é a simples alusão ao rito jurídico primitivo, como a uma cousa que todos sabem, e que como inútil se omite. Denota o triunfo do elemento democrático sobre o monopólio dos patrícios, a *plebs* di-zendo de direito como o *populus*. A ficção, é o direito tirado de sua imobilidade religiosa, é a influência do espírito da filosofia estoica nas escolas jurídicas.
>
> Na idade simbólica, predomina uma cor religiosa, o direito é na maior parte augural: é o ciclo divino. A época formular é a sua idade heróica. São heróis os jurisconsultos; Papiniano abraça a morte fugindo de uma injustiça, Ulpiano é assassinado, imóvel na sua integridade, velho romano sentado na cadeira curul. A ficção pertence à época puramente humana. (Braga, 2000: 121)

IV. As Idades do Direito e a Simbólica Jurídica

Direito dos deuses, dos heróis e dos homens. Como essas fases de Vico (grande inspirador primeiro de Teófilo, aliás) podem impressionar... E como as narrativas e as simbolizações (e outras formas de ficcionar...) se podem bem adequar-se-lhes (sobre a visão histórica de Vico, v. Ferrater Mora).

Não deixa de ser curioso que a impressão que hoje mais ficará, no plano mais íntimo do Direito enquanto tal (não só no seu ser, nem mesmo no seu dever-ser, mas no seu modo-de-ser, que não é puramente fenoménico) sem prejuízo de uma óbvia democratização do direito, ou da sua humanização (que também podem ser caminhos para uma sua transmutação – não é líquido que deva haver direito: pode haver tecnocracia, autocracia, anarquia...), talvez seja a de três idades, sem dúvida, mas três idades muito diversas.

O jurista que analise as grandes metáforas do direito desde que os romanos o criaram (deixando assim de parte uma fase *de deuses*, não olvidemos – e pode fazer-se o paralelo destas idades com o Direito – Fernández Escalante, 1981), verá antes de mais o direito objetivo da *plena in re potestas* romana; depois, o direito subjetivo criado sob o impacto do problema franciscano da propriedade e das elaborações nominalistas de Guilherme de Ockham, no século XIV (Villey, 2003), e que tem durado até agora; e uma terceira fase, em constituição, que não se sabe ainda bem o que possa ser. Embora, no afã contemporâneo de dar nomes às coisas, já tenha sido esta nova fase batizada como de direito pós-moderno, humanista, fraterno, social, altruísta, etc.

Que as fórmulas da relação jurídica não contêm, nem explicam, nem amparam já realidades novas como os Direitos Humanos e o neoconstitucionalismo, desde logo na fórmula do ativismo judicial crescente, parece certo. Mas como pensar essa nova fase, e que inspiração poderemos colher de Teófilo?

Se olharmos a normatividade com olhos mais distantes, veremos que a criação do próprio Direito no *ius redigere in artem* romano é já a segunda fase da história. A qual é plenamente "divina" no momento pré-epistémico. Essa a vera primeira fase.

Com a criação da tribo dos juristas, ou seja, da casta dos juristas, segundo a tradição a partir dos pretores (que, como se sabe, eram inicialmente chefes militares), entra-se claramente numa idade de heróis, aristocrática, em que os juristas dizem o direito. O *ius publice respondendi* é a apoteose dessa criação do direito pela doutrina, pelos juristas nem sequer julgadores (os jurisconsultos e não os pretores). E o direito objetivo é aristocrático: não é em vão que vale o *ex iure quiritium*. Direito dos quirites.

A democratização ou popularização do direito começou com o movimento mendicante e com a subsequente questionação da "bolsa de Cristo", de que o livro e o filme de Umberto Eco, *O Nome da Rosa*, nos deram uma excelente encenação. O direito subjetivo e a obrigação passiva universal são um novo passo nessa descida do direito ao mundo dos Homens.

Muito provavelmente será porque a secularização se fez, face a outras propostas, logo com o *Isolierung* dos romanos, que se separaram o direito da política, da moral, da religião, etc., sem prejuízo de óbvias pontes. E decerto porque a humanização do direito (e a sua democratização) se começou a fazer a partir da questão da *riqueza pobre* dos franciscanos medievais, tão complexa e indecisa parece a mudança de idade contemporânea do Direito.

Será mesmo uma mudança de idade, ou uma fase passageira, dentro do contexto do direito popular, que agora tem a sua apoteose, nessa linha, nos Direitos do Homem? Só os vindouros poderão sabê-lo.

Uma coisa é certa. E para isso nos desperta Teófilo: o Direito não é só um fenómeno elitista, ao contrário do que referia Louis Le Fur (1935: 7 ss.), por exemplo. A imitação jurídica, como aliás seria explicitado pelo jurista, criminólogo e sociólogo francês Gabriel de Tarde para outros fenómenos sociais, não se faz só pela exemplaridade dos que estão em cima, mas também pela atração exercida pelos que estão em baixo. Vale a pena reler o seu *Les Lois de l'Imitation* (1895). Teófilo não deixa de referir os *mores majorum*, que eram digníssimo direito, consuetudinário e de origem popular... E costumes são irradiantes e contagiantes... Teófilo é muitíssimo claro na sua tese: "O povo tinha também uma poesia jurídica sua, era o *mores majorum*, o direito consuetudinário" (Braga, 2000. 120).

Há quem pense que o ponto de Arquimedes da obrigatoriedade do Direito, mesmo da toda-poderosa lei positiva, não é senão o costume. Seria pelo costume que obedeceríamos à própria lei. Mas mesmo que se não vá tão longe, a importância desta fonte do Direito não é de desprezar.

Sendo, contudo, irreprimível o paradoxo: como compreender, em fase democrática e até de fulgor teórico de novas democracias mais participativas, como a "deliberativa", o relativo esquecimento da mais democrática das fontes jurídicas, o costume? (Ferreira da Cunha, 2008: 227 ss., 157 ss.).

E será que uma sociedade de massas ainda é capaz de poesia, ou seja, de criação, para mais na normatividade, que alguns já consideram pós-jurídica? Não terá sido por acaso que, muito antes de se ter tornado presidente da República, Vaclav Havel (1985: 5 ss.) clamava, na revista *Esprit*, por novos mitos para a Europa... Teófilo parece fazer entre mito e símbolo uma preciosa ligação: sendo o mito um símbolo abstrato. Ou seja, precisamos de novos símbolos abstratos.

Serão os nossos valores jurídico-políticos suficientemente simbólicos para poderem ser míticos, e, como tais, galvanizadores?

V. Conclusão ou Prospetiva?

Outras leituras nos esperam, assim haja tempo, e imaginação jurídica e simbólica.

Há muitos tesouros escondidos na imensa obra de Teófilo Braga, mesmo para o Direito e o seu pensar. E todo o percurso do Direito contemporâneo – e também da política, sua irmã gémea – está nesta passagem da sua síntese retrospetiva:

> Os dois mundos, Occidente e Oriente, estão representados pelos preciosos Symbolos poeticos, conservados na tradição: A Lyra identificada com a Lei (*Carmen Legis*) exprime a marcha do Occidente para a Egualdade social ou a Concordia humana. No Oriente, a noção religiosa encarnada na Sabedoria e na Força, exprime-se na *Taça* da bebida da hallucinação orgiastica, e na *Lança* da soberania temporal; ambos esses Symbolos representaram sempre o antagonismo entre as Theocracias e as Realezas militares, que mutuamente se invadiram até as luctas modernas da Europa entre o Sacerdocio e o Imperio. Modificaram-se esses Symbolos nas suas normas tradicionaes, mas deram forma ao mesmo pensamento na historia. (Braga, 1902: XII)

Certamente a ideia de base é que há fundos poéticos comuns aos povos (Teófilo insiste ainda na ideia de "raça" – embora nele tenha uma dimensão cultural e poética…), e aos tempos, que vão sendo reatualizados, redescobertos… E daí, também, o seu afã antropológico, folclórico…

Um país com origens próprias, com evolução própria e (note-se) com um Renascimento (tal como os grandes países europeus), com um Direito, uma Literatura, Artes Plásticas e Erudição criadas pelo génio nacional, em dialética (ou pelo menos em diálogo) com os ventos europeus – tais as grandes teses (desenvolvidas por Raymundo Capella, 1891) em que naturalmente se insere a poesia do Direito e a conceção jurídica de Teófilo Braga.

O nosso autor não deixará de sublinhar, como um dos elementos da "fecundidade germânica" e da "sensibilidade do árabe", a originalidade jurídica portuguesa, a par da sua criatividade religiosa e artística, precisamente na introdução teórica da *História da Literatura Portuguesa*. E como Teófilo Braga retoma explicitamente de Almeida Garrett (nas *Viagens na Minha Terra*) a teoria do cunho "moçárabe" (que este usa para a arquitetura), que alarga a outras dimensões da cultura nacional, pode assim afirmar:

> Para o *mosarabe* o direito não era uma imitação dos Codigos romanos, como o Codigo visigotico privativo da classe aristocratica; não era uma formula ambiciosa da theocracia imposta nos Concilios nacionaes; era a realidade da vida prática em uma fórma consue-tudinaria e não escripta; a lei em vez de ser uma prohibição validada com penas atrozes era uma garantia commum, mantida pela consciencia, sancionada pela transmissão tra-dicional. (Braga, 1896: 121-122)

Hoje os códigos *romanos* são outros, mas imitação continua a perseguir-nos como tentação permanente. Entre outras, que se diriam, nos termos de Teófilo, atavismos "da raça" – ou melhor, a ela contrários? Obviamente que muitos instrumentos teóricos e paradigmas foram sendo mudados. Mas há preocupações perenes, ou, pelo menos, cíclicas.

Seria bom que, nestes novos tempos de estudos interdisciplinares de Direito, Literatura e Semiótica, fossem retomados, relidos e aprofundados os dados recolhidos pelo incansável polígrafo, e repensadas as suas intuições e teorias. Só no referido passo da *História da Literatura Portugueza* há, por exemplo, toda uma teorização da história do Direito (Braga, 1896: 122-126). Provas de que precisou de reler os clássicos cuja fama embalsamou em apenas algumas disciplinas. Teófilo é recordado como presidente do governo provisório da I República portuguesa, e grande historiador da Literatura. Mas tem muito mais facetas a explorar, e nas obras perdidas de autores como ele se escondem pérolas para a reflexão filosófico-jurídica e filosófico-política. Não se pense, também, que o mito morreu ou se encontra ultrapassado. Ele retorna, e a galope, porque intrinsecamente humano (Mardones, 2005).

Bibliografia

BRAGA, Teófilo, *Poesia do Direito. Origens Poéticas do Cristianismo. As Lendas Cristãs*, Lisboa, Imprensa Nacional – Casa da Moeda, 2000.

—, *Autobiographia Mental de um Pensador Isolado*, Prólogo a *Quarenta Anos de Vida Literária (1860-1900)*, Cartas de AA. VV., Lisboa, Typographia Lusitana – Editora Arthur Brandão, MCMII.

—, *História da Literatura Portugueza. Introdução. Teoria da História da Literatura Portuguesa*, Porto, Livraria Chardron, 1896.

CAPELLA, Raymundo, *in* "Gazeta de Notícias", Rio de Janeiro, 1891, 20 set, n° 273.

FERNÁNDEZ-ESCALANTE, Manuel Francisco, *Del Derecho Natural de los Heroes al de los Hombres*, Granada, Universidad de Granada, 1981.

FERRATER MORA, José, *Cuatro Visiones de la História Universal. San Agustín, Vico, Voltaire, Hegel,* trad. port. de Fernando Couto, com uma Introdução nossa, *Visões da História*, Porto, Rés, s.d.

FERREIRA DA CUNHA, Paulo, *Direito Constitucional Anotado*, Lisboa, Quid Juris, 2008.

HAVEL, Vaclav, *Avons-nous besoin d'un nouveau mythe?, in* "Esprit", n° 108, nov. 1985, p. 5 *et seq.*

LE FUR, Louis, *Les Caractères essentiels du Droit en comparaison avec les autres règles de la vie sociale,* "Archives de Philosophie du Droit et de Sociologie Juridique", Paris, 1935, n° 3-4, p. 7 *et seq.*

MARDONES, José María, *O Retorno do Mito,* trad. port. de Anselmo Borges, Coimbra, Almedina, 2005.

PAULO MERÊA, Manuel, *Idealismo e Direito*, Coimbra, França & Armenio, 1913.

TARDE, Gabriel de, *Les Lois de l'Imitation*, Paris, 1895, trad. port., *As Leis da Imitação*, Porto, Rés, s.d.

VICO, Giambattista, *La Scienza Nuova*, 3ª ed., introd. e notas de Paolo Rossi, Milão, Rizzoli, 1988 (1ª ed. 1725).

VILLEY, Michel, *La Formation de la pensée juridique moderne*, nova ed., Paris, Montchrestien, 1975, *novíssima* ed., Paris, P.U.F., 2003.

Bibliografia geral do período romântico

ADORNO, Theodor W., e Horkheimer, Max, *Dialektik der Aufklärung*, Frankfurt, M. Fischer, 1981 (1ª ed., 1947).

ALAIN, *Abrégé pour les aveugles,* nova ed. Flammarion, 1954.

—, *Introduction à la Philosophie. Platon, Descartes, Hegel, Comte,* nova ed., Paris, Flammarion, 1983.

ARIS, Reinhold, *A History of Political Thought in Germany*, Londres, Cass, 1936.

ARON, Raymond, *Les Étapes de la pensée sociologique;* trad. port. de Miguel Serras Pereira, *As Etapas do Pensamento Sociológico,* Lisboa, Círculo de Leitores, 1993.

ATIAS, Christian, *Philosophie du droit*, 2ª ed. refundida, Paris, PUF, 2004.

BACZKO, Bronislaw, *Lumières de l'Utopie. Critique de la politique*, Paris, Payot, 1978.

BECK, Lewis White, *Early German Philosophy: Kant and His Predecessors*, Cambridge, Mass., Harvard University Press, 1969.

BEISER, Frederick, *The Fate of Reason: German Philosophy from Kant to Fichte*, Cambridge, Harvard University Press, 1987.

BONAVIDES, Paulo, *Do Estado Liberal ao Estado Social*, 7ª ed., São Paulo, Malheiros, 2004.

BRANDT, Reinhard (ed.), *Rechtsphilosophie der Aufklärung*, Berlim, Walter de Gruyter, 1982.

BRONOWSKI, J., e MAZLISH, Bruce, *The Western Intellectual Tradition*, 1960; trad. port. de Joaquim João Braga Coelho Rosa, *A Tradição Intelectual do Ocidente*, Lisboa, Edições 70, 1988.

CASSIRER, Ernst, *Freiheit und Form: Studien zur deutschen Geistesgeschichte*, 3ª ed., Darmstadt, Wissenschaftliche Buchgesellschaft, 1961.

—, *La Philosophie des Lumières*, trad. fr., Paris, Fayard, 1966. Chaunu, Pierre, *La Civilisation de l'Europe des Lumières*, Paris, Flammarion, 1982; trad. port. de Manuel João Gomes, *A Civilização da Europa das Luzes*, 2 v., Lisboa, Estampa, 1985.

COSTA, Nelson Nery, *Ciência Política*, 2ª ed., Rio de Janeiro, Forense, 2005.

DROZ, Jacques, *L'Allemagne et la Révolution française*, Paris, PUF, 1949.

FABRE, Jean, *Lumières et Romantisme*, Paris, Klincksieck, s.d.

GUSDORF, Georges, *Naissance de la conscience romantique au siècle des Lumières*, Paris, Payot, 1976.

HAZARD, Paul, *La Crise de la conscience européenne*, Paris, Fayard, 1961.

—, *La Pensée européenne au XVIIIe siècle*, Paris, Fayard; trad. port., *O Pensamento Europeu no Século XVIII*, 2ª ed., Lisboa, Presença, 1983.

—, *Lumières et Révolution*, número especial (6) de *Dix-Huitième Siècle*, Paris, Garnier, 1974.

MAYOS, Gonçal, *D'Alembert: De bastardo a líder de la Ilustración*, Barcelona, Lingkua Pensamiento, Red, 2014.

MONCADA, Cabral de, *Filosofia do Direito e do Estado*, 2ª ed., Coimbra, Coimbra Editora, v. I, 1953.

MORRIS, Clarence (org.), *The Great Legal Philosophers. Selected readings in Jurisprudence*, University of Pennsilvania Press; trad. port. de Reinaldo Guarany, *Os Grandes Filósofos do Direito. Leituras Escolhidas em Direito*, São Paulo, Martins Fontes, 2002.

MORTIER, Roland, *L'Originalité. Une nouvelle catégorie esthétique au siècle des Lumières*, Genebra, Droz, 1982.

PLARD, Henri (ed.), *Morale et Vertu au siècle des Lumières*, Bruxelles, Éditions de l'Université de Bruxelles, 1986.

PLONGERON, Bernard, *Théologie et Politique au siècle des Lumières (1770-1820)*, Genebra, Droz, 1973.

—, *Qu'est-ce que les Lumières*, número especial (nº 10) de *Dix-Huitième Siècle*, Paris, Garnier, 1978.

RESTA, Eligio, *Il Diritto fraterno*, Bari, Laterza, 2002.

SANTOS, Ana Isabel/JARDIM, Ana Paula (org. e guiões de leitura), *Dez Luzes num Século Ilustrado*, Lisboa, Caminho, 2013.

SGARD, Jean, *et al.*, *Lumières et Lueurs du XVIIIe siècle. 1715-1789*, Paris, L'Arbre Verdoyant, 1985.

SOROMENHO MARQUES, Viriato, *A Era da Cidadania*, Mem Martins, Europa-América, 1995.

STAROBINSKI, Jean, *L'invention de la Liberté*, nova ed., Genebra, Éditions d'Art Albert Skira, 1987.

TEIXEIRA, António Braz, *Sentido e Valor do Direito. Introdução à Filosofia Jurídica*, 3ª ed., Lisboa, Imprensa Nacional-Casa da Moeda, 2006.

TODOROV, Tzvetan, *L'Esprit des Lumières*, Paris, Laffont, 2006.

TRUYOL SERRA, Antonio, *História da Filosofia do Direito e do Estado*, v. II: *Do Renascimento a Kant*, trad. de Henrique Barrilaro Ruas, Lisboa, Instituto de Novas Profissões, 1985; v. III: *Idealismo y Positivismo*, Madrid, Alianza, 2004.

VALLANÇON, François, *L'État, le droit et la société modernes*, Paris, Armand Colin, 1998.

VII

O LIBERAL E O SOCIAL

É certo que o cenário europeu já se cindia, espremendo-se um pouco o liberalismo entre o adagio dos conservadores e o andante dos socialistas (...).

Nelson Saldanha

INTRODUÇÃO

Quanto mais nos aproximamos do estudo de um objeto, mais ele nos parece complexo, pois assim evidencia os seus diversos e por vezes contraditórios pormenores. O pensamento filosófico-político a que alguns chamam "contemporâneo", obviamente mais próximo de nós, desde logo temporalmente, sendo embora vário, já nos não é totalmente familiar: e bem pode dividir-se em duas grandes fases ou "momentos".

Simbolicamente, começamos com a figura de Espinosa, homem livre por excelência, anunciador da contemporaneidade, uma das mais belas e mais livres inteligências de sempre. Já no plano da história política, é com as revoluções modernas, desde logo aflorando na "Revolução Gloriosa" britânica, por Locke *contada às crianças e explicada ao Povo* no seu *Segundo Tratado do Governo Civil*, que se pode datar a época de que curamos. Os manuais de História geral normalmente referem a Revolução Francesa, e, nela, a tomada da Bastilha, em 1789, como o momento de viragem. Mas não parece errado que recuemos até ao século XVII, porque nele estão as raízes de tudo o que viria depois.

A primeira fase do pensamento político contemporâneo encontra-se sob o signo de uma dupla oposição. Oposição, antes de mais, ao Antigo Regime e ao Despotismo Esclarecido, ou, pelo menos, à sua faceta absolutista. Mas, depois do triunfo do pensamento a que poderemos chamar liberal, *lato sensu*, no Reino Unido, com o estabelecimento aí de Guilherme e Maria de Orange e a concomitante renovada importância do Parlamento, após o triunfo da independência dos Estados Unidos da América e a própria consolidação e estabilização da Revolução Francesa (meta desejada tanto por um Napoleão como por um Augusto Comte), a ordem burguesa também não terá propriamente paz. Porquanto, ao privilegiar da liberdade como função da propriedade (grande princípio dos primeiros tempos), vai contrapor-se a contestação da propriedade, ou pelo menos da propriedade burguesa, em nome da igualdade e da justiça. Socialistas ditos "utópicos", como Proudhon, e socialistas ditos "científicos", como Marx, serão a primeira e mais clássica posteridade das críticas mítico-antropológicas de Rousseau a esse homem que nascera "livre" mas que com demasiada frequência se encontraria "a ferros".

Pareceu fazer sentido dedicar esta parte, sobre o pensamento juspolítico contemporâneo mais clássico, a esses dois vetores essenciais da primeira polémica que o nosso tempo ainda encerra: a da Liberdade e da Propriedade *vs.* a Igualdade e a Justiça social. O que é outra forma de dizer que a presente parte cura sobretudo dos primeiros liberais e dos primeiros socialistas, embora mais daqueles do que destes.

Começamos com um protoliberal como Espinosa, passamos depois a um liberal clássico que foi Locke e, pelo tempo fora, de liberais a socialistas, terminamos com um "liberal" muito heterodoxo (que já morre no século XX, aliás), que recusa as "regras do jogo" marxista: Freud. Não sendo, aliás, um verdadeiro filósofo político, Freud é a ponte (sobretudo uma ponte simbólica, mas também epistémica e metodológica – sobretudo *inspiradora* se diria) para um mundo de uma modernidade contemporânea em que a polémica muda de sentido: ao ponto de haver quem lhe haja chamado já pós-modernidade. Assim, a segunda grande fase, e a segunda oposição, será entre a Ordem e o Estado de uma contemporaneidade moderna e a Desordem ou Nova Ordem e o "pós-Estado" de uma contemporaneidade tardo-moderna ou pós-moderna. Tratámos já dessa outra corrente de pensamento (em parte coetânea destas) que privilegia a ordem, o Estado e algum utopismo organicista ou utilitário, e que vai, só para falar dos seus mais altos expoentes, de Kant a Comte, passando por Hegel e Bentham (todos se incluindo nessa outra vertente que vai do idealismo ao positivismo). Para depois ficam as múltiplas figuras ainda mais próximas de nós, que têm em Rawls, Luhmann, Habermas e Lyotard ou Foucault mais conhecidos representantes. Não olvidando ainda alguns dos mais clássicos, como Carl Schmitt, Hans Kelsen, ou Norberto Bobbio, sem os quais se não pode compreender o nosso tempo político. De todos falaremos, uns com direito a capítulo próprio, outros a propósito dos primeiros...

2

BENTO ESPINOSA

(AMESTERDÃO, 1632-HAIA, 1677)

Condenar à morte os súbditos, confiscar os seus bens, violentar as virgens e coisas semelhantes, é transformar o temor em indignação, e consequentemente o estado civil em estado de guerra.
Bento Espinosa

Espinosa é um homem livre, mesmo excomungado, mesmo filho de exilados. Talvez por tudo isso... Certamente por tudo isso.

Na peça *Der Theatermacher*, de Thomas Bernhard, há uma enigmática inventiva de um dos protagonistas:

Exactamente por isso precisavas de ter lido Espinosa.

Falta absoluta

Essa leitura

Para mim é sempre muito desagradável

Ter de o dizer

Terias evitado muitos aborrecimentos

Para ti e para mim

Se tivesses lido Espinosa

Não precisava agora

De ter esta estúpida disputa contigo. (Trad. port. de José A. Palma Caetano, *O Fazedor de Teatro*, Lisboa, Assírio & Alvim, 2004: 117)

Independentemente das reais intenções do dramaturgo, esta fala poderia ser colocada na boca de muitos de quantos se dedicam à filosofia política. Espinosa é imprescindível.

E Espinosa é ainda hoje uma figura enigmática. Pelo menos, misteriosa. Começa logo a quezília em torno de si pelo nome; tal como Joaquim de Carvalho, e pelas mesmas razões, preferimos o nome português completo (Carvalho, 1981, II: 223-224, nº 1): Bento Espinosa.

Talvez a melhor síntese do que foi esteja num poema de Jorge Luis Borges, ele também parcialmente fruto do exílio de judeus portugueses. Na sua tradução portuguesa, muito elegante, parece ainda mais saboroso (coisa rara e feliz em poesia traduzida):

> As translúcidas mãos desse judeu
>
> Na penumbra cinzelam os cristais
>
> E a tarde que morre é medo e breu.
>
> (As tardes sempre às tardes são iguais.)
>
> As mãos e todo o espaço de jacinto
>
> Que empalidece nos confins do Gueto
>
> Quase se anulam para o homem quieto
>
> Que está sonhando um claro labirinto.
>
> Não o perturba a fama, essa centelha
>
> De sonhos que há no sonho de outro espelho,
>
> Nem o amor temeroso das donzelas.
>
> Liberto da metáfora e do mito,
>
> Lavra um árduo cristal: o infinito
>
> Mapa de Aquele que é Suas estrelas.

A análise deste poema dar-nos-ia só por si a chave da sua vida recatada e da filosofia em geral que foi talhando e polindo como os cristais de suas lentes.

Magro, de *mãos translúcidas*, e com hábitos frugais, tendo como único e moderado "vício" o cachimbo, dele se conhecem vários retratos ou pseudo-retratos. Em todos há profundidade e melancolia.

Judeu, filho de judeus portugueses, fugidos para a Holanda, estudou nas escolas rabínicas clássicas e embrenhou-se até pela Cabala. Insatisfeito, porém, com as verdades judaicas tradicionais, aproximar-se-ia do livre-pensador de origem católica Franz van den Ende e do cartesiano Meyer. Ambos eram médicos.

Do alargamento de horizontes, noutras fontes além da *metáfora e do mito*, vai formando o seu próprio pensamento, que entra em choque com a ortodoxia do seu meio. E a recusa de um silêncio que a sinagoga pagaria valer-lhe-á a excomunhão. Tinha apenas 24 anos, e a sua vontade já demonstrara essa firmeza rara.

O investigador português Dr. Joshua Ruah analisou a mentalidade e os escritos da hierarquia da sinagoga que afastou Espinosa, e concluiu (aliás também com recurso a estudos comparativos sociológicos de uma comunidade de judeus em ambiente ancestralmente cristão, e católico em especial) que a intolerância demonstrada para com Espinosa teria sido, até na fraseologia do ato de excomunhão, resíduo de raízes católicas inquisitoriais, e não manifestação do que seria uma proverbial liberdade judaica.

Desprendido dos bens materiais (embora cioso do seu direito – e por isso litigaria com a irmã, para, depois de ganhar o processo, abdicar dos ganhos), também o não perturbaria *o amor temeroso das donzelas*: teria tido, que se saiba, uma paixão decisivamente frustrante, em que, como ocorre com muita frequência com os artistas e os intelectuais, a pretendida o trocou por um rival rico.

Apenas publicou com o seu nome um epítome da filosofia de Descartes, a *Cogitata Metaphysica...*, em 1663. O único outro livro que editou em vida, deu-o à estampa anonimamente, em 1670: o seu *Tratado Teológico-Político*. Realmente, também a fama, essa *centelha de sonhos que há no sonho de outro espelho*, o não fascinou. Por isso terá abdicado de editar a Ética, perante a maré de má vontade que o envolvia, vinda dos mais diferentes campos.

Pelo panteísmo que elegeu, no contexto de um sistema servido por um método em grande medida geométrico (como na *Ética*), e de um rigor adamantino, diz Borges que a sua filosofia é lavrar de *árduo cristal*, construção mental de *infinito Mapa* da Divindade, a qual, nessa perspetiva, se identifica com as *suas estrelas*.

Apesar de ter vivido apartado do mundo, saltando de casa em casa durante vários anos, como hóspede, Espinosa teve um círculo de amigos devotado que lhe publicaria as obras postumamente, e alguns conhecimentos de relevo nos meios mais liberais e científicos. Também internacionalmente era admirado, e chegou a ser convidado para uma cátedra universitária em Heidelberg, a qual recusou, para não comprometer a liberdade das suas convicções. Pensava, com efeito, que

> as universidades, fundadas à custa do Estado, são instituídas, menos para cultivar o espírito, do que (para) o constranger. Numa república livre, pelo contrário, a melhor maneira de desenvolver as ciências e as artes é dar a cada um licença para ensinar à sua custa e com o perigo da sua reputação. (*Tratado Político*, VIII, 49)

Do mesmo modo que não aceitaria uma pensão oferecida pelo Grand Condé.

Durante muito tempo se glosou o mote da tuberculose de Espinosa, tendo mais recentemente sido aventada a hipótese de morte precoce (aos 44 anos) em sequência de verdadeira doença profissional: um problema pulmonar, sem dúvida, mas diretamente derivado do pó aspirado aquando do polimento das lentes, ofício de que vivia. Deixou Espinosa em seu quarto poucos mas significativos livros, e tiveram de vender-lhe os móveis para custear o seu funeral.

O poema não trata explicitamente do contributo de Espinosa para a Filosofia Política. É do que passaremos a curar, com a brevidade necessária.

É sempre muito errado generalizar uma filosofia política. Mas talvez possamos afirmar que a de Espinosa corresponde sobretudo à afirmação, tanto biográfica como bibliográfica, de uma liberdade radicalmente vivida, que se recorta num pensamento em que a política não perde o pano de fundo da teologia.

O póstumo e inacabado *Tratado Político*, apesar do seu carácter, fornece-nos, talvez ainda mais diretamente que o *Tratado Teológico-Político*, elementos essenciais sobre a filosofia política espinosiana. Nele, aliás, recapitula, sintetiza e conclui as matérias mais pertinentes ao tema, sobretudo deste último estudo e da *Ética* (como aliás explicita em II, 1).

No pórtico deste *Tratado*, Espinosa concilia logo as três formas políticas puras de Aristóteles, não precisando de citar o Estagirita, preocupando-se com a sua não corrupção. Dir-se-ia mesmo que a grande preocupação do Tratado é precisamente como conseguir o equilíbrio, sem desvios, entre a monarquia que se quer pura ("para não serem precipitadas na tirania", forma corrupta daquela), a aristocracia ("uma sociedade em que os melhores têm o poder") e a democracia/*politeia* ("para que a paz e a liberdade dos cidadãos permaneçam invioladas"). Aludirá mais explicitamente a estas três formas puras mais tarde (II, 17).

Espinosa continua a desejar retirar a política da natureza humana, e naturalmente, também, das características da sociabilidade humana. Na verdade, trata-se, para si, de uma natureza eminentemente *fanerizada* enquanto condição humana – afinal

> se todos os homens bárbaros ou cultivados estabelecem em toda a parte costumes e se dão um estatuto civil, não é dos ensinamentos da razão, mas da natureza dos homens, isto é, da sua condição, que se deve deduzir as causas e os fundamentos naturais dos poderes públicos. (I, 7)

Para essa demanda tem ainda pressupostos científico-puros e científico-naturais, comparando as emoções humanas a fenómenos atmosféricos, e desejando assumir nas suas investigações uma liberdade de espírito e despojamento de preconceitos semelhantes ao que ocorre nos estudos matemáticos (I, 3). Não tendo ilusões sobre a efetiva natureza humana (a revelada, não uma natureza pura, axiologizada, ideal), considera que as paixões sobrelevam quase sempre a razão, pelo que os teóricos ou políticos que concebessem uma sociedade assente nesse pressuposto racional seriam nefelibatas, tratando de uma Idade do Oiro e não da realidade (I, 5). Assume assim Espinosa epistemologicamente uma posição muito semelhante à que Maquiavel desenhara, só que parece mais explícito. Considerava, aliás, este autor italiano "penetrante" (ou "agudíssimo" – X, 1), "habilíssimo autor" e "partidário constante da liberdade" (V, 7). Critica o moralismo vão e a tendência para a quimera por parte dos filósofos, que em lugar de uma ética (uma etiologia, estudo do modo de ser) escrevem sátira e catilinária contra o homem real, glorificando uma natureza a seu ver inexistente, e concebendo a política de forma mítica ou utópica, revelando-se assim totalmente ineptos para governar (I, 1). Mas, em contrapartida, não poupa por seu turno os políticos – afastando-se assim dos escritos mais conhecidos do secretário florentino, que silencia críticas morais aos práticos da política – que privilegiam a habilidade e a armadilha, preterindo a prudência e o bom governo. Também os escritos dos políticos são considerados imprestáveis, pois meramente pragmáticos (I, 2).

Recuando aos primeiros princípios, o filósofo faz radicar a política antes de mais no direito natural, e este em Deus (II, 2 *et seq.*). Mas fá-lo de uma forma mais uma vez naturalística e não eticizada (o direito natural não comporta pecado, nem bem e mal, nem dever de alguém agradar a outrem, pois direito é poder – II, 18). Deus é o poder que determina a existência e a ação de todos os seres, e o direito divino é identificado com o poder divino na sua liberdade absoluta. Daí se retira que o direito natural parece ser, como no Digesto, comum a homens e animais, pelo menos, porquanto "todo o ser na natureza tem na natureza tanto direito quanto capacidade para existir e agir" (II, 3). E assim o direito natural de Espinosa acaba por ser o conjunto de leis naturais, cumulando poder e direito. Nesse sentido, acaba também por aproximar-se pelo menos dos dois primeiros itens da conceção de direito natural romano: enquanto *coniunctio* e *procriatio* (e talvez até do terceiro, *educatio* – dada a natural tendência para educar). O direito natural de cada indivíduo (e de todos) encontra-se delimitado, assim, pela capacidade da sua ação, ou seja, do seu poder, e, portanto, da sua natureza (II, 4). Muito eloquentemente afirma: "o insensato e o débil mental não são mais obrigados pelo direito natural a ordenar sabiamente a sua vida, do que o doente a ter um corpo são" (II, 18). Espinosa parece dialogar (na maioria dos casos, *avant la lettre*) com os que concebem o direito natural como razão, explicando que, se o homem agisse apenas racionalmente, isso denotaria uma sua natureza apenas racional. Ora, movendo-se em grande medida por paixões, o homem é parte da natureza, e determinado por ela, sem foros especiais (pensamos nós, desde logo, na tão propalada "dignidade" de animal "racional"), como alguns creem (II, 5-6). E a natureza não está de modo algum submetida às normas da razão (e diríamos nós: implicitamente da moral, etc.) humana, que têm como escopo a utilidade e a conservação apenas do Homem (II, 8).

Postos estes princípios, Espinosa assenta as bases do seu contratualismo na sua relação com a liberdade e a interdependência, o contrato e a união de esforços. Esta parece dar mais direto impulso à sociedade política, na medida em que "quanto mais numerosos forem os homens que tenham posto as suas forças em comum, mais direito terão eles todos" (II, 13), além de que "sem mútua cooperação os homens nunca poderão viver bem e cultivar a sua alma" (II, 15). Porém, o poder e direito geral limita, obviamente, o individual (II, 16; III, 2).

A Justiça, entretanto, só se pode conceber na sociedade política (não no estado de natureza, em que o direito é apenas medido pelo poder). Na delimitação conceitual de justo, Espinosa adota uma fórmula minimalista do que dissera Ulpiano e depois seria retomado por Tomás de Aquino: "(...) é chamado justo o que tem uma vontade constante de atribuir a cada um o que a este pertence, e pelo contrário injusto o que se esforça por tornar seu o que pertence a outros" (II, 23).

Do contrato, ou união de vários, numa sociedade política (*civitas*, no original, que é expressão polissémica) resulta o soberano (quem detém o poder público). O seu direito é o direito natural, que corresponde ao poder do conjunto "conduzido de certo modo por um mesmo pensamento" (III, 2). Cremos ser esta uma fórmula muito próxima do que estará na base da ideia de *volonté générale*, em Rousseau (mais adiante se afirma: "o corpo do Estado deve ser conduzido de certo modo por um pensamento único (...) a vontade da Civitas deve ser tida como a vontade de todos" – III, 5). Mas nesta *civitas* nasce o direito civil (*hoc sensu*: antes diríamos hoje "direito positivo"). E este (dado o direito natural ser concebido de forma naturalística, como vimos) acaba por constituir limite do poder de cada cidadão, que só pode agir na medida em que se possa firmar em direito civil. E mesmo que o cidadão considere injustas certas normas de direito positivo, como abdicou, com a saída do estado de natureza, da sua qualidade de juiz (e legislador, e executor, etc.), tem a obrigação de se submeter (III, 5). Esta é uma das raízes do positivismo jurídico, que tem não poucas implicações de decisionismo político. Não se passariam assim certamente as coisas se o direito natural espinosiano tivesse sido concebido de forma ética. Embora Espinosa não ignore os males e a irracionalidade de algumas normas de direito positivo, sobrevaloriza a utilidade e a racionalidade (indesmentíveis) da sociedade civil face ao estado de natureza, e a necessidade, para a subsistência daquela, da obediência aos comandos, mesmo iníquos (III, 6). A segurança precederia, assim, a Justiça.

Contudo, mesmo este dever de sujeição ao direito positivo tem limites (III, 8), e muito sérios e razoáveis. A sociedade política não pode mesmo intrometer-se em certas matérias, ou reclamar certos comportamentos – e não o pode como que por uma lei natural, física, invencível. Ora tal acontece porque, em certos casos, ou sobre determinadas pessoas, a *civitas* não tem sedução nem sanção sobre os infratores, sendo certo que a submissão ao seu poder depende que seja amada ou temida. Os exemplos de impossibilidade por essência são sobretudo o abdicar da faculdade de julgar, o pensar coisas contra a evidência e a razão, ou crer o contrário do que se pensa e sente (incluindo neste grupo a impossibilidade de que se deixe de crer em Deus), além de autotortura, testemunho contra si próprio, imposição de parricídio e matricídio, etc. Há ainda aquelas pessoas desprovidas de temor e de esperança, que não dependem senão de si próprias, e que podem furtar-se assim tanto à sedução como às sanções da *civitas*. Sobre estas considera Espinosa legítima a imposição de sujeição (III, 8). Finalmente, uma medida que (se injusta se não, parece não importar muito, na perspetiva pragmática adotada pelo autor) se revele geradora de geral indignação parece limitar o poder da *civitas*, que pode temer uma união dos sócios – afinal num novo pacto, destinado a desobedecer, ou a algo mais... colocando em perigo o poder geral e a credibilidade do soberano (III, 9).

A perspetiva política internacional de Espinosa funda-se numa ideia latente de soberania e contrato, que o faz considerar, por exemplo, que, "se duas *Civitates* querem prestar-se auxílio mútuo, não têm ambas mais poder e, por conseguinte, mais direito do que uma e outra isoladas" (II, 13; III, 12). Esta ideia de soberania também se encontra no plano interno, expressa, aliás, de forma muito clássica na sua base (que grifámos), com alguns acrescentos elucidativos:

> (...) *o direito do soberano, que não tem outro limite senão o seu próprio poder,* consiste principalmente em que ele possui um pensamento que se pode dizer que é o do poder público, pelo qual todos se devem regular, e que é o único que determina o bem, o mal, o que é justo e injusto. (IV, 1)

De algum modo a *civitas* sucede, na imensidão dos direitos, à latitude enorme dos direitos de cada um, só que potenciando-os ainda. Pelo que, tal como cada homem no estado de natureza, a *civitas* só pode pecar contra si própria (IV, 4).

Mas, mais uma vez (como no que ocorria para os limites aos ditames do direito positivo), este aparente poder ilimitado da *civitas* tem limitações intrínsecas, que, de certa forma, e em consonância com o espírito do pensamento espinosiano, se poderiam dizer serem de direito natural. Devendo a *civitas*, para ser ela mesma, para subsistir, inspirar temor e respeito, tal impõe aos seus símbolos, ao detentor ou detentores da soberania, um certo comportamento. Sem essa conduta digna, jamais conseguirão a credibilidade. E tal sucederá naturalmente, por uma sanção natural. Assim, "àquele ou àqueles que detêm o poder público é (...) impossível mostrar-se em estado de embriaguez ou acompanhados de prostitutas, fazer de bobos, violar ou ignorar abertamente as leis desprezadas por eles mesmos e, apesar disso, conservar a sua majestade" (IV, 4).

Igualmente, "condenar à morte os súbditos, confiscar os seus bens, violentar as virgens e coisas semelhantes, é transformar o temor em indignação, e consequentemente o estado civil em estado de guerra" (IV, 4). Parece obter-se assim, por via simétrica, um resultado teórico idêntico ao de alguns tratadistas da lei injusta e do direito natural moral, quando colocam um limite à desobediência ao poder na doutrina do mal menor, apenas considerando nomeadamente motivo de deposição e até tiranicídio ações gravíssimas (pois a sublevação ou o simples incumprimento de normas injustas ou comandos corruptos mais ligeiros produziria mais mal do que bem).

De qualquer sorte, o poder (realmente "soberano") atribuído à *civitas* é imenso, e a nossos olhos um tanto sufocante, ao menos na sua formulação teórica. Continuando no paralelo entre o homem individual e a sociedade política, Espinosa crê que tal como para aquele é útil guiar-se pela razão, assim sucede com esta (V, 1). Pelo que se embrenha, com estas bases, pelo clássico tema da melhor forma de governo, tópico forte da Filosofia Política.

Os fins do Estado são a paz e a segurança da vida (mas não conseguidas pelo terror – V, 4), sendo, pois, tanto melhor quanto mais se afaste da guerra e da insegurança próprias do estado de natureza, ou seja, quanto mais eficazmente consiga erradicar guerras, sedições, desobediências, transgressões, etc., as quais são mais imputáveis à sua imperfeição que aos cidadãos, que devem ser educados como tais (V, 2). O mesmo é dizer, na lógica do autor, um Estado é tanto melhor quanto mais racional e virtuoso (V, 5).

Interpretando com agudeza Maquiavel, considera o nosso autor que o confiar a um único homem a cura dos negócios públicos (VI, 3, 6) seria uma espécie de convite à tirania, pelo que implicitamente com ele comungaria de algum espírito democrático (V, 7). Reitera esta ideia, de par com a de liberdade, discutindo os prós e contras das instáveis democracias em comparação com a permanência do Estado turco: conclui que a paz tem de partir da concórdia, não da mera ausência de guerra, mas da união das almas (VI, 4). Tendo sempre presente que o direito é medido pelo poder, lembra-nos ainda que a pretensa monarquia, dada a necessidade de delegação do monarca (que não tem, pela natureza das coisas, poder suficiente para se alargar a tanto direito atribuído pela sociedade política), não passa de aristocracia (VI, 5). Além disso, por muitas e variadas formas, o monarca encontra-se acossado, temendo perder o poder, ou manipulado pelos que lhe estão próximos, e mesmo a sua educação, se filho de rei, deve ter sido de molde a que se tornasse "homem sem cultura, e mais fácil de manobrar" – mais súbdito, no geral, do que soberano. E nada governado pela razão... (VI, 7).

Depois deste diagnóstico, Espinosa expõe – não se foge a tal – a sua própria utopia política. Essa é outra das modalidades clássicas da Filosofia Política, como é sabido.

Apenas alguns traços, mais dignos de nota.

Prevê-se eleição do rei, e restrição da nobreza aos seus descendentes (VI, 13), e a designação, com cargo temporário, dos seus conselheiros, dos quais pelo menos um por clã seria jurista (VI, 15, 16). O rei não pode decidir sem ouvir o seu conselho (VI, 17), o qual tem poderes vastíssimos, (VI, 15-25). Mesmo de controlo (dir-se-ia de legalidade e constitucionalidade, talvez) da atividade de um outro Conselho, que é afinal um tribunal (VI, 26). Há ainda providências contra o favoritismo e o nepotismo (*v.g.*, VI, 34, 36) – medidas dirigidas não apenas aos reis, mas mesmo "para os patrícios, com efeito, são sempre os ricos, ou parentes, ou os amigos" (XI, 2) –, e a separação das igrejas do Estado, não havendo leis sobre elas, com exceção de medidas para as que se revelarem sediciosas (VI, 40). De seguida (VI), o autor explicita, com lógica e exemplos históricos, as razões da sua utopia monárquica, mas de base popular.

Parece ceder Espinosa à tentação, vinda já da *Política*, de Aristóteles, que consiste em esquiçar as melhores vias para o êxito de cada clássica forma de governo. Passa, pois, à aristocracia, e promete desde logo vir a debruçar-se sobre a democracia (VIII, 1). A utopia pulveriza-se um tanto, em várias versões possíveis. E a preferência do autor vai então para este tipo de forma política, pelo poder absoluto que tem uma assembleia de aristocratas suficientemente numerosa, que evita as volubilidades de um rei e a necessidade de um conselho (VIII, 2-3), melhor evitando até a dissolução da plebe (VIII, 4). Prefere ainda o Estado em que várias cidades partilham o poder (IX), discutindo ainda as possibilidades da sua corrupção e transformação (X).

Selecionador caprichoso, o tempo, esse grande escultor, fez que este tratado se quedasse incompleto, precisamente no capítulo sobre a democracia, a terceira forma política pura. O texto de que dispomos é suficientemente eloquente, porém. Sempre curando dos homens tais como são, Espinosa concede que a aristocracia, que já considerara ser superior à monarquia, seria o melhor regime de todos, se os patrícios não fossem parciais e mais preocupados com o bem-estar próprio do que com o comum (XI, 2). Ou seja, se a aristocracia não fosse, afinal, uma oligarquia – como proclamaria, muito mais tarde, a conhecida "lei de bronze" de Robert Michels. A situação oligárquica, de seleção ao invés, é assim descrita:

> (...) os patrícios afastam cuidadosamente da assembleia os mais merecedores e procuram a associação daqueles que estão na sua dependência, de maneira que, em semelhante Estado, as coisas vão pior porque a escolha dos patrícios depende da vontade arbitrária absoluta de alguns, liberta de qualquer lei. (XI, 2)

Presume-se que Espinosa iria fazer uma apologia da democracia, ou pelo menos de uma das suas formas (a qual, convenhamos, não deixa de ter algo de utópico – se virmos a realidade das coisas, que tanto preocupava o autor) em que todos igualmente se regem pelas leis, os cidadãos de uma *civitas* não estão sob domínio de uma outra *civitas*, todos vivem honrosamente, todos votam na assembleia suprema e todos têm acesso aos cargos públicos (III, 3).

Ironia do destino, o último parágrafo que nos chegou (e sabemos, pelo seu final, que completo) proclama o fundamento natural da exclusão das mulheres do governo (XI, 4). Fundamento esse reiterado com a única exceção das Amazonas (tópico mítico, mas aparentemente tomado, na argumentação, como histórico) ao governo masculino (embora o autor tivesse citado já, *en passant*, uma referência a rainhas asiáticas, o que não significa, porém, governo das mulheres – VI, 5). Ironia do destino, porque o método geométrico e científico-natural proclamado, se já claudicara nas propostas utópicas para a monarquia e o governo aristocrático, agora parece ceder perante a cosmovisão da época. Contudo, o simples facto de Espinosa, neste final, levantar a questão da legitimidade dessa exclusão é já anúncio de que a mesma necessitava de um discurso legitimador, não sendo autossubsistente. É um anúncio certo de que uma mente inquieta e problematizadora se agita ainda sob o peso de algum preconceito. É traço seguro de modernidade e anúncio dos nossos tempos.

Mas apesar de tudo, Espinosa é sempre um enigma.

Passada mais meia eternidade, disse, subitamente – nada menos que David Ben Gurion, fundador do estado de Israel, ao escritor Amós Oz, então com uns vinte anos, e trabalhando num kibutz –:

> Espinosa!
>
> E calou-se. Dirigiu-se para a janela, deu meia volta e disse:
>
> Leste Espinosa? Leste. Mas terás percebido? Poucos o entendem. Muito poucos. (Amos Oz, *Uma História de Amor e Trevas*, Porto, Asa, 2007: 534)

Não sabemos se ele entendera. Mas tinha razão no diagnóstico geral.

Bibliografias

Bibliografia ativa principal/específica

Ethica ordine geométrico demonstrata (1661-1677); *Renati Descartes principia philosophiæ more geometrico demonstrata* (1663); *Tractatus theologico-politicus* (1670); *Tractatus politicus* (1677).

Edições correntes/recomendadas

ESPINOSA, *Œuvres complètes*, Paris, Gallimard (La Pléiade), 1955.

—, *Tratado Político*, trad. de Manuel de Castro, 2ª ed., Lisboa, Estampa, 1977.

—, *Tratado Político*, trad. de Norberto de Paula Lima, São Paulo, Ícone, 1994 (edição citada no texto *supra*).

—, *Tratado Teológico-Político*, trad., introd. e notas de Diogo Pires Aurélio, São Paulo, Martins Fontes, 2003; ed. em Portugal, Lisboa, Imprensa Nacional-Casa da Moeda, 2004.

—, *Opera posthuma* (1677) incluindo: *Ethica, Tractatus politicus, De intellectus emendatione, Epistolæ*.

—, *Spinoza Opera*, Heidelberg, C. Gebhardt, 1924, 4 v.

—, *Œuvres*, Paris, Flammarion, 1993, 4 v.: I – *Traité de la réforme de l'entendement*, II – *Traité théologico-politique*, III – *Éthique*, IV – *Traité politique, Lettres*.

Bibliografia passiva seletiva

ALAIN (Émile Chartier), *Spinoza*, Paris, Delaplane, 1901.

ALQUIÉ, Ferdinand, *Servitude et liberté selon Spinoza*, Paris, La Table Ronde, 2003.

AURÉLIO, Diogo Pires, *Imaginação e Poder. Estudos sobre a Filosofia Política de Espinosa*, Lisboa, Colibri, 2000.

BARROS, Roque Spencer Maciel de, Spinoza e o Liberalismo, *in Estudos Liberais*, São Paulo, T. A. Queiroz, 1992, p. 121-125.

BENNETT, J. A., *A Study of Spinoza's Ethics*, Cambridge, Cambridge University Press, 1984.

BORGES, Jorge Luis, "Espinosa", *O Outro, o Mesmo* (trad. port. de Fernando Pinto do Amaral), *in Obras Completas*, v. II, 1952-1972, Lisboa, Teorema, 1998, p. 308. Texto original: "Las traslúcidas manos del judio/ Labran en la penumbra los cristales / Y la tarde que muere es medo y frío. / (Las tardes a las tardes son iguales.) / Las manos y el espacio de jacinto / Que palidece en el confin del ghetto / Casi no existen para el hombre quieto / Que está sonando un claro laberinto. / Ni lo turba la gloria, ese reflejo / De espejos en el sueno de otro espejo, /

Ni el temeroso amor de las doncellas./Libre de la metáfora y del mito/Labra un arduo cristal: el infinito/ Mapa de Aquel que es todas Sus estrellas".

CARVALHO, Joaquim de, Sobre o lugar de origem dos antepassados de Baruch de Espinosa, *in Obra Completa*, I, Lisboa, Fundação Calouste Gulbenkian, 1978, p. 367 *et seq.*

—, Oróbio de Castro e o espinosismo, *in Obra Completa*, II, Lisboa, Fundação Calouste Gulbenkian, 1981, p. 31 *et seq.*

—, Introdução à Ética de Espinosa, *in Obra Completa*, II, Lisboa, Fundação Calouste Gulbenkian, 1981, p. 223 *et seq.*

DAMÁSIO, António, *Ao Encontro de Espinosa*, Mem Martins, Europa-América, 2003.

DEJARDIN, Bertrand, *Pouvoir et impuissance, philosophie et politique chez Spinoza*, Paris, L'Harmattan, 2003.

DELEUZE, Gilles, *Spinoza, philosophie pratique*, Paris, Minuit, 2003.

JORDÃO, Francisco Vieira, *Espinosa. História, Salvação e Comunidade*, Lisboa, Fundação Calouste Gulbenkian, 1990.

MOREAU, Pierre-François, *Spinoza*, Paris, Seuil, 1975.

PENEDOS, Álvaro dos, "Acerca do Direito Natural, do Direito Civil e da Liberdade no *Tratado Teológico-Político* de Spinoza", *in Ensaios. História da Filosofia*, Porto, Rés, s.d., p. 95 *et seq.*

PIMENTA, Alfredo, "À margem de Espinosa", *in Estudos Filosóficos e Críticos*, pref. de Ricardo Jorge, Coimbra, Imprensa da Universidade, 1930, p. 75 *et seq.*

PINTO, F. Cabral, *A Heresia Política de Espinosa*, Lisboa, Livros Horizonte, 1990.

SCALA, André, *Spinoza*, Paris, Les Belles Lettres, 1998; trad. port. de Tessa Moura Lacerda, *Espinosa*, São Paulo, Estação Liberdade, 2003.

3

JOHN LOCKE

(WRINGTON, PERTO DE BRISTOL, 1632-OATES, 1704)

A necessidade de procurar a verdadeira felicidade é o fundamento da nossa liberdade.
John Locke

Em Locke, politicamente, ressalta sobretudo o elogio e a construção da Liberdade e da propriedade pelo trabalho. Juridicamente, é a separação de poderes que começa a esboçar-se. E que iria influenciar Montesquieu.

Filho de um jurista, estudante em Oxford, efemeramente médico, cedo viu o seu destino ligado à causa *Whig* (liberal) durante o longo e confuso período de revolução que a Inglaterra viveu, no século XVII. Exilado na Holanda, durante o reinado de Carlos II, regressa à pátria no mesmo barco em que vem a nova rainha, Maria de Orange. Pouco depois, publica uma espécie de justificação doutrinária da Revolução gloriosa (*Glorious revolution*), que acaba de triunfar, os Dois Tratados do Governo Civil. É sobretudo no *Segundo Tratado* que Locke apresenta a teoria política própria, dedicando o *Primeiro Tratado* especialmente à refutação do *Patriarca*, obra meio ingénua e muito retrógrada de um epígono de Hobbes, Filmer, como forma sem dúvida subtil de contestar o monstro sagrado do autoritarismo sem diretamente o incomodar.

O novo regime confia-lhe vários cargos públicos. Influenciará decisivamente quer Montesquieu, quer Rousseau, quer Voltaire.

A sua filosofia geral é empirista. O espírito humano é, para si, uma tábua rasa, em que sensação e reflexão vão escrevendo. Deísta (acreditando em Deus, mas menos nas religiões), prega uma certa tolerância religiosa, imprescindível a uma Inglaterra dividida por querelas de credos. Contudo, uma tolerância condicionada pelos seus preconceitos, nomeadamente "antipapistas".

Revela-se um defensor do contratualismo bem menos radical do que Rousseau virá a ser. Antes de se unirem na sociedade política, os homens não eram bons. Também não eram lobos ferozes, como dizia Hobbes, defensor do absolutismo (*homo homini lupus*). Locke vai pelo meio-termo: havia disputas, e era preciso um terceiro independente que julgasse, para que se evitasse o excesso de "legítima defesa". Assim, o Direito está incindivelmente ligado ao nascimento da sociedade política.

Na mesma linha liberal, defende a separação de poderes numa monarquia constitucional em que, todavia, o rei detinha um poder especial, a prerrogativa (antepassado do poder moderador?): "This power to act according to discretion, for the public good, without the prescription of the law, and sometimes even against it, is that which is called prerogative" (*Segundo Tratado do Governo Civil*, XIV, 160).

A sua teoria foi durante bastante tempo (talvez injustamente) menos conhecida que a de Montesquieu, mas o redespertar lockiano está aí hoje, sobretudo pela mão de uma certa hagiografia dita liberal, mas que nem sempre o será. O que acarreta também o perigo de leituras "revisionistas" que deformem o seu pensamento.

Locke desenvolve uma teoria da propriedade fundando-a e legitimando-a no trabalho. Com efeito, seguindo uma linha também não absolutamente inovadora – mas que tem raízes certamente já no próprio pensamento de Tomás de Aquino – longe de assumir uma posição predatória e totalmente possessiva da propriedade, tem dela uma perspetiva social. O que desde logo contraria as ingénuas ou iletradas visões do pai britânico do liberalismo como antecessor de um capitalismo sem limite ou freio.

Para Locke, a propriedade legítima não se encontra dependente do Estado (isso negaria o próprio contrato social), a não ser na medida em que este deve ser garante externo daquela (e nisso se manifesta, obviamente, o seu liberalismo), mas também não pode decorrer somente da vontade e do poder fáctico dos particulares, que se assenhoreiem disto ou daquilo sem com as coisas estabelecerem nenhuma relação. No fundo, sem nada darem às coisas, ou, em termos romanísticos, sem às coisas conferirem novas propriedades.

Ora a forma humana de às coisas dar outras propriedades é o trabalho. Para Locke, a propriedade adquire-se validamente com trabalho. Além disso (e aqui se afastando da ordem de prioridades problemática do legado tomista, mais social, ou mais comunitário – para Tomás, a própria propriedade privada em geral é criação de direito positivo), Locke encara este direito de propriedade saído do trabalho como um direito natural.

Mas Locke é muito mais importante e exemplar nas matérias de política pura. E sempre os seus epígonos o usarão *pro domo* em matéria económica e social, esquecendo-se de que ele não é do nosso tempo, mas do século XVII e dos seus problemas. Já, pelo contrário, há matérias em que a natureza humana (ou o que seja por ela) teima em oferecer-nos regularidades muito mais evidentes – é o caso das questões de poder.

Liberal, amigo da Liberdade, deve-se a Locke esta magistral abordagem da tirania (em contraste com a usurpação), no seu célebre (embora, como é hábito nestas coisas, pouco lido) *Segundo Tratado do Governo Civil* (XVIII, 199):

> As usurpation is the exercise of power, which another hath a right to; so tyranny is the exercise of power beyond right, which nobody can have a right to. And this is making use of the power any one has in his hands, not for the good of those who are under it, but for his own private separate advantage. When the governor, however entitled, makes not the law, but his will, the rule; and his commands and actions are not directed to the

preservation of the properties of his people, but the satisfaction of his own ambition, revenge, covetousness, or any other irregular passion.

A separação de poderes é realmente o grande antídoto clássico contra a tirania... Pelo que a obra de Locke necessita de ser revisitada e repensada muito para além das simples polémicas da propriedade e suas implicações, como muitas vezes tem ocorrido.

Bibliografias

Bibliografia ativa principal/específica

Essays on the Law of Nature; Letters concerning Toleration (1685-1692); *Two Treatises of Government* (1689); *The Reasonableness of Christianity* (1696).

Edições correntes/recomendadas

Locke, John, *Second Treatise of Government* (1690), ed. by C. B. Mac-Pherson, Indianapolis, Indiana, Hackett, 1987 (trad. port. de João Oliveira Carvalho, *Ensaio sobre a Verdadeira Origem, Extensão e Fim do Governo Civil*, Londres, 1833; trad. bras. de Fernando Henrique Cardoso e Leôncio Martins Rodrigues, Brasília, Universidade de Brasília, 1982); *Carta sobre a Tolerância*, trad. port., Lisboa, Ed. 70; *Ensaio sobre o Entendimento Humano*, trad. port., Lisboa, Edições 70; *Second Treatise of Government*, introd. de C. B. Macpherson, Indianapolis, Indiana, Hackett, 1987; *Sobre o Governo Civil* (1690) – http://www.daemon.ilt.columbia.edu/academic/digitexts/locke/second/locke2nd.txt.

Bibliografia passiva seletiva

BASTIDE, Charles, *John Locke, ses théories politiques et leur influence en Angleterre*, Paris, Leroux, 1906.

DUNN, John, *The Political Thought of John Locke*, Cambridge, Cambridge University Press, 1986.

FRANKLIN, Julien, *John Locke and the Theory of Sovereignty*, Cambridge, Cambridge University Press, 1981.

GOYARD-FABRE, Simone, *John Locke et sa raison raisonnable*, Paris, Vrin, 1986.

GRANT, Ruth, *John Locke's Liberalism*, Chicago, University of Chicago Press, 1987.

HUYLER, Jerome, Was Locke a Liberal?, *Independent Review*, Primavera 1997 – http://www.britannica.com/bcom/magazine/article/0,5744,320150,00.html?query=locke.

LE ROY, André-Louis, *Locke*, trad. port., Lisboa, Edições 70, 1985.

MARSHALL, John, *John Locke. Resistance, Religion and Responsibility*, Cambridge, Cambridge University Press, 1994.

NAERT, Emilienne, *Locke ou la Raisonnabilité*, Paris, Segers, 1973.

SIMMONS, John, *The Lockean Theory of Rights*, Princeton, Princeton University Press, 1994.

—, *On the Edge of Anarchy. Locke, Consent and the Limits of Society*, Princeton, Princeton University Press, 1995.

SUZUKI CINTRA, Rodrigo, *John Locke e a Teoria da Separação entre os Poderes*, in *O Direito na Atualidade. Homenagem ao Dr. Pedro Ronzelli Júnior*, coords.: Ademar Pereira, Nuncio Teophilo Neto, Regina Toledo Damião, orgs: Ana Flávia Messa, Hélcio de Abreu Dallari Júnior, São Paulo, Rideel, 2011, p. 144 ss.

WOOD, Neal, *John Locke and the Agrarian Capitalism*, Berkeley, University of California Press, 1984.

4

MONTESQUIEU

(CASTELO DE LA BRÈDE, BORDÉUS, 1689-PARIS, 1755)

*É preciso conhecer bem os preconceitos do seu século a fim
de não os chocar demasiado nem excessivamente os seguir.*
Montesquieu

Sem dúvida um grande génio, um estilista primoroso, um trabalhador infatigável, Montesquieu teria em vida um renome moderado, e uma enorme fama póstuma, em muitos casos devida a juízos muito desencontrados sobre o seu pensamento e o significado da sua obra. Clássico, como todos os fundadores e verdadeiros criadores não se preocupou com a catalogação dos seus trabalhos em ciências adversas, e por isso é ainda hoje analisado sob o prisma jurídico, filosófico, politológico, sociológico, literário, etc.

No dia 18 de janeiro de 1689, foi batizada em La Brède, perto de Bordéus, uma criança recém-nascida, tendo como padrinho um pobre mendigo, Charles, que a segurou nos braços e lhe deu o nome. Os pais, senhores do castelo da paróquia, assim o quiseram, para que se lembrasse toda a vida de que os pobres são nossos irmãos. São mais ou menos estas as palavras do livro de horas de Madame Renon, citado pelo Abade Vaurien, nas *Variétés Bordelaises*, editadas em Bordéus, em 1785, e sucessivamente repetido por vários biógrafos. O batizado viria a ser o nosso Montesquieu e um tal batismo popular surtiria, ao que parece, efeito pleno.

Charles de Secondat, futuro barão de Montesquieu e La Brède (não se sabe bem se igualmente com direito ao título de marquês), pertencia à velha nobreza local, andando de tamancos e chapéu grosseiro de aba larga pelas suas propriedades no *midi* francês, trabalhando e confraternizando com os seus homens. O inventário à sua morte revelaria possuir ele uma bela biblioteca, mas uma carruagem fora de moda, decadente até.

Depois de se ter preparado com os oratorianos de Juilly (1700-1705), a partir de 1708 estudou Direito em Bordéus e depois em Paris, por influência do pai. Em breve se transformaria num desses cultos nobres da elite togada da província, luzes das academias locais (e foi recebido na de Bordéus, onde discursou pela primeira vez em 1 de maio de 1716), chegando a ser conselheiro (1714) e depois presidente do *Parlement* (Tribunal) da mesma região. E sempre – por respeito, snobismo ou ironia – lhe chamariam "Presidente", até o fim dos seus dias.

Um dos seus primeiros escritos, datado de 1711, é filosófico-teológico, no qual se insurge contra a "condenação eterna dos pagãos", então ainda dogma hierarquicamente aceite: *De la Damnation Éternelle des Païens*. Infelizmente, o texto perdeu-se.

Tal como acontecera com o dramaturgo clássico Pierre Corneille (1606-1684), que fora mesmo juiz da Mesa de Mármore, cada vez mais vai sofrendo as querelas do foro: o *árido e esquálido fenómeno do processo* torna-se-lhe insípido labor e pesado fardo. A justiça, essa, está mais acima, e é mais profunda. Montesquieu tem plena consciência e sensibilidade para o que são, realmente, os valores, e desde logo o da Justiça: entidades que nos deixam uma sensação de plenitude. Afirma, com efeito, que sempre experimentou uma sensação de alegria secreta pela feitura de normas que concorressem para o bem comum. Não era esse, certamente, o sentimento que experimentava no quotidiano da "administração da justiça".

Académico, desde logo se interessa por todas as coisas do mundo. Mesmo, como era hábito na época, por matérias de ciências naturais. Escreverá sobre as causas do eco e as glândulas renais (ambos de 1718), por exemplo. E fará um panegírico do saber e da investigação no discurso sobre os motivos que nos devem motivar ao estudo das ciências (1725).

Por esse desencanto com o foro (em que todavia era competente, e até em certos aspetos particularmente hábil, como se veria depois, no rigor dos contratos que terá de firmar como "comerciante"), decide afastar-se das lides judiciárias para refletir e escrever, e no fundo viver. Viver profunda e intensamente, com uma viva curiosidade por todas as coisas, por todo o espetáculo do mundo. Vende o seu cargo (uso da época que hoje nos chocaria, pelo menos um pouco...), o que lhe permite ter Paris como seu grande centro de ação cultural (1725). Mantendo, porém, a sua independência económica e o seu amor à terra como assumido vinicultor, produzindo grandes vinhos, que exporta, sobretudo para Inglaterra, e com grande sucesso. Contudo, não ironizava muito quando, em carta a Madame de Saint Maur, dizia que toda a sua fortuna dependia de três dias de sol.

Montesquieu torna-se num homem do mundo. Passa frequentes temporadas em Paris, onde, aliás, a morte o colherá (10 de fevereiro de 1755), longe da família, mas acarinhado por muitos amigos (embora apenas de Diderot tenhamos testemunho escrito sobre o seu funeral). Frequenta muito os salões e faz o seu *esprit*. Mas com elegância e muito comedimento, jamais procurando impor-se aos outros, monopolizar a conversa, ou dar-se ares de sabedor ou importante. Viaja também muito, convive com os melhores espíritos do seu tempo, maravilhando-se com a arte de Itália, e tendo até sido visita da realeza de Inglaterra, onde frequentaria *tout le beau monde*.

Montesquieu, ao contrário de tantas personagens históricas fascinantes, é um homem relativamente tranquilo e feliz. Apaixonado, sem dúvida (mais do que quer admitir quando afirma ter-se reformado dos amores quando era trintão: pura fantasia), mas ao mesmo tempo racional e fleumático, declara que nunca teve uma preocupação ou um aborrecimento tão grandes que não tivessem sido curados com uma hora de leitura. Imaginemos o prazer que sentiria numa boa hora de escrita... É afinal um moderado, na vida e nas ideias (Leone, 2005, II: 114).

Há quem o compare a Montaigne (1533-1592). Mas apenas julgamos proceder tal comparação na proximidade das terras em que nasceram (este é do Périgord), na propensão ensaística, na independência de espírito. Montesquieu é muito mais extrovertido, e talvez tenha sido mais feliz. Contudo, apesar de ter tido muitos amigos, e de ser um moderado, jamais alcançou os empregos públicos que seriam justo prémio para o seu valor e a sua dedicação, sobretudo na diplomacia, para que estava preparado como ninguém. Certo é que poucos empregos políticos lhe seriam próprios, como ele mesmo observou. Mas tivesse ele sido nomeado embaixador em Londres, Roma, ou Viena, ter-se-ia perdido, pelo menos em boa parte, o investigador profundo e paciente. E, realmente, os destinos da França não teriam mudado.

Foi, como todos os grandes, vítima da inveja. Contudo, os amigos souberam amparar os golpes que foi recebendo, preço natural do seu génio. Na sua eleição para a Academia (1728), duvidando-se da autoria das *Cartas Persas*, que havia, por sábia prudência contra o preconceito imperante, publicado anonimamente em 1721, há quem perfidamente propague o dilema: se são de sua autoria provam que é heterodoxo, perigoso, sedicioso; se não são, não tem obra de relevo. Montesquieu acaba por ser eleito, e responde no discurso de posse agradecendo a honra, não pelo que fez mas pelo que promete vir a fazer. Madame de Lambert comenta esta eleição: "tudo o que se passou foi realmente *à vergonha da humanidade*".

Nessas suas saborosas *Cartas Persas*, o irónico e subtil autor, cujo estilo justamente merecerá de Roger Caillois epítetos superlativos no panteão das letras gaulesas, funda a Sociologia, ainda sem a designar assim, antes fazendo-a como quem escreve literatura. Dois persas olham intrigados as estranhas instituições dos Franceses. Uma conclusão importantíssima a extrair: o que parece natural e normal pode não o ser; a força do hábito, do quotidiano, pesa muito, preconceituosamente. Logo no prefácio d'*O Espírito das Leis* não deixa de enunciar, entre os seus objetivos, este, que justamente também Raymond Aron sublinha: "Considerar-me-ia o mais feliz dos mortais se lograsse contribuir para que os homens se pudessem curar dos seus preconceitos. Chamo aqui preconceitos não ao que faz com que se ignorem certas coisas, mas ao que faz com que nos ignoremos a nós mesmos" (Cf. Aron, 1991: 31).

Num estudo sobre as causas da decadência dos Romanos, *Considérations sur les Causes de la Décadence des Romains* (1734), procura razões morais, sociais, etc., para o fim de tão vasto e poderoso império. Estudara já a religião romana em *Politique des Romains dans la Religion* (1716), e, por ela, chegara a importantes conclusões sobre o fenómeno religioso e as suas relações com o poder:

> Não foi o medo nem a piedade que estabeleceram a religião entre os Romanos, mas a necessidade que todas as sociedades têm de ter uma religião (...). Eles não tiveram desde logo senão uma visão geral que consistiu em inspirar a um povo que nada temia o temor dos deuses e em servir-se desse temor para o conduzir segundo o seu bel-prazer.

Mas será na *Defesa do Espírito das Leis*, que alguns consideram a sua melhor obra, escrita depois de haver suportado em silêncio muitas críticas e insultos, que Montesquieu chegará ao auge da sua teorização. Afirmando, nomeadamente, a autonomia dos escritos científicos (em relação às obras de piedade):

> Quando um homem escreve sobre matérias da religião, não deve contar muito com a piedade dos que o lêem, quando diga coisas contrárias ao bom senso; porque, para se acreditar junto dos que têm mais piedade que luzes, desacredita-se junto dos que têm mais luzes que piedade.

O Espírito das Leis, em geral baseado numa bem temperada teoria dos climas (máx. livro XIX), é a sua obra mais célebre, com 22 edições logo no seu primeiro ano de lançamento – embora, na verdade, muito mais referida que citada, e muito mais citada que efetivamente lida e compreendida. Aí procura a essência das leis (o seu espírito, como o espírito das suas castas de vinho), na sua relação com os costumes, os climas, etc. Nele trabalhou de 1731 a 1748, na parte final já cego e auxiliado por sucessivos secretários, a quem ditava.

Mas será apenas um capítulo (o VI do livro XI) que lhe dará a imortalidade. Aí se descreve a Constituição de uma mítica Inglaterra de felicidade política graças à separação de poderes, denotando ideias e projetos próprios à mistura com influências de Locke. É hoje um dos pilares teóricos do Constitucionalismo moderno. Na verdade, a ideia de freios e contrapesos entre instituições, de forma a que, como diz, o poder trave um outro poder, é de um valor universal. E se hoje aplicada a todas as instituições seria a chave de um perigo que sempre nos espreita: o do despotismo, ainda que mini-despotismo de pequenos tiranetes, em nichos de tirania incrustados nas nossas sociedades macrodemocráticas.

O objetivo político de Montesquieu é muito realista, sem deixar de ser inovador. Antes de mais, é um defensor intrínseco da liberdade, que respira como o ar da sua terra. E uma das técnicas de conseguir essa liberdade é travar qualquer poder absoluto, temporal ou espiritual, a qualquer nível.

A sua separação dos poderes (sem dúvida o seu legado mais perene e a sua técnica jurídico-política para a Liberdade) visa uma distribuição harmónica dos poderes pelos diversos pretendentes ao poder, identificados no seu tempo com o rei, a nobreza e a burguesia ascendente, esta como que em nome do povo. É uma reação da liberdade mais profunda, telúrica, típica num homem que não é da capital, e sempre terá sentido de algum modo essa discriminação, apesar do seu sucesso, contra o absolutismo monárquico imperante. Mas não deixa de ser uma proposta para o seu tempo. Como escreveria nos seus *Pensamentos*: "É preciso conhecer bem os preconceitos do seu século a fim de não os chocar demasiado nem excessivamente os seguir" (*Mes Pensées*, 630, XVIII).

O pensamento jurídico de Montesquieu – que nele só poderia assumir a forma de uma jurisfilosofia – tem sido avaliado diferentemente, e, de facto, nele se encontram presentes não poucas das contradições do século das Luzes, e da época e forma de pensar o direito a que se dá o nome de jusracionalismo.

Uma perspetiva que une o natural ao racional, e de ordem, começa por animar o autor. A lei é algo de normal e geral em todas as realidades, e certas leis regem certas realidades. Cada realidade tem a sua lei. Por outro lado, a lei é um vínculo de ordem: relação necessária, que deriva da natureza de cada coisa. Não apenas se trata, neste caso, de leis humanas positivas, mas estas, colocada assim antes de mais a questão, ficam com o seu lugar certo no conjunto imenso de leis que governam tudo no universo, visível e invisível. Assim, o *Espírito das Leis* começa por dizer: "As leis, no seu significado mais amplo, são as relações necessárias que derivam da natureza das coisas; e, nesse sentido, todos os seres têm suas leis; a divindade tem suas leis, o mundo material tem suas leis, o homem tem suas leis".

Esta grande abóbada teórica encontra, contudo, na teoria prática um autor realista e até algo pessimista sobre a natureza humana. Pelo que, longe de uma certa resignação com o direito positivo, numa linha anterior, que alguns veem, por exemplo, em Montaigne e Pascal, Montesquieu, sem ter ilusões quanto à capacidade humana de encontrar as boas leis, não deixa, todavia, de reivindicar as melhores leis possíveis, as mais adequadas a cada circunstância.

Se o autor considera que, no início, era a violência, mas o governo e as leis criaram-se precisamente para evitar que um cidadão a outro cidadão faça violência. Há, portanto, desde logo, uma necessidade de segurança, e a primeira função da sociedade, do Estado, das leis, é essa: garantir segurança. Porém, se o direito aparece como uma força justa que reprime os excessos, os abusos, as violências injustas, força equilibradora, de ordem, nem sempre o consegue de forma totalmente apropriada. Os legisladores são homens limitados, que as mais das vezes devem à sorte essa posição, e se guiam mais pelos seus preconceitos e fantasias que pelo estudo dessas relações necessárias de índole social que deveriam indagar e discutir entre si com serenidade científica. Mesmo a grandeza da sua tarefa parecem desconhecer – afirma Starobinski, interpretando o autor das *Cartas Persas*.

Talvez esta desconfiança no legislador devesse, então, desaguar numa maior expectativa relativamente aos juízes. Mas não. Tendo sido ele próprio juiz, conhecendo o foro, Montesquieu acaba por ter mais confiança no legislador, e considera o poder judicial "de todas as formas nulo", não o quer a imiscuir-se nas lutas pelo poder, fá-lo exercer por pares (os nobres julgam os nobres, os populares os populares: para evitar que os julgamentos sejam vinganças ou em razão de preconceitos de classe), e o juiz acaba por ser "a boca que pronuncia as palavras da lei".

Evidentemente que o autor não é cego quanto ao legislador, cujas paixões e preconceitos sempre acha transferirem-se para as leis em grau variável. E por isso coloca muitos requisitos para poder haver uma lei. As leis não devem pulverizar-se, devem ser diretas, concisas, não subtis, simples, imparciais, só mudadas quando haja para tanto motivo, nem visando uma perfeição imaginária, etc., etc.

Por outro lado, os diversos tipos de leis não devem confundir-se, nem devem utilizar-se certo tipo de leis quando o adequado a tutelar determinada questão seria outro tipo ou outra forma de normatividade: as leis não podem fazer o que poderia ter sido obtido pelos costumes, não se deve resolver pelos ditames da religião o que é da lei da natureza (ao contrário dos abissínios, cujos longos jejuns os debilitavam nas guerras contra os turcos), raramente podendo ser resolvidos pelas regras religiosas as questões de direito civil, e podendo mesmo haver princípios de direito civil limitando os de direito natural (como uma lei ateniense que limitava o dever de os filhos proverem alimentos aos pais, em casos-limite, em que avultaria a incerteza da filiação, ou graves culpas anteriores do progenitor). Também não deve usar-se o direito civil quando a questão é de direito político, e vice-versa, nem o direito civil se deve utilizar quando se trata de "lei doméstica", ou do direito das nações.

Finalmente, é da grandeza do génio, diz Montesquieu, embora com uma interrogação retórica, distinguir as situações em que deva haver uniformidade pela legislação daquelas em que deva haver pluralidade. E critica a ideia de que a uniformização seria sempre positiva, como pensam os legisladores que pretendem coisas em grande, sendo contudo pequenos espíritos (*Espírito das Leis*, XXXIX, 18).

Na referida ideia de vinculação do juiz à lei, de forma tão estrita, como a metáfora da boca da lei indica, se pode ver a evolução ou a contaminação do jusracionalismo pelo positivismo legalista.

Partindo-se da ideia de que a lei se funda na natureza, em relações necessárias naturais (e racionalmente apreensíveis, portanto, racionais), ela acaba por ser toda-poderosa e não poder deixar margem de manobra ao julgador, embora se reconheça que o legislador pode não ter entendido sequer a dignidade e magnitude da sua função.

Mas o que teme Montesquieu, também ao nível judicial, é, sempre, o arbítrio, a tirania. Que um homem tenha como critério do justo ou do injusto o seu livre alvedrio, isso é que pretende evitar com a rigidez cadavérica dos juízes, assim como o carácter temporário de alguns tribunais, etc.

A ideia mestra de Montesquieu é a limitação do abuso, logo, a limitação do poder. E não podemos deixar de concordar que é um poder imenso esse de interpretar as leis. Problema de todos os tempos (Grau, 2014).

Obviamente que, por via dessa mesma natureza das coisas, é realmente no limite impossível que o juiz não interprete. Mas entendamos as coisas em termos hábeis: há formas mais e menos livres de aplicar a lei... Ou de a desaplicar...

Aqui residem boa parte das encruzilhadas filosófico-metodológicas do jusracionalismo: ele começa a compreender que contra abusos muitas vezes se tem de invocar o direito natural e fazer a revolução, e contra os mesmos abusos ou de tipo semelhante se tem de esgrimir a positividade de uma lei escrita igual para todos.

Quem foi Montesquieu? Um aristocrata amigo do seu próximo e considerando até *próximo* os que estão normalmente longe (como observou em suas viagens), numa rara expressão de solidariedade universal. Para mais, escondendo a mão que faz o bem: como sucedeu em tempos de fome na Aquitânia, em 1747, quando anonimamente ajudou os seus vizinhos pobres de quatro paróquias. Um intelectual de bom gosto, autor do respetivo artigo da Enciclopédia de Diderot e d'Alembert, que preferiu escrever às entradas sobre "democracia" ou "despotismo" que o primeiro entusiasticamente lhe sugerira. Um homem do mundo, atento aos ares do seu século; não um revolucionário radical, mas cioso das "velhas liberdades", que são, afinal, a raiz das liberdades de sempre. Talvez um velho liberal (que nada tem a ver com o atual neoliberalismo), ou liberal *avant la lettre*. Liberal liberdadeiro, com preocupações sociais, embora poupado (Jean Ehrhard livrou-o de acusações fáceis de avareza), como todos os lavradores têm de ser.

Contudo, um dos melhores comentaristas de Montesquieu (note-se que uns bons tempos antes da moda neoliberal) insurge-se contra o rótulo: "Haveria alguma injustiça em atribuir-se-lhe, como se faz frequentemente, a paternidade e a responsabilidade do liberalismo moderno, tão profundamente diferente do seu modelo primitivo e do seu princípio ideal, Montesquieu não reconheceria nada do seu pensamento" (Starobinski, 1989: 12).

Cultivou-se durante muito tempo um certo equívoco interpretativo sobre Montesquieu, o qual foi sendo desfeito por Charles Eysenmann e depois por Louis Althusser. Ao ponto de alguém se perguntar se seria preciso "queimar o *Espírito das Leis*" (Duranton, 1989: 59 segs.). Jamais. É necessário lê-lo bem, e relê-lo. O Montesquieu escritor, político, jurista, sociólogo, e até o produtor e comerciante vinícola de Bordeaux (como sublinha Jean Lacouture)... todos são um só.

Bibliografias

Bibliografia ativa principal/específica

Lettres persanes (1721, anónimo); *Réflexions sur la monarchie universelle* (1734); *Considérations sur les causes de la grandeur des Romains et leur décadence* (1734, anónimo); *De l'Esprit des Lois* (1748); *Défense de l'Esprit des Lois* (1750).

Edições correntes / recomendadas

MONTESQUIEU, *Cartas Persas*, edição apresentada, estabelecida e anotada por Jean Starobinski, trad. port. de Rosemary Costhek Abílio, São Paulo, Martins Fortes, 2009.

—, *De la politique*, in *Œuvres complètes*, Paris, Seuil, 1964.

—, *De l'Esprit des Lois*, in *Œuvres complètes*, Paris, Seuil, 1964, p. 527 *et seq*.

—, *Do Espírito das Leis*, trad. port. de Fernando Henrique Cardoso e Leôncio Martins Rodrigues, São Paulo, Difusão Européia do Livro, 1962, 2 v.

—, *Lettres persanes*, in *Œuvres complètes*, Paris, Seuil, 1964, p. 61 *et seq*.

—, *Œuvres complètes*, Paris, Seuil, 1964.

—, *Œuvres complètes*, ed. estabelecida e anotada por Roger Caillois, Paris, Gallimard, Bibliothèque de la Pléiade, 1949 e 1951, 2 vs.

—, *De l'Esprit des Lois*, ed. de Victor Goldschmidt, Paris, Garnier-Flammarion, 1979.

Bibliografia passiva seletiva

AA. VV., *La Pensée politique et constitutionnelle de Montesquieu. Bicentenaire de l'Esprit des Lois*, 1748-1948, Faculté de Droit de Paris, Paris, Sirey, 1948.

AA. VV., *Montesquieu et la Révolution*, n° 21 de *Dix-Huitième Siècle*, PUF, 1989.

ALTHUSSER, Louis, *Montesquieu, la politique et l'Histoire*, Paris, PUF; trad. port., *Montesquieu, a Política e a História*, 2ª ed., Lisboa, Presença, 1977.

BARRERA, Guillaume, *Les lois du monde, Enquête sur le dessin politique de Montesquieu*, Paris, Gallimard, 2009.

BEYER, Charles, *Nature et Valeur dans la philosophie de Montesquieu*, Paris, Klincksieck, 1982.

CAMBIER, Alain, *Montesquieu et la liberté. Essai sur De l'esprit des lois*, Paris, Hermann, 2010.

CRISAFULLI, A. S., "Montesquieu's story of the Troglodytes, its background, meaning and significance", *PMLA*, LVIII, 1943, p. 372 *et seq*.

DESGRAVES, Louis, *Montesquieu*, Paris, Mazarine, 1986.

Dictionnaire Montesquieu, dir. de Catherine Volpilhac-Auger com a colaboração de Catherine Larrère, ed. online: http://dictionnaire-montesquieu.ens-lyon.fr/fr/accueil/ (último acesso em 4 de abril de 2020).

DURANTON, Henri, "Fallait-il brûler *L'Esprit des Lois*?", n° 21 de *Dix-Huitième Siècle*, 1989, p. 59 *et seq*.

DÜRKHEIM, Émile, *Montesquieu et Rousseau précurseurs de la Sociologie*, nota introd. de Georges Davy, Paris, Librairie Marcel Rivière, 1966.

EISENMANN, Charles, *L'Esprit des Lois* et la séparation des pouvoirs, *in Mélanges Carré de Malberg*, Paris, 1933, p. 190 *et seq.*

—, La pensée constitutionnelle de Montesquieu, *in La pensée politique et constitutionnelle de Montesquieu*, Paris, Recueil Sirey, 1948.

ERLICK, E. M., "Les idées de Montesquieu sur la séparation de pouvoirs, et la Constitution américaine", *Revue du Droit Public et de la Science Politique en France et à l'étranger*, Paris, Giard, ano XXXIII, t. 43, 1926, p. 130 *et seq.*

GOYARD-FABRE, Simone, *Montesquieu, adversaire de Hobbes*, Paris, Lettres Modernes, 1980.

—, *La Philosophie du Droit de Montesquieu*, pref. de Jean Carbonnier, Paris, Klincksieck, 1979.

GRAU, Eros Roberto, *Por que tenho medo dos Juízes (a interpretação/aplicação do direito e os princípios)*, 6ª ed. refundida do *Ensaio e discurso sobre a interpretação/aplicação do direito*, 2ª tiragem, São Paulo, Malheiros, 2014.

GRENAUD, Pierre, *Montesquieu*, Paris, Lettres du Monde, 1990.

GROETHUYSEN, Bernard, *Philosophie de la Révolution française, précédé de Montesquieu*, 2ª ed., Paris, Gallimard, 1982.

LACOUTURE, Jean, *Montesquieu. Les vendanges de la liberté*, Paris, Seuil, 2003.

LEONE, Carlos, *Portugal Extemporâneo. História das Ideias do Discurso Crítico Moderno (Séculos XI-XIX)*, Lisboa, Imprensa Nacional – Casa da Moeda, 2005, v. II, p. 109-115.

OLIVEIRA MARTINS, Guilherme de, "Montesquieu – Dos princípios aos factos – Mediação pelo Direito", *Estado & Direito*, Lisboa, nº 4, 2º sem. 1989, p. 33 *et seq.*

QUONIAM, T., *Montesquieu. Son humanisme, son civisme*, Paris, Tequi, 1977.

SPECTOR, Céline, *Montesquieu: liberté, droit et histoire*, Paris, Éditions Michalon, 2010.

—, *Le Vocabulaire de Montesquieu*, Ellipses, 2011, trad. port. de Claudia Berliner, *Vocabulário de Montesquieu*, São Paulo, Martins Fontes, 2011.

STAROBINSKI, Jean, *Montesquieu*, 2ª ed., Paris, Seuil, 1989.

TRACY, Comte de, *Commentarios do... ao Espirito das Leis de Montesquieu...*, trad. de J. A. Nogueira, Lisboa, Typ. de M. J. Coelho, 1841.

VALLET DE GOYTISOLO, Juan, *Montesquieu. Leyes, gobiernos y poderes*, Madrid, Civitas, 1986.

WADDICOR, Mark, *Montesquieu and the Philosophy of the Natural Law*, Haia, Martinus Nijhoff, 1970.

5

ANTÓNIO RIBEIRO DOS SANTOS

(PORTO, 30-III-1745-LISBOA, 16-I-1818)

(...) eu corri noutro tempo sem mais tino
Apos os falsos bens tão deslumbrado,
Que a Borla tive por um sceptro d'oiro
Real Manto o Capello; mas Amigo,
Eu disto que tirei, que me aproveite?
Nem mais saude, nem mais longos annos
Nem mór descanço, nem mais doce somno
Ribeiro dos Santos

Ribeiro dos Santos foi um dos mais relevantes homens de Cultura do Século das Luzes do espaço lusófono: polígrafo, fundamentalmente jurista (autor de importantes trabalhos, designadamente no Direito Público e no Direito Natural) e poeta (um dos fundadores da Arcádia Lusitana), mas também historiador e até filólogo. Mas importa pouco a qualificação em corporação profissional, dado que o seu legado se estende a muitos terrenos humanísticos, e as suas ação e doutrinação foram politicamente muito importantes. E com não pequena dimensão jurídica.

Professor da Faculdade de Cânones da Universidade de Coimbra, a sua carreira desenvolveu-se a princípio normalmente, apesar de ter sido dos mais novos a candidatar-se à Cátedra. Tendo estudado Humanidades no Rio de Janeiro (1756-1763), para onde fora chamado por um tio, obteve o grau de bacharel em 12 de junho de 1768, doutorou-se em 21 de janeiro de 1771, e começou a reger as Cadeiras Sintéticas como lente substituto por distribuição de serviço de 21 de outubro de 1779, após aprovação em concurso aberto em 10 de novembro de 1777.

Digna de nota na sua vida universitária é a perseguição que lhe moveu o principal Mendonça, por desinteligências pedagógicas emergentes numa reunião académica (7 de janeiro de 1785). Desta animosidade reitoral resultaria a expulsão e o desterro para a cidade do Porto (7 de março de 1785).

Passou por muitos outros cargos: além dos eclesiásticos, judiciais e afins, foi membro da Academia das Ciências (convidado em 1778), exerceu as funções de bibliotecário da Universidade (nomeado a 9 de outubro de 1777) e, mais tarde (4 de março de 1796), da Real Biblioteca Pública, futura Biblioteca Nacional (que por larguíssimo tempo utilizou ainda a sua metodologia organizativa). Não lhe faltaria, no fim da vida, a proverbial má sorte da cegueira, estranho e cru destino de grandes leitores e grandes escritores.

Tal como hoje se torna pacífico que Montesquieu não fora o revolucionário do retrato-*robot* que lhe quiseram pintar, do mesmo modo Ribeiro dos Santos não deverá ser assim considerado, mesmo que sob o adjetivo de "moderado" ou *avant la lettre*. Filiar-se-á, outrossim, nas posições da tradição de liberdade pré-moderna e pré-revolucionária, que objetivamente conflui com os liberais na luta contra o despotismo das Luzes, representado no seu tempo, entre nós, por Mello Freire. Mas, como ninguém foge completamente à sua circunstância, Ribeiro dos Santos é, tal como um Giambattista Vico, um homem do seu tempo que nasceu simultaneamente tarde e cedo de mais. Em Ribeiro dos Santos convivem e nos devem fazer refletir as velhas e as novas liberdades, tal como em José Liberato Freire de Carvalho virá a haver uma significativa ambiguidade sobre Cortes velhas e Cortes novas (liberais já).

Ribeiro dos Santos e Mello Freire envolveram-se em acesa polémica institucional a propósito da revisão do livro II das Ordenações Filipinas (o primeiro era membro da comissão de censura do projeto apresentado pelo segundo), conhecida por questão do "Novo Código" de Direito Público. Finda a querela, Mello Freire, que acabaria por não ver o seu projeto passar a lei, teria acusado junto da Coroa o seu colega, apodando-o de republicano (outubro de 1789). O Conselho Camarário ilibou prontamente o acusado, que pouco depois seria nomeado desembargador da Casa da Suplicação (10 de novembro de 1789).

Grande parte da sua obra jurídica encontra-se inédita nos reservados da Biblioteca Nacional de Lisboa. O mais conhecido entre os juristas será precisamente *Notas ao Plano do Novo Código...*, manuscrito 2-4-2, *in* cód. 4672 BNL).

O autor é sobretudo a voz da tradição da monarquia portuguesa como poder conjugado e consensual, e de um bom senso moderado contra os excessos autoritários do despotismo iluminado. Por isso, defende a existência de um conjunto de Leis Fundamentais do Reino, núcleo, afinal, da sua Constituição: fidelidade portuguesa à religião católica, indivisibilidade do reino e dos bens da Coroa, estabelecimento dos três estamentos, poder das Cortes, juramento dos reis na subida ao trono, direito de o povo decidir sobre os tributos, concessão dos cargos apenas a portugueses, etc. Tudo se baseia, em matéria juspolítica, num princípio simples e essencial: o poder vem de Deus ao Povo, que é o único a poder outorgá-lo ao rei. Todavia, além das leis e dos pactos positivos, existem ainda leis fundamentais naturais que moderam a soberania, e cuja violação constitui o despotismo.

Acresce que Ribeiro dos Santos é adepto de alguma separação dos poderes (elas são muitas, segundo muitas perspetivas). Diz, nomeadamente: "os escritores mais sabidos, que têm tratado da ciência da legislação e do governo, têm sempre considerado, como um grande mal no Estado, ser o Príncipe legislador e juiz".

E insiste:

> (...) ficando a autoridade soberana depositária das forças públicas, e encarregada do poder legislatório, podia vir a dar leis arbitrariamente, e a executá-las também a seu arbítrio; e todas as vezes que os poderes legislatório e executivo se achavam sem alguma modificação e temperamento confiados a uma pessoa, corria temeroso risco de não haver mais nem liberdade, nem propriedade, únicos bens e direitos imprescritíveis da humanidade, por cuja causa se haviam unido os homens em sociedades subordinados a uma autoridade tutelar que os defendesse.

Não sendo o fulcro destas teses original, a verdade é que Ribeiro dos Santos foi seu paladino, na teoria e na prática, tendo pelo vigor da sua ação pago o altíssimo preço da incompreensão, da malquerença e da delação. E, ainda hoje, do olvido e injustíssima fortuna, sobretudo face à fama do seu opositor. Além de aproveitamentos *pro domo*.

A sua existência, plena, mas acidentada, conduziu-o a uma filosofia de vida bucólica e classicista, em que se elogia o retiro do mundo e a frugalidade, na companhia de poucos e bons amigos e excelentes livros. Em muitas composições poéticas incita os colegas a seguirem-no nessa nova versão da "descansada vida" de frei Luis de León.

Bibliografias

Bibliografia ativa principal/específica

SANTOS, António Ribeiro dos, *Poesias de Elpino Duriense*, Lisboa, Na Impressão Régia, 1812. 3 v.

—, *Discursos Juridicos sobre a matéria das Leis Fundamentais dos Impérios pelo Dºr...* manuscrito 2-3-145, *in* Cód. 4668 da Biblioteca Nacional de Lisboa, fls. 267 *et seq.*

—, *Discursos vários do Dºr... sobre diversas materias de Direito Publico Universal*, manuscrito 2-3-144, *in* Cód. 4668 da Biblioteca Nacional de Lisboa, fls. 165 *et seq.*

—, *Notas à resposta que deu o Dºr Pascoal José de Mello*, Manuscrito, Biblioteca Nacional de Lisboa, Cód. 4672.

—, *Notas ao Título II das Leys, e do Costume do Novo Codigo de Direito Público de Portugal do Dr. Pascoal José de Mello, Escritas e Appresenttadas na junta da Revisão* (manuscrito da Faculdade de Direito da Universidade de Coimbra).

—, *Selecta Jurisprudentix Naturalis*, manuscrito 2-3-138, *in* Cód. 4668 da Biblioteca Nacional de Lisboa.

Bibliografia passiva seletiva

FERREIRA DA CUNHA, Paulo, "António Ribeiro dos Santos e o Direito nas Poesias de Elpino Duriense", *Estudos em Homenagem a Luís António de Oliveira Ramos*, Porto, Faculdade de Letras da Universidade do Porto, 2004, p. 469-480.

—, "*Mythe et Constitutionnalisme au Portugal (1778-1826). Originalité ou influence française?*", Paris, University Paris II, 1992, em publicação na revista "Cultura", Centro de História da Cultura da Universidade Nova de Lisboa.

—, *Temas e Perfis da Filosofia do Direito Luso-Brasileira*, Lisboa, Imprensa Nacional-Casa da Moeda, 2000, p. 87-207.

—, *Raízes da República. Introdução Histórica ao Direito Constitucional*, Coimbra, Almedina, 2006, p. 78-117 *et seq.*

MALTEZ, José Adelino, *História do Direito Português*, *in* Ruy de Albuquerque, Martim de Albuquerque, com a colaboração de J. Artur A. Duarte Nogueira, José Adelino Maltez, Mário Leite Santos, Lisboa, policop, 1983. v. II.

PEREIRA, José Esteves, *O Pensamento Político em Portugal no Século XVIII. António Ribeiro dos Santos*, Imprensa Nacional-Casa da Moeda, Lisboa, 1983.

6

O JUSRACIONALISMO LUSO-BRASILEIRO E A HIPÓTESE DA UNIDADE ESSENCIAL DO JUSNATURALISMO

I. Dicotomias Jusnaturalistas

O Direito Natural já é de si um enorme superconceito, que pode abarcar posicionamentos contraditórios. Como afirma Paulo Bonavides:

> (...) o direito natural foi a fortaleza de ideias onde procuraram asilo tanto os doutrinários da liberdade como os do absolutismo. Seria, pois, erróneo reconhecer na teoria jusnaturalista, da Idade Média à Revolução Francesa, ordem de ideias votada exclusivamente à postulação dos direitos do Homem. (Bonavides, 2011: 41)

Um dos dogmas aparentemente estabelecidos na doutrina do direito natural é a de que (numa tese que entronca em Leo Strauss, e difundida sobretudo em círculos adeptos da tríade aristotélico-romanístico-tomista) haveria um direito natural clássico e um direito natural moderno, muito diversos e incompatíveis.

Sempre foi uma dicotomia que nos intrigou, sobretudo quando confrontado com a realidade da argumentação de fundo, sobretudo no século XVIII, apresentado como o grande século de consumação da viragem, a qual teria começado, porém, muito antes.

Como em muitas questões na ciência e filosofia jurídicas, transcender os vetores mais acanhados de análise (no espaço e no tempo) pode contribuir para aclarar as ideias, vendo-as em perspetiva. É uma das vantagens de uma globalização do saber, ainda que a globalização da investigação, no caso, parta do local para o "vasto Mundo", mantendo, pois, os pés no chão de um ponto de mira, não importando as modas globalizadas.

A análise de textos, autores e polémicas em diferentes e sobre diferentes épocas históricas leva-nos a muito mais cautela a propósito desta dicotomia. De Portugal ao Brasil setecentistas, passando pelo constitucionalismo de Cádis, pelo vintista, pelo suíço, recuando às velhas liberdades ibéricas e voltando ao tempo atual, com os direitos humanos e a sua globalização teórica, talvez haja lugar a uma desconstrução da dicotomia.

Julgamos assim poder concluir que é necessário um estudo da diversidade do jusracionalismo, nos vários países, liberto do molde teórico apriorístico da rutura. Pode ter havido alguma rutura (e certamente ideológica e política houve-a), mas no plano estritamente jurídico, filosófico-metodológico e em particular argumentativo, o que realmente mudou no jusracionalismo face ao chamado "realismo clássico"? E a ter havido mudança, foi ela qualitativa ou de cor local?

II. A Questão no Contexto Internacional

Um enfoque da questão, contextualizando a teoria internacionalmente, será a de saber se pode haver uma teoria sobre história da filosofia jurídica que considere apenas um núcleo de países, mais centrais ou mais *importantes*, descurando o que, na mesma época, se passava noutros. No caso: o Iluminismo jurídico centro e norte-europeu pode esquecer o fenómeno seu contemporâneo no Sul católico e na América Latina? E não poderá mais luz sobre este tipo de Luzes lançar mais esclarecimento sobre o que realmente também sucedeu no *Aufklärung* jurídico classicamente centrado na rutura com o passado?

Mas não é só um problema de cosmopolitismo geográfico. Também ideológico. Pode haver uniformizações teóricas ditadas por razões de cronocentrismo ou etnocentrismo. E haverá teorias mais permeáveis que outras à "carga subliminar" ideológica...

III. O Problema da Dualidade Histórico-Filosófica do Jusnaturalismo

Graças ao conhecido livro de Leo Strauss, *Natural Right and History* (1953), difundido por muitos jusnaturalistas de formação mais clássica, impera na teoria a ideia de que há dois jusnaturalismos muito diferentes entre si: o realista clássico, da tradição aristotélico-romanista-tomista, considerado dialético, prático, criativo (como o pretor romano), e o moderno, depois racionalista e iluminista (e apresentado como traidor ao puro jusnaturalismo), feito de princípios e abstrações, que desembocaria nos Direitos Humanos e em outras "heresias" (na perspetiva mais tradicionalista), que só com o tempo viriam a ser aceites por muitos jusnaturalistas. Por vezes se acusa mesmo o jusracionalismo de ser meio caminho andado para o positivismo legalista... Ou de já conter em si uma alta percentagem de positivismo (como afirmará Michel Villey).

Contudo, o próprio Leo Strauss, cujo propósito declarado na sua obra pareceria ser essencialmente um resgate do jusnaturalismo contra o historicismo (questão que hoje talvez não faça grande sentido), detendo-se em aspetos históricos e até eruditos, não deixará de ter de confessar que os factos atrapalham a sua teoria. Assim, não deixa de ser significativo que afirme, por um lado a preeminência de Locke entre os pretensos "teóricos modernos do direito natural", e depois reconheça: "Mas Locke dificulta bastante a nossa tarefa de reconhecer quão moderno ele é, ou até que ponto se afasta da tradição do direito natural" (Strauss, 2009: 143).

Os factos atrapalham bastante as teorias... Mas, dirão alguns: tanto pior para os factos!

Há, contudo, teorizações precisamente navegando no sentido da aproximação entre Antigos e Modernos.

Francisco Puy, sem abordar a questão da dicotomia, já pusera, é certo, em relevo o absurdo de proscrever os Direitos Humanos defendendo o Direito Natural (e vice-versa), como estas saborosas imagens:

> Cuando digo que los derechos humanos son el derecho natural de nuestro tiempo, lo que digo es que son una y misma cosa – como el fútbol e el balompié –. Y nada más. Los antropodikeos son el derecho natural de rostro actual que puede entender nuestro mundo. Y la teoria de los derechos humanos es así la ciencia del derecho natural más compreensible para el público actual. (...) La experiencia me avisa de que, o utilizamos ese canal, o cortamos la comunicación con el derecho natural. (Puy, 1985, III: 359)

Anos mais tarde, e numa clave quiçá mais plácida (pois a perspetiva identificadora de Puy é ainda uma certa inovação, que ele precisa de afirmar até com *vis* polémica), afirma, no mesmo sentido, Brian Tierney:

> (...) I use the terms natural law and human rights interchangeably. The term "human rights" is often used nowadays to indicate a lack of any necessary commitment to the philosophical and theological systems formerly associated with the older term, "natural rights". But the two concepts are essentially the same. Human rights or natural rights are the rights that people have, not by virtue of any particular role or status in society, but by virtue of their very humanity. (Tierney, 1997: 2, n. 4)

Mas será que, para além disso, a teoria, placidamente aceita, da dualidade jusnaturalista realmente procede?

Algo sempre nos disse que talvez não fosse uma teorização perfeita nem absolutamente inocente. E o concreto dos *exempla* talvez nos elucide a esse respeito.

Passar do concreto para a teorização não é tranquilizador para esta... A realidade muitas vezes perturba a perfeição das estruturas teóricas. Foi o que ocorreu connosco. Como afirma Durkheim, "Só existe uma forma de chegar ao conhecimento geral, é observar o particular não superficialmente e em conjunto, mas minuciosa e detalhadamente" (Durkheim, 2006: 109-110).

Se quisermos reiterar as observações do reputado sociólogo francês com bibliografia menos positivista e menos cientificamente recomendável, encontraremos na prodigiosa e fantástica "Biblioteca Personal" de Jorge Luis Borges um estranho mas belo livro que no-lo corroborará. São as *Vidas Imaginárias*, de Marcel Schwob. Nessa obra, logo o Prólogo nos dá instrução sobre esta difícil ligação entre o geral e historicamente assimilado, e o particular, que parece ser a verdade mais profunda, dos factos, das coisas e das pessoas:

> La ciencia de la historia nos sume en la incertidumbre acerca de los individuos. Nos los muestra sólo en los momentos que empalmaron con las acciones generales. (...) En tanto que a nosotros atañe, nuestras ideas generales pueden ser similares a las que rigen en el planeta Marte y tres líneas que se cortan forman un triángulo en todos los puntos del universo. Pero mírese una hoja de árbol, sus nervaduras caprichosas, sus matices que varían con la sombra y el sol, la protuberancia que ha levantado en ella la caída de una gota de lluvia, la picadura que le dejó un insecto, el rastro plateado del pequeño caracol, el primer dorado mortal que le imprimió el otoño; búsquese una hoja exactamente igual en todos los grandes bosques de la tierra; lanzo el desafío. No hay ciencia del tegumento de un folíolo, de los filamentos de una célula, de la curvatura de una vena, de la manía de una costumbre, de los arranques de un carácter. (Schwob, 1986: 11-12)

E depois deste elogio do pormenor, do particular, deplora a falta de dados concretos, mesmo nas biografias dos grandes homens:

> Las historias callan estas cosas. En la árida colección de materiales que suministran los testimonios no hay muchos resquicios singulares e inimitables. Los biógrafos, los antiguos sobre todo, son avaros. Como casi todo lo que estimaban era la vida pública o la gramática, lo que nos transmitieron de los grandes hombres fueron sus discursos y los títulos de sus libros. (Schwob, 1986: 12)

E continua com saborosos exemplos, de Aristóteles, até de Sócrates, e comentários sobre historiadores clássicos, que seria delicioso ou fastidioso respigar.

O certo é que a nossa questão é esta e é outra: queremos ver o que, na própria obra dos protagonistas concretos de um tempo e de um timbre teórico, realmente poderia corroborar a fama "de toda a escola" (do mesmo modo que Paulo Merêa não deixará de citar em exergo de um dos seus trabalhos aquele autor francês que acha que em Suárez se vê *toda a sua escola*). Ou se, afinal, uma escola poderia, no limite, existir sem os que presumivelmente nela se devessem enquadrar.

É certo que neste caso, e em especial para o mundo luso-brasileiro, não nos dizem os livros jusfilosóficos mais teóricos correntes (até porque não são luso-brasileiros) quem são os membros de uma escola jurídica racionalista ou jusracionalista. Mas presume-se que grandes juristas de um tempo e lugar demarcados pelo rótulo, a menos que hajam sido explicitamente excluídos pelos teóricos, ou a si mesmos se hajam demarcado (se no seu tempo o puderam fazer, já que os catálogos são normalmente pósteros e póstumos), se devem considerar ao menos partícipes numa amostra. E se são importantes no seu tempo, e reconhecidos pela posteridade, então, *a fortiori*, se deve considerar que a sua palavra contará como testemunho privilegiado para a caracterização do seu tempo e da eventual corrente ou movimentos, estilo ou escola que, afinal, representariam...

É certo que não queremos aqui saber sobre os indivíduos, mas sobre correntes ou movimentos da História. Mas como fazê-la ignorando a verdade mais intrínseca destes?

Há não poucos problemas nestes exercícios de História da Filosofia, e de Teoria (e quiçá filosofia mesmo) sobre História das ideias filosóficas, para mais filosófico-político jurídicas. A este propósito, sempre nos lateja a advertência bem-humorada, mas séria, de Gilles Deleuze (2000, 39):

> A este propósito, podemos, desde já, levantar a questão da utilidade da história da filosofia. Parece-nos que a história da filosofia deve desempenhar um papel bastante análogo ao da *colagem* numa pintura. A história da filosofia é uma reprodução da própria filosofia. Seria preciso que o relato em história da filosofia actuasse como um verdadeiro duplo e que comportasse a modificação máxima própria do duplo. (Imagina-se um Hegel filoso-ficamente barbudo, um Marx filosoficamente glabro, do mesmo modo que uma Gioconda com bigode). Seria preciso expor um livro real da filosofia passada como se tratasse de um livro imaginário e fingido.

IV. Problemas do Jusracionalismo Luso-Brasileiro e a Contextualização Cultural do Iluminismo

Se o privilegiado momento da alegada viragem jurídica foi o século XVIII, expoente do Iluminismo, porque não, em vez de tentar trilhar as pegadas de outros, noutras culturas jurídicas, começar precisamente por Portugal do século XVIII, espaço pluricontinental em que ainda avultava o *alter ego* Brasil? É um tempo e um período (o Iluminismo Luso-Brasileiro) ainda com bastantes lacunas (e incompreensões), apesar de excelentes trabalhos já existentes (Braz Teixeira, 2009: 43).

Desde logo, porém, haveria que questionar se no nosso espaço cultural (e não apenas luso-brasileiro, mas hispano-americano também) ao menos, se terá tratado de um verdadeiro e próprio Iluminismo, ou antes de um ecletismo (Carvalho, 1950; Silva Dias, 1972; Gaos, 1980; Rovira, 1958; e como discute, mencionando-os, Braz Teixeira, *op. loc. cit.*).

Estamos cientes de que nossa indagação só poderá ter consequências gerais se completada, em tempo oportuno, com um estudo noutras latitudes, especificamente não latinas e de cultura de base não católica. Porquanto, se pensamos salutar começar a pensar pelo que se encontra mais acessível, a verdade é que, no caso concreto, já foi advertida a particularidade do "Iluminismo" *sui generis* luso-brasileiro, como aliás do dos países latinos e católicos, de um e do outro lado do Atlântico.

Com efeito, assim como nos países de língua castelhana se fala de uma "Ilustración católica nacional", que é conciliadora de muitas coisas noutras paragens aparentemente antagónicas, também no nosso quadrante de Língua Portuguesa alguns traços nos individualizaram numa particular ligação com o passado aristotélico e católico, ainda que renovados. Nem os direitos naturais originários aqui colocariam em causa a origem divina do poder dos monarcas, em significativos casos (Braz Teixeira, 2009: 49).

Começa a haver – independentemente de uma eventual e nociva deriva de concorrência entre espaços culturais, que seria um alto preço a pagar pelo pluralismo de visões – novas visões, centradas sobre realidades parcelares, que são de saudar. Conquanto depois se consiga o diálogo e a síntese.

São empreendimentos diversos, e por vezes não pouco surpreendentes. Por exemplo, uma afirmação do Iluminismo anglo-saxónico até quiçá com laivos de anti-francesismo pró-britânico, parece aflorar nesta tirada do Prólogo de um livro de uma historiadora estadunidense editado no Brasil:

> Este livro é uma tentativa ambiciosa (mais ambiciosa do que seu tamanho aparenta) de recuperar o Iluminismo – de seus críticos que o caluniam e de seus defensores que o aclamam acriticamente; dos pós-modernos que negam sua existência e de historiadores que o menosprezam ou o depreciam; e, sobretudo, dos franceses que o dominaram e o usurparam. Ao recuperar o Iluminismo, proponho-me a restituí-lo, em grande parte, aos britânicos que ajudaram a criá-lo – mas que criaram, na verdade, um iluminismo muito diferente daquele criado pelos franceses. (Himmelfarb, 2011: 12)

A apreciação de um não francês e não britânico sobre estas questões parecerá decerto mais independente, embora muitas vezes o olhar do *outsider* acabe por, sendo normalmente menos partidário, não abarcar, contudo, muitas pequenas e grandes idiossincrasias que escapam a quem não bebeu uma cultura com o leite materno.

Um outro estudioso do século XVIII, por sinal japonês, mas que foi professor em França, apercebe-se bem deste nosso problema, começando por dizer no seu livro *Introdução à Cultura Japonesa*, que ostenta o significativo subtítulo *Ensaio de Antropologia Recíproca*: "Cada nação tem a deplorável tendência de considerar que sua cultura é a melhor do mundo, e eu, como indivíduo, não escapo a essa cômoda convicção" (Nakagawa, 2008: 7).

E logo cita em seu abono – pressupondo certamente que o leitor, empático com a liberdade francesa (só que ulterior a 1789...) e conhecedor do regime despótico de Catarina II da Rússia, se chocará com a citação – uma resposta da czarina (com o fanérico título *Antídoto*, 1770) a um livro de um académico e padre francês d'Autroche, *Voyage en Sibérie* (1768), certamente crítico do que teria visto. O interessante é que, mais ainda que o choque entre a realidade russa e a apologia que dela faz (ou manda fazer) a imperadora, ressaltam alguns ensinamentos gerais sobre a própria primeira tese específica de Nakagawa – os povos andam iludidos sobre si próprios, estão como que na caverna (o que implica que também o povo russo da czarina polemista):

> Estou ciente de que querem fazer crer a vocês, povo francês, que seu país é o centro da liberdade, ao passo que, de fato, vocês são submissos de corpo, alma, coração e espírito. Sua nação julga-se a mais livre entre todas as do universo, e por quê? Porque lhe ensinaram que é assim. Oradores, padres, monges e toda a camarilha do governo repetem sem cessar essa quimera, e é difícil resistir a afirmações tão unânimes. (*ibid.*)

É como navegar entre Cila e Caríbdis. Mas apesar de a via ser estreita, sempre se deveria procurar uma teorização englobante, com consciência dos próprios limites, e tentar uma verdadeira empatia com o outro.

V. Alguns Protagonistas do Jusracionalismo Luso-Brasileiro

Pensámos ser melhor começar pelo que estava mais perto, sem prejuízo do que já culturalmente nos contextualizava, em outros quadrantes, tanto francófonos como anglófonos.

Estudámos, assim, e em várias oportunidades, quatro jusracionalistas de língua portuguesa: António Diniz da Cruz e Silva, Tomás António Gonzaga, Paschoal José de Melo Freire dos Reis, e António Ribeiro dos Santos. Todos eles, salvo quiçá Melo Freire, com ligações ao Brasil. E algumas muito relevantes.

Os destinos destes quatro juristas de Setecentos se cruzariam aos pares, em tese e antítese.

Cruz e Silva, que tivera as suas querelas com a Igreja por causa de uma questão de etiqueta que satirizara em verso (é o tema do poema *O Hissope*), por mandato real (e pombalino) seria mandado mudar de ares: julgará no Brasil a conjura dita da "Inconfidência Mineira", em que o também juiz e também poeta Tomás António Gonzaga participaria, vindo este a ser preso e depois deportado para Moçambique, e perdendo o amor da sua ingrata Marília, que cantara com o nome pastoril de Dirceu em versos que até há não muitos anos se aprendiam nos colégios de ambas as margens do Atlântico.

Já Ribeiro dos Santos, canonista e polígrafo, cujo espírito livre lhe causara já problemas com as autoridades académicas na Universidade, vindo a ser incumbido da censura do projeto de Novo Código de Direito Público (uma revisão do livro II das Ordenações – que tinha conteúdo proto-constitucional), criticará o autor da proposta em apreço, Melo Freire, seu colega, mas da Faculdade de Leis, indispondo-o muito. Em Portugal, criticar obra de colegas é fatal. Pior: não os incensar basta para a excomunhão. E tanto se enfureceu Melo Freire com o confrade que, depois da primeira reunião, passaria a responder, por escrito, de sua casa, às objeções do seu colega. E depois viria a denunciá-lo como republicano e monarcómaco... Do que Ribeiro dos Santos, contudo, viria a salvar-se... e até a obter posto mais elevado na magistratura.

VI. A Roda das Fortunas

Vendo de longe e em perspetiva estes quatro vultos do jusracionalismo luso-brasileiro, ressaltam algumas conclusões, que, por poderem ser relativamente frequentes em casos análogos, não parece possível ignorar nem desprezar.

Todos, menos o mais indefetível defensor do poder, Melo Freire, foram árcades e lograram alguma (maior ou menor) fama poética. Tempos fastos esses em que três quartos da nossa amostra entre os juristas se dava às Letras!...

São, evidentemente, todos homens do seu tempo. Nenhum foge aos autores do momento, às ideias da hora. Por exemplo, é notória a presença quer de Montesquieu quer de Rousseau, tanto em Melo Freire como em Ribeiro dos Santos (para afirmar, para dialogar, para negar...). Mas, curiosamente, como já nessa altura se estava em tempo de aceleração histórica, a todos foi dado viver mutações, e metamorfoses se operaram em cada um deles, ainda que, em alguns casos, à custa da coerência ou valendo-lhes incomodidades pessoais.

Cruz e Silva é vítima das andanças dos tempos e da roda da fortuna. Acabará por viver, no Brasil, quase as mesmas questões protocolares que o levaram a esse quase exílio. *O Hissope* é a sua própria condenação. Não resistirá em insurgir-se contra uma falha protocolar do Vice-rei, que colocou os militares à frente dos juízes. Ele, que ridicularizara as questões entre prelados por motivos de fúteis precedências...

Melo Freire continua pombalista sem Pombal, o que é uma coerência incómoda. Pombal fizera a economia dos códigos com as remissões da Lei da Boa Razão. Agora o período marino quer rever as Ordenações... Mas aí é que Melo Freire aproveita para propor um Novo Código... Que não irá avante, porque Ribeiro dos Santos lhe sai a caminho, invocando as velhas leis do Reino... Não se sabe até que ponto só velhas leis... E alguns acabam por considerá-lo já um proto-liberal. É uma encruzilhada histórico-ideológica: até que ponto o tradicionalismo e o velho liberalismo (não, obviamente, o neoliberalismo neoconservador de hoje) têm pontos de contacto?

Tomás Gonzaga vive tempo suficiente para passar da defesa (talvez algo postiça) do absolutismo puro e duro no primeiro *Tratado de Direito Natural* editado em língua portuguesa, para, talvez recordando em si o legado dos seus maiores, todos juristas, se tornar no paladino da legalidade e dos direitos contra a bota opressiva do general governador, nas suas *Cartas Chilenas*. E finalmente, de juiz a preso e degredado, decerto com (prudentes) ideais independentistas, acabará adepto do credo revolucionário, enquanto certamente usufrui dos réditos da escravatura, pois se casa com uma viúva que disso vivia, já nas costas do Índico, em Moçambique. As duas sucessivas partes dos seus poemas a Marília espelham o trânsito da ilusão à desilusão: e não apenas em matéria amorosa.

Finalmente, voltemos a Ribeiro dos Santos. Não escondemos ser aquele que nos suscita maior simpatia. Além do mais, esteve no seu tempo sem verdadeiramente ser apenas do seu tempo. Sem perder de vista as fontes e as questões do momento, sempre teve a sua pátria na República das Letras, e, como tal, não só pela desilusão e amargura das perseguições que lhe moveram, mas também por real inclinação, prefere afinal Camões às Pandectas. Perante a ameaça de um Código confiscador das liberdades e ao arrepio da tradição nacional, procura suster o perigo, não poupando o redator do projeto, Melo Freire. Mas depois, passada a tempestade, mais que tudo almeja por remeter-se à vida privada, na companhia de poucos amigos e dos sempre fiéis livros. O Árcade Elpino Duriense é um sábio de grande comedimento e aticismo.

Nestes tempos de tentativa de refundação da Pólis em bases sólidas, novas e racionais, estes quatro atores quiseram para si certos papéis, mas a História conceder-lhes-ia outros.

Num tempo ainda de consolidação do poder, Cruz e Silva desejou talvez o papel de vate crítico da velha ordem e auxiliar jurídico da nova ordem, para se transformar, mais tarde, em defensor do *statu quo* contra eventuais sediciosos: até simples poetas. Vestindo a pele suscetível dos que criticara, e apenas por sinuosidades e especiosismos conseguindo o mal menor para os inocentes.

Num tempo já fora de tempo, depois do tempo, Melo Freire quis ser o legislador mítico, e acabou por ser o professor e doutrinador venerado, com fama de humanitarista penal. Ainda hoje será, para o jurista comum, decerto o mais conhecido dos quatro.

Tomás Gonzaga sonhou, ao invés, com a cátedra de Coimbra, elaborou doutrina com vista a obtê-la, mas coube-lhe em sorte a fama política de estar no grupo dos primeiros independentistas brasileiros, e um prestígio literário considerável.

Ribeiro dos Santos a si mesmo se retrata num poema como tendo desejado as honras doutorais como se fossem insígnias de realeza, mas a tempo compreenderia que o que importa é a paz de espírito e o convívio com os grandes espíritos, de hoje ou de ontem. A sua fama encontra-se na penumbra que deixa entrever um grande Homem, mas o resguarda da avidez dos epígonos. Oxalá não venha a entrar para o rol das celebridades incompreendidas.

VII. Unidade do Jusnaturalismo na Pluralidade de Tempos e Estilos?

Não podemos deixar de sublinhar ainda como todos estes destinos em si transportam ecos do relativo fracasso do nosso despotismo esclarecido e do nosso Iluminismo.

As pressões do poder castrense podem ver-se quer nas prepotências denunciadas por Tomás Gonzaga, quer nas desconsiderações de que se sentiu (e de que forma ressentida!) Cruz e Silva. Nas peripécias do percurso deste está também o poder do clero, quer em Elvas, quer no Brasil. Poder religioso e poder castrense constituiriam, como se sabe, importantes contrapoderes ao projeto iluminista (salvo, no caso do primeiro, na sua versão de "ilustração católica nacional").

E também uma resistência mais ou menos passiva de alguns setores da Magistratura e da Universidade: essa resistência poderá talvez ser simbolizada (ou mais que isso) pela ação de Ribeiro dos Santos, num período em que, já sem marquês de Pombal, se poderia manifestar mais livremente.

Mas também Cruz e Silva resiste, com os seus pares, em prol da dignidade e da preeminência do poder judicial.

Se bem virmos, todos os quatro acabam por de algum modo "fracassar" no plano público (embora pelo menos Ribeiro dos Santos tenha acabado por desejar coisa diferente da glória: e nesse sentido se redimiu e triunfou, mas num triunfo provado, quando já desiludido dos ouropéis da fama). Cruz e Silva e Melo Freire morrem amargos; e se não é amargura é acidez, grau supremo da mesma, o que deve experimentar o último Tomás Gonzaga.

No final, Melo Freire deverá considerar assistir a uma sociedade em "desorganização", desmoronado o sonho pombalino, Cruz e Silva ver-se-á ao espelho como um funcionário da *dura lex*, Tomás Gonzaga goza rendimentos e prestígio colonial, como que vingando-se das afrontas e traições, e Ribeiro dos Santos, cego, ouve livros da voz de uma sua pupila, esquecido dos seus sonhos juvenis de glória académica. Será significativo que tenha morrido precisamente dois anos antes da revolução liberal, que de alguma forma, de uma nova forma, viria a resgatar o seu legado?

Ao analisar a peça de advogado de Melo Freire a favor do último dos Távoras, tentando recuperar honra, títulos e bens, ao analisar os tratados jurídico-políticos de Ribeiro dos Santos, alguns inéditos na Biblioteca Nacional de Lisboa, ao ver a argumentação de Cruz e Silva quando o procuram inquirir pela sua reação de classe contra o poder, ou quando se analisa o que nos chegou da obra de Tomás Gonzaga, vemos um tempo novo, sem dúvida, de mais razão, mais progresso (e fé numa e noutro) e até, aqui e ali, de promessa de alguma liberdade. Mas o jusnaturalismo que todos professam não se nos afigura ter sofrido uma mutação essencial. Há aqui e ali um fraseado de cor local, mas a essência parece permanecer.

VIII. Desfazendo Mitos e Generalizações

Numa síntese muito interessante e sustentada por muita investigação, Christian Lazzeri (Caillé/Lazzeri/Senellart, 2007: 465 ss.) aponta alguns erros comuns na interpretação da teorização do Direito Natural moderno. Recordá-los-emos de seguida, comentando as aportações de tais conclusões para o nosso presente intento teórico.

Em primeiro lugar, nem todos os jusnaturalistas modernos são contratualistas, partidários de teorias do contrato social. Este o primeiro mito a desfazer. Ora, mesmo neste aspeto sobretudo filosófico-político, não se pode afirmar uma rutura completa com o passado, sobretudo o legado aristotélico-tomista, o qual, como se sabe, é exemplo de escola do naturalismo político, não-contratualista. Tal significa que a rutura não foi aqui completa.

Depois, ao contrário do que se pensa, os autores do Direito Natural Moderno não inventaram muitos dos conceitos que utilizam, aparentemente inovando apenas. Não é nova a posse dos direitos naturais, a sua transferência pelo contrato social, a constituição da soberania, a eventual resistência ao poder assim constituído, etc.

Acresce ainda que o esforço de muitos autores para dar das ideias de contrato social uma versão totalmente laicizada e em consonância com alguns ares dos tempos, não reflete com exatidão o que terá ocorrido. Um poder de origem contratual, entre Homens, não implica a sua total independência, mesmo em aspetos jurídico-políticos, de uma jurisdição divina.

Finalmente, a teorização de que a constituição do poder político (e da sociedade política, por contraposição ao estado de natureza) é uma vantagem para os que virão a ser governados, e que assim a razão de ser do contrato social é a utilidade, corresponde também a uma simplificação e uma generalização em que não podem caber todos os jusnaturalistas.

Negando, assim, a originalidade do Iluminismo juspolítico quanto ao direito natural (*ibid*.: 466), mesmo quanto à noção de direitos individuais, que seriam já existentes nas corporações medievais (o que é controvertido, é certo – *ibid*., 466-467), obviamente não residindo ela também no conceito de soberania, perfeito já em Bodin (*ibid*.: 467), e não sendo ainda original que o poder político emane de um consentimento – o que recua a múltiplas fontes, mesmo romanísticas – o que fica de próprio a esse Jusracionalismo cujos adversários retratam precisamente como abstrato em direito natural, individualista em direitos, contratualista, etc.? (sobre a soberania não é costume atacarem-no muito).

Tratar-se-ia de uma originalidade de modulação, ou seja, poderíamos dizer, de adaptação a uma "cor local", que contudo já se começaria a verificar no século XVII.

Os direitos individuais sofrem realmente uma mutação – tornando-se, no direito moderno, direitos subjetivos, com tudo o que isso implica, filosófica e metodologicamente. Mas não olvidemos que os direitos subjetivos não são do século XVIII. Já Suarez e Grotius são de considerar, e mesmo o nominalismo do século XIV. Nesse sentido, trata-se apenas de uma consolidação de uma tendência que já vinha a acompanhar a evolução do direito.

Dos velhos pactos se passa à ideia, mais explícita, de um contrato. Um contrato social. Também aqui, como vemos, é uma continuidade.

Havendo um contrato social, as leis naturais não cedem totalmente perante a soberania, mas subsistem como instâncias de avaliação do exercício do poder soberano. O povo, no seu conjunto, é, porém, o único juiz nesta matéria, não um corpo de magistrados, por exemplo. Por outro lado, esta soberania é de origem popular e parece assim prejudicar seriamente o "direito divino dos reis". A ser assim, há aqui, neste preciso ponto, um salto qualitativo, mas sobretudo de índole político-constitucional, mas mais política que outra coisa.

Todas estas observações parecem levar água ao moinho de ruturas essencialmente políticas e não tanto jurídicas. Salvo a questão do direito subjetivo, a qual, contudo, é uma mudança de período muito mais longo, e vem, como vimos, de antes.

IX. Perspetivando Historicamente

A teoria da dicotomia entre Direito Natural clássico e Direito Natural moderno afigura-se-nos uma teoria não completamente inócua, muito pelo contrário. Ela é uma teoria sobre a qualidade ou a essência de entidades filosóficas, mas procurando basear-se em dados históricos. Ora, no caso, apetece citar Paul Valéry:

> L'histoire est le produit le plus dangereux que la chimie de l'intellect ait elaboré. Ses propriétés sont bien connues. Il fait rêver, il enivre les peuples, leur engendre de faux souvenirs, exagère leurs réflexes, entretient leurs vieilles plaies, les tourmente dans leur repos, les conduit au délire des grandeurs ou à celui de la persécution et rend les nations amères, insupportables et vaines. (*apud* Maurois, 1935: 226)

Evidentemente que no nosso caso não se trata tanto de criar falsas autoimagens de nações, mas de grupos teóricos, de "tribos" doutrinais.

Invocando e comentando esta passagem, a propósito do historiador britânico Lytton Strachey, André Maurois acrescentaria sentenças que chocarão alguns historiadores, certamente: "Pour dicter leur conduite aux peuples, l'histoire a-t-elle au moins quelque certitude? Aucune. Elle est impossible à connaître" (Maurois, 1935: 226).

E não deixa de ser significativo que o exemplo dado seja o de um sucesso realmente divisor de águas, não só historicamente (até na periodologia clássica: começo da chamada "Idade Contemporânea") como ideologicamente: a Revolução Francesa. Afirma o autor: "Les historiens de la Révolution Française s'accordent entre eux précisément comme Danton s'accordait avec Robespierre, quoiqu'avec des conséquences moins rigoureuses car la guillotine, heureusement, n'est pas à la disposition des historiens" (*ibidem*).

Contudo, as "damas" que Gregos e Troianos defendem levam frequentemente a ódios de morte entre estas e aquelas visões do passado, e mesmo estas e aquelas visões da própria História (em geral, v. Ferrater Mora, 1955, e a nossa Introdução à ed. port.). E se o veredicto de Maurois é levado ao extremo, mais moderado e otimista se mostra Brian Tierney:

> The diversity of these opinions suggests that a historical account of the evolution of natural rights theories might contribute something to modern debates. Historical inquiry cannote

solve all the problems of modern philosophers and political theorists, but it might help us to address them in a more informed and sophisticated fashion. (Tierney, 2001: 2)

Pode bem ocorrer que estejamos perante uma perspetiva da História do Pensamento Jurídico que confunda realmente este com as mutações da História do Pensamento Político, e especificamente assimile os novos tempos apenas às novas ideias (quando as ideias podem atravessar os vários tempos, ainda que como resíduos – Pareto, 1968).

Aliás, a questão que colocámos na clave historiográfica poderia ser apresentada com outros matizes. Por exemplo, numa perspetiva mais sincrónica (ou ucrónica) diz Paul Watzlawick (1991: 7):

(...) as nossas ideias quotidianas e tradicionais acerca da realidade são ilusões que procuramos fundamentar durante grande parte das nossas vidas, mesmo correndo o considerável risco de tentar encaixar os factos na nossa definição de realidade em vez de fazermos o contrário. E a ilusão mais perigosa de todas é de que existe apenas uma realidade. Aquilo que de facto existe são várias perspetivas diferentes da realidade, algumas das quais contraditórias, mas todas resultantes da comunicação e não reflexos de verdades eternas e objetivas.

Depois de termos visto o que ocorreu realmente com as alegadas influências de que é tributária a Constituição portuguesa de 1822 (Ferreira da Cunha, 2006 a: 178 ss.) ou do constitucionalismo suíço (que sofismaram um pela via espanhola e outro pela germânica o comum legado francês, da Constituição de 1791 – Aubert, 1993 –, então politicamente incorreto e incómodo, e essa imagem conseguiram transmitir às gerações futuras), quando vemos a falsa e deformada querela entre direitos antigos e direitos modernos, entre constitucionalismo histórico e constitucionalismo liberal, toda fundada, afinal, na animosidade política, sem prejuízo, como é óbvio, de diferenças contextuais, cremos ser legítimo suspeitar se o jusracionalismo, para mais com estes quatro exemplos, pelo menos o jusracionalismo luso-brasileiro (mas haveria que indagar mais longe...), terá sido um corte radical com o jusnaturalismo clássico. Senão, evidentemente, na medida em que foi solidário de evoluções e depois de ruturas políticas que são tão fundas que ainda hoje nos dividem.

Do mesmo modo que os liberais e seus sucessores, socialistas e afins, proclamam direitos humanos, esquecendo por vezes as velhas liberdades, e tradicionalistas monárquicos defendem a constituição material das leis fundamentais dos reinos contra "o diabo à solta" das Constituições codificadas liberais, também no que respeita ao jusnaturalismo, os jusnaturalistas mais conservadores e os jusnaturalistas mais revolucionários teriam tido interesse nesta divisão. Porém, num tempo, como este nosso, em que quase já não há representantes dos últimos, será o momento de a serenidade da História e da Teoria substituir doutrina que talvez se encontre demasiado prisioneira da paixão e até do preconceito. É essa, ao menos, a hipótese que gostaríamos de ver pesquisada e testada. A qual, salvo melhor opinião, e até comprovação, é a nossa presente suspeita heurística...

Aliás, voltemos a Leo Strauss. Segundo Claude Lefort (1999: 259), o livro que maior fama lhe granjeou terá sido *A Perseguição e a Arte de Escrever* (Strauss, 1989). Ora precisamente este livro parece fornecer-nos a chave para o nosso problema. A primeira das chaves, pelo menos.

É o próprio Leo Strauss quem, no primeiro ensaio desta obra, afirma que o seu artigo é feito sob o signo do "escrever entre linhas". Claude Lefort disseca esta *démarche* exotérico / esotérico entre os filósofos, algo teorizada (e de certa forma louvada) por Leo Strauss. Há muitas passagens de Lefort que teríamos a tentação de citar, na abordagem aos meandros do pensamento de Strauss. Aquele vai procedendo por sucessivas aproximações, desvelando como que camadas da construção sobre a construção do discurso filosófico-político em Strauss. Mas este passo, não muito longo, talvez seja suficientemente eloquente:

> A filosofia está sempre em perigo (...) O filósofo é pois conduzido a escrever para seus amigos reais ou potenciais, ao mesmo tempo que se dedica ao uso de astúcias para com seus inimigos reais ou potenciais. Tarefa em que se sai bem, formulando aqui e ali opiniões comumente partilhadas que desarmam seus adversários, ou então comentando erros grosseiros, apontando enunciados contraditórios, passando em silêncio por alguns nomes ou algumas referências, de maneira que desperte a atenção de quem está disponível a entendê-lo e deixar estupefacta a maior parte de seus leitores (...) Cabe portanto ao intérprete ler entre as linhas. (Lefort, 1999: 260)

Pois podemos ler bem ou mal entre as linhas do discurso de Leo Strauss de dicotomia entre o direito natural clássico e o direito natural jusracionalista. Mas o que lemos – e que pode ir além do pretendido pelo próprio Leo Strauss: quando se escreve exotericamente com um fundo esotérico podem induzir-se confusões – é um propósito sobretudo filosófico-político por detrás de uma catalogação jurisfilosófica. Prejudicando, na verdade, o rigor da análise da questão jurídica e jurídico-filosófica *tout court*.

Uma intuição dessa ligação poderá colher-se da meditação de dois autores contemporâneos, que por vias diferentes sublinham a relação político-ideológica de jusnaturalismo e constitucionalismo.

Assim, afirma Paulo Grossi (2011: 48-49):

> Il giusnaturalismo, infatti, ha lo scopo prevalente di offrire al costituzionalismo una fondazione forte sul piano filosofico-politico. Lo stato di natura è lì (...) a *costituire* la barriera che il potere, ogni potere diverso da quello che il singolo ha su se stesso, non pùo varcare.

E já Paulo Bonavides (2011: 29-30) enfaticamente expressava essa interessante rede de conexões:

> Tiveram grande parte em tais mudanças – o autor refere-se às revoluções constitucionais, da liberal à social – as ideologias. Aliás, enquanto não positivam seus valores, as ideologias guardam na essência uma dimensão encoberta de jusnaturalismo. Em verdade, o direito natural atuou sempre como poderosa energia revolucionária e máquina de transformações sociais. Graça à força messiânica de seus princípios, tem ele invariavelmente ocupado a consciência do Homem em todas as épocas de crise, para condenar ou sancionar a queda dos valores e a substituição dos próprios fundamentos da Sociedade.

Bibliografia

AUBERT, Jean-François, *La Constitution de 1791 et la Suisse*, in *1791. La Première Constitution française*, Colloque "La Première Constitution Française", Dijon, Université de Bourgogne, 1991, Paris, Economica, 1993.

BONAVIDES, Paulo, *Do Estado Liberal ao Estado Social*, 10ª ed., São Paulo, Malheiros, 2011.

BRAZ TEIXEIRA, António, "Iluminismo Luso-Brasileiro?", in *A Experiência Reflexiva. Estudos sobre o Pensamento Luso-Brasileiro*, coordenação de Maria Celeste Natário, Sintra, Zéfiro, 2009.

CARVALHO, Joaquim de, *Introdução* ao resumo dos Livros I e II do *Ensaio Philosofico sobre o Entendimento Humano*, de John Locke, Coimbra, 1950.

DELEUZE, Gilles, *Différence et répétition*, 1968, ed. Port., Prefácio de José Gil, *Diferença e Repetição*, Lisboa, Relógio D'Água, 2000.

DURKHEIM, Emile, *La Science positive de la morale en Allemagne*, trad. port. de Paulo Castanheira, *Ética e Sociologia da Moral*, 2ª ed., São Paulo, Landy, 2006.

FERRATER MORA, José, *Cuatro visiones de la História Universal. San Agustín, Vico, Voltaire, Hegel*, 1955, trad. port. de Fernando Couto, introdução de Paulo Ferreira da Cunha, *Visões da História*, Porto, Rés, s.d.

FERREIRA DA CUNHA, Paulo, As Contradições do Jusracionalismo (Cruz e Silva: um jurista literato do Século das Luzes), in *Pensar o Direito I. Do Realismo Clássico à Análise Mítica*, Coimbra, Almedina, 1990, p. 53 ss.

—, *Constitution et Mythe*, com prefácio de François Vallançon, Quebeque, Presses de l'Université Laval, 2014.

—, *La Constitution naturelle*, Paris, Buenos Books International, 2014.

—, Direito Natural: Contributos para um Estado da Arte, in *Do Direito Natural aos Direitos Humanos*, org. de António Pedro Barbas Homem e Cláudio Brandão, Coimbra, Almedina, 2015, pp. 33-50.

—, *Droit naturel et méthodologie juridique*, Paris, Buenos Books International, 2012, Prefácio de Stamatios Tzitzis.

—, Iluminismo, Constituição e Utopia, in *Constituição, Direito e Utopia. Do Jurídico-Constitucional nas Utopias Políticas*, Coimbra, Faculdade de Direito de Coimbra, Studia Iuridica, Coimbra Ed., 1996, p. 251 *et seq*. Tese de doutoramento na Faculdade de Direito da Universidade de Coimbra.

—, La Polémique du premier Manuel d'Histoire du Droit Civil Portugais, de Mello Freire. Suivant le Manuscrit de son critique, António Pereira de Figueiredo, in *Quaderni Fiorentini per la Storia del Pensiero Giuridico Moderno*, 23 (1994), p. 487 *et seq*. (trad. port. in *Revista da Ordem dos Advogados*).

—, Mello Freire Advogado. Notícia de um Manuscrito, *Revista de Estudios Historico-Juridicos*, Valparaiso, 1992-1993.

—, Mello Freire, Advogado. Notícia de um (?) Manuscrito, *Revista da Ordem dos Advogados* Ano 52, II, Lisboa, jul. 1992 (aprofundamento e atualização do anterior).

—, *Mythe et Constitutionnalisme au Portugal (1777-1826). Originalité ou influence française?*, Paris, 1992 (tese de doutoramento na University Paris II, policóp., incompleta publicação na revista *Cultura" do Centro de História da Cultura da Universidade Nova de Lisboa*).

—, *Raízes da República. Introdução Histórica ao Direito Constitucional*, Coimbra, Almedina, 2006 (2006 a).

—, *Temas e Perfis da Filosofia do Direito Luso-Brasileira*, Lisboa, Imprensa Nacional-Casa da Moeda, 2000.

—, *Pensamento Jurídico Luso-Brasileiro*, Lisboa, Imprensa Nacional – Casa da Moeda, 2006 (2006 b).

GAOS, José, *En torno a la Filosofia Mexicana*, México, 1980.

GORDLEY, James, *The Philosophical Origins of Modern Contract Doctrine*, Oxford, Oxford University Press, 1992.

GROSSI, Paolo, *Novecento Giuridico: un Secolo Pos-Moderno*, Naples, Università degli Studi Suor Orsola Benincasa, 2011.

HIMMELFARB, Gertrude, *The Roads to Modernity*, trad. port. de Gabriel Ferreira da Silva, Os Caminhos para a Modernidade. Os Iluminismos britânico, francês e americano, São Paulo, Realizações, 2011.

LAZZERI, Christian, *La Théorie du droit naturel au XVIIe siècle: l'utilité comme enjeu du droit et du contrat*, in CAILLÉ, Alain/LAZZERI, Christian/SENELLART, Michel, *Histoire raisonnée de la philosophie morale et politique*, t. I *De l'Antiquité aux Lumières*, Paris, Flammarion, 2001, p. 465 *et seq.*

LEFORT, Claude, *Écrire – à l'épreuve du politique*, Paris, Calmann-Lévy, 1992, trad. port. de Eliana de Melo Souza, *Desafios da Escrita Política*, São Paulo, Discurso Editorial, 1999.

LIMA LOPES, José Reinaldo de, *As Palavras e a Lei. Direito, ordem e justiça na história do pensamento jurídico contemporâneo*, São Paulo, EDESP, 2004, máx. p. 267 ss.

MACEDO, Dimas, *O Pensamento Político de Paulo Bonavides*, Fortaleza, Gráfica LCR, 2020.

MAUROIS, André, *Magiciens et logiciens*, 15ª ed., Paris, Grasset, 1935.

NAKAGAWA, Hisayasu, *Introduction à la culture japonaise: essai d'anthropologie réciproque*, trad. port. de Estela dos Santos Abreu, *Introdução à Cultura Japonesa. Ensaio de Antropologia Recíproca*, São Paulo, Martins Fontes, 2008.

PARETO, Vilfredo, *Traité de Sociologie Générale*, com prefácio de Raymond Aron, Genève/Paris, Droz, 1968.

PUY, Francisco, *Derechos Humanos, Derechos Politicos*, Santiago de Compostela, Imprenta Paredes, 1985. v. III.

ROVIRA, Maria del Carmen, *Eclécticos Portugueses del Siglo XVIII y Algunas de sus Influencias en América*, México, 1958.

SCHWOB, Marcel, *Vies imaginaires* (1896), trad. cast. de Julio Pérez Millán, *Vidas Imaginarias*, Barcelona, Orbis, 1986.

SILVA DIAS, J. S. da, *O Ecletismo em Portugal no Século XVIII*, Coimbra, 1972.

STRAUSS, Leo, *Natural Right and History*, Chicago, The Chicago University Press, 1953 e ed port., com trad. e introd. de Miguel Morgado, *Direito Natural e História*, Lisboa, Edições 70, 2009.

—, *La persécution et l'art d'écrire*, trad. fr. de Olivier Bérrichon-Seyden, Paris, Presses Pocket, 1989.

TIERNEY, Brian, *The Idea of Natural Rights: Studies on Natural Rights, Natural Law, and Church Law 1150-1625*, Grand Rapids/Cambridge, William B. Eerdmans, 1997, new edition, 2001.

WATZLAWICK, Paul, *How Real is Real*, trad. port. de Maria Vasconcelos Moreira, *A Realidade é Real?*, Lisboa, Antropos, 1991.

7

ANTONIO ROSMINI

(ROVERETO, TIROL AUSTRÍACO,
1797-STRESA, ITÁLIA, 1855)

*O abuso deste direito divino, utilizado por alguns autores
para sustentar a soberania humana, é muito estranho. Os
autores usam-no para cortar, mas não para deslindar, o nó
das mais difíceis e importantes questões sociojurídicas. Saber
que o poder dos governantes, como qualquer outro poder de
direito, vem de Deus, parece querer dizer, segundo estes autores, que também assim sabemos o título jurídico deste poder.*
Antonio Rosmini

Há associações mais normais que outras de conceitos, ideias, valores. Em Rosmini
sobressai a fé, e a fé em ação que é a caridade, e, ao mesmo tempo, um compromisso com
o saber, e com a liberdade e o tempo, que o levarão à filosofia, e à filosofia do Direito,
e mesmo à ação política e ao constitucionalismo.

A natureza espiritual de Antonio Rosmini-Serbati (padre, doutor em Teologia, e
fundador do Instituto da Caridade e, mais tarde, da Congregação da Providência) não
representou um obstáculo à sua atividade política e diplomática como embaixador do
governo piemontês em Roma em 1848. As suas negociações falharam, tendo tido início
a guerra com a Áustria, em lugar da projetada confederação italiana sob a regência
papal; dois dos seus trabalhos foram incluídos no Índex, e quer ele quer o papa foram
exilados. O papa Pio IX ponderava torná-lo cardeal e proibiu todos os ataques contra
Rosmini quando este retomou o seu trabalho de caridade em Domodossola, a par de um
labor intelectual ativo e de um misticismo fervoroso. Contudo, o papa Leão XIII viria a

condenar quarenta dos seus postulados em 1888, criando uma nuvem de silêncio que só há relativamente poucos anos começaria a ser dissipada... Foi finalmente beatificado em 2007.

Rosmini criou a Sociedade dos Amigos (*Società degli Amici*) a fim de promover a criação de uma enciclopédia católica, com princípios assumidamente diversos dos da enciclopédia iluminista francesa. A sua filosofia tinha como fontes Platão e Santo Agostinho, sem prejuízo de o seu ecletismo ter alcançado uma certa síntese com as perspetivas modernas, particularmente com o pensamento de Immanuel Kant. O seu pensamento filosófico-político (e também jurídico-político) surge-nos em *Filosofia della Politica* (1837), *Progetti di Costituzione* (editado em 1952), incluindo *Costituzione Secondo la Giustizia Sociale* (1827), e *Filosofia del Diritto* (1841-1845). De resto, tal pensamento aparecia já no seu manuscrito sobre a propriedade (*Frammento sulla Proprietà*, ca. 1825), e particularmente nos três *Frammenti della Filosofia di Diritto e della Politica* (publicados em 1886-1888). Outras obras suas incluem *Principi della Scienza Morale* (1831), *Trattato della Coscienza Morale* (1839) e outros escritos sobre ética inseridos num sistema global.

A filosofia jurispolítica ocupa um papel central no pensamento de Rosmini. Para este, a sociedade e a política não são realidades absolutas, antes existem em função da pessoa (concebida como ser responsável pelos seus próprios atos); a sociedade é, pois, uma sociedade de pessoas. A pessoa é a um tempo o valor primordial e a categoria suprema de toda a sua obra; efetivamente, Rosmini alcança a conexão vital entre direito e moral através de uma referência constante à verdade e à pessoa. A função do direito, visto como uma modalidade de verdade, é prover às necessidades humanas, a começar por essa necessidade essencial que é a segurança individual. Assim, este conceito de pessoa, associado ao direito, rejeita a um tempo o individualismo empírico do Iluminismo, com o seu subsequente utilitarismo, e a dissolução do indivíduo no universalismo idealista como ocorre em Hegel. Consequentemente, a própria teoria da sociedade passa a integrar a teoria da justiça. Tal perspetiva conduz a uma conceção do direito determinada pela justiça; e uma tal conceção da justiça implica, para Rosmini, uma raiz moral.

A preocupação com a restauração das liberdades da Igreja e a crítica ao legado revolucionário do Iluminismo levou-o, no *Frammento sulla Proprietà*, a uma conceção estrita dos laços sociais e políticos como relações entre proprietários, encimadas pelo governante, sendo o Estado nada mais que a corporação geral de tais proprietários. A propriedade era a condição para qualquer igualdade possível, e o direito era identificado com a propriedade enquanto direito absoluto e real do indivíduo.

Rosmini veio a rever esta sua posição, todavia, no sentido de propor um contrato social que aliasse a monarquia ao republicanismo, embora sem ilusões no que respeita à sua codificação, exceto a um nível meramente técnico, e sem entusiasmo no que concerne à separação de poderes dentro de um tal esquema. O despotismo é encarado não como monopólio de algumas formas de governo, mas como o subproduto inevitável de todas aquelas situações em que a decisão de um qualquer soberano não pode ser julgada, mesmo que tal soberano seja "o povo".

A ideia de um tribunal político (ou constitucional) também ocorreu a Rosmini, como forma de moderar a influência dos proprietários sobre o poder legislativo. Intuição ainda válida hoje. No campo político, a derradeira síntese passa pela subordinação à justiça, dever comum ao Estado e aos indivíduos.

Rosmini manteve-se um defensor do direito natural, que concebe como a capacidade de "sentir o justo e o injusto referidos à verdade, tal como esta se apresenta"; a verdade referida a diferentes situações ou seres, portanto. Trata-se de um corolário da sua teoria da "forma da verdade" a um nível moral. Então, o direito natural não é convencional, mas, antes, como parte da ordem moral, o supremo bastião da dignidade e dos direitos individuais; o mesmo é dizer, o principal vetor da justiça. O próprio direito, emergindo do dever moral de respeitar as outras pessoas, é encarado numa perspetiva subjetiva, enquanto capacidade das pessoas para agir quando protegidas das demais pela lei moral. O direito formal é "uma noção mental utilizada para formular um juízo acerca da moralidade da ação humana, que deve ser por ele guiada". Assim, o direito deriva do dever (o dever juridicamente específico de atribuir o seu a cada um – *suum cuique tribuere*) e não o contrário; todos os direitos subjetivos individuais se inscrevem naquela relação moral, porque ancoram em princípios "utilitários" ou "eudemonológicos". Na cadeia formada pela realidade/verdade/moral/direito subjetivo fundado no direito natural, este último elemento tem de estar em harmonia com a sua base ética.

Se é certo que o Direito e o direito subjetivo têm de ser morais, e adequados à justiça natural, para Rosmini existe uma justiça superior, mais perfeita (*giustizia soprannaturale*), inspirada ou mesmo modelada pela Graça: trata-se da lei de Deus, que o autor identifica com a caridade, um amor espiritual que une o ser humano e o seu Deus. Algo muito semelhante observará Álvaro Ribeiro, no século XX.

A faceta mística do pensamento de Rosmini nem sempre fica oculta pelo seu ecletismo de racionalista religioso: é muito significativo que tenha escolhido, para iniciar a secção sobre "A essência do direito" na sua *Filosofia do Direito*, esta passagem do *De Legibus* de Cícero: "Estas coisas surgem porque somos naturalmente inclinados a amar os nossos semelhantes, e nisto consiste a base do direito".

Bibliografias

Bibliografia ativa principal/específica

Filosofia della politica (1839); *Filosofia del Diritto* (1841); *Delle cinque piaghe della Santa Chiesa e Costituzione secondo la Giustizia Sociale* (1846); *Della Naturale Costituzione della Società Civile* (1887); *Opere*, Ed. E. Castelli, Pádua, 1936; trad. D. Cleary e T. Watson, *Works*, Durham, UK, Rosmini House, 1993-1995.

Bibliografia passiva seletiva

ADAM, Michel, Actualité de Rosmini, *Revue de Philosophie Française*, 2, 1994, p. 195-202.

BATTAGLIA, Felice, La Filosofia del Diritto in Rosmini, introd. de Giovanni Ambrosetti, *Quaderni di Iustitia*, 31, Roma, 1980.

BERGEY, Marie-Catherine, *La Robe de pourpre. Vie d'Antonio Rosmini*, Bordéus, Bière, 2000.

COTTA, Sergio, Filosofia pratica e filosofia politica: conoscitive o normative? La posizione de Rosmini, *Rivista Internazionale di Filosofia del Diritto*, 3, 1990, p. 392-411.

DARÓS, William R., Ética y derecho según Rosmini, *Revista Rosminiane di Filosofia e di Cultura*, 86, 1992, p. 15-26.

FEIBLEMAN, James K., Ethical Variations on a Theme by Rosmini-Serbati, *Tulane Studies in Philosophy*, 6, 1957, p. 53-66.

MATHIEU, Vittorio, Etica e politica in Rosmini: la mediazione del diritto, *Rivista Internazionale di Filosofia del Diritto*, 3, 1990, p. 432-440.

SCIACCA, M. F., *Il pensiero giuridico e politico di Antonio Rosmini*, Florença, Sansoni, 1962.

TRIGEAUD, Jean-Marc, De la personne à la propriété dans la philosophie juridique et politique d'Antonio Rosmini" e "Activité personnelle, bien juridique et bien esthétique chez Rosmini, *Essais de Philosophie du Droit*, Génova, Studio Editoriale de Cultura, 1977.

—, Rosmini: l'Europe et le droit. Sur le dépassement du politique e "L'unité de l'experience des valeurs morales et juridiques d'après la philosophie rosmininienne", *Persona ou la Justice au double visage*, Génova, Studio Editoriale de Cultura, 1990.

8

O CONSELHEIRO AVELLAR BROTERO

(LISBOA, 1798 – SÃO PAULO, 1873)

NA ENCRUZILHADA DE IDEIAS, TEMPOS E LUGARES

> *As verdades filosóficas, porém, têm contra si as suscetibilidades de corporações poderosas, as vantagens práticas das crenças e das seitas, a ignorância de uns, o preconceito de muitos, os preceitos de uma ordem social que dispõe sucessivamente da cicuta, da cruz, de fogueiras, de dragões e de cárceres para provar que só ela tem razão.*
> Domingos Gonçalves Magalhães (2001: 57)

I. Encruzilhadas, Espelhos

Primeiro professor de Direito Constitucional e de Filosofia do Direito (na versão mais antiga, como "Direito Natural") no Brasil, e sem dúvida um dos primeiros no Mundo, há mais ainda a descobrir e a repensar na vida aventurosa e na obra precursora de Brotero.

Na Faculdade de Direito do Largo de São Francisco, em São Paulo, impressiona um quadro representando um professor, em corpo inteiro, devidamente paramentado. Retrato colocado em lugar relativamente discreto, mas ainda assim irrecusavelmente visível. Era uma egrégia figura, ostentando o colar da Ordem de Cristo, que nos olhava, tutelar, num corredor da tradicional Faculdade das Arcadas.

A princípio, devemos confessá-lo, não sabíamos bem quem seria, e o *decorum* de visitante (ainda que de professor visitante) inibia-nos que perguntássemos (somos de um tempo e de uma educação que não permite ainda certas coisas, nem mesmo nos nossos tempos de informalidades e fanerismos). Mas um dia, cremos que foi o Prof. Manoel Gonçalves Ferreira Filho, hoje professor emérito da Casa, quem nos apresentou a personagem.

– "Ah, então... Sim!..." – balbuciamos. Fazia-se luz. Aquele é que era *o* célebre Brotero jurista. Pois. Fazia sentido.

Para que o conheçamos melhor, cremos ser mister lembrar a sapiente e pesada estátua do seu tio, o naturalista Felix de Avellar Brotero, que parece saudar-nos, como bom jardineiro, à entrada (a uma das entradas) do Jardim Botânico pombalino da nossa *Alma Mater* conimbricense. São ainda parecidos, embora os traços do jurista pareçam mais resolutos que os do seu parente cientista, que recordamos das nossas deambulações pela Lusa Atenas: só um pouco menos reclinado que o *Pensador* de Rodin. Mas as memórias (as próprias memórias, e mesmo de há não tantas décadas assim...) são imaginativas, recriadoras. Assim, perdoar-nos-ão alguma efabulação contra a nossa própria vontade...

Este retrato agora colocado em lugar estratégico mas não propriamente numa escancarada ribalta de honra, já presidiu ao grande salão nobre ("auditório" lhe chama Viotti) da Faculdade, tendo substituído, com a República, o do próprio Imperador D. Pedro II. Quando terá sido retirado de novo para mais discreto poiso não conseguimos ainda apurar.

Temos assim, primeiro que tudo, um nome, um renome, e um retrato. Antes da obra, duas palavras sobre a vida, ou melhor, sobre o sentido contextual (não se ousa dizer "significado") da vida do nosso autor. Como sabemos, a relação entre vida e obra, sobretudo nos casos de obra mais humanística, é um jogo de espelhos. E tem sido muito diferentemente considerada pela crítica. Houve tempo em que mesmo na história literária excessivamente se fazia depender a análise da obra da da vida. Mas ignorar completamente o autor, como se passou a fazer depois, é também cair do oito no oitenta do exagero.

A vida de José Maria de Avellar Brotero, vista de relance e atentando nos seus pontos altos ou mais salientes, é deveras interessante. Não sabemos nem cremos dever curar da sua exemplaridade ou simbolismo (seja em que aceção se lhe queira dar), mas recordemos Paul Veyne (1987): este experimentado e renomado autor considera que o adjetivo próprio da matéria do historiador é precisamente o ser *interessante*. Ora sem dúvida a vida de Brotero merece, por este critério, ser alvo de estudo historiográfico. E sempre não se nos poderá deixar de escapar um alvitre subjetivíssimo de que esta estória é uma estória a muitos títulos exemplar... Mas isso não ouviram nem leram os que fizeram votos de "castidade metódica"...

Com efeito, interessante, esta vida. Ela permitiria deleitarmo-nos (nunca sabemos se tal seria o caso dos leitores eventuais) com algumas pinceladas de romance. E não pouco aventuroso. Então, se fizermos recuar a gerações passadas da sua, não faltaria até a batalha naval com piratas. O pai de Brotero, Manuel Inácio de Avelar, salvou com um punhado de marinheiros um navio sueco, no Mediterrâneo, do ataque de um brigue mourisco. E mesmo a sorte do nosso Professor seria afetada por um saque de um navio corsário ao barco que levava parte da sua fortuna (em que se incluía o dote da esposa)... quando, nomeado para São Paulo, atacam o brigue que levava boa parte do que tinha, na pequena viagem do Rio a Santos.

Nem de perto nem de longe se pode dele ter a imagem de um intelectual desgarrado da vida, ou por ela por assim dizer "poupado". Teve a sua dose de perseguições, de polémicas, de malquerenças, quer em Portugal, quer no Brasil (para onde se exilou, e que, passados cinco anos de permanência, lhe conferiria a cidadania).

Ali, por exemplo, extinguiram-lhe os Absolutistas o cargo de juiz de fora em Celorico da Beira, para que houvera sido há não muito nomeado. E tendo razões para temer mais graves represálias pelas suas convicções liberais (diz-se que em Coimbra tinha pertencido a agremiação secreta com essas inclinações), foi-se afastando: mas nem nos Açores liberais se sentiu em segurança, rumando ao Brasil.

Aqui, moveu-lhe grande cabala um deputado xenófobo, Lino Coutinho, que viu no seu manual de Direito Natural (Brotero, 1829) o que Brotero, prudentíssimo, mesmo com cuidadosas omissões (desde logo de autores malditos, como o barão d'Holbach, que contudo muito moderou no uso) pretendeu ocultar: que era obra (apesar de todos os seus defeitos e erros, desde logo confessados pelo autor, e em grande medida ditados pela forma da sua conceção: *currente calamo*, para servir de apoio a lições, de um dia para o outro: e não olvidemos o título do manual, de simples Princípios *compilados* pelo autor) excessivamente moderna (dir-se-ia, abreviadamente), e, portanto, perigosíssima. Almeida Nogueira considerou que a condenação se deveu "ao atraso mental da época" em contradição com as vistas progressivas o lente. A catilinária do parlamentar é vergonhosamente plena de verrina (Reale fala de um "dilúvio de insultos"), o ministro da tutela lavou as mãos mais que Pilatos, e a decisão final, embora em estilo pesadão e burocrático, foi uma desautorização da Academia.

Desta triste peripécia parlamentar – note-se que o manual universitário foi avaliado pelo parlamento – teria resultado uma metamorfose ou eventualmente um aprofundamento de tendências do nosso autor para uma certa rigidez, misantropia e afins, que Miguel Reale identifica com os traços do *ressentido*. Talvez este introito faça pensar nisso, embora possa ter sido mera antevisão do desfecho da obra: "Se a vossa censura é filha da maledicencia, e capricho, sois uns entes nullos no Universo; se ella porém é filha do amor da verdade, então sois homens bem fazejos, e imitaes ao Creador." (Brotero, 1828: 1).

E o mesmo mestre das Arcadas remete para o médico literato e ensaísta espanhol Gregorio Marañón... Não descobrimos em que obra, que a pena do endocrinologista pensador foi fecundíssima. Mas continuaremos a procurar.

Depois de haver escrito com tanto sacrifício e rapidez uma obra que deveria envergonhar os Papinianos de nenhuns ou parcos escritos, para recordar a saborosa e justíssima expressão de Teixeira de Freitas [já naquele tempo os que não fazem, ou pouco e mal empreendem, são a *retarding force* na ciência (Gillman, 1996) molestando quanto podem os que, com sacrifício, produzem], imagine-se a humilhação de Brotero ao ter de, durante quatro décadas, ensinar pelo manual alheio e rebarbativo de Perreau *Éléments de législation naturelle*, que era todo dogmatismo e já de si nada original. Cremos que não se pode propriamente considerar um elogio o facto de, numa reimpressão da obra, em Paris, em 1834, se lhe ter aposto a seguinte nota no frontispício: "ouvrage adopté par les Cours juridiques de Saint Paul et Olinda au Brésil".

Suceder-se-iam com esta personagem (que personagem é) os episódios de fricção. Mas não é isso a vida? A nosso ver alguns são episódios muito reveladores, e até transhistóricos.

Sempre que em São Paulo passamos na região da República pelo Largo do Arouche (que já teve melhores nomes: Largo do Ouvidor, Largo da Artilharia, e até Praça Alexandre Herculano), recordamos um dos mais notórios inimigos de Brotero. Foi ele. Era um diretor da Faculdade, o tenente general Arouche, que os anais dizem ter sido nomeado aos 71 anos diretor da Faculdade (teria Brotero ainda nem sequer trinta), e que seria doutor em *Leis e Armas*. Não sabíamos que existia tal graduação... Era também fazendeiro de chá, dono da região onde está hoje o seu largo, a praça da República e a atual Vila Buarque.

Embora nunca tivesse assistido sequer a uma aula do decano da Casa, era contrário à pedagogia prática pelo lente desenvolvida, aliás precursora do método de debate nas aulas. Não era menos xenófobo que o deputado: estigmatizando Brotero nos seus relatórios com esta direta e lapidar expressão: "este estrangeiro que veio ser o mentor da mocidade brasileira". Quem é que seria o ressentido?

Outra das questões de Brotero foi com a Diocese de São Paulo, por causa da sepultura a dar a um membro protestante da Academia (professor de um "Curso anexo" ao de Direito, regendo História, Filosofia e Geografia), o mítico Júlio Frank (Johann Julius Gottfried Ludwig Frank), de origem alemã, e fundador da sociedade secreta *Bucha* (na verdade, uma versão brasileira das germânicas *Burschenschaften* liberais).

Ainda hoje se pode ver num pátio da Faculdade das Arcadas um monumento certamente inusitado para esse tipo de instituição (embora pelo mundo fora haja inscrições e até monumentos funerários sobretudo a estudantes e professores caídos em combate: é o caso da Reitoria da própria Universidade do Porto, ou do prédio da Faculdade de Direito de Paris, para recordarmos duas que nos são próximas – mas são ou meras listas de nomes, ou monumentos coletivos), que culmina em obelisco, rodeado por quatro mochos ou corujas, de que se conta nem em dias da maior chuva se molharem... E contudo são bem visíveis. O Bispo não queria nem mesmo que fosse sepultado na Faculdade, por ser ainda terreno sagrado, pois assentada sobre o que houvera sido, pelo menos parte, do antigo convento de São Francisco.

Alguns autores avançam que Brotero seria de índole quezilenta ("de natural já ríspido e agressivo" chega a dizer até o prudente Reale). Pela análise dos vários casos que nos chegaram permitimo-nos discordar ou pelo menos colocar algumas reticências. Há uma cultura da resignação, do conformismo, e de uma falsa harmonia em muitas instituições, nomeadamente as académicas. E normalmente a culpa é atirada a quem perturba os equilíbrios mornos e mortos, a paz podre. Terá sido o caso do nosso autor, apesar de um dos fundadores da sua Faculdade? Provavelmente, porque a juventude das instituições, em si, nada prova relativamente à sua imunidade a avatares ancestrais, transmitidos por várias vias, entre as quais essa imitação de que falou Gabriel de Tarde (1895), e que René Girard (1978) explicitaria perigosamente, nas suas relações com a violência e a rivalidade, entre outros aspetos menos vindos à tona do discurso corrente.

Brotero não fez mais do que faria uma pessoa normal, com honra, com dignidade, com sentido das responsabilidades. E em muitos casos não foi ele que provocou as desavenças. É curioso como por entre um ar em geral laudatório, alguns dos que se lhe referem parece deixarem escapar alguma reticência, sempre. O que será que parece incomodar em Brotero? Claro que não seria um génio dos génios (embora assim se lhe refira, mas a par de Arouche, António de Campos Neto), mas intriga-nos o "senão" que julgamos descortinar em mais de um autor. Ainda que seja só para falar de ressentimento.

Mesmo que o fosse (não ousamos sondar, a esta distância e com tão poucos dados, tais situações), não seria cabalmente justificada, depois do desfeiteamento de que foi vítima?

A verdade é que sempre, ressentido ou não (será que não deveríamos antes dizer apenas "melindrado": e que realmente sabemos nós?), é notada nas observações de outros o aprumo, a dedicação, do ora secretário ora diretor da Faculdade, mas também os arroubos oratórios que (a despeito de uma peculiaridade que, decerto por a mente voar mais rápida que a voz, o fazia trocar sílabas e palavras – "limenta com pimão", "Imperial Constitucionador" – a que se chamou *broteradas*, dando algum efeito cómico) levavam mesmo os estudantes a aplaudir as suas aulas. O que parece terá sido então proibido, mas na prática tolerado. Os ecos da primeira aula de Direito em São Paulo, cuja honra lhe coube, falam de uma apoteose... Cremos que o tema também não seria para menos. Em vez do Direito divino dos reis, falou Brotero sobre o *Direito Divino dos Povos*.

Disse-se que em casa levava e aos demais fazia levar vida claustral, tendo ensinado os filhos dentro de portas até aos 16 anos (inspirado contudo em educador britânico), e havendo-lhes depois legado somas para que pudessem viver dos rendimentos, sendo particularmente interessante a recomendação à filha, de que gerisse bem o seu pecúnio, não se desfizesse dos seus títulos, e se não deixasse escravizar.

Casado com uma menina americana nascida e educada em França quando se recolheu à ilha do Faial, nos Açores, refugiado dos ares antiliberais da metrópole lusitana (Ann ou Nancy Dabney, filha do cônsul geral dos EUA), parece que a esposa, contudo pacientíssima e de humor excelente, se queixava (cremos que algo injustamente) de São Paulo e da vida monacal da família... É possível. Não deixa contudo de ser eloquente o ideal de vida que o mesmo Brotero assim deixa exarado por escrito: "Feliz aquele que, no seio de seus deuses domésticos, se esquiva ao fracasso das tempestades públicas e num doce abrigo furtando-se a todos os olhares, cultiva seu jardim, as virtudes e as artes". É um poema de Delille, no seu *L'Homme des Champs*, mas é com ele que remata o seu compêndio... Como que num *Deo Gratias*. Para um estudioso este ideal de vida não parece muito desajustado.

Dario Abranches Viotti, por ocasião do centenário do seu falecimento, lembra também outro verso alheio que Brotero aplicou a si. Quase poderia ser uma divisa, da qual se podem extrair muitas lições de vida: "aprendi a ser parco, a ser, com honra, independente e pobre".

Será que esta disciplina e autodisciplina o teria tornado também insensível, e sobretudo socialmente cauterizado? É fácil julgar, e hoje, de longe, esquecendo o contexto da época e da mentalidade imperante, argumentar com uma passagem do seu como que diário (o seu "Livro Mestre"), aparentemente o cúmulo da frieza e do argentarismo, em que anota a venda de um escravo: "Mulato Joaquim que custou 564$20 foi vendido por 419$560 – perdi 141$560".

Estas anotações são perigosas; a sua interpretação pode ser quase tudo o que se quiser. Mas o mais importante sublinhar neste contexto é que nesses tempos, e mesmo um pouco depois, havia mesmo gente ilustrada escravagista, mesmo republicanos escravagistas. É interessante como no seu *La plus belle histoire de la philosophie*, em diálogo com Claude Capelier, Luc Ferry (2014) se demora em considerações sobre esse fenómeno em França.

Diga-se em abono de Brotero que algures ele afirma numa nota de rodapé ser legítima até a guerra civil contra o esclavagismo. Virtudes públicas e vícios privados? Ou apenas um pensamento compartimentado?

II. Encruzilhada de Tempos

Nenhuma obra surge desintegrada da *sua circunstância* (como Ortega o disse, no singular, apesar de o novo-riquismo da citação fácil a colocar no plural). Nem as conceções pessoais, do quotidiano, com repercussão social (como a questão esclavagista), nem as conceções teóricas ou doutrinais (como as expostas em aulas ou em obras de vocação mais vasta) tudo resumem, e muito menos de per si. E o exagero contrário, criticado *v.g.* por Pierre Clastres (1997: 84), é do mesmo modo criticável.

Cumpre aludir um pouco agora a essa encruzilhada de tempos em que se vê de algum modo preso Avellar Brotero.

O seu tempo (1798-1873), para mais em boa parte vivido em locais (Portugal e depois Brasil) de dir-se-ia mais atenuadas (porque periféricas) vagas históricas, chegando aí as revoluções com certa demora, e matizadas pelos filtros locais (isso justificará o jusracionalismo e o liberalismo luso-brasileiros, com todas as suas complexidades – v. Braz Teixeira, 2009), é também tempo de fins e de começos, tempo de encruzilhadas e de pontes, de transições, de ruturas e de renovações. Como todos, dir-se-á. Como todos, sim: mas mais uns do que outros. E alguns mais dramaticamente e outros mais eloquentemente (e outros ambas as coisas) que os demais.

Tempo, antes de mais, em que parece imperar ainda o Jusracionalismo em filosofia, e começa a despontar o Liberalismo (o velho, com nada a ver com o que por aí se apregoa hoje em dia) em política.

Um dos problemas mais complexos da compreensão e da exposição do Jusracionalismo prende-se, desde logo, precisamente com os seus limites temporais. Os quais são determinados, em cada ordem jurídica que se considere, pela presença, precoce ou tardia, de determinados elementos caraterizadores (como parece ser óbvio). A questão está nesses elementos e na sua escolha, que parece determinar previamente ou em pano de fundo as escolhas dos cortes temporais, e várias outras, de classificação, catalogação, etc..

O Jusracionalismo, consoante seja votado a abranger períodos mais ou menos vastos "antes" e "depois" de uma época "central", formalmente colocada no séc. XVIII, acaba por se (con)fundir, hibridizando-se ou justapondo-se, com realidades muito variadas (e até antagónicas, por vezes, pelo menos em alguns dos seus aspetos). Por exemplo: desde o romantismo e o positivismo jurídicos (embora o primeiro possa ter recortes complexos, como se vê pela conhecida obra de Carl Schmitt – 1919), e também o revolucionarismo liberal e até democrático, na extensão mais para o séc. XIX. Ou então, num alargamento temporal simétrico, ver-se-á, caminhando em sentido inverso ainda algum direito divino dos reis (não no caso de Brotero, que explicitamente o considerava uma mera ilusão, exploração pelos monarcas (e provavelmente não só) da ignorância e superstição dos governados.

Não apenas do direito divino dos reis especificamente. Há todo um lastro de Absolutismo (que pode assumir, claro, e normalmente é essa a cor local que assume, a veste de despotismo iluminado ou esclarecido) que pode vir a galope quando se alargam os horizontes para o passado, mesmo o passado simplesmente setecentista. O Absolutismo (falando agora só do nosso quadrante luso-brasileiro) é traço dominante e claro no *Tratado de Direito Natural* de Tomás António Gonzaga (1957) (que depois passaria – é o tempo e a experiência – a adepto da Revolução Francesa), claríssimo no projeto de Novo Código de Direito Público de Pascoal José de Melo Freire dos Reis, para só nomear dois momentos altos dessa época. Mas mais, e mais além. Da mesma forma que ocorria, por exemplo em Espanha, na própria formação dos deputados às Cortes de Cádis (Suanzes-Carpegna, 1983), também a formação do pessoal político e intelectual do mundo de língua portuguesa não deixará de ter uma expressiva tendência de um tempo anterior ainda (e isso explicará muita da reação a algumas novidades, e obviamente mais face às menos tradicionais). Há assim a considerar ainda um fundo pelo menos em eco, em reminiscência, pelo menos retórico, de algum sabor escolástico tardio. É a nosso ver claro ainda esse tom na exposição de Mello Freire à Rainha para a reabilitação do "Marquesinho" de Távora.

Obviamente que este tipo de resíduos e derivações (tomemos de empréstimo e *cum grano salis* conceitos de Pareto -1968) não são privativa situação do Jusracionalismo ou do seu gémeo cultural Iluminismo (a que outros preferem Ilustração, ou Esclarecimento – só a palavra daria toda uma outra discussão). Mas há mais que isso: por alguma razão o sábio filósofo do Direito (restaurador da Filosofia do Direito na Universidade Portuguesa, coroando anos depois o apelo do seu colega, ainda estudante, Paulo Merêa, na conferência *Idealismo e Direito* (1913), querendo brincar com a vontade de limitação da matéria para estudo de alguns estudantes, teria um dia dito nas aulas do 6° ano jurídico de Coimbra (equivalente ao Mestrado, talvez até a mais, em termos absolutos), algo como isto:

"– Meus senhores, este ano vamos estudar apenas o séc. XVIII".

Seguindo-se um suspiro coletivo de alívio mesclado com um ar de surpresa, por tamanho bodo aos pobres, o catedrático da Lusa Atenas, atalha, sem que o auditório pudesse ter-se refeito:

"– Evidentemente, senhores, o séc. XVIII, *para trás e para diante*".

Encontra-se decerto nesta anedota, que ouvimos ao nosso saudoso Mestre Rogério Ehrhardt Soares, a lição certeira da centralidade não cronológica mas espiritual desse tempo de viragem essencial a que não por acaso se chama Século das Luzes.

O nosso Conselheiro Brotero poderia ser colocado facilmente no séc. XIX, que foi o seu cronologicamente, ou então (como o próprio séc. XIX jurídico e jurisfilosófico e jusconstitucional luso-brasileiro) ser colocado lá, mas um pouco fora também, como que a meio-caminho?

Afigura-se-nos que Brotero estará longe de ser verdadeiramente um filósofo consumado do Direito. Antes foi um professor cumpridor e consciencioso, que não recuou (ao contrário de tantos) mesmo diante da regência de cadeiras enciclopédicas (e diriam alguns "hidras de mil cabeças" e "ensinos impossíveis") – veja-se a disciplina de "Direito Natural, Público, Análise da Constituição do Império, Direito das Gentes e

Diplomacia", e para mais dando à estampa manual, literalmente da noite para o dia. Por isso, não nos parece que em matéria de análise filosófica do que diz se possa ir muito mais longe que Miguel Reale, assinalando, no fundo, o seu ecletismo.

Desbastando as páginas do verdadeiro folhetim compilado que é o seu manual de Direito Natural, não se vê muito mais que a necessidade de conciliar uma formação clássica, cristã e católica (não esqueçamos que por sua vontade a esposa se batizaria católica antes de casarem), com algumas novidades filosóficas mais ousadas, nomeadamente em certo "sensualismo de esquerda", mas não materialista. Curiosamente bebido em alguns franceses, que muito cita em rodapé, no original (o que lhe foi criticado), mas não tanto em Montesquieu (embora seja favorável, evidentemente, a uma separação dos poderes, mas diversa da do autor do *Espírito das Leis*) nem nos Ingleses (à exceção de Locke), nem em Kant. O que debilita mesmo o seu ecletismo...

Digamos que, para além das posições mais essenciais e essencialistas, cuja imediata influência jurídica nem sempre é apercebida, Brotero, sempre com um ou outro pé na tradição, avança. Nele parece confluir uma filosofia geral ainda em grande medida iluminista, e uma filosofia constitucional que começa a ensaiar alguns passos demoliberais.

Daí que não pareça (nem seja) grandemente original quanto à primeira, e possa aparentar excessivamente reticente, para alguns, ou muito avançado, para outros, quanto à segunda, conforme o ponto de observação ideológico (sobretudo esse) em que eles se coloquem. Sem dúvida um autor de transição, que, nas suas palavras, chega a pedir aos leitores que componham, que conciliem, os autores desavindos.

Autor assim eclético. Como eram aliás na época os professores e continuaram a ser por muito tempo, parecendo esse traço quase um *ethos*, não apenas dos autores lusitanos, mas em geral dos de língua portuguesa. Traço curioso, este, que alguns outros caracterizam com expressões como "mais ou menos", nem sempre na verdade querendo significar imprecisão e falta de rigor científico ou filosófico, mas, também, escrúpulo em apresentar uma tese simplista, unilateral e dogmática em duas penadas de uma frase, forma de matizar e de manifestar ao menos uma pequena reserva mental face a uma fórmula quase necessariamente deformadora.

É também fácil para qualquer consumidor de ideias fortes já feitas estigmatizar o ecletismo como "nem-nem-ismo" (Barthes, 1978) (de tipo burguês ou outro), e pode mesmo louvar-se de passagem bíblica: "Assim, porque és morno, e não és frio nem quente, vomitar-te-ei da minha boca" (Ap. III: 16).

Porém, o ecletismo pode ser meias-tintas e meias-palavras, mas pode ser outra coisa, pode ser até sábia dialética, ou união de contrários, *coincidentia oppositorum*.

É necessário reabilitar algumas formas de ecletismo, na medida em que não correspondam a mera preguiça compiladora, simples justaposição não crítica nem dialetizada de contrários. É diferente quando o ecletismo se eleva a irenismo capaz de sínteses das antíteses entre si que são as diferentes teses desavindas.

Este ecletismo luso-brasileiro, que nos legou uma Ilustração (e não só) tão conciliadora ao nível de algumas ideias, e de tantas continuidades, terá as suas virtualidades.

Evidentemente, o que tem de menos bom é o que parece ter derivado das pressas de Brotero na confeção do seu livro principal. E, evidentemente, da anterior falta de maior e mais profunda e abrangente preparação filosófica do autor. Mas isso é tão normal entre os juristas – Michel Villey foi claro nessa confissão por todos, ou quase todos – quanto a já assacada falta de preparação jurídica mesmo de gigantes da filosofia pura como um Kant ou um Hegel. Para não falar em menos gigantes que falariam depois, com muita fama e aplauso...

Daí, como é sabido, uma clássica e não muito agradável conversa de quase surdos entre a filosofia do direito dos juristas e a dos filósofos. Apenas *mutantes*, navegando nas duas águas, são capazes de a superar. É de prestar homenagem a Brotero, que conseguiu prodigiosamente desincumbir-se da tarefa, que impunha conhecimentos de umas e outras das matérias. Embora fosse, cremos, antes de mais um jurista.

Donde resultou, pois, alguma amálgama de ideias, sempre envolta de cipoais eruditos, para usar uma expressão tanto cara a Miguel Reale como a António Sérgio. Erudição, outra das vias perdidas para uma banalização pseudo-investigadora nos tempos atuais de muito mais pressas e muito menos cuidados que os do probo Avellar Brotero.

III. Encruzilhada de Saberes

Há a mania de provincianamente dar por novidade a pólvora que já foi inventada e mais ainda de nos maravilhar com tudo o que é alheio, desprezando o legado dessa "civilização" (ou cultura) em perigo, mas realmente valiosa, a luso-brasileira, como (obviamente com a *cor local* do seu tempo) sublinhou o grande sociólogo Gilberto Freyre (2010).

Alguns se fascinam com a geminação e o hibridismo de constitucional e filosófico no Direito, por exemplo. Mas uma das primeiras *démarches* no "fazer a ponte" entre o constitucional e o jurisfilosófico é para mais uma obra em língua portuguesa, e precisamente da autoria do primeiro Lente do curso jurídico de São Paulo, o nosso Brotero.

Avellar Brotero deveria obrigar a reescrever muitas das histórias do Direito Constitucional por esse mundo fora. E, mais que reescrever, a recontar a tradição ou o mito oral.

Na verdade, tudo parece indicar que precedeu o italiano naturalizado francês Pellegrino Rossi, que posa para a posteridade (um pouco por toda a parte em que a questão histórica do ensino do Direito Constitucional se tem colocado, sendo uma atribuição sobretudo mítica ao autor da grande teoria da Constituição como contendo as *têtes de chapitre* de cada ramos do Direito) como pioneiro do ensino desta disciplina.

Na verdade, Rossi só viria a dar aulas em Paris em 1834-1835 (curso conturbado, que aliás acabaria por fechar ao cabo de escassos três meses), sendo que Brotero seria nomeado a 12 de outubro de 1827 por D. Pedro I, Imperador do Brasil, precedendo mesmo a criação dos cursos jurídicos paulistas, criados a 11 de agosto de 1928.

Mesmo pensando que Brotero só dará a sua primeira aula no início de 1829, ficaria nos anais com a prevalência. E deu a sua aula em português, e na América. Não por acaso *ao sol do Novo Mundo*...

É que o Direito Constitucional – tal não foi visto durante demasiado tempo – é realmente, quando bem entendido, um *novo mundo* no Direito. Não, evidentemente, um novo continente (as metáforas da continentalidade jurídica tiveram o seu tempo), mas inequivocamente o caminho para um novo paradigma. E tal ocorre mesmo com o próprio Direito Constitucional em si, aparentemente "clássico", o saído do constitucionalismo moderno. Não falamos agora nem do Constitucionalismo novíssimo de hoje, nem do Direito Constitucional natural (Ferreira da Cunha, 2014), histórico, que também nos dá lições interessantíssimas, mas não propriamente deste âmbito (Rothenburg, 2010: 45 ss.).

E é sintomático, é simbólico mesmo, que no Brasil, em que o chamado *neoconstitucionalismo* tem pujantemente desabrochado (numa aliás fecunda ambivalência), a cadeira que Avellar Brotero inauguraria era votada a um ensino já pelo menos multidisciplinar, basicamente assente nos pilares jurisfilosófico, constitucional e internacional. O seu nome era, esclarecedoramente, como vimos: *Direito Natural, Público, Análise da Constituição do Império, Direito das Gentes e Diplomacia.*

Deste ensino ficou-nos pelo menos uma obra, sintética, como era timbre dos trabalhos universitários da época, precisamente com título "misto": *A Filosofia do Direito Constitucional* (Brotero, 2007).

Vale a pena revisitar um tal estudo, e desde logo admirar o seu autor pelo desassombro e coragem de muitas observações democráticas, que não seriam então ainda politicamente corretas, pelo menos em muitos setores poderosos da época. É de salientar nessa senda o pioneiro estudo de Fernando Dias Menezes de Almeida (2012: 365 ss.).

O simbolismo desta obra é mais notável ainda, e representativo de um tempo de desenvolvimento do diálogo entre estas matérias. Desde logo, começando o título da disciplina a que se destinava precisamente pela questão jurisfilosófica, o Direito Natural, debalde procuraremos nela um apartado sequer *ex professo* que a tal assunto se devote. Mais: o Direito Natural, que era ainda, na época (mercê de um fenómeno de alguma cristalização académica), uma referência obrigatória nas Universidades, é considerado, pelo autor, como ciência subsidiária da política, enquanto ciência. Mas subsidiária, cremos, na medida em que coadjuvante e inspiradora. Tudo nos dá muito para pensar e para especular.

A pressa mental e o arrojo sem maneiras nem freios com que hoje de uma intuição ou de um mero palpite se passa à teoria, e a facilidade com que a opinião pode ser propalada, e até aplaudida caso se tenha claque e meios, são de molde a obrigar-nos a alguma prevenção. Pode haver semelhanças em ideias, tempos e lugares diversos, mas é preciso pesá-los em balança de Minerva e de Témis para que nos possamos atrever a pronunciar algumas analogias. Não se faça assim, obviamente, passar Brotero por neoconstitucionalista *avant-la-lettre*. E essa corrente parece estar hoje em queda.

Mas do mesmo modo que não se pode colocar no mesmo saco o que pertence a estados e estádios diversos, também não se deve recusar aludir a certas pontes evidentes: não deixa de ser interessante que o ultrapassar da unidisciplinaridade esteja presente neste nosso autor. Desde logo por via da imposição didático-administrativa da grelha escolar. Mas mesmo assim.

Note-se, neste aspeto, que a parte filosófica se encontra pedagogicamente como que incrustada e efetivamente mais pressuposta que *posta* no contexto do Direito Constitucional. Poderia ser diferentemente. Mas isso leva-nos a pensar que se trata sobretudo de um jurista com preocupações filosóficas, um juspublicista que não se antolha e procura abrir aos estudantes outros horizontes.

Em tempos, como o nosso, de pós-disciplinaridade (Moyano, Coelho, Mayos, 2014), talvez a multidisciplinaridade de Brotero possa ser vista de outra forma, como erudição, ou cultura geral... Motivo para outras investigações, com pendor epistémico. Na verdade, a interdisciplinaridade nem sempre é levada a sério, nem utilizada sempre para os melhores fins (Moran, 2002)...

Nunca o Direito Constitucional, nem nos tempos mais positivistas, deixaria de ter como base uma certa fundamentação filosófica. Mas vai ser precisamente a assunção de um Direito Constitucional não alheio ao enfrentar das questões filosóficas que irreprimivelmente coloca (e que nele se põem) o fator determinante de uma nova feição neste Direito: não só ramo, mas ainda tronco, raiz e copa da árvore jurídica.

Portanto, o empreendimento de Brotero pode ver-se com simbolismo, em toda a sua ambiguidade: como que um perder-se da Filosofia no Direito Constitucional. Mas um perder-se para se (re)achar.

Como, aliás, ocorre um pouco hoje. Quando é cada vez mais complicado invocar-se autonomamente um Direito Natural, por exemplo, sem o vincular aos Direitos Humanos, aos Princípios Fundamentais e até aos Valores políticos que Declarações de Direitos e Constituições já em si acolhem e proclamam. Mas também *vice-versa*: quando Direitos Humanos, Princípios, Valores e Constituições não podem de modo algum legitimar-se (para além dos votos, legitimação politicamente imprescindível em democracia, mas axiologicamente formal) se não se firmarem numa fundamentação filosófica (Ferreira da Cunha, 2013, 2013). Cuja linguagem hoje é outra, na maior parte das vezes, mas não vemos como possa prescindir da mesma preocupação pela Justiça.

Desta dialética com complementaridade e subordinação teria tido Brotero alguma antevisão, embora em clave ainda formalista, quando observou, nos inícios da sua *Filosofia do Direito Constitucional* que: "(...) o direito natural nada mais é que uma abstração do direito civil em geral – na aceção da sua época de 'direito civil', não se referindo, pois, ao ramo ou conjunto de ramos do direito privado, recordemos – servindo de filosofia geral a todos os códigos, sendo, por isso, com razão chamado a metafísica do direito (...)" (Lição 1ª, parágrafo 1º, p. 25).

IV. Sendas do Passado e do Futuro

Avellar Brotero carrega sobre os ombros vários fardos: o peso enorme de ter sido um exilado (depois naturalizado, é certo) colocado em alto posto pelo próprio Imperador, um autodidata em filosofia, a quem foi cometida a tarefa hercúlea de ensinar das matérias mais altas e complexas na abertura do curso jurídico de São Paulo, do Império do Brasil.

Transporta ainda consigo as anedotas da sua língua menos ágil que a sua cabeça, o empolamento das embirrações com superiores e subordinados (curiosamente não com colegas nem – muito mais importante ainda – com alunos), e uma preocupação de contas privadas com um escravo que se sobrepõe a uma nota de rodapé em que não hesita em colocar um país em guerra contra a escravatura.

Embora a História tenha aparentemente tomado o seu partido no caso da censura parlamentar ao seu Manual, também se lhe assacam boa parte das críticas dos seus detratores.

Algumas das críticas a Brotero são pessoais, outras de grupo, outras de estilo ou escola. De qualquer forma, apesar de haver estudos mais biográficos (Viotti), mais publicísticos (Fernando Menezes), ou mais filosóficos (Reale) todos excelentes e em grande medida exaurientes, *ainda há ali oiro com que doirar alguns Vergílios...*

Da nossa parte, gostaríamos de retornar ainda ao tema, especificamente para enfatizar a modernidade político-constitucional do autor. Modernidade, claro, na perspetiva não encomiástica ou de sempre nele ver um profeta (e a verdade é que um par de vezes acertou em seus vaticínios históricos), mas de inventariar *o vivo e o morto* no seu pensamento. E o que eventualmente possa vir a renascer...

Bibliografia

ALMEIDA, Fernando Dias Menezes de, *Direito Constitucional nas Origens do Estado Brasileiro: Alguns pontos da obra do Conselheiro Brotero*, in "Revista Brasileira de Direito Constitucional", – "Revista Brasileira de Direito Constitucional", nº 19 – jan./jun. 2012, p. 365 ss..

ALMEIDA NOGUEIRA, *A Academia de São Paulo, Tradições e Reminiscências*, vol. 1. São Paulo, Saraiva, 1977.

BARROSO, Luís Roberto, em colaboração com Ana Paula de Barcellos, *Fundamentos teóricos e filosóficos do novo direito constitucional brasileiro (Pós-modernidade, Teoria Crítica e Pós-positivismo)*, in *"Interesse Público"* nº 19, 2003.

BARTHES, Roland, *Mythologies*, Paris, Seuil, 1957, ed. port.: *Mitologias*, trad. José Augusto Seabra, Lisboa, Edições 70, 1978.

BRAZ TEIXEIRA, António – "Iluminismo Luso-Brasileiro?", in *A Experiência Reflexiva. Estudos sobre o Pensamento Luso-Brasileiro*, coordenação de Maria Celeste Natário, Sintra, Zéfiro, 2009.

BROTERO, Conselheiro José Maria de Avellar, *A Filosofia do Direito Constitucional*, Introdução de José Afonso da Silva, São Paulo, Malheiros, 2007.

—, *Principios de Direito Natural compilados por...*, Rio de Janeiro, na Typographia Imperial e Nacional, 1829.

CAMPOS NETO, António Augusto Machado de – *Memórias de Júlio Frank*, in "Revista da Faculdade de Direito da Universidade de São Paulo", ed. Eletrónica: http://www.revistas.usp.br/rfdusp/article/viewFile/67613/70223 (consultada em 9 de maio de 2014).

CARVALHO, Joaquim de – *Introdução* ao resumo dos Livros I e II do *Ensaio Philosofico sobre o Entendimento Humano*, de John Locke, Coimbra, 1950.

CLASTRES, Pierre – *Ensaio Anexo* a *Discours de la servitude volontaire*, de La Boétie, trad. port. e prefácio de Manuel João Gomes, *Discurso sobre a Servidão Voluntária*, 2ª ed. refundida, Lisboa, Antígona, 1997.

FABRE, Jean, *Lumières et Romantisme*, Paris, Klincksieck, s/d..

FERREIRA DA CUNHA, Paulo, *"Iluminismo, Constituição e Utopia"*, in *Constituição, Direito e Utopia. Do Jurídico-Constitucional nas Utopias Políticas*, Coimbra, Faculdade de Direito de Coimbra, Studia Iuridica, Coimbra Editora, 1996, p. 251 ss. (tese de doutoramento na *Faculdade de Direito da Universidade* de Coimbra).

—, "As *Contradições do Jusracionalismo* (Cruz e Silva: um jurista literato do Século das Luzes)", in Pensar o Direito, vol. I. Do Realismo Clássico à *Análise Mítica*, Coimbra, Almedina, 1990, p. 53 ss.

—, *Constitution et Mythe*, com prefácio de François Vallançon, Quebeque, Presses de l'Université Laval, 2014.

—, *Direito Constitucional Geral*, 2ª ed., Lisboa, Quid Juris, 2013.

—, *Do Ofício de historiador do Direito. Revisitação da* metodologia historiográfica a propósito da Constituição do Império e José Bonifácio, "Convenit Internacional" 19 set-dez 2015 Cemoroc-Feusp / IJI – Univ. do Porto, p. 25-34.

—, *Droit naturel et méthodologie juridique*, Paris, Buenos Books International, 2012.

—, *Filosofia do Direito. Fundamentos das Instituições Jurídicas*, Rio de Janeiro, Editora GZ, 2013.

—, *La Constitution naturelle*, Paris, Buenos Books International, 2014.

—, *La Polémique du premier Manuel d'Histoire du Droit Civil Portugais, de Mello Freire. Suivant le Manuscrit de son critique, António Pereira de Figueiredo, in* "Quaderni Fiorentini per la Storia del Pensiero Giuridico Moderno", 23 (1994), p. 487 ss..

—, *Mello Freire Advogado. Notícia de um Manuscrito*, Separata de "Revista de Estudios Historico-Juridicos", Valparaiso, 1992-1993.

—, *Mello Freire, Advogado. Notícia de um (?) Manuscrito*, "Revista da Ordem dos Advogados", Ano 52, II, Lisboa, julho de 1992.

—, *Mythe et Constitutionnalisme au Portugal (1777-1826)*, Paris, Univ. Paris II, 1992 (policóp.), 3 vols.

FERREIRA FILHO, Manoel Gonçalves, *Notas sobre o Direito Constitucional Pós-moderno, em particular sobre certo Neoconstitucionalismo à brasileira, in* "Systemas – Revista de Ciências Jurídicas e Econômicas, vol. 2, nº 1, 2010, pp. 101-118.

FERRY, Luc/CAPELIER, Claude, *La plus belle histoire de la philosophie*, Paris, Robert Laffont, 2014.

FRANCISCO, José Carlos (org. e coautor), *Neoconstitucionalismo e Atividade Jurisdicional – Do Passivismo ao Ativismo Judicial*, Belo Horizonte, Del Rey, 2012.

FREYRE, Gilberto, *Uma Cultura Ameaçada e outros ensaios*, ed. de Recife, Fundação Gilberto Freyre, 2010.

GAOS, José, *En torno a la Filosofia Mexicana*, México, 1980.

GILLMAN, Dr. Mark A., *Envy as a Retarding Force in Science*, Aldershot/Brookfield, USA/Hong Kong *et all.*, Avebury, 1996.

GIRARD, René, *Des choses cachées depuis la fondation du monde*, Paris, Grasset, 1978.

GOMES, Luiz Flávio/OLIVEIRA MAZZUOLI, Valerio de, *Direito Supraconstitucional*, São Paulo, RT – Editora Revista dos Tribunais, 2010.

GONÇALVES MAGALHÃES, Domingos, *Factos do Espírito Humano*, 3ª ed. (1ª ed. 1858), Lisboa, IN-CM, 2001, p. 57.

GONZAGA, Tomás António, *Tratado de Direito Natural*, Rio de Janeiro, Ministério da Educação e Cultura, Instituto Nacional do Livro, 1957 [ms. original de data incerta].

GUSDORF, Georges, *Naissance de la conscience romantique au siècle des Lumières*, Paris, Payot, 1976.

MARTINS, Ana Luiza/BARBUY, Helena, *Arcadas. Largo de São Francisco: História da Faculdade de Direito da Universidade de São Paulo*, Melhoramentos/Alternativa, 1990.

MERÊA, Manuel Paulo, *Idealismo e Direito*, Coimbra, França & Arménio, 1913.

MORAN, Joe, *Interdisciplinarity*, Londres e Nova Iorque, Routledge, 2002.

—, *Neoconstitucionalismo*, coord. de Regina Quaresma, Maria Lucia de Paula Oliveira, Farlei Martins Riccio de Oliveira, Rio de Janeiro, Forense, 2009.

MOYANO, Y./COELHO, S./MAYOS, G. (eds.), *Postdisciplinariedad y desarrollo humano. Entre pensamiento y política*, Barcelona, Red ed, 2014.

PARETO, Vilfredo, *Traité de Sociologie Générale*, com prefácio de Raymond Aron, Genève/Paris, Droz, edição de 1968.

RAMOS, Elival da Silva, *Ativismo Judicial. Parâmetros Dogmáticos*, São Paulo, Saraiva, 2010.

REALE, Miguel, "Avelar Brotero ou a Ideologia sob as Arcadas", in *Horizontes do Direito e da História*, 2ª ed., São Paulo, Saraiva, 1977

ROTHENBURG, Walter Claudius, *Direito Constitucional*, São Paulo, Verbatim, 2010, p. 45 ss..

ROVIRA, Maria del Carmen, *Eclecticos Portugueses del Siglo XVIII y Algumas de suas Influencias en América*, México, 1958.

SCHMITT, Carl, *Politische Romantik*, Dunker und Humblot, 1919, ed. Eletrónica: https://archive.org/details/politischeroman00schmgoog (consultada em 10 de abril de 2015).

SILVA DIAS, J. S. da, *O Ecletismo em Portugal no Século XVIII*, Coimbra, 1972.

SUANZES-CARPEGNA, Joaquín Varela, *La Teoria del Estado en los Origenes del Constitucionalismo Hispanico (Las Cortes de Cadix)*, Madrid, Centro de Estudios Constitucionales, 1983.

TALMON, J. L., *Romantismo e Revolta*, trad. port. de Tomé Santos Júnior, Lisboa, Verbo, s.d. (ed. orig. 1967).

TARDE, Gabriel de, *Les Lois de l'imitation*, Paris, 1895, trad. port., *As Leis da Imitação*, Porto, Rés, s/d..

VEYNE, Paul, *Comment on écrit l'histoire*, Paris, Seuil, 1971, trad. port., *Como se escreve a História*, Lisboa, Edições 70, 1987.

VILLEY, Michel, *Préface* a *Métaphysique des Moeurs. Première Partie. Doctrine du Droit*, de Kant, 3ª ed. fr., tr. de A. Philonenko, p. 7 ss..

VIOTTI, Dario Abranches, *O Conselheiro José Maria de Avelar Brotero*, in "Revista da Faculdade de Direito da Universidade de São Paulo", vol. 69, nº 2, 1974.

9

ALEXIS DE TOCQUEVILLE

(PARIS, 1805-CANNES, 1859)

Os vícios e as fraquezas do governo da democracia vêem-se sem dificuldade; são demonstráveis por factos evidentes, ao passo que a sua influência benéfica se exerce de uma maneira insensível, e por assim dizer oculta. Os seus defeitos impressionam à primeira vista, mas as suas qualidades só se descobrem no longo prazo.
Alexis de Tocqueville

É-nos hoje comum a associação entre liberdade e democracia, parecendo esta última uma especificação pura e simples e natural do primeiro valor político. Mas nem sempre foi assim. Para Tocqueville, como, aliás, para alguns dos primeiros liberais (como o português Alexandre Herculano, por exemplo) poderia haver problemas na associação entre liberdade e democracia, e esta última não era um ideal sem escolhos. O autor será sempre um aristocrata por estilo e estirpe e um democrata pela razão e pela vontade.

Com efeito, de linhagem aristocrática (seus pais escaparam à guilhotina no 9 do Thermidor), Alexis de Tocqueville estuda uma das matérias tradicionalmente conservadoras, o Direito (forma-se em Paris em 1825), e inicia a sua carreira como juiz-auditor em Versalhes, em 1827. Sentia, porém, o apelo da investigação e da ação política. Começaria pela primeira.

Com o seu amigo Gustave de Beaumont, convence o Governo francês a conceder-lhe uma licença para, a expensas próprias, estudarem o sistema prisional americano, de que se diziam maravilhas. Na verdade, Tocqueville queria ver a democracia em ação, e isso estava então a acontecer na América. Por temperamento, era aristocrata, mas sentia-se racionalmente atraído para a democracia, e queria resolver esse seu dilema.

Por todo o lado se lhe abrem as portas no Novo Mundo, nessa estada que dura quase um ano, entre 1831 e 1832. Regressa com notas abundantes para os dois volumes do seu *Da Democracia na América* (1835), uma obra que em certos passos quase supera o seu modelo, Montesquieu. Quanto ao sistema prisional, Tocqueville concluiria paradoxalmente que, ao contrário do que se pensava na Europa, boa parte dos resultados dos Americanos se deveria ao uso... do chicote. No ano seguinte à sua vinda da América, apresenta, com o seu companheiro de viagem, o relatório *Du Système Pénitentiaire aux États-Unis et de son Application en France*.

Tocqueville pede a demissão de juiz e passa a advogar, interessando-se também, fulgurantemente, pela política, primeiro com um desaire eleitoral, mas chegando mais tarde a deputado (1839). E, dez anos volvidos, acabará por ser ministro dos Negócios Estrangeiros, embora por escassos cinco meses. A política desilude-o. Retira-se em 1851 para estudar a Revolução Francesa, de onde tudo afinal deriva. Publica *O Antigo Regime e a Revolução*, obra que desfaz os lugares-comuns sobre o tema, em 1856. Doente crónico, morre precocemente.

Mais que político ativo, é um intelectual de fina sensibilidade e visão larga. E conseguiu o reconhecimento dos seus pares e das instituições de alta cultura relativamente cedo: foi membro da Academia das Ciências Morais e Políticas um ano antes de conseguir a cadeira de deputado, e foi eleito para a Académie Française sete anos antes de sobraçar a pasta de ministro. Sinal de que as honras não vieram pelo poder.

Tocqueville disseca os prós e os contras da democracia americana. Não lhe escapa o racismo, ou a tirania da maioria, nem o governo do dinheiro, ou o desprezo pela filosofia. Prevê a partilha do mundo entre os EUA e a Rússia. Considera, enfim, que só a veneração pelo Direito e uma sólida moral alicerçavam a democracia americana. Deteta na Revolução Francesa uma revolução "religiosa", alimentada pelos filósofos, assim como a insuspeitada continuação natural de um trabalho intelectual e administrativo de há muito em execução, e que seduzira todas as classes, inclusive as mais privilegiadas, que chegaram mesmo a excitar os ânimos dos desprotegidos.

Tocqueville alude a matérias políticas na maioria dos seus escritos. As suas considerações sobre o poder da maioria e a lei injusta têm particular importância. Não deixou de se preocupar com a escravatura e a questão colonial.

Mas importa sobretudo vê-lo como fino sociólogo, e realmente cientista e filósofo político, que soube conciliar a intuição com um aturado estudo "no terreno", juntando factos e explicações (e intuições). Apesar de durante muito tempo silenciado no continente europeu, é autor obrigatório nas universidades inglesas e americanas, tendo já há algum tempo despertado entre nós o interesse pela sua obra.

Como observou o sociólogo Robert Nisbet, o que realmente distingue *A Democracia na América* de outros livros do século XIX sobre a democracia é surpreender-lhe o elemento trágico. A sua prosa *límpida e triste* (como afirma, n'*As Etapas do Pensamento Sociológico*, p. 25, o agudo Aron, amenizando um juízo apenas melancólico em Sainte-Beuve) cativa pelo tom clássico de um profetismo resignado.

Bibliografias

Bibliografia ativa principal/específica

Du Système pénitentiaire aux États-Unis et de son application en France (1833 – com Gustave de Beaumont); *De la Démocratie en Amérique* (1840); *L'Ancien régime et la révolution* (1856).

Edições correntes/recomendadas

TOCQUEVILLE, Alexis de, *Correspondance et œuvres posthumes*, Paris, Michel Lévy, 1866.

—, *Mémoire sur le paupérisme*, "Bulletin des sciences économiques et sociales", ano 1911, Paris, Imprimerie Nationale, 1915.

—, *L'Ancien Régime et la Révolution*, ed. de J. P. Mayer, Paris, Gallimard, 1967.

—, *De la Démocratie en Amérique*, Paris, Garnier-Flammarion, 1981, 2 v.

—, *Œuvres Complètes*, Paris, Gallimard, vv. v.

Bibliografia passiva seletiva

AA. VV., *L'Actualité de Tocqueville*, Actas do Colóquio de Saint-Lô, Sete 1990, *Cahiers de Philosophie Politique et Juridique*, Universidade de Caen, 1991.

BRUNIUS, Teddy, *Alexis de Tocqueville: the Sociological Aesthetician*, Upsala, 1960.

FERREIRA DA CUNHA, Paulo, "Alexis de Tocqueville", *in Sociedade e Direito*, Porto, Rés, s.d., p. 145 *et seq.*

JARDIN, André, *Alexis de Tocqueville (1805-1859)*, Paris, Hachette, 1984.

LAMBERTI, Jean-Claude, *Tocqueville et les deux démocraties*, Paris, Preces Universitaires de France, 1983.

MANENT, Pierre, *Tocqueville et la nature de la démocratie*, Paris, Juliard, 1982.

MAYER, J.-P., *Alexis de Tocqueville*, trad. de Joseph Sorin, 3ª ed., Paris, Gallimard, 1948.

10

JOHN STUART MILL

(LONDRES, 1806-AIX-EN-PROVENCE, 1873)

> *Creio que o principal fim do melhoramento social deva
> ser preparado através da educação para uma situação da
> sociedade que combine a maior liberdade pessoal com a
> justa distribuição dos frutos do trabalho, situação que as
> vigentes leis sobre a propriedade não permitem atingir.*
> John Stuart Mill

Uma das grandes aportações dos velhos liberais à sabedoria política, e não sem mais ou menos longínquas repercussões jurídicas ou em medidas legislativas, é a proclamação de uma verdade que deveria ser para todos evidente, e da qual se deveriam tirar as óbvias consequências: a liberdade está condicionada sempre pela propriedade. Sem esta, pelo menos num certo grau, não há aquela. Não há mesmo a mais elementar dignidade da pessoa humana. John Stuart Mill contribuirá para essa proclamação essencial.

John Stuart Mill é um pensador-chave no pensamento liberal anglo-saxónico. Filho de James Mill, pensador utilitarista que o educou severa e minuciosamente (aprendendo Grego aos 3 anos e completando a sua formação económica aos 16), para mais sob o conselho do mestre utilitarista Jeremy Bentham, John Stuart Mill sofreria uma profunda crise pelos seus 20 anos. A tal colapso se seguiria um maior afastamento das teorias paternas, em geral numa perspetiva mais moderada e idealista, e também mais original. Vogou então pela sensibilidade e pela estética, frequentou Coleridge, Wordsworth e os românticos-clássicos alemães. Assim, aos 24 anos, fundou a revista radical *London and Westminster Review* e na legislatura de 1865 fez-se eleger deputado pelos liberais.

Profissionalmente, Mill foi alto funcionário da Companhia das Índias Orientais, de que só se reformaria em 1857, no seguimento de alterações na estrutura dos negócios britânicos na Índia. No próprio ano da sua morte, deu à estampa uma impressiva autobiografia.

O seu trabalho mais clássico é *On Liberty*, de 1859, em que avança a teoria, que viria a ter uma interessante posteridade, segundo a qual as restrições à liberdade individual só se podem justificar quando tal liberdade prejudique os demais (a "harm theory"). Já o seu *Utilitarianism*, de 1861, foi normalmente incompreendido. Insiste na busca da felicidade pelos homens, mas não deixa de dividir entre prazeres altos e prazeres baixos – o que faz muita diferença. Inspirado e apoiado pela confidente literária que haveria de tornar-se sua mulher, Harriet Taylor, Mill publica em 1869 *The Subjection of Woman*, em que proclama a igualdade de direitos.

Outras obras dignas de nota são ainda *System of Logic*, 1842, *Principles of Political Economy*, 1848, *Considerations on Representative Government*, 1861, e os póstumos *Three Essays on Religion*, 1874.

Na boa coerência liberal, John Stuart Mill considera a propriedade uma condição da liberdade, mas não é um fanático da propriedade pela propriedade, porque precisamente se trata de dar liberdade a todos, e não apenas a um grupo restrito que acumule toda a propriedade. Como afirma C. B. Macpherson (*The Life and Times of Liberal Democracy*, p. 9) aludindo a um dos grandes dois sentidos da expressão "democracia liberal":

> (...) democracia liberal significa, como interpretavam John Stuart Mill e os democratas liberais éticos seus seguidores dos finais do século XIX e princípios do século XX, uma sociedade na qual todos os seus membros tenham igual liberdade para realizar as suas capacidades.

Nesse sentido, Mill é um reformador social, embora não tenha sido encarado como tal. O seu amigo A. Bain conta que Stuart Mill esperava um clamor enorme como reação às suas perspetivas – publicadas nos seus *Principles* – sobre mudanças nas leis de propriedade, e especificamente sobre heranças. Tais ideias, na sua opinião, "derrubariam todas as grandes fortunas em duas gerações" (afirma Bain, *apud* Giannetti, *Mercado das Crenças*, p, 216). Como sabemos, também Mill foi afetado pelos *clichés* futuros de identificação do liberalismo com o simples *laissez faire*, e mesmo no seu tempo acabou vítima da filtragem da transmissão de ideias – que por vezes se esquece de tudo o que não seja o normal, o esperável.

Esta passagem parece resumir o seu programa, que continua atual:

> Creio que o principal fim do melhoramento social deva ser preparado através da educação para uma situação da sociedade que combine a maior liberdade pessoal com a justa distribuição dos frutos do trabalho, situação que as vigentes leis sobre a propriedade não permitem atingir. (*Collected Works*, XIV: 87)

As preocupações sociais crescentes que vai experimentando fazem alguns considerá-lo, na sua última fase, mais como adepto de ideias socialistas moderadas que propriamente como liberal. Terá sido uma evolução natural. José Pedro Galvão de

Sousa consideraria, em geral, essa tendência, com uma frase saborosa, que citamos de cor: "O liberalismo é a rampa ensebada para o socialismo".

Assim pode com efeito ser, para o bem e para o mal, de uma e outra das ideologias.

Bibliografias

Bibliografia ativa principal/específica

Autobiography: the History of my Life and Thoughts (1873); *System of Logic* (1842); *Principles of Political Economy* (1848); *Considerations on Representative Government* (1861); *Three Essays on Religion* (1874); *Utilitarianism* (1863).

Edições correntes/recomendadas

MILL, John Stuart, *Collected Works of...*, Toronto, University of Toronto Press, 1972, vv. v.

—, *Considerations on Representative Government*; trad. port., *Considerações sobre o Governo Representativo*, Brasília, UnB, 1981.

Bibliografia passiva seletiva

GIANNETTI, Eduardo, *Beliefs in Action – Economic Philosophy and Social Change*, Cambridge University Press, 1991; trad. bras. de Laura Teixeira Motta, *Mercado das Crenças. Filosofia Econômica e Mudança Social*, São Paulo, Companhia das Letras, 2003.

HIMMELFARB, Gertrude, *On Liberty and Liberalism. The Case of John Stuart Mill*, Nova Iorque, Alfred A. Knopf, 1974.

MCCLOSKEY, H. J., Mill's Liberalism, "Philosophical Quarterly", 13 (51), p. 143 *et seq.*

MACPHERSON, C. B., *The Life and Times of Liberal Democracy*, Oxford University Press, 1977; trad. castelhana de Fernando Santos Fontenla, *La democracia liberal y su época*, 6ª ed., Madrid, Alianza, 2003.

MCPHERSON, Michael S., Mill's Moral Theory and the Problem of Preference Change, *Ethics*, 92 (2), janeiro, p. 252 *et seq.*

NEGRO, Dalmacio, *Liberalismo y socialismo: La Encrucijada intelectual de Stuart Mill*, 1975.

11

JEAN-JACQUES ROUSSEAU

(GENEBRA, 1712-ERMENONVILLE, 1778)

O homem nasceu livre e por toda a parte está a ferros.
Jean-Jacques Rousseau

Rousseau é um sedutor nato. E seduz também, com o seu estilo desde logo, os leitores, que lhe prestam tributo mesmo podendo detestar intimamente as suas ideias. Contudo, apesar da sua vida aventurosa e atribulada, não era um sonhador, nem um idealista completo, tendo muito bem observado e sido protagonista de situações de dor, de miséria, de opressão e de obscurantismo. Não é assim de estranhar que coloque a propriedade como raiz das desigualdades, e procure uma construção jurídico-política popular, fugindo (em geral) das formas da representatividade. É um desses autores que nos podem sempre revelar novas facetas em novas releituras. A leitura do *Contrato Social* é quase um exercício socrático pelo qual recordaríamos uma geometria óbvia e elementar do "espírito" do direito político. Aí o direito e a lei natural nem precisam de ser explicados, tal a evidência com que se apresentam. Embora, na verdade, se trate de uma teoria muito bem fundada, apresentada de forma aparentemente "natural". É sempre salutar dieta revisitar este livro fundante e cristalino.

Órfão de mãe e abandonado por um pai em fuga de Genebra por causa de um duelo em que se envolvera (esse pai relojoeiro que lhe contava histórias para adormecer: responsável, assim, por uma educação clássica primorosa), Jean-Jacques Rousseau teve uma vida atribulada de autodidata. Sensível, eloquente, sonhador e talentoso, e doente crónico também, cativou, como sugerimos já, muitos em vida e depois dela, embora se sentisse perseguido e mal-amado. Autor de um novo sistema de notação musical e compositor de uma ópera, premiado no concurso da Academia de Dijon com o seu *Discurso* sobre as ciências e as artes, escreveu muito, desde romances filosóficos a inúmeras cartas, obras políticas e pedagógicas... Protegido por alguns dos grandes, de quem nunca foi afeto (poderia ter tido muito cedo uma subvenção real), morreu pobre.

Crendo na bondade natural do Homem, só corrompida pela sociedade, autor do mito do bom selvagem, foi um dos cabouqueiros da Revolução Francesa. Diz-se que terá desejado que o seu *Contrato Social* fosse uma refutação do *Espírito das Leis* de Montesquieu. Na verdade, como sabemos, os dois autores encabeçariam miticamente, para muitos, duas famílias políticas futuras: a liberal e a totalitária. Parece patente que o bom Jean-Jacques não teria minimamente previsto os desmandos que depois se vieram a cometer com base em alguns aspetos e certas interpretações das suas teorias. Há quem advirta que a mesma acusação de totalitário poderia ser dirigida, e não com menos razão, a todos os *philosophes*. Não diríamos a todos, mas decerto a alguns. Preferiríamos analisar em Rousseau duas vertentes: aquela em que ele se coloca na perspetiva do cidadão, e aí ele é pela Liberdade, sem que ousemos dizê-lo um liberal (palavra aliás gasta), e aquela em que ele assume o papel de construtor e defensor de um Estado (em grande medida utopista) – e é então que ele parece menos aberto.

A sua *vontade geral* é uma ficção que alguns já quiseram emprestar a ditadores. Mas será que Rousseau não se revolveu na tumba quando o fizeram? O mesmo se diga da ideia de obrigar alguém a ser livre. Mas quando se vê o desbragamento e a opressão de liberdades feitas servidões, pelos outros ou pelo próprio, pode cair-se na tentação de pensar que pode haver casos em que essa fórmula tenha razão.

As influências são ambivalentes. Vejam-se desde logo dois admiradores seus. Karl Marx não só foi leitor atento de Jean-Jacques, como copiou minuciosamente, na sua letra pequenina, páginas e páginas das obras deste, que tencionava usar depois nos seus trabalhos, e Fidel Castro afirmou que combatera Batista com o *Contrato Social* no bolso. Alguém, entretanto, também disse que o maior seguidor de Jean-Jacques fora, em Portugal, o ditador Salazar...

Entretanto, logo a Revolução Francesa o aclamou como um dos grandes "santos", com direito mesmo a alguma hagiografia revolucionária, até em jogos... As páginas do *Contrato Social* sobre a propriedade, a escravatura ou a guerra são de uma agudeza dificilmente superável. E o que nem sempre é advertido pelo leitor moderno, é que foram escritas não agora (tempo em que já nada choca e muito do que ele proclamou passou a lugar comum), mas quando tais heterodoxias se pagavam com pena de prisão, confisco e incineração dos escritos, quando não mesmo a morte dos subversivos. Tudo isso Rousseau teve que enfrentar, apenas escapando à pena capital. E esta questão não releva apenas da coragem, desde logo de sublinhar. Mas ainda não pode deixar de modular o que se diz. A estratégia retórica de Rousseau sobre a pena de morte parece inscrever-se nessa circunstância: parece admitir-se como parte do próprio pacto social, para depois se ir resvalando para a sua condenação. Aliás, como é que numa sociedade perfeita poderá haver significativos criminosos que a mereçam? Ela própria poria em causa a perfeição do Estado assim construído.

Uma sociedade fundada por um contrato entre os homens, uma soberania popular una e indivisível, um Estado sem poderes separados, tudo isso justificou, em França, o Terror, e mais terrores pelo mundo fora. Ironias do destino, para quem acreditava na bondade humana – diriam logo alguns... É mais complicado que isso. E em momentos de crise da democracia triunfante e representativa, a leitura de Rousseau revela-se em alguns pontos esclarecedora e até profética. Pelo menos, é profundamente desmistificadora, fazendo-nos meditar nos calcanhares de Aquiles da doutrina que derrotou a sua. Os perdedores são sempre, nestas coisas, muito lúcidos.

Rousseau é autor de um estudo específico sobre as origens da desigualdade entre os homens. Na base da sua teoria está a oposição a que a propriedade seja motivo de servidão para alguém, ou seja, adverso quer à opulência, quer à privação:

> (...) à l'égard de l'égalité, il ne faut pas entendre par ce mot que les degrés de puissance et de richesse soient absolument les mêmes, mais que, quant à la puissance, elle soit au-dessous de toute violence et ne s'exerce jamais qu'en vertu du rang et des lois, et, quant à la richesse, que nul Citoyen ne soit assez opulent pour en pouvoir acheter un autre, et nul assez pauvre pour être contraint de se vendre. (*Du Contrat Social*, II: 11)

Ao colocar-se a tónica na compra e venda do que, por altíssimo e valioso – a dignidade da própria pessoa (não falamos, evidentemente, da força de trabalho) –, não pode ter preço, muda-se o centro da questão da pura e simples titularidade de bens, para a capacidade efetiva de, através deles, exercer poder, e até poder excessivo, injusto, inumano.

Rousseau (tal como, aliás, a experiência da propriedade soviética) recorda-nos, assim, e faz corrigir a nossa mira: o problema não é ser-se muito possidente, em termos sociais. Pode-se nada (ou quase nada) possuir no rigor dos títulos jurídicos e, todavia, ter-se muito poder. Tanto poder que podemos até comprar os demais. E esse é que é o grande problema!

O autor do *Contrato Social* considera que a propriedade é afinal uma invenção artificial, da qual se passa do estado de natureza, que na sua filosofia é essencialmente bom (ao contrário de um Hobbes ou de um Locke), para a sociedade política ou estado civil. Por isso, e tal como veremos em Marx, este salto é pintado com cores de terrível violência, e de alienação mitificadora:

> Le premier qui, ayant enclos un terrain, s'avisa de dire: *Ceci est à moi*, et trouva des gens assez simples pour le croire, fut le vrai fondateur de la société civile. Que de crimes, de guerres, de meurtres, que de misères et d'horreurs n'eût point épargnés au genre humain celui qui, arrachant les pieux ou comblant le fossé, eût crié à ses semblables: Gardez-vous d'écouter cet imposteur; vous êtes perdus, si vous oubliez que les fruits sont à tous, et que la terre n'est à personne. Mais il y a grande apparence, qu'alors les choses en étaient déjà venues au point de ne pouvoir plus durer comme elles étaient; car cette idée de propriété, dépendant de beaucoup d'idées antérieures qui n'ont pu naître que successivement, ne se forma pas tout d'un coup dans l'esprit humain. Il fallut faire bien des progrès, acquérir bien de l'industrie et des lumières, les transmettre et les augmenter d'âge en âge, avant que d'arriver à ce dernier terme de l'état de nature. (*Discours sur l'origine et les fondements de l'inégalité parmi les hommes*)

O direito do primeiro ocupante e o direito do mais forte conflituaram até ao assassinato. Os ricos usurparam, os pobres tornaram-se brigões, as paixões desencadearam-se sem freio, a doçura natural tornou-se dureza e a justiça exilou-se, tornando-se assim os homens "avaros, ambiciosos e maus" – tal é o diagnóstico dos males provocados pela propriedade privada.

Algumas ideias de Rousseau foram recebidas, sem poderem triunfar, obviamente, nos nossos tempos de geral democracia liberal: tal é o caso da, aliás saborosa, crítica da separação dos poderes, que não deixa de invocar malabaristas japoneses, que cortam uma criança em pedaços, os atiram ao ar, e logo os voltam a reunir: exatamente como os teóricos da separação dos poderes fariam.

Outras, porém, permanecem obscuras para o comum dos leitores, como é o caso dessa misteriosa e já aludida *volonté générale*, que transcende a vontade de todos, e muito mais ainda a das maiorias... E que, contudo, corresponde a uma intuição feliz e útil – como vimos, já antevista por Espinosa.

Uma das grandes armadilhas de Rousseau é a sua prosa tão cativante, e mais cativante ainda se lida no original francês. E a sua capacidade persuasiva. É um poeta a escrever política. Mas alguém disse que os poetas são os legisladores ocultos da História. Por outro lado, o sintetismo do seu *Contrato Social* deu-lhe legibilidade, coisa de que se não pode gabar Montesquieu e o seu *O Espírito das Leis*.

Bibliografias

Bibliografia ativa principal/específica

Discours sur les Sciences et les Arts (1750); *Discours sur l'origine et les fondements de l'inégalité parmi les hommes* (1753); *Discours sur l'économie politique* (1755); *Le Contrat social, ou principes de droit politique* (1762); *Lettres écrites de la montagne* (1763); *Projet de Constitution pour la Corse* (1765); *Considérations sur le gouvernement de la Pologne et sur sa réformation projetée* (1771); *Les Confessions* (1781-1782).

Edições correntes/recomendadas

ROUSSEAU, Jean-Jacques, *Œuvres Complètes*, Paris, Seuil, 1971, 3 v.

ROUSSEAU, Jean-Jacques, *Discurso sobre a Origem e os Fundamentos da Desigualdade entre os Homens*, trad. e pref. de José Pecegueiro, Porto, Athena, 1964.

Bibliografia passiva seletiva

ARDREY, Robert, *A nova biologia e as utopias de Rousseau*, "Futuro Presente", Lisboa, nº 13 (2ª série), 1983, p. 22 *et seq.*

BABEL, H., *Jean-Jacques Rousseau et notre temps*, Genebra, Kundig, 1978.

BARROS, Gilda Naécia Maciel de, *Platão, Rousseau e o Estado Total*, São Paulo, T. A. Queiroz Editor, 1995.

BENICHOU, P. et al., *Pensée de Rousseau*, Paris, Seuil, 1984.

BESSE, Guy, *Jean-Jacques Rousseau, l'apprentissage de l'humanité*, Paris, Éditions Sociales, 1988.

BONACHELA, Manuel, *Comentarios sobre el principio de separación de poderes en J. J. Rousseau*, "Revista de Estudios Políticos" (Nueva Época), Madrid, Centro de Estudios Constitucionales, nº 28, 1982, p. 75 *et seq.*

BRUNEL, Pierre, *L'État et le souverain*, Paris, Presses Universitaires de France, 1978.

BRUNELLO, Bruno, *Idee sociali ed economiche nel Rousseau*, "Rivista Internazionale di Filosofia del Diritto", Roma, ano xv, 1935, p. 649 *et seq.*

CAMUS, Albert, "Le Nouvel Évangile" in *L'Homme révolté*, 40ª ed., Paris, Gallimard, 1951, p. 146 ss.

CASSIRER, Ernst, *Le problème Jean-Jacques Rousseau*, pref. de Jean Starobinski, Paris, Hachette, 1987.

COBBAN, A., *Rousseau and the Modern State*, Londres, 1934.

DAGUERRESSAR, P., *Morale et politique. Jean-Jacques Rousseau ou la fonction du refus*, Paris, Lettres Modernes, 1977.

DERATHÉ, Robert, *Jean-Jacques Rousseau et la science politique de son temps*, Paris, PUF, 1950.

DURKHEIM, Émile, *Montesquieu et Rousseau précurseurs de la Sociologie*, nota introd. de Georges Davy, Paris, Librairie Marcel Rivière, 1966.

FAY, B., *Jean-Jacques Rousseau ou le Rêve de la Vie*, Paris, Perrin, 1974.

FERREIRA DA CUNHA, Paulo, *Rousseau e a Atualidade do Contrato Social*, in "Seara Nova", nº 1721, outono de 2012, pp. 46-49.

GARCIA HUIDOBRO, Joaquin, *Naturaleza y Politica: El discurso sobre la desigualdad de J. J. Rousseau*, "Persona y Derecho", v. 27, 1992, p. 201 et seq.

GOLDSMITH, Victor, *Anthropologie et politique. Les Principes du système Rousseau*, Paris, Librairie Vrin, 1974.

KRAFFT, Olivier, *La politique de Jean-Jacques Rousseau. Aspects méconnus*, Paris, L.G.D.J., 1989.

LEDUC-FAYETTE, Denise, *J.-J. Rousseau et le mythe de l'Antiquité*, Paris, Vrin, 1974.

MANFRED, Albert, *Rousseau, Mirabeau, Robespierre. Três Figuras da Revolução Francesa*, Lisboa, Avante!, 1990.

MAREJKO, Jan, *Jean-Jacques Rousseau et la dérive totalitaire*, Lausana, L'Âge de l'Homme, 1984.

MAY, Georges, *Rousseau*, Paris, Seuil, 1961.

MELY, Benoît, *Jean-Jacques Rousseau, un intellectuel en rupture*, Paris, Minerve, 1985.

MÓNICA, Maria Filomena, *Os Filhos de Rousseau. Ensaio sobre os Exames*, Lisboa, Relógio D'Agua, 1997.

MOREAU, Joseph, *Jean-Jacques Rousseau*, Paris, PUF, 1983.

NAMER, G., *Le Système social de Rousseau. De l'inégalité économique à l'inégalité politique*, Paris, Éditions Anthropos, 1979.

PHILONENKO, Alexis, *Jean-Jacques Rousseau et la pensée du malheur. L'espoir et l'existence*, Paris, Vrin, 1984.

PINA, Ana Maria Ferreira, *De Rousseau ao Imaginário da Revolução de 1820*, Lisboa, Instituto Nacional de Investigação Científica, 1988.

STAROBINSKI, Jean, *Jean-Jacques Rousseau: la transparence et l'obstacle, suivi de Sept essais sur Rousseau*, Paris, Gallimard, 1971.

TROUSSON, Raymond, Jean-Jacques Rousseau, I. *La marche à la gloire*, Paris, Tallandier, 1988.

PROUDHON

(BESANÇON, 1809-PARIS, 1865)

A propriedade é um roubo.
Proudhon

Este algo olvidado filósofo francês poderia ter tido fama pelos seus paradoxos. E parece que a que ainda conserva lhe advém de um único dito, desses que injustamente definem o seu autor, as mais das vezes, porém, esquecido. Eis a frase, simplesmente, na sua provocação: "A propriedade é um roubo". Vejamos de mais perto.

Pierre-Joseph Proudhon considera que, do mesmo modo que a escravatura é assassínio (historicamente, a escravatura é a substituição da morte do derrotado em combate pela servidão total, perpétua e hereditária), a propriedade é roubo. Como é óbvio, o autor tem, contudo, plena noção do "escândalo" da proposição. Mas a sua conceção de liberdade esbarra, realmente, com a propriedade, que já víramos noutros autores poder ser quer sua condição, quer seu escolho, ou obstáculo.

Friedrich Engels, companheiro e mecenas de Karl Marx, haveria de procurar nos estudos histórico-antropológicos de Morgan as bases do seu *A Origem da Família, da Propriedade e do Estado* (*Der Ursprung der Familie, des Privateigentums und des Staats*, 1884), o arsenal teórico-factual para pretensamente derrotar a ideologia burguesa a este propósito, para mais dotada desse ardiloso "naturalismo" denunciado mais tarde por Roland Barthes nas suas *Mythologies*. Se a burguesia às suas ideias e aos seus preconceitos faz passar pelo normal e natural, no limite, pelo correto, Engels no nosso passado iria descobrir raízes que o contrariariam totalmente.

Proudhon segue uma outra via. Aposta, por seu turno, no jogo de palavras e de ideias, como que apelando para as estruturas antropológicas do imaginário coletivo (o que nos remeteria para Gilbert Durant e o seu *Les Structures Anthropologiques de l'Imaginaire. Introduction à l'Archétypologie Générale*) – ou até antropológicas e até etológicas *tout court*. Com efeito, a crermos nos etologistas, os principais instintos como que "culturais" do animal-homem (esse que na perspetiva estrutural-antropologista de um Baptista Machado de *Antropologia, Existencialismo e Direito* seria um "quase aborto" com inespecífica determinação instintiva), compreenderiam alguns sinais muito claros de "proprietarismo" (*hoc sensu*). Assim, teríamos, tal como outros primatas (e não só) instintos de hierarquia social, de territorialidade, de agressividade moderada com solidariedade de grupo, etc. A ideia de propriedade já de alguma maneira se pode encontrar na de territorialidade e na de hierarquia, as quais, por si só, podem gerar, e efetivamente propiciam, muita conflitualidade, dando lugar à manifestação atual da agressividade. Mas essa já será mais da especialidade de um Freud...

A propriedade é, para Proudhon, o próprio princípio do governo, e das instituições em geral. Ao contrário de outros autores, nomeadamente os que fundam a propriedade na ocupação, ou a consideram um direito natural, designadamente fundado no trabalho (como Locke), o revolucionário francês considera a propriedade um efeito sem causa – nenhum dos pretensos fundamentos da propriedade estaria apto a desempenhar o papel legitimador que se lhes atribui.

A ocupação, seguida de posse continuada, sem dúvida funda a posse, e o autor considera que deve ser protegida: mas enquanto simples posse, não como propriedade, que é princípio do privilégio. Do decurso do tempo (por usucapião) não se pode extrair a mutação de qualidade da posse em propriedade.

Do mesmo modo, cada trabalhador, concorrendo com os outros trabalhadores, para um sistema único de bens, encontrando-se dependente dos demais, e tendo com eles direito sobre tudo o que se produz, não possuiria, pelo seu trabalho, propriedade sobre o produto deste. Há no trabalho em geral uma espécie de reciprocidade de hipotecas entre todos quantos trabalham. Nem mesmo do preço do seu salário é o trabalhador proprietário: tal é um adiantamento sobre o trabalho futuro. E o trabalhador morrerá sem ter pago a sua dívida à sociedade.

O problema da propriedade é, para Proudhon, de uma importância filosófica transcendente, porque acabaria por redundar noutra forma de pôr a questão da certeza: a propriedade seria *o homem, Deus, tudo!*...

Ao contrário do que pensa Aristóteles para a agricultura, a propriedade seria contrária à natureza. Diferentemente de Locke e de muitos liberais, que precisam dela para solidificarem a liberdade e fundarem o contrato social, a propriedade, para Proudhon, seria também contrária à sociedade.

Contrária à natureza, a propriedade é antinatural porque o homem não pode realmente ter domínio absoluto de nada, nem sequer do seu próprio corpo, que adoece e morre. Só por metáfora existe propriedade. O respeito pelas coisas que usa impõe-se. Será, quando muito, usufrutuário...

Contrária à sociedade, a propriedade privada naturalmente individualiza, egotiza, e não socializa. Se fosse direito natural, que não é, seria direito antissocial e não social. Proudhon é mais radical ainda: "Il faut que la société périsse, ou qu'elle tue la propriété" ("Propriété", p. 165, *in ex* Proudhon, *Justice et Liberté*, p. 23).

A terra, o trabalho e o capital dependem uns dos outros reciprocamente para produzirem. Apenas a propriedade é estéril.

Proudhon, que critica a propriedade, acaba por negá-la, proclamando o reino da circulação. Realeza, propriedade e numerário seriam a trindade a abater pela revolução.

O pensamento do filósofo não é, porém, suscetível de se resumir em fórmulas simples. Apesar de muito sugestivo e estilisticamente muito acima dos normais revolucionários e teóricos da economia, Proudhon é meandroso, subtil e inspirador. Apesar de tudo, o nosso Eça de Queirós ainda "ia no seu Proudhon" e em 1873 Antero confessa, em carta a Magalhães Lima, que estuda o autor há 8 anos (Rocha, 1991). Alguns federalistas e socialistas de hoje continuam a recordá-lo. Embora, entre estes últimos, o legado marxista tenha tido uma influência obnubiladora dos demais revolucionários, e a Proudhon tenha estigmatizado como "socialista utópico". Mas ele foi-o muito menos do que nos querem fazer crer.

Bibliografias

Bibliografia ativa principal/específica

Système des contradictions économiques ou Philosophie de la misère (1846); *La Justice dans la révolution et dans l'Église* (1858); *Lettre à M. Blanqui sur la propriété* (1841); *Qu'est-ce que la propriété? ou Recherches sur le principe du droit et du gouvernement* (1840).

Edições correntes/recomendadas

PROUDHON, P.-J., *Idée générale de la Révolution au XIXe siècle*, nova ed., Paris, 1924.

—, *Justice et Liberté. Textes Choisis*, sel. de Jacques Muglioni, Paris, PUF, 1962.

—, *A Propriedade É um Roubo e Outros Escritos Anarquistas*, sel. e notas de Daniel Guérin, trad. de Suely Bastos, Porto Alegre, L&PM, 1998.

—, *Sistema das Contradições Económicas ou Filosofia da Miséria*, trad. de J. C. Morel, São Paulo, Ícone, 2003.

Bibliografia passiva seletiva

PETRUS, *Proudhon e a Cultura Portuguesa*, Portugal, Editorial Cultura, s.d.

ROCHA, Acílio Estanqueiro, *Proudhon e o Socialismo Anteriano*, "Revista Portuguesa de Filosofia", 47, 2 (1991), pp. 349-374.

VIANA, Pedro de Amorim, *Escritos Filosóficos*, compilação, fixação do texto e nota prévia por António Carlos Leal da Silva, Lisboa, Imprensa Nacional-Casa da Moeda, 1993, p. 11-79 (*Análise das Contradições Económicas de Proudhon*, orig. de 1852).

VOYENNE, Bernard, *Le Fédéralisme de P.-J. Proudhon*, Nice, Presses d'Europe, 1973.

KARL MARX

(TREVES, 1818-LONDRES, 1883)

> *A emancipação dos trabalhadores há de ser obra dos próprios trabalhadores.*
> Marx / Engels

Marx é hoje um autor menos na moda (embora detenha um significativo nicho do mercado das ideias entre alguma intelectualidade) – ao contrário do que já sucedeu, designadamente numa faixa cronológica central do século XX. Resiste, todavia, como uma referência insofismável do movimento e da reflexão revolucionária, tendo o seu pensamento (na verdade, uma certa versão dele) sido elevado a uma espécie de religião, com as suas diversas heresias. Uma carta de Proudhon a Marx alertava para o perigo do enquistamento e do dogma quase religioso:

Cherchons ensemble, si vous voulez, les lois de la société, le mode dont ces lois se réalisent, le progrès suivant lequel nous parvenons à les découvrir; mais, pour Dieu! après avoir démoli tous les dogmatismes à priori, ne songeons point à notre tour, à endoctriner le peuple; ne tombons pas dans la contradiction de votre compatriote Martin Luther, qui, après avoir renversé la théologie catholique, se mit aussitôt, à grand renfort d'excommunications et d'anathèmes, à fonder une théologie protestante. Depuis trois siècles, l'Allemagne n'est occupée que de détruire le replâtrage de M. Luther; ne taillons pas au genre humain une nouvelle besogne par de nouveaux gâchis. J'applaudis de tout mon cœur à votre pensée de produire au jour toutes les opinions; faisons-nous une bonne et loyale polémique; donnons au monde l'exemple d'une tolérance savante et prévoyante, mais, parce que nous sommes à la tête d'un mouvement, ne nous faisons pas les chefs d'une nouvelle intolérance, ne nous posons pas en apôtres d'une nouvelle religion; cette religion fût-elle la religion de la logique, la religion de la raison. Accueillons, encourageons toutes les protestations; flétrissons toutes les exclusions, tous les mysticismes; ne regardons jamais une question comme épuisée, et quand nous aurons usé jusqu'à notre dernier argument, recommençons s'il faut, avec l'éloquence et l'ironie. À cette condition, j'entrerai avec plaisir dans votre association, sinon, non! (Proudhon, 1846)

E Eça de Queiroz (1905: 63), que, como se sabe, *ainda ia no seu Proudhon*, já com muita graça parecia ter detetado essa atração religiosa dos revolucionários (ou ex-revolucionários):

E assim como hoje erigimos capelas aos santos padres (...) talvez um dia, quando o socialismo for religião do Estado, se vejam em nichos de templo, com uma lamparina em frente, a imagem dos Santos Padres da revolução: Proudhon de óculos, Bakounine parecendo um urso com as suas peles russas, Karl Marx apoiado ao cajado simbólico do pastor de almas tristes.

O próprio Marx, que nos escritos de juventude – mais tarde recuperados, mas ainda sem grande impacto político concreto (textos normalmente conhecidos como *Manuscritos Económicos e Filosóficos*, 1844) – se inclinava para posições mais humanistas, acabou por desautorizar os seus pretensos seguidores declarando-se "não marxista". E tal ocorreu perto do fim da sua vida, o que quase dá à afirmação o cunho de um "testamento" político. Hoje é comum, nos círculos respetivos mais profundos, sobretudo intelectuais, fazer-se a distinção entre o fenómeno ideológico e partidário (marxista, e logo marxista-leninista...) e o pensamento autónomo, a dimensão propriamente filosófica (marxiano). Assim, Marx seria necessariamente, por definição, *marxiano* mas não *marxista*.

Precisamente por não estar na moda, e por ter sido alvo de muitos leres e tresleres, é que importa voltar às fontes, ler o próprio Marx (mesmo quando a sua interpretação é bastante árdua). As vulgatas de muitas capelinhas não substituem esse esforço hercúleo, sobretudo na leitura d'*O Capital* (3 v.: 1867, 1885, 1894) obra da qual, segundo a lenda, um primeiro-ministro socialista britânico teria confessado só haver conseguido ler a primeira meia dúzia de páginas. O socialismo inglês é mais fabiano que marxista...

Vale a pena ler e meditar criticamente este autor. Mas para entender os seus escritos, temos de os inserir nos vários "géneros literários" respetivos, e não tomar um trecho de ocasião por uma acabada teoria, e muito menos por um versículo profético. Por outro lado, o Marx repentista não é o Marx trabalhador infatigável, nem o Marx que fala de coisas abstratas é o mesmo que dialoga com interlocutores que, em muitos casos, pretende refutar ou abater. Muito argutamente viu este problema, que tem iniludíveis componentes psicológicas e estilísticas, o politólogo trabalhista Bernard Crick (*Socialismo*: 86-87):

Cada vez mais os eruditos concordam que, se bem que Marx fosse o maior e o mais inteligente dos pensadores socialistas, o mais original e o mais sugestivo, era bastante menos sistemático e consistente do que se supunha. (...) Marx precisa de ser liberto dos marxistas, cujo erro não é não o entenderem mas sim suporem que existe um sistema de teorias completamente fechado, coerente e de grande alcance, do qual se podem extrair ilações inevitáveis para a política e para a ação. Na sua melhor fase, ele próprio não fez tais afirmações; na pior, fê-las; e a confusão aumenta por causa de um factor biográfico ou psicológico: ele era vaidoso e intelectualmente intolerante, acusava as pessoas de abandonarem o socialismo se elas de algum modo o criticavam, não seguiam os seus conselhos ou não lhe emprestavam dinheiro. (...) Deixou aos socialistas um legado terrível de polémicas melodramáticas em vez de uma argumentação comedida.

Mas a psicologia dos grandes homens pouco importa para o valor intrínseco da sua obra ou da sua ação. Ortega viu-o magnificamente para o atribulado Mirabeau, em *Mirabeau ou o Político*. E é insofismável que Marx legou também uma teoria do capitalismo muito vasta. Mais até que uma visão do socialismo. E isso nem sempre se adverte... A sua recusa do que considerava utópico liga-se ao facto de ser mais um analista e um crítico e um homem de ação crítica do presente, do que um teórico do futuro, designadamente do socialismo, como veremos.

Marx era filho de um advogado judeu (as origens paternas mais longínquas recuam a gerações de rabinos) convertido, ao que parece, por motivos de ascensão social na sociedade alemã e de uma senhora de origem húngara que parece jamais se ter integrado na sociedade germânica, pois não saberia sequer suficiente alemão.

Estudou Direito, mas doutorar-se-ia em Filosofia, tendo sentido a vocação da docência universitária, que por razões políticas se veria obrigado a trocar por um atribulado jornalismo, o qual o levaria sucessivamente à França e à Bélgica – onde, de resto, não seria muito bem recebido. Lenine, no seu opúsculo *Karl Marx: Biografia Breve seguida de uma Exposição do Marxismo*, p. 7, não deixa de sublinhar esta vocação universitária do grande teórico. Aliás, no marxismo, mesmo no mais dogmático, há um respeito pelo estudo ("estudar, estudar muito, estudar sempre" – é lema do próprio Lenine) e pelas instituições do saber, bem como pela leitura, o livro e os vários símbolos do conhecimento, que de forma alguma estão presentes nas teorias e práticas de certos contestatários ditos por vezes "pós-modernos" do *politicamente correto*. Num certo sentido, poderiam alguns alvitrar que Marx é reconfortantemente burguês... Mas, na verdade, o que ele é, é clássico. Não esqueçamos a sua tese helenista, sobre Epicuro.

Casou com uma aristocrata, sua amiga de infância, Jenny von Westphalen, mas, sem meios de custear a sua vida de investigação, haveria de ser financiando pelo seu amigo Engels, num exílio definitivo em Londres (após várias expulsões e dois julgamentos políticos na Alemanha, em que, contudo, seria absolvido pelo júri). A verde biblioteca do Museu Britânico guarda ainda a recordação das longas horas de estudo e redação das suas obras, e o cemitério londrino de Highgate, em que está sepultado, é lugar de peregrinação dos marxistas de todo o mundo e de todas as "denominações".

No plano prático, além do jornalismo interventivo, conta-se um decisivo contributo para a formação da I Internacional, em que defrontou e venceu os anarquistas. Sobre a I Internacional escreveu Antero de Quental (1980), mas não menciona ninguém.

A obra de Marx é vasta. Mesmo padecendo de inúmeras doenças e distraído por sucessivos empreendimentos revolucionários, Marx era um leitor voraz e uma prolífica máquina de trabalho intelectual. Desde a epítome escrita em estilo panfletário em colaboração com o seu amigo e mecenas (na verdade, reescrita por cima do original de Engels), o célebre *Manifesto do Partido Comunista* (1848), aos mais filosóficos *Teses sobre Feuerbach* (1845) e *A Ideologia Alemã* (1846), ou até *A Miséria da Filosofia* – cujo título é já um trocadilho contra Proudhon (1847), ou à intervenção mais direta como *A Sagrada Família*, crítica a Bruno Bauer e seus prosélitos (1845), os panfletos contra Lord Palmerston (1853-1854), ou a *Crítica do Programa Social-Democrata de Gotha* (1875), etc. A *Contribuição à Crítica da Economia Política* (1859) é uma síntese importante do seu pensamento, num tempo em que a identificação entre economia política e capitalismo era ainda evidente. Hoje é importante resgatar a Economia Política contra a "Economics". Um sempre interessante estudo, inclusive com agudas reflexões sobre filosofia da História, é *O 18 Brumário de Luís Bonaparte* (1852).

A consideração das três fontes do marxismo como a filosofia hegeliana (invertida – posta "de cabeça no chão"), a economia política inglesa (com uma rutura até epistémica: passando a poder conceber-se uma economia não capitalista), e a política socialista francesa (a que pretensamente teria depurado de "utopia" e cientificado) não é despicienda. Marx é, efetivamente, tudo isso, junto talvez com um incontido e decerto inconsciente messianismo, que pode ter vindo da sua origem cultural hebraica.

Não será assim por acaso que, para Karl Marx, a propriedade privada, tal como a conhecemos hoje, se funda num mito, do mesmo modo que a teologia cristã se alicerça no mito do pecado original (*Das Kapital*, v. I, VIII, p. 26).

O mito da propriedade privada conta às crianças e ao povo (na verdade ao povo infantilizado) que no princípio havia gente diligente, laboriosa, frugal, económica, que muito trabalhou e poupou – e assim acumulou riqueza e se fez abastada, e outra gente despreocupada, preguiçosa, dissipadora, perdulária, que por isso não conseguiu obter ou conservar bens suficientes, nem para si nem para a sua descendência. Fábula da Cigarra e da Formiga, antes das suas versões atualizadas e desconstrutoras. (Alguns políticos do Norte da Europa – até em plena pandemia da Covid-19 –, culparam várias vezes os do Sul por imprevidência, viverem acima das suas posses, etc.).

Como um pecado original, a riqueza e a pobreza se transmitiram ao género humano.

Contra esta fábula fundadora, realmente um mito, Marx considera a acumulação primitiva do capital um "facto notório de conquista, redução à escravatura, roubo, assassínio, numa palavra, a força como tendo (nessa acumulação) tido o principal papel" (*Das Kapital*, v. I, VIII, p. 26).

Crítico da propriedade privada, adepto de uma filosofia historicista, Marx anuncia como que profeticamente o advento de novas épocas históricas, que se determinariam em última instância pelas infraestruturas económicas, determinadoras de diferentes modos de produção: assim, ao modo de produção da Antiguidade, basicamente esclavagista, e ao modo de produção feudal, sucedera o modo de produção capitalista. Marx e Engels, no *Manifesto do Partido Comunista*, entoam loas à capacidade revolucionária do agente histórico dessa mudança, a burguesia. Mas os moinhos da História deveriam vir a triturar essa mesma classe com o advento da nova vanguarda, o proletariado, anunciador da nova fase, o socialismo, que deveria levar ao comunismo – onde triunfaria, num verdadeiro "fim da História", a abolição das classes, da propriedade e do Estado.

O balanço que se faz do marxismo e da sua posteridade é, naturalmente, muito diverso, consoante a ideologia ou o quadrante político do observador.

Para uns, pouco marxianos se revelariam os socialismos de Estado (sinónimos aliás de capitalismos de Estado) quanto a esse fim. Melhores alunos se revelariam os considerados "revisionistas" e "renegados", que sem sonharem utópica e totalitariamente com "amanhãs que cantam", procuraram aplicar o que o marxismo tem de crítica e de método analítico ao capitalismo, para procurarem, sem dogmas, caminhos de socialismo em liberdade.

Outros, porém, pensam que as sementes dos *goulags* soviéticos se encontram já na pena do filósofo, e que é no próprio marxismo, e não no leninismo ou no estalinismo, que se deve procurar a causa dos males dos "socialismos reais".

Outros ainda celebram em uníssono Marx, Engels, Lenine, Estaline e Mao Zedong. Havendo também quem pare em Lenine e acrescente Trotsky.

De todos, porém, o mais profundo pensador é sem dúvida Karl Marx. Os demais filosofaram lateralmente à sua ação, e certamente pelo bom hábito marxista de os líderes serem considerados, muitas vezes, também intelectuais, e até artistas.

Evidentemente, outras estirpes do marxismo, não leninistas, como as que levam a Kautsky, ou a Bernstein, ou a Rosa Luxemburgo, para não falar de herdeiros mais recentes, comedidamente não posam para a História de forma hagiográfica, num friso de vultos a venerar. Também parece haver marxistas *marxianos* e ainda, tal como o próprio Marx, marxianos não marxistas. A admiração de um Raymond Aron por Marx é quase uma paixão. Assim, teríamos nele um caso de *liberal marxiano*?

Seja como for, a crise do "capitalismo de casino" evidenciado pelas convulsões de 2009-2010, que em 2011 e 2012 se agravaram, começaram já a anunciar alguma revivescência de Marx e do poder analítico e retórico da sua crítica. A face real da propriedade burguesa (designadamente na sua clave especulativa), e as regras do jogo internacional da propriedade, começam a emergir com clareza para muitos dos que viviam numa idílica conceção de propriedade ainda com o bucolismo pré-burguês...

E se as concretizações históricas de abolição deste tipo de propriedade criaram sucedâneos seus em contexto de falta de liberdade e em grande medida de desenvolvimento menos eficaz (embora por vezes com alguns equipamentos e segurança social de levar em conta), a verdade é que a imaginação política, social e histórica não se esgotam entre Cila e Caríbdis. Uma (pseudo?)esquerda identitária, de causas particularistas, pôde de vez em quando usar Marx ainda como *slogan*, mas em geral esqueceu-o. Assim como o marxismo pode ser encarado como humanismo, também o deverá ser como universalismo.

Veremos que uso de Marx será feito durante (e depois?) da crise pandémica do séc. XXI.

Bibliografias

Bibliografia ativa principal/específica

Das Kapital (1867); *Zur Kritik der Hegelschen Rechtsphilosophie* (1841-1842); *Die heilige Familie oder Kritik der Kritischen Kritik* (1845) – em colab. com Engels; *Der 18. Brumaire des Louis Bonaparte* (1852); *Zur Kritik der politischen Ökonomie* (1859); *Der Bürgerkrieg in Frankreich* (1870); *Die deutsche Ideologie* (1845-1846); *Manifest der Kommunistischen Partei* (1848) – em colab. com Engels; *Misère de la Philosophie* (1847).

Edições correntes/recomendadas

MARX, Karl, *Obras quase Completas*, trad. por J. Molitor, Paris, Costas, 55 v. datas até 1939 (esgot.).

—, *On the Jewish Question*, http://english-www.hsegs.cmu.edu/marx/1844-jewish.question.txt.

—, várias obras nas Éditions Sociales, div. datas e trad., desde 1950.

—, *O 18 Brumário de Luís Bonaparte*, trad. port., Lisboa, Vento de Leste, 1975.

—, obras na Biblioteca da Pléiade, dir. de M. Rubel, Paris, Gallimard, desde 1962, vv. v.

—, *Obras Escolhidas*, Lisboa/Moscovo, Edições Avante/Edições Progresso, 1982, 3 v.

—, *O Partido de Classe* (antologia), sel., introd. e notas de Roger Dangueville, trad. de Paulo Simões, Porto, Escorpião, 1975.

—, *Zur Kritik der Hegelschen Rechtsphilosophie*, trad. fr. de Jules Molitor, *Contribution à la critique de la Philosophie du droit de Hegel*, Paris, Allia, 1999.

—, *Manifesto do Partido Comunista*, ed. port., Porto, H. A. Carneiro/Sementes, 1974.

—, Engels, Friedrich, *A Ideologia Alemã*, 2 v., 2ª ed. port., Lisboa, Presença, 1975.

—, *Manifesto of the Communist Party*, in *The Great Books of the Western World*, Chicago, Encyclopaedia Britannica, 5ª reimp., 1994, v. 50, p. 420 *et seq.*

Bibliografia passiva seletiva

ABENSOUR, Miguel, Marx: quelle critique de l'utopie?, *Lignes*, Paris, Hazan, nº 17, Out. 1992, p. 43 *et seq.*

ALTHUSSER, Louis, *Pour Marx*, Paris, Maspero, 1965.

ALVES, João Lopes, *Rousseau, Hegel e Marx. Percursos da Razão Política*, Lisboa, Livros Horizonte, 1983.

ARON, Raymond, *Le Marxisme de Marx*, Paris, Fallois, 2002.

BOBBIO, Norberto, *Né con Marx né contro Marx*, ed. de Carlo Violi, Roma, editori Riuniti, 1997.

BOTTOMORE, Tom, *A Dictionary of Marxist Thought*, Oxford, Basil Blackwell, 1983.

BRUHAT, Jean, *Marx Engels*, Le Club Français du Livre, 1971; trad. port., Lisboa, seara Nova, 1973.

CALVEZ, Jean-Yves, *La Pensée de Karl Marx*, Paris, Seuil, 1970.

—, *Socialismes et marxismes, inventaire pour demain*, Paris, Seuil, 1998.

CRICK, Bernard, *Socialism*, The Open University, 1887, trad. port. de M. F. Gonçalves, *Socialismo*, Lisboa, Estampa, 1988.

GEOGHEGAN, Vincent, *Utopianism and Marxism*, Londres e Nova Iorque, Methuen, 1987.

GIROUD, Françoise, *Jenny Marx ou la femme du diable*, Paris, Laffont, 1992; trad. port. de Eduardo Saló, *Jenny, a Mulher de Karl Marx*, Lisboa, Livros do Brasil, 1992.

INCHAUSTI, Pedro Amado, *Fundamentos del socialismo. Las teorias marxistas y sus rectificaciones novisimas*, Madrid, Aguilar, 1932.

KOLAKOWSKI, Leszek, *O Espírito Revolucionário e Marxismo: Utopia e Antiutopia*, trad. port., Brasília, UnB, 1985.

LEFÈBVRE, Henri, *Pour connaître la pensée de Marx*, Paris, Bordas, 1948.

—, *Hegel, Marx, Nietzsche ou le Royaume des Ombres*, Paris, Casterman, 1975; trad. port. de Rafael Gonçalo Gomes Filipe, *Hegel, Marx, Nietzsche ou o Reino das Sombras*, Lisboa, Ulisseia, 1976.

LENINE, Vladimir I., *Karl Marx: Biografia Breve seguida de uma Exposição do Marxismo*, trad. de Nerina Pires, Lisboa, Dinalivro, 1976.

LOURENÇO, Eduardo, *O Complexo de Marx*, Lisboa, Dom Quixote, 1979.

NOVE, Alec, *Le Socialisme sans Marx*, Paris, Economica, 1999.

PACHUKANIS, E. B., *A Teoria Geral do Direito e o Marxismo*, trad. port., Coimbra, Centelha, 1972.

PROUDHON, Pierre-Joseph, Carta de 17 de maio de 1846 a Karl Marx, ed. electrónica– http://fr.wikisource.org/wiki/Correspondance_entre_Karl_Marx_et_Pierre-Joseph_Proudhon, consultada em 26 set. 2011.

QUEIROZ, Eça de, *Cartas de Inglaterra e Crónicas de Londres*, 1ª ed. 1905 (póstuma), nova ed., Lisboa, Livros do Brasil, s.d.

REVEL, Jean-François, *Ni Marx ni Jésus – La tentation totalitaire – La Grâce de l'État – Comment les démocraties finissent*, ed. rev. e aumentada, Paris, Robert Laffont, 1986.

RUBEL, M., *Karl Marx. Essai de biographie intellectuelle,* Paris, Rivière, 1957. Sena, Jorge de, *Maquiavel, Marx e Outros Escritos,* 2ª ed., Lisboa, Cotovia, 1991.

SILVA, Lúcio Craveiro da, Marxismo, filosofia da libertação, *in Ensaios de Filosofia e Cultura Portuguesa,* Braga, Faculdade de Filosofia, 1994.

SOREL, Georges, *La décomposition du marxisme,* Paris, Marcel Rivière, 1908.

SIGMUND FREUD

(FREIBERG, HOJE NA REPÚBLICA CHECA, 1856-LONDRES, 1939)

> *Eles não sabem que lhes trazemos a peste.*
> Atribuído a Freud, em comentário a Jung,
> à chegada aos EUA.

Freud descria profundamente da honestidade das biografias, embora tenha tido a sina de dar ensejo a uma das mais vastas produções biográficas de todos os tempos. Mesmo que não houvesse essa razão de respeito pelo autor, não é este o local para renovar a perpetração do género, mas apenas momento de coligir alguns dados sobretudo atinentes à política na vida e nos escritos do fundador da Psicanálise.

Sigmund Freud nasceu numa família de comerciantes em Freiberg, na Morávia, hoje integrada na República Checa, em 6 de maio de 1856, primeiro filho da terceira esposa de seu pai, Jacob Freud (1815-1896). Provavelmente ninguém ouviria falar dele se os pais não tivessem decidido mudar-se para o bairro judeu de Leopoldstadt, em Viena, na Áustria, seis anos depois. É nessa Viena, ao mesmo tempo decadente e "decorosa", que Sigmund irá traçar o seu caminho, e, em boa medida, mudar uma página na história do mundo...

As relações de poder – logo, a política – desde cedo impressionaram profundamente o pequeno Sigmund. Uma recordação da infância será particularmente marcante. N'*A Interpretação dos Sonhos*, Freud relata um incidente da juventude do pai, que este lhe narrara, como prova de que os novos tempos seriam, apesar de tudo, bem melhores. Ironia trágica, aliás, pois não faltaria assim tanto para que a barbárie nazi mostrasse o verdadeiro rosto desses novos tempos.

Passeava Jacob Freud em Freiberg quando um provocador, de um golpe, lhe atirou o gorro de pele para a lama, ordenando-lhe que saísse imediatamente do passeio. O pequeno Sigmund ficaria vexadíssimo quando o pai lhe contou que obedeceu.

Um pormenor nem sempre relatado é o misto de disputa e companheirismo com o primo João, e o facto de os dois terem uma vez maltratado cruelmente uma menina da mesma idade.

Relações familiares, sempre complexas, e determinantes. Por um lado, o pai nem sempre acreditou que Sigmund triunfaria; por outro lado, a sua condição de judeu rodeado de cristãos haveria de lhe cravar o estigma da diferença. Ambos podem ter sido incentivos para que vencesse obstáculos e se afirmasse. Sem dúvida procurou compensação nos estudos, embora não tivesse brilhado imediatamente, e apenas se tivesse notabilizado, nos primeiros tempos, pela sua facilidade para as línguas – o que haveria de ser-lhe muito útil nos intensos contactos internacionais, desde logo epistolares, que haveria de manter durante a sua "cruzada" psiquiátrica.

Quando chegou ao momento das grandes opções vocacionais, ao contrário do que na época (e até muito tarde) sucedia, o senhor Jacob deu exemplo prático do seu espírito liberal permitindo que fosse mesmo o seu filho a escolher o curso. Concordaria, portanto, com o primeiro impulso de Sigmund, que se inclinava para o Direito, como forma de aceder à carreira política. Ainda n'*A Interpretação dos Sonhos* faz Freud uma associação com as palavras de Napoleão, quando afirma que cada mochila de soldado levava dentro (em potência) o bastão de marechal. Dirá que todo o *judeuzinho laborioso* levava uma pasta ministerial imaginária na sua sacola escolar...

Apesar de tudo, Freud acabaria por sublimar a política, ultrapassando o poder evidente por um poder maior, mais profundo, o poder sobre o corpo, soberania imperante da medicina, e, mais tarde, o poder quase omnipotente, o que versa sobre a alma, da psiquiatria. Poderes mais fortes, mais reais ainda, se quisermos tudo interpretar nesta perspetiva.

Não cabe relatar os passos da carreira médica e psiquiátrica de Freud, ela também feita com jogos de força e de poder, de sedução, conflito, aliança, traição. O estudo das relações com Jung, por exemplo, revela ao mesmo tempo paternalismo e poder. O micropoder que existe sempre, e muito forte, mesmo nas relações aparentemente mais pacíficas e fraternais.

Freud era politicamente um liberal e socialmente um conservador, partilhando em grande medida dos preconceitos do seu tempo e do seu meio. A observação científica e a reflexão livre sobre os seus temas permitiram-lhe obviamente uma perspetiva iconoclasta em matéria sexual, mas não ousou propor qualquer alternativa de conjunto, para a qual não se sentia preparado. Mesmo a sua teoria da agressividade esbarra com o seu profundo amor filial (era realmente o "menino de sua mãe"), e certamente daí decorre a exceção que considera nas relações entre a mãe e o filho de sexo masculino. O seu noivado, de quatro anos, e o seu casamento, convencional e burguês, de que são eco as cartas a Marta, com quem casaria em 1886, revelam, para alguns, não só um noivo ciumento, como um marido puritano e até pudibundo.

Algumas ideias de Freud sobre a mulher têm importância jurídica e política. Por um lado, comentando John Stuart Mill, que traduziu em 1879, nas horas vagas do serviço militar, opõe-se a que as mulheres entrem na vida laboral ativa:

Todas as reformas legislativas e educativas falharão pelo facto de, muito antes da idade em que o homem consegue uma posição social, a Natureza já ter decidido do destino de uma Mulher, dando-lhe a beleza, o encanto e a ternura. (*apud* Jaccard, *Freud*, p. 36)

E em *Novas Conferências sobre Psicanálise*, em 1933, lança um anátema que poria certamente em causa a presença de mulheres nas profissões jurídicas, a começar pela de juiz: "A mulher, é preciso confessá-lo, não possui em alto grau o sentido da justiça, o que deve ter origem na predominância da inveja no seu psiquismo" (*apud ibid.*, p. 65).

As ideias políticas de Freud e dos primeiros psiquiatras são elementares, não muito desenvolvidas. De algum modo, a psiquiatria representa, para esses intelectuais da classe média, um substituto da ideologia, e daí que seja tão interessante estudar as dissensões no seu seio comparativamente com as dos grupos ideologicamente muito motivados, como os pequenos partidos extremistas.

Mas Freud manter-se-á sempre fundamentalmente um liberal, criticando o marxismo como uma nova religião, e, no fundo, mantendo um profundo ceticismo quanto à própria possibilidade quer de educar os homens, quer de os governar. A propósito de um manifesto que se recusou a assinar, realmente a favor da URSS, embora envolto em fraseologia pacifista, consideraria que as esperanças do género humano haviam sido aniquiladas pelo regime soviético, reafirmando-se um "liberal à moda antiga" (*apud ibid.*, p. 127).

Outro gigante totalitário ameaçaria diretamente Freud. Em 1933, Goebbels lança publicamente às chamas os livros do psiquiatra. Este ainda ironizaria, considerando um progresso civilizacional o não o terem queimado em pessoa. Mas a sombra nazi não mais o deixaria, e teve de exilar-se, em 1938, em Londres. No exílio, seria poupado às maiores atrocidades da guerra, pois morreria em 23 de setembro de 1939. Quatro irmãs suas pereceriam, em 1943, nos fornos crematórios nazis.

Apesar de haver cada vez mais interpretações políticas inspiradas psicanaliticamente, ou que assim desejam apresentar-se, Freud não nos deixou uma teoria estruturada a este propósito. E seria muito interessante até ver como dialogariam as suas ideias políticas esparsas, mas explícitas, com as consequências políticas implícitas nos seus estudos mais científicos.

Optámos por centrarmo-nos num ponto: a questão da propriedade e do coletivismo, à luz das teorias da agressividade em Freud. Outras leituras sobre outros temas são, obviamente, possíveis.

Uma permanente ameaça paira sobre a sociedade: a da sua desagregação, devida a uma tendência natural dos indivíduos para a hostilidade mútua, que se manifesta em agressividade, latente ou atual.

Para Freud, os instintos sobrepujam a força da razão e dos interesses razoáveis. Pelo que a civilização, a sociedade, o Estado, têm de encontrar formas repressivas ou alienadoras que permitam a convivência não destrutiva. Não é raro que, um dia, os indivíduos caiam em si, vendo como as ilusões e esperanças da sua juventude ficaram irrefragavelmente estilhaçadas pela dura realidade que ideologicamente lhes foi escondida ou metamorfoseada para mais suave consumo.

E, contudo, a competição e a oposição sociais são um bem, se não resvalarem para a inimizade e a destruição.

Freud critica assim os comunistas. Desde logo, pela sua antropologia otimista, na linha do "bom selvagem" de Rousseau. A crença na natureza amável do Homem, apenas corrompida pela propriedade, precisamente pela propriedade, é para Freud uma fábula do mesmo tipo da maçã de Adão para Marx.

Abstendo-se de prever os efeitos económicos e sociais da abolição da propriedade privada, numa posição que procura fazer prevalecer apenas as suas competências na área científica que domina, Freud considera, porém, como pura ilusão as bases do sistema de abolição da propriedade, atendo-se a critérios psicológicos.

Porque o conflito, fruto da agressividade, bem como esta, sempre existiu. Mesmo quando, em tempos primitivos, haveria pouca propriedade. Não só ontogeneticamente como filogeneticamente se manifesta a agressividade: pode ver-se na infância, quando ainda não há propriedade, ou dela não há consciência ou efetivo exercício (pois pode havê-la juridicamente).

Freud considera mesmo que a agressividade é a base de qualquer relação de afeição e amor entre pessoas, com a dita exceção eventual da da mãe pelo seu filho do sexo masculino – não se sabendo contudo (se quisermos aplicar o mesmo esquema radical de análise) até que ponto, com esta exceção, Freud não está também prestando sacrifício a um velho mito... Quando se começa a desmontar o brinquedo... ficam pedaços. Certos autores sugerem que Freud, que foi o filho preferido de sua mãe, desejava apenas preservar um oásis de pureza imaculada nas relações familiares que sem preconceitos desmontou.

A abolição da propriedade transferiria mais fortemente ainda a hostilidade para o campo das relações familiares. Passo seguinte, a total liberdade sexual e a abolição da família, célula-mãe da civilização, desencadeariam certamente tão violentas mudanças que Freud não as desenvolveu. Contudo, mesmo nessa situação hipotética – mas hoje não tão longínqua assim, em alguns aspetos – Freud continuou a considerar, coerentemente, que o traço agressivo da natureza humana persistiria, obviamente passando a revestir outros contornos.

A filosofia política ulterior a Freud haveria de o enquadrar não como liberal-conservador, mas como revolucionário, peça essencial para a desmistificação de uma "natureza humana" tida por camuflada ou hipócrita, etc. O psiquiatra terá muitas leituras e será vítima de muito tresler. Em todo o caso, se a sua perspetiva rompeu tabus e lançou pistas para ulteriores estudos fundamentais para a compreensão da multidimensionalidade humana, certo é que também, sobretudo com Marx e Nietzsche, posará segundo alguns para a história do pensamento como um dos grandes "mestres da suspeita". Afinal, essa pode ser uma leitura da tal "peste" que lhe é atribuída, em dito a Jung, ao chegarem aos EUA.

Em todo o caso, mesmo sem falarmos das correntes políticas e filosófico-políticas com claros contributos psicológicos, psiquiátricos e afins, depois de Freud, a autognose do Homem, e também do Homem como animal político, não mais seria a mesma.

Bibliografias

Edições correntes/recomendadas

FREUD, Sigmund, *L'Avenir d'une illusion. Malaise dans la civilisation*, trad. fr., Paris, PUF, 1971.

—, *Moisés e o Monoteísmo*, trad. de Isabel de Almeida e Sousa, s.l., 1990.

ZWEIG, Stefan, *Stefan Zweig – Briefwechsel mit Sigmund Freud*; trad. de Gisella Hauer e Didier Plassard, *Correspondance*, pref. de Roland Jacquard, Paris, Rivages, 1991.

Bibliografia passiva seletiva

JACCARD, Roland, *Freud*, Paris, PUF, 1983, trad. port. de Vítor Ribeiro Ferreira, *Freud*, Lisboa, Dom Quixote, 1987.

PESCH, Edgar, *Pour connaître Freud*, Paris, Bordas, 1985; trad. port., *Para Compreender Freud*, Lisboa, Edições 70, 2003.

ROAZEN, Paul, *La pensée politique et sociale de Freud*, Paris, Complexe, 1976.

VIII

A CAMINHO DA
CONTEMPORANEIDADE (1887-1939)

(...) muito século XX.

José Ortega y Gasset

FILOSOFIA POLÍTICA
E JURÍDICA CONTEMPORÂNEA

(...) muitos dos nossos contemporâneos ainda não são modernos.
Teilhard de Chardin

Falar em *Filosofia Contemporânea* pode parecer tudo menos rigoroso. A própria Idade Contemporânea, cujo início foi marcado pela simbólica data da Revolução Francesa (1789), afigura-se já, pelo menos a alguns, longa em excesso. Mas suspeitamos que não será porventura tanto a dimensão temporal que incomoda (a Idade Média não perturba ninguém com os seus mil anos), antes um mais prosaico problema de identificação ideológica.

Esquecemos talvez demasiado que ainda vivemos sob o signo das Luzes. E por elas nos irem servindo, muito melhor do que se nos não iluminassem, não damos sequer por elas quotidianamente. A primeira Revolução Francesa, ou, se preferirmos, para recordar Jean Starobinski (*Montesquieu*, Paris, Seuil, 1989), as ideias político-constitucionais (e até económicas e penais) moderadas de um Montesquieu (nascido precisamente um século antes da Grande Revolução – 1689-1755), insensivelmente dominam as nossas instituições e a nossa cosmovisão política. Ainda hoje: separação dos poderes, correspondência da pena à culpa, liberdade económica com desejo de bem-estar social de cada um, etc. (cf. *op. cit.*: 9-10). Evidentemente, pode haver uma *Contra-História do Liberalismo* (2005) como a do pensador marxista contemporâneo Domenico Losurdo (1941), mas o liberalismo que forma a nossa civilização atual é um mítico, *bom* e *velho* liberalismo. Os liberais mais modernos são muito diferentes entre si: comparem-se von Hayek (1899-1992), de formação clássica e jurídica, com o *chefe de escola* dos *chicago boys*, Milton Friedman (1912-2006), o epistemólogo Karl Popper (1902-1994) e o quase social-democrata John Rawls (1921-2006), ou o libertário (anarco-capitalista) Robert Nozick (1938-2002)... E nem se fale dos mil e um neoliberais que ainda não ficaram na história das ideias, mas as pretendem formatar (por um "there is no alternative") no quotidiano dos *media*. Mas, apesar das abissais diferenças entre os liberalismos atuais e os antigos, sempre os primeiros vão tentar buscar os seus pergaminhos a uma evocação (embora muitas vezes simplesmente vaga, formal e museológica ou oportunista) dos últimos... Embora, muito frequentemente, muitos dos que se afirmam hoje liberais não façam ideia do que foi o liberalismo nos seus tempos áureos, e o que seja ele mesmo como ideologia *tout court,* mais ou menos atemporal. Uma mescla de indiferentismo moral, ausência de empatia com os outros, sede do ganho, e não raro socialização das perdas e privatização dos lucros, a que não falta, em alguns casos, autoritarismo e pose elitista podem ser a mescla estranha que se esconde debaixo de algumas pretensas reivindicações pseudoliberais. Adriano Moreira, com o peso de todo o seu prestígio de estadista e de politólogo, chegou mesmo a falar de "neoliberalismo repressivo". E outras versões há...

As atuais polémicas não são apenas liberais. Desde sobretudo a queda do Muro de Berlim e a desagregação do mundo soviético, foram ganhando mais voz pública os vencidos de 1789. Como se 1789 tivesse a ver com 1917... A verdade, porém, é que, como dizia Teilhard de Chardin (1881-1955), em *O Fenómeno Humano* (1955), "muitos dos nossos contemporâneos ainda não são modernos". Os valores da *Liberdade, Igualdade e Fraternidade,* que vinham, embora hipocritamente em muitos casos, a ser universalmente difundidos, designadamente no bojo da religião laica dos direitos humanos, começaram a encontrar mais decididas e consequentes reticências ou objeções teóricas, e fenómenos mundiais como o neoliberalismo, ou o neoconservadorismo neoliberal (desde logo, os *neocons*, mas com traduções pelo mundo fora), servidos por uma globalização utilitarista e materialista (sobre a globalização, v., por todos, Diogo Ramada Curto (org.), *Estudos sobre a Globalização,* 2016), não se compatibilizam com o credo dos revolucionários franceses. E muito menos com quaisquer sonhos socializantes, em quaisquer das suas modalidades.

É por isso que, apesar da multiplicidade de correntes e pensadores, será a categoria – ou "paradigma", na terminologia de Thomas Kuhn (1922-1996) – de "Filosofia Política Contemporânea" a que mais convém a um estudo como este, que se centra sobretudo sobre o legado mais próximo de nós do mundo histórico-espiritual que eclodiu com a Revolução Francesa. E naturalmente, dando mais voz aos que são seus filhos e enteados, do que aos que se reveem em posições filosófico-políticas pré-contemporâneas.

No plano cronológico, o centro polarizador destes estudos contemporâneos, e dado que já tratámos da Filosofia Política Liberal e Social e da Romântica, é o século XX, que passamos a privilegiar. Mas, obviamente, tal obrigará a considerar o século XX na perspetiva da Filosofia Política Contemporânea, o que o não faz coincidir por completo com o rigor da simples cronologia matemática de calendário.

Qual o timbre político e jurídico do século XX? – perguntar-se-á. O século XX assistiu a uma forte corrente de desideologização. Alguns abusos ideológicos totalitários engendraram reações contrárias: não admira que um Soljenitsyne aconselhasse ao afastamento da "ideologia". Mas, como sempre, a polissemia e a nossa história pessoal das palavras (que lhes dá ainda mais conotações) pregam-nos partidas: a "ideologia" pode ser uma vozearia ensurdecedora, "propaganda", e essa é sempre nociva ao pensamento;

mas pode ser o vetor prático de filosofias políticas profundas – e nesta última aceção não se vê como se lhe possa fugir.

A proclamação do "fim das ideologias" foi feita e repetida. Falou-se também, naturalmente, do fim da "filosofia política". E contudo, apesar de toda a *trahison des clercs*, apesar de todo o *chassé croisé*, apesar mesmo de todas as "terceiras vias", a política pura, e, logo, o pensamento político, acabou por prevalecer. Houve hibridações, houve derrapagens, houve metamorfoses: mas continuou a haver política, e mais –apesar de muito desgastado e muito cheio de exceções –, continua a haver, na política, aquele antagonismo binário do "nós" e do "eles", do "amigo" e do "inimigo", da "direita" e da "esquerda". Apesar das confusões e das hibridações.

O século XXI já é assumidamente político. Mas sobre ele falaremos mais tarde.

2

FILOSOFIA POLÍTICA E JURÍDICA NO SÉCULO XX: EM DEMANDA DE UM SENTIDO GERAL

O século XX foi generoso para com o direito e a filosofia.
Lenio Luiz Streck

Retomemos o mote: "O século XX foi generoso para com o direito e a filosofia" – escreveu Lenio Luiz Streck, num instigante artigo, "A hermenêutica filosófica e as possibilidades de superação do positivismo pelo (Neo)Constitucionalismo" (in *Constituição e Crise Política*, coord. de José Adércio Leite Sampaio, Belo Horizonte, DelRey, 2006: 273 *et seq.*). Mas essa generosidade traduziu-se numa explosão de correntes e figuras, que torna qualquer empreendimento de síntese, como o presente, numa tarefa quase impossível e sempre muito ingrata. A necessidade de fazer dolorosas seleções impõe-se desde o primeiro momento. E a escolha de uns é o esquecimento de outros...

Com efeito, o que Lenio Streck afirma para o Direito e a Filosofia pode bem ser aplicado à Filosofia Política, que com o primeiro entretece óbvias relações, ao ponto de, por vezes, mal se saber onde começa um e termina a outra. Ao contrário do que fizemos até aqui, podendo centrar-nos sem má consciência científica num conjunto delimitado (e por vezes muito escasso até) de grandes nomes representativos, a seleção a fazer para o século XX não consente uma tal síntese sem que primeiro seja empreendido um conspecto mais geral. Evidentemente, alguns nomes sobressaem. E temos de confessar algumas preferências, que sempre existem. Não é nada fácil decretar a pura objetividade na fama de autores cujo eco ainda parece sulco recente nos ares da novidade.

Dividiremos o século XX em duas partes. A última, deveria talvez quedar-se para um futuro, em que com mais distanciamento pudéssemos vir a debruçar-nos sobre autores cujos demasiadamente próximos holofotes da ribalta histórica ainda prejudicam uma clara apreensão do respetivo vulto. Porém, a sedução deste século é tão intensa que acabaríamos por ceder-lhe.

Iremos, entretanto, empreender uma exposição geral e cronológica dos grandes autores e obras do século XX. Começando a lista de autores um pouco antes do início oficial do século, com o nascimento do príncipe Kropotkine, grande teórico anarquista, em 1842, cuja *Ética* sairá um ano após a sua morte, em 1922. No plano das obras, que convocam os autores e as suas ideias a partir de uma data de publicação relevante, iniciaremos o século em 1887, quando Ferdinand Tönnies (1855-1936) publica *Comunidade e Sociedade*. No plano mundial, é o ano do início da construção da Torre Eiffel, agulha apontada aos céus e novo símbolo do espírito prometeico que animou 89, é o ano do nascimento de Marc Chagall, Villa-Lobos e de Le Corbusier. E em 11 de novembro, *Black Friday*, são executados onze anarquistas, em Chicago.

Do mesmo modo que antecipamos o início do século, também o termo do meio século não o faríamos coincidir com 1950, mas adiá-lo-íamos um ano, para contemplar já o nascimento do nosso contemporâneo Luc Ferry, o qual publicará a sua primeira obra de vulto em 1985 – *O Pensamento '68*. Mas cuja clara, sedutora e rigorosa obra *Apprendre à Vivre*, de 2006, constitui, no nosso modesto entender, um interessante e inspirador colocar de ordem nas introduções à filosofia, profusas e muitas vezes confusas. E pensando em obras, a última a considerar seria também um ano ulterior ao dobrar do meio século: *As Origens do Totalitarismo*, de Hannah Arendt (1906-1975). Por qualquer dos referidos autores e obras cremos valer a pena forçar um pouco a secura das barreiras cronológicas. Contudo, esta primeira parte da Filosofia Política Contemporânea não chega a meio do século. Atinge apenas o início da II Guerra Mundial (1939-1945). É, a muitos títulos, uma data significativa, na medida em que o conflito irá mudar a face da Europa e do Mundo. A política ainda será "contemporânea", mas de uma contemporaneidade muito diversa. O filme *Os Despojos do Dia* (*The Remains of the Day*), USA, 1993, dirigido por James Ivory, a partir do romance de Kazuo Ishiguro, com guião de Ruth Prawer Jhabvala, é exemplar sobre essas mudanças (verdadeiramente civilizacionais) que as guerras mundiais operam.

Bertrand de Jouvenel (1903-1987), no seu *Do Poder* (1945), inclui na "história natural do seu crescimento" o fator bélico como de expansão do poder central, modernamente, o Estado.

À medida que nos vamos aproximando do nosso presente, mais complexo se torna sumariar a cor local de um pensamento. A pulverização doutrinal passa a ser a regra, e nas épocas mais recentes confluem resíduos e derivações (como diria Vilfredo Pareto) do caudal do rio da História. O risco de generalizações sem sentido ou de uma vaguidade tal que pouco esclareçam é real. Mas não querendo deixar de responder a esse desafio, ainda que de forma muito imperfeita, tentativa, e sujeita a muitas correções, sempre se diria que dominam o pensamento da primeira metade do século (e muito especialmente, com vagas, que têm nas guerras de 1914-1918 e de 1939-1945 marcos decisivos) um conjunto conflituante de tendências filosófico-políticas que têm já feição definida no século anterior.

Será sobretudo na segunda metade do século (quase coincidente com o final da II Guerra Mundial), e mais ainda no último quartel do século XX, que se afirmarão tendências de mais profunda rutura com os cânones do passado oitocentista, embora sempre nele se possam encontrar anúncios e filiações mais ou menos consistentes (ecologismo, feminismo e outras políticas "de género", pós-modernismo, serão certamente os mais óbvios).

Na primeira metade do século, poderão detetar-se essencialmente algumas correntes filosóficas dominantes:

Primeiro, o positivismo clássico, que ideologicamente dará lugar sobretudo a republicanismos políticos (mas apenas "sobretudo") e alguns conservadorismos. Dos primeiros nascerão também radicalismos (e até radicalismos socialistas, *v.g.* em França), e dos segundos se destacarão (por vezes em aceso conflito) os velhos liberalismos, de que os novos (neoliberalismos) pouco se poderão já reivindicar, salvo numa ou noutra referência erudita (e normalmente supérflua e até "postiça").

Depois, o materialismo, que, em particular, associado à dialética hegeliana (colocada ao contrário: ou "de cabeça para baixo"), gerará os marxismos, a breve trecho povoados de heresias, de entre as quais a social-democrata, mas sobretudo muitas de índole comunista (desde logo, trotskistas e maoistas, que durante décadas pareciam insanavelmente desavindos).

Da banda idealista, além de fenómenos mais puramente intelectuais, avulta particularmente, com cunho social cristão, o impacto da doutrina social da Igreja Católica Apostólica Romana. Se uma corrente liberal cristã não terá frutificado, por prematura no seu contexto (lembrem-se as desventuras de Antonio Rosmini), viria mais tarde a ter o seu tempo (já no pós-II Guerra Mundial) um projeto democrata-cristão. Alçado mesmo a "terceira via", entre o "capitalismo" e o "socialismo", que, entretanto, já claramente se dividia entre uma perspetiva "coletivista", ou "comunista", e uma corrente "socialista democrática", representada pela Internacional Socialista, e que, por seu turno, tal como os próprios "liberais" ou "sociais-liberais", aspirava também a esse lugar central ou simplesmente equilibrado. Mas há, como se sabe, sempre, possíveis hibridações. Por exemplo, um dos fautores de terceira via seria o teólogo protestante suíço, e membro do partido social-democrata alemão, SPD, Karl Barth (1886-1968) – fazendo assim quase o pleno das reivindicações moderadas...

Como acabamos de ver, não é possível deixar de comentar a realidade e a especulação políticas mais próximas. Mesmo o presente teima em projetar sobre o passado recente a sua sombra. E, contudo, é obrigação deontológica da história da filosofia política procurar alguma respiração própria para o passado, ainda que fresco na memória. Trata-se, pois, de um distanciamento metódico do que fica cada vez mais próximo.

O tempo com que estamos a lidar a partir de agora é ainda o tempo da cultura do livro, e da cultura de ainda algum vagar. Pudemos, assim, para cada ano deste quase meio século, selecionar, sem enorme dificuldade, de um a três livros. Hoje, relata-nos George Steiner (1929-2020), no seu *O Silêncio dos Livros* (2006), que em 2005, só em Inglaterra saíram dos prelos 121.000 títulos diferentes. E não sabemos se a longevidade do ensaio ou, em geral, do livro de não-ficção, se furtará ao seu diagnóstico de aceleração:

> Em Londres, um primeiro romance que não apanhe logo a favor o vento mediático, ou não seja louvado pela crítica, é devolvido ao editor ou vendido em saldo quinze dias mais tarde. Não há pura e simplesmente tempo para o amadurecimento ou para o gosto da aventura exploratória a que tantas horas ficaram a dever a sobrevivência.

Pelo contrário, as obras aqui referidas aspiram à longevidade, senão mesmo à eternidade dos chamados "clássicos". Contêm, pelo menos, essa marca de filosofia, que é a legitimação de um filósofo por outro(s), como considera Deleuze (1925-1995), ou, como diria, *mutatis mutandis*, Hannah Arendt (1906-1975), em *Compreensão Política e Outros Ensaios*, na medida em que *todo o pensamento é repensamento*. Por isso, não nos coibimos de saltos cronológicos que indiciem não propriamente "influências" (paradigma discutível nestas paragens epistémicas, como assinalaria Braz Teixeira (1936), em *Sentido e Valor do Direito*, 3ª ed., 2006), mas, confluências, afinidades (eletivas) e intertextualidades.

Por comodidade de leitura, dada a abundância de títulos de obras, cujos originais se repartem por diversos idiomas, optámos por traduzir a maioria dos mais clássicos, e mais facilmente detetáveis. Mantivemos o idioma de alguns, porém, cuja forma entre nós se associa ao seu título na língua original.

A escolha é obviamente a nossa, pessoal: falível, pois, e aberta... Importa, porém, sublinhar, não como justificação, mas como esclarecimento de um critério, que a seleção dos autores partiu mais do universo filosófico e cultural geral do que do mundo das ideologias, ou das ciências políticas e mesmo do Direito. Essa outra escolha seria igualmente legítima, como é óbvio (pareceria ser até a mais adequada, à primeira vista), mas pareceu-nos que, no exíguo espaço disponível, seria multiplicar ainda mais as lacunas optar por essa abordagem, em que a perenidade dos contributos em alguma medida acaba por ter intersecção com o critério que elegemos. Então no que respeita ao Direito isso é, a nosso ver, muito evidente: os juristas que realmente ficam para a História do Pensamento são sobretudo os que têm uma dimensão pública e de algum modo política, mas também um lastro filosófico e cultural. De modo nenhum resistem as pseudo-glórias muito particulares e muito localizadas.

Também a opção principal pelos filósofos para encarar a questão política esbarra com reticências de alguns, como se sabe. Uma das mais dignas de ponderação – e que, contudo, afastamos – é a de Maurice Merleau-Ponty (1908-1961) em *Signes* (1961):

> (...) espalhou-se uma certa mania política entre os filósofos, da qual não resultou nem boa política nem boa filosofia. Uma vez que a política, como se sabe, é a "moderna tragédia", esperava-se dela o desenlace, com o pretexto de que todas as questões humanas aí se encontram; toda a cólera política se transformava em cólera sagrada e a leitura de um jornal – como dissera Hegel quando jovem – era a oração matinal do filósofo. (*Apud* Jean-Paul Sartre *et al.*, *Les Dieux dans la Cuisine*, trad. port. de José Martins Garcia, *Os Deuses na Cozinha*, Lisboa, Arcádia, 1980: 16)

O nosso ponto é outro: quem, melhor do que os filósofos, os cientistas sociais e afins, sabe filosofar na política? Quem, melhor que os filósofos, ou juristas com dimensão filosófica, pensou e pensa o Direito?

3

SOCIOLOGIAS FINISSECULARES

A sociologia política é a filha incestuosa da História e do Direito.
Aparentemente anónimo, e comportando variantes.

O século XX e o nosso século XXI virão a conhecer um grave problema de equilíbrio social, no plano latamente institucional. Uma dificuldade, nunca antes tão profunda, de conciliar a comunhão e a instituição: o que se repercute desde as transformações no instituto do casamento e da adoção, em que afetos e sociedade estão em causa no plano "micro", como às dificuldades em integrar, por exemplo, a Europa, comunidade de sentimentos, ideias, história, numa forma política equilibrada e articulada. É por isso simbolicamente que abrimos o século em 1887, com a obra "fundadora" de Ferdinand Tönnies (1885-1936) *Comunidade e Sociedade*. Não deixa de ser significativo que as oposições estruturantes da obra de Tönnies anunciam já um *Zeitgeist*, e que desembocarão, como veremos logo no dobrar do século, na obra de Georg Simmel (1859-1918): oposições que, no fundo, parecem tomar partido pela vontade orgânica, assente no tradicional e no natural, a que sucede a vontade institucional (reflexa), abstrata, em que as pessoas passam a números no mercado. Ao primitivo *estatuto* se contrapõe, definitivamente, o *contrato*. E a nova pessoa social passa a ser não a comunitária (enraizada), mas societária (ligada por laços voluntários, sobretudo), tendo a sua apoteose no fazedor normal de contratos, o mercador, o comerciante. Figura que depois estará na base do burguês, retratado por Werner Sombart (1863-1941), logo em 1913, na sua obra *Der Bourgeois*, significativamente com título em francês no original alemão.

A preocupação com as transformações sociais engendra, de início, mais sociólogos que propriamente filósofos puros. Na sociologia vão germinando intuições que darão depois lugar a mais vastas sínteses. E todos os estudos mais relevantes parecem encaminhar-se, nestes fins cronológicos do século XIX e inícios mentais do século XX, para um sentido que muito prenuncia o signo dominante do século passado.

Apenas três anos depois de *Comunidade e Sociedade* de Tönnies (1890), surge o contributo deveras interessante de Gabriel de Tarde (1843-1904) para a compreensão dos fenómenos sociais (e também políticos): será o estudo das *leis da imitação*, em obra homónima. Neste livro se analisa a génese e a evolução de vários comportamentos (instituições-coisa, se diria) sociais com base na imitação, que normalmente se dirige aos comportamentos dos estratos mais elevados da sociedade. Embora em certos aspetos (como, por exemplo, nas modas da dança) a imitação se possa exercer em sentido contrário. Se compararmos esta perspetiva com a da luta de classes, por exemplo, poderemos alargar as vistas da panorâmica da realidade social nas suas dimensões de agonismo e de colaboração.

As preocupações sociais e materiais (o materialismo crescente será característica do século XX) explicam o surgimento de uma *Filosofia do Dinheiro*, em 1890, da autoria de Georg Simmel (1859-1918), obra enciclopédica, mas sobretudo um protesto intelectual e ainda romântico, que em nome dos valores e da cultura contesta a parificação ou nulificação do homem pelo cego numerário.

4

NIILISMO E PÓS-MODERNIDADE: NIETZSCHE

Um Código nunca descreve a utilidade, os motivos, a casuística, que existem na pré-história de uma lei: isso teria como resultado perder-se o benefício do tom imperativo, o "tu deves", aquilo que permite obter obediência. É precisamente aí que reside o problema. Nietzsche, *Anti-Cristo*, 57.

Um hálito de morte percorre o mundo conhecido, e um novo mundo, desencantado, vai nascer... 1901 é o ano de início do século XX. Ou será 1900? Dividem-se os matemáticos e os jornalistas. Friedrich Nietzsche é marco em ambos os casos. Porque o filólogo e filósofo alemão Friedrich Nietzsche (1844-1900) vai falecer em 1900 e o seu grande livro político, *A Vontade de Poder*, sairá no ano seguinte. Com Marx e com Freud, ele é um dos grandes iconoclastas, e o primeiro "pós-moderno", para alguns. O seu símbolo demolidor, por si mesmo assumido, e muito difundido pelos comentadores, é o martelo. Politicamente aproveitado pelo nacional-socialismo (Hitler oferecerá a Mussolini uma bela edição das suas obras completas), Nietzsche é um titã que derruba as ilusões anteriores, quer as clássicas, quer as medievais, quer mesmo as modernas, designadamente as racionais e iluministas. Embora um dos seus alvos preferidos seja a moral cristã, considerada moral de escravos.

O que fica dos diferentes sonhos de Homem e de política? Não, evidentemente, o holocausto que não se lhe pode assacar. Nietzsche sempre foi mais francês de espírito que admirador da "bota prussiana". Mas decerto um ideal estetizante que não deixa de constituir, pelo menos para muitos, um recuo, talvez lúcido no diagnóstico, mas incerto na terapêutica. A complexidade (decorrente, desde logo, do próprio estilo, por vezes aforístico, e muitas outras declamatório) do autor, patente em tópicos como a oposição dionisíaco/apolíneo, *amor fati*, super-homem, eterno retorno (nenhum com leitura simples, nenhum com leitura consensual) fazem de Nietzsche um filósofo sedutor mas obscuro (pelo menos ambíguo) e de um profetismo crepuscular, apocalíptico mesmo. Nietzsche dá a grande machadada nas ilusões e nos ídolos. Assim sintetiza o pensamento do autor o pensador contemporâneo Luc Ferry (1951), em *Aprender a Viver* (2006):

> (...) não existe nada fora da realidade da vida, nem acima nem abaixo, nem no céu nem no inferno, e todos os célebres ideais da política, da moral e da religião são apenas "ídolos", inchaços metafísicos, ficções, que não visam nada a não ser fugir da vida, antes de se voltar contra ela. (Ed. brasileira, Rio de Janeiro, Objetiva, 2007: 179)

Mas o que o iconoclasta propõe em troca é escasso, e parece pouco convincente. O que, não nos legitimando na volta à crença nos desmascarados *manipanços*, nem por isso nos deixa confortáveis no "mercado das crenças".

Em todo o caso, a lucidez radiográfica sobre o Direito e a sua relação com o poder, em Nietzsche, é impressionante, que aliás nada destoa da restante obra ("génio definitivo e indefinível" lhe chamará Comte-Sponville). E por muito que haja sido um "mestre da suspeita", como certas correntes, mais tranquilas mas também mais dogmáticas, gostam de chamar-lhe, a verdade é que, perante o tribunal da sua crítica, o direito tem de apresentar-se mais que sem venda, sem máscara.

Como bem se pode aferir de um passo como este (de *Aurora*, II, 112):

> Onde reina o direito, mantém-se um certo estado e grau de poder, e há oposição ao seu aumento ou diminuição. O direito dos outros é uma concessão feita pelo nosso sentimento de poder ao sentimento de poder dos outros. Se o nosso poder se mostra profundamente abalado e quebrado, os nossos direitos cessam; pelo contrário, se nos tornamos muito mais poderosos, os direitos que até então havíamos reconhecido aos outros deixam de existir para nós.

Entre poder e direito, a atitude do homem équo é difícil. E atalha, a finalizar este ponto, o nosso impiedosamente lúcido filósofo: "(...) ser equitativo é pois difícil e exige muita experiência, muito boa vontade e ainda mais espírito justo".

Nietzsche não só descrê como zomba ou fulmina boa parte dos fundamentos do nosso direito contemporâneo, e, no limite, de todo o direito. Para não falar já no poder, que hoje queremos democrático, o que seria a maior das heresias para a crença de casta do filósofo.

Nietzsche proclama a inversão dos valores ocidentais correntes, desde logo porque acredita que a moral cristã, em que se baseia boa parte da humanização da política e do direito, é negativa, e não positiva, fruto de ressentimento de escravos, de doentes, de incapazes – e por isso tão contrária à vida, ao corpo, tão eivada de culpabilizações. Ora se os fundamentos de um direito apesar de tudo um pouco mais humanizado são perversos, qual o juízo sobre esse mesmo direito? E curiosamente talvez Nietzsche se inclinasse para um certo aristocratismo do direito romano – nos Evangelhos, a única figura que considera decente é a de Pilatos. Fala, a propósito, do "nobre desprezo de um Romano", face ao que considera "um mexerico de Judeus" (*Anti-Cristo*, 46).

Considerando a desigualdade dos direitos como condição necessária dos direitos, que são encarados como privilégios, sempre, Nietzsche pensa que a injustiça não reside na desigualdade de direitos, mas na reivindicação de direitos iguais (*ibidem*: 57). Obviamente que, junto com estas considerações jurisfilosóficas, o filósofo regista altissonantemente o seu ódio "à canalha socialista", que aliás, na mesma ordem de ideias, aproxima dos cristãos, igualmente defensores dos fracos, dos impotentes, dos doentes...

Anuladas as preocupações de justiça e da paridade de direitos e, no limite, da questão da igualdade, Nietzsche acaba por advogar um direito arbitrário, certamente, que apenas tenha o grau zero da juridicidade: a certeza e segurança. Considera assim mais aceitável e mais imparcial o direito que seja fixado arbitrariamente (*Humano, Demasiado Humano*, 459).

Não deixa, contudo, de ser útil esta revisão dos valores e dos dogmas, e de fazer pensar a possível hipocrisia que se esconde, tantas vezes, sob a sua capa humanista e caritativa, justa e moral... E levar ao limite o que outros defendem com mais tibieza.

O grande valor dos iconoclastas é que, exagerando, certamente, nos deixam mais céticos (como o profeta Zaratustra, na versão deste filósofo), e, por isso, menos suscetíveis de ilusão e engano. Pois não é ele quem ousa dizer, novamente com exagero: "o homem de partido torna-se, necessariamente, um mentiroso" (*Anti-Cristo*, 55).

E não deixam de ser proféticas estas palavras sobre os exageros estatistas, e o seu irmão inimigo anti-estatista:

> Quando a sua voz rouca se junta ao grito de guerra "*o mais Estado possível*", este torna-se, provisoriamente, mais barulhento que nunca; mas, em breve, irromperá também com tanto maior força o grito oposto: "*O menos Estado possível*". (*Humano, Demasiado Humano*, 474)

Pode colocar-se a questão de saber se Nietzsche não é um típico espírito antijurídico. Sem dúvida o será, se pensarmos quer nas ideias de ordem e sistematização, como de direitos e defesa dos mais fracos – que são já duas vertentes muito diversas entre si, e evidenciadoras de diferente racionalidade jurídica. No fundo, o mais interessante desafio é precisamente o que o pensamento deste filósofo coloca, não com as suas ideias jurídicas (que decorrem da sua ética, desde logo), mas obrigando o direito a definir-se. Afinal, o que é o espírito jurídico? O de Pilatos, que Nietzsche aplaude, mas a História – muito cristianizada, é certo – normalmente condena por ter lavado as mãos do sangue do Cristo, o da ordem jurídica conservadora, ou o da defesa dos fracos, dos mesmos humildes que o autor do *Anti-Cristo* condena, culpados por uma espécie de degeneração da espécie humana, que deveria guiar-se apenas pela seleção natural? Certamente que a juridicidade é e tem sido plural e contraditória...

Nietzsche, ao dar-nos uma visão fera do Direito, ajudar-nos-á, certamente, a ver mais claro, sempre. Mas mais ainda em tempos de crise, em que o espírito crítico costuma não abundar.

No fundo, boa parte das acusações de Nietzsche à moral, burguesa ou cristã, e também à socialista, se caso fosse, baseiam-se na sua pretensa construção a partir do "ressentimento". No fundo, seriam morais de invejosos, impotentes, vingativos (cf. Max Scheler, *Zur Rehabilitierung der Tugend/Das Ressentiment im Aufbau der Moralen*).

É contudo totalmente repugnante à nossa cosmovisão humanista a pose sobranceira e pretensamente superior do filósofo do Super-Homem. A nossa cosmovisão atual, no melhor dos seus valores, recusa esse "elitismo" de seleção natural, e realmente está com os valores da Grécia, de Roma (as virtudes clássicas, republicanas), do Cristianismo, da Renascença, do Iluminismo, do demo-liberalismo e do Estado Social. Nietzsche representa, sem dúvida com um verbo sedutor e inteligência, mas sem nenhuma humanidade (salvo, parece, por um cavalo que era chicoteado), o contrário da nossa civilização, que pode ter muitos erros, hipocrisias, defeitos, mas proclama ainda (salvo alguns, ainda marginais, felizmente), valores como os da Revolução Francesa: Liberdade, Igualdade, Fraternidade – qualquer um deles o contrário do pregado por Nietzsche. O tempo que nos formou é tempo de Direitos Humanos. O autor de *Para além do Bem e do Mal* significa outra coisa, que oxalá não venha a concretizar-se.

5

ANTROPOLOGIAS POLÍTICAS:
DE MARCEL MAUSS A ANNETTE WEINER

*Metade da década de 1930. Marcel Mauss tem sessenta
anos. No plano profissional é o "sucesso": acaba de ser
nomeado professor do Collège de France depois de uma luta
acirrada (...). Mauss é também directeur d'études na École
Pratique des Hautes Etudes, secção de Ciências Religiosas,
e secretário do Instituto de Etnologia de Paris, fundado
por ele em 1926. Aquele que nunca quis ser um modelo faz
"escola" diante de alunos fascinados e desconcertados: "Ele
sabe tudo", dizem eles. Nunca ele ensinou tanto: mais de
nove horas de aula por semana. Seu brilho é internacional:
convite para apresentar a Oxford Lecture, correspondência
com antropólogos e sociólogos do mundo inteiro, principalmente ingleses e americanos, etc. É "a glória" (...).*
Marcel Fournier

Depois da apoteose nietzschiana – que ao mesmo tempo é um "lavar de cestos"
das crenças e das certezas – o pensamento ocidental parece fazer-se mais humilde, e
buscar raízes, genealogias até, dos seus fundamentos políticos. Mesmo quando os não
procura *ex professo*.

A obra de Marcel Mauss (1872-1950) vai ser muito importante nesse sentido, não
apenas pelos seus próprios estudos, como pela semente que vai deixar nos antropólogos

para uma antropologia com dimensão política. A primeira obra central de Mauss será, certamente, *Esboço de uma Teoria Geral da Magia*, de 1902, em que se aportam materiais para a noção de sagrado (*mana*), que virão a ter grande importância política em passagens significativas de Rudolph Otto e do romeno Mircea Eliade (1907-1986) (talvez não apercebidas), e sobretudo em René Girard (1884-1978), especialmente na sua obra *A Violência e o Sagrado* (1972). Mas sobretudo importante é a dessacralização da magia enquanto tabu, considerando-o como função social, entre outras – meio caminho andado para a consideração de outras como magia... ou como dimensão mágica. O que já tinha sido visto por vários autores, entre outros pelo agudo Pascal (*Pensées*, 104 [369]), mas não afirmado com a carga mítica da ciência, ainda que social e antropológica. Outra dimensão importante de Mauss é o estudo das sociedades arcaicas e do legado jurídico-político das mesmas, de que ainda podemos ver ecos em "institutos" como a dádiva (ou dom), o duelo, o juramento, o ordálio, ou a guerra. No volume de 1923-1924 dos "Archives de Sociologie", publicou o iluminador *Essai sur le Don. Forme et Raison de l'Échange dans les Sociétés Archaïques*, depois recolhido no seu *Sociologia e Antropologia*, de 1973. Em 1947, Mauss dá à estampa um *Manual de Etnografia*, em que sistematiza o seu pensamento na disciplina. Esta senda de desvendamento de poder e normatividades arcaicas e da sua transmutação (que passa pela institucionalização clássica do contrato) terá depois como grande cultor Moses I. Finley (1912-1986), em várias obras, de que se destaca *O Mundo de Ulisses* (1954). O enigma do dom continua, porém. E o seu desvendamento seria fulcral para a compreensão das nossas raízes e para um olhar mais esclarecido sobre a troca, a propriedade e o poder, hoje. Veja-se a obra de Annette Weiner (1933-1997), *Inalienable Possessions: the Paradox of Keeping-While-Giving*, 1992.

Entretanto, a Antropologia é também terreno de disputas filosófico-políticas sobre temáticas fulcrais, como a igualdade e a estatalização. Um dos autores que procuraram desmistificar alguns preconceitos historicistas foi Pierre Clastres (1934-1977), nomeadamente em *A Sociedade contra o Estado* (1974), e no volume póstumo *Arqueologia da Violência – Ensaios de Antropologia Política*. Claude Lévi-Strauss (1908-2009), fundador da antropologia estruturalista, manifestou ainda em 2005 (em entrevista à televisão) uma perspetiva filosófico-política pessimista quanto aos caminhos da humanidade: sobretudo pelo aumento demográfico exponencial e pela falta de preservação das espécies vivas no Planeta.

A reflexão antropológica sobre o jurídico também não cessará. Contando com nomes relevantes, como Norbert Rouland, e, em Portugal, o próprio João Baptista Machado, tentou fazer uma ponte no domínio de uma antropologia mais filosófica, com o existencialismo (Baptista Machado, 1965).

Bibliografia

Antropologia e Direito

BAPTISTA MACHADO, João, *Antropologia, Existencialismo e Direito. Reflexões sobre o Discurso Jurídico, in* "Revista de Direito e de Estudos Sociais", v. XI e XII, 1965.

FERREIRA DA CUNHA, Paulo, *Justiça & Direito. Viagens à Tribo dos Juristas*, Lisboa, Quid Juris, 2010.

REIS, Claudio, *Apontamentos sobre a Relação entre a Antropologia e o Direito, in* "Videre. Revista da Faculdade de Direito e Relações Internacionais da UFGD", v. 2, n° 3, jan./jun. 2010, p. 65-82.

ROULAND, Norbert, *Anthropologie Juridique*, Paris, P.U.F., 1988.

—, *Aux Confins du Droit*, Paris, Odile Jacob, 1991.

6

DA MORAL DOS COSTUMES À ÉTICA
DA FALÁCIA NATURALÍSTICA

*Afigura-se-me que em Ética, assim como em todos
os outros estudos filosóficos, as dificuldades e discor-
dâncias, em que a História é pródiga, são sobretudo
devidas a uma causa muito simples: nomeadamente à
tentativa de responder às questões, sem primeiro descobrir precisamente a que questão é que se deseja responder.*
George Edward Moore

Seria ainda uma preocupação genealógico-antropológica que moveu, logo em
1903, à publicação de *A Moral e a Ciência dos Costumes*, de Lucien Lévy-Bruhl (1857-
1939). Mais centrado na questão axiológica, são publicados no mesmo ano os *Principia
Ethica*, de George Edward Moore (1873-1958). Se o primeiro estudo, fincado em bases
positivistas, afirma um relativismo cultural e ético, exilando a ideia de uma natureza
humana única, geradora de uma única moral correta, o segundo, no seu rigor e na sua
complexidade lógica, vai no sentido de uma não-substancialização ou idealização dos
desejos éticos subjetivos, transmutados em razão universal, ainda que para tanto se
haja de utilizar a chamada *falácia naturalística*, que sinteticamente é o vício de operar
transformando o ser em dever-ser. Se a ideia de bem é motivada pelo desejo ou pela
vontade de quem a concebe, captada por simples intuição, então ela é profundamente
subjetiva e falível. Como isto tem consequências políticas, sobretudo para os que afirmam
verdades apodíticas firmados na sua intuição, ou desejo!...

Não podemos esquecer que as grandes ideias sobre o Homem e a Sociedade que assim se consolidam são essenciais para a vulgarização das ideologias, que as recebem, direta ou indiretamente, e as propagam, na doutrina e na ação política. Toda a política depende de uma conceção de Homem e de Mundo, mesmo quando não se pense nisso, ou até se negue a pensar.

7

QUIXOTISMO EM UNAMUNO

Há uma filosofia espanhola, meu Dom Quixote? Sim, a tua, a filosofia de Dulcinéia, a de não morrer, a de crer, a de criar a verdade. E esta filosofia não se aprende em cátedras nem se expõe por lógica indutiva ou dedutiva, nem surge de silogismos, nem de laboratórios, mas nasce do coração.

Miguel de Unamuno

Não falando agora dos portugueses, o génio filosófico-político peninsular (ibérico ou hispânico: as palavras assumem por vezes conotações nem sempre esperadas) emerge no século XX com o basco Miguel de Unamuno (1864-1938), escritor e pensador, mas também, à sua maneira, homem de ação (de resto, duas vezes exilado), em 1905, com *Vida de Don Quijote y Sancho*. É uma outra clave, de afirmação de busca do espírito, numa *filo-praxis* a que se chamaria propriamente *quixotismo*. Diferentes serão já os escritos individualistas mais tardios, como *Do Sentimento Trágico da Vida*, 1912, e *Agonia do Cristianismo*, 1925.

Não nutrindo nenhuma simpatia pela monarquia de Afonso XIII de Espanha (chegou a ser deportado para as Canárias, por um artigo republicano em que o rei se sentiu injuriado), não veria sucessivos regimes com bons olhos, e o sentimento destes foi recíproco.

Quer no tempo de Primo de Rivera, quer durante o consulado do "caudilho de Espanha" Francisco Franco, se viu afastado, tendo mesmo passado vários anos no exílio. Entre ele e Frei Luis de León, também mestre da universidade salamantina, há qualquer laço invisível. Pela sorte de afastamento, e pela perseverança nas suas ideias.

Politicamente, Miguel de Unamuno é também um exemplo de universitário que, ao contrário de tantos, não se verga ante os poderes. Tudo parte, afinal, de uma filosofia de verdade, que em política dá um "antes quebrar que torcer":

> Hay una filosofía española, mi Don Quijote? Sí, la tuya, la filosofía de Dulcinea, la de no morir, la de creer, la de crear la verdad. Y esta filosofía ni se aprende en cátedras ni se expone por lógica inductiva ni deductiva, ni surge de silogismos, ni de laboratorios, sino surge del corazón. (*Vida de Don Quijote y Sancho*, n. ed., 3ª reimp. Madrid, Alianza Editorial, 2005: 286)

Sempre republicano (embora nem sempre com todos os republicanos), iniciou a sua vida político-intelectual nas hostes positivistas. Aderiria mais tarde ao Partido Socialista, de que se desvincularia, porém. Politicamente, ficaria célebre um episódio de coragem, digno da clássica tirada do seu homólogo Frei Luís "como dizíamos ontem"...

Num discurso ante franquistas triunfantes, jogaria o seu cargo reitoral ao afirmar: "Vencereis, mas não convencereis".

Millán-Astray, general franquista radical, não menos ficaria na história com esta réplica:

> "Abaixo a inteligência (ou: "abaixo a inteligência traidora", segundo alguns) e viva a morte!"

Ao que o inteligente Unamuno volveria apenas, abandonando a reunião, sob "proteção" militar, perante as massas em tumulto:

> "Viva a vida!"

Há um filme recente que retrata de forma bastante interessante as vicissitudes deste homem livre: *Mientras dure la guerra*, de Alejandro Amenábar (Espanha, 2019).

Parece que, depois deste incidente, o filósofo inconformista e não-alinhado terá ficado até à morte (não muito depois – 31 de dezembro de 1936) em prisão domiciliária.

Muito interessante é o livro de Julio García Morejón, *Unamuno y Portugal*, 2ª ed., Madrid, Gredos, 1971, Prólogo de Dámaso Alonso.

8

"MARX DA BURGUESIA", MAS NÃO SÓ: MAX WEBER

*O que é certo é que são apenas os medíocres acomoda-
tícios ou os arrivistas quem tem possibilidades de ser
nomeado quando nas nomeações intervém, por motivos
políticos, o Parlamento, como sucede nalguns países,
ou o monarca ou um dirigente revolucionário, como
acontecia antes e continua agora a acontecer entre nós.*
Max Weber

No mesmo ano de 1905 sai o que é certamente o mais conhecido estudo do jurista de formação e sociólogo de vocação (com reflexões políticas nada descuráveis), Max Weber (1864-1920), a quem chamaram já "o Marx da burguesia", mas que merece, sem dúvida, ao lado do filósofo de Tréves, lugar no geral e multi-ideológico panteão dos pensadores políticos e cientistas sociais: *A Ética Protestante e o Espírito do Capitalismo.* A intuição weberiana desta obra é muito sedutora, e certamente ainda terá alguma validade, em termos hábeis: avançando a importância crucial da ética protestante no desenvolvimento da economia capitalista e do seu espírito, ao passo que a ética católica não teria levado nessa direção. Contudo, Trevor-Roper (1914-2003) refuta-o em certa medida, em *A Crise do Século XVII – Religião, Reforma e Mudança Social*, 1967, remetendo-nos para uma análise mais profunda de situações pontuais de protestantismo e de catolicismo, mais ou menos desenvolvidos, antes e depois da reforma protestante.

Mas se esta é uma obra emblemática e se também é autor de estudos fulcrais e de importante posteridade, como os primeiros passos na teoria da burocracia, ou o paradigma dos tipos ideais, da distinção entre *Macht* e *Herrschaft*, ou ainda das formas de legitimidade dos governos, desde a patriarcal à racional-burocrática, outros dos seus estudos apresentam ainda maior pertinência com o tema filosófico-político. Desde logo, a sua divisão da vocação política e da vocação científica, que se desenvolve na construção de uma deontologia da docência-investigação universitária. Deveria ser obrigatória a leitura e a meditação desses ensaios luminosos normalmente publicados sob o título português *O Político e o Cientista*, ou afim. Neste estudo, Weber antevê a "ridícula competição" entre as universidades por mais alunos, a sua americanização e a passagem do trabalho artesanal do professor (como o velho artesão proprietário dos seus instrumentos, *i.e.*, a biblioteca) a um mero trabalho industrializado numa empresa capitalista. E o acaso, e não o mérito, imperarão. Em 1984, outro sociólogo, Pierre Bourdieu (1930-2002), dissecará a universidade, em *Homo Academicus*, prosseguindo na lúcida análise geral de Weber.

Weber deixa inacabada a sua monumental *Economia e Sociedade*, mas consagrará ainda páginas decisivas à filosofia da religião, do direito, etc. Para Raymond Aron, na primeira das suas *18 Lições sobre a Sociedade Industrial* (1962), Max Weber, apaixonado pela política, nutrira o desejo secreto de ser chefe de partido ou homem de Estado, ou então profundo orientador político do povo, pelo seu pensamento. Não tendo conseguido alcançar nenhum destes objetivos, por incapacidade de ação, procurou profundamente compreender. Há desaires pessoais que são bens coletivos, devemos concluir.

9

SUBTILEZA E RADICALISMO
REPUBLICANO MODERADO: ALAIN

Todo o poder é triste.
Alain

Em 1906, Alain, pseudónimo do professor de liceu Émile Chartier (1868-1951), começa a coligir os seus artigos no jornal *La Dépêche de Rouen*, publicados primeiro sob o título *Propos d'un Normand*, a que se seguirão múltiplos volumes, a princípio não temáticos e mais tarde por assuntos, dos quais alguns contendo reflexões de relevo sobre política.

Um dos maiores deleites que um estudante de filosofia pura pode ter é a leitura do seu *Abrégé pour les Aveugles* (1942), feito inicialmente, ao que parece, para cegos. Mas como todos nós somos, filosoficamente, mais ou menos cegos, a todos se nos coaduna e a todos consegue instruir e fazer aproveitar muito. Outra obra de Alain de grande sucesso (que atingiria o meio milhão de exemplares em 1985 – não temos dados mais recentes) seriam os *Propos sur le Bonheur* (1928). E não se pense que apenas devido ao título. Não é um desses livros *délico-doces*, ditos de "autoajuda"!

Espírito agudo, defensor intransigente da liberdade, não poderia deixar de ter uma atividade política e de teorização política, embora esta seja esparsa e por vezes surpreendente – pela concretude das suas reflexões, em tudo ligada ao meio e à circunstância das suas intervenções.

Alain é um radical, no sentido francês. Adversário de poderes tirânicos e opressivos, defende, por exemplo, o regime misto e o valor da delicadeza (*Politique*, 1951), numa prosa elegantíssima e lapidar mesmo, que se presta à maravilha à citação: sucinta, subtil, mas não superficial. Com Alain a filosofia política, a crónica jornalística e a intervenção pela palavra aproximam-se mais. Levando a filosofia política a mais pessoas. Mas sem qualquer concessão às modas, às facilidades, às superficialidades.

Alain é um pensador pacifista, laico, profundo amigo da Educação, da Cultura, do Saber. Um saber antes de mais prático. Para se saber a teoria, é preciso, como na instrução militar, saber montar e desmontar uma espingarda na parada, recitando alto cada um dos elementos componentes dessa arma. Assim se saberá e se dará conta da anatomia do saber que verdadeiramente se tem. Não esqueçamos que um Povo educado e culto é um perigo para as tiranias. A Educação é um vetor essencial da democratização geral da sociedade. Não apenas pela mobilidade social ascendente que deve propiciar, mas também pela impermeabilização dos que sabem às fantasias hipnóticas dos demagogos, que subjugam os incautos.

10

TEORIA E PRÁTICA DO COMUNISMO: LENINE

(...) nem um só marxista compreendeu Marx,
meio século depois dele.
Vladimir Ilyich Ulianov (Lenine)

Não será 1908 a mais óbvia data para dar entrada aqui a Vladimir Ilyich Ulianov, dito Lenine (1870-1924). Certamente a sua maior obra política seria a revolução russa (outros afirmam que a sua única obra "realmente científica" terá sido o escrito de prisão *O Desenvolvimento do Capitalismo na Rússia*), mas, em síntese de filosofia política, escolhemos a data de um dos seus trabalhos mais filosóficos, *Materialismo e Empiriocriticismo*, de 1908. Para a filosofia em geral, saiu entre nós: José Barata-Moura, *Sobre Lénine e a Filosofia*, Lisboa, Avante!, 2010.

O autor tinha, aliás, plena consciência da importância política e ideológica da filosofia, tendo mesmo afirmado, por exemplo, no seu *Caderno sobre a Dialética* (*apud* Louis Althusser (1918-1990), "Sobre a relação entre Marx e Hegel", *in Hegel et la Pensée Moderne*, de D'Hondt *et al.*) que, sem se dominar a lógica de Hegel (1770-1831), *O Capital* de Karl Marx (1818-1883) seria incompreensível. Concluindo, significativamente: "nem um só marxista compreendeu Marx, meio século depois dele".

Este vulto enorme da prática política, que Giovanni Papini (1881-1956), no *Passado Remoto* (1948), reconhece no olhar "perscrutador e penetrante" do exilado *meio-mongólico* em Paris, é uma fénix, antes e depois de morto. Aquele livro polemista de Lenine, apesar das suas debilidades, não é tão medíocre como querem os seus adversários ou inimigos políticos. Porque se trata, realmente, como enorme parte dos trabalhos do revolucionário russo, de uma polémica, em que combate a teoria do conhecimento de comunistas seduzidos pelas teorias empiriocriticistas de Ernst Mach. O que é interessante, e revela a conceção totalitária do mundo e a inserção nela da própria filosofia, é que, para Lenine, os "desvios" filosóficos dos bolchevistas seriam, afinal, sinal seguro da sua impureza política. Ver-se-á depois como os frutos destas perspetivas frutificarão, abundantemente, com as teorias estéticas e científicas do estalinismo. Muitos outros escritos de Lenine são mais sedutores: *Estado e Revolução* (1917), *Que Fazer?* (1902), *Esquerdismo, Doença Infantil do Comunismo* (1920), ou o saboroso título *A Revolução Proletária e o Renegado Kautsky* (1918). Mas, quando vemos o autor elevado por eles a "filósofo" – tal como, aliás, outros políticos práticos – perguntamo-nos sempre se não é a gigantesca sombra da sua estátua militante que se projeta e cobre a dimensão acanhada do seu autónomo valor filosófico. Lenine é, sem dúvida, enormemente importante para as transformações ideológicas do marxismo, desde logo com a tese do elo mais fraco, inversa de Marx (que defendia que o socialismo viria primeiro nos países mais desenvolvidos), do imperialismo como fase superior do capitalismo, etc. O facto de ter liderado a União Soviética dar-lhe-ia a singular possibilidade de pôr à prova a metáfora de Engels, segundo a qual "a prova do bolo é comê-lo". E daria também à posteridade o exemplo vivo dos primeiros passos da realidade a que se chamaria depois "socialismo real".

Lenine era jurista de formação. E isso nunca é indiferente. É óbvio que o marxismo-leninismo acabará por ter no seu seio orientações diversas e posicionamentos de base divergentes quanto ao Direito: numa primeira fase, mais ortodoxamente considerando o direito um instrumento de dominação de classe (burguesa), destinado a desaparecer com o Estado no advento do comunismo (sociedade sem classes); depois, mais subtilmente, considerando-se a sua importância e suscetibilidade de desempenhar um papel na construção do socialismo (*hoc sensu*). Veremos a questão *infra* com mais detença.

11

UM REVOLUCIONÁRIO ICONOCLASTA: SOREL

> *A história da democracia oferece uma curiosa combinação*
> *de utopias e mitos.*
> Georges Sorel

Revolucionário, mas sem poder, foi o engenheiro francês Georges Sorel (1874-1922), que, no mesmo ano em que Lenine perora filosoficamente, dá à estampa dois livros inovadores e perturbadores.

Era só três anos mais novo que Nietzsche, e dir-se-ia que o ambiente mental em que desenvolve as suas teorias não deixa de ter algo de nietzschiano, o que favorece o seu vitalismo. A ambiguidade das posições que acabou por tomar (em que avultam títulos sonantes como *A Decomposição do Marxismo* e *Reflexões sobre a Violência*, ambos de 1908) fizeram-no ter entusiastas quer nas hostes fascistas, quer nas comunistas. Sem esquecer os seus princípios monárquicos tradicionalistas.

Autores considerados geralmente filofascistas atribuem-lhe, por exemplo, comparações elogiosas de Mussolini com Lenine, e ditos afins. Tudo tem de ser enquadrado no sentido e no estilo épico do seu pensamento e na retórica das suas posições, em que é o lado "socialista" (que Mussolini começaria por ser) e algum romantismo dir-se-ia quase "futurista" do autor que prevalece sobre o realismo.

É, contudo, decerto como sindicalista revolucionário (consagrado pelo título *O Futuro Socialista dos Sindicatos*, 1898) que mais merece ser recordado, e pela sua análise do marxismo de um ponto de vista não ortodoxo, com um vitalismo de fundo que estava também nos ares dos tempos.

12

COMUNISMO E ESTÉTICA: GYÖRGY LUKÁCS

Apenas a Revolução Russa realmente abriu uma janela para o futuro; a queda do czarismo trouxe uma ante-visão dele, e com o colapso do capitalismo ele apareceu em visão completa... finalmente! Finalmente! Uma via para a humanidade escapar da guerra e do capitalismo.
György Lukács

Também filósofo *engagé* nas fileiras comunistas foi o húngaro György Lukács (1885-1971), que depois de ter feito a sua estreia na estética teatral, com *O Drama Moderno* (1908), enceta uma reflexão mais alargada, sempre com preocupações estéticas, em *A Alma e as Formas*, que em 1911, na edição alemã, lhe ganhará renome internacional, depois de ter saído no ano anterior em húngaro. É quase no fim e já depois do meio do século XX, porém, que surgem os seus estudos normalmente mais referidos: *Existencialismo e Marxismo*, em 1948, e *Destruição da Razão*, em 1955. Mas certamente o empreendimento mais original é a procura de uma dimensão estética do marxismo (ou uma "estética do realismo"), onde não faltam tentativas de legitimação histórico-ideológica, como a procura de *Marx e Engels Historiadores da Literatura*.

Apesar da intromissão constante na esfera artística por parte de alguns poderes que se foram reivindicando do marxismo-leninismo, normalmente os escritos dos líderes oficiais acusaram grande mediocridade filosófica, com uma ou outra exceção: Mao Zedong (1893-1976), autor de *Da Prática* e *Da Contradição*, ambos escritos de 1937, costuma apontar-se como um deles, assim como se apreciam os escritos estéticos do proscrito e depois assassinado Leon Trotsky (1879-1940). Desde logo, *Literatura e*

Revolução, escrito entre 1922 e 1923. É, portanto, de salientar a importância da dimensão estética da política neste antigo ministro da Educação de Nagy, em Budapeste.

13

AS REGRAS DO MÉTODO: ÉMILE DURKHEIM

> (...) *o devoto, ao nascer, encontra prontas as crenças e as práticas da vida religiosa; existindo antes dele, é porque existem fora dele. O sistema de sinais de que me sirvo para exprimir pensamentos, o sistema de moedas que emprego para pagar dívidas, os instrumentos de crédito que utilizo nas relações comerciais (...), etc., funcionam independentemente do uso que faço delas (...). Estamos, pois, diante de maneiras de agir, de pensar e de sentir que apresentam a propriedade marcante de existir fora das consciências individuais.*
> Émile Durkheim

Voltando à investigação dos fundamentos antropossociológicos da política (e de fenómenos afins que, como o religioso, têm comum lugar na primeira função da velha trifuncionalidade social e do imaginário dos indo-europeus – matérias tão profundamente estudadas por Émile Benveniste (1902-1976) e Georges Dumézil [1898-1986]), o sociólogo francês Émile Durkheim (1858-1917) publica, em 1912, *As Formas Elementares da Vida Religiosa*, que se seguiam à sua tese de 1893, sobre a *Divisão do Trabalho Social*, às *Regras do Método Sociológico*, de 1895, e ao seu conhecido trabalho sobre o suicídio, de 1897. Neste estudo de 1912, Durkheim está já de posse de um objetivo claro para a sua sociologia como ciência objetiva dos costumes, e testa um método de consideração das instituições, dos valores e das crenças como coisas, factos sociais. É neste volume que Durkheim, entre outras coisas, procura as relações que se estabelecem entre a opinião (*doxa*), a ciência (*scientia*, ou ainda *episteme*?) e a autoridade (*auctoritas*, ou *potestas*?). Para concluir que o poder social imenso da opinião tanto é, na prática, legitimador da autoridade (podendo mesmo esta não passar de fruto daquela), como legitimador da própria ciência. A qual só se imporá à opinião se conseguir granjear uma autoridade própria a partir da própria opinião. Menosprezamos em excesso este tipo de considerações, as quais, nos tempos que passam, revelam toda a sua força, e trazem a galope preconceitos de opinião que olimpicamente julgáramos ultrapassados, pelos avanços de ciência e filosofia não consolidados na "opinião pública", graças à falta de educação.

Durante uma sua estada na Alemanha, o sociólogo positivista francês estudaria a teorização jurídica contemporânea naquele país, dele nos dando um interessante retrato, e assim solidificando as suas perspetivas sobre o tema.

Há quem pense que o positivismo jurídico de Kelsen entronca em Durkheim e não em Augusto Comte, tendo alijado a carga otimista do autor da lei dos três estados. É, certamente, uma questão a ponderar, embora nunca possamos esquecer que Durkheim, embora tenha tratado de vários assuntos com atinências jurídicas (sobretudo criminais, mas também jurisfilosófico-políticas) não era um jurista, mas um sociólogo, com formação de base em filosofia "pura".

Importa ainda ponderar que essa formação filosófica tivera, desde logo, uma componente juspolítica importante. Os estudos do autor sobre Montesquieu e Rousseau atestam esta preocupação muito precocemente. Mas uma coisa é a formação e a preocupação política, outra coisa, muito diferente, é a redução da sociologia a um pero opinar, sem fundamento, sem desenvoltura científica. Diz o autor, no final d'*As Regras do Método Sociológico*:

> (…) enquanto estiver implicada nas lutas de partidos e se contentar em elaborar as ideias comuns, com mais lógica que o vulgo, e, por conseguinte, enquanto não supuser nenhuma competência especial, não tem o direito de falar suficientemente alto para calar as paixões e os preconceitos. (trad. port. de Pietro Nassetti, São Paulo, Martin Claret, 2011, p. 151)

É essa função importantíssima de ver claramente vistos os factos sociais que a Filosofia do Direito e do Estado (entre outros saberes, claro) pede à Sociologia.

14

PSICOLOGIA DA BURGUESIA:
WERNER SOMBART

O espírito capitalista combina o prazer da aventura, o desejo de lucro e as virtudes de classe média do cidadão respeitável.
Werner Sombart

No ano seguinte à dissecação das crenças religiosas à lupa e bisturi da sociologia, vai Werner Sombart (1863-1941) analisar esse grande protagonista do século, que é *O Burguês*, que já referimos, a propósito da obra de Georg Simmel. Fá-lo em boa medida como a um tipo psicológico, e não tanto da forma abstrata e fria com que se analisaria um simples agente económico. Mas trata-se de uma sociologia e de uma história também de mentalidades... Esta é uma obra amadurecida, depois mesmo do seu *O Capitalismo Moderno*, de 1902, nos seus monumentais e asfixiantes seis volumes. A importância política dos estudos sobre mentalidades, especificamente de grupos sociais, será atestada por múltiplos estudos subsequentes, de que recordamos, por mais próximo e com o mesmo objeto de Sombart, o curso de 1970 do argentino Jose Luis Romero, *Estudio de la Mentalidad Burguesa*. Numa clave própria estará já *Les mentalités*, de Gaston Bouthoul (1958).

Tendo começado como marxista, Sombart inclina-se para a direita durante a república de Weimar, e é um desses intelectuais cuja estrela parece ensombrada por, ao menos, alguma ambiguidade face ao nazismo (e concomitantemente à "questão judaica"), embora a sua obra antropológica de 1938 *Von Menschen* pareça ir em sentido diverso.

Mas importam menos as filiações dos autores que os seus contributos para o pensamento. Embora não devamos recusar a tarefa de os compreender, na sua situação ideológica, a cada momento.

15

UM ECONOMISTA ITALIANO ATUALÍSSIMO: VILFREDO PARETO

Acima, muito acima dos preconceitos e paixões dos homens pairam as leis da natureza. Eternas e imutáveis, são a expressão do poder criativo, representam o que é, o que deve ser, o que de outra forma não seria. Os homens podem compreendê-las, mas são incapazes de as alterar.
Vilfredo Pareto

É sabido que Raymond Aron (1905-1983) confessou, no prefácio a uma nova edição suíça do *Tratado de Sociologia Geral*, de 1916, do italiano Vilfredo Pareto (1848-1923), algo como a impossibilidade humana de ler toda essa obra.

Os economistas recordam o sociólogo por outros feitos (curva de indiferença), designadamente mais econométricos.

A verdade é que no plano da filosofia política há interessantes reflexões meio esquecidas sobre o mito e a política, ou sobre o papel do sentimento na imagem dos problemas e das soluções criminais.

Encontra-se este autor, ao que parece, popularizado, ainda mais, pelo que se chama hoje "lei de Pareto", segundo a qual, para muitos fenómenos, 80% das consequências decorrem apenas de 20% das causas. E se uma tal lei parece um tanto abstrusa, mais ainda será o que se afirma como o *eureka* de onde terá sido descoberta: o espetáculo da desigualdade das riquezas no mundo. Também algumas preocupações sociais parece ter o chamado "ótimo de Pareto", que, *grosso modo*, procura que uma solução económica não beneficie exclusivamente um agente em detrimento de outro(s).

A lei de Pareto haveria de ter recente fortuna. No seu livro *The 4-Hour Work Week* (2007), Timothy Ferriss refere-se muito encomiasticamente ao princípio 80/20, propondo ao leitor que siga o seu exemplo no seu pesadelo quotidiano de excessiva ocupação laboral, perguntando: "1. Que 20% de coisas estão a causar 80% dos meus problemas e infelicidade? 2. Que 20% de coisas resultam em 80% dos meus resultados desejados e felicidade?"

É interessante que a mais popularizada das suas afirmações diga respeito ao erro, e não à verdade, que o preocupava: "Dai-me erros frutíferos, cheios de sementes, rebentando com as suas próprias correções. Podeis guardar a vossa verdade estéril para vós mesmos".

Poucos são os que se tornam célebres pelo que realmente em si mesmos consideram motivo de orgulho.

Há ainda em Pareto, por exemplo, importantes estudos sobre o Mito, que não pode ser ignorado em qualquer estudo filosófico sobre o Direito e o Estado.

Teríamos muito ainda hoje a ganhar com a leitura e meditação de *Mythes et idéologies de la politique* e *Le mythe vertuiste et la littérature immorale* (1911).

16

UM UNIVERSITÁRIO PENSANTE: BERTRAND RUSSELL

Nalguns géneros de trabalho qualificado, na política, por
exemplo, sucede que os homens são mais competentes entre
os sessenta e os setenta anos, dado que em tais ocupações é
essencial uma larga experiência dos outros homens. É por
isso que os políticos bem sucedidos podem ser mais felizes aos
setenta anos do que qualquer outro homem da mesma idade.
Bertrand Russell

A figura distinta de Sir Bertrand Russell (1872-1970) ainda é recordada hoje por alguns dos mais velhos. Um lorde britânico, aristocratíssimo, filósofo estudioso das matemáticas e um dos poucos que entenderam a teoria da relatividade fora do círculo epistémico respetivo, e contudo empenhadíssimo social e politicamente, com autónoma posição esclarecida pela sua reflexão pessoal (tudo o contrário do *stupid scientist* a que alude Aldous Huxley – 1894-1963 – em *Proper Studies*, 1928, a propósito da democracia e dos tecnocratas), designadamente na causa social e pacifista. Não professou, porém, um pacifismo puramente teórico ou acomodatício, como parece criticar-lhe Nelson Rodrigues (1912-1980) em *Óbvio Ululante* (8ª ed., São Paulo, Companhia das Letras, 2002: 149). Tendo-se recusado a fazer serviço militar, foi expulso da sua cátedra do Trinity College, e preso. Aproveitaria o silêncio do cárcere para escrever a *Introdução à Filosofia Matemática*. Ainda em 1967, denunciaria em livro os crimes de guerra no Vietname.

Precisamente a meio da I Guerra Mundial, em 1916, saem os seus *Princípios de Reconstrução Social*. Mais tarde, nos inícios da II Guerra Mundial, viria a ser também exautorado pela universidade norte-americana, devido às doutrinas moralmente *avançadas* do seu livro *Casamento e Moral*. Em 1940, no seu casulo de preconceitos, o juiz McGeehan consideraria que Russell "não tinha condições" para ensinar no City College de Nova Iorque. Felizmente houve uma posteridade que lhe não deu razão. *Porque não Sou Cristão*, de 1957, em que denuncia o fanatismo, provocaria também celeuma. É no mesmo volume que sintomaticamente (pois não são os universitários considerados, desde a Idade Média, nem povo nem nobreza, mas *clero*?) faz a defesa da liberdade académica, que é a base da sã política na escola:

> A essência da liberdade académica consiste em que os professores devem ser escolhidos pela sua capacidade nas matérias que vão ensinar, e que os juízes dessas capacidades serão simplesmente outros especialistas. Se alguém for bom matemático, físico ou químico, só poderá ser julgado por outros matemáticos, físicos ou químicos. Só eles, de resto, poderão julgá-lo.

É que os que, com vários argumentos, por vezes melífluos, contestam a liberdade académica, encontram-se, na verdade, subjetiva ou objetivamente, ao serviço de uma servidão política mais global, que é a identificação com os poderes, políticos, económicos ou religiosos, normalmente:

> Os adversários da liberdade académica afirmam que têm de ser tomadas em conta outras condições além da capacidade do candidato no seu próprio campo. O candidato nunca pode ter manifestado, segundo pensam, quaisquer opiniões contrárias às dos detentores do poder. Trata-se de uma questão azeda, a respeito da qual os estados totalitários adotaram uma linha de conduta vigorosa.

E, mais adiante estas linhas, tão perigosamente atuais em alguns lugares:

> A liberdade académica está ameaçada, neste país, por dois lados: pela plutocracia e pelas Igrejas, que se esforçam em estabelecer uma censura económica e teológica. (*Porque não Sou Cristão*, trad. de Mário Alves e Gaspar Barbosa, Porto, Brasília, 1967: 198-199)

Depois dos *Princípios de Reconstrução Social* insiste em tema político em vários escritos, como *Caminhos para a Liberdade*, 1918 (que sugeriria o título simétrico – *The Road to Serfdom* – ao liberal da escola austríaca Friedrich von Hayek), e *Teoria e Prática do Bolchevismo*, de 1920. Mas sempre se manteve fiel ao fundo político liberal, expandido em preocupações sociais, mais ou menos chocantes para o seu círculo social. As preocupações macropolíticas, e até planetárias, junta-as às micropolíticas, e ao são *pursuit of happiness* que não é só retórica da Declaração da Independência dos Estados Unidos, mas, como diria Alain, *mais um dever que um direito*. É assim que Russell pensa a questão da felicidade, e, nela, o papel ambivalente do trabalho, sobretudo na sociedade capitalista. Em *The Conquest of Happiness* (1930), sublinha que a fonte da felicidade, no trabalho, é o seu carácter construtivo, inventivo. E observa, com pertinente sabedoria de que nos estamos a esquecer:

Nalguns géneros de trabalho qualificado, na política por exemplo, sucede que os homens são mais competentes entre os sessenta e os setenta anos, dado que em tais ocupações é essencial uma larga experiência dos outros homens. É por isso que os políticos bem sucedidos podem ser mais felizes aos setenta anos do que qualquer outro homem da mesma idade. Os únicos competidores, sob este aspecto, são os chefes das grandes empresas. (*A Conquista da Felicidade*, 8ª ed. port., trad. de José António Machado, Lisboa, Guimarães Editores, 1997: 191)

Como veremos, a infelicidade dos intelectuais liga-se à falta de domínio sobre o que fazem (*ibid.*, p. 194). Até pelo facto de eles poderem superar, no seu labor, a alternativa entre trabalho e prazer, típica da mentalidade burguesa, segundo observará Adorno, em *Minima Moralia* (1945, af. 84). Na indústria, já Durkheim advertira, em *Ética e Sociologia da Moral*, que a condição dos trabalhadores se aproximaria da escravatura (p. 75). Como isto é verdadeiro, até além da indústria!

Se a filosofia analítica insular, a que Russell deu um impulso fundacional, é complexa e em certa medida um rumo não político na história do pensamento ocidental, já o seu novo decálogo, visando não substituir o de Moisés, mas complementá-lo (embora, implicitamente lhe revogue o dogma), é simples e politicamente significativo. Traduzimo-lo livremente:

1. Não tenhas a certeza absoluta sobre nada.

2. Não consideres que valha a pena esconder evidências, porque inevitavelmente virão à luz.

3. Nunca tentes desencorajar o pensamento, pois certamente terás sucesso nesse intento.

4. Quando encontrares oposição, mesmo que seja de teu marido ou de teus filhos, faz um esforço para a superares pela argumentação, e não pela autoridade, pois uma vitória dependente da autoridade é irreal e ilusória.

5. Não tenhas respeito pela autoridade dos outros, pois sempre se podem encontrar autoridades contrárias.

6. Não uses o poder para abafar opiniões que consideres perniciosas, pois as opiniões te suprimirão a ti.

7. Não temas ter opiniões excêntricas, pois todas as opiniões hoje aceites assim foram um dia consideradas.

8. Colhe maior prazer no desacordo inteligente que na concordância passiva, pois, se valorizares a inteligência, o primeiro será um acordo mais profundo que a segunda.

9. Sê escrupulosamente verdadeiro, mesmo que a verdade seja inconveniente, pois será mais inconveniente tentares escondê-la.

10. Não invejes os que vivem num paraíso dos tolos, pois é preciso ser tolo para o considerar um paraíso.

Saiu a lume uma história da lógica moderna em que a principal personagem é Bertrand Russel ficcionadamente recordando a sua vida, as suas descobertas e invenções (difícil dizer o que são em filosofia, em lógica, em matemática, e em política e moral também). Tem a sedutora característica de ser em banda desenhada, e de nos colocar importantes problemas para pessoas comuns. Chama-se *Logicomix*. Recomendámos a mestrandos e doutorandos como leitura de férias, mas é bem mais que isso...

17

LINGUÍSTICA E SEMIÓTICA:
DE SAUSSURE A CHOMSKY

A língua (...) é muito simplesmente: fascista.
Roland Barthes

Perguntar-se-á o que um linguista pode fazer num livro de filosofia jurídica e política. Resposta muito rápida: com as janelas da mente abertas pelo seu *Curso de Linguística Geral*, editado em 1916, Ferdinand de Saussure (1857-1913), postumamente, viria a contribuir decisivamente para as novas disciplinas da semiótica e da teoria da comunicação. A qual pode ter uma dimensão (tem necessariamente tido) política, e de desconstrução ideológica, embora nem sempre autodesconstrutora.

Autores como o contemporâneo John Fiske levariam muito longe esse trabalho teórico-ideológico (*Introdução ao Estudo da Comunicação*).

Mas os mais clássicos e saborosos textos nessa senda semiótica são ainda os de Roland Barthes (1915-1980), desde logo nas suas *Mitologias* (1957), e Umberto Eco (1932), em variados volumes, designadamente *Apocalípticos e Integrados* (1964), com irrecusáveis consequências filosófico-políticas.

A Escola de Frankfurt também contaria com autores que se debruçaram sobre a desconstrução do quotidiano, a que não é alheia uma conexão semiótica. É o caso, por exemplo, de *Minima Moralia* (1951), de Theodor Adorno (1903-1969), com reflexões e desvendamentos de uma lucidez impiedosa. Como quando, por exemplo, logo no seu segundo ensaio-aforismo, tratado de uma "geração pretensamente jovem", afirma ser ela mais adulta (ou mais envelhecida, ou caduca?) que os seus pais, e teria já desistido antes dos confrontos, sendo "obstinadamente autoritária e imperturbável", sendo essa a fonte do seu poder.

A análise desses micropoderes quotidianos está também dispersa em trabalhos de Walter Benjamin (1892-1940), reunidos e traduzidos entre nós por João Barrento em *Imagens de Pensamento* (2004).

De formação linguística, é também o pensador político norte-americano Noam Chomsky (1928), que alguns ligam ao socialismo libertário ou ao anarquismo contemporâneo, tendo a vertente política da sua obra a marca da sua especialidade de raiz, na análise dos processos desviados de comunicação e domínio pela comunicação social.

18

HERMENÊUTICA JURÍDICA:
SAVIGNY E O FUTURO

No Direito, as questões de linguagem e da hermenêutica cresceram muito, enormemente (por vezes desmesuradamente) durante o século XX. Se o *capo di scuola* da escola histórica alemã, o velho e elegante Savigny, nos fornece ainda elementos que muitos manuais mais clássicos e menos atentos às novidades, repetem de forma psitacista (muitas vezes nem sabendo qual é a fonte original, que se perdeu na bruma das cópias de cópias), o certo é que muita coisa mudou entretanto.

Este texto iconoclasta de Lenio Streck nos sirva para atentarmos quão abaladas se encontram as nossas certezas particulares:

(...) o pensamento jurídico dominante continua acreditando que o jurista primeiro conhece (*subtilitas intelligendi*), depois interpreta (*subtilitas explicandi*), para só então aplicar (*subtilitas applicandi*); ou, de forma mais simplista, os juristas – inseridos nesse imaginário engendrado pela dogmática jurídica de cariz positivista-formalista – ainda acreditam que interpretar é desvendar o sentido unívoco da norma (*sic*), ou, que interpretar é descobrir o sentido e o alcance da norma, sendo tarefa precípua do intérprete procurar a significação correcta dos conceitos jurídicos (*sic*), ou que interpretar é buscar "o verdadeiro sentido da norma", ou ainda, que interpretar é retirar da norma tudo que nela [se] contém (*sic*) tudo baseado na firme crença de que os métodos de interpretação são "um caminho seguro para alcançar correctos sentidos", e que os critérios usuais de interpretação constitucional equivalem aos métodos e processos clássicos, destacando-se, dentre eles, o gramatical, o lógico, o teleológico objetivo, o sistemático e o histórico (*sic*); *finalmente, para total desespero dos que, como eu, são adeptos da hermenêutica filosófica, acredita-se ainda que é possível descobrir a vontade da norma (o que isto significa ninguém sabe explicar) e que o legislador possui um espírito* (*sic*)! (Streck, 2006: 294, grifámos)

Ainda se confunde muito, em alguns círculos, o sem dúvida muito importante legado de Savigny (1840; Brito, 1990) com uma hermenêutica absoluta e intemporal. Para alguns, o seu contributo seria como que definitivo e insuperável. E não falta quem clame que apenas o retorno a Savigny curaria a ciência jurídica de métodos alienígenas, designadamente dos métodos das "ciências humanas", assim como seria antídoto contra uma espécie de "impureza" hermenêutica "valorativa" (com intromissão de "valores" e "ordem de valores") (Müller, 2005: 27 *et seq.*).

A atividade jurídica de criação concreta de Direito (que tem o seu momento altíssimo na jurisprudência, mas pode ser tarefa de todo o cidadão) é de índole hermenêutica (que não é a simples e pedestre "interpretação") e só pode ser dessa índole. Não se trata de meramente "interpretar" (no que de passivo e "simplesmente cognoscitivo" tal poderia implicar). Mas de muito mais que isso – veja-se o que possa ser a "interpretação constitucional" (Britto, 2006: 139 *et seq.*). Porque a hermenêutica, mesmo ainda a não jurídica, é já uma "teoria geral da compreensão e da interpretação dos textos", e muito em especial a hermenêutica jurídica é uma teoria-ação concretizadora a partir de casos/textos concretos: encontra-se centrada na concretização (Gadamer, 1976: 166 *et seq.*, p. 172 *et seq.*).

Mas mais que uma polémica de métodos, é a própria questão do lugar do método e do valor da metodologia (e especificamente do "metodologismo" como nova teologia pretensamente "laica" ou asséptica no Direito – Saldanha, 1993) a estar em causa. Como bem observa Lenio Luiz Streck,

> Não mais interpretamos para compreender e, sim, compreendemos para interpretar, rompendo-se, assim, as perspectivas epistemológicas que coloca(va)m o método como supremo momento da subjectividade e garantia da segurança (positivista) da interpretação. (Streck, 2006: 280)

Afirmando, mais adiante a tese fundamental (poderá sequer dizer-se que é uma tese? – tal a sua evidência...), que evidentemente conflui com o que pensamos:

> De há muito se sabe que a hermenêutica filosófica (fenomenologia hermenêutica) superou o problema do método (nota: "Não há nada de reprovável em querer propor regras para o entendimento, diz Gadamer. Mas, pergunta, chega-se desta maneira ao fundo do entender?") e as consequências epistemológicas daí decorrentes. Interpretar é aplicar. (*ibid.*, 283)

Finalmente, um dos grandes problemas é que há grande confusão sobre o Velho e o Novo (ou o morto e o vivo) no domínio hermenêutico geral, e sobre o legado de Savigny em especial.

Para que se atribua *o seu a seu dono*, importa começar por recordar o que é, realmente, o ponto de partida do grande jurista alemão.

Do mesmo modo que se assaca sempiternidade à teoria deste autor, também acontece que, por vezes, se consideram como autênticas "descobertas da pólvora", como sendo coisas moderníssimas, alguns vetores hermenêuticos que ao clássico jurista germânico se devem, e quiçá, de que poderão ser ainda mais longe encontradas anteriores raízes. Um dos exemplos de modernidade interpretativa de Savigny é o da relação que estabelece, desde logo, entre fontes de direito e interpretação.

Desde logo, a boa hermenêutica depende da boa legislação. Apenas leis ricas em sentido útil, e, antes de mais, escritas de forma clara e rigorosa, são aptas a uma interpretação que lhes faça ecoar o alcance. A "Arte do intérprete", depende, em grande medida, da "arte do legislador" – afirma (Savigny, 1949: 85).

Mas, como Lincoln, recordaremos que se aos políticos legisladores cumpre fazer boas leis, aos advogados e intérpretes em geral é pedido que das menos boas façam razoáveis ao menos. Há uma intervenção interpretativa por vezes corretiva quando o legislador não anda bem. Mas, na verdade, é mais complexo que isso...

De qualquer modo, para Savigny, além do mais, o estudo das fontes do direito de forma isolada da interpretação parece ser apenas comodidade teórica, porque a fonte não é, na realidade, como pode parecer por esse método didático apenas, uma norma independente, isolada, e absolutamente "dada", de uma vez por todas (*ibid.*: 77). Para que a regra da fonte venha realmente à vida, mester é que seja captada pelo intérprete, que Savigny não restringe ao juiz, mas alarga ao homem da ciência (jurídica), e mesmo ao particular, que, interpretando as fontes do Direito, age desta ou daquela forma. Não se trata, assim, de uma interpretação dita "democrática" ou de uma "obra aberta", sem limites (como já se esboçou nos terrenos da hermenêutica literária, e até na dimensão fílmica, como, entre nós, na película *Conversa Acabada*, de João Botelho, 1981). O próprio grande nome da obra aberta, Umberto Eco, traçaria limites à interpretação (Eco, 1971, 1989). Porque Savigny considera que a todos os diferentes tipos de intérpretes tem de ser comum uma metodologia hermenêutica (Savigny, *op. loc. cit.*).

A propósito, cabe desde já lembrar que coisa diferente de uma pulverização hermenêutico-constitucional é o projeto teórico de Peter Häberle, por tantos retomado já, de uma "sociedade aberta de intérpretes da Constituição" (*die offene Gesellschaft der Verfassungsinterpreten*) (Häberle 2002). Projeto que, desde logo, assenta num pressuposto que também é de Savigny, ou de um Savigny levado às últimas consequências: "*Es gibt keine Rechtsnormen, es gibt nur interpretierte Rechtsnormen*" (Häberle, *Zeit und Verfassung, in Probleme der Verfassungsinterpretation*, org. de Ralf Dreier e Friedrich Schwegmann, p. 293 [313]).

Não há normas jurídicas, só existem normas jurídicas interpretadas: tal é o que Savigny postula como pressuposto das *démarches* interpretativas. O que, aliás, é semelhante (embora não totalmente idêntico) ao velho mito britânico segundo o qual uma norma só é perfeita, só é completa, depois de interpretada numa sentença que a aplique, recortando-lhe assim o sentido concreto.

Mas tal é absolutamente verdadeiro e nada mítico para a Constituição. Só há Constituição como resultado da hermenêutica constitucional (Streck, 2006: 283, n. 24). O texto, só por si, é letra morta.

Também não ignorava Savigny a necessidade de sempre se interpretar (proscrevendo o erróneo brocardo *in claris*...), que nem só as leis devem ser interpretadas (Ivainer, 1988; Rabenhorst, 2002) (embora o seu caso seja especial), etc. Advertira ainda que o uso de rigor interpretativo afasta abstrusas opiniões de pretensos sábios, e faz elevar as simples, mas justas, observações de estudantes talentosos (Savigny, 85).

Um dos pontos em que Savigny dá mostras de grande sensibilidade e agudeza é sobre a sua própria conceção epistemológica sobre o sentido e significado da interpretação. Para ele, a interpretação é uma arte, que só se pode aprender não pela teoria, mas pelo estudo dos exemplos altos: quer antigos, quer modernos (Savigny, 81). Como ganharíamos nós todos se partíssemos de idêntico postulado!

Surpreender-se-iam os epígonos de terceira, quarta e quinta gerações com a modernidade de Savigny, nalguns pontos. É uma sina terrível, essa da celebridade empacotada pelos epígonos, como a das leis *empacotadas* pelos burocratas, parafraseando um grande jurista francês.

Ao ponto de, sem prejuízo do que diremos de seguida, em clave crítica, quase chegarmos à conclusão de que o que é velho e ritualístico em Savigny não é a integralidade inteligente do autor, mas sobretudo o epitomismo dos epígonos.

O fim da interpretação jurídica, para Savigny, é ainda muito estritamente cognoscitivo. A função da interpretação seria reconstruir o pensamento ou o "conteúdo espiritual" ínsito na norma (Savigny: 82-83). Não se pode negar, à partida, muito acerto a esta teleologia da hermenêutica normativa. Realmente, importa captar o que a norma diz, o que a norma nos oferece. Ou seja: qual haja sido a *mens legis* ou a *mens legislatoris* – pensamento da norma ou pensamento do legislador (ou, na formulação mais neutra e ambígua do Código Civil português, art. 9º, 1: "o pensamento legislativo"). Embora a efetivação prática e consequente de um tal projeto se revele complexa.

Relacionando o dever geral e de cada um de obediência à lei com o seu conhecimento, só possível por interpretação, assim elaborou o seu pensamento o grande jurista e orador brasileiro Rui Barbosa, que o grande constitucionalista Meirelles Teixeira não deixava de citar nas suas lições, ainda hoje em bom curso, na sua adaptação, atualizada, de Maria Garcia: "certamente desde o chefe da Nação até o último dos habitantes do país, todos os que têm de sujeitar-se a um ditame imperativo da autoridade superior hão de começar por entendê-lo. E como entender a lei equivale a reconstituir o pensamento do legislador, a interpretação é o ato inicial de toda a obediência" (Meirelles, 1991: 266).

Claro que Manuel de Andrade falará também, no limite, de uma *interpretação como resistência* (Andrade, 1972): a qual, porém, não é menos obediência, porque obediência ao são, ao verdadeiro Direito, contra o arbítrio.

Os novos ventos interpretativos parecem explicitar que esse "conteúdo" da norma não é um *quid* isolado, que seria apreendido do exterior e sem interferência quer do intérprete, quer do meio em que se desenvolveu quer o texto da norma, quer a própria atividade interpretativa. Ou seja, as novas hermenêuticas chamam a atenção para o não-dado, ou não-completo de um "sentido", e para a sua construção, com a contribuição dos intérpretes, e com a permeabilização ao meio: afinal é a sociedade que vai sofrer o impacto da norma interpretada. Tudo é, afinal, *interativo*.

É o próprio Savigny quem considera que a *differentia specifica* da interpretação jurídica face a outras hermenêuticas, e desde logo à filológica, é a bateria de elementos em que se decompõe, e que hoje acabam ainda por ser a totalidade dos instrumentos de que muitos juristas dispõem para abordar interpretativamente os textos normativos – tal a pobreza de recursos hermenêuticos do psitacismo teórico.

Eles são, assim, e seguindo o mais de perto possível a lição do autor original, os chamados "elementos da/de interpretação", mantendo até a ordem da sua exposição:

A dimensão propriamente linguística e especialmente semântica do texto em apreço numa interpretação é objeto do primeiro elemento da interpretação, o chamado elemento gramatical.

A forma como Savigny coloca o problema é muito diversa do que normalmente vemos sob a epígrafe em causa.

Savigny é muito claro ao centrar o estudo em causa na *palavra*, como veículo de transmissão (ou meio de comunicação) entre o pensamento que diz do legislador (e neste caso não pode deixar de ser o dele) –, e o do intérprete. Para o autor, esta interpretação pelo elemento gramatical acaba por consistir, afinal, na exposição (cremos que no sentido também de revelação, e por isso, antes de mais, de busca) das leis linguísticas que o próprio legislador aplicou na construção do texto. Afinal, trata-se de uma desconstrução *hoc sensu* para compreender a construção linguística previamente efetuada pelo legislador.

O elemento lógico é tratado com muito maior laconismo por Savigny. Por este elemento se procura, no texto, a concatenação, a estruturação do pensamento, a relação lógica entre as suas partes. E será naturalmente aqui que se poderão procurar (e eventualmente encontrar) alguns vícios lógicos da malha textual da norma. Os quais, para voltar a dar o exemplo do Código Civil português, terão de ser acomodados de forma positiva (recuperadora), com presunções que elevam todas as fórmulas erróneas a fórmulas aceitáveis para resultados de justiça (arts. 8° e 9° CC).

O vetor histórico da interpretação remete para a descoberta da situação, posição, relação jurídica em causa (no seu contexto) no momento da "promulgação da lei" – diz Savigny. Na verdade, poderá ser mais que isso. Poderá a análise histórica recuar a tempos mais afastados da elaboração da lei, e à própria história mais antiga do instituto ou institutos em causa, e mesmo do(s) que o(s) precederam.

De qualquer modo, o que mais fundamentalmente se pretende aquilatar é a novidade que aquela norma introduz no sistema jurídico, na ordem jurídica, na juridicidade vigente. Pelo que este elemento histórico pressupõe o seguinte, o sistemático, que nos fala da traça geral de um dado ordenamento jurídico, num certo tempo e lugar.

Falemos agora brevemente do elemento sistemático. Numa perspetiva de plenitude (ainda que não necessariamente "lógica", como querem alguns), e de unidade do sistema jurídico, ou da ordem jurídica, há um "ar de família" entre as diferentes instituições, institutos e normas, dentro dessa "magna unidade".

Savigny parece fazer um paralelo muito enriquecedor entre as associações de ideias e a força enquadradora (institucional, mesmo) na mente do legislador. Tentemos reconstituir o que poderá ser o seu pensamento, contudo exposto de forma lacónica: assim como o contexto histórico de uma norma não pode deixar de estar pressuposto no espírito do legislador, para o salto vital de legislar, assim também esta unidade do sistema jurídico parece estar pressuposta no mesmo espírito, como uma espécie de pano de fundo.

Pela negativa, termina o grande jurista alemão por afirmar que jamais conheceremos em pleno o pensamento do legislador se não tivermos para nós clara a relação da norma nova com a totalidade sistemática do direito (ou: todo o sistema jurídico), e a forma como intervém (inovadoramente) no conjunto desse sistema.

Savigny deu-se bem conta de que o uso mecânico e formalista de todos estes elementos em todas as normas a interpretar poderia ser não apenas supérfluo, como nocivo, desde logo por "pesado". A escolha dos elementos mais apropriados à interpretação é, desde logo, um dos primeiros passos da "arte".

O autor considera mesmo as condições de êxito do trabalho interpretativo, que faz depender de duas ordens de exercícios:

a) *Reconstituição da atividade mental legislativa*: para bem se interpretar, e como que até "por cima" do uso dos diversos elementos taxativos da interpretação (que vimos já não serem tão taxativos), deve, antes de mais, reconstituir-se a atividade mental de que acabará por resultar a expressão do "pensamento do legislador" (que é obviamente uma ficção, mesmo que o legislador seja uma pessoa concreta: porque não interessa tanto a sua determinação mental). Savigny di-lo de forma algo generalista, mas cuidamos ser este o sentido do que pretende afirmar.

b) *Comparação histórico-dogmática de textos*: muito relevo, em segundo lugar, é conferido aos dois passos seguintes:

1) Antes de mais, torna-se necessário que se conheça o complexo jurídico dogmático numa perspetiva histórica, única forma de vermos depois com clareza o lugar, o sentido e o papel da norma concreta a ser interpretada. Não nos esqueçamos que Savigny, mestre da "Escola Histórica do Direito", considerava que "a Ciência do Direito não é senão a História do Direito".

2) Dotados desta compreensão histórico-dogmática inicial, apreenderemos de seguida muito mais facilmente as conexões entre as relações jurídicas gerais estabelecidas na ordem jurídica e o texto em apreço.

Bibliografia

ANDRADE, Manuel de, Sentido e Valor da Jurisprudência, *in Boletim da Faculdade de Direito*, Universidade de Coimbra, XLVIII, 1972.

BRITO, José de Sousa e, Hermenêutica e Direito, *separata do Boletim da Faculdade de Direito, Universidade de Coimbra*, Coimbra, 1990, p. 3 *et seq.*

BRITTO, Carlos Ayres, *Teoria da Constituição*, 1ª ed., 3ª tiragem, Rio de Janeiro, Forense, 2006.

ECO, Umberto, L'Oeuvre Ouverte, De L'Oeuvre ouverte au Pendule de Foucault, entrevista de Jean-Jacques Brochier/Mario Fusco, *in* « Magazine Littéraire », nº 262, fevereiro de 1989, p. 18 *et seq.*

—, *L'Oeuvre Ouverte*, trad. fr., Paris, Seuil, 1965, trad. bras., *Obra Aberta*, 2ª ed., São Paulo, Perspectiva, 1971.

GADAMER, Hans-Georg, *Wahrheit und Methode*, 3ª ed., Tuebingen, J. C. B. Mohr (Paul Siebeck), 1973 (1ª – 1960), trad fr. Etienne Sacre, rev. Paul Ricoeur, *Vérité et Méthode. Les grandes lignes d'une herméneutique philosophique*, Paris, Seuil, 1976.

HÄBERLE, Peter, *Die offene Gesellschaft der Verfassungsinterpreten. Ein Beitrag zur pluralistischen und 'prozessualen' Verfassungsinterpretation*, trad. de Gilmar Ferreira Mendes, *Hermenêutica Constitucional. A Sociedade Aberta dos Intérpretes da Constituição: Contribuição para a Interpretação Pluralista e "Procedimental" da Constituição*, Porto Alegre, Sergio Antonio Fabris, reimp. 2002.

IVAINER, Théodore, *L'Interprétation des faits en Droit*, Paris, L.G.D.J., 1988.

MÜLLER, Friedrich, *Métodos de Trabalho do Direito Constitucional*, 3ª ed., trad. port. de Peter Naumann, Rio de Janeiro, Renovar, 2005.

RABENHORST, Eduardo Ramalho, A Interpretação dos Fatos no Direito, *Anuário dos Cursos de Pós-Graduação em Direito*, Recife, Universidade Federal de Pernambuco, Centro de Ciências Jurídicas, Faculdade de Direito do Recife, nº 12, 2002, p. 191 *et seq.*

SALDANHA, Nelson, *Da Teologia à Metodologia. Secularização e Crise no Pensamento Jurídico*, Belo Horizonte, Del Rey, 1993.

SAVIGNY, Friedrich Karl von, *System des heutigen Römischen Rechts*, Berlim, 1840, ed. em selecta cast. de Werner Goldschmidt, *Los Fundamentos de la Ciencia Juridica, in La Ciencia del derecho*, Savigny, Kirchmann, Zitelmann, Kantorowicz, Buenos Aires, Losada, 1949, máx. p. 77 *et seq.*

STRECK, Lenio Luiz, *A Hermenêutica Filosófica e as possibilidades de superação do positivismo pelo (Neo) Constitucionalismo, in Constituição e Crise Política*, coord. de José Adércio Leite Sampaio, Belo Horizonte, Del Rey, 2006.

TEIXEIRA, J. H. Meirelles, *Curso de Direito Constitucional*, organizado e atualizado por Maria Garcia, da Pontifícia Universidade Católica de São Paulo, Rio de Janeiro, Forense, 1991.

19

UTOPIA OU DECADÊNCIA? BLOCH E SPENGLER

> *O tempo de hoje carregou, inconcluso, a não-contempora-*
> *neidade da utopia jurídica do ontem. Desse ontem, hoje,*
> *pode fazer-se o amanhã.*
> Alysson Leandro Mascaro

O ano de 1918, em que termina o primeiro grande conflito mundial, vai assistir ao lançamento de duas obras políticas de sentido contraditório, que são uma espécie de balanço desse tempo novo: *O Espírito da Utopia*, do marxista jusnaturalista Ernst Bloch (1885-1977) e *A Decadência do Ocidente*, do filósofo pessimista, de inspiração nietzschiana, Oswald Spengler (1880-1936).

Este último centra-se numa extrapolação decadentista da realidade europeia. Já aquela primeira obra procura começar a libertar as forças do *Princípio Esperança* – título de um outro seu trabalho, escrito significativamente no seu exílio norte-americano, entre 1938 e 1947, e publicado, em três volumes, na antiga República Democrática Alemã de 1954 a 1959.

A dimensão jusnaturalista original do seu pensamento verá a luz do dia em 1961, com *Direito Natural e Dignidade Humana*. Não é muito comum, no âmbito da esquerda atual, e muito menos ainda no campo "comunista" (embora, naturalmente, heterodoxo) haver quem defenda esta perspetiva ontológico-jurídica, mas também metodológico-jurídica.

É uma grande heterodoxia, com resultados deveras surpreendentes e fascinantes, que nos fazem entender que certas perspetivas, podendo historicamente ser conotadas mais com estas ou aquelas correntes políticas e cosmovisões, não apenas podem "mudar de dono", como suscitar o interesse e a adesão de múltiplos teóricos. Evidentemente, a questão não está isenta de implicações políticas.

20

GRANDES JURISTAS: DE CARRÉ DE MALBERG AOS GIGANTES DE WEIMAR

Em primeiro lugar: o compromisso com os gigantes de Weimar: Carl Schmitt (garantia dos institutos e das instituições); Rudolf Smend (teoria dos direitos fundamentais orientada pelos valores), Hermann Heller (teoria do Estado como ciência da cultura e Constituição política como realidade social).
Christine Oliveira Peter da Silva, aludindo a Peter Häberle.

I. Carré de Malberg

Cedant arma togæ: calado o estampido dos canhões, é tempo de colocar em ordem o Estado. E uma das tentativas com grande expansão seria, em 1920, a de Raymond Carré de Malberg (1861-1935), com o primeiro volume do seu *Contributo para a Teoria Geral do Estado*. O autor considera ser imperiosa uma purificação do Direito, separando-o da moral, da política e do próprio Direito Natural. Independentemente do seu pendor positivista, não deixa de ter tido, entre outros, o grande mérito de ter realmente tentado construir uma teoria do Estado a partir dos grandes princípios da Revolução Francesa.

II. Leon Duguit

Leon Duguit (1859-1928) segue a linha juspositivista (recusando até como formas metafísicas, não apenas o Direito Natural, como até a "soberania" e a "pessoa moral"), procurando já (embora sem a monumentalidade e o logicismo da construção de Kelsen [1881-1973]) uma autonomia do direito face a outras ordens sociais normativas. Não deixando de ser muito interessante a prevalência que dá à ideia de serviço público e de função social na análise do Estado. Contudo, como virá a suceder com o jurista austríaco, a proximidade entre direito e Estado é nele já preocupante para o êxito da autonomização pretendida.

III. François Gény

Entre 1913 e 1924, sairiam os dois volumes de François Gény (1861-1959) sobre a *Ciência e Técnica em Direito Privado Positivo*. É uma obra de um privatista com profundo sentido metodológico e filosófico-jurídico em que ainda hoje se podem colher muitas lições.

Gény era um universitário devotado, interessado em compreender os mecanismos da banca de artesãos dos juristas, mas também o sentido último das questões jurídicas. E a sua obra revela muita atenção à bibliografia no seu tempo disponível.

O jurisfilósofo Michel Villey (1914-1988) louva-o, sublinhando o quanto perdeu materialmente não enveredando pela parecerística, como tantos colegas seus. Mas, apesar da imensidão dos seus esforços (desde logo do seu método de "livre pesquisa científica" na interpretação), uma metodologia jurídica una, mas consciente das especificidades do Direito Público, e especificamente do político, estava ainda por vir. Aliás, há ainda quem hoje em dia considere que este último não tem singularidade hermenêutica. O que certamente significará que deverá continuar sob a alçada das velhas regras de Savigny... (v. o nosso *Hermenêutica Constitucional entre Savigny e o Neoconstitucionalismo*, in *Neoconstitucionalismo*, coord. de Regina Quaresma, Maria Lucia de Paula Oliveira, Farlei Martins Riccio de Oliveira, Rio de Janeiro, Forense, 2009: 615-613). O *opus magnum* de Gény continua a ser inspiração, ainda hoje.

IV. Paul Laband e a sua Posteridade

Agudos investigadores chamam a atenção para esse abismo metodológico, que apenas o neoconstitucionalismo atual virá a decisivamente afastar (e mesmo assim com desvios em certos casos): Paul Laband (1838-1918), autor do influente *Direito Público do Império Alemão* (1876-1882, 3 v.), e defensor de uma hermenêutica silogística em Direito Público, contentou-se em referências teóricas à própria constituição num prefácio, e Seydel subordiná-la-ia ao monarca. Impera ainda em muitas mentalidades uma perspetiva dominial do poder. Além de que se trata de uma mundividência jurídica privatista

– a qual está mesmo presente em Von Haller (1778-1864), até quando pretendia uma *Reconstrução da Ciência do Estado*, 1816-1834.

Aos grandes nomes de transição, como o positivista estadualista Georg Jellinek (1851-1911), grande obreiro da *Teoria Geral do Estado* (1900) vai opor-se Kelsen, e a todos irá suceder sobretudo o império dos "gigantes de Weimar", de orientação mais autonomamente constitucionalista, e de hermenêutica mais ágil e profunda. Nomes como o Rudolf Smend (1882-1975), ou Hermann Heller (1891-1933), designadamente com a sua *Teoria do Estado* (1934), não deixarão facilmente de ser clássicos.

A interação da Filosofia política e da Ciência Jurídica, da Teoria do Estado e da Teoria Constitucional, além do Direito Público político em geral, está sujeita a filtros (há toda uma questão de "receção", a qual, estudada no domínio da Literatura de ficção sobretudo, ganharia em ser também aplicada a estas áreas) e tempo. Não basta contentarmo-nos com a fórmula de Heinrich Triepel (1868-1946) segundo a qual o Direito constitucional é "direito político".

21

O MÉTODO E O LEGADO:
WITTGENSTEIN E GILSON

Os limites da minha linguagem querem dizer (significam)
os limites do meu mundo.
Wittgenstein

Na mesma senda reconstrutiva, 1921 vai contribuir para a consolidação de estudos basilares. É, antes de mais, a obra essencial de Ludwig Josef Wittgenstein (1889-1951), *Tractatus Logico-Philosophicus, Caminho para uma Renovação do Organum Moderno*.

Wittgenstein é uma figura trágica. De uma família de suicidas, primorosamente educada, mas em busca de sentido que não encontra, dispersou-se em labores aparentemente inadequados ao seu génio. Tendo primeiramente estudado Engenharia, a custo suportará a clássica universidade britânica, pela mão de Bertrand Russell. Foi voluntário na I Guerra Mundial, e por um tempo professor primário em lugar periférico, e jardineiro, tendo acabado os seus dias quase como um anacoreta, doente, e, ao que parece, avesso ao tratamento.

O olhar radiográfico (porque desnublado de preconceitos, ao menos dos mais comuns) do mundo através da consistência (ou ilogismo) das suas palavras, desde logo coloca em causa o sentido e o carácter ou lógico ou tautológico das proposições. Mesmo a linguagem científica não é, afinal, obviamente, senão uma linguagem, com regras comuns a todas as linguagens. Por isso, um jogo que se pode jogar.

A política vista à luz desta visão ao mesmo tempo serena e desencantada, e implacável para com as ilusões, poderá experimentar um arrepio existencial. A forma anti fundamentalista autónoma (nem nietzschiana nem pelo caminho de Jacques Derrida [1930-2004]) como empreendeu a sua crítica, especialmente nas *Investigações Filosóficas* (elaboradas entre 1936 e 1949) deu-lhe um lugar na nossa área de estudos, na perspetiva mais epistemicamente avançada de um Philippe Corcuff (1960), *Filosofia Política* (2000). Estamos de acordo com essa inclusão, cremos que sem precisar de muitas justificações.

Pouco antes da saída do *Tractatus* de Wittgenstein, em 1919, seria dada a lume a síntese erudita e compreensiva do grande filósofo medievalista Etienne Gilson (1884-1944): *O Tomismo*.

É toda uma outra clave teórica e também diversa família de pensamento, a nosso ver complementar, o que demonstra que todas as filosofias são de todas as épocas. Pelo menos as grandes e perenes. E quer sejam de origem medieval (como é o caso desta última), quer sejam de nascimento contemporâneo. O que há é uma releitura e uma reelaboração dos legados, em cada novo tempo.

22

O PRÍNCIPE E OS ANARQUISTAS E OUTRAS ESTÓRIAS DE DIREITO E AVESSO: DE KROPOTKINE A CAMUS

Perder a vida é pouca coisa e terei essa coragem quando for preciso. Mas ver dissipar-se o sentido desta vida, desaparecer a nossa razão de existência, eis o que é insuportável. Não se pode viver sem razão.
Albert Camus

Se tivéssemos escolhido o critério cronológico pessoal, e não o da principal obra, poderíamos ter começado este nosso brevíssimo panorama com o nascimento de Pyotr Alexeyevich Kropotkin (1842-1921), príncipe russo cuja simples vida daria um romance pícaro. Tendo-lhe sido dado observar os vários lados sociais e de fortuna da Rússia czarista, optou pelos desfavorecidos, que conheceu nos campos e nas prisões miseráveis. Contudo, o seu anarquismo não é coletivista, mas de raiz individualista, embora de um individualismo altruísta (aliás, parece não poder haver altruísmo sem individualismo). Mas note-se que só sairá a lume a sua *Ética* (e é já outra clave) um ano depois do seu falecimento (1922), quando a tendência inicial sociológica se encontra consolidada...

O anarquismo teve uma importância teórica e prática, muito maior do que a que possui hoje, no início do século XX. Pelo anarquismo passariam, na juventude, muitos pensadores que depois tomariam outros rumos. Contudo, é mais um fenómeno ideológico que filosófico. A dimensão violenta e "terrorista" da sua ação política pode vir a ser revisitada hoje, quando atentados de outras colorações ideológicas e afins se colocam na ordem do dia. Arriscaríamos afirmar que o grande testemunho sobre o problema não é um ensaio, mas uma peça de teatro: *Os Justos* (1950), de Albert Camus

(1913-1960), um autor deveras importante para a filosofia jurídica e política *implícita*, em obras notabilíssimas, como *Calígula*, *O Estrangeiro*, *A Peste* ou *A Queda*.

Em *Calígula*, é a pura arbitrariedade do tirano, todos calcando aos pés, vendo-se como os cortesãos tudo cedem e tudo vendem, e tudo trocam pela sobrevivência. Até que um punhado da corte assume o risco, a coragem do tiranicídio. A obra é mais depurada que o Calígula do Suetónio dos *Doze Césares*, mas igualmente impressionante sobre a injustiça do poder arbitrário. Mais clássica que o impressionista (surrealista *avant la lettre*) *Ubu roi*, de Alfred Jarry (1873-1907), que se estreou em 1896, mas que é igualmente uma catilinária dramática contra a tirania. Há dele uma edição excelente com desenhos do pintor catalão Joan Miró.

O Estrangeiro apresenta subtilezas a serem meditadas sobre o alheamento ao mundo e aos sentimentos de um homicida fortuito, que mata sem intenção, e entra na máquina infernal da justiça sem entender o que se passa, acabando, como é óbvio, condenado à pena máxima. Provavelmente é mais condenado por ter sido aparentemente insensível (ou mesmo insensível) ao falecimento de sua mãe que pelo crime em si que o leva à Justiça.

A Queda fala-nos de um advogado de sucesso sem coragem para salvar uma jovem suicida, e que espia, criticamente, como um espectro, num bar holandês a sua pusilanimidade como "juiz penitente"...

A Peste, obra a que a pandemia do Coronavírus em 2020 fez descobrir a muitos, e redescobrir a alguns, retrata vividamente um trágico desafio aos Homens em situação de aguda pressão. Houve quem a interpretasse literalmente, e lhe desse como inspiração a epidemia de cólera na Argélia no séc. XIX, e quem visse nela uma metáfora da ocupação nazi. Pode bem ser ambas as coisas, e certamente mais que isso...

Obviamente que o sumário aqui feito é deformador. Mas todas estas e outras obras nos remetem para o avesso do direito, e, apesar do tempo, ainda não foram devidamente interiorizadas, ou "recebidas", pela Filosofia jurídica. Embora autores como Robert Solomon e Kathleen Higgins considerem Albert Camus mais novelista e ensaísta que um filósofo "em sentido formal", no domínio da filosofia jurídica essas abordagens ensaística e novelística acabam por se revelar géneros literários muito adequados ao tema. Provavelmente mais se compreende sobre a justiça nessas obras que em in-fólios abstratos, sistemáticos, tratadísticos (2007: 185).

23

JACQUES MARITAIN: RELIGIÃO, POLÍTICA E DIREITO NATURAL

O religioso perfeito reza tão bem que ignora estar a rezar. O comunismo é tão profundamente uma religião – terrena – que ignora ser uma religião.
Jacques Maritain

Nesse mesmo ano de 1922, o pensador católico Jacques Maritain (1882-1973) publica o seu *Antimoderno*. É apenas uma faceta do seu pensamento, que foi, como é natural, evoluindo. Nascido numa família protestante e tendo inicialmente abraçado o radicalismo socialista do poeta, ensaísta e editor Charles Péguy (1873-1914), Maritain converteu-se ao catolicismo em 1905, facto a que não terá sido alheio o conhecimento do romancista e ensaísta Léon Bloy (1846-1917). A sua aventura espiritual, acompanhado por sua mulher, Raïssa (1883-1960), enquanto viveu, levá-lo-á aos 88 anos ao noviciado na Fraternidade de Charles Foucault.

São grandes e graves as polémicas em torno da evolução intelectual e política de Maritain. O intelectual católico brasileiro Gustavo Corção viria a distinguir um bom Maritain, que seria precisamente o do *Antimoderno*, quando, monárquico, tradicionalista e nacionalista estava com Maurras e a *Action Française*, e um mau Maritain, cheio de erros "modernistas", democrata, humanista, progressista, etc. Em *O Camponês do Garona*, de 1966, afirmações como

os movimentos políticos tanto de direita como de esquerda... não são hoje em dia... mais do que complexos afetivos exasperados, arrastados por seu mito ideal que impede que a sua capacidade de julgamento político possa ser outra coisa do que a seiva inconsciente da paixão...

haveriam de o perder junto de alguns dos seus antigos seguidores. Mas um dos anátemas mais cruéis desferidos do lado tradicionalista contra o autor seria a homenagem que lhe prestou o papa Paulo VI, no encerramento do Concílio Ecuménico Vaticano II, considerando-o seu mestre e grande filósofo católico.

Ficou para a posteridade, além do ancião que se prostra em votos três anos antes da sua morte, a sua contribuição filosófica para a Declaração Universal dos Direitos do Homem, que decorrem de perspetivas sobre o Direito Natural, o qual também versou em vários escritos. E que não é anti moderna. Contudo, o *Antimoderno* marca um tempo, que é precisamente o desse posicionamento tradicionalista, reação que seduziu muitos intelectuais, face ao barbarismo de uma nova civilização, no pós-guerra, que parecia esquecer os valores.

Clássica, por assim dizer, a contribuição jusnaturalista de Maritain é importante, sobretudo no livro *Natural Law*, onde, além de claramente se fundarem os Direitos do Homem no Direito Natural, se estabelece o carácter simultaneamente ontológico e ideal do Direito Natural, sintetizado nos termos seguintes:

> to sum up, let's say that natural law is something both *ontological* and *ideal*. It is something *ideal*, because it is grounded on the human essence, on its unchangeable structure and the intelligible necessities it involves. On the other hand, natural law is something *ontological*, because the human essence is an ontological reality, which moreover does not exist separately, but is every human being, so that by the same taken natural law ducells as an ideal order in the very being of every existing man. (2001: 31)

24

REBELIÃO DAS MASSAS:
JOSÉ ORTEGA Y GASSET

(...) mandar não é atitude de arrebatar o poder, mas tranquilo exercício dele. Em suma, mandar é sentar-se.
Ortega y Gasset

Problema civilizacional, confronto com o novo tempo, é também o que se coloca em *O Tema do Nosso Tempo*, de José Ortega y Gasset (1883-1955), de 1923. Os ares vão menos racionalistas (da chamada "razão formal"), e embora Ortega seja um liberal dos antigos, exalta uma certa forma de vitalismo (da "razão vital", ou "histórica") nesta sua obra. Pairará ainda a sombra do grande iconoclasta do martelo?

Entretanto, Ortega, essencialmente um liberal nem sempre "moderno", mas "muito século XX", debruçar-se-á sobre outros temas com interesse político momentoso já no seu tempo.

Desde logo, sobre o hodierno desafio das massas, que começam então a tornar-se ator histórico perturbador. O seu *A Rebelião das Massas*, de 1930, é um estudo já clássico, cuja lição ainda não soubemos assimilar nos nossos dias – o carácter amoral e por vezes antimoral das massas, a quem repugna todo o dever. O dever é, aliás, ética aristocrática: não de sangue, naturalmente, mas de espírito.

A importância da opinião pública, por exemplo, não lhe passou despercebida. Sabia bem que não se pode governar contra ela:

A verdade é que não se manda com os janízaros. Assim, dizia Talleyrand a Napoleão: "Com as baionetas, Sire, pode-se fazer tudo, menos uma coisa: sentar-se sobre elas". E mandar não é atitude de arrebatar o poder, mas tranquilo exercício dele. Em suma, mandar é sentar-se. (*A Rebelião das Massas*)

O grande problema é que pode haver sociedades tão divididas entre si que o paralelogramo de forças dê uma resultante de tendências que se autoanulam, um jogo de soma zero. É aí que o *horror vacui* da coisa pública substitui, perigosamente, a opinião pública pela força bruta.

Ortega antevê, sem o nomear, o perigo da democracia plebiscitária e até da democracia informática, que transformaria a democracia num circo de audiências e de pulsões imediatistas, à flor da pele. Ele sabe que as massas querem mandar, e para isso escolhe o nome de híper democracia. Na verdade, trata-se de uma subdemocracia, já não democracia de todo – pelo menos com a conotação cidadã, responsável, e virtuosa e esclarecidamente republicana que se lhe deu:

> É falso interpretar as situações novas como se a massa se tivesse cansado da política e encarregasse a pessoas especiais o seu exercício. Pelo contrário. Isso era o que antes acontecia, isso era a democracia liberal. A massa presumia que, afinal, com todos os seus defeitos e vícios, as minorias dos políticos entendiam um pouco mais dos problemas públicos que ela. Agora, por sua vez, a massa crê que tem direito a impor e dar força de lei aos seus tópicos de café. Eu duvido que tenha havido outras épocas da história em que a multidão chegasse a governar tão directamente como no nosso tempo. Por isso falo de hiperdemocracia.

Imagine-se o que o autor diria se tivesse conhecido as redes sociais!

Ortega procuraria também a essência da política, ou "do político". E apresentano-lo de forma muito plástica e impressiva no seu pequeno ensaio *Mirabeau ou o Político* (1928-1929). Num tempo em que a profissão e as funções políticas se encontram profundamente maculadas junto da opinião pública pela "opinião que se publica", em que avultam escândalos, a leitura de Ortega é salutar regime: uma coisa são vícios públicos, verdadeiros crimes, etc., e esses afetam o político; coisa diversa são pecadilhos privados, mau génio, antipatia e afins, que não afetam o político. Montesquieu já tinha dito que as virtudes públicas não se identificam com as privadas.

25

ENVOLVIMENTO E TRAIÇÃO DOS INTELECTUAIS: DE GENTILE A BENDA, E DEPOIS...

E a História sorrirá de pensar que Sócrates e Jesus Cristo morreram por essa espécie (...).
Julien Benda

Com as massas em ascensão, a demagogia e a tirania perfilam-se no horizonte. E nunca faltam teorizadores para as teorias (e as práticas) em ascensão. Em 1925, Giovanni Gentile (1875-1944) lança o *Manifesto dos Intelectuais Fascistas.* Benedetto Croce (1866-1952) riposta, significativamente no 1º de maio de 1925, com um *Manifesto dos Intelectuais Antifascistas.* Mas mais enigmático e merecedor de reflexão é o ainda bastante citado, mas pouco lido, livro de Julien Benda (1867-1956) *A Traição dos Clercs,* saído dois anos depois, em 1927. Estes *clercs* são, antes de mais, os intelectuais, que deveriam assumir a responsabilidade da crítica e do testemunho (que pode ser martírio – o mártir é testemunha, e deve dar testemunho), em lugar de se calarem, acomodados. Ou de precisamente fazerem o jogo do que deveriam denunciar. É um livro de choques e contrastes, esse, ao mesmo tempo datado e intemporal.

Por vezes até com intertextualidades evidentes, a ideia não deixará de ser glosada e completada ulteriormente. Alain Caillé (1944), em *A Demissão dos Clercs* (1993), começa por afirmar que os intelectuais "desistiram em massa de pensar o seu tempo". Do mesmo ano, precisamente, é a reflexão de Norberto Bobbio (1909-2004) *A Dúvida e a Escolha. Intelectuais e Poder na Sociedade Contemporânea,* que começa logo com uma nutrida nota com abundantes reflexões contemporâneas sobre o tema, para que remetemos o possível interessado. Mais recente, e original, é *O Intelectual* (2005), de Steve Fuller (1959).

Também Bertrand Russell glosara a questão, mas explicando as suas condicionantes económicas e de pressão dos donos dos *media*:

> Uma das causas da infelicidade dos intelectuais nos nossos dias é o facto de muitos deles, especialmente os escritores, não terem oportunidade de exercer livremente os seus talentos, e serem obrigados a pôr-se ao serviço de ricas corporações, dirigidas por filisteus, que os obrigam a escrever o que eles muitas vezes consideram disparates perniciosos. (*A Conquista da Felicidade, cit.*: 194-195)

Há uma diferença, contudo, entre o intelectual que recusa pensar e o que recusa agir. Pensando ou agindo, parece ter razão Michel Foucault (1926-1984): mudar alguma coisa no espírito das pessoas, tal é o verdadeiro papel do intelectual (*Dits et Ecrits*, 1994). De uma forma ou de outra. Pela via silenciosa de Cassiodoro (480-575), ou pela do martírio de Boécio (480-524), ou de Tomás Moro (1478-1535).

Infelizmente, nos nossos tempos, tantos intelectuais que, se o não estão (e não o serão mesmo muitas vezes), parecem estar a soldo de poderes e interesses! É a magnética atração pelo dinheiro e pelo mando que sobre eles fará exercer o seu sedutor sortilégio? O problema é que, quando as pessoas preparadas para pensar não pensam, mas se limitam a justificar as ações de quem pode e manda, o que se pode esperar de quem vive trabalhando, sem tempo e sem instrumentos mentais de reflexão e crítica?

Por isso é que nos tempos mais recentes tem sido apontado o perigo populista: por exemplo, primeiro na Hungria, e já também algo na França e na Grécia. E ainda na Polónia, obviamente. Há contudo, claro, uma diferença entre os países do Sul e os de Leste na dimensão do avanço populista. Nestes últimos, atingiu dimensões de poder, e sufocantes.

A reflexão sobre o Povo e a massa volta à ribalta. O *Magazine Littéraire* de maio desse ano (2012: 15), precisamente, já dava a palavra a Laurent Bouvet, que recordava: "entre a injunção popular e a tentação populista, o caminho democrático é estreito, porque o povo da democracia é o mesmo que o do populismo (...)". Em março de 2013, Jean-Claude Juncker advertiria: "Die Dämonen sind nicht weg, sie schlafen nur.". Desde então, têm-se agravado essas tendências... O sono desses demónios parece ter-se tornado mais leve. E a qualquer momento podem despertar, sobretudo se o barulho dos clamores populares (naturalmente agigantados em situações de crise) for muito alto. Mesmo em países que, pelos seus "brandos costumes", se cuidavam imunes os demónios despertaram. O problema é se crescerão e se multiplicarão (com a ajuda de oportunistas que com eles contam para ascensão ao poder, mas que, como no passado, serão dos primeiros a cair, e de sensacionalistas que vivem do escândalo, do medo, do perigo e dão sempre voz a quem grite mais alto).

Tudo indica que os catalisadores do florescimento desta perversão do sistema serão a bastante generalizada falta de educação política, cívica e mesmo cultural geral, de que as democracias em grande medida se foram demitindo pela prevalência do economicismo e do eleitoralismo, por um lado, e, por outro, a degradação das condições sociais e económicas de grandes camadas da população, as quais perderam a fé e a esperança em movimentos revolucionários ou reformistas, lançando-se nos braços do oportunismo demagógico. Nem sequer se apercebendo, frequentissimamente, da sua natureza ideológica. Agindo, assim, muitas vezes, como mero protesto contra o sistema, o regime, etc., e mais ainda contra a sua situação de vida degrada, quando não mesmo degradante. E culpando a torto e a direito, com ou sem razão, as instituições: primeiro os governos, depois os parlamentos, e depois o poder judicial. Nada escapando a uma crítica tão demolidora quão desesperada, de que as redes sociais, desde logo, se vão fazendo eco.

Não se confunda, porém, populismo e demagogia com extremismo de direita, puro e simples. Alguns considerarão extremismo o tradicionalismo, normalmente de pendor monárquico, e, contudo, este nada tem de populista.

Igualmente extremista era a corrente da Nova Direita (nascida nos finais dos anos 60 do século passado, e hoje mais na penumbra), a qual, com Alain de Benoist (1943) e o seu *opus magnum*, *Vu de Droite* (1977), atingiu um cume importante de qualidade intelectual, assim como as revistas que em vários países se fizeram eco do movimento. Sublinhe-se que a tarefa de Benoist não era nada fácil, por ser ao mesmo tempo crítico "do cristianismo, do neoliberalismo, do livre mercado, da democracia e do igualitarismo". Se se trata, como querem alguns, de uma espécie de proto-neofascismo ou de uma corrente que levaria a água a esse moinho, é um outro problema, que não haveria tempo para dissecar.

A questão do populismo e do extremismo relacionados com cultura e pensamento é complexa, e coloca-se, no limite, para o próprio fascismo original: pois não se viu já nele uma sedução aristocrática e cultural para aristocratas (veja-se o Futurismo) e uma captação populista para as massas (predominando o *argumentum baculinum*)? Uma das questões no populismo atual, um pouco por toda a parte, é a falta, em si, de elemento aristocrático, de apelo cultural... Pode ser que o venha a encontrar, e tornar-se, então, uma nova (velha) combinação explosiva e certamente mais eficaz (desenvolvemos estas questões – entre populismos e Coronavírus – no nosso livro *O IV Cavaleiro*, Coimbra, Almedina, 2020).

26

O OLHAR CLÍNICO: DE JUNG A FOUCAULT E A LORENZ

O poder de punir não é essencialmente diferente do de curar ou de educar.

Michel Foucault

Discípulo de Freud, que criou a sua própria escola, Carl Gustav Jung (1875-1961) edita em 1928 *As Relações entre o Eu e o Inconsciente*. A sua obra é vasta, como longa foi a sua vida ativa de investigador dos escaninhos da alma humana. O estudo dos *Tipos Psicológicos* (1921 – fruto de vinte anos de pesquisas teóricas e observações médicas) é importante como base para a ação política, e o estudo dos símbolos essencial à vida política, em grande medida deles vivendo (v. *O Homem e os Seus Símbolos*, por Jung organizado, para leigos). Mas, tal como, aliás, Freud, Jung é um polígrafo e um erudito, que se embrenha por múltiplos sectores e aplicações do conhecimento. Apenas como exemplo, em *Aion. Estudos sobre o Simbolismo do Si-mesmo* (1951), uma obra aparentemente esotérica, apresenta, sucinta mas agudamente, as bases da relação entre a moral e o direito penal, relaciona a queda do nível mental ("abaissement du niveau mental", no original) e a inversão social dos valores, discute o problema das virtudes e do mal, entre outros: tudo questões a dois passos de extrapolações filosófico-políticas.

O contributo de uma linha "psi" no pensamento filosófico-político não é descurável. Não esqueçamos, desde logo, os contributos decisivos para as ideias de biopoder e *Poder Psiquiátrico* (1973-1974) e de *Microfísica do Poder* (1979) de um Michel Foucault (1926-1984), e que começam com a história do poder na loucura e pelo controlo da sexualidade, alguns dos pilares de uma *Sociedade Punitiva* (1972-1973), que interiorizou as funções de *Vigiar e Punir* (1975).

Uma *démarche* filosófico-política que comunga com a de Foucault uma formação e um nascimento com raízes na medicina, é a da etologia, que teve em Konrad Lorenz um fundador e *prémio Nobel*. A aproximação do comportamento humano elementar com o animal, a explicação biológica da agressividade e da propriedade, por um instinto territorial, por exemplo, são caminhos sedutores, que tiveram já vasta posteridade intelectual, e que na obra de Lorenz sobressaem especialmente em estudos como *Os Oito Pecados Mortais da Nossa Civilização* (1974).

O poder psicológico e psiquiátrico (como, aliás, o biopoder) são dimensões que ainda não desceram dos estudos especializados à vulgarização das teorias gerais do Estado ou à Ciência Política mais corrente.

Deleuze, Guattari, Szasz e Foucault, entre outros, são referências obrigatórias para a desconstrução desses novos poderes sobre o corpo e a alma.

27

A OUTRA FACE DA REVOLUÇÃO: LEON TROTSKY

Podes não estar interessado em estratégia, mas a estratégia está interessada em ti.
Leon Trotsky

É a ação mais que a introspeção que se visa no livro polarizador de Trotsky (1879-1940) *A Revolução Permanente*, publicado em 1928. O sedutor no pensamento trotskista é que, nunca tendo tido a prova de fogo da necessidade do governo do possível, pode afirmar-se que tem as mãos limpas. E contudo, o projeto intrínseco do trotskismo parece animado de um *élan* e de uma pureza revolucionária mais lídima que outros projetos. Nesta obra, em que o autor revisita posições anteriores motivado por polémicas entretanto havidas, não deixam de estar presentes dois pontos que o separam do estalinismo triunfante: o carácter democrático-político (que diríamos politicamente liberal) da revolução, e o seu internacionalismo – contrariando a tese, tão propagada, do "socialismo num só país".

E, contudo, Trotsky não descura, de modo nenhum, os aspetos realistas da mais dura realidade do poder: sabe que as revoluções são verbalistas, sabe que discutir ainda mais pode levar a ainda mais erros, sabe que ser magnânimo fora do tempo é fatal para quem se der a esse luxo, sabe que a vaidade tolda o discernimento dos poderosos. E sabe que na normalidade não se vê o valor de uma pessoa: apenas nas situações de crise, em que tem de contar com as suas reservas anímicas. Além do mais, é um dos mais subtis autores marxistas clássicos em matéria de apreciação de arte. Desejou um socialismo diferente na Rússia e no mundo. Estaline venceu-o. E terminou assassinado, no seu exílio mexicano, a golpes de picareta. Era o que lhe faltava para se tornar um mito.

28

"BÊTE D'INTELLIGENCE": CARL SCHMITT

> *(...) o medo humano diante daquilo que é novo é fre-*
> *quentemente tão grande quanto o medo diante do vazio,*
> *mesmo quando o novo é ultrapassagem do vazio. Daí*
> *que muitos vejam uma desordem sem sentido onde,*
> *na realidade, um novo sentido luta pela sua ordem.*
> Carl Schmitt

É em 1932 que um dos maiores vultos do direito político do século XX vai dar à estampa um pequeno mas fundamental estudo sobre a própria noção de político. O autor, a quem comentadores franceses ambivalentemente apelidarão de "bête d'intelligence", é o conservador de formação católica Carl Schmitt (1888-1985) e o livro *O Conceito de Político*, em que desenvolve sobretudo a teoria do político como espaço de antagonismo, entre amigo (*Freund*) e inimigo (*Feind*), a qual teria desenvolvimento em autores como Julien Freund (1921-1993) e Raymond Aron (1905-1983), entre outros.

Como tantos, no seu tempo, Schmitt criticaria o parlamentarismo e a República de Weimar (nomeadamente em *Die geistesgeschichtliche Lage des heutigen Parlamentarismus –* A Situação Histórico-Espiritual do Parlamentarismo de Hoje, 1923) e, com o advento do nacional-socialismo, ter-se-á iludido com o *Führer*, a propósito de cujos podres hermenêutico-constitucionais e judicatórios, no terreno, escreverá um infeliz artigo: "O Führer defende o direito". Entrou mesmo para o partido nazi em 1933. Tudo isso, porém, como sucede com tantos outros, não é argumento para que o esqueçamos, definitivamente catalogado. Porque Carl Schmitt coloca problemas, avança com teorias e embrenha-se em polémicas para nós essenciais ainda hoje e, como se tem visto pela posteridade dos seus comentadores, suscetíveis de interpretações de muitos sentidos, como é natural em grandes e inspiradores vultos. As convicções são com cada ator histórico. Mas o legado do seu pensamento não as transmite a quem o estuda, e é nosso património comum, independentemente das ideologias. Grandes autores são capazes, aliás, de ter discípulos, ou pelo menos de dar inspiração, a vultos catalogáveis tanto nas esquerdas como nas direitas...

Carl Schmitt compreende perfeitamente o carácter sacral do político, porém secularizado nos tempos modernos. Mas precisamente na secularização moderna dos conceitos fundantes do Estado se pode, diríamos nós, "arqueologicamente" descobrir uma matriz teológica. Sempre a velha função una da soberania dos indo-europeus. E é também na ideia de soberania (ou numa noção dela próxima: *Ausnahmezustand*) que o autor faz residir a pedra angular do poder, que deveria, a seus olhos, permitir um executivo (ou um presidente do Reich) com mãos mais livres das limitações da legalidade correntes de um Estado de Direito. *Soberano é o que decide do estado de exceção* – tal é a tese que defende, logo a abrir a sua *Teologia Política* (1922).

Constitucionalista de grande conhecimento histórico e capacidade teórica (ainda hoje são fundamentais alguns conceitos da sua *Teoria da Constituição*, de 1928), e agudo na perceção dos problemas da nacionalidade e das relações internacionais (*v.g.* no seu *Der Nomos der Erde im Völkerrecht des Jus Publicum Europaeum*, 1950), representa, em geral, a perspetiva autoritária e antiparlamentar.

A sua polémica sobre quem deve ser o "defensor da Constituição", com o austríaco social-democrata de origem judaica Hans Kelsen (1881-1973), injustamente mais conhecido como jurisfilósofo "derrotado" do que como constitucionalista "triunfante" (quando nele uma e outra das facetas se complementam), tem tudo para ser uma gigantomaquia. E é um exemplo muito ilustrativo de duas mentalidades diferentes igualmente ornadas pelas maiores qualidades intelectuais. Além de que também exemplo de como se distribuem, mesmo com distanciamento histórico, as famas, os castigos e os prémios. Obviamente por motivos ideológicos e de difusão / receção dos diferentes autores e, no caso, dos diversos segmentos das suas obras.

29

OUTROS OLHARES: DE HENRI LEFEBVRE
A HERBERT MARCUSE

*As pessoas reconhecem-se nas suas comodidades: encontram
a sua alma no automóvel, na aparelhagem de alta fidelidade, na casa de topo de gama, no equipamento da cozinha.*
Herbert Marcuse

Antes, porém, de passarmos a palavra a Kelsen, para rapidamente também es-
boçarmos os termos da polémica referida no capítulo anterior, não podemos esquecer
dois livros que saíram em 1933.

O primeiro é obra danada por gregos e troianos, quer dizer, por comunistas e
por nazis: *A Consciência Mistificada*, de Henri Lefebvre (1901-1991). Para desconforto
de uns e de outros, o autor não faz radicar a verdade nem na consciência individual
nem na coletiva, denunciando a geral ignorância, que, contudo, deteta ser maior entre
os explorados.

O segundo, *A Psicologia de Massas do Fascismo*, do polémico e eclético Wilhelm
Reich (1897-1957), é o corolário da reflexão sobre a ascensão das massas, mas agora
através de um uso psicológico do marxismo, que recusa as explicações materialistas
mecanicistas e a simples ideia de ilusão ou alienação. Recuando, não olvidemos a
Psicologia das Massas, de Gustave le Bon (1895).

O que é particularmente importante nesta obra é a consideração do fascismo
não como um fenómeno ideológico-político localizado, mas a sua elevação a arquétipo
polarizador dos recalcamentos psíquicos das criaturas recalcadas (o "Zé Ninguém" da
obra de Reich *Escuta, Zé Ninguém!*), incapazes de diálogo e autogoverno, aspirando por
chefes e *mão dura*. Donde as utilizações ulteriores da expressão "fascismo", por vezes

até chocantes, por histórico-ideologicamente anacrónicas (ou, como diria Bernard Crick (1929), *Socialismo* (1987), trad. port., p. 84: objetos de "diluição" – que por vezes é "fortalecimento do espírito original" do conceito), poderem encontrar aqui uma justificação, quando não são meros aríetes verbais de estigmatização.

Esta preocupação com a psique autoritária na política é um filão importante, tendo frutificado, por exemplo, em *A Psique Política* (1993) e *A Política no Divã* (2001), do contemporâneo Andrew Samuels. Mas lembremo-nos de que já Jung tinha aludido à psicologia da ditadura (cf. William McGuire e R. F. C. Hull, *C. G. Jung: Entrevistas e Encontros*, São Paulo, Cultrix, 1982). Entretanto, Reich é um dos pioneiros de uma abordagem psicossexual do político, que virá a ter posteridade especial no avançar do século, nas "políticas de género", não só feministas, como em propostas teóricas e de intervenção ligadas a diversas "orientações sexuais". Outro autor que combinou marxismo e psicanálise foi Herbert Marcuse (1898-1979), que passaria de algum otimismo utopista em *Eros e Civilização* (1955), para uma crítica mais sombria – e quiçá mais pessoal – em *O Homem Unidimensional* (1964), dissecando a sociedade repressiva e irracional, que contudo vai libertando algumas amarras como válvulas de segurança do sistema.

30

JUSFILÓSOFO E CONSTITUCIONALISTA: HANS KELSEN

O Estado apresenta-se como um conceito de Deus porque se baseia no dualismo sistemático característico do método teológico: enquanto hipóstase da unidade da ordem jurídica, foi concebido como um ser transcendente aos olhos desta ordem, exatamente como Deus, personificação da natureza, foi remetido para uma imagem transcendente desta.
Hans Kelsen

Voltemos aos anos 30, anos ditos *doirados*, em que, na Viena de Kelsen (1881-1973), Freud pontificava (este só partirá em 1938, fugido à perseguição nazi), aureolado por uma glória que jamais os juristas conseguirão alcançar: o de ter cortado o verdadeiro e definitivo nó górdio da sua ciência. Em 1934, Kelsen publica o seu livro mais conhecido, em que pretende independentizar o Direito das demais normatividades e racionalidades: é a *Reine Rechtslehre,* a *Teoria Pura do Direito,* a qual, porém, se saldará por um fracasso nesse objetivo, aliás impossível, espécie de quadratura do círculo. Porque, fazendo sair pela porta as influências exógenas mais evidentes, como a moral, a religiosa, etc., faz entrar pela janela uma determinação jurídica pelo Estado. Aliás, não separando Direito de Estado (e aqui parece haver algo de observação pessoal, pois Kelsen conviveu de perto e por dentro, sobretudo na mais alta área Militar, com o Império austro-húngaro, apercebendo-se da sua realidade nada ou quase nada mais que jurídica), aquele fica irremediavelmente na subordinação deste, e obviamente vai gorar-se a pretendida purificação do Direito. Contudo, a obra está repleta de observações interessantes e inteligentes, não deixando mesmo de apresentar algum sabor cultural, como quando Kelsen compara a juridicidade ao rei Midas, transformando em direito, como este mítico monarca volvia em oiro, tudo aquilo em que lhe seja dado tocar. Juridificação, maldição de Midas, na verdade.

E é de suma importância esta metáfora, se lida como prevenção: porquanto uma vez reduzido o direito a mero instrumento do poder, nada há, de mais sagrado ou mais íntimo, que um poder totalitário *ex professo* ou pontualmente (e esse é o mais pérfido, porque não assume o seu rosto) não pretenda tutelar, como esse *big brother* que olhava cada um na utopia (não tão quimérica assim) de George Orwell 1984. Uma das primeiras lições a tirar do complexo de Midas do Direito é a necessidade de que toque em pouca coisa, apenas a necessária, a indispensável. Como sabemos, de Montesquieu, e já de Isidoro de Sevilha (e mesmo dos Romanos), as leis têm que ser, antes de mais, necessárias.

Se esta *Reine Rechtslehre* kelseniana é sobretudo um sério exercício de afinamento de um edifício de logificação do Direito, fazendo-o radicar num ponto de Arquimedes conatural ao demais Direito, a que se chama *Grundnorm*, norma das normas, norma fundamental, da qual, por dedução, se extrairiam todas as demais, em degraus de uma pirâmide normativa, as consequências constitucionais desta teoria filosoficamente discutível, e mais com renome do que com verdadeira aceitação, seriam muito interessantes e duradoiras.

Desde logo, dessa teoria decorre o princípio do controlo da constitucionalidade das normas, colocadas na máquina de legitimação dedutiva até à raiz institucional da fiscalização, residindo num tribunal constitucional. O qual, efetivamente, foi criação do próprio Kelsen, dando lugar ao sistema dito "austríaco" de controlo da constitucionalidade.

Apesar de a teoria pura do Direito poder ser um molde para qualquer fórmula política, e, em abstrato, talvez poder servir até melhor uma autocracia, em que ao Direito se não reconhece nenhuma fonte autónoma de legitimação, a verdade é que o sistema que constitucionalmente a complementa é sobretudo o de um Estado de Direito democrático, com separação de poderes, naturalmente, e em que, no limite, a Constituição faz as vezes do Direito Natural, como ordenamento supralegal. Pelo menos em uma certa medida, numa dada instância. Sempre há, como diria Locke, a possibilidade de "recurso para o céu", ou, segundo outros, para o "tribunal da História"...

31

FILÓSOFA OPERÁRIA: SIMONE WEIL

A álgebra e o dinheiro são essencialmente niveladores;
o primeiro intelectualmente, o segundo efetivamente.
Simone Weil

No mesmo ano de 1934, Simone Weil (1909-1943) publica as suas *Reflexões sobre as Causas da Liberdade e da Opressão Social*. Discípula de Alain, Simone Weil denuncia a opressão quer do capitalismo, quer do regime soviético, irmãos-inimigos com uma mesma lógica de poder (que enleia e escraviza quem o tem e quem dele depende: o que recorda *as dialéticas* do senhor e do escravo de Hegel) e de produtividade. O risco da guerra como apoteose da vontade de poder está aí também presente, como que em aviso profético. A autora conhece bem as agruras do trabalho manual subordinado, pois, após os seus estudos na Escola Normal Superior e de haver concluído a Agregação em Filosofia (1931), vai trabalhar como operária nas fábricas Renault. Daí que o seu póstumo estudo *A Condição Operária* (1951) não seja uma dissertação desgarrada da experiência.

O fogo da prática e do comprometimento na ação levá-la-á a combater do lado republicano em Espanha, em 1936, juntando-se à França livre em 1942. A sua conversão do judaísmo ao cristianismo é também objeto de estudo, de que é testemunho a reunião de estudos de onze cadernos seus, postumamente organizados por Gustave Thibon, em *A Gravidade e a Graça*, 1947. O testemunho de Weil terá sido, certamente, o de viver como se pensa e sente, raro privilégio e rara proeza para um intelectual.

Embora tenha por vezes uma posição que pode parecer antidemocrática (por exemplo, em 1950 questiona a democraticidade dos partidos políticos e pergunta: "Le mal des partis politiques saute aux yeux, ne sont-ils pas même du mal à l'état pur ou presque?"), é autora de páginas de uma agudeza de espírito ímpar (nomeadamente em *L'enracinement*, de 1949, onde começa por falar das várias situações e grupos de desenraizamento na nossa contemporaneidade) e de uma erudição clássica que bebe nas mais puras águas castálicas do helenismo (sobretudo em *La Source Grecque*, de 1953, um texto absolutamente a ler e a reler para o candidato a pessoa culta).

Algumas aulas de Filosofia de Simone Weil foram coligidas pela sua aluna Anne Reynaud-Guérithault, com prefácio de Jean Guitton: *Leçons de philosophie* (Paris, Plon, 2ª ed., 1989). Além de na introdução a compiladora nos dar uma imagem interessantíssima de uma professora à frente do seu tempo, no melhor sentido, o texto revela inúmeras preocupações morais, psicológicas, sociológicas e políticas propriamente ditas. Outro texto a ler absolutamente.

CHOQUE DE TITÃS:
A POLÉMICA KELSEN/SCHMITT

> *Dos dois titulares do poder do Estado designados pela*
> *Constituição, um converte-se em inimigo e outro em ami-*
> *go do Estado; um pretende destruí-lo, ou seja, destruir*
> *a sua "unidade"; e outro protege-o da sua destruição; o*
> *destruidor e o defensor da Constituição; eis – com adema-*
> *nes de Direito Público – a lenda de Ormuz e Ahriman.*
> Hans Kelsen

Seria inevitável que duas racionalidades tão diferentes como as de Schmitt e Kelsen se haveriam de chocar.

No prefácio de uma monumental obra sobre a República de Weimar e seus constitucionalistas, a quem normalmente se chamam gigantes, Jacobson e Schlink (*Weimar*, 2000: XI) sintetizam: "Weimar oferece o escuro mas útil paradigma para os Estados em que o constitucionalismo e o Estado de Direito têm de confrontar duradouras e enraizadas forças antidemocráticas e antiliberais".

É esse essencialmente o problema.

Não é este o lugar para empreender uma revisitação dessa gigantomaquia, cuja causa próxima foi a publicação, em 1931, por Carl Schmitt, do conhecido estudo *A Defesa da Constituição*, de seu verdadeiro e original nome *Der Hüter der Verfassung. Beiträge zum öffentlichen Recht der Gegenwart* (e já *O Tribunal do Reich como Guardião da Constituição, Die Reichsgericht als Hüter der Verfassung*, de 1929), a que replicará Hans Kelsen com *Quem*

Deve Ser o Defensor da Constituição? (*Wer soll der Hüter der Verfassung sein?*), publicado no mesmo ano em revista e em opúsculo autónomo.

A síntese de Guillermo Gasió sobre a questão, no seu *Estudo Preliminar* à edição castelhana da Tecnos deste último estudo (1ª ed., 1995; reimp., 2002) parece-nos eloquente, como ponto de partida para a análise do que estava em jogo e da sua importância exemplar:

> (...) enquanto Kelsen procura a conciliação de interesses num estado parlamentar contro-lado jurisdicionalmente, Schmitt reclama um ditador que distinga o amigo do inimigo e tome decisões no Estado total. De onde se possa sustentar que, em "Quem deve ser o defensor da Constituição?", Kelsen se ocupa de resguardar a "defesa" da Constituição do defensor proposto por Schmitt. (p. XLI)

Além do mais, Kelsen é judicialista e parlamentarista e Schmitt decisionista e presidencialista, essencialmente. Este opõe ao parlamentarismo liberal a ideia de um "presidencialismo democrático", e ao pluralismo o "Estado total". Aquele defende um parlamentarismo como consubstanciação da própria democracia, na medida em que considera essência objetiva daquele a formação da vontade estadual pelo exercício colegial da democracia por representantes do povo, através do princípio da maioria. Mas com respeito pelas minorias, numa dialética de moderação ou via média e conciliação de interesses. Mais ainda, Kelsen considera que ao parlamentarismo é conatural uma espécie de perspetivismo, uma ideologia de base crítico-relativista. Não se pode ser democrata com crenças fanáticas em verdades absolutas. O ditador é um metafísico, na medida em que a ditadura

> só pode ser desejada (...) por quem tenha a crença metafísico-religiosa de que o ditador, de alguma forma misteriosa, está de posse da verdade absoluta – de algum modo cog-noscível – e alcançou um valor absoluto – de algum modo tangível. (Kelsen, *O Problema do Parlamentarismo* [1925])

Acresce que Kelsen propôs e pôs em prática na Áustria o sistema concentrado de controlo da constitucionalidade, por um Tribunal Constitucional, que é uma espécie de "legislador negativo", mas não se substitui aos representantes do povo. Nas palavras de um célebre professor francês, o Parlamento teria o lápis, mas o juiz constitucional possuiria a borracha...

Pelo contrário, para o conceito schmittiano de democracia, esta liga-se a uma mitificação essencialista ou nacionalista de povo, com profunda unidade e identidade, pelo que a refração produzida pelo parlamentarismo seria sempre uma quebra da necessária coesão. Por isso se refere ele a uma "neutralidade" liberal que sempre, de algum modo, minaria a unidade do Reich. E o sistema partidário, com as dificuldades de entendimento entre as diversas forças, que foram típicas dos primeiros parlamentarismos, contemporâneos de Schmitt (mas não os subsequentes, mais mitigados e mais avisados), acabava por constituir um conjunto instável de poderes indiretos, por um lado dificultando que o povo tivesse essa voz única mítica, e, por outro, que os governos fossem estáveis e desenvoltos na governação. Afirma Schmitt, a terminar o seu *A Defesa da Constituição*:

Fazendo do Presidente do Reich o centro de um sistema de instituições e atribuições tanto plebiscitárias como neutralizadoras relativas à política de partidos, a Constituição do Reich vigente intenta criar, partindo de princípios rigorosamente democráticos, um contrapeso ao pluralismo dos grupos sociais e económicos do poder, e garantir a unidade do povo como um todo político. (...) [a Constituição de Weimar] pressupõe a nação alemã inteira como uma unidade apta para a ação de um modo direto e não por intermédio das organizações e grupos sociais, uma unidade que pode exprimir a sua vontade e orientar-se e impor-se nos momentos decisivos, mesmo prevalecendo sobre as dimensões pluralistas. A Constituição procura especialmente dar a autoridade ao Presidente do Reich, possibilidades para se ligar diretamente com esta vontade política do todo do povo alemão e proceder em consequência como protetor e guardião da unidade constitucional e da integridade da nação. Sobre o êxito deste intento se irá fundamentar a existência e a permanência prolongada do atual Estado alemão.

A Constituição teria então de ser defendida (mais uma Constituição mítica que a vigente, como é óbvio) por um presidente forte. Entre as duas entidades eleitas pelo povo, o Presidente e o Parlamento, Schmitt opta claramente pelo primeiro. Kelsen, bom conhecedor das mitologias, replica:

Dos dois titulares do poder do Estado designados pela Constituição, um converte-se em inimigo e outro em amigo do Estado; um pretende destruí-lo, ou seja, destruir a sua "unidade"; e outro protege-o da sua destruição; o destruidor e o defensor da Constituição; eis – com ademanes de Direito Público – a lenda de Ormuz e Ahriman. (cf. *ibid.*: 80)

Uma das grandes tarefas de Marx será a desmontagem do sistema capitalista, a sua análise e dissecação. Carl Schmitt empreende uma tarefa semelhante para o liberalismo e o parlamentarismo, chegando a sistematizações muito úteis, designadamente a nível constitucional. Uma das tarefas empreendidas por Schmitt será apontar as incoerências entre a teoria e a prática do liberalismo político e do parlamentarismo. Evidentemente, não poderia aceitar um Tribunal Constitucional que, desde logo, correspondia a uma assumida *entorse* na teoria da separação dos poderes, um dos pilares da mundividência liberal. Além de que à mística política pessoal do juspublicista alemão repugnava a "aristocracia de toga", preferindo-lhe as massas conduzidas por um chefe, com elas identificado (ou vice-versa). Schmitt será estudado por muitos (designadamente durante a República espanhola) como arguto diagnosticador de males concretos do parlamentarismo liberal, com o fito de uma cura endógena do mesmo, e olvidado, logo que se viram no poder, pelos que mais próximos dos seus ideais se encontrariam.

O fim da II Guerra Mundial claramente daria a vitória a Kelsen no plano constitucional, enquanto era guindado a curiosidade reverenciada, mas criticada (espécie de bode expiatório de serviço), no plano da filosofia jurídica. Contudo, já desde os anos 40 que Schmitt praticamente se retirara das matérias jusconstitucionais, para se quedar na teorização política menos direta e prática.

Todas as ideias são de todos os tempos. O debate entre estes dois gigantes de Weimar continua, noutras vozes, noutras personagens, noutros terrenos.

PRÁTICA, HETERODOXIA E AMOR:
MAO, GRENIER E ROUGEMONT

"Senhores, apraz-vos escutar um belo conto de amor e
de morte?..." Nada no mundo poderia agradar-nos mais.
Denis de Rougemont

O tempo começa a acelerar-se. Em 1937, na China, Mao Zedong exalta a prática, mesmo como instância de validade da teoria, no seu trabalho *Da Prática*. Do mesmo ano data *Da Contradição*, que, conjuntamente com *Da Justa Solução das Contradições no Seio do Povo* (1957) e *De onde Vêm as Ideias Correctas?* (1963) constituem o principal da reflexão filosófica daquele dirigente comunista. É o primado da ação. Embora Lenine tivesse advertido que sem teoria revolucionária não haveria ação revolucionária.

Apesar de, logo no ano seguinte, Jean Grenier (1898-1971) se insurgir contra o dogmatismo político e filosófico, no seu *Ensaio sobre o Espírito de Ortodoxia*, e de, em 1939, Denis de Rougemont (1906-1985) lançar a sua belíssima arqueologia dos sentimentos em *O Amor e o Ocidente*, a guerra vai eclodir. E quando falam os canhões, o pensamento recolhe-se. Para mais tarde renascer. Será por simples coincidência que Rougemont termina a sua obra com um capítulo sobre o sadismo, o exato contrário do amor romântico, simbolizado por Petrarca? A guerra e o holocausto vão não só mudar o mundo, como as condições e o próprio estatuto do pensar. Não é só Adorno (1903-1969) que considera bárbaro escrever poesia depois de Auschwitz; Elie Wiesel (1928), prémio Nobel e sobrevivente do holocausto, alarga essa impossibilidade (talvez ética e estética) a todos os sistemas e doutrinas.

A verdade, porém, é que se continuou a filosofar e a fazer poesia. Elas podem ser, também, formas de resistência e de profilaxia. Só que já nada poderia ser como dantes.

LEONARDO COIMBRA

Que me importa a mim o código da justiça, se dentro desse código há apenas letras e não justiça?
Leonardo Coimbra, *Discurso no Clube dos Fenianos do Porto, no 1° de dezembro de 1933.*

I. Sede de Absoluto

"As almas verídicas (porque há aparências, esboços de alma) nutrem-se dum único alimento – o absoluto.

Procurar a substância, as relações totais das coisas, o que é, para além do que aparece, eis a ansiosa tarefa das almas" (Coimbra, 1983, I: 399) – para recordarmos o início retumbante e algo perturbador d'*A Alegria, a Dor e a Graça*, de Leonardo.

Início que corresponde a um programa e profissão de fé pessoais. Leonardo, em toda a sua vida intelectual, académica, cívica, política, nessa expansão vitalista de um ser individual fraterno e fervilhante de ideias, que estuava num verbo poderoso e eloquentíssimo e num olhar profundo e magnetizador, em todas as peripécias dessa vida breve, mas cheia, plena, procurou viver como pensava, com sede de autenticidade e sede de absoluto. E por isso é que, mais que uma vez, disse "não vou por aí" aos que o convidavam, com vozes doces ou imperativas. E por isso é que mais que uma vez se afastou de caminhos trilhados, desinteressando-se do que se corrompia: e procurando afinal, sempre, o honesto estudo e a salvação da sua alma: o que afirma explicitamente em várias ocasiões (Coimbra, 1984: 158). Obviamente, é uma ideia lata de aprumo ético que o move, é uma outra forma de salvação da alma, mesmo antes do regresso à fé da infância.

Pois bem. Uma alma com sede de absoluto não pode deixar de almejar a Justiça, de ser seduzida pela grande virtude e pelo grande ideal, e, ao mesmo tempo, e na proporção desse anelo, não pode deixar de se desgostar com o Direito. Não deve, assim, surpreender-nos que, como tantos sinceros e profundos filósofos, Leonardo não seja primariamente um filósofo do direito, nem tenha querido tocar na clave da filosofia jurídica explícita de forma sistemática. Toca-a, sim, mas incidentalmente, a propósito da filosofia social, da polémica política, da antropologia. Um autor que não desconhece a importância das leis naturais (científico-naturais), e que sobre elas medita, não se sente tentado sequer a procurar as leis jurídico-naturais, tão pouco prezava as leis positivas...

Neste ponto, pelo menos, as tão faladas fases de evolução do pensamento político ou religioso do filósofo não nos parecem interferir em nada ou quase nada na determinação da sua posição face ao Direito e face à Justiça: o anarquista, o republicano ativo, o republicano retirado, o católico, o anti bolchevista (etiquetemo-lo assim, como tantos o fizeram já, por comodidade: que as etiquetas em seres pensantes não colam porque se não adequam – não aderem a eles porque eles são mais, são melhor, são mais complexa realidade) pensam fundamentalmente o mesmo.

Por isso nos permitimos considerar poder encontrar-se em toda a obra de Leonardo um mesmo discurso, sincopado e fragmentário, mas coerente, sobre a Justiça e o Direito.

(Era nossa intenção falar também do poder na obra de Leonardo, mas a complexidade do seu percurso político, e as peripécias factuais que comporta não podiam dissociar-se dos seus escritos. Assim, ir-nos-iam distrair do que neste ponto é agora essencial, pelo que deixamos essa temática para futura revisitação do tema. O poder entrará, todavia, neste estudo, pela mão do Direito, e só pela dele. Mesmo assim, entrará demasiado, como ficará patente).

II. Liberdade Humana e Clausura Jurídica

É num escrito de juventude, com os seus vinte e quatro anos, que Leonardo equaciona, a nosso ver já definitivamente, a sua perspetiva sobre o direito positivo e sobre as instituições do direito, a que, por metonímia, chama "lei". É um texto da fase anarquista, mas ver-se-á como o credo político não influencia a jurisfilosofia aí avançada. Quase se diria que é o contrário: que os espíritos coerentes (Santos, 1998: 50, recorda um episódio em que alguém do público, numa conferência, lhe relembrou o seu passado anarquista, e a resposta desenvolta que Leonardo deu), como era o seu, procuram por vezes na imperfeição e incompletude das ideologias, sempre fugazes e sempre traídas na prática, a expansão no real dos seus ideais mais profundos. E por isso mudam, porque os ideais se sublevam sempre com o real: foi aliás o que Leonardo quis dizer, em parte, nas suas referências à "república do sonho"... Em múltiplos ensejos apartou o ideal da República das suas imperfeitas concretizações: "Uma República não se faz; a República é uma ideia" (Coimbra, 1994ª: 206, 111).

O texto intitula-se significativamente "O Homem Livre e o Homem Legal" (Coimbra, 1994, V: 21 ss.), sendo este último o *homo juridicus* ou até *homo burocraticus*, o cidadão padronizado e funcionalizado. Aí se opõe liberdade e ordenação. E é a liberdade que triunfará. A liberdade da natureza humana intrínseca, do grande projeto do Homem de que se fala n'*O Homem às mãos com o Destino*, também começado com uma vibrante interrogação: "Tem o Homem um fim último?" (Coimbra, 1983, II: 977).

Pois bem. O texto encerra, afinal, dois discursos entrelaçados: o discurso principal é o da crítica da sociedade burguesa, da intelectualidade vazia, do homem animalesco, do homem quase símio. Nessa sociedade, como desde sempre na História, se foi traçando a pulso um caminho de libertação. Esta é a mensagem principal. Mas a nós, que nos interessa a outra intriga, a jusfilosófica, vemos aqui, nas dobras da argumentação, algumas teses importantíssimas que passarão talvez despercebidas a uma rápida leitura sem o nosso intuito:

A ordem jurídica, como dissemos, é aqui sintetizada na palavra Lei, com maiúscula, aliás uma Lei que quase é personificada, tal o seu protagonismo no princípio do texto. Ao contrário de tantos, que veem nessa ordem jurídica um impulso civilizador contra forças caóticas, Leonardo recupera a liberdade natural do Homem enclausurado, enjaulado, castrado, nesse produto culturalizado, sociabilizado e submetido que é o cidadão. A segunda frase do texto di-lo com clareza: "O cidadão é o homem mutilado".

Leonardo não viverá as peias da sociedade de massas, não veria sequer as metamorfoses de hipercrescimento do Leviathã estadual. Mas adivinhava já esse gigantismo concentracionário que, ora agressivo, como nos -*ismos* totalitários, ora subtil, como nas democracias simplesmente técnicas que se lhes seguiram, viria a contribuir para o desencanto do mundo (Gauchet, 1985) e a abolição do Homem (Lewis, 1994). E é por isso que hoje compreendemos talvez melhor que no seu tempo o que é uma Lei (ou uma ordem jurídica, recordemo-lo sempre) "que presume de perfeita", e que, além disso, é "omnipotente e omnisciente".

Mas não há, na verdade, estado de coisas mais contrário à essência do Direito (à Justiça) que uma juridicidade que se pretenda perfeita, omnipotente e omnisciente. Isso é o contrário do Direito e da Justiça. Isso é apenas a força, o sinal distintivo do nu poder. Porque o que precisamente fez nascer o Direito, em Roma, foi a tentativa de isolar normas razoáveis que pudessem ter durabilidade para além dos ventos mutáveis da política. E a normatividade que disso resultou limitou-se ao essencial. *Non omne quod licet honestum est* e *de minimis non curat prætor*: o Direito, o Direito autêntico nem sequer regula toda a moral, e de modo algum cura de bagatelas. Isto significa que estava concebido para não só deixar fora de si um amplo espaço de liberdade extrajurídica, como ainda promovia a liberdade no seu seio, defendendo o que era essencial.

Leonardo parece constatar a perversão desse ideal: a liberdade tolerada no cárcere da cidadania é a vida vegetativa do "ventre livre de digerir" e o projeto de justiça do Direito vigente limita-se ao "respeito pela propriedade alheia". Obviamente que Leonardo não era contra a propriedade privada. Aliás, defender-se-á dessa acusação (tal como de ser bolchevista, com os seus camaradas da "Esquerda Democrática") num discurso eleitoral. Era, isso sim, contra os "altos potentados da finança", "os exploradores do povo" (1994[a]: 225-226). Quanto ao seu real anti bolchevismo, e à sua opção de esquerda democrática, compreende-se melhor com esta passagem de um outro discurso: "A Esquerda Democrática, que sonha numa democracia perfeita, não tem provado, nem por atos nem por palavras, que é bolchevista. Nada mais parecido com os bolchevistas do que os homens da extrema direita" (1994ª: 219).

Perante a limitação abusiva da nossa privacidade, da nossa dignidade e da nossa liberdade por executivo e legislativo e autárquico e ainda por outros atores normogenéticos (que no pluralismo jurídico pós-moderno todos são mais ou menos legisladores, ou, pelo menos regulamentadores) quem não se sente hoje acossado pela selva das leis, que crescem e nos invadem a casa e nos manietam o corpo e alma? E não só por leis, por inquéritos, estatísticas e policiamentos – que para os professores, por exemplo, são inspeções e avaliações, de todo o tipo, e até por avaliadores anónimos e omnipotentes... Ordem perfeita, omnipotente e omnisciente: precisamente o contrário do Direito, e todavia aquilo a que Leonardo chama Lei, e põe antes de mais como primeiro tema jusfilosófico à nossa reflexão.

Golpe certeiro, profético. Depois deste, quase se poderia ter calado sobre a questão jurídica. Mas não o fez.

No final do mesmo artigo, Leonardo dá um salto de gigante, precisamente para o outro lado do problema, absolutamente simétrico ao do direito vigente, ao da ordem jurídica imperante. Embora possa não se compreender bem a ligação (parece que Leonardo acreditava na inteligência dos destinatários, poupando-os a explicaçõezinhas de encadeamento), os últimos parágrafos consagra-os à grande fundamentação do Direito.

O elo é político: o velho argumento do direito divino. Ora o filósofo recusa que sejam os homens a conduzir os povos por direito divino. E o anarquista não hesita em confiar ao próprio Deus essa mesma condução. Como? "Pela palavra da consciência".

Esse Deus que se realiza "pelo amor, que é a linguagem pura das atrações cósmicas", e que responde à sede de absoluto que sempre animou Leonardo: um Deus "ponto de encontro de todas as almas ansiosas, indagadoras da vida", esse Deus fala, então, por meio da "consciência moral". A mesma que é a lei gravada no coração dos Homens, segundo autores tão diferentes mas tão sinceros como São Paulo e Jean-Jacques Rousseau. É a lei moral tão bem recortada por São Tomás de Aquino.

Note-se que quem fala não é um escolástico, mas alguém que teve a intuição aguda desse ponto de Arquimedes, sem o qual nada se mantém de pé. E por isso é que, não cumpridos dois meses sobre este artigo, Leonardo volta incidentalmente a falar do problema, advogando um "critério disciplinado do senso moral", e reprovando o "vago respeito místico por gastos axiomas de consciência pelos quais concomitantemente sentimos o desprezo da inteligência e a reprovação da afetividade" (V, 1994: 29).

E de novo retoma a liberdade humana: escutada a voz da lei moral, o homem será livre numa sociedade livre.

Compreende-se agora o anarquismo: uma ligação direta da liberdade concreta, individual e social, à lei moral, à consciência humana, sem passar pelas peias da mediação, jusnatural ou juspositiva.

Era, evidentemente, uma utopia. Mas uma utopia generosa.

III. O Direito na Família e a Condição da Mulher

A mesma perspetiva de uma normatividade de consciência (que, em rigor, até poderia prescindir da própria malha jurídica – e poderia até ser isso o que Leonardo tinha então em mente) encontra-se patente no verdadeiro manifesto *feminista* (digo-o agora, e infelizmente não o tenho podido dizer muitas vezes, com uma conotação positiva) que é o artigo *Despotismo na Família*, avançadíssimo e ousadíssimo para o seu tempo. Não é de excluir, por algumas passagens destes textos, que Leonardo tenha tido conhecimento, direto ou indireto, do livro de Lewis H. Morgan, *Ancient Society...* (1877), que seria aliás divulgado por Marx e Engels (no caso deste último especialmente em *A Origem da Família, da Propriedade Privada e do Estado*. A mesma preocupação pode ver-se também num trecho significativo d'*O Livre Pensamento, in Dispersos*. II. *Filosofia e Ciência*, p. 25 *et seq.*

Mas detenhamo-nos mais no primeiro, o mais impressivo e cronologicamente anterior. Aí a Lei (a ordem jurídica de novo) é apresentada simultaneamente como um instrumento ao serviço da tirania da sociedade (mera expressão, portanto, das forças de facto aí existentes), e uma panaceia ou válvula de escape para a agudização das contradições da mesma. No primeiro caso, descreve a situação jurídica de *capitis diminutio* da mulher, numa situação em que "as leis domésticas são ainda mais opressivas que as leis sociais", chegando mesmo ao *ius vitæ ac necis*: pensaria o filósofo, naturalmente, no caso de adultério em flagrante... No segundo caso, como viria a explicitar em *A Alegria, a Dor e a Graça*, a ordem jurídica, afinal porque não precedida de uma educação para o que chamou "os direitos da alegria" (1983, I: 423), acaba por tutelar o divórcio, "emenda do casamento", e a prostituição "caricatura do amor".

Dirá depois nesse outro livro: "Com efeito, as leis, ao regulamentarem a prostituição, reconhecem-lhe a legitimidade. Assim falsificam o amor"... (Coimbra, 1983, I: 425). E já dissera naquele primeiro artigo: "A sua falsidade [do casamento... dir-se-ia... *burguês*, embora o autor diga 'monogâmico'... mas é óbvio que não defende a poligamia] resulta clara e patente o afã com que as nações civilizadas decretam o divórcio. O divórcio é a emenda do casamento. O casamento é, pois, um erro" (1994, V: 25).

Em suma, a lei é expressão da "moral burguesa que deixou os evangelhos pelos artigos do código".

Ambas as situações revelam, assim, a corrupção dessa mesma ordem jurídica, espécie de remendão social, e reclamam a reforma da família.

Sim, porque Leonardo, mesmo o antigo anarquista Leonardo, não é contra a família. Esclarecê-lo-á com rigor mais tarde, ao criticar, com alguma detença e documentação, o plano inclinado de desagregação da família na Rússia soviética (1983, I: 910 ss.), ao ponto de, embora sob pretextos não-morais, os próprios comunistas se terem visto obrigados a limitar os abusos.

Lei perfeita? Lei omnisciente e omnipotente? Não. O que aqui vemos é a lei serva e sem elevação: a lei da navegação de cabotagem, bombeiro acudindo a fogos, endireita de vão de escada, remendão social.

IV. Penas, de Morte

A antinomia entre a moral e a Lei (notemos agora quão sabiamente Leonardo evita chamar Direito ao que são ditames estaduais, mas injustos) vai ser posta em evidência pouco tempo depois, e ainda nas páginas da "Nova Silva", que acolheu também os artigos anteriormente citados. Desta vez trata-se de uma situação momentosa, e de uma campanha generosa de Leonardo.

Por ocasião do casamento do rei de Espanha, Murral, um revolucionário perturbado, esboça um atentado. Não podendo retaliar no autor do frustrado homicídio, as autoridades prendem Ferrer e Nakens, o primeiro porque conhecia Murral, o segundo porque o não denunciou. Ambos do mais inocentes. Ferrer virá a ser executado em 1909.

Leonardo apela para Portugal em defesa dos dois presos. Chegando a um apelo prometeico – que o filósofo não confundia Prometeu com satã (1983, II: 1020 e n. 1: "tentemos Deus, fazendo obras de amor".

Mas este caso lhe dará ensejo para precisar de novo, e perante factos concretos, a sua ideia de uma Lei "em flagrante e irredutível conflito com os mandatos imperativos da consciência moral" (1994, V: 29), mas que, todavia, se impõe, pela força: porquanto, como afirma, se o mundo inteiro se comove com a prisão de um venerando homem de consciência e comiseração, está, todavia, "curvado perante a Lei, como se ela fora um cataclismo doloroso mas inevitável" (*ibid.*: 30).

É novamente a ideia de consciência ética contra a do puro poder. Não pode deixar de soltar uma amarga ironia – que atinge diretamente o Direito, e não apenas o Poder:

"Que belo ensinamento para os fabricantes da felicidade humana, em pílulas de jurisprudência! Que edificante exemplo, que reveladora lição!"

A utopia juridista é que é a maior utopia: a felicidade humana em pílulas de jurisprudência!!!! *Bahh...*

Sim, a lição ficou-lhe certamente gravada para a vida. Numa conferência, de improviso, no 1º de dezembro do ano que em fora aprovada a Constituição do Estado Novo – coincidência ou não – ainda soltou a imprecação: "Que me importa a mim o código da justiça, se dentro desse código há apenas letras e não justiça?" (1994ª: 288).

Várias outras vezes teria que terçar armas com as penas sem caridade, e especificamente com a pena de morte.

Dois anos volvidos após esta questão, opor-se-á a Alfredo Pimenta a este propósito. Não podemos aqui seguir os vários passos da polémica. Mas Leonardo, se começa por afirmar a emotividade ao encetar a matéria "A mão recusa-se a pegar serenamente na pena e instintivamente se apresta para a defesa" (1994, V: 36) – acaba por pôr os pontos nos *ii* com rigor matemático. E as teses de que parte são retoricamente interessantes e factualmente muito difíceis de refutar: primeiro, admitiria a pena de morte se existisse uma fatalidade orgânica do crime; segundo, "é uma afirmação gratuita e altamente improvável a da fatalidade do crime".

Curiosamente, Alfredo Pimenta polemizará precisamente com Xavier da Silva contra o rígido determinismo deste, que considera "uma fantasia" (Pimenta, 1930: 163).

Outros argumentos concorrem: por um lado, o juiz não pode, cientificamente, estabelecer que um agente é organicamente criminoso; e, por outro lado, a pena de morte é irreversível, pelo que não pode admitir-se se se admitir que o juiz ou juízes são falíveis. Apenas um juiz infalível poderia decretar tal pena, e apenas o poderia fazer um juiz que cientificamente pudesse sem dúvida decretar a existência daquele criminoso nato ou coisa afim... Ora, tal não existe. Nem uma coisa, nem outra.

Uma dúzia de anos mais tarde, mais alguns artigos sobre o mesmo tema: no primeiro, embora afirme que tudo já se encontra dito, termina rebatendo um velho argumento tomista, aliás dos poucos adversos relativamente consistentes. E fá-lo de uma penada, de sentimento e razão, e de razão feita de sentimento: "Oh a tristeza de vermos ainda uma pseudo-mãe coletiva a decepar o braço individual" (1994, v: 172).

Esta nova saída a terreiro leva Leonardo a insistir e a precisar a sua ideia de que o Homem não vive para a sociedade, não podendo ser um seu mero instrumento; e também a descobrir, ou pelo menos a expor, uma ideia fulcral para a sabedoria jusfilosófica e juspolítica: a de que a opinião das massas não é normativa, apercebendo-se claramente do vício do sociologismo e de uma normatividade que se limitasse a consagrar os impulsos de M. *Tout-le-monde*:

> Inquéritos feitos a *toda-a-gente* nada podem dizer proficuamente sobre o problema da pena de morte, sendo apenas curiosos documentos psicológicos da estrutura intelectual e moral dos depoentes, sendo também curiosos documentos da facilidade com que no português acorda o troglodita mal escondido por ligeiras camadas de verniz da civilização, a prontidão com que nele desperta o familiar do santo-ofício e o entusiástico espectador dos autos-de-fé. (*ibid.*: 173)

Insiste, também, na violência e barbárie da simples intimidação criminal (1994, V: 174-175). E num artigo pleno de veemência, com um látego de quem expulsa vendilhões do templo – utilizaria a imagem num seu discurso, no Parlamento, defendendo-se de Homem Cristo: (1994[a]:198) –, reclama contra "a Justiça prostituída em expiação" e muito sintomaticamente associa a inexistência da pena de morte à compleição espiritual da Pátria portuguesa, que, retornando a tal barbárie, ficaria irremediavelmente "conspurcada" na sua "fisionomia":

> Quem quer conspurcar a fisionomia da Pátria, escarrar-lhe o eterno escárnio, cortar suas emaciadas faces dum satânico gilvaz de ignomínia? (1994, V: 176)
>
> Que horror por esta terra de Portugal! (*ibid.*)

Terminando com um apelo às Mães de Portugal, como um apelo para o Céu e para as Raízes, por elas sempre renovadas:

> E vós, Mães de Portugal, ensinai a vossos filhos o sagrado horror por aqueles que, nesta terra de Portugal, de faces límpidas, quiseram de novo erguer patíbulos, fazer das árvores do vosso amor o espantalho diabólico das forcas, onde ao Vento da Desgraça oscilassem, de novo, cadáveres apodrecendo... (*ibid.*: 178)

Passa a polémica. Portugal continua sem pena de morte..., fiel à descoberta pioneira de um direito mais justo.

No Congresso da Esquerda Democrática, em 1926, Leonardo exporá a ideia de uma Justiça como condição da liberdade, tratando com cuidado a responsabilidade do criminoso, nos seus condicionalismos. E sem dúvida convicto de que o argumento orgânico da relação entre o corpo social e os seus membros (um dos quais pode estar doente a ponto de pôr em perigo o todo) é ainda o único capaz de embaraçar algumas consciências tornando-as complacentes com o crime que é a pena de morte, volta a atacar tal conceção, negando individualidade ao corpo social, concebendo-o como ser ideal indestrutível por um simples indivíduo (1983, II: 937-938).

Mas não se trata apenas da vergonha, da ignomínia da pena de morte. Toda a pena é de morte. E, se nessa mesma intervenção se abrem pistas para penas alternativas, já em 1918, na *Luta pela Imortalidade* avançava uma ideia revolucionária, mas que viria a ter posteridade na sua escola. Aí deixa já ver a equivalência entre a pena de prisão e a pena de morte: "A diferença entre a prisão e o assassinato é menor do que se pensa" (1983, II: 292).

E prossegue: "Morrer é, na aparência, perder a relação com as cousas sensíveis; encarcerar é, de realidade, ir desenlaçando e extinguindo essa relação" (*ibid.*).

Dispara então a questão vital, a que de imediato dá a resposta:

"Porque será que a quase todos repugna assassinar e a tão poucos repugna prender?" Por estupidez da sensibilidade; raros, só os estetas, são os que compreendem que a morte verdadeira é ausência de comunicações sensíveis. (*ibid.*: 292)

Ora, em nota, sintetiza: "O carcereiro é, para uma sensibilidade estética, mais repugnante ainda que o carrasco" (*ibid.*: 292, n. 1).

V. Educação e Liberdades

Republicano, e duas vezes ministro republicano da instrução, Leonardo Coimbra acabará por se tornar incómodo e por se sentir incomodado com correligionários excessivamente jacobinos, anticlericais, diríamos hoje (embora não totalmente com propriedade linguística) *intolerantes*.

Acabaria por se retirar, mais uma vez preocupado com o estudo e com a alma.

Mas a questão educativa confrontou-o com alguns problemas essenciais do Direito, designadamente do que hoje chamamos direitos fundamentais e até direitos humanos: liberdade de expressão e liberdade religiosa em particular, que é, afinal, uma modalidade daquela, na medida em que, em rigor, a simples fé sem manifestação era e é – pelo menos ainda o é – algo do foro íntimo, e, portanto, de muito complexa externação autónoma, independente do exercício da liberdade de expressão. Encontrando-se no domínio das meras *cogitationes*.

Não é aqui o lugar para narrar as aventuras de um Homem livre remando contra uma maré de preconceitos.

No fundo, a solução é muito simples, embora no seu tempo fosse politicamente incorretíssima. Numa entrevista ao *Diário de Notícias*, publicada a 8 de janeiro de 1923, Leonardo, que já enviara carta a demitir-se dos seus cargos de ministro e deputado, escandaliza-se:

Que democracia é esta em que a Liberdade não existe, aquela sagrada liberdade de um pai educar um filho, que é, afinal, a mais sagrada liberdade do homem? Essa liberdade só pode ter como limite a própria defesa da criança. E aí é que está tudo! (1994ª: 146)

Assim, os direitos e deveres do Estado dependem da necessidade de preservação e aprofundamento da cultura, e o governo, seu máximo condutor, tem de obedecer à moral social vigente (1983, II: 925), a qual, por seu turno, depende de condições materiais ou, como o autor diz, limites científicos (como não se poder *querer a lua*) (*ibid*.: 935). Mas a base do acordo cultural numa sociedade, pressuposto da liberdade, é a Justiça (*ibid*.: 937).

Do espírito cultural da sociedade devem decorrer, pois, os direitos e deveres (jurídicos, constitucionais mesmo) do Estado. E o Estado deve antes de mais a cultura, não podendo proibir núcleos de educação dele autónomos que se integrem igualmente na mesma cultura nacional (*ibid*.: 939). E se nenhuma religião tem o direito de barrar o caminho a uma cultura nacional estadual igual para todos, reciprocamente não assiste ao Estado o direito de "coibir qualquer religião de acrescentar, à educação cultural humana, a educação pelo seu doutrinarismo religioso (...)" (*ibid*.: 940).

E mais: na verdade, o Estado tem de auto limitar-se, confinando-se "à linha geral da cultura", não impondo senão um método, deixando a escolha à liberdade de todos (*ibid*.).

E compreende Leonardo que a educação não se determina por decreto, dependendo de todos, de cada um (*ibid*.: 941).

Todavia, esta posição não redunda num *laissez-faire*: antes de mais, está a defesa de "um espírito cultural" (*ibid*.: 940), e depois medidas de higiene pública do corpo social, por medidas de saúde pública (a que chama "*eugénica*") (*ibid*.: 941-942), e de higiene da alma, (a que chama "limpeza moral") – em que a liberdade de expressão convivesse com a responsabilidade, sob a tutela do Ministério da Justiça, e em que a polícia velasse por que as crianças nas ruas crescessem livres das influências perniciosas "da grosseria e do palavrão" (*ibid*.: 942)... Que delicadeza de alma! Como isso hoje soa a anacronismo. E como ele tinha razão contra a barbárie. Aparentemente, um só progresso houve: a condenação do piropo. Mas nem tod@s sequer o condenam. E alguns acham o impropério *chic*.

VI. Direitos e Deveres. Justiça Social

Esta necessidade de ponderação de direitos com deveres, muito longe da ideia de uma Lei perfeita e omnipotente (por isso como que unívoca na sua imperatividade: se isso fosse consentido pela violabilidade intrínseca das normas jurídicas), contribuiu decerto para consolidar uma ideia completamente diversa, de equilíbrio e de liberdade, de sinalagma: no fundo de justiça pelo equilíbrio, uma espécie de *isopoliteia* e *isoteleia* juntas, correlativas e aprofundadas aos vários níveis. O grande programa será, assim, o de democracias que consigam acudir "à separação das liberdades e ao atomismo dos direitos pela sinergia dos deveres" (1983, I: 922).

No mesmo momento que desenvolve a sua crítica ao totalitarismo soviético, nazi e fascista (com as devidas *nuances*), n'*A Rússia de Hoje e o Homem de Sempre* (1983,

I: 921-922), Leonardo não deixa de lado as críticas a essa "liberdade sem amor" que "separou a justiça política da justiça económica" (1983, I: 921).

Trata-se, pois, de encontrar uma reciprocidade. E ela está num equilíbrio entre direitos e deveres. Não basta a igualdade perante a lei: a justiça exige que o pobre e o rico fiquem em igualdade de circunstâncias, por exemplo no ensino superior (1983, II: 948-949).

A preocupação pela Justiça anda, em Leonardo, muito ligada à Justiça social. Talvez porque a outra justiça, a justiça "jurídica", era por si pouco prezada, tais os desmandos em que a via. Tal influenciou também o seu pensamento pedagógico. A Faculdade de Direito era, para si, "rançosa" (1994, V: 32); e por isso lhe preferia, na sua reorganização escolar, uma faculdade técnica ou escola de Direito (1983, II: 946). Na verdade, em tempos de imperar positivista, esses estudos realmente pouco mais além da técnica poderiam ir. Pena é que Leonardo não tivesse visto melhor as potencialidades formativas, culturais e humanísticas da *arte boa e équa* da Jurisprudência.

A notícia que temos sobre uma das últimas conferências do pensador, se não mesmo a derradeira, precisamente intitulada "Justiça Social", é pouco esclarecedora sobre as suas ideias. Refere-se o intuito de concórdia nacional que o orador desejaria ver imperar, a irmandade de todos os Homens em Cristo, mas a solução que aparentemente se propõe é afinal o grande problema: "Trata-se somente de estabelecer uma hierarquia indispensável, que regule dentro de um funcionamento de justiça (,) o problema das relações sociais" (1994ª: 311-312).

Pois é isso mesmo. Mas falta esse sistema.

Um tanto mais esclarecedor sobre a sua conceção de justiça social é um outro passo, da *Luta pela Imortalidade*. Numa nota de rodapé que bem mereceria figurar no corpo do texto, porque muito esclarecedora das bases de que parte o autor, compara Leonardo a objetividade científica com a objetividade social, e conclui passar num e noutro caso pela lei ou um sistema de leis. Assim: "Uma lei científica é uma relação de atividades qualificadas – a ação recíproca de duas massas é a força. (...) A lei social é uma relação de vontades" (1983, II: 254, n. 1).

Por isso é que a vontade dos déspotas não é lei, que só é na "relação, harmonia e proporção das vontades solidárias" (*ibid.*).

Aparentemente, a justiça social decorreria da lei como objetividade social. Mas Leonardo parece desconfiar desses simplismos.

Comparando justiça social e moral (e para si a moral era, como vimos, a grande solução) conclui pela imperfeição da primeira face à bondade, atenção e beleza de alma dos atos da moralidade (1983, II: 254). E as normas da moral são impulsos ou forças da vontade, não constituindo leis (*ibid.*: 255).

Mas parece não estar bem claro onde acaba a justiça social e começa a justiça dos juristas. No mesmo texto se lamenta o filósofo do *dura lex sed lex* desse "integérrimo juiz das gazetas, que automaticamente aplica a letra da lei e, despindo o homem de vísceras e alma, faz dele o tipo da objetividade social" (*ibid.*: 254).

Na verdade, qualquer justiça parece apoucar e incompreender o Homem. Apenas o alcança o amor "diligente e afável" (*ibid.*: 255).

Mas à justiça social "cega, ignorante das mais profundas realidades, do melhor que em nós reside" (*ibid.*), essa da *dura lex*, opõe a tolerância, que não é abdicação mas expectativa benévola. E com ela "A justiça serena e de olhos abertos toma a palavra, em nome da sociedade, e profere os seus juízos" (1994, V: 198).

VII. Direito, Força, Poder

A justiça social, mesmo a justiça social consistindo "na substituição dos vários subjetivismos individuais por uma objetividade social" (1983, II: 254) provoca, por tal facto, um condicionamento igual para todos e cada um. Estabelecerá, assim, igualdade perante a lei, na sua dimensão mais estritamente jurídica, mas, no anelo de seguir o senso comum, pode mesmo aniquilar as salutares diferenças entre os membros da sociedade num leito de Procusta. É preciso, pois, ter cuidado com a força dos comandos, mesmo quando aparentemente equilibradores, mas efetivamente uniformizadores:

> *O senso comum?* Imaginem um decreto sobre o *tamanho comum*, que marcasse a estatura consentida para homens e mulheres numa certa época e numa determinada sociedade. Que fazer a todos quantos saíssem fora do *tamanho comum?* Para os que pecassem por deficiência talvez um Wells viesse a descobrir a alimentação necessária ao crescimento em débito; mas os que pecassem por excesso veriam certamente ameaças de apropriadas mutilações que os fizessem normais ou comuns. Isto, que aparece como um absurdo ridículo no mundo físico, é uma bem maior insanidade quando aplicado ao mundo intelectual e moral. (1983, II: 879)

O positivismo legalista do aludido "integérrimo juiz das gazetas" não é outra coisa que essa tentativa de quadratura do círculo, para fazer caber a martelo a realidade na norma, sacrificando o Homem.

Essa capacidade de estabelecer um senso comum contra o bom senso e contra o caso concreto, leva ao problema da relação do Direito com o Poder e com a Força – *kratos* e *bias* que encadeiam Prometeu.

Leonardo quer salvar o Direito de uma força bruta, ininteligente, e liga, assim, a sua força à Justiça, aproveitando também para culturalizar a própria força:

> A força social é a cultura. Nada é o atleta estúpido perante o homem inteligente; um elefante é abatido por um rapazito a quem a cultura tenha dado a confiança em si ou a coragem e os instrumentos de exercício dessa confiança.
>
> Uma horda de bárbaros terá sempre umas Termópilas que a detenham e a Maratona que a desbarate. Como na vida interna de um país a força verdadeira é sempre de ordem social, é que, à parte as crises de crescimento ou convalescença, onde são apenas panaceias empíricas, as ditaduras são insubsistentes. O Direito assenta na Força, é certo; mas na força social que é razão, ordem, sociabilidade, *justiça.* (1983, II: 923)

E neste debate era fatal que viesse à ribalta o vulto nobilíssimo e acusador de Antígona, símbolo da luta do direito justo (ou dessa "caridade que é sempre o verdadeiro coração da justiça" – 1983, I: 921) contra o poder arbitrário mascarado de lei. Mas

Leonardo faz dela também símbolo do amor, que, efetivamente, é a verdadeira justiça, porque é a sua superação:

> É o justo de Platão; a bela atitude de Antígona, associando-se para amar e nunca para odiar; a sacerdotisa de Deméter resistindo à democracia ateniense que exige a maldição de Alcibíades, dizendo que é sacerdotisa para orar e não para amaldiçoar; a sacerdotisa de Delfos dizendo ao fiel: – Penetra com a alma pura no santuário do deus puro; uma gota basta para purificar o homem de bem; quanto ao homem mau nem todo o oceano chegaria para o purificar. (1983, II: 974)

Eloquentemente termina o seu *O Homem às Mãos com o Destino* precisamente pelo duelo de personalidades e racionalidades de Creonte, o poder, e Antígona, a justiça e o amor:

> Mas nesse jogo com o Destino o homem começa a descobrir um ácido para a corrosão de tão rudes metais – a vontade heróica e persistente do amor. Da luta de vontades titânicas com Ésquilo nós passamos para um maior desenvolvimento da luta de vontades humanas com Sófocles. Se a Antígona de Ésquilo é a majestosa virgem da Justiça, ela é, em Sófocles, duma mais penetrante ternura e luarizada dum dulcíssimo nimbo de bondade, o dealbar da Virgem cristã. Firme, inabalável e heróica no seu dever de irmã, ela opõe à vontade de Creonte o poder das leis não escritas, mas que não poderão nunca ser apagadas. Presa em flagrante e ameaçada de morte por Creonte, pergunta-lhe: Porque tardais? Para que vos servem os vossos inúteis discursos, que só podem indignar-me, como os meus só podem desagradar-vos? Que maior glória pode pertencer-me que a de ter sepultado o meu irmão? Que elogio me dariam os que me escutam, se o terror lhes não paralisasse a língua? Uma grande vantagem da tirania é poder dizer e fazer impunemente o que lhe agrada.

> E o diálogo prossegue cortante, como golpes de espada, até que atinge a antevisão duma nova vida, duma possível transfiguração, prenúncio da luz do Tabor.

> Creonte distingue entre o crime e a virtude, seja, entre os seus consentimentos e as suas proibições e Antígona, subindo acima deste fariseísmo e encarando até aos pobres sistemas de valores humanos, apontando... (1983, II: 1029)

O espírito empreendedor, otimista se diria, de Leonardo, que olhava a vida de frente e sempre procurava soluções para os seus impasses não podia ficar pela comemoração quietista desse debate clássico.

Há nas suas páginas esperança de que Antígona não pereça, e Creonte não triunfe. É que há evolução moral, e, com ela, evolução jurídica: vamos descobrindo, na marcha lenta, sinuosa e tateante da História, os nossos deveres e os nossos direitos. E esse ténue mas real progresso espiritual e cultural nos dá esperança:

> (...) a vida social [,] caminha do *ocultismo, sagrado* e *proibido,* ambos impostos, qualidades antitéticas, pólos opostos da ação social, pela progressiva *desocultação,* para a discriminação cada vez mais consciente dos direitos ou acordo na Justiça. (1983, II: 574-575)

Há, pois, uma evolução. Podem um mito, um rito, um código jurídico continuar uma vida sem seiva de significação social. Um mito pela "inércia do costume", um rito pelo "automatismo dos gestos", ou "um código que, depois de ter organizado o direito, o prenda à inércia duma tradição não vivificada ao contacto das novas relações humanas" (1983, II: 1016-1017). Mas há sinais de regeneração. E um desses sinais é a Arte.

A Arte dá-nos antevisões de sociedades melhores, e faz quebrar já hoje barreiras de preconceitos, contribuindo no *hic et nunc* para a perfetibilidade do Homem. Pela arte, até o Burguês apoplético ouve os

> clamores de justiça dos oprimidos [e] aplaude as palavras clamorosas que, num teatro, um deles venha a proferir. O próprio criminoso, que se ri perante a possível justiça perfeita do Além, vai ler o Inferno de Dante e sem querer sai um pouco perturbado e vagamente tocado do sentimento da responsabilidade metafísica.

Claro que Leonardo idealiza: fala de um tipo seleto de *white collar crime*, um Arsène Lupin colecionador de arte, certamente. E do burguês culto a quem aquele furta.

De todo o modo, compreende-se bem que há sinais e que existe uma contínua aquisição de sensibilidade ética que se vai transportando para o mundo jurídico.

Leonardo não é jurista, não se preocupa excessivamente com o Direito – curiosamente, cursaria, como voluntário, duas cadeiras na respetiva faculdade: mas mais de pendor económico que jurídico (Alves, 1962: 23) –, e segue, afinal, a linha ininterrupta da Filosofia Portuguesa (de que passará aliás o facho) que encara o problema na sua superação amorável e até metafísica. Por isso é que é sintomática a referência ao drama litúrgico do Paraíso, de João de Caulibus em que uma Justiça rigorista, reclamando a morte do homem pela sentença do pecado original, discute com a Misericórdia, a Paz e a Verdade. Deus decretará a morte, satisfazendo a Justiça, mas transmuta-a num bem, em "porta da vida" eterna (1983, II: 889-890).

Mas não só nos céus se produzem destes milagres. Também na terra os Homens são capazes de evoluir ética e juridicamente, e de, colocados sob a égide da deusa da Sabedoria, transformar as Eríneas vingadoras em pacificadoras *fúrias da equidade*. É que "Quando Orestes se refugia nos braços de Minerva, esta defende-o; e as Euménides entram em Atenas pelo consentimento num ato de Justiça" (1983, I: 526).

Bibliografia

ALVES, Ângelo, *O Sistema Filosófico de Leonardo Coimbra. Idealismo Criacionista*, Porto, Tavares Martins, 1962.

COIMBRA, Leonardo, *Visão Franciscana da Vida*, in Obras de..., II.

—, *A Alegria, a Dor e a Graça*, in Obras de..., I, Porto, Lello, 1983.

—, *A Inquisição Positivista*, in Dispersos. V. Filosofia e Política.

—, *A Justiça Social*, in Cartas, Conferências, Discursos, Entrevistas e Bibliografia Geral.

—, *A Morte da Pena de Morte*, in Dispersos. V. Filosofia e Política.

—, *A Pena de Morte e a Estupidez Indígena*, in Dispersos. V. Filosofia e Política.

—, *A Pena de Morte*, in Dispersos. V. Filosofia e Política.

—, *A Razão Experimental*, in Obras de..., II.

—, *A Revolução (para ambos os lados)*, in Dispersos. V. Filosofia e Política.

—, *A Rússia de Hoje e o Homem de Sempre*, in *Obras de...*, I.

—, *Cartas, Conferências, Discursos, Entrevistas e Bibliografia Geral*, compilação e notas de Pinharanda Gomes e Paulo Samuel, Lisboa, Fundação Lusíada, 1994 – citado *supra* como "1994ª".

—, *Dispersos*. V. *Filosofia e Política*, Lisboa, Verbo, 1994.

—, *Entrevista: Filosofia Política*, in *Cartas, Conferências, Discursos, Entrevistas e Bibliografia Geral*, compilação e notas de Pinharanda Gomes e Paulo Samuel, Lisboa, Fundação Lusíada, 1994.

—, *Entrevista: Política e Filosofia* in *Cartas, Conferências, Discursos, Entrevistas e Bibliografia Geral*.

—, *Luta pela Imortalidade*, in *Obras de...*, II.

—, *O Despotismo na Família*, in *Dispersos*. V. *Filosofia e Política*.

—, *O Homem às Mãos com o Destino*, in *Obras de...*, II, Porto, Lello, 1983.

—, *O Livre-Pensamento*, in *Dispersos*. II. *Filosofia e Ciência*.

—, *Pela Democracia*, in *Cartas, Conferências, Discursos, Entrevistas e Bibliografia Geral*.

—, *Por Ferrer e Nakens*, in *Dispersos*. V. *Filosofia e Política*.

—, *Problema da Educação Nacional*, in *Obras de...*, II.

—, *Professores*, in *Dispersos*. V. *Filosofia e Política*.

—, *S. Francisco de Assis*, in *Obras de...*, II.

—, *S. Paulo de Teixeira de Pascoaes*, in *Obras de...*, II.

ENGELS, Friedrich, *A Origem da Família, da Propriedade Privada e do Estado*, n. ed. trad. port. de H. Chaves, Lx., Presença, s.d.

GAUCHET, Marcel, *Le Désenchantement du Monde*, Paris, Gallimard, 1985.

LEWIS, C. S., *The Abolition of Man*, Londres, Curtis Brown, trad. cast. de Javier Ortega García, *La Abolición del Hombre*, 2ª ed., Madrid, Ediciones Encuentro, 1994.

MORGAN, Lewis H., *Ancient Society, or researches in the lines of Human Progress from Savagery through Barbarism to Civilization*, Londres, Mac Millan, 1877.

PIMENTA, Alfredo, *A Responsabilidade Penal*, in *Estudos Filosóficos e Críticos*, com prefácio do Prof. Dr. Ricardo Jorge, Coimbra, Imprensa da Universidade, 1930, p. 163 *et seq*.

RIBEIRO DOS SANTOS, Alfredo, *Perfil de Leonardo Coimbra*, Lisboa, Fundação Lusíada, 1998.

IX

OS TEMPOS ATUAIS
(1940-2020)

O presente estaria cheio de todos os futuros,
se já o passado não projetasse sobre ele uma história.
André Gide

O NOSSO TEMPO E OS SEUS AUTORES

O presente a aspirar sempre ao futuro.
O futuro, uma sombra mentirosa.
Antero de Quental

Com a mais recente parte da Idade Contemporânea no plano filosófico-jurídico-político encerra a presente obra. Falaremos agora especificamente sobre o período que vai de 1940 (já começada, pois, a II Guerra Mundial), até à atualidade. Embora já tenhamos aludido à contemporaneidade, mesmo à mais recente, a propósito de tempos um pouco mais passados. Na verdade, há que empreender um vaivém entre tempos, quando se pretende compreender qualquer época sem nela ficar preso.

John Lechte, num empreendimento com algumas semelhanças com o nosso, mas votado especificamente à Filosofia em geral e não à Filosofia Política e muito menos à Filosofia do Direito (*Fifty Key Contemporary Thinkers*, Routledge, 1994) enuncia desde logo escolas, correntes, ou movimentos para classificar os seus autores. Assim, *grosso modo*, teríamos os autores das origens do estruturalismo, os estruturalistas propriamente ditos, os pós-estruturalistas, os da semiótica, a segunda geração feminista, o pós-marxismo, a modernidade e a pós-modernidade. Idêntico procedimento é o de Jeremy Stangroom também no âmbito filosófico geral, mas cronologicamente ainda mais lato: *Little Book of Big Ideas. Philosophy*, Londres A&C Black, 2006. E outros mais...

É sedutora a empresa, mas, apesar de não sermos nominalista, confessamos a nossa completa incapacidade em arrumar de forma definitiva e unívoca a mais de uma centena de autores aqui referidos. Alguns parecem caber em mais que uma prateleira. Outros são avessos mesmo às mais largas e generalistas.

O grau de subjetividade na identificação das correntes, dos respetivos autores e das suas relações, aconselhou a que seguíssemos, outrossim, o modelo já anteriormente utilizado, dando entrada aos diversos autores cronologicamente, pelo momento da mais notória primeira aparição editorial de cada um, não no atinente à sua fama geral ou da sua mais conhecida especialidade, por vezes, mas no quanto toca ao seu contributo (ainda que implícito) para a filosofia do Direito e do Estado. E, para não transformarmos este estudo numa torre de Babel, tal como anteriormente, só não traduzimos os títulos daqueles livros cuja forma na língua original nos pareceu canónica, intraduzível, muito significativa, ou com especiais ambiguidades ou sabor.

Evidentemente, a propósito de um livro de um dado autor, não se deixará de fazer referência aos que ele faz imediatamente lembrar, pela sua afinidade, ou, ao invés, pelo choque ou contradição. Por vezes, essa linha de mnemónica acaba por ir longe no tempo, e convocar autores mais distantes temporalmente, ou que, pelo menos, publicaram com êxito noutras datas mais afastadas, embora coevos do autor que os chamou à berlinda.

Cada vez mais árduo é falar em constantes. Elas são as que já referimos anteriormente, com alguns episódios particularmente marcantes, como a queda do Muro de Berlim, a crise das esquerdas, o retorno da política depois do apregoado fim das ideologias, a ascensão neoliberal e globalizadora e a derrocada da crise de 2009-2010 – prolongando-se assustadoramente por 2011 em pressões financeiras jamais vistas sobre estados soberanos (mas cuja soberania parece claudicar ante a sua classificação por agências de notação), as guerras no Médio Oriente, as revoluções democráticas no mundo árabe, as mutações religiosas, com o crescimento de vários tipos de fundamentalismo (mesmo um dito "fundamentalismo cristão", emergente com o ataque no Verão de 2011 na Noruega), e a grande crise pandémica do Coronavírus, que pode mudar a face do Mundo.

De todas essas realidades novas se darão conta, por ação ou reação, as diferentes correntes, movimentos, escolas e sobretudo autores: pois no autor e na sua obra é que se centra a presente síntese, como dissemos. Tal significa ainda que não nos preocupamos com a história das ideologias, velhas e novas, na segunda metade do século XX e no séc. XXI. Aludimos incidentalmente a liberalismo, marxismo, democracia cristã, até a (neo)republicanismo, comunitarismo, ecologismo, ou feminismo, mas não é a história dessas correntes que expressamente nos importa aqui. Procurámos ficar aquém da fronteira epistemológica que divide (concedemos que mal e pouco: e com "passagens do Noroeste", como evoca Michel Serres) a filosofia política da história das ideias políticas e da história das ideologias. E acima de tudo procurámos fugir à sedutora armadilha intelectual, para quem dispõe de poucas páginas, que seria embrenharmo-nos pelas teorizações da globalização, do multiculturalismo, da libertação animal, da pragmática, ou da pós-modernidade... e (talvez mais ainda) da teoria da Constituição, etc. Embora, evidentemente, aqui e ali nos tenhamos cruzado com manifestações dessas perspetivas. Também optámos por não falar do contributo filosófico-político desse gigante da filosofia contemporânea que foi Martin Heidegger (1889-1976). Preferimos deixá-lo em sossego metafísico das lides da *pólis* no eterno desterro da sua cabana de Todtnauberg, na Floresta Negra.

A opção por bibliografias específicas de cada autor, atento o volume dos nomes considerados, seria prejudicial à explanação do conteúdo da sua obra, dadas as limitações de espaço óbvias. Por isso, também, remetemos para as obras clássicas que repertoriam com fidedignidade as bibliografias ativas e passivas dos autores contemporâneos. E, naturalmente, para a *Internet*, hoje instrumento indispensável de consulta rápida.

O estilo desta última parte necessariamente se ressente dessa quadratura do círculo, dessa impossibilidade mesma, que é captar o impetuoso rio que constitui a contemporaneidade filosófico-política. E sente-se que, quanto mais nos aproximamos do presente, mais as figuras se vão entretecendo em diálogos complexos, para trás e para diante, perdendo obrigatoriamente o nosso texto o mínimo vagar biográfico, para lhes poder ir dando voz, e mesmo assim efemeramente, nessa *grande conversação* de que falava Mortimer Adler (1902-2001), pai de um projeto enciclopédico de saber dos clássicos. Conversação agora acelerada, e cada vez mais abreviada, reduzida ao básico.

2

DEMONISMO DO PODER E TOTALITARISMOS

O poder tende a corromper, e o poder absoluto corrompe absolutamente. Os grandes são quase sempre maus.
Lorde Acton

É um título pesado que abre o ano de 1940: *Machtstaat und Utopie: vom Streit um die Dämonie der Macht seit Machiavelli und Morus*, de Gerhard Ritter (1888-1967). O tema convém ao título: trata-se da ideia do demonismo do poder, que, aliás, se tornará mais patente e mais maturada depois do fim da guerra, e sobretudo da consciência generalizada do holocausto. Nada de novo, em tempo de guerra.

Herbert Marcuse (1898-1979), dentro da área crítica da Escola de Frankfurt, mas refugiado da perseguição nazi nos EUA, publicará, em 1941, *Razão e Revolução*. Será um passo importante no caminho que depois o levará a *O Homem Unidimensional* (1964). Naquela primeira obra, está em questão uma primeira genealogia da teoria social, associada à ideia de liberdade, pela Razão. Ora, embora o subtítulo deste estudo seja *Hegel e o Surgimento da Teoria Social*, recua por um lado o autor à Revolução Francesa como acontecimento emancipador da Razão, e, por outro, denuncia todos os totalitarismos, desde logo os seus contemporâneos.

Marcuse continua ainda a interpelar-nos pela observação (também normativa e prospetiva, ao que cremos), de que até hoje houve poder de muitos grupos, mas não dos intelectuais. Eco da ideia de Platão do rei-filósofo ou do filósofo-rei?

Além do célebre estudo de Hanna Arendt, já citado, o totalitarismo tem suscitado reflexões interessantes (apesar de haver, ou ter havido, quem o recusasse como categoria politológica válida). Uma das reflexões mais agudas sobre a matéria seria a de Raymond Aron (*Démocratie et totalitarisme*, Paris, Gallimard, 1965). Recordando o sábio Montesquieu sobre a essência ou o princípio do despotismo, Aron sublinha que, no totalitarismo, é também o medo que impera. Um medo que chega a ser paralisador mesmo da própria ação dos que se encontram aparentemente no poder, mas dependem de um "chefe supremo" (*Op. cit.*, p. 285 ss.).

3

ALBERT CAMUS: O ABSURDO E A REVOLTA

*A sociedade política contemporânea: uma máquina para o
desespero dos homens.*
Albert Camus

Muito profundo é o empreendimento do já referido filósofo francês Albert Camus (1913-1960), que em 1942 dá à estampa *O Mito de Sísifo*. Como se sabe, na mitologia helénica, Sísifo foi condenado a eternamente rolar uma pedra até ao cume de uma montanha. Uma vez atingido o pico, ela resvalaria novamente até ao sopé, obrigando sempre ao recomeçar. Essa é, na verdade, uma metáfora da existência e da condição humanas, que tem, para o autor, uma marca indesmentível de absurdo. Contudo, esse absurdo pode ter como consequência três atitudes muito positivas, que afastam a tentação (consequente com o absurdo) do suicídio: a liberdade, a revolta e a paixão. Por isso, quando o autor conclui o livro com a exortação a que imaginemos Sísifo feliz não se trata de apelo a alienação, mas consciente lucidez da situação do Homem e das suas possibilidades de ação.

A obra de Camus, um existencialista muito diferente de Sartre (1905-1980), por exemplo, pulsa da autenticidade deste filho da Cabila argelina, em que nada se parece poder ocultar ao sol da razão, e da procura da verdade. Por isso, em muitos casos se nos coloca o drama complexo dos anarquistas que atentam contra a vida do arquiduque (*Os Justos*, 1950), muito mais que o vencer a resistência ao tiranicídio, mesmo se perpetrado por outros justos (*Calígula*, 1944). Mas compreende-se a trama sinistra do mundo do poder, e do próprio direito: como é subtil o estranhamento sugerido pel'*A Queda* (1956), em que um advogado bem-sucedido, depois de se ter negado a evitar um suicídio, arrasta a sua vida, qual "juiz penitente", em Amesterdão, à sombra do *Cordeiro Místico* de Van Eyck.

A Justiça, que nos pode deixar marcas no corpo e na alma, irrecuperáveis, sobretudo quando não for justa, mas injusta, é daquelas dimensões do Homem e da sociedade que se leva muito a sério: e, com tamanho poder e força, é natural que o deva fazer... Contudo, há casos de pessoas que, por uma especial conformação do carácter (alguns diriam culpa na formação da personalidade) entra por um acaso em contacto com ela, arriscando a vida e sem se darem conta até o último momento do risco que correm e da seriedade da sua situação. É o caso de Meursault, de *O Estrangeiro,* que vive a sua vida como uma espécie de passageiro-espectador, e que acabará por ser joguete de vaidades e interesses dos agentes jurídicos em tribunal e do sensacionalismo da imprensa. É, de algum modo, o sublinhar por Camus do absurdo. Mas, destinando-se a Justiça a dar um sentido ao Mundo e à Vida, como tem sido sublinhado por vários autores, como pode permitir-se a intromissão do absurdo precisamente neste terreno que se quer da lógica, da razão, da ordem?

Algo de semelhante se vê em algumas obras do escritor português Reinaldo de Carvalho (1930-2008): em *Terras Pardas*, certamente a mais conhecida, o protagonista vivencia uma asfixiante sensação claustrofóbica, numa sala de tribunal em que é objeto das arengas de uma *corvoada negra*, esbracejando as asas (ou as togas e as becas). Em todos os casos, o sem-sentido instalado no seio de uma instância que se pretende dadora, portadora, restituidora de sentido: o Direito e as suas instituições, desde logo os tribunais. Trata-se, evidentemente, de um final surrealista numa obra realista ou até, quiçá, neorrealista, embora matizada.

Há trinta anos, a leitura de Camus pelos jovens liceais dos últimos anos era quase um ritual de passagem para a Universidade: só que voluntário e até ávido. Volvidos cinquenta anos após a sua morte em 2010, felizmente começaram a notar-se, mesmo entre nós, movimentos de renovado interesse pela sua obra, notável a muitos títulos. Mas estamos certamente ainda longe de ver os jovens com obras de Camus debaixo do braço e em férias, sem ter de estudar para qualquer exame sobre ele – como víamos na nossa adolescência... Sublinhemos que não foi por excelentes razões que, em 2020, muitos correram às livrarias (a partir de certo momento, livrarias "online") para ler *A Peste*, na sequência da pandemia do *Coronavírus*. Mas mesmo por críticas razões, há sempre muito a aprender com a obra, e, mais ainda com as realidades mais perturbadoras de crise mais profunda. E uma crise gravíssima e mundial de saúde pública, com as suas consequências em cascata, certamente levará a muitos factos novos e poderá engendrar muitas novas interpretações e ideias.

4

CAPITALISMO E SOCIALISMO, SCHUMPETER, KEYNES, E OUTROS

Entre o socialismo e a democracia, da maneira como os defini-mos, não existe uma relação necessária: um pode existir sem a outra. Mas, ao mesmo tempo, não há incompatibilidade: em determinadas circunstâncias do meio social, a máquina socia-lista pode funcionar de acordo com os principios democráticos.
Joseph A. Schumpeter

I. Schumpeter

No mesmo ano de 1942, sai da pena de Joseph Alois Schumpeter (1883-1950) *Capitalismo, Socialismo e Democracia*. Schumpeter foi um economista com abertura para o pensamento sociológico, psicológico e até matemático (embora longe de ser um econometrista), cuja breve mas dramática experiência como banqueiro (falido) e como ministro das Finanças enriqueceu, afinal, a sua bagagem de docente apto a grandes sínteses.

Para Schumpeter, o sucesso do capitalismo (pela ação positiva dos empreendedores, apesar dos aspetos negativos da mentalidade burguesa) necessariamente o irá conduzir a uma planificação num regime democrático, que em muito será, afinal, um socialismo não coletivista.

Não será decerto por acaso que alguns sublinham que Schumpeter nasce no ano da morte de Karl Marx (1818-1883), que não acompanha no essencial, mas que conhece e comenta, e do nascimento de Keynes (1883-1946), autor do célebre *The General Theory of Employment, Interest, and Money* (1936), de orientação intervencionista democrática, ou seja, liberal-social ou até, talvez mais ainda, social-democrática...

II. John Maynard Keynes

A importância de Keynes é muito maior que a do seu colega economista. Não só pela teoria em si, como porque nos deixou uma relevantíssima escola, a qual, durante muito tempo, prevaleceu por todo o mundo das ciências económicas e financeiras. O que, de resto, nos deixa saudades, porque os substitutos não convenceram.

Com os seus quase dois metros de altura, um sorriso vivo e algo trocista, uma inteligência vivíssima, capaz de enfrentar os mais diversos desafios, teórico da economia, mas ele próprio investidor e conhecendo os caprichos do mercado, desconsertou muitos no seu tempo, e ainda hoje é um dos objetos dos ódios de estimação dos neoliberais.

A ideia de que os estados precisam de gastar mais do que têm conseguiu salvar as economias ocidentais, e não somente, como alguns pensam, o capitalismo. A sua teoria é sedutora, mas mais importante ainda é a prática a que levou. As suas inclinações estéticas (era colecionador de arte, entre muito mais coisas) e os seus interesses diversificados fizeram dele um modelo do economista com charme, cultura, totalmente diferente do estereótipo quase inumano de quem *sabe o preço de tudo e desconhece o valor de qualquer coisa*, ou pessoa. E, contudo, era um génio na interpretação de dados e estatísticas, dizendo alguns que pareceria saber mais do que os dados de que dispunha. Além do mais, este gigante da ciência económica não era somente um grande homem, mas um homem bom, tendo além do mais dado alegria e entusiasmo a estes estudos, tantas vezes considerados áridos, e sentindo a lei de aço da raridade, de que se não consegue sair... Se a canção *Happy Days are Here Again* poderia ter um inspirador na Economia, seria Keynes. Falava-se de "gozosa revelação em tempos de penumbra"...

Diz sobre ele David Benson-Butt, citado por Robert Skidelsky (1998: 16): "O capitalismo reformado por Keynes tinha tudo o que a geração fabiana tinha buscado no socialismo, e ainda mais: era igualitário em termos morais, incluía o pleno emprego, era generoso e alegre"...

III. Capitalismos e Socialismos, Terceiras Vias e Crises

Com o rodar dos tempos, vai-se compreendendo que a distinção entre socialismo democrático e capitalismo reformista, com preocupações sociais parece esbater-se. Os conceitos continuam a ser complexos: ou reservamos para a expressão "socialismo" a sua identificação com o pensamento comunista, marxista-leninista e afim, e então todos os sociais democratas e mesmo socialistas democráticos serão irremediavelmente capitalistas (ou, como a extrema esquerda costumava dizer, "fiéis gestores – ou 'lacaios', para os mais agressivos – da ordem capitalista"), ou então se pode considerar socialismo democrático, *social democrata*, uma forma de capitalismo moderada e com preocupação social. Tudo depende de como se defina capitalismo, também.

No Brasil, tem-se falado em capitalismo humanista, sendo seus arautos Ricardo Sayeg e Wagner Balera (2011), reclamando-se de uma síntese (complexa) de Tomás de Aquino, Locke, Maritain, Dworkin e Amartya Sen. Em Espanha, Javier Montoro Conde considera o capitalismo humanista como instrumento de gestão: capitalismo mais humanista, mas não menos eficiente ou economicista, advoga Sayeg. Outro problema se coloca: o que significa *economicista*? Para os humanistas, precisamente, dir-se-ia que economicismo significa precisamente o contrário de humanismo, ou seja, excesso de frieza e cegueira de números, de gráficos, e de utilitarismo e argentarismo. Mas não pode conviver uma coisa com outra, pelo que, aqui, "economicismo" deve querer dizer, rigor e qualidade da ciência económica – cremos nós.

Várias "terceiras vias" foram resposta à subida (mesmo eleitoral) de partidos mais ou menos de base conservadora que fizeram bandeira ou política do neoliberalismo. Contudo, os resultados desta reforma de alguns partidos trabalhistas, socialistas e afins não terão conseguido travar essa vaga de fundo, e alguns mesmo consideram que esses mesmos partidos de algum modo cederam ao vírus neoliberal, acabando por, em muitos casos, não se distinguir dos partidos mais à direita que combatiam. A crise da social-democracia e do socialismo democrático é um tema que supera este fenómeno, mas que se revela fulcral na reflexão do nosso tempo.

Um estudo notável sobre a questão é o de Eduardo Lourenço, *Esquerda na Encruzilhada ou Fora da História?* (2009). Mais recentemente, e numa outra clave, mesmo ideológica, Alexandre Drobán, *A Crise de Ideias da Social-Democracia* (2011).

A verdade é que subsiste sempre a questão de fundo, que é a da moderação política, e esta tenderá sempre a ter os seus representantes, seja quais forem as cores com que se pintem e os rótulos que assumam ou se lhes coloquem. Como dizia Paul Valéry (*Tel Quel*, I, 1941: 192): "Le monde ne vaut que par les extrêmes et ne dure que par les moyens. Il ne vaut que par les ultras et ne dure que par les modérés".

Bibliografia

BECK, Ulrich – *Das deutsche Europa. Neue Machtlandschaften in Zeiten der Krise*, Berlim, Suhrkamp, trad. port. de Marian Toldy e Teresa Toldy, A Europa Alemã. De Maquiavel a "Merkievel": Estratégias de Poder na Crise do Euro, Lisboa, Edições 70, 2013.

DROBÁN, Alexandre, *A Crise de Ideias da Social-Democracia*, "Vértice", II série, n° 157, p. 5-8, mar./abr. 2011.

FARIA, José Eduardo – *O Estado e o Direito depois da Crise*, São Paulo, FGV/Saraiva, 2011.

FERREIRA, António Casimiro, *Sociologia das Constituições. Desafio Crítico ao Constitucionalismo de Exceção*, Porto, Vida Económica, 2019.

GÉNÉREUX, Jacques, *Nous, on peut! Manuel Anticrise à l'Usage du Citoyen*, ed. revista, Paris, Seuil, 2012 (1ª ed. 2011).

HABERMAS, Jürgen, *La necesidad de revisión de la izquierda*, trad. cast., Madrid, Tecnos, 1991.

HEINE, Sophie, *Oser penser à gauche. Pour un réformisme radical*, Bruxelas, Aden, 2010.

LOURENÇO, Eduardo, *Esquerda na Encruzilhada ou Fora da História?*, Lisboa, Gradiva, 2009.

SAYEG, Ricardo/BALERA, Wagner, *O Capitalismo Humanista. Filosofia Humanista de Direito Económico*, Petrópolis, KBR, 2011.

SKIDELSKY, Robert, *Keynes,* Oxford, Oxford University Press, 1996, trad. cast. de Carlos Rodríguez Braun, *Keynes*, Madrid, Alianza, 1998.

TOURAINE, Alain – *Après la crise*, Paris, Seuil, 2010, trad. port. de Francisco Morás, *Após a Crise*, Petrópolis, Vozes, 2011.

5

COMUNISMO SOVIÉTICO E DIREITO

> *O tema do desaparecimento do direito (e do estado) é um dos problemas mais confundidos de toda a história do marxismo. Não concretamente definido por Marx, desenvolvido por Engels e Lenine, a questão nunca encontrou perfeitamente delimitados os seus termos.*
> Vital Moreira, *Sobre o Direito*, p. 279.

I. Complexidade da Questão Jurídica no Marxismo-Leninismo

Parece haver no próprio marxismo *tout court* alguma razão para a ambivalência histórica dos comunistas face ao Estado e ao Direito.

Sem pretender invocar demasiadamente determinações psicologistas ou simplesmente biográficas, é facto que tanto Marx como Lenine eram juristas de formação. Também o seria um Gorbachov. E mesmo Brejnev era um entusiasta do Direito, incitando nomeadamente ao respeito de todos pelo direito, e elevando os juristas soviéticos ao nível (pelo menos) dos agrónomos, dos engenheiros e dos economistas (Vaz, 1980: 100).

Haverá que meditar ao menos sobre os escritos de Marx em que o Direito é abordado, para tentar deslindar elementos para uma sua proto teoria jurídica ou em torno da juridicidade. As conclusões, que saibamos, não têm sido, porém, muito abundantes nem conclusivas. Divergem os intérpretes, mesmo em face do mesmo *corpus* de fontes. E a já clássica oposição de várias fases em Marx (desde logo o "jovem" e "humanista") contribui para que se queira resgatar e sobrepor os escritos de um tempo aos de outros. Uns Marx's contra outros... E não esqueçamos que ele próprio se haveria de declarar "não marxista"...

A crítica concreta do direito burguês empreendida pelos comunistas facilmente pode confundir-se com uma crítica a todo o Direito. E do mesmo modo a profecia de Marx na *Crítica do Programa de Gotha* é interpretada por uns, literalmente, como de desaparecimento apenas do direito burguês, e por outros latamente, como de desaparecimento de todo o direito (Moreira, 1972: 280, n. 34). Sempre a diversa interpretação, que ocorre com textos sacralizados. Ortodoxias e heresias...

Um historiador das religiões como Mircea Eliade (mas trata-se de um romeno exilado, nada simpatizante do "socialismo real" e de religião ortodoxa, pelo menos na sua formação) afirma:

> O marxismo não reflete o espírito científico, objetivo (nem sequer o espírito do positivismo) – mas antes a tensão e a agressividade das teologias proféticas –. Marx e os marxistas escrevem de forma tão agressiva e tão polémica como os teólogos da Reforma e da Contrarreforma. (Eliade, 1979: 226)

O mesmo se diga do Estado que, como se sabe, é um fenómeno político muito mais datado ainda, e que jamais se deve confundir, como se faz frequentemente, com toda e qualquer forma de organização ou aparelho ou *societas* política, por ilegítimo processo de sinédoque a-histórica. Acresce ainda que a consideração do Direito no contexto da superestrutura capitalista e ainda como aparelho ideológico (além de repressivo) do Estado (Althusser, 1974), no fundo sobrevalorizando a característica (por alguns dita acidental ou do-modo-de ser, não da essência) da coerção ou coação (Baptista Machado, 1985: 31 *et seq.*, máx. p. 37; Sarotte, 1975: 94 *et seq.*), vai também num sentido muito pouco amável e lisonjeiro para o Direito aos olhos marxistas-leninistas.

Da questão se podem ver ecos na *Internet*, com fontes anteriormente não acessíveis, mas que, como é óbvio, necessitam de cuidadoso tratamento. Autores há ainda que não concedem ao direito nenhum espaço benévolo: "o Direito é, para o povo, um ópio ainda mais nocivo do que a religião" – afirma, por exemplo, Harms (2001).

Em contrapartida, outros invocam um Marx aparentemente mais contemporizador com um direito-outro, que não o que lhe (nos) foi dado viver, como será o caso de Luis Satie, que cita uma intervenção de Marx no tribunal de Colónia, infelizmente sem mais referências:

> Mas, que entendeis, senhores, por conservação da legalidade? A manutenção das leis correspondentes à época anterior e criadas por representantes de interesses sociais desaparecidos ou prestes a desaparecer, significa somente elevar à categoria de lei estes interesses conflituantes com as necessidades gerais. Não obstante, a sociedade não se baseia na lei. Esta é uma fantasia dos juristas. Pelo contrário, a lei deve basear-se na sociedade, deve ser expressão dos seus interesses e das necessidades gerais que se originam de um determinado modo de produção material em oposição ao arbítrio individual (...). No momento em que a lei não corresponde mais aos interesses sociais, converte-se mais num pedaço inútil de papel. Não podeis colocar as velhas leis como fundamento do novo desenvolvimento social, como também estas não podem criar as velhas relações sociais. Essas leis nasceram com estas relações e devem também desaparecer com elas (...). Esta conservação da legalidade procura transformar os interesses privados em interesses dominantes, quando precisamente esses interesses privados já não dominam; tenta impor

à sociedade leis condenadas pelas próprias condições de vida desta sociedade, pela sua maneira de obter os meios de vida, pela sua troca, pela sua produção material (...). Deste modo ela entra em conflito, a todo instante, com as necessidades existentes, freia a troca e a indústria, prepara crises sociais que irrompem em revoluções políticas. Eis aqui o verdadeiro sentido do acatamento e da conservação da legalidade. (Satie, 2004)

Pela contextualização da crítica se "salvaria" por assim dizer uma categoria absoluta, não contingente. Mas haverá categorias absolutas e não contingentes para Marx? O mesmo problema se coloca até em relação ao Direito Natural, que Ernst Bloch reabilita, não deixando de criticar a pretensa omnisciência abstrata do direito natural burguês (Bloch, 1961: 188 *et seq.*).

II. Pachukanis, Stutchka e Vichinsky

Sintetizemos uma polémica que corresponde a uma importante clivagem ideológica (ideológica *proprio sensu*) no seio da história comunista, e especificamente soviética. Se, por um lado, Pachukanis (1972) advoga a extinção do Estado e do Direito, a tal queda "como fruto maduro" ou "podre" a que aludira Lenine (e, dentro da escatologia marxista-leninista este advogar é mais que isso – é profetizar), já o "socialismo real" foi sendo pensando de outra forma, com um lugar efetivo para o direito, e um Estado em funcionamento.

Como bem se vê, o Estado soviético, sendo ainda (e dir-se-ia até que mais ainda, porque revestindo a forma económica de "capitalismo de Estado" – Magalhães Godinho, 1976: 22 – ou, em fórmula mais suave, "socialismo de Estado" – Lefebvre, 1970: 26) *Estado*, teve necessidade de, *mutatis mutandis*, recorrer aos moldes institucionais do... Estado burguês. Mesmo Lenine teria reconhecido repetidamente que, mesmo após a revolução de outubro "uma grande parte do aparelho de Estado permaneceu intacta (...)" (*apud* Althusser, 37). Não haveria certamente nada de surpreendente nessa permanência se ela não persistisse muito depois da tomada do poder. Por vezes, parecendo operar aquele *virar de cabeça para baixo* que já fora apanágio de Marx face à dialética de Hegel. Desde logo, no período dito de transição, e de "ditadura do proletariado", mais tarde "superada". Embora muitas vezes operando cosmeticamente, mudando cores, nomes, adjetivando, mitificando a seu modo. Exercendo o seu discurso legitimador na sua função ideológica e mistificadora de forma simétrica à dos estados capitalistas de mercado. Veja-se a frase de Marx tão cara a Lenine (1975: 67 ss.): "O Estado é o proletariado organizado em classe dominante".

Contudo, Vichinsky criticará como quimera o perecimento do Estado (pelo menos a curto ou médio prazo) e o desaparecimento concomitante dos juristas e do que eles "fazem", o Direito... E defendendo, outrossim, um *Direito socialista*.

Já Piotr Stutchka, embora mais prático que teórico, tinha defendido um direito proletário (2001). E para isso promoveria a extinção dos advogados como profissão liberal, e, pelo Decreto nº 1 Sobre o Tribunal, de 24 de novembro de 1917, a substituição dos tribunais existentes pelos Tribunais de Trabalhadores e Camponeses, com juízes eleitos.

Os principais argumentos de Vichinsky são deveras interessantes, e em alguns aspetos não deixam de ser até "proféticos", por seu turno. Mas, agora, de profecia que estamos em condições de apreciar no nosso tempo, porque os factos se jogam agora.

O jurista soviético pressupõe desde logo o fim da diabolização dos juristas, como o fará depois, até em tom entusiástico, Leónidas Brejnev. Não se trata, assim, de um burguês envergonhado, de saber e profissão tipicamente burguesas, que fez a sua opção de classe, mas que se embaraça com a sua formação (que talvez o envergonhe até), na verdade uma *forma mentis*, avessa ao ideal que abraçou. De modo algum. A própria conceção de um direito socialista é garante de um outro à-vontade, psicológico e teorético. Mas mais: para Vichinsky, é na sociedade socialista que o Direito verdadeiramente se realiza, ou desabrocha, como vero Direito. Só aí, só então "o direito adquire uma base sólida para o seu desenvolvimento" (Naves, 2000: 162). E tal é considerado uma realidade positiva, não negativa.

Consideremos agora a parte profética: Vichinsky pensa que o Direito é, mais que instrumento próprio ou privativo da sociedade e da dominação burguesas, verdadeiramente por elas instrumentalizado. Mas não é intrinsecamente associado às mesmas. A sua instrumentalização pode ir ao ponto de poder ser dispensado (ou descartado) quando impeça o fluir ou a lógica imparável do próprio sistema. Na fase mais avançada ou "superior" do capitalismo, o imperialismo (Lenine, 1975), este tenderia a violar o direito, desde logo infringindo a própria legalidade. Ora tal parece ver-se hoje. Mesmo se pensarmos que a face da legalidade (não é certo que o mesmo claramente ocorra com a juridicidade, e menos ainda com a juridicidade *proprio sensu*, a do Direito justo, passe o pleonasmo) pode facilmente ser salva com rápidas e profundas alterações legislativas, nas mãos dos legisladores do momento, que, em muitos casos, são também os executivos, com funções legislativas, ordinárias ou extraordinárias. Sistema expedito a que apenas colocam peias, infelizmente não raro em exclusivo formais, a existência de princípios e normas constitucionais, e, no limite, os limites materiais de revisão constitucional, ou cláusulas pétreas. Perante os quais o "chaplinesco" constituinte nem sequer recua, designadamente quebrando a *regra de pedra,* ao retirar a própria placa de proibição, e entrando descontraidamente pelos artigos de segurança adentro: é a chamada técnica da "dupla revisão" (Canotilho, 1978; Ferreira da Cunha, 2008: 339 *et seq.*, máx. 360 *et seq.*).

III. Direito Soviético, Direito Socialista?

Nomes simbólicos como Vichinsky, Stutchka, Brejnev ou Gorbachov e as suas posições sobre o Direito levam-nos a pensar num sovietismo (ou em vários) mais votados a concretizações práticas de um certo tipo de racionalidade jurídica, certamente não assimilável à "burguesa", mas que fundamentalmente joga o mesmo jogo (talvez o de um certo tipo de modernidade de algum modo incompleta, excessivamente abstrata e racional – cf. Bittar, 57 *et seq.*). Em que a utopia socialista (mito da cidade ideal – Mucchielli, 1960, 1980 – socialista), para o bem e para o mal – e cremos que há aí de um e de outro – pelo menos recua para um horizonte cronológico (ou ucrónico) "confortavelmente" longínquo. É assim possível comparar os "direitos socialistas" com os direitos da família ocidental, sem problemas de *essência*. Tal parece ser o que se extrai, por exemplo, deste passo de Ivo Dantas (2006: 213):

> (...) vale lembrar que, apesar da queda do Muro de Berlim, e apesar de todas as modificações ocorridas na Europa, tal não nos parece que possa justificar a exclusão, pura e simples, do *modelo socialista*, do que seria exemplo (e só ele bastaria para justificar) o *sistema jurídico cubano*.

Já, por exemplo, Moraes Godoy (2006: 16 ss.), apesar de fazer referência a constituições soviética (e depois russa) na Introdução do seu livro, não as estuda em apartado autónomo, nem abre capítulo para qualquer "direito soviético" ou categoria afim.

Comparar entes de essências adversas é que seria complexo. Coisa diversa é já, como se sabe, a *décalage* ontológica entre os direitos ocidentais e o "direito muçulmano", sobre o qual o renomado especialista George Bousquet nos começa por prevenir, no respetivo manual, que "não existe". Na verdade, não existe enquanto Direito autónomo, mas como normatividade caldo de cultura, com elementos religiosos, de poder, de moral, etc.

Resolvido, pois, o "problema ontológico" do Direito dos países soviéticos e afins, e podendo proceder-se ao absolutamente normal processo de comparação de direitos, que se pode concluir, extrapolando do comparatismo jurídico para uma teorização filosófico-política?

Em grande medida, e apesar do entusiasmo dos juristas e estadistas russos citados, as conclusões não são nada animadoras para uma *differentia specifica* profunda do direito soviético. Terá sido ele *socialista*? A própria questão é herética, em ambiente comunista, mas pertinente. Em que medida o direito soviético é direito *socialista*, e em que medida, mais radicalmente, pode haver direito socialista, ou seja, direito no socialismo e com ele absolutamente concorde (porque, se assim não for, também não haverá socialismo – poder-se-á pensar)? Tal também remete, obviamente, para a questão da natureza da URSS e das democracias populares, etc. No limite, a questão é: ou o direito no socialismo é socialista, ou não há direito no socialismo, ou o socialismo, com o seu direito, não será, afinal, socialismo.

Mas também não exageremos. Havia diferenças evidentes entre o direito soviético e o direito da chamada família ocidental; o problema está em saber o seu verdadeiro timbre. É claro que conteúdos de coletivismo são evidentes em legislação. É evidente que o "centralismo democrático" (Vergottini, II, 44 *et seq.*), o papel do partido único ou hegemónico, e outras características institucionais típicas dos partidos comunistas se transportaram ou influenciaram as estruturas estaduais constitucionais respetivas (*ibid.*: 16 *et seq.*). E ainda é também evidente que, do ponto de vista da forma, do ritual, da tópica, a linguagem (*latissimo sensu*) utilizada pretende ter coloração marxista-leninista típica. Só que o que se tem por socialismo são também alguns "sinais exteriores"...

Porém, no plano mais profundo, quanto à *essência* do próprio Direito, o que poderá dizer-se que muda?

É verdade que os juristas soviéticos cunhariam as suas próprias definições de Direito, em grande medida (pelo menos as que foram chegando ao "Ocidente") decalcadas na ideia da identificação de Direito com instrumento de dominação capitalista.

Assim, Krylenko dirá que "o direito, quanto à sua origem, é algo derivado das relações económico-sociais, e quanto ao seu conteúdo, um sistema de normas dirigidas a justificar e proteger, ou melhor, proteger primeiro e justificar depois, a ordem existente" (Truyol, 1949: 27).

Complementar parece ser a definição de Stutchka, a qual terá tido mesmo acolhimento numa lei soviética: "o direito é um sistema de relações sociais que corresponde aos interesses da classe dominante e que se sustém pelo seu poder organizado (o Estado)" (*apud ibidem*).

Mas tais definições, podendo até revelar-se, afinal, adequadas (dado o "capitalismo – ou socialismo – de estado" do pretenso socialismo soviético), não servem realmente para o propósito de escrutinar uma eventual *differentia specifica* do jurídico no mundo dos sovietes. Aliás, tudo indica que a *démarche* definitória tem claro recorte positivista e, em direito, adquire sobretudo uma função legitimadora.

O que no final de contas parece revelar-se é que, talvez porque arreigados à ideia de transição, os juristas soviéticos não nos legaram uma imagem do direito diversa da de dominação. Pelo menos, ela não foi recebida no "Ocidente".

Mas a desconstrução das definições é sempre útil, reveladora.

Devemos, assim, passar às mais clássicas e tradicionais de todas as definições de direito, naturalmente positivistas, normativistas e dogmáticas, que podem alcançar um mínimo denominador comum nos tópicos seguintes. Nessa definição-retrato-robot, ou definição-padrão, o direito seria: 1) um acervo ou conjunto de normas ou regras; 2) que se impõem socialmente de forma coativa; 3) coação essa exercida por parte de um centro nomológico e de sua própria garantia, no limite *manu militari*, o Estado; 4) com o fim geral de pacificação social, prevenção e solucionamento dos conflitos, ou outro discurso legitimador irénico e eutópico.

Se analisarmos o que ocorre em todas as sociedades concretas, verificamos sem dificuldade que esta tópica positivista na realidade não se adequa por completo ao que se passa, contendo inúmeras e significativas exceções, algumas colocando em risco a regra (Ferreira da Cunha, 2001: 137 *et seq.*). Contudo – e este facto é quase surpreendente – temos que conceder que esta definição, descontando as múltiplas exceções, enquanto projeto e também projeto ideológico, é um excelente descritivo de qualquer direito como mera expressão não autónoma do poder, logo, quer do direito burguês corrente quer do direito soviético. O que contraria profundamente esta visão do direito é o corte epistemológico (e também autonomia política do direito – Ferreira da Cunha, 2007: 228 *et seq.*) criada pelo *ius redigere in artem*, é a razão de justiça e não a *raison d'Etat*.

Esta autonomia ou independência relativa não foi excluída, aliás, por Marx e Engels, e, mesmo que não fosse expressamente invocada, inserir-se-ia na possibilidade de autonomia relativa da superestrutura que Engels reconheceu na célebre carta a Bloch:

> (...) A situação económica é a base, porém os diversos momentos da superestrutura – *formas políticas da luta de classes e seus resultados* – Constituições, estabelecidas pela classe vitoriosa após a batalha vencida etc. – *formas jurídicas* e então, até mesmo, os reflexos de todas essas lutas reais no cérebro dos participantes, *teorias políticas, jurídicas, filosóficas*, conceções religiosas e seus desenvolvimentos subsequentes em sistemas dogmáticos, exercem também seu

efeito sobre o transcurso das lutas históricas e determinam, em muitos casos, a sua *forma*, de modo preponderante. (...) (Engels, 1890)

Mas outro Bloch, Ernst Bloch, insistiria sobre a "relativa independência" da esfera jurídica no pensamento dos fundadores do marxismo (Bloch, p. 187).

Assim, começando pelo último tópico, o direito soviético pode, assim como o Estado soviético, proceder a um "mascaramento" da dominação subsistente.

Ora, quer Pachukanis quer um heterodoxo marxista como Ernst Bloch, parecem coincidir na ideia de que o Estado e o Direito, além do seu domínio, exercem ainda funções sociais legitimadoras e de ilusão, que são de mitificação e mistificação, procurando, desde logo, dar a aparência de uma cura geral do bem e do equilíbrio sociais, quando, na verdade, o fazem em proveito de alguns poucos. Ora este irenismo e eudemonia, totalmente contrários às ideias de luta de classes, ditadura do proletariado, etc., e ao próprio carácter dialético da sociedade, em tudo coincidem com um fenómeno de pretenso consensualismo e pretensa localização *supra* conflitos, muito típica, de resto, da política e das instituições burguesas. No mínimo, lembra Duverger (1964) sobre a ambivalência do Poder.

Garantido o discurso legitimador eutópico (elemento externo), que pode ser, contudo, colorido com tons menos consensualistas, antes prometendo amanhãs que cantam e até a luta contra a exploração, o imperialismo, etc., os elementos propriamente internos (mais profundos) dos direitos soviéticos não distam, afinal, muito dos burgueses. Há fórmulas diversas, que são suscetíveis de ser mais ou menos valorizadas, *pro domo*.

Assim como para os juristas burgueses o positivismo legalista (crença atávica e atração magnética pela letra da lei sem discussão crítica e sem fuga às suas soluções) é a filosofia espontânea, automática, aquela *que vem a galope*, por natureza sua (Braz Teixeira, 1994: 148; Trigeaud, 1990, 1993; Bobbio, 1984), do mesmo modo não se vê que uma lei considerada socialista, popular, etc. no contexto de uma ordem jurídica soviética ou afim, possa sofrer sequer qualquer crítica significativa e modulação de relevo nas mãos dos operários do Direito, os juristas soviéticos. Há um elemento de estabilização normativa e institucional e de legalidade logo após os primeiros momentos revolucionários (Vergottini, II, 12 ss.).

Para uns como para outros, o Direito é, sem dúvida, pelo menos acima de tudo e antes de mais, "um conjunto de normas". E a sua aplicação deve ser algo parecido com a *viva vox legis*, uma obediência cadavérica ao princípio romano da decadência (quando já nada "segurava" a sociedade senão a força coativa das instituições dissuasoras e punitivas): *dura lex, sed lex*.

IV. O Teste da Coação

A coação é muito comum nas teorizações jurídicas. Faz, de resto, parte da psicologia de "comando" de que muitos juristas estão ainda possuídos. Tentando sociologicamente captar o Direito, já Durkheim estudara Jhering na Alemanha em busca de uma luz, e concluíra o seguinte: "Em resumo, de acordo com Jhering, "o direito é todas as condições de existência da sociedade asseguradas por meio de uma coação externa imposta pela força colocada à disposição do Estado" (Jhering, 1884: I, 511 *apud* Durkheim, 2006: 52). *Sic.*

Esta perspetiva positivista da coação como essência jurídica (ou quase – ainda que pareça só meio... pois é tida como *conditio sine qua non*) redunda natural e logicamente não na averiguação da razão do comando, e da sua justiça. A regra, pela sua própria existência como tal, passa a incontestável e inapreciável na sua génese e no seu valor. Sendo a hermenêutica subsequente uma lógica fria, subsunção pura, averiguação de um sentido considerado "prévio" e "ínsito" na norma, e jamais ponderação e construção de um sentido em diálogo com o caso, na mira do justo concreto. Trata-se, pois, da aplicação (no limite pela força) da ordem ou comando que a norma parece *prima facie* conter. E a característica considerada acidental, não essencial, das normas que é a coercibilidade, simples suscetibilidade latente e virtual de imposição coativa de uma norma, passa a avultar numa outra veste, muito mais impositiva: a coação. Embora se admita algo de discurso legitimador *délico-doce* no argumento da simples coercibilidade – porque ela se faz atual e coativa logo que haja incumprimento, ou até na mera ocorrência de presunção ou ameaça ou perigo...

Ora a coação é tida pelo positivismo legalista mais puro e duro como característica essencial de toda a norma jurídica, e até invocada como elemento distintivo, por exemplo, na oposição entre Direito e Moral, cujas regras não gozariam desse privilégio conferido estadualmente, segundo a definição que vimos seguindo.

Não cremos poder haver qualquer dúvida que, quer no "Ocidente" quer nos países do antigo "Leste" comunista, o que sustenta em última instância o cumprimento da lei é mesmo a ameaça sempre atual da sanção, e, mais ainda, da pena, que pode privar o infrator dos seus maiores bens, ou, para alguns, diminuí-los – propriedade, liberdade, vida e honra são os alvos normais das sanções.

No limite, a sanção é o maior dissuasor, para além de razões "morais" e ideológicas interiorizadas, como uma certa ideia de cidadania (mas a cidadania pode também levar ao incumprimento, ao uso do direito de resistência, à desobediência civil, etc.), de cumprimento do dever, etc. Em muitos casos, deriva esta submissão a toda a ordem de uma natural identificação da norma jurídica, independentemente do seu conteúdo, com a ideia de justiça, ou, ao menos, de justiça possível; e sempre se identificando essa norma e a necessidade do respetivo cumprimento com o valor da ordem e da segurança, e o evitamento do caos.

V. O Teste da Estadualidade

Por tudo o que ficou dito resulta claro já que o agente, motor, garante, e quase o "alpha" e "ómega" desta engrenagem era e é o Estado, tanto num caso como noutro, tanto no "Ocidente" como no "Leste".

Obviamente que há outros centros normogenéticos. Mas ainda são os Estados os principais geradores de normas e os dotados de instâncias mais eficazes para as fazer aplicar.

A União Europeia não tem um exército próprio que a livre de uma afronta à bandeira azul estrelada. A ONU apenas tem "capacetes azuis" multinacionais. Ambas estão longe das possibilidades da sua afirmação política, por insuficiência militar. A pedra de toque é, em muitos casos, quem exerce o poder, e este, ao menos nas questões decisivas, ainda reside muito, como diria Mao Zedong, no "cano da espingarda". Logo, a coação, na sua versão mais extrema, a militar, é decisiva.

Por outro lado, é certo que entes infraestaduais operam, sobretudo em federações, em que há mesmo "estados" federados. Contudo, ainda que nestes casos se deva por vezes conceder um *mutatis mutandis*, a questão está sempre na natureza do ente juspúblico. Estados federados são ainda... Estados, para uns casos; noutros, dependem da união ou da federação, designadamente dos seus órgãos de soberania "centrais", comuns... A exceção é apenas uma análise mais microscópica do mesmo problema que poderíamos claramente ter observado à vista desarmada.

VI. Um Direito "Socialista"?

A falta de especificidade e autonomia do direito que se apresentava como socialista face ao direito burguês ou capitalista, descontados aspetos de pormenor e quase de cor local, coloca a família jurídica socialista num limbo pouco confortável: uma espécie de desinência historicamente localizada.

Hoje, passado já suficiente tempo sobre as quedas dos muros e o desmantelamento do COMECON, é claro que tal família acaba por ser, para observadores mais desenvoltos e iconoclastas, apenas uma nota de rodapé, sem verdadeira atualidade. Alguns chegam mesmo a ignorá-la, o que parece, porém, injusto. Admite-se ainda que existiu, sem escavar, contudo, nos seus fundamentos específicos, que parecem agora bem frustes. Mas não mais parece existir... pelo menos enquanto "família". Mesmo nos países de subsistência oficial do socialismo comunista, as opções pragmáticas empreendidas não só descaracterizaram muito a economia e produziram grandes mudanças sociais, como mudaram o direito.

Esta mesma verificação realmente aponta para um "direito socialista" não como um direito realmente diverso, original, mas como um instrumento ideológico particularmente criativo ao serviço das realidades estaduais a que muitos (mesmo alguns atuais comunistas de vários matizes) consideram ora desvio, ora traição, ora embuste, ora erro (cf., *v.g.*, Magalhães Godinho, 19; Sobral, 1978: 23)...: no Estado soviético e nos Estados das Democracias populares, seus satélites.

Instrumento ideológico duplamente eficaz, porque acumulando a geral presunção de eticidade e justiça que o cidadão comum está disposto a tributar à ordem instituída, salvo casos de incomportável tirania sobre si próprio exercida (não tanto a socialmente experimentada), e ainda concentrando os anelos de esperança associados à construção da cidade nova. E para além, como sabemos, do lado persuasivo menos simpático, a sombra omnipresente da *coação*.

Perante este balanço, que insensivelmente, no lugar mental do não-pensado, mas pressuposto, parece impor-se, sobretudo com a desmitização do direito "socialista" como um *novum* totalmente outro – dir-se-ia como novo *ganz Andere* –, é patente que muito da sua apelatividade mítica (e utópica) se esboroa.

E perguntamo-nos, assim, à falta de um farol jurídico que lance luz e esperança no movimento comunista geral (já não é fácil dizer, como outrora, "internacional", dada a sua glocalização), esgotada a sedução de uma utopia jurídica que se pudesse mostrar e ensinar, se não restará a esta família socialista outra via.

Cremos que sim. A menos que se passe a um "saudosismo", mitificando a utopia do "socialismo real" histórico, depois da via Vichinsky, de novo se poderá trilhar a via Pachukanis. Já não a utopia de um direito exemplar, mas antes a quimera do futuro perecimento do Estado e da imprestabilidade superveniente dos juristas.

Mas certamente, de momento, talvez o mais prudente seja nem sequer falar sobre o assunto, a não ser em sábios ensaios de hagiografia e erudição escriturística do movimento "socialista"...

De qualquer modo, a interrogação pode colocar-se hoje por parte dos socialistas "impuros" e a-dogmáticos, dirigida aos seus camaradas preservadores da pureza e do dogma: onde está, para vós, o Direito? Que lições tirais do direito soviético e afins?

Podemos e devemos fazer estas perguntas com sã curiosidade científica e com o maior *fair play* político. É que gostaríamos mesmo de saber...

É dificilmente contornável essa circunstância infeliz de o socialismo "puro" (contudo designação não autoassumida pelos seus protagonistas), depois passado a "real", ser hoje sobretudo um "socialismo histórico". O renomado constitucionalista comparatista Giuseppe de Vergottini (II: 3) afirma a evidência quando diz que: "La forma di stato socialista permaneva in Cina, in altri stati asiatici e a Cuba. L'analisi della forma di stato socialista ha dunque, per moltri degli ordinamenti (...), un significato ormai storico".

Mas terá um significado sobretudo histórico todo o conjunto do "momento" jurídico comunista?

E contar-se-á tal empreendimento entre as experiências sociais que, com alguns aspetos evidentemente positivos (que hoje se olvidam, se deformam e até se diabolizam – como excelentes níveis de educação e saúde atingidos, em geral, nos países que as viveram), entram contudo na coluna negra da História, a dos fracassos, com um *déficit* de liberdade enorme? Veja-se a marca indelével dos *terrores* estalinista ou maoista, que certamente nenhum feito social (e muitos foram) consegue limpar de sangue, medo, ódio e vergonha.

Ora, a menos que se venha a pretender uma complicada reabilitação do direito soviético (difícil de levar a efeito sem a reabilitação integral ou quase do Estado e da política da URSS: mas que é fácil e talvez cómodo fazer, no plano do mito e do *marketing*: sempre é um legado a invocar), parece que a opção que se depara aos comunistas será apenas ou a referida via quimérica (sempre é possível advogar a pureza de um direito futuro...), ou então um certo minimalismo em matérias jurídicas, evitando a questão de fundo, e lutando pontualmente por causas concretas na sociedade capitalista vigente, mas não elaborando uma teoria de conjunto sobre um *Direito socialista*. E valha a verdade o problema de um corpo jurídico de marca socialista não é, em si e por si, um *slogan* compensador. Importam, sim, popularmente, reivindicações pontuais.

Nesta perspetiva minimalista, valha a verdade, sempre poderiam ser auxiliados por aquele dito segundo o qual, radicalmente não-utópico, o autor d'*O Capital* se manifestava contra *escrever as ementas para as tasquinhas do futuro*.

Mas se há uma utopia de descrição rigorosa do comunismo, há também algo de utopia na descrição do fim do direito, por exemplo em Georges Sarotte:

> À medida que nos encaminhamos para a sociedade comunista, a ordem alarga-se progressivamente e a coerção tende a desaparecer. Portanto, deixa de haver tribunais, polícia, prisões, agentes encarregados das execuções, deixa de haver processos, mesmo de indemnização, pois os prejuízos eventuais que resultem de erros cometidos (...) poderão ser reparados de comum acordo (...). (Sarotte, 184)

E o texto continua neste estilo...

Bibliografia

ALTHUSSER, Louis, *Idéologie et appareils idéologiques d'Etat*, La Pensée, trad. port. de Joaquim José de Moura Ramos, *Ideologia e Aparelhos Ideológicos do Estado*, Lisboa, Presença, 1974.

BAPTISTA MACHADO, João, *Introdução ao Direito e ao Discurso Legitimador*, reimp., Coimbra, Almedina, 1985.

BITTAR, Eduardo C. B., *Razão e Afeto, Justiça e Direitos Humanos: Dois Paralelos Cruzados para Mudança Paradigmática. Reflexões Frankfurtianas e a Revolução pelo Afeto, in Educação e Metodologia para os Direitos Humanos*, São Paulo, Quartier Latin, 2008.

BLOCH, Ernst, *Derecho Natural y Dignidad Humana*, trad. cast. de Felipe González Vicen, Madrid, Aguilar, 1961.

BOBBIO, Norberto, *Giusnaturalismo e positivismo giuridico*, Milano, Ed. di Comunità, 1984.

BONAVIDES, Paulo, *Teoria do Estado*, 8ª ed., São Paulo, Malheiros, 2010.

BRAZ TEIXEIRA, António, *Sobre os Pressupostos Filosóficos do Código Civil Português de 1867, in* "Fides. Direito e Humanidades", III, Porto, Rés, 1994.

CANOTILHO, J.J. Gomes, *O Problema da Dupla Revisão na Constituição Portuguesa*, Separata de "Revista Fronteira", dez. 1978.

DANTAS, Ivo, *Direito Constitucional Comparado. Introdução, Teoria e Metodologia. Geografia dos Grandes Sistemas Jurídicos*, 2ª ed., Rio de Janeiro, Renovar, 2006.

DIAZ, Elias, "Estado de transición y dictadura del proletariado", *in De la Maldad Estatal y la Soberania Popular*, Madrid, Debate, 1984.

DURKHEIM, Emile, *La science positive de la morale en Allemagne*, trad. port. de Paulo Castanheira, *Ética e Sociologia da Moral*, trad. port., São Paulo, Landy, 2006.

DUVERGER, Maurice, *Introduction à la Politique*, Paris, Gallimard, 1964.

EASTON, Loyd D., GUDDAT, Kurt H. (ed. e trad.), *Writings of the Young Marx on Philosophy and Society*, Indianapolis, Hackett Publishing Comp., 1967.

ELIADE, Mircea, *Fragmentos de un Diario*, trad. esp. de Isabel Pérez-Villanueva Tovar, Madrid, Espasa-Calpe, 1979.

ENGELS, Friedrich, *Carta a Bloch*, de 21, 22 set. de 1890: http://www.scientific-socialism.de/FundamentosCartasMarxEngels210990.htm.

FERREIRA DA CUNHA, Paulo, *Direito Constitucional Anotado*, Lisboa, Quid Juris, 2008, p. 339 ss., máx. p. 360 ss.

—, *O Ponto de Arquimedes*, Coimbra, Almedina, 2001.

—, *Repensar a Política. Ciência & Ideologia*, 2ª ed., revista e atualizada, Coimbra, Almedina, 2007.

HARMS, Andreas, *Warenform und Rechtsform. Paschukanis' Rechtstheorie, in Rote Ruhr hört Uni. auf zu studieren – fang an zu denken!*, http://www. rote-ruhr-uni.org./2001/ index.shtml, 11 Nov. 2001, *apud* http://www. scientific-socialism.de/PECapa.htm.

HARNECKER, Marta, *Los Conceptos Elementales del Materialismo Histórico*, trad. port. de Alexandre Gaspar, *Conceitos Elementares do Materialismo Histórico*, I, 2ª ed., Lx., Presença, 1976.

JHERING, Rudolf, *Der Zweck im Recht*, Leipzig, 1884, v. I.

LAPINE, Nikolaï, *Le jeune Marx*, trad. fr. do russo de D. Sanadzé, N. Romanova e Y. Plaud., Moscovo, Ed. du Progrès, 1980.

LEFEBVRE, Henri, *Le manifeste différentialiste*, Paris, Gallimard, 1970.

LENINE, V. I., *A Revolução Proletária e o Renegado Kautsky*, trad. port. de Rui Santos, Coimbra, Centelha, 1974.

—, *Como Iludir o Povo com os Slogans de Liberdade e Igualdade*, trad. de Maria João Delgado, Coimbra, Centelha, 1974.

—, *Estado e Revolução*, trad. de uma ed. inglesa por Armando de Azevedo, Lisboa, Delfos, 1975.

—, *O Imperialismo, Fase Superior do Capitalismo*, trad. port., Lisboa, Avante, 1975.

LOURENÇO, Eduardo, O Socialismo à Sombra de Hamlet, *in O Fascismo nunca Existiu*, Lisboa, Dom Quixote, 1976.

LYRA FILHO, Roberto, *Karl, Meu Amigo: Diálogo com Marx sobre o Direito*, Porto Alegre, co-edição Sergio Antonio Fabris e Instituto dos Advogados do Rio Grande do Sul, 1983.

MAGALHÃES GODINHO, Vitorino, *A Democracia Socialista, um Mundo Novo, e um Novo Portugal*, Venda Nova, Amadora, Cadernos Critério, 1976.

MERCIER-JOSA, Solange, *Retour sur le Jeune Marx. Deux Études sur le Rapport de Marx à Hegel*. Paris, Meridiens Klincksieck, 1986.

MORAES GODOY, Arnaldo Sampaio de, *Direito Constitucional Comparado*, Porto Alegre, Safe, 2006.

MOREIRA, Vital, *A Ordem Jurídica do Capitalismo*, Coimbra, Centelha, 1973.

—, *O Renovamento de Marx*, Coimbra, Centelha, 1979.

—, *Sobre o Direito*, anexo a PACHUKANIS, E. B., *A Teoria Geral do Direito e o Marxismo*, trad. port., Coimbra, Centelha, 1972.

MOTCHANE, Didier, *Clefs pour le socialisme*, Paris, Seghers, 1973, trad. port. de Fernando Felgueiras, *Que é o Socialismo?*, Lisboa, Dom Quixote, 1975.

MUCCHIELLI, Roger, *Le Mythe de la cité idéale*, Brionne, Gérard Monfort, 1960 (reimp. Paris, P.U.F., 1980).

NAVES, Márcio Bilharinho, *Marxismo e Direito. Um Estudo sobre Pachukanis*, São Paulo, Boitempo, 2000.

PACHUKANIS, E. B., *A Teoria Geral do Direito e o Marxismo*, trad. port., Coimbra, Centelha, 1972.

PEREIRA MARQUES, Fernando, *Esboço de um Programa para os Trabalhos das Novas Gerações*, Porto, Campo das Letras, 2002.

PERNOUD, Régine, *Les Origines de la Bourgeoisie*, Paris, PUF, 1947.

PESSOA VAZ, Alexandre Mário, *Direito Processual Civil*, Coimbra, policóp., 1980-1981.

PUY, Francisco, *Tópica Jurídica. Tópica de Expressiones*, México, Porrúa, 2006.

—, La Socialdemocracia y su Parentela Ideológica, *Anuario de Filosofia del Derecho*, Nova época, t. X, Madrid, 1993.

QUENTAL, Antero de, *O que é a Internacional*, Lisboa, Ulmeiro, 1980.

RESENDE DE BARROS, Sérgio, *Contribuição Dialética para o Constitucionalismo*, Campinas, Millennium, 2008.

ROMERO, Jose Luis, *Estudio de la Mentalidad Burguesa*, Madrid, Alianza, 1987.

ROULAND, Norbert, *Anthropologie Juridique*, Paris, P.U.F., 1988.

SAROTTE, Georges, *Le matérialisme historique dans l'étude du droit,* trad. de Dr. Joaquim Monteiro Matias, *O Materialismo Histórico no Estudo do Direito,* Lisboa, Estampa, 1975.

SATIE, Luis, *Marx e o Direito,* ed. electrónica: http://minimaphilosophia.blogspot.com/2004/07/marx-e-o-direito.html.

SOARES, Mário, *Democratização e Descolonização,* Lisboa, Dom Quixote, 1975.

—, *Portugal: quelle révolution?,* trad. port. de Isabel Soares, *Portugal: Que Revolução?,* Diálogo com Dominique Pouchin, Lisboa, Perspectivas & Realidades, 1976.

SOBRAL, José Manuel, *Marxismo, Estado e Campos de Concentração, in* "Revista de Reflexão Socialista", maio 1978, p. 23.

SOMBART, Werner, *Le Bourgeois,* trad. fr., Paris, Payot, 1966.

SOTTOMAYOR CARDIA, Mário, *Nota Biográfica – Cardia, Mário Sottomayor, in* Finisterra. "Revista de Reflexão e Crítica", n. 55-57.

STUCKA, P. I., *La Función Revolucionaria del Derecho y del Estado,* Barcelona, Ediciones Península, 1969.

STUTCHKA, Piotr, *Direito de Classe e Revolução Socialista,* 2ª ed. São Paulo, Instituto José Luis e Rosa Sundermann, 2001.

TRIGEAUD, Jean-Marc, *Eléments d'une Philosophie Politique,* Bordeaux, Bière, 1993.

—, *Humanisme de la Liberté et Philosophie de la Justice,* II, Bordeaux, Bière, 1990.

TRUYOL SERRA, António, *Esbozo de una Sociologia del Derecho Natural, in* "Revista de Estudios Politicos", Madrid, v. XXIV, 1949.

UMBERTO, Cerroni *et al., Marx, el Derecho y el Estado,* Barcelona, Oikos-tau, S.A. Ediciones, 1979.

VALLS, Manuel (entretiens avec Claude Askolovitch), *Pour finir avec le vieux socialisme... et être enfin de gauche,* Paris, Laffont, 2008.

VERGOTTINI, Giuseppe de, *Diritto Costituzionale Comparato,* 6ª ed., Pádua, CEDAM, 2004. v. II.

6

SOCIALISMO, SOCIAL-DEMOCRACIA E DIREITO

> *O socialismo é uma das palavras mais prostituídas*
> *do mundo. Votada, como as do amor, aos usos mais*
> *estranhos, encontramo-las hoje em todas as bocas.*
> Didier Motchane, *Que é o Socialismo?*, p. 11.

I. Em Busca de Alimento Ideológico

No terreno que vai, no imaginário espectro ideológico da chamada "oposição binária" direita *vs*. esquerda, do "centro esquerda" ao "centro da esquerda", encontra-se uma família política que engloba os que, herdeiros em geral do liberalismo político da Revolução Francesa e do seu lema de Liberdade, Igualdade e Fraternidade, se não ficam por aí, mas pretendem densificar essa liberdade civil com direitos sociais, económicos e culturais. Eventualmente mesmo professam uma mudança social que acarretaria uma nova ordem, em que as diferenças económicas e de nascimento (ao menos as mais gritantes) fossem superadas. Essa nova ordem encontrou na palavra "socialismo" uma confluência e uma referência com pergaminhos, a qual, contudo, não deixaria de provocar muitos mal-entendidos; porque, como é evidente, esse socialismo (a que uns chamam democrático, outros social-democracia, etc.) posicionado como centro-esquerda ou esquerda democrática, não é o socialismo soviético ou comunista.

Já a Leonardo Coimbra, que fundaria um partido nessa área, mas precisamente com o nome (mais abrangente) de Esquerda Democrática, não passaria despercebida a confusão da mesma com o comunismo bolchevista: "A Esquerda Democrática, que sonha numa democracia perfeita, não tem provado, nem por atos nem por palavras, que é bolchevista. Nada mais parecido com os bolchevistas do que os homens da extrema direita" (Coimbra, p. 219). Como vimos antes.

Sobre estas confusões terminológicas escreveria também Mário Soares, fundador do Partido Socialista português (o atual – recordemos que o primeiro, de que o presente é, contudo, herdeiro, depois de ter havido múltiplas organizações intermédias, fora fundado por Antero de Quental e José Fontana):

> (...) a imprensa anglo-saxónica, para se diferenciar da terminologia comunista, que monopolizou a palavra "socialista", tem o mau hábito de rotular de social-democrata todo o homem de esquerda não comunista. Foi, portanto, preciso explicar várias vezes o que nós somos verdadeiramente: não sociais-democratas, empenhados – como se diz – em gerir lealmente o capitalismo, mas sim partidários de um socialismo democrático. (Soares, 1976: 87)

Contudo, esta perspetiva é apenas a da clivagem no seio de uma família geral que se agrupa na Internacional Socialista, e tem no Partido Socialista Europeu um ativo protagonista, assim como na Aliança Progressista dos Socialistas e Democratas, onde se integra. Se é certo que se podiam ver divergências, na época em que o texto foi escrito, a emergência das terceiras vias e afins viria a tornar muito mais indiferenciada a família dos que partilham os princípios da democracia e da justiça social com algum ativismo do Estado nessa senda.

Nas últimas décadas (e quiçá desde sempre), os socialistas democráticos acusaram um certo *déficit* de reflexão e de formação nas suas próprias fontes. Ficando-se por demais pela *arte do possível* embebida em boas intenções de base, e protagonizada a partir de intuições, navegações de cabotagem e análise política do concreto – quando não mesmo derivas neoliberais. Será certamente na segunda década do século XXI o momento de passarem ao trabalho de fundo e de longo alcance da teoria e da ideologia. Sob pena de uma outra ideologia avançar sobre si e substituir as suas origens e imagem de marca. Será o caso do livro de Manuel Valls (2008): *Pour finir avec le vieux socialisme... et être enfin de gauche,* que é estranho desde o título, e parece encerrar uma contradição nos próprios termos? Aliás, Valls (nascido espanhol e que chegaria a Primeiro-ministro de França) demitir-se-ia em 2017 do Partido socialista francês depois de uma militância de 37 anos. Em 2019, era vereador da edilidade de Barcelona, eleito pela plataforma que criou, Barcelona pel Canvi.

Os socialistas, trabalhistas e sociais democratas e afins, até há poucos anos com responsabilidades governamentais que os fizeram ser acusados, à esquerda, de "leais gestores do capitalismo", não devem, contudo, ter medo da ideologia, sobretudo agora que estão por quase toda a Europa fora do poder. O exemplo português da chamada "Geringonça", confluência de diversos partidos de esquerda liderados pelo Partido Socialista, acabaria por vingar em Espanha, por exemplo. A Península Ibérica encontra-se, assim, liderada por equilíbrios à esquerda com preponderância dos partidos representantes do chamado "socialismo democrático". Apesar dos êxitos financeiros alcançados em Portugal, aclamados mesmo por insuspeitos observadores, receia-se que a crise sanitária de 2020 possa reverter esses ganhos, nomeadamente pela desaceleração económica, em especial com a queda do turismo.

Numa crise financeira e económica sem precedentes na memória, a Europa da segunda década do século XXI começou a perceber que as terceiras vias pouco tiveram de diverso das fórmulas (neo)conservadoras mais ou menos anarcocapitalistas, cedendo ao vírus neoliberal. Mas a breve trecho entenderam também (a começar pela martirizada Grécia) que a dita "austeridade" empreendida por uma Europa praticamente monocolor à direita claramente rompeu com o próprio Estado social, pelo que as terceiras vias acabam por ser recordadas com saudade por muitos, assim como a velha democracia cristã, baseada na doutrina social da Igreja, e praticamente enjeitada nos tempos mais recentes pela maioria dos centros e das direitas (contudo, v. Schlag, 2018; Braga da Cruz, 2013; Bulliglione, 1993). Por alguma razão a vitória de François Hollande nas eleições francesas foi celebrada por muitos, de diversos quadrantes políticos, em múltiplos pontos da Europa.

Sabemos, com Mário Soares ainda, que "o povo não come ideologia", mas também sabemos que tal significa sobretudo prevenção contra os meros *professeurs rouge*, que diletantemente especulam sem ação, e sem ação que implica algum pragmatismo (sem sacrifício, porém, do essencial) (Schlag, 2018).

Mas recuemos. Viveu-se em Portugal a seguir à revolução do 25 de Abril de 1974 uma espécie de bombardeamento ideológico (nem sempre de qualidade, aliás: mais de repetição exaustiva de vulgatas), em que o pano de fundo não-ideológico (ou de ideologia não explícita, essa zona em que a alienação dá tranquilidade aos espíritos comuns, dirão alguns) parecia não ter espaço. O que terá levado Mário Soares a afirmar, então com redobrada razão, que "o povo não come ideologia". A vacina (que obviamente o não pretendia ser) foi eficaz, e hoje foge-se excessivamente da ideologia *explícita*. Porque, evidentemente, a ideologia é uma presença inafastável. Ainda que essa ideologia seja anti-ideológica.

E a prova é que o mesmo Mário Soares, em tempo anti-ideológicos como há não muito (ou melhor: no passado recente, porque a ideologia vem aí de novo), se bateria por fidelidade a princípios, que são, evidentemente, ideológicos. Bem observou Sottomayor Cardia que o socialismo, mais que um sistema económico, é um conjunto de valores (Cardia, p. 116). Ora esses valores são a seiva da ideologia (e dela já fazem parte indissociável).

Ora neste trabalho de reflexão ideológica e teórica podem os socialistas "impuros", democráticos, contar com muito mais abundantes e significativos dados da História. E desde logo a "aventura" do "Direito soviético", que não devem, contudo, identificar com "direito socialista" *proprio sensu*, sob pena de abdicação do próprio nome.

É interessante verificar que esta é também uma oportunidade de os socialistas encontrarem (de algum modo reencontrarem e reinventarem) a sua identidade ideológica, que, em alguns casos, sempre sofreu, simultânea ou alternadamente, as cruzadas atrações de um reformismo ou conformismo de socialismo nominal – "(...) aqueles para quem a mesma sigla traduz uma prática reformista sem princípios, voluntariamente ambígua em todos os planos, desde o económico ao das relações exteriores (...)" (Lourenço, 1976: 202-203) –, por um lado, e de um "proto-comunismo" ou um "já-não-marxismo-leninismo", *proto-ideologia* suave, demofílica e defensora da liberdade (Puy, 1993: 84). Porém, sínteses vigorosas e criativas foram sendo empreendidas, e não deve chocar ninguém um *tertium genus* entre uma sigla de "pequeno-burgueses" bem-intencionados mas por vezes acomodados e claudicantes, e um grupo de "coletivistas" moderados e completamente convertidos ao jogo democrático, parlamentar e pluralista.

O socialismo dos socialistas é mais que a evolução natural do republicanismo e do radicalismo (de tipo francês) em confluência ou contraste com as dissidências democráticas do marxismo-leninismo ou com os primeiros revisionismos social-democratas (propriamente ditos). Aliás, nele foram desaguando, como se sabe, várias correntes. E o próprio caminho conjunto, nos partidos socialistas democráticos e afins (trabalhistas, por exemplo), de pessoas com mundividências filosóficas muito diversas (ao contrário do monolitismo da *ideologia total* comunista) formou um todo novo, que ainda está por estudar na sua criadora e criativa originalidade. Certo é que os partidos socialistas não são meros aglomerados de tendências que guardassem ciosamente os legados de entrada e menos ainda as respetivas "formações" de base. Mas, sem prejuízo de memórias e radicações, os partidos socialistas impuros e mesclados de muitas origens são antes de mais cadinhos de forças e contributos de que resulta um conjunto rico, unido e ainda plural, mas de uma pluralidade especial (Soares, 1975: 183 ss.). Ora a especificidade dos socialistas, com ou sem partido, é precisamente posta em relevo nesta questão. Porque, não esqueçamos, também há socialistas – e por maioria de razão socialistas a-dogmáticos –, por vezes de grande qualidade intelectual e ética, que nunca pertenceram ou já não pertencem a partidos.

É tempo de ideologia como é tempo de novas práticas. Do que se trata agora é de reinventar identidades políticas, erodidas pela parificação de todos no *unanimismo* neoliberal, que tendo levado à crise, e continuando a geri-la, sem dela conseguir recuperar, a todos, da direita à esquerda moderada, ameaça levar conjuntamente para o abismo (como ocorreu com o PASOK e a Nova Democracia, na Grécia, miniaturizados e incapazes de formar governo após as eleições de maio de 2012). Enquanto extremismos mais ou menos enquadrados (mas menos que mais por enquanto) podem disputar não só as ruas, como as urnas, e até o poder... Ora essa reinvenção das identidades, da direita social e democrática, e da esquerda democrática e naturalmente social, passa pela reabilitação da ideologia, tanto quanto pelo convencimento prático de que nem todos os partidos são iguais, ou que alguns se estarão a tornar diferentes, ou a reencontrar um passado mais remoto, entretanto olvidado.

Neste repensar da esquerda, não se pode deixar de fazer referência aos fenómenos de novas configurações partidárias, como o *Podemos* em Espanha e o Bloco de Esquerda, em Portugal, além, evidentemente, dos clássicos partidos comunistas, cuja evolução também é interessante e esclarecedor seguir. Naquele primeiro tipo de partidos, o tradicional lastro ideológico marxista-leninista terá deixado de se fazer sentir, para ser substituído por uma linguagem mais interpelante (sobretudo dos jovens), de causas.

II. Direito Socialista e Totalitarismo

Evidencia o problema do *Direito socialista* a vontade da família ortodoxa de, pela utopia ou pela quimera, ter um direito próprio, diferente, ainda que tal seja uma mera "administração de coisas", segundo Engels, e, assim, se pretender como "já não Direito" – simétrico do "ainda não direito" (ou pré-direito – Gernet, 1951) de pendor antropológico-jurídico (Rouland, 1988; 1991: 71 *et seq.*). Da proto-história jurídica se passaria à trans- ou ultra-história jurídica.

É a perspetiva totalitária que etimologicamente, desde logo, exprime a ideia de alargamento das suas vistas e da sua intervenção a todas as realidades humanas. Recordemos que o marxismo-leninismo se pretendeu ciência, filosofia, (teoria) estética, ética, moral, etc... O que estaria fora do seu manto?

Pelo contrário, para os socialistas *proprio sensu*, heterodoxos que são, não pode mesmo haver *direito socialista* (como não pode haver "reino da liberdade"), senão com o sentido (sempre incomodativamente impróprio para eles), que é o de uma família, grupo ou desinência jurídica em estados que perfilham a ideologia marxista-leninista. Nem decerto poderia vir a haver direito socialista (em sentido próprio) com o perecimento quimérico da arte de *atribuir a cada um o que é seu*, possuída de uma *constante e perpétua* sede de Justiça. Nem ainda como corpo autónomo de juridicidade (não diríamos sequer com específicas regras "socialistas") a implantar numa formação social concreta *x* ou *y*.

Significa isto, em relação à primeira negação, que os socialistas devem renunciar à construção de uma sociedade sem classes, ao fim da exploração, e que se deveriam resignar, no máximo dos máximos, a um reformismo mais ou menos "meliorista"?

A resposta não pode deixar de ser negativa. Muito pelo contrário, cremos que a superação social que os socialistas devem ter em mente deverá até ser mais radical que o simples (mas já tão difícil) ultrapassar das contradições económicas. Os socialistas devem lutar pelo advento de uma sociedade não mais baseada no meramente material e portanto a sua definição de "cidade ideal" socialista apenas na perspetiva da propriedade e da sua redistribuição mais ou menos igualitária ou equitativa, significa ainda pouco, sendo um objetivo afinal "recuado". É que sempre a simples lógica do *teu* e do *meu* (curiosamente para alguns autores determinante da própria necessidade do Direito e do seu nascimento) limitará os horizontes de quem assim pensa.

É certo que o Direito tem como objetivo lidar com problemas do dar o *seu a seu dono*, o célebre *suum cuique*. Mas não deve ser interpretado estritamente como mero distribuidor de coisas materiais e polícia dos furtos dos pobres aos opulentos. Há, numa dimensão ética e de justiça na juridicidade (designadamente no *corpus* filosófico que a acompanha e no *corpus* sociológico que a vigia), muito mais virtualidades. Não esqueçamos, desde logo, os vetores libertadores que acompanham o Direito, mesmo em tempos capitalistas, desde o Direito Natural (revolucionário, não o direito natural como álibi de conservadorismos e preconceitos) aos Direitos do Homem (Barros, 2008: 67; Bonavides, 129 *et seq.*; Puy, 2006: 107 *et seq.*).

E a promessa do Estado de direito democrático também se enquadra dentro desse ativo. Mesmo que se trate de uma forma de discurso legitimador, em alguns casos, sem uma tal barreira os atropelos ainda seriam maiores (como lucidamente advertiu Warat). Pode ser mais um dos mitos benfazejos que povoam o imaginário político-constitucional. Seria, contudo, muito importante que saltasse do imaginário para a realidade vivida.

Bibliografia

v. bibliografia do capítulo anterior e ainda:

BRAGA DA CRUZ, Manuel, *Os Católicos, a Sociedade e o Estado*, Lisboa, Universidade Católica Editora, 2013.

BUTTIGLIONE, Rocco, *Il problema politico dei cattolici: Dottrina sociale e modernità*, Piemme, 1993.

COIMBRA, Leonardo, *A República e o Povo*, in *Cartas, Conferências, Discursos, Entrevistas e Bibliografia Geral*, org. de Pinharanda Gomes e Paulo Samuel, Lisboa, Fundação Lusíada, 1994.

GÉNÉREUX, Jacques, *Nous, on peut! Manuel Anticrise à l'Usage du Citoyen*, ed. revista, Paris, Seuil, 2012 (1ª ed. 2011).

GERNET, Louis Jules, *Droit et pré-droit en Grèce ancienne*, "L'Année sociologique", 1951, p. 21-119.

HABERMAS, Jürgen, *Die nachholende Revolution. Kleine politische Schriften*, vol. VII, Frankfurt am Mein, Suhrkamp, 1990.

ROULAND, Norbert, *Aux Confins du Droit*, Paris, Odile Jacob, 1991.

SCHLAG, Martin, *Manual da Doutrina Social da Igreja. Um guia para os cristãos no mundo*, trad. port., Cascais, Principia, 2018.

TZITZIS, Stamatios, *La Formation du droit en Grèce*, in *Instituições de Direito*, org. de Paulo Ferreira da Cunha, v. I, Coimbra, Almedina, 1998.

7

LIBERALISMOS, CAMINHOS E SERVIDÕES

*(...) uma das principais características da atitude conser-
vadora é o medo da mudança, uma desconfiança tímida em
relação ao novo enquanto tal, ao passo que a posição liberal se
baseia na coragem e na confiança, na disposição de permitir
que as transformações sigam o seu curso, mesmo quando não
podemos prever aonde nos levarão. Não haveria por que contestar os conservadores se eles simplesmente não gostassem
de mudanças muito rápidas nas instituições e na política de
governo; de facto, neste caso, justifica-se o cuidado e o lento
progresso. Mas os conservadores tendem a utilizar os poderes
do governo para impedir as mudanças ou limitar o seu âmbito
àquilo que agrada às mentes mais tímidas. Ao contemplar o
futuro, carecem de fé nas forças espontâneas de ajustamento,
que levam os liberais a aceitar mudanças sem apreensão, mesmo sem saber como as adaptações necessárias se efetivarão.*
F. A. von Hayek

Um livro pequeno, de letra miudinha, muito a poupar o papel, é a primeira
edição de *O Caminho da Servidão*, de Friedrich August von Hayek (1899-1992), editado
em Londres um ano antes do fim da II Guerra Mundial.

Como dissemos já, ele pretende ser, logo pelo título, uma réplica a um outro livro, muito menos conhecido hoje, pelo menos fora do Reino Unido, do filósofo, matemático e socialista de timbre original que foi Lord Bertrand Russell (1872-1970), *Proposed Roads to Freedom*. Obra que é, antes de mais, uma apresentação, desde Platão, dos planos ideológicos para reformar a sociedade no sentido da diminuição das desigualdades, e, mesmo, da sua total erradicação. Mas se *Proposed Roads* tem um tom sobretudo didático, o livro *The Road to Serfdom* é polémico. Naquele tempo, o neoliberalismo não era ainda a ideologia dominante...

Hayek é um espírito fino, subtil, que escreve em grande estilo, com inúmeras referências clássicas, e não menos alusões psicológicas. É verdade que a escola económica de Viena, em que se integrou depois de ter sido socialista quando jovem, tinha já em Ludwig von Mises (1881-1973) uma tendência psicológica (veja-se o *magnum opus* deste, *A Acção Humana*, que procura, no limite, reconduzir a atividade económica a escolhas psicológicas – é a "catalática" de Richard Whately – 1787-1863). Contudo, Hayek é ele próprio um cultor da psicologia, e, no fundo, a sua teorização económica é um corolário social das suas opções sobre a ordem sensorial espontânea e adaptativa no plano psicológico, que expõe em 1952 no seu livro de psicologia *A Ordem Sensorial*. Logo no primeiro volume do seu profundo *Direito, Legislação e Liberdade* (1973) cruza e faz confluir os seus conhecimentos clássicos com a sua paixão psicológica, começando por distinguir *nomos*, ordem natural, de *taxis*, ordem voluntária, humanamente criada. Para daí extrair a lição de que o *nomos*, a ordem natural, ou o capitalismo natural, são melhores e se autorregulam, o que não sucederia com a artificialidade das ordens criadas, que conduziriam inevitavelmente tanto ao empobrecimento material como à perda da liberdade política. As previsões e os pontos de partida de Hayek foram em grande medida contrariados pelo tempo de prática do neoliberalismo, de que é um pai de algum modo traído. Sobretudo porque à sua mentalidade de doutor em Direito, culto e psicólogo, repugnaria, evidentemente, a política economicista de terra queimada, que acabaria por constituir uma espécie de "planificação da desplanificação", com o fenómeno globalizador. E que culminaria com a economia de casino, desregulada e irresponsável.

Hayek é o sábio que teve luminosas inspirações, que outros banalizariam e outros ainda levariam à última potência. E conta-se que ironizava, dizendo que apenas a longevidade lhe salvara a fama: com efeito, apenas dois anos depois do seu prémio dito Nobel da Economia (1974) já tal galardão era atribuído ao seu "discípulo" da Escola de Chicago, e conselheiro de presidentes republicanos nos EUA, Milton Friedman (1912-2006), arauto de uma *Liberdade para Escolher* (série televisiva muito apelativa, em 1980, que depois se tornou um *best-seller*), autor muito menos subtil. Ou, como dizem alguns, defensor de uma "teologia" ou "fundamentalismo" do mercado, que seria adotado pelo Chile do general Pinochet: opróbrio político para uns, ou causa da prosperidade daquele país no contexto latino-americano, para outros.

O caminho da servidão que Hayek denuncia é o do estatismo. É sem dúvida uma perspetiva a ter em consideração, e que já vinha sendo denunciada antes, por exemplo, desde *Os Limites da Acção do Estado* (1852), de Wilhelm von Humboldt. O problema seria que a ordem criada sobre a retração estadual viria a criar uma nova servidão, a servidão da crescente proletarização global. Parece ser a sina das teorias extremadas, que apostam numa solução simples e radical para a complexidade dos problemas humanos.

Entretanto, a argúcia subtil de Hayek leva-o a desenhar com claro recorte a psicologia do socialista, do liberal e do conservador, até desenvolvendo os motivos de mudanças de opinião, e as mais correntes formas de desilusão, etc. ("Porque não sou um conservador" *in A Constituição da Liberdade*, 1960.) Faltou-lhe, contudo, mais uma vez, o sentido das hibridações e dos matizes. Porque o mundo atual parece dividir-se mais entre socialistas liberais e liberais conservadores do que na tríade anterior. Nesse sentido, talvez haja algum triunfo do grito de alerta de 1944. Apesar de o caminho da servidão ter várias estradas, e não uma apenas.

Na mesma linha geral do liberalismo político, outro escritor elegante e historicamente erudito é Bertrand de Jouvenel (1903-1987), que no ano do fim da guerra publica *Do Poder. História Natural do Seu Crescimento*, cujo manuscrito parece ter salvo a duras penas. O poder é apresentado quase como um ser orgânico, em constante crescimento, aproveitando as guerras para novos saltos qualitativos de expansão. Do mesmo ano é *A Sociedade Aberta e os Seus Inimigos* de Karl Raimund Popper (1902-1994), que na primeira edição ainda parece culpar Platão pelo totalitarismo, e Hegel por uma moral "historicista". Aliás, o historicismo (v. *A Miséria do Historicismo*, 1957) é um dos principais alvos do autor, que considera o seu determinismo um dos responsáveis por sociedades fechadas.

Karl Popper é um autor prolífico, que se interessou tanto por epistemologia e por ciências duras, como a física, como por música, psicologia ou política. Grande parte da sua aura acaba por ser reflexa de uns sectores noutros, assim como dados acumulados numa área puderam por si ser tidos em conta no estudo de outra. No plano estritamente filosófico-político, Popper começou, tal como Hayek, pelo socialismo, e reagiu-lhe, tal como aquele. Contudo, quiçá em ambos ficou um fundo de anelo de justiça e progresso sociais, assim como um certo otimismo antropológico, que alguns consideram típico das esquerdas políticas.

Em grande medida, a perspetiva popperiana, baseada na experimentação e no erro humanos, tal como nas ciências de laboratório, critica o construtivismo utópico e o radicalismo dos que pretendem traçar uma sociedade ideal, para propor uma "tecnologia social fragmentária", um aperfeiçoamento de pequenos passos. A via para tanto pode parecer um ovo de Colombo, mas o futuro revelaria que nunca é de mais insistir nessa metodologia: a liberdade de expressão crítica. Só com real liberdade de uso da razão e pelo confronto de ideias poderemos ser livres. E esse mesmo confronto é já manifestação dessa liberdade. Nenhuma bondade ou bom senso alegadamente intrínsecos, de governantes ou tiranetes pretensamente demofílicos, jamais poderá substituir o livre exercício da razão crítica. O resto, é medo, é mordaça, é violência. E de boas intenções está cheio o inferno político.

Mas decerto o mais iconoclasta dos *liberais* (ou assim se reclamando), no nosso tempo, será Robert Nozick (1938-2002), que, em 1974, com *Anarquia, Estado e Utopia*, como que transmuta o liberalismo em libertarismo (não anarquista, como é óbvio, ou, se preferirmos, com toda a falibilidade da designação, em "anarquismo de direita"). Esta obra é uma resposta a um já clássico de um autor também considerado por muitos liberal, mas precisamente o simétrico expoente do liberalismo: o liberal social ou mesmo social-democrata John Rawls, cuja *Teoria da Justiça* (1971) é o alvo de Nozick. Com um estilo porejado de elementos externos à ciência económica ou mesmo à pretensa pureza académica dos estudos políticos, este professor de Harvard emprestou uma força dialética notável (por vezes sofística, afigurar-se-á a alguns) e uma certa variedade aos seus escritos, cuja mensagem filosófico-política procura aproveitar precisamente os argumentos kantianos contra as posições do também kantiano Rawls. A recortada teorização da *posição originária* e do *véu de ignorância* rawlsianos, bases de uma teorização de direitos e igualdade social temperada pelas desigualdades em razão do mérito e estímulo (impondo, portanto, redistribuição dos rendimentos), seriam incompatíveis com o tratamento de cada ser *como fim, e não como meio*, segundo o imperativo do filósofo de Königsberg. Falácia das falácias – porém.

Sempre com um misto de argúcia dialética e de lógica certeira, Nozick explicará no artigo "Porque os intelectuais se opõem ao capitalismo?" (1998). Encurtando muitas razões, aparentemente, a escola é indutora de anticapitalismo, e tanto mais eficaz na propagação da sua ideologia anticapitalista quanto for rigorosamente meritocrática. Parece também que os bons alunos suportam mal que os maus sejam bem-sucedidos na sociedade de competição do mundo exterior à escola. Cabe perguntar: mérito ou demérito, justiça ou injustiça de qual dos mundos? Seja como for, este é, a título de exemplo, um interessantíssimo contributo, aparentemente não irónico, de um consequente e inteligente defensor do capitalismo...

8

ESTADO SOCIAL E LIBERALISMOS NO BRASIL

> *O Estado social, este sim, tem compromisso com a liber-*
> *dade – a liberdade concreta – sendo hoje a bandeira da*
> *civilização que não recua. Não chega assim ao Estado*
> *social o fogo-fátuo desse neoliberalismo, académico nas*
> *regiões da doutrina, glacial no domínio da sociedade,*
> *insensível no campo da protecção ao trabalho e aos tra-*
> *balhadores e cruel na esfera das relações económicas (...).*
> Paulo Bonavides

Vistas do Brasil, as teorizações do mundo anglo-saxónico ganham outra dimensão, porque aí se fazem e se vivem (ou sofrem) como uma outra realidade. Consagrado juspublicista, Paulo Bonavides (1923) publica em 2007 a 8ª edição do seu *Do Estado Liberal ao Estado Social*, cinquenta anos depois da primeira, e com total frescura e atualidade. O seu texto fora já enriquecido nas edições anteriores com novos prefácios, que aproveitaram da experiência desse meio século. É um depoimento do outro lado da "barricada" das ideias que citámos. Aliás, um belíssimo texto, independentemente de tudo o mais:

> (...) a adopção do neoliberalismo na sociedade brasileira pelo Governo, em benefício uni-
> camente de parcelas privilegiadas do meio financeiro e empresarial, tem gerado na ordem
> social efeitos catastróficos: duma parte, empobrece o povo, sobretudo as classes assalaria-
> das, conduzindo ao mesmo passo a juventude para a senzala do crime e da prostituição.

E não deixa de lembrar-nos o célebre título de Hayek: "E por essa estrada vai igualmente inaugurando novos cativeiros, desagregando valores, cavando abismos, sepultando aspirações, estiolando esperanças, desfigurando, enfim, o semblante nacional das instituições".

E mais adiante:

> O Estado social, este sim, tem compromisso com a liberdade – a liberdade concreta – sendo hoje a bandeira da civilização que não recua. Não chega assim ao Estado social o fogo--fátuo desse neoliberalismo, académico nas regiões da doutrina, glacial no domínio da sociedade, insensível no campo da protecção ao trabalho e aos trabalhadores e cruel na esfera das relações económicas (...). (São Paulo, Malheiros, pp. 20-21)

Ainda no Brasil, uma posição de equilíbrio liberal e social viria a ser assumida, na maturidade plena da sua especulação filosófico-política (começara, muito jovem, no integralismo) pelo justamente celebrado filósofo do direito Miguel Reale (1910-2006). Saliente-se, de entre imensa bibliografia, neste terreno, *O Estado de Direito e o Conflito das Ideologias* (1988).

Uma orientação social-liberal humanista e ética nos parece ser a do filósofo da educação e da política Roque Spencer Maciel de Barros (1927-2000), cujo *opus magnum* é *O Fenómeno Totalitário* (1999) (v. ainda *Estudos Liberais*, 1992). Discordando nós assim da tese de Paulino José Orso, que o rotula como "ideólogo da burguesia brasileira".

Já um liberalismo diverso seria assumido pelo também filósofo do direito e historiador das ideias e da filosofia António Paim (1927), nesta área principalmente conhecido pelos seus *A Querela do Estatismo* (1994) e *O Liberalismo Contemporâneo* (1995). Pressagia o autor o futuro afrontamento do liberalismo e da social-democracia.

Brilhante crítico acérrimo do neoliberalismo no Brasil, da geração mais nova, é Alysson Leandro Mascaro (1976):

> Os teóricos de baixo preço logo viram nesta nova fase do domínio capitalista virtudes a serem exaltadas. Ser liberal, para estes, era o máximo de progressismo possível no mundo da década de 1990. Mas este progressismo da década de 90 era, na verdade, conservador, e chegava mesmo a ser reaccionário nos países do Terceiro Mundo (...) A América Latina toda tornou-se neoliberal na década de 90. (...) Nunca se viu tamanha desigualdade de rendas nos países subdesenvolvidos, bem como tal também nunca se viu na comparação entre os países pobres e os países ricos. (*Filosofia do Direito e Filosofia Política*, São Paulo, Atlas, 2003)

Com pressupostos diversos da crítica de Mascaro, assinale-se a refutação liberal do neoliberalismo em Carlos Alberto Sardenberg, *Neoliberal, não. Liberal* (2008). Crítico do neoliberalismo e defensor de uma Filosofia Social do Direito, com diálogos frankfurteanos e pós-modernos, insistindo numa visão renovada dos Direitos Humanos, é Eduardo Bittar (1974) (*v.g. O Direito na Post-Modernidade e Leituras Frankfurteanas*, 2009).

9

IDEOLOGIA E UTOPIA: PAUL RICŒUR

> *A redução da alienação política conduziu o marxismo-leninismo a substituir o problema do controlo do Estado por um outro: o do desaparecimento do Estado. Esta substituição parece-me desastrosa. Ela remete para um futuro indeterminado o fim do mal do Estado, enquanto que o problema político prático verdadeiro é o da limitação desse mal no presente.*
> Paul Ricœur

Voltemos à Europa. Paul Ricœur (1913-2005), o filósofo de *Temps et Récit* (3 vols., 1983-85) e de *A Metáfora Viva* (1975), não apenas praticou a hermenêutica bíblica e pensou a teologia e o mal, teve intervenção política contra conflitos bélicos (primeiro da Argélia e depois da Bósnia), como refletiu sobre *Ideologia e Utopia* (1997) e especificamente sobre a justiça, o que é uma forma de pensar a política também. O primeiro volume de *O Justo* sai em 1995 e o segundo em 2001. Entre os extremos das teorias comunitaristas, de um lado, e das liberais, do outro, propõe uma perspetiva ética, de moderação e bom senso.

Além do mais, Ricœur esteve também na crise de maio de 68, e era socialista democrático desde os seus 20 anos: o que para o esquerdismo de então significava também conservadorismo. Refletiu ainda, com muita lucidez, sobre o Estado no comunismo. Esta é, sinteticamente, a sua análise:

A redução da alienação política conduziu o marxismo-leninismo a substituir o problema do controlo do Estado por um outro: o do desaparecimento do Estado. Esta substituição parece-me desastrosa. Ela remete para um futuro indeterminado o fim do mal do Estado, enquanto o problema político prático verdadeiro é o da limitação desse mal no presente. A escatologia da inocência toma o lugar de uma ética da violência limitada. Ao mesmo tempo, a tese do desaparecimento do Estado, prometendo demasiado para mais tarde, admite igualmente demasiado mas no presente: a tese do desaparecimento futuro do estado serve de caução e de álibi à perpetuação do terrorismo. Por um maléfico paradoxo, a tese do carácter provisório do Estado torna-se a melhor justificação para o prolongamento sem fim da ditadura do proletariado e abre caminho para o totalitarismo. ("O paradoxo político", trad. port. de artigo em *Esprit*, de maio de 1957, *in O Tempo e o Modo. Revista de Pensamento e Acção*, nº 1, janeiro de 1963, recolhido em *O Tempo e o Modo. Revista de Pensamento e Acção. Antologia*, 2ª ed., p. 45)

Já em 1989, numa conferência, ao receber o prémio Leopold Lucas, Ricœur tinha tido uma intuição que arriscaríamos a dizer "pós-moderna", embora, se lermos Cícero e Rosmini, ela esteja neles também: a ligação entre Justiça e Amor. A reflexão, acrescentada, viria a resultar em livro, *Amour et Justice*, em 2008. Trata-se de, afinal de contas, como o autor pretende no final da conferência, de forma explícita, lançar uma ponte entre a poesia do amor e a prosa da justiça. Mas é matéria a aprofundar... Tanto mais que o Direito, na prática do agonismo que representa (e não só nos tribunais, mas como instrumento cego, frio e para mais aparentemente legitimadíssimo de poderes, quantas vezes ilegítimos, por título ou por exercício) passa por ser um dos mais evidentes antónimos sequer da amizade entre os homens. Poderá metamorfosear-se? É o que se vai desejando, nomeadamente sob a bandeira do altruísmo, do social, do humanismo e da fraternidade nas coisas jurídicas. O que não tira em nada a necessidade de rigor e autoridade democrática.

Sabemos que a oposição entre ideologia e utopia é importante, em Karl Mannheim e em Ricœur. São duas categorias importantíssimas na política, e não sem consequências no Estado e no Direito. Em *Constituição, Direito e Utopia*, Coimbra, Coimbra Editora, FDUC, 1996, desenvolvemos a tese de que uma Constituição é uma utopia em artigos, e uma Utopia uma Constituição em ficção, normalmente detalhista. Se a utopia pode ser enclausurante, o utopismo é indispensável, como princípio esperança.

Cf. ainda, entre nós, dando conta de discussões sobre o tema, Paulo Archer, *Sentido(s) da utopia*, Tomar, O Contador de Histórias, 2002.

10

JEAN-PAUL SARTRE

Não se mete Voltaire na Bastilha.
General De Gaulle

Passemos agora a outra família política. A mais conhecida frase política sobre Sartre não menciona sequer o seu nome. É um dito atribuído ao general De Gaulle (1890-1970), aquando da revolução de maio de 68: "Não se prende Voltaire", ou, na verdade, "Não se mete Voltaire na Bastilha", traduzindo mais à letra. Sartre tornou-se o Voltaire da hora. E De Gaulle, não sendo um filósofo político no sentido rigoroso do termo, mostrou então possuir subtil sabedoria política prática.

Vinte e dois anos antes dessa revolução *sui generis*, em 1946, dava Sartre a lume *Reflexões sobre a Questão Judaica*, retomando afinal uma senda que já Marx trilhara em *A Questão Judaica* (1843), estudo este em que ressalta a crítica marxista dos direitos humanos liberais-burgueses, a partir da polémica com Bruno Bauer (1809-1882). Não vai ser contudo esse o ponto da argumentação do intelectual francês. Dir-se-á que o judeu é uma metáfora do discriminado, porque apontado como estrangeiro, como "outro". A sociedade antissemítica cria o judeu. A sociedade preconceituosa, seja de que preconceito for, cria o segregado, o discriminado, o pária.

E no fundo é a ideia de que somos a nossa situação, embora a devamos entender e transcender. Em 1940, numa certamente excessiva autognose, Sartre considera-se fruto de alguns dos que consideraria males do seu tempo: desde o parlamentarismo ao funcionalismo, do capitalismo à centralização. Mas se é certo que há uma delimitação da esfera de ação pessoal pela contingência, e que, por isso, não é dado a ninguém transfigurar-se, há contudo por um lado a consciência dessa limitação, que parece ser já um forçar das amarras. E, por outro lado, a *praxis* política de Sartre aí está a demonstrar como a liberdade irrompe sempre, e não cristaliza. Quer com o grupo Socialismo e Liberdade em 1941, quer com o RDR (*Rassemblement démocratique révolutionnaire*, 1948-1949), quer com a entrada no Partido Comunista, em 1952, quer com a rutura com os comunistas em 1956 (na sequência da invasão da Hungria pela URSS), quer nas inúmeras causas que foi abraçando ao longo de uma vida *engagée*.

Sartre é mais um filósofo que participou ativa e mediaticamente na vida política que um filósofo político. Apesar da sua busca de uma terceira via (apenas com alguns lapsos episódicos), e, consequentemente, do lugar filosófico-político especial que para o seu existencialismo almejava, não deixava de tributar um lugar cimeiro ao marxismo, ou, segundo alguns, à sua própria interpretação do marxismo (máx. em *Crítica da Razão Dialética*, 1960), cuja atualidade acabaria por considerar praticamente intocável.

No final da vida, Sartre prestou depoimentos que abalaram as certezas dos seus devotos. Seria a eterna dialética do repensar-se, ou um verdadeiro auto-revisionismo? A interrogação subsiste legitimamente. Fosse como fosse, o funeral de Sartre, para o cemitério de Montparnasse, teve a presença de mais de cinquenta mil pessoas. Não se pode dizer que toda a filosofia seja impopular. Pelo contrário: o escritor brasileiro Nelson Rodrigues (1912-1980) conta assim uma conferência a que assistiu: "Gente escorrendo do lustre, subindo pelas paredes. E os presentes lambiam o Sartre com a vista. Olhei aquilo e concluí que há admirações abjetas" (*O Óbvio Ululante*, 1968; 18ª ed., 2002).

Nelson Rodrigues, sempre impiedoso, agora "politicamente incorreto".

11

VUE DE GAUCHE: DE ADORNO E HORKHEIMER A MERLEAU-PONTY

> Conselho ao intelectual: não deixes que te representem. (...) O ideal igualitário da representação é uma fraude, senão for sustentado pelo princípio da revogabilidade e da responsabilidade do rank and file.
>
> Th. W. Adorno

1947 vai assistir à aparição de quatro obras muito relevantes. É ainda o rescaldo da II Guerra Mundial. Temos visto que o terrível conflito, entre 1939 e 1945, como que irradiou temporalmente num conjunto de preocupações muito marcadas pelo seu espectro. Theodor Adorno (1903-1969) e Max Horkheimer (1895-1973), ambos da Escola de Frankfurt, publicam uma radical crítica das Luzes, na sua autofagia racionalista, evidentemente influenciados pela apoteose positivista, e mais que tudo nazi, de uma razão transviada: *Dialética das Luzes* ou *do Esclarecimento* (as traduções dividem-se, com suas razões, para *Dialektik der Aufklärung*). É uma crítica inteligente, mas situada, porque nem todas as Luzes são mando, poderio, opressão. Houve historicamente muito do Iluminismo que representou cultura e liberdade. Ai de nós sem a sua tentativa de emancipação ou maioridade do Homem!

Falecido dez anos antes, o intelectual comunista italiano de tendências culturalistas Antonio Gramsci (1891-1937) será recordado com a publicação dos seus *Cadernos da Prisão*, escritos nos cárceres de Mussolini sem livros ou outro material de apoio, durante onze longos anos de insónia e tuberculose (1926-1937). Seria libertado apenas para morrer.

Parece haver em Gramsci o levar até ao limite a intuição breve de uma já referida carta de 1890 da autoria de Friedrich Engels (1820-1895) a Joseph Bloch, segundo o qual a determinação em última instância da sociedade e da política pelas infraestruturas económicas, clássica na ortodoxia marxista, comportaria matizes e exceções. A influência das teorias de assenhoreamento do poder pela via cultural e das mentalidades, antes da tomada formal do poder político, seduziriam não poucos intelectuais de direita, designadamente na "nova direita". Mas, bem vistas as coisas, a perspetiva dessa conquista do poder pelo poder cultural já fora detetada, para a própria Revolução Francesa, por Alexis de Tocqueville (1805-1859) no seu *O Antigo Regime e a Revolução* (1856). Não se trata, contudo, apenas de conquista do poder, mas da sua manutenção e consolidação, em que avulta o elemento ideológico, que permite a adesão não coerciva (ou de outro modo coerciva) à hegemonia por parte dos dominados. Talvez por isso uma das suas propostas concretas de ação política tenha sido a implantação de conselhos operários, espécie de bolsas de contracultura operária no seio da cultura empresarial.

Outra obra marcante em 1947 é a *Introdução à Leitura de Hegel* de Alexandre Kojève (1902-1968), intelectual marxista de origem russa, publicada a partir de um curso na Escola Prática de Altos Estudos. E que teve influência em muitos intelectuais da época, sobretudo no campo existencialista, a começar por Sartre. Mas também teve como ouvintes Bataille, Aron, Queneau, Lacan, André Breton e outros...

A *Introdução* é uma exegese rigorosa do autor alemão, com olhar marxista, centrada na *Fenomenologia do Espírito*.

Em *Esquisse d'une phénoménologie du droit* (escrito em 1943, mas só publicado em 1981), contrapõe visões aristocráticas e burguesas de direito, o qual faz alicerçar numa natural tendência dos homens para o julgamento dos seus semelhantes. O homem seria naturalmente "juiz".

Personagem fascinante, com relações surpreendentes. Era sobrinho do pintor e artista plástico Wassily Kandinsky. Kojève escreveria mesmo, a pedido do tio, um texto sobre arte concreta, que se publica agora em anexo a *O Futuro da Pintura*, do primeiro. Doutorou-se sob a direção de Karl Jaspers (1883-1969) com uma tese sobre o místico Soloviev (1853-1900). Dizia-se fatuamente "estalinista", e foi acusado de espionagem ao serviço da União Soviética. Certo é que passou a trabalhar para o Ministério da Economia de França, tendo-lhe alguns atribuído méritos na criação do Mercado Comum. Mas também teve como correspondentes e admiradores intelectuais de outras áreas políticas, como Leo Strauss (1899-1973), ou Allan Bloom (1930-1992), este último responsável pelo apontar da ascensão de um pensamento *hippie* nas universidades dos EUA, ao mesmo tempo fruto de e responsável pelo que chamou *Closing of the American Mind* (1987): uma desconstrução lúcida do caminho para a *deseducação obrigatória*.

Ironia do destino, ou talvez não: Kojève repousa no cemitério de Evère, muito próximo de instalações da Organização do Tratado do Atlântico Norte.

Humanismo e Terror, de Maurice Merleau-Ponty (1908-1961), é também de dois anos após a II Guerra Mundial. Mas começou a ser publicado no ano seguinte. É um escrito datado, em que surge (para além das divergências filosóficas com o seu colega Sartre, cofundador de *Les Temps Modernes*) uma apologia da União Soviética, mesmo apesar dos processos de Moscovo. É que o grande estado comunista surgia aos olhos de muitos intelectuais ocidentais como a esperança depois dos anos de opressão nazi, e face à alegada hipocrisia ocidental democrática burguesa. A desilusão não tardaria, para alguns, embora viesse a tardar, para outros... Mesmo Merleau-Ponty se sentiria na necessidade de se explicar mais tarde, apesar da sua vida breve. E a guerra da Coreia seria o momento problemático para si. Em 1955, em *As Aventuras da Dialética*, passa a encarar o marxismo de forma metodológica e não substancial, e menos ainda escatológica.

Será o que virá a ocorrer não só com personalidades como até com partidos políticos (ditos "revisionistas" pelos ortodoxos de várias ortodoxias) mais moderados, sociais-democratas e socialistas democráticos, em que, numa primeira fase, o marxismo passaria a ser considerado nos seus textos fundantes como inspiração não-dogmática, e, numa segunda fase, viria mesmo a desaparecer, em alguns casos, das declarações de princípios partidárias. Contudo, como se sabe, não é a proclamação simples que denota efetiva ideologia: é a prática política.

Agudamente afirma Bosi no seu *Ideologia e Contra-Ideologia* (2010), que todos os partidos já estão fora de tempo, e por vezes atrasados mesmo em relação à sua própria ideologia. Isto é particularmente notório quando um partido (ainda) ostente uma designação cuja prática manifestamente esqueceu, ou renegou.

12

VALORES, VIRTUDES, PARENTESCO:
DE RUYER A LÉVI-STRAUSS

Bárbaro é sobretudo o homem que crê na barbárie.

Claude Lévi-Strauss

Raymond Ruyer (1902-1987) notabilizar-se-ia no campo filosófico-político com estudos sobre a utopia, com a *Utopia e as Utopias* (1950). Mas seria um polígrafo notável, chegando a estudar desde a biologia à *Gnose de Princeton* (1974). Em 1948, publica o seu segundo livro: *O Mundo dos Valores*. Não sendo esta uma obra original (antes um diálogo irénico com autores anteriores), constitui, todavia, uma chamada de atenção para uma categoria que o peso dos totalitarismos tende a olvidar. E concomitantemente, outro esquecido paradigma vem à ribalta cultural, no ano seguinte, pelo *Tratado das Virtudes*, de Vladimir Jankélévitch (1903-1985) filósofo de ascendência russa, que estudou com Bergson, e fez a resistência ao nazismo, antes de assumir a cátedra de Filosofia Moral na Sorbonne. Autor enigmático, assinando estudos sobre Fauré (1938), Ravel (1939), Debussy (1950), e abordando temáticas limite como a pureza e a impureza (1960) e a morte (1966), Jankélévitch não é fundamentalmente um filósofo político, mas devemos convocá-lo aqui pelo simbolismo da sua *démarche* teórica.

Numa inteligente intertextualidade com o título de Durkheim (1858-1917), *As Formas Elementares da Vida Religiosa* (1912), Claude Lévi-Strauss (1908-2009) consagra-se como antropólogo com *Estruturas Elementares do Parentesco*, em 1949. A linguagem do parentesco, vera "semântica da existência humana", como dirá Steiner, não deixa de ter grande importância como linguagem de poder, sendo ainda metáfora do estudo das relações de mando. Nesta obra, o problema central é o tabu da proibição do incesto, tabu de sociabilidade e aliança económica e política pela prática da exogamia. Quantas consequências se não podem tirar deste instrumento de análise ainda hoje, em que subsistem micro sociedades endogâmicas. E em que o nepotismo teima em afirmar-se, a par com sociedades de patrimonialismo do poder (como Ricardo Vélez Rodriguez (1943) denunciou para a América Latina).

13

GÉNERO, "COR" E LABOR: DE SIMONE DE BEAUVOIR A GEORGES FRIEDMANN

A Mulher é o futuro do Homem.
Louis Aragon

Na época ainda mais perturbadora que a análise de Lévi-Strauss seria, também em 1949, *O Segundo Sexo*, de Simone de Beauvoir (1908-1986), importante ponto nos estudos acerca da "realidade" e do papel da mulher na sociedade.

Evidentemente, a questão vinha de antes, e prolongar-se-ia por inúmeras autoras, autores e movimentos, desde o Women's Lib ao Mouvement de Libération de la Femme, etc. Obras como as de Kate Millet (1934), autora do "clássico" *Política Sexual* (1970) e Andrea Dworkin (1946-2005), porta-voz do "movimento anti pornográfico" e autora, *v.g.*, de *Right-Wing Women: The Politics of Domesticated Females* (1991), mereceriam toda uma longa análise.

Academicamente, os *Women's studies* passariam a dar lugar aos *Gender's studies*, e ao feminismo se juntarão vários movimentos e teorizações políticas mais vastas, baseadas em idiossincrasias e opções sexuais, entre os quais os *Gender, Gay and Lesbian Studies*.

Os feminismos também se foram, entretanto, ramificando, e alguns moderando (mas, por outro lado, noutros casos agudizando e alargando o seu discurso, em certos casos volvido toda uma mundividência). Também se notará o fenómeno da sua hibridação com outras propostas políticas, tal como, aliás, ocorreria com outras novas propostas, como os ecologismos e os ambientalismos, responsáveis pelo aparecimento de partidos verdes, e que depois viram muitas das suas preocupações subscritas pelas forças políticas tradicionais, de projeto político mais englobante. É uma característica de algumas "novidades" políticas, de sinal muito diverso, do neoliberalismo ao ecologismo e ao feminismo – o surgirem com recorte autónomo e o irem sendo absorvidas ou assimiladas (até certo ponto) pelas forças políticas que com elas não tenham incompatibilidade de base. Por exemplo, o coletivismo não pode assimilar o neoliberalismo, embora haja hibridações à primeira vista surpreendentes noutros casos.

Teorizações como a da belga Luce Irigaray (1932), autora, *v.g.*, de *Parler n'est jamais neutre* (1985), para quem a pretensa neutralidade e universalidade dos valores mascararia uma ideologia masculina, parecem ameaçar tornar o martelo de Nietzsche, a foice de Marx e o divã de Freud simples brinquedos de crianças. Se já nos tinham dito que "classes diferentes têm verdades diferentes", passaríamos a ter de contar com verdades diferentes segundo os géneros. E verdades que talvez decorram de uma *forma mentis* distinta, como avança, *v.g.*, a neuropsiquiatra Louann Brizendine, em *The Female Brain* (2006). Nesse ponto as opiniões dividem-se entre considerar que o género é mera construção social e cultural, ou que é uma identidade como que genética. As conclusões a tirar de um ou de outro dos pressupostos nem sempre são muito diferentes.

Evidentemente, as certezas e as objetividades têm sido abaladas, de muitas formas. A própria sociologia do conhecimento para tanto contribuiu, desde pelo menos Karl Mannheim (1893-1947), logo com *Ideologia e Utopia* (1929), ligando a primeira ao poder e a segunda como que a um contrapoder dos sem poder, e Max Scheler (1874-1928), *in Versuche zu einer Soziologie des Wissens* (1924). Este salutar abalo de visões unívocas e pseudouniversais pode colher-se em obras tão diversas como: Peter L. Berger (1929) e Thomas Luckmann (1927), *A Construção Social da Realidade* (1966), Raymond Boudon (1934), *O Justo e o Verdadeiro* (1995), Peter Burke (1937), *Uma História Social do Conhecimento* (2000).

O século XX foi, sem dúvida, o século da emergência social da mulher, e espera-se que no século XXI muitas transformações de pensamento se venham a operar, até pela enorme preponderância que as mulheres têm hoje, no Ocidente, na formação escolar e nas instituições universitárias. Será que a filosofia do Direito e do Estado se feminizará?

Das primeiras reivindicações do voto feminino, licenças de parto e igual acesso a cargos públicos, a salário igual para trabalho igual, ou direito ao divórcio, se passaria numa segunda fase à despenalização da interrupção voluntária da gravidez, ao casamento e adoção por homossexuais, associando-se ainda problemas de clonagem, manipulação genética, eutanásia e outros. Por estas polémicas, que atravessaram o século, podemos prever a complexidade e delicadeza do que virá a ser a discussão política e a reflexão filosófico-política no novo século. Para não falar de crises e catástrofes naturais, sanitárias (como epidemias e pandemias) ou mesmo a possibilidade de guerras mais generalizadas.

Um aspeto também novo na política é a emancipação e afirmação do fator "racial" (apesar das críticas científicas a uma tal categoria). Matéria aflorada com irenismo luso-tropicalista por Gilberto Freyre (1900-1987), desde o seu clássico *Casa Grande & Senzala* (1933), mas já tratada num plano escatológico-militante no impressionante discurso de Martin Luther King (1929-1968) *I have a dream*. E adquirindo outros contornos ainda nos movimentos do *black power*, ou da *negritude*, de um Léopold Senghor (1906-2001), presidente do Senegal, poeta e socialista democrático.

Se o nazismo repousara parte significativa da sua mensagem ideológica na exaltação da dita "raça ariana", e, consequentemente, no antissemitismo, seria de esperar que, derrotado, tais paradigmas (assim como o eugenismo e afins) adormecessem um pouco. Tal só em parte sucedeu, porém. Parecendo que alguns tendem como que instintivamente ao preconceito (o que seria também uma conclusão preconceituosa). Assistindo-se a epifenómenos de escapismo juvenil ou de marginalizados através da forma neonazi, associável a hipernacionalismos, racismos, xenofobias, violência, *hooliganismo* e outros. Reconhecemos a nossa ignorância sobre qualquer nova teorização filosófico-política desta área. O *Mein Kampf* (1925, 1926, 2 v.), de Adolf Hitler (1889-1945) continua livro sagrado, mas nem sempre lido, destas correntes, e *O Mito do Século XX* (1930) de Alfred Rosenberg (1893-1946), talvez o seu mais conseguido "duplo" cultural. Como análise dos perigos de retorno a formas totalitárias de tipo fascista, é de uma lucidez penetrante a obra de Umberto Eco no final da sua vida.

Género, orientação sexual e *raça* / cor / opção civilizacional são também fatores que têm sido considerados para as chamadas ações afirmativas (discutidas, por exemplo, desde logo, por Dworkin, designadamente em *Taking Rights Seriously*, 1987 – em que nomeadamente se discute um clássico caso da discriminação ou não de um judeu pelas instituições universitárias), ou discriminações positivas, onde avulta, desde logo, a questão de quotas para candidatos e lugares em escolas e funções públicas, mesmo eletivas. A matéria é controversa, política e filosoficamente, estando em presença valores de igualdade formal e material, equidade, eficiência das medidas, efeitos perversos (até psicológicos, mas também sociais), etc. Um panorama descritivo da questão é o de Thomas Sowell (1930), *Affirmative Action around the World* (2004). Entre nós, são de considerar, *v.g.*, as observações de um Aníbal Almeida (1936-2002), designadamente em *Sobre o Espaço Lógico da Discriminação*, "Boletim de Ciências Económicas da Faculdade de Direito de Coimbra", v. 40 (1997). Seja como for, e mesmo com custos, parece ser verdade que há, por um lado, grupos que dificilmente alcançam certos lugares e afirmação social sem que se ponham em ação certo tipo de medidas do género das quotas, mas, por outro, parece também ser inegável que, até hoje, muitas vezes essas medidas não atingem a massa dos segregados e esquecidos, antes promovem apenas alguns de entre eles. Como alargar, pois, as medidas inclusivas dentro dos próprios setores discriminados? Como não criar elites ou oligarquias dentro desses setores, aparentemente usufruindo de forma elitista dessa válvula de escape do "sistema"? Haverá alguma solução para o problema, é ele um falso problema, ou uma questão simplesmente incómoda? Não valerá a pena, apesar de tudo, correr o risco, já que alguns sempre serão compensados de *deficit* que parece ser uma fatalidade? O que se perde com este tipo de "engenharia social"?

Outro vetor de análise da humanidade e palco de poder e discriminação é o trabalho. As interrogações de uma sociedade laboralista em vias de ser submergida pela tecnicização e pela alienação laborais, com o espetro do desemprego consequente à mecanização global, já se esboçam em 1950 na obra de Georges Friedmann (1902-1977) *Para onde Vai o Trabalho Humano?*, onde sobretudo se sublinha o problema da desumanização do labor, em que a pessoa parece tornar-se máquina, ou apenas a sua *longa manus*, e não o contrário. Um dos pensadores luso-brasileiros que mais vaticinaram e problematizaram (entre muitas outras heterodoxias) o fim ou a rarefação do trabalho seria Agostinho da Silva (1906-1994), em várias das suas obras e nas suas televisivas *Conversas Vadias* (1990), editadas em vídeo. Existem na *Internet*: https://arquivos.rtp.pt/programas/conversas-vadias/ (visto em 8.4.2020).

Os indivíduos são, hoje em dia, sobretudo trabalhadores. Mas como elevá-los a cidadãos e a Pessoas?

14

PERSONALISMO E DEMOCRACIA CRISTÃ: EMMANUEL MOUNIER

> *Mas como confinarmo-nos a uma confrontação teórica, quando o Cristo continua mutilado e escravizado em três quartas partes da humanidade? É preciso alcançar o equilíbrio entre a teoria e a práxis, ao menos enquanto toda a humanidade não tiver satisfeitas as necessidades vitais.*
> Emmanuel Mounier

Preocupado com a Pessoa está naturalmente também Emmanuel Mounier (1905-1950), com a sua obra *O Personalismo*, de 1950. Mounier fundara em 1932 a revista *Esprit*, e a partir de 1934 vemo-lo como ativista antifascista, tendo em 1936 apoiado a Frente Popular socialista-comunista, e em 1939 os republicanos espanhóis. O governo de Vichy irá prendê-lo, e conhecerá também a clandestinidade.

O personalismo é uma ideologia complexa, tendo sido até aproximado a uma anti ideologia, como o faria Jean Lacroix (1900-1986), cofundador da revista *Esprit*. Precisamente porque as ideologias, em grande medida, obviamente quando encaradas pelo seu lado mais perverso ou mais pobre, não elevam e nem sequer consideram a Pessoa, na sua dimensão comunitária, mas, pelo contrário, enfatizam ora o aspeto individual (como na "não-civilização burguesa"), ora a dimensão gregária, coletiva, com apoteose no partidário (como na "não-civilização fascista", e o mesmo se poderia dizer da "não-civilização bolchevista"). No seu tempo, esta "via" não deixou de se cruzar, naturalmente, em diálogo com o cristianismo (mesmo ainda pré-Concílio Vaticano II), com o marxismo e com o existencialismo... com encontros e desencontros.

Está o personalismo na base da "democracia cristã", embora tenha havido quem se reivindique dele noutros quadrantes, ou em união ou adição com outros horizontes ideológicos, das direitas ao centro-esquerda, pelo menos. Do que as ideias originais, porém, não se podem queixar, embora de tal não tenham culpa, como é óbvio.

Os tempos áureos da democracia cristã, nomeadamente italiana, alemã, e até latino-americana (por exemplo, no Chile) andam muito esquecidos hoje, quando ao "público" por vezes ela aparece numa "frente" de conservadorismo e liberalismo. O certo é que as "alianças" e as hibridações desta ideologia são mais latas, não só ao centro-direita (e à direita *tout court*) como ao centro-esquerda e até ao centro da esquerda (como os socialistas democráticos).

O que aliás não é nada de espantar. Primeiro, porque as ideologias são (objetiva, historicamente) como peças de Lego, de acoplamento universal. E depois, em particular se diga que, pela especificidade ideológica (quiçá não no plano sociológico), mais comunga a democracia cristã com o centro-esquerda, pela sua comum crença social moderada do que, por exemplo, com o conservadorismo neoliberal. E menos ainda tem o equilibrado, moderado e demofílico democrata-cristão psicologicamente a ver com o frenesim exaltado, hiperinterventivo e radical (não se pode dizer, no caso, "revolucionário") do militante do "marxismo branco" dos "teólogos do mercado". Por muito que estes se queiram nimbar de legitimações do respeitabilíssimo passado liberal, cujo legado não é o seu, como bem explicou (sem o querer fazer e "a contrario", o que ainda é testemunho mais válido) José Pedro Galvão de Sousa. Entre a psicologia conservadora "tout court" e a demo-cristã vai uma diferença de grau: sendo esta mais ativa, interventiva e social que aquela. Mas entre a psicologia e a ideologia demo-cristã e a neoliberal ou hiper- ou ultraliberal vai uma diferença de qualidade: pode dizer-se mesmo que há uma diferença de mundividência. O mundo é por uns e outros visto de uma forma muito diversa. São contingências táticas, indiossincrasias nacionais do leque partidário, opções na determinação do "inimigo principal", e um generalizado analfabetismo ideológico, assim como solidariedades sociais (frequentemente, neoliberais e demo-cristãos podem ser do mesmo estrato social) que por vezes determinam alianças e até confusões que em rigor não deveriam existir para bem da salubridade e da clareza ideológica e partidária.

15

HANNAH ARENDT

Considerada de um ponto de vista político, a verdade tem um carácter despótico. Ela é por isso odiada pelos tiranos, que temem, com razão, a concorrência de uma força coerciva que não podem monopolizar; e goza de um estatuto relativamente precário aos olhos dos governos que repousam sobre o consentimento e que dispensam a coerção.
Hannah Arendt

Nascida alemã de origem judaica (apátrida de 1933 a 1951), e refugiada nos EUA, desde 1941, depois de vários episódios de perseguição nazi, até em França, Hannah Arendt (1906-1975) publica, em 1951, ano da sua naturalização como norte-americana, *As Origens do Totalitarismo*. Era o seu primeiro grande trabalho depois da tese de doutoramento, que fizera ainda na Alemanha, sobre o conceito de amor em Santo Agostinho (*Der Liebesbegriff bei Augustin. Versuch einer philosophischen Interpretation* – 1929). Este novo estudo, elaborado entre 1945 e 1949, imediatamente a eleva a uma posição de relevo na filosofia política.

A sua ligação amorosa com Heidegger (1889-1976), que fora seu professor em Marburgo, por vezes parece obnubilar em alguns comentários a luz própria desta filósofa, ou, pelo menos, distrair as atenções do essencial. Há quem diga que a marca de amizade e convívio intelectual que nela deixou o seu diretor de tese, Karl Jaspers, terá sido mais importante e duradoira. E a sua luz interior era impressiva: mesmo algumas obras científicas não deixam de recordar os seus olhos e vestido verdes, que impunham o silêncio à sua volta, quando, com os seus 18 anos, entrou em Marburgo.

A sua presença e a "elegância sóbria e europeia" são também recordadas, em outra clave, pelo seu antigo aluno Celso Lafer (1941), futuro catedrático e ministro, designadamente no seu *Hannah Arendt. Pensamento, Persuasão e Poder* (2ª ed., São Paulo, Paz e Terra, 2003).

Num seu esboço de uma ciência política (*Was ist Politik*, 1950) começa Arendt por Deus e pela natureza humana, sendo esta responsável pela própria criação do homem, feito "à imagem da solidão de Deus". E como que se maravilha com a falta de profundidade da filosofia política em relação à demais filosofia, o que atribui à escassa profundidade do seu próprio objeto. Estuda ainda o papel do preconceito na política, e a formação da opinião, para tentar encontrar, sempre filosoficamente e sempre em busca da profundidade perdida, o sentido, ou a essência afinal, da política.

As Origens do Totalitarismo (1951) é uma extensa obra em três volumes, em que a filosofia política de crítica do totalitarismo se enlaça com a história das perseguições antissemitas, e esta com a história geral da Europa, sobretudo na chamada "era moderna". Nesta obra, preocupa-se também com o racismo e o eficientismo desumanos difundidos pelo imperialismo. Baseada certamente na sua própria experiência de apátrida (ela, que assumia que a teoria parte da vivência), desenvolve uma importante teorização sobre a vinculação dos indivíduos com as ordens jurídicas, chegando a considerar que é preferível ser considerado criminoso (mas incluído na ordem jurídica, titular de direitos e deveres) a simplesmente privado de cidadania. O nazismo e o estalinismo, ilustrações do totalitarismo que quase fazem as vezes dos tipos-ideais weberianos, são essencialmente diversos dos anteriores tipos de dominação social e política violentos e monolíticos, pela sua mística ideológica extensiva a todos os domínios da realidade humana, servida por um discurso legitimador que invoca a ciência na sua base (veja-se a expressão "socialismo científico"). Os campos de extermínio (ou os *gulags*) são ainda comuns a um e a outro dos grandes exemplos históricos de totalitarismo.

Em 1954, sai *Entre o Passado e o Futuro*, que questiona tradição e modernidade, a crise da educação e a crise da cultura, alude à conquista do espaço (com que, aliás, termina o livro), mas sobretudo volta às grandes interrogações: o que é a autoridade? O que é a liberdade? E onde se põe o problema da verdade e da política? Nem sempre nos damos conta do carácter libertador (embora dito também "despótico") da verdade (sobretudo neste século de relativismo), que a autora coloca certeiramente:

> Considerada de um ponto de vista político, a verdade tem um carácter despótico. Ela é por isso odiada pelos tiranos, que temem, com razão, a concorrência de uma força coerciva que não podem monopolizar; e goza de um estatuto relativamente precário aos olhos dos governos que repousam sobre o consentimento e que dispensam a coerção. Os factos estão para além do acordo e do consentimento, e toda a discussão acerca deles – toda a troca de opiniões que se funda sobre uma informação exacta – em nada contribuirá para o seu estabelecimento. Pode-se discutir uma opinião importuna, rejeitá-la ou transigir com ela, mas os factos importunos têm a exasperante tenacidade que nada pode abalar a não ser as mentiras puras e simples. (Trad. José Miguel Silva, Lisboa, Relógio D'Água, 2006: 250-251)

Claro que esta posição se diria muito pouco pós-moderna, e logo alguns argumentariam: "e que é um facto?", ou: "não há factos, só há argumentos". Ou "interpretações". E mais recentemente é o império das "fake news" e da dita "pós-verdade" (Putnam, Hilary, *O Colapso da Verdade...*, Aparecida SP, Idéias e Letras, 2008). Porém, poder-se-á também retorquir, pensando na importância da experiência na narrativa e na teorização em Arendt, que há quem tenha a experiência de verdade, como, relembrando Hessen, há quem tenha a experiência do mal. E Arendt tinha a experiência sofrida de ambas essas realidades.

Em 1958, sairá o original estudo *A Condição Humana*. Em 1962, *Sobre a Revolução* (ensaio em que, à Revolução Francesa, prefere a Americana), em 1963 *Eichmann em Jerusalém* (que lhe permite refletir mais sobre o mal e a sua "banalização"), *Crises da República* vem a lume em 1969, entre outros.

Em 1978, surge, postumamente, *The Life of the Mind* (construído em torno da trilogia *pensar, querer e julgar*). Este é um estudo profundo, filosófico, mas a que a questão da política, e da ação política não é alheia, de modo nenhum, designadamente porque é até clássica, nesta sede, a oposição entre "pensar" e "agir", "teoria" e "praxis", no limite, "vida ativa" e "vida contemplativa". Pode perguntar-se, com efeito, quando se age mais. Classicamente, todos sabemos a resposta. Arendt cita Hugo de S. Vítor, que tem do assunto uma visão tradicional: "Duæ sunt vitæ, activa et contemplativa. Activa est in labore, contemplative in requie. Activa in publico, contemplativa in deserto. Activa in necessitate proximi, contemplativa visione Dei".

Contudo, lembra a autora Cícero, no *De Republica*, I, 17: "Numquam se plus agere quam nihil cum ageret, numquam minus solum esse quam cum solus esset" – frase que Cícero atribui a Catão. Será mesmo que um homem nunca está mais ativo do que quando não faz nada, nunca está menos só do que quando está desacompanhado?

Depois desta obra serão também publicados vários textos dispersos em várias coletâneas.

Dos múltiplos contributos desta autora atenta, crítica e independente ("tanto ouriço quanto raposa", diz Lafer, retomando, como se sabe, Arquíloco e Isaiah Berlin), sublinhe-se desde logo a abordagem da condição humana pela experiência diferenciadora da *vita activa*, própria da liberdade e da ação política, que se sobrepõe e supera o *animal laborans* e o *homo faber*. O grande problema é que *A Condição Humana* termina precisamente com a vitória do primeiro e mais elementar estádio. Por outro lado, a reflexão e aversão ao totalitarismo não poderia deixar de levar Arendt aos direitos humanos, mas a sua formação filosófica obrigá-la-ia a uma sua reelaboração não demagógica (desde logo, rigorosa na distinção entre o público e o privado), e académica, sem perder o vigor das ideias atuantes. Lafer dialogará com ela em *A Reconstrução dos Direitos Humanos, um Diálogo com o Pensamento de Hannah Arendt* (1988).

Não andam de moda as tentações biográficas, nem sequer em história literária. Mas, precisamente porque Arendt valorizava a experiência e a sua narração, talvez a chave da sua filosofia política esteja neste passo do mesmo autor, sobre a sua atividade docente:

> Os textos indicados tinham muito da maneira pela qual ela fundamentava a sua reflexão. Poemas de Brecht e René Char; romances de Faulkner, Hemingway, Ernst Jünger, Malraux, Sartre e Thomas Mann; biografias como as de Souvarine e Isaac Deutscher sobre Stalin e de Bullock sobre Hitler; memórias como as de George Orwell e Ilya Ehrenburg; livros de historiadores como Joachim Fest; textos filosóficos de Sartre sobre o existencialismo; livros e artigos sobre intelectuais e o comunismo; reflexões como as de David Rousset sobre Buchenwald e livros como os de Robert Jungk (*Brighter than a thousand suns*) sobre os cientistas que fizeram a bomba atómica; cartas de soldados, extractos de processos (os expurgos de Stalin); hearings como os de Oppenheimer, tudo isto foi indicado na

bibliografia. E tudo foi lido e discutido por nós nos seminários e por ela comentado e por assim dizer amarrado no contexto das grandes categorias e ideias básicas que compõem as linhas mestras de seu pensamento. (*Hannah Arendt, cit.*: 17)

Além do mais, que magnífica universidade, em que se pode exigir que se leia. E que se leia muito.

16

DEMOCRACIA GREGA E DEMOCRACIA ATUAL: MOSES I. FINLEY, LÉO STRAUSS

> *(...) "democracia" e "democrata" tornaram-se no século XX*
> *palavras que implicam a aprovação da sociedade ou da insti-*
> *tuição descrita por esses termos. Isso implica necessariamente*
> *que as palavras se desvalorizaram, porque quase deixaram,*
> *salvo definição mais precisa, de possuir qualquer utilidade*
> *para distinguir de uma outra uma forma específica de governo.*
> Moses I. Finley

Em 1953, Moses I. Finley (1912-1986) publica o seu segundo livro, *Economia e Sociedade na Antiga Grécia*, que pressagia já o notável estudo do ano seguinte, *O Mundo de Ulisses*, fundamental para o estudo do "dom", vindo a ser consagrado com *A Economia Antiga* (1973), em que sublinha a importância da ideologia cívica mesmo no plano económico, na Antiguidade. Os seus estudos sobre república e democracia, designadamente *Democracia Antiga e Democracia Moderna* (1976) são fundamentais, e desfazem muitos lugares-comuns sobre o mito da democracia clássica, designadamente ateniense, baseada efetivamente na escravatura e num império marítimo. Finley sublinha que não podemos culpar os Atenienses por não terem alcançado a solução política perfeita. Mas acrescenta, significativamente, que, em geral, "o problema ateniense continua a ser o nosso problema". Além do mais, depois de muitos séculos de ausência, ou de má fama, a expressão "democracia", sagrada nos nossos dias, mas desvalorizada, porque desgastada, já nada exprime, ou quase nada: "(...) 'democracia' e 'democrata' tornaram-se no século XX palavras que implicam a aprovação da sociedade ou da instituição descrita por esses termos. Isso implica necessariamente que as palavras se desvalorizaram, porque quase deixaram, salvo definição mais precisa, de possuir qualquer utilidade para distinguir de uma outra uma forma específica de governo" (*Démocratie Antique et Démocratie Moderne*, Paris, Payot, 1976: 55).

Do mesmo ano de *Economia e Sociedade na Antiga Grécia* é o estudo de Léo Strauss (1899-1973), *Direito Natural e História*, que exerceu profunda influência nos filósofos jusnaturalistas do direito e da política, sobretudo por delimitar com ênfase um direito natural clássico, normalmente aristotélico, romanista e tomista, e um direito natural moderno, cuja apoteose teria sido o jusracionalismo iluminista, no século XVIII. Esta delimitação tem obviamente a apoiá-la alguns dados históricos, mas quiçá seja solidária de alguns pressupostos ideológicos, certamente semelhantes aos que dividem – e opõem – o constitucionalismo tradicional, natural ou histórico ao constitucionalismo moderno, ou voluntarista.

Recordemos alguns pontos. Com efeito, ainda hoje ideologicamente se dividem os que ignoram ou deixam na penumbra as antigas liberdades e garantias pessoais pré-modernas (anteriores até à *Magna Carta* inglesa) aderindo aos Direitos Humanos entusiasticamente, e os que, pelo contrário, diabolizam estes, apresentando como *Ersatz* velhos direitos nacionais. A polémica não pode deixar de fazer lembrar, a quem conheça a História e recuse o preconceito ideológico, o paradoxo enunciado por Francisco Puy: há os que adoram futebol (Direitos Humanos) e detestam jogar à bola (Direito Natural), e os que amam jogar à bola (Direito Natural) e abominam futebol (Direitos Humanos). E, para este autor, os Direitos Humanos seriam a linguagem moderna do Direito Natural (ou para questões que procura resolver). Assim também não se pode ser favorável apenas a direitos velhos ou a direitos novos sem preconceito ideológico contra o novo ou contra o velho em política.

É impossível isolar o estudo histórico-político do constitucional, assim como é limitador apartar a história da Filosofia do Direito da mesma história política e constitucional. E há pontos históricos concretos que só se esclarecerão quando esse esforço interdisciplinar for empreendido.

17

RAYMOND ARON E JULIEN FREUND

Creio, mesmo apesar de mim mesmo, interes-
sarem-me mais os mistérios do Capital que a pro-
sa límpida e triste da Democracia na América.
Raymond Aron

Em 1955, Raymond Aron (1905-1983) já tinha escrito várias e importantes obras. Contudo, o seu *O Ópio dos Intelectuais* foi um título profundamente impressivo (obviamente com intertextualidade com o Marx que considerara a religião como "ópio do povo"), e que parece ter ficado, precoce e profético alerta contra uma moda de marxização superficial e hiperpolitizada. Anos depois, parece que o dramaturgo Fernando Arrabal (1932) viria a ter dificuldades em encontrar um contraditor ortodoxamente marxista em Paris. Hoje já seria decerto diferente.

A data de 1955 para começar a apreciar os estudos políticos de Aron parece também conveniente, dado que, segundo o que nos confessa, apenas em 1945 abandonaria completamente o que passou a considerar "preconceitos de esquerda", afirmando-se como liberal. Contudo, um liberal sempre heterodoxo, que não deixava de nutrir grande admiração por Marx, que estudara a fundo, ao ponto de se auto-qualificar, *cum grano salis, marxiano*. Apesar da sua polémica antimarxista de *O Ópio dos Intelectuais*, continuada em *La Révolution Introuvable* (1968: a data é a dessa mesma revolução), e *De uma Sagrada Família a Outra*, com o esclarecedor subtítulo: *Ensaio sobre os Marxismos Imaginários* (1969). Contudo, há quem pense que, nessa magistral história da sociologia e também de algum pensamento político que é *As Etapas do Pensamento Sociológico* (1967), ao falar da incompreensão política de Tocqueville, suspeito pelos vários partidos e correntes, é de si mesmo que fala. E assim, confessa o que parece ser um prodígio chocante para um liberal, mas pode não o ser para um estudioso: "Je pense presque malgré moi prendre plus d'intérêt aux mystères du *Capital* qu'à la prose limpide et triste de la *Démocratie en Amérique*". Retomando outra grande paixão intelectual de Aron, Max Weber, dir-se-ia que uma coisa é o político, e outra o cientista.

Entre os vários domínios da sua ação teórico-política (que teve até no jornalismo e numa vida política bastante ativa uma continuação por outros meios, ao ponto de Henri Kissinger o ter recordado como "o seu professor") contam-se os estudos sobre o totalitarismo e sobre as relações internacionais, designadamente a guerra. O totalitarismo aquilata-se fundamentalmente pela presença de um Estado tentacular, cerceador das liberdades, e desde logo controlador da economia, confundido ou servido por um partido único ativista, e dotado de uma ideologia sufocante, volvida em religião minuciosamente reguladora de todos os aspetos da vida, controlados por uma polícia eivada desse mesmo espírito de busca da heresia ou do pecado. No plano das relações internacionais, segue uma perspetiva ética, não "realista" nem "idealista", mas na linha liberal mais clássica neste domínio.

A vastíssima obra de Aron, para mais matizada e vária, englobando desde reflexões sobre a História (desde a sua tese, *Introdução à Filosofia da História. Ensaio sobre os Limites da Objectividade Histórica*), às relações internacionais (*Guerras em Cadeia*, 1950, *Pensar a Guerra. Clausewitz*, 1970, entre outros), à técnica e ao trabalho na sociedade industrial (*Dezoito Lições sobre a Sociedade Industrial*, 1963), à história da sociologia e dos sociólogos (*As Etapas do Pensamento Sociológico*, 1967), muitos deles não apenas sociólogos, etc., não permite fácil resumo.

Há quem, como António José de Brito (1927), lhe aponte a ausência da fundamentação filosófica dos valores ocidentais que defende, mas decerto preferiu defendê-los em estilo mais sociológico e político polémico, que por forma especulativa. Acresce que foi diuturno comentador político (designadamente, seria diretor do grande jornal diário *Le Figaro*) e conselheiro de políticos importantes. Ora uma tal imersão no real político naturalmente conduz a mudanças, por vezes motivadas apenas pela alteração geral das circunstâncias ou dos interlocutores. As suas relações com o gaullismo, por exemplo, nunca foram de adesão cega.

De Aron fica, antes de mais, o rigor do método, o afinco ao estudo e o abandono de ilusões que coloram as análises. Deve salientar-se a sua visão realista da política, como deteção clara e não pretensamente neutral dos fenómenos. Por exemplo, de nada vale mascarar a essência da ditadura, com fórmulas ou análises assépticas, assim como não se contorna a ferocidade de um tigre. Tal o leva, naturalmente, a considerar na política a relevância do jogo de amizade e inimizade, como em Carl Schmitt, mas podendo assumir a forma de "partenaire-adversaire", sempre em matização.

Aliás, é conhecido que acolheria Julien Freund (1921-1993) e a sua tese *A Essência do Político* (1965), cuja mensagem central volta à questão da amizade/inimizade política (entre outras dicotomias de sabor schmittiano, como obediência e comando, público e privado, etc.).

Freund começara a elaboração da sua dissertação com o filósofo autoclassificado como "socialista e pacifista" Jean Hyppolite (1907-1968), que seria professor de grandes nomes da filosofia francesa (como Deleuze, Foucault e Althusser), e cuja tradução da *Fenomenologia do Espírito*, de Hegel, era considerada por Brankel mais apaixonante que o próprio original alemão. Hyppolite, porém, delicadamente se escusou a prosseguir a direção da tese, por não se identificar com um tão brutal realismo político. Ora, tendo Aron acedido à solicitação de Freund, acabaria por estar no júri das provas o próprio Jean Hyppolite, que não poderia deixar de vincar publicamente a sua discordância com as conclusões do seu anterior "discípulo".

Era sincero, e não ríspido, quando dizia que, se Freund tivesse razão com a categoria dicotómica amigo/inimigo, só lhe restaria, voltaireanamente, *cultivar o seu jardim*...

Ao que, igualmente sincero, e desempoeirado, o doutorando respondeu: "Pensais, como todos os pacifistas, que sois vós que designais o inimigo. Ora é ele que vos escolhe. Se ele quer que sejais seu inimigo, passais a sê-lo, e ele vos impedirá *até de cultivardes o vosso jardim*". Também se atribui a Trotsky o ter dito: "Podes não estar interessado na guerra, mas a guerra está interessada em ti". A guerra ou um vírus...

Perante isto, Hyppolite teve a réplica que se impunha, concluindo: "Nesse caso, só me resta suicidar-me".

O mundo, e não só o da política (aí porque tudo é de algum modo feito, nas relações, à imagem e semelhança da política), é muito duro, mesmo cruel para os idealistas.

Freund prosseguiria nas suas investigações, sempre muito ligado à sua Alsácia natal (replicando aos que disso se espantavam que Kant vivia em Königsberg, e não em Berlim), até que, desgostoso com o rumo do ensino universitário e da sua administração, se reformou antecipadamente, passando a viver feliz entre livros, a pintura e a gastronomia regional. Cultivando, afinal, o seu jardim.

18

NORBERTO BOBBIO

(...) semear as dúvidas, não já recolher certezas.
Norberto Bobbio

Outro autor extraordinariamente prolífico, e que também experimentaria algumas matizações ideológicas (quanto mais estudarmos, mais nos apercebemos de que um número maior de grandes pensadores do que à primeira vista admitiríamos as experimentaram – sinal de inteligência e insatisfação, decerto), foi o italiano Norberto Bobbio (1909-2004). 1955 é o ano em que dá à estampa *Política e Cultura*, título que espelha duas das suas imbricadas preocupações. Nesta obra se pode colher aquele que bem poderia ser um dos seus lemas de homem de cultura e universitário: "Il compito degli uomini di cultura è più che mai oggi quello di seminare dei dubbi, non già di raccogliere certezze". Depois do tempo de guerra, que é tempo de sempre muitas e encarniçadas certezas, vem o pós-guerra, e a dúvida, que faz germinar o verdadeiro conhecimento.

Educado numa família abastada e filofascista, confessa, contudo, que crê dever à vivência familiar um espírito democrático e liberal, alheio a evitamentos sociais e snobismos. Desde 1934, quando é preso como *compagnon de route* do grupo "Giustiza e Libertà", passando pelo antifascista Partido da Ação, é sempre na confluência de liberalismo e socialismo, com oscilações pendulares, que a sua matriz ideológica se situa. O próprio Partido da Ação se declarara contra o desvio conservador do liberalismo, à direita, e o desvio coletivista autoritário, à esquerda. Não iremos, porém, ao ponto de considerar este autor como uma mera síntese de Benedetto Croce (1866-1952) e Antonio Gramsci (1875-1944), como já foi avançado. Terá sido, sim, um liberal socialista ou um socialista liberal (no senado inscreveu-se primeiro como independente no grupo socialista, passando depois para os sucessivos grupos "democráticos de esquerda", na sequência da transformação do espectro político italiano), com uma enorme bagagem teórica e uma preocupação por desfazer dogmas e preconceitos, como o atestam duas obras fundamentais, uma mais jurídica e outra mais política: *O Positivismo Jurídico* (1961) e *Direita e Esquerda* (1994). A carreira académica, na filosofia do direito e na filosofia e na ciência políticas é, evidentemente, com a experiência política, o outro reagente com que Bobbio vai construindo a sua teorização política pessoal.

Assacam-lhe os seus detratores o ter escrito uma carta a Mussolini, e mesmo haver redigido ou feito redigir apologias pessoais. Independentemente da veracidade destas duas últimas alegações, é complexo julgar alguém na situação de servidão imposta por um regime autoritário-totalitário, sobretudo na extrema dependência em que se foi tornando a carreira docente. O próprio Bobbio dá sinal de frontalidade ao reproduzir na sua *Autobiografia* (com Alberto Papuzzi, 1997) a carta que dirigiu ao Duce.

O pensamento de Bobbio é matizado e enciclopédica a sua produção (mais de dois mil títulos). Aliás, uma das suas obras mais citadas acaba por ser o seu mais agudo que monumental *Dicionário de Política*, com a colaboração de Nicola Matteucci e Gianfranco Pasquino.

Ressalta a sua defesa conjunta dos mutuamente determinantes três elementos da sua teoria política: democracia, direitos do Homem e paz. Enquadrada numa filosofia política que, servida em momentos diferentes do seu percurso por fundamentações e telas de fundo filosóficas puras diversas com aproximações à fenomenologia, existencialismo, neo-empirismo, neo-racionalismo, filosofia analítica, e suas ulteriores "superações", entronca sobretudo no grande legado das Luzes, cujo rigor e antidogmatismo transporta para a análise política contemporânea, designadamente da democracia e do parlamentarismo, sempre numa busca do ponto fixo de Arquimedes do poder: a legitimidade.

Contudo, Bobbio sempre nos surpreende. E num dos seus últimos livros não deixará de ser crítico da categoria da "República", que os neo-republicanos (recuperando velhos pergaminhos clássicos e mesmo Maquiavel) recolocaram na ordem do dia. No seu *Diálogo em Torno da República*, com Maurizio Viroli (2001) afirma, nomeadamente:

> A república é uma forma ideal de Estado fundada sobre a virtude dos cidadãos e sobre o amor pela pátria. Virtude e amor pela pátria eram os ideais dos jacobinos, aos quais depois agregaram o Terror. A república na realidade precisa do Terror. Você recorda-se do famoso discurso de Robespierre sobre a Virtude e o Terror. Para mim, a república é um Estado ideal que não existe em lugar nenhum. É um ideal retórico; portanto, para mim é difícil compreender o significado que você atribui à República e o que os republicanos entendem por república. Nem mencionemos então a República italiana. (Trad. port. de Daniela Beccaccia Versiani, *Diálogo sobre a República. Os Grandes Temas da Política e da Cidadania*, Rio de Janeiro, Campus, 2002: 11)

Era com efeito grande a sua deceção com a política italiana...

19

PARADIGMA PERDIDO: TEILHARD DE CHARDIN, LÉVI-STRAUSS, EDGAR MORIN

> *O desenvolvimento económico não trouxe o desenvolvimento moral. A aplicação do cálculo, da cronometria, da hiperespecialização, da compartimentação do trabalho nas empresas, nas administrações e finalmente em nossas vidas, acarretou, muito frequentemente, a degradação das solidariedades, a burocratização generalizada, a perda de iniciativa, o medo da responsabilidade.*
> Edgar Morin

No ano de 1955 é de assinalar a saída ainda de dois livros fundantes, embora em áreas não diretamente filosófico-políticas. Um deles é a catedral do pensamento original e de múltiplos desafios do teólogo, paleontólogo e polígrafo Pierre Teilhard de Chardin (1881-1955) *O Fenómeno Humano*. E outro é o clássico da antropologia *Tristes Trópicos*, de Claude Lévi-Strauss, que George Steiner considera a "autobiografia filosófica" do estruturalista francês.

Este último procura em várias tribos perdidas do Brasil os traços comuns da nossa condição humana, o que está pleno de implicações políticas, e filosófico-políticas. Mas fá-lo quase como num diário de viagens.

O primeiro é uma síntese da vastidão e complexidade do pensamento de Teilhard, e pelo próprio título se aproxima dessa grande interrogação, o Homem, que procura elevar, caminhando para a convergência, apesar de boa parte dos seus e nossos contemporâneos ainda não serem modernos.

Por vias diferentes, ambos pretendem de algum modo reencontrar esse paradigma perdido, como à natureza humana chamaria Edgar Morin (1921) logo em título de livro (1973).

E esse paradigma perdido não é apenas da ordem da ontologia ou de uma antropologia fundamental. É algo de quotidiano, de corrente, de visível. O Homem desumaniza-se nos tempos atuais. E um dos fatores dessa infra-humanização é a "tirania do dinheiro" e o trabalho dementador e alienante, tanto público como privado. Como afirma Edgar Morin no seu manifesto *Se Eu Fosse Candidato*:

> Reformarei, também, as administrações públicas e estimularei a reforma das administrações privadas. A reforma visa desburocratizar, desesclerozar, descompartimentalizar e dar iniciativa e leveza (agilidade, destreza) aos funcionários públicos, oferecer cuidado atencioso a todos os que devem enfrentar o trabalho quotidiano nos escritórios. A reforma do Estado far-se-ia não por aumento ou supressão de empregos mas por modificação da lógica que considera os humanos como objetos submetidos à quantificação e não como seres dotados de autonomia, de inteligência e de afetividade. (*Se Eu Fosse Candidato*: http://edgarmorin.sescsp.org.br/arquivo/default.asp)

20

ROLAND BARTHES E AS MITOLOGIAS

> *A Literatura não mais é apoiada pelas classes ricas (...).*
> *Quem sustenta a Literatura? Vós e eu. Quer dizer, as*
> *pessoas sem rendimentos. A Literatura é sustentada por*
> *uma clientela de desqualificados. Nós somos exilados so-*
> *ciais e trazemos a Literatura nas nossas magras bagagens.*
> Roland Barthes

1957 é a data da aparição do volume de ensaios e/ou crónicas *Mitologias*, de Roland Barthes, figura emblemática da semiótica. O contributo da semiótica já foi considerado como o de uma *ciência de substituição*, mas, independentemente de novas disciplinas obnubilarem algumas das antigas (como, neste domínio, *v.g.*, a filologia), o certo é que abrem novas avenidas da mente, e novas possibilidades de exploração. Além de o empreendimento geral da semiótica ser desconstrutor e desvendador, o que é instrumento importante de análise e até de libertação política, Barthes não deixa de desenvolver, aqui e ali, um discurso mais claramente politizado. Há nas *Mitologias* sobretudo uma crítica da sociedade burguesa e do consumo, do "nem-nem-ismo" meias-tintas de alguns políticos, que pretendem a todos agradar, ou traçar sempre uma bissetriz de todas as mais adversas posições, e revela-se-nos finalmente um novo operador interpretativo, a que Barthes chama *ex-denominação*. Pelo qual algumas políticas procuram escamotear a sua própria realidade, a sua própria essência. Em tempos de grande apoteose da esquerda nos *media* e na intelectualidade, essa auto-ocultação, feita de algum complexo, cabia sobretudo às direitas. A ideia é suscetível de desenvolvimento sociológico, psicológico e até já histórico-político, e faz lembrar a certeira (embora talvez um tudo-nada exagerada) invetiva de Alain segundo a qual os políticos que dizem que *não são de direita nem de esquerda* já se sabe que *são*, realmente, *de direita*. Aí estaria, assim, em muitos casos, a ex-denominação em ação...

Apesar de Barthes se dizer "um mau sujeito político" (*Roland Barthes por Roland Barthes*, 1975), tem quase sempre uma leitura política subjacente ao seu discurso, e, por vezes mesmo, um verbo pan-politizado e pan-político. Desde logo, quando afirmou, precisamente na sua aula inaugural no Collège de France (1976), que a linguagem é fascista. Porque "obriga a dizer", sabemos. Mas disse-o. E pensou-o. O volume IV dos *Inéditos* (trad. portuguesa, São Paulo, Martins Fontes, 2005) guarda preciosos artigos e cartas com valor político e até filosófico-político, como *As Revoluções Obedecem a Leis?*, ou *Sou Marxista?*

E depois, praticamente cada página de *Mitologias* (em ed. portuguesa com prefácio de José Augusto Seabra [1937-2004]) é uma janela aberta de novas claridades sobre os preconceitos do nosso quotidiano. Essa hercúlea e subtilíssima tarefa de nos arrancar à caverna da aceitação acrítica da ideologia burguesa do dia-a-dia, com a sua "naturalidade" indutora de conformismo, é um limpar saudável dos estábulos de Augias. Abrindo caminho a outras formas de pensar, outras possibilidades de agir. Logo, uma tarefa micropolítica da maior envergadura. Votada à política que quase se não pressente, mas permanece, e nos determina surdamente.

Iluminam a personalidade Barthes e a sua obra estes dois livros: um biográfico, e um ficcional. O primeiro é de Louis-Jean Calvet, *Roland Barthes*, trad. port., São Paulo, Siciliano, 1993. O segundo, de Éric Marty, *Roland Barthes, o ofício de escrever*, trad. port., Rio de Janeiro, Difel, 2009.

21

GUERRA FRIA, TECNOCRACIA, HERMENÊUTICA: DE JASPERS A GADAMER

Anões no que respeita à verdadeira via, Golias da téc-
nica – e, por isso, gigantescos na crítica, na destruição,
a missão que lhes cabe, sem que eles o suspeitem. De
uma clareza e de uma precisão pouco comuns em to-
das as relações mecânicas; claudicantes, degenerados,
desconcertados logo que se trate de beleza e de amor.
Ernst Jünger

Às sequelas da II Guerra Mundial se vai suceder a guerra fria, que, na realidade, só terminará em 1991, com a extinção da União Soviética. Em 1958, o filósofo alemão Karl Jaspers (1883-1969) publica *A Bomba Atómica e o Futuro do Homem*, eco da preocupação geral, e que se prolongaria, com essa "paz armada" e garantida pelo medo do holocausto nuclear, definitivo. Jaspers propõe o reencontro da filosofia e da política, projeto cada vez mais distante da concretização com a subida ao poder dos ideólogos primeiro (que não são, de modo algum, filósofos) e dos burocratas e tecnocratas depois. Mas a consciência do perigo de dar o poder a quem não tem o saber é já grande, e essa questão envolve consigo o próprio problema da democracia, rebaixada a mera técnica na sociedade técnica de massas que é a nossa (como entre nós advertiu Rogério Ehrhardt Soares (1925-2013), em *Direito Público e Sociedade Técnica*, 1969, oportunamente reeditado em 2008, com prefácio de J. J. Gomes Canotilho). Ora a democracia técnica, sem ética, sem filosofia, sem sabedoria, é meio caminho andado para a tirania totalitária, diretamente, ou pela via da demagogia e da anarquia, como já tinham visto os clássicos, e desde logo Aristóteles. E diz também um belo e agudo texto de Ernst Jünger (1895-1998):

> Alheios às línguas antigas, ao mito grego, ao direito romano, à Bíblia e à ética cristã, aos moralistas franceses, à metafísica alemã, à poesia do mundo inteiro. Anões no que respeita à verdadeira via, Golias da técnica – e, por isso, gigantescos na crítica, na destruição, a missão que lhes cabe, sem que eles o suspeitem. De uma clareza e de uma precisão pouco comuns em todas as relações mecânicas; claudicantes, degenerados, desconcertados logo que se trate de beleza e de amor. Titãs de um só olho, espíritos das trevas, negadores e inimigos de todas as forças criadoras (...). Ignorantes do poema, do vinho, do sonho, dos jogos, e desesperadamente prisioneiros das heresias de ridículos arrogantes. Mas todavia têm o seu papel a desempenhar. (*Apud* Pascal David, "Avant Propos" a Walter F. Otto, *Essais sur le Mythe*, Mauvezin, 1987: VIII)

Preocupações epistemológicas e metodológicas (e fundamentalmente hermenêuticas) são já as de Hans Georg Gadamer (1900-2002) no seu *Verdade e Método* (1960). A busca do sentido tem sempre uma afinidade com as matérias filosófico-políticas. Até pelo facto de terminar refletindo sobre a língua como experiência do mundo, e, mesmo ao final, sobre a universalidade da hermenêutica, sendo a língua o ponto de encontro entre o eu e o mundo. Mas, além de outras, nesta obra central, Gadamer desenvolve também grandes fundamentos para uma hermenêutica jurídica, da maior importância, e cujo significado considera "exemplar". Até na medida em que é a hermenêutica jurídica a única solução ainda legalmente consentida para institucionalmente se poder fugir ao *dura lex sed lex* do nu poder, desde que este manifeste em normas interpretáveis os seus ditames. Se a metáfora, como dizia Jorge Luis Borges (1899-1986), prospera com a censura, a hermenêutica é a grande janela aberta, a arejada saída do concentracionário, seja ele totalitário, autoritário, ou simplesmente tecnocrático. Gadamer deseja insistir, quase ao terminar este livro, na sua aposta nas virtualidades de uma disciplina de questionamento, e tem razão. Mas não deixa de assinalar que a compreensão está sujeita ao preconceito. Ora o preconceito, que se chega a intrometer na própria interpretação, e desde logo na mais simples leitura do real, é um dos grandes obstáculos a uma filosofia política, e mesmo a uma simples (mas tão difícil) "boa política".

22

OUTROS PODERES E MICROPODERES: MICHEL FOUCAULT

(...) a questão política não é o erro, a consciência alienada
ou a ideologia; é a própria verdade.
Michel Foucault

Perante um ambiente intelectual ainda muito imbuído das certezas do marxismo (mesmo apesar das suas desilusões – mas sempre no seu registo e no seu horizonte), é antes no lado "lunar" e "dionisíaco" de uma inspiração nietzschiana que Foucault colherá a sua inspiração. E o radicalismo impiedoso das suas análises cura, ao arder no corpo das nossas certezas. Ou, se não cura, pelo menos esclarece. E essa pode ser a cura possível, a da lucidez.

Em 1961, Michel Foucault (1926-1984) publica *História da Loucura na Idade Clássica*. O autor, de uma família de médicos, lembra, poeticamente, que nas suas veias corre a prática do bisturi. Começara pela clínica, trabalhando num hospital psiquiátrico, e só depois enveredaria pela filosofia e áreas afins. Este livro resulta da sua tese de doutoramento de Estado. Se continua válido o aforismo académico segundo o qual ninguém se torna célebre pela sua tese de doutoramento (havendo que trabalhar muito, muito mais para além dela, ou independentemente dela), neste caso há um valor simbólico neste estudo. É uma verdadeira tese, e marca algumas ruturas epistémicas que o autor aprofundará ao longo de toda a sua obra. Politicamente, um novo olhar, para mais historicamente baseado, sobre os desvios, e desde logo o desvio da anomalia mental, pela sua radicalidade, pode ser profundamente perturbador das bases em que uma sociedade se constrói, se reproduz e se vê ao espelho. Porque só a partir do século XVII os loucos vão ser confinados, encarcerados, silenciados? A naturalidade da sua sorte contemporânea fica imediatamente posta em causa com o simples uso deste método "genealógico". E não olvidemos que a par dos loucos se encarceram outros, os "marginais" e marginalizados em geral – em razão do desfavor da fortuna, da incerteza da residência, da orientação sexual, do estilo de vida, etc. E compreende-se assim também como outra das paixões de Foucault, além da clínica (veja-se ainda, *v.g.*, *Nascimento da Clínica*, 1963), será a prisão (*Vigiar e Punir*, 1975), ela também longe de ser um fenómeno universal e eterno, e outra ainda a história da sexualidade (*História da Sexualidade*, 1976-1984, 3 v.), em que se detetam três estratégias de poder: histerização feminina, pedagogização infantil e psiquiatrização do desvio. Tudo, assim, no mundo dos limites da "normalidade" do mundo social. Mas tudo também nos limites de uma sua *normalização*. Porque a prisão e o hospício (e o convento – v. também Erwin Goffman, *Asylums*, 1961) são solidários com a fábrica e a escola, e todos eles com o quartel. Numa ideologia comum de formatação, acantonamento, vigilância e punição, que se metamorfoseia mas persiste. E em que, em todos os casos, não temos sujeitos autónomos, mas seres-objetos que desempenham papéis que previamente se encontram traçados e lhes são simplesmente distribuídos. O dar-se conta das múltiplas e dominantes estruturas conformadoras e repressivas leva a encarar o poder de uma forma diferente: perdendo o seu sentido centralizador e ainda dador de sentido (e talvez até mais dador de sentido quanto mais totalitário), para se tornar, de novo, uma estrutura complexa, que a si mesma se alimenta, mas sem qualquer conteúdo ou transcendência, ou seja, o poder-tecnologia, o poder apenas autossubsistente, funcionalizador dos outros, e, hoje em dia, cada vez mais um biopoder, reificador das pessoas e funcionalizador das pessoas como corpos.

A primeira aportação para a filosofia política de Foucault tem a ver, liminarmente, com o problema do sujeito e da subjetividade. A política costuma ser terreno de voluntarismos e tranquilas certezas sobre o Homem e a sua identidade. A questão do ver-se mais profundamente ao espelho não se coloca, em geral, aos filósofos da política. E aí mais uma razão para não nos encerrarmos, solipsistas, na simples "especialidade" dos autores "da área". Pois Foucault em grande medida faz passar o sujeito a objeto, o protagonista (na política há tantos protagonistas, ainda que efémeros cometas) a figurante, "comme à la limite de la mer un visage sur le sable" (*As Palavras e as Coisas*, 1966). Recusando à partida os universais antropológicos, recusando a ordem, o próprio sentido na malha e na trama histórica, e a mão humanizadora que conferia inteligibilidade e coerência, é uma revolução de sentido que opera: uma revolução em que o próprio sentido está em causa. Apesar de o seu empreendimento acabar por ser sempre, por si mesmo, manifestação dessa vontade de poder (política) de compreender, e, assim, dar sentido.

Se as várias investigações de Foucault são todas contributos para a alteração da nossa imagem do Homem, da sociedade e do poder (e uma política inspirada nas suas ideias penais e de desvio seria um empreendimento, pelo menos utópico, deveras interessante), algumas sobressaem especificamente com aportações mais imediatas no plano filosófico-político.

Assim, Foucault vai contribuir mais diretamente ainda para o debate filosófico-político no domínio de uma compreensão mais profunda do jurídico, e uma análise mais subtil do poder.

No primeiro domínio, a arqueologia que desenvolve em *A Verdade e as Formas Jurídicas* (conferências no Rio de Janeiro em 1973), leva-nos a repensar as instituições jurídicas, com recurso a profundas investigações históricas passadas pelo crivo da análise. Não se trata apenas, evidentemente, da prisão (cujo *panoptikon* benthamiano é o símbolo; mas acrescentemos que dele não andam afinal longe o "palácio de cristal" de Sloterdijk, ou... o televisivo *big brother* e o *shopping center*), tema a que volta, mas as instituições mais arcaicas, como o juramento e a prova, que saborosamente relembra recuando aos poemas homéricos. Será ainda no Brasil que (apesar de todo o seu ceticismo relativamente à "filosofia triunfante" iluminista e nessa senda) proclamará a legitimidade da defesa dos direitos humanos, sem que haja endosso legitimador (por exemplo, do povo) para tanto: "Quem portanto nos delegou esta missão? Ninguém. E é isso, exatamente, que constitui o nosso direito", *in* "Diante dos governos, os Direitos do Homem", *in Direito, Estado e Sociedade*, Rio de Janeiro, n° 2, p. 77, 1993. Parece que insiste nessa auto-legitimação das ideias que valem por si: precisamente porque não tem mandato é que tem legitimação. É uma perspetiva claramente em rutura com a corrente, que sacrifica até a razão à massa. E lembra-nos a defesa da verdade contra os tiranos, em Arendt.

Grande contributo de Foucault é o da análise do poder com malha fina, a microfísica do poder (título homónimo, 1977), e que poderia resumir, no plano da teorização política, toda a sua obra. Na verdade, não é o poder externo, "macro-", verbalizado e assumido, o do Estado e suas instituições reconhecidamente "políticas" o mais determinante (e aqui quase recordaríamos a intuição de Gramsci, contudo ainda muito centrado em análise "macroscópica"), antes a malha vasta de dominação "quotidiana" e aparentemente "natural" que "na sociedade" se tece (e aqui recordemos as *Mitologias* de Barthes). Há, assim, além do direito, da violência, do contrato e da repressão, como que uma outra normatividade, uma outra compressão (como diria Bertolt Brecht – 1898-1956 – das margens do rio que comprimem as suas violentas águas), outros sinalagmas e diversas punições a nível microscópico e transversal dos agregados humanos. Avulta, aqui, também, esse mesmo "poder disciplinar" cujo fundo obscuro necessita de desocultação, para propiciar libertação. Poder disciplinar que, por analogia, podemos ver com manifestações, por vezes as mais perversas, nos subpoderes autocráticos que proliferam nas democracias técnicas, democracias apenas a nível superestrutural do Estado central com seus poderes visíveis e mediáticos.

O programa político-filosófico de Foucault seria por ele próprio apresentado, no final do primeiro capítulo da coleção de estudos *Microfísica do Poder* (ed. port., 18ª ed., Rio de Janeiro, Graal, 1979, org. e trad. de Roberto Machado, aqui ligeiramente adaptada, p. 14):

> Não se trata de libertar a verdade de todo o sistema de poder – o que seria quimérico, na medida em que a própria verdade é poder – mas de desvincular o poder da verdade das formas de hegemonia (sociais, económicas, culturais) no interior das quais ela funciona presentemente.

> Em suma, a questão política não é o erro, a consciência alienada ou a ideologia; é a própria verdade.

É que para Foucault se deve operar uma revolução na filosofia política: em vez de perguntarmos sobre as formas como pode um discurso de verdade colocar limites jurídicos ao poder, o problema seria outro: como as relações de poder afinal tecem argumentos jurídicos para produzir "discursos de verdade"? (cf. *Soberania e Disciplina*, discurso no Collège de France, 1976). E colocada assim a questão, é todo um edifício que cai em escombros.

No ano 1962, do outro lado do Atlântico, é de uma outra conceção de liberdade que se trata, como vimos: Milton Friedman (1912-2006) publica *Capitalismo e Liberdade*. Como a problemática de Foucault era mais profunda!

23

THOMAS KUHN E EMMANUEL LEVINAS

Deus que vela a sua face não é, pensamos, uma abstração de teólogo nem uma imagem de poeta. É a hora em que o indivíduo justo não encontra nenhum recurso exterior, em que nenhuma instituição o protege, em que a consolação da presença divina no sentimento religioso infantil se nega também, em que o indivíduo apenas pode triunfar em sua consciência, ou seja, necessariamente no sofrimento.
Emmanuel Levinas

Nesse mesmo ano 1962, Thomas Samuel Kuhn (1922) dá à estampa *Estrutura das Revoluções Científicas*, que metafórica e metodologicamente pode ter influência na nossa disciplina, e que explicou a sucessão não dialética dos paradigmas científicos (como poderia ocorrer com as filosofias políticas). A receção real de Kuhn é menor que o mimetismo não consciente, visível no uso e abuso da expressão (não do conceito) "paradigma".

Por exemplo, nas ciências jurídicas, a ideia de paradigma está presente em poucos autores, e curiosamente pode ver-se antes em estudos mais coincidentes que influenciados, como na análise da evolução do direito penal, em Winfried Hassemer (1940). Com efeito, as teorias penais são mais esquecidas que refutadas, sedimentando-se e sendo substituídas por fenómenos que nos atreveríamos a considerar como "voga". Assim, desde logo, a "fortuna" da teoria finalista da ação, caída fora de moda e nada mais.

O mesmo ocorre com as teorias políticas, e com as ideias filosóficas. E por isso é que *everything old is new again*, ou, como gostava de dizer o filósofo do direito Michel Villey (1914-1988), todas as ideias (filosóficas) são de todos os tempos. Em Portugal, o diálogo de Villey deve-se sobretudo a Mário Bigotte Chorão (1931), contudo certamente mais personalista que o autor.

Emmanuel Levinas (1905-1995) publica o profundo ensaio *Da Evasão*. Levinas, tendo sofrido a sua condição de judeu de forma particularmente aguda, desenvolve uma filosofia de olhar o rosto do outro, e de responsabilidade pelo outro, no reconhecimento da sua dignidade, sem esperar contrapartida. O seu contributo filosófico político implícito é grande, mas podem mesmo considerar-se trabalhos de filosofia política explícita, como o artigo na *Esprit* "Algumas reflexões sobre a filosofia do hitlerismo", de 26 de fevereiro de 1934, a recensão "A essência espiritual do antissemitismo segundo Jacques Maritain" (1938), a que seguirão vários escritos sobre o antissemitismo, e mais tarde sobre a laicidade e Israel, em obra coletiva sobre a laicidade, dirigida por A. Audibert (1960). A reflexão sobre a norma e até sobre a juridicidade, a partir da sua formação judaica, é muito rica, designadamente em *Quatro Leituras Talmúdicas* (1968) e *Novas Leituras Talmúdicas*, um dos seus últimos trabalhos, póstumo (1996).

24

HABERMAS E LUHMANN

(...) o bom nome de um intelectual, se é que ele existe, não se
baseia em primeiro lugar na celebridade ou notoriedade, mas
numa reputação, que o intelectual deve ter adquirido entre
os seus pares de profissão, seja como escritor ou como físico
(de qualquer modo, em alguma especialidade), antes de poder
fazer um uso público desse saber ou dessa reputação. (...)
O intelectual não deveria usar a influência ganha com
palavras como meio de conquista de poder. Não deveria,
portanto, confundir "influência" com "poder". Mas
ainda hoje, nos talk shows, o que poderia distingui-lo
dos políticos, que há muito tempo se servem do pal-
co da televisão para uma concorrência intelectual em
busca da ocupação de temas e conceitos influentes?
Jürgen Habermas

Ainda em 1962, aquele que viria a ser o mais celebrado e prolífico patriarca da nova Escola de Frankfurt, Jürgen Habermas (1929), publica *Mudança Estrutural da Esfera Pública*, em que primacialmente se dedica à análise da opinião pública no conjunto ideológico de aparelhos políticos da sociedade burguesa.

Autor consagrado e vivo, escreve abundantemente sobre o conjunto das ciências sociais e da Filosofia, com explícitas reflexões no domínio político (*v.g.*, *Problemas de Legitimação no Capitalismo Tardio*, 1973; *Debate sobre a Justiça Política*, com Rawls, 1997;

A Constelação Pós-Nacional, 1988; e até estudos sobre o "futuro da esquerda"), que lhe valeram não poucos problemas na carreira académica. Habermas reflete, naturalmente, sobre alguns traços da sua formação (pós- ou neomarxista frankfurtiana, desde logo), mas supera-a, num não-pessimismo e não-positivismo, além de, de algum modo, retomar o Iluminismo, cujo projeto teria ficado inacabado. Mas não deixa de criticar à hermenêutica uma função conservadora. Embrenhando-se pelos meandros da linguagem e da comunicação, é nelas que vai encontrar a solução possível para as árduas questões da legitimidade, por uma forma de consenso social, ligada à discursividade, proposta numa *teoria da ação comunicativa*.

Grandes intuições por vezes escondem-se-lhe sob a massa enorme da sua produção. Por exemplo: discutindo, com base em dados históricos e de comentadores de vulto, desde Max Weber a Savigny, as relações entre direito, moral e política – nas suas "Tanner lectures" (1986) –, dá como resposta final à velha angústia de Kelsen sobre a purificação jurídica: "Não existe um direito autónomo sem uma democracia realizada". O que, de novo, remete para a politização, ao menos contextual, do Direito.

Para além da questão da legitimidade e do ponto de apoio da ordem social (que haveria de cotejar com a teorização de Rawls, desde logo), a problemática do consenso é também das que tocaram outro autor alemão, Niklas Luhmann (1927-1998), este vindo do terreno ideológico menos à esquerda. Para este último, a legitimação obtém-se igualmente de uma maneira formal, pelo devido procedimento, afinal pelo que poderíamos chamar uma ritualização secularizada (*Legitimação pelo Procedimento*, 1969). O autor, de grande importância também na sociologia alemã, e especificamente na sociologia jurídica (*Sociologia do Direito*, 1972) não deixa de, de alguma forma, "responder" à crença de Habermas nas virtualidades comunicativas, com um impressionante pequeno grande livro, *A Improbabilidade da Comunicação* (1992), que poderíamos associar aos receios (até de perda da linguagem humana significativa) manifestados pelo Nobel da Medicina Konrad Lorenz, um dos pais da etologia, como já veremos.

25

KONRAD LORENZ E RENÉ GIRARD

*O segredo do sucesso, nos negócios como no amor, é a
dissimulação. É preciso dissimular o desejo que se sente, é
preciso simular o desejo que não se sente. É preciso mentir.*
René Girard

Konrad Lorenz (1903-1989) faz coroar os seus estudos etológicos (vindos já de *Er
redete mit dem Vieh, den Vögeln und den Fischen*, de 1952 – como então os cientistas naturais
colocavam nas suas obras títulos *franciscanos* é coisa que nos deve maravilhar) em 1963
com *Das sogenannte Böse. Zur Naturgeschichte der Aggression*, outro título impressionante,
de grandes consequências éticas. Aliás, ao afirmar o ritualismo de toda a arte (arte ao
serviço dos ritos, logo, ao serviço de poderes), Lorenz poderia tê-lo feito também para
a política, confluindo, assim, com Luhmann.

Lorenz sintetiza algumas das suas posições mais explicitamente políticas em *Os
Oito Pecados Mortais da Civilização* (1973), onde trata sucessivamente da superpopulação,
da devastação do espaço vital, da competição contra si mesmo, da indiferença mortal,
da decadência genética, da rotura da tradição, da doutrinação, e das armas nucleares.
De todos, certamente, o mais intrigante é o alegado "pecado" da decadência genética.
Lorenz teme, com efeito, que a crescente infantilização e o aumento da criminalidade
juvenil sejam manifestações de decadência genética. E dá um conselho que talvez
pareça surpreendente, retomando, segundo confessa, uma "velha anedota judaica": "É
suficiente que, no momento da escolha dos cônjuges, não se olvide a condição simples
e evidente: a esposa deve ser *honesta* – e ele, não menos" (*apud* trad. port. de Artur
Morão, Lisboa, Litoral, 1992: 61). Mas parece hoje claro que a *honestidade* pode também
ser vista como um conceito indeterminado... Ignoramos até que ponto um qualquer

conceito de "honestidade", ainda que apenas pressuposto, possa intervir nas escolhas atuais, sobretudo dos menos afeitos a tradições, valores e virtudes...

A etologia redefine e parece conferir um apoio científico-natural a algumas posições menos idealistas sobre a vida social e a política, com consequências irrecusáveis na própria ideia de natureza humana, que teria muito de comum com a animal. O carácter instintivo da agressividade, da territorialidade, da hierarquia e do gregarismo (na luta contra um inimigo comum, pela defesa de território comum), entre outros, lançam uma outra e cortante luz sobre os fenómenos da propriedade privada (considerada direito positivo e não natural até por um São Tomás de Aquino), concretização individual(ista) do instinto territorialista, e da solidariedade possível. A agressividade parece ser uma constante, só apaziguada pela aliança contra um inimigo comum, donde o próprio amor seria uma partilha de ódios comuns.

Solidária desta ideia de agressividade é a de bode expiatório, com um papel importante no pensamento de René Girard (1884-1978), que em 1982 publicará precisamente *Le Bouc Émissaire*, desenvolvendo a teorização sobre as pulsões sociais profundas que tinham sido objeto de *A Violência e o Sagrado* (1972), obra em que não deixam de poder ver-se fios de afinidade com as regularidades etológicas. Com efeito, Girard funda a violência na cobiça do que é alheio, logo, num instinto proprietarista/territorialista que nem sequer se funda na raridade económica, mas num desejo mimético simbólico – aproximando-se da teorização da "comparação invejosa" de Thorstein/Tosten Veblen (1857-1929), em *The Theory of the Leisure Class* (1899). A mitologia e o sagrado, que se diriam, em termos marxistas, superestruturas, e, em termos psicanalíticos, sublimações, deverão encarregar-se de transmutar essa inveja primordial em ritual e sacrifício. Mais tarde, Girard, no seu *Coisas Escondidas desde a Fundação do Mundo* (1978), considera que o sacrifício de Jesus, vítima sem culpa, destrói e desmonta o círculo da violência e a mitologia da expiação anteriores, numa revolução possibilitadora de novas relações interpessoais. Mas nos anos 60 ainda são as ideias de violência e agressão a imperar. E se as ideias pairassem nos ares do tempo, qual *Zeitgeist*, compreender-se-ia melhor que, em 1965, mas com génese anterior, como é óbvio, Freund tivesse certezas sobre o amigo e o inimigo, na sua já referida *A Essência do Político*.

As ideias de Girard sobre violência, sagrado, ritual e afins não podem deixar de cotejar-se com intuições primeiras de Freud, naturalmente, além de autores como Teixeira Rêgo (1881-1934), sobretudo em *Nova Teoria do Sacrifício* (1918), e mesmo María Zambrano (1904-1996), *v.g.*, em *Pessoa e Democracia* (1958).

26

ANTES E DEPOIS DE MAIO DE 68

Durante aquelas semanas tive – tivemos – o sentimento
de estar no centro do mundo, de olhar o sol de frente e de
lançar sementes de futuro.
Fernando Pereira Marques

Tal como para Foucault e outros pensadores contemporâneos de formação médica inicial, o sujeito não é evidente para Lacan (1901-1981), ele também médico e psiquiatra, e propondo, por seu turno, um retorno a Freud (1856-1939), aproveitando, entretanto, aportações sobretudo linguísticas e estruturalistas, e inclinando-se numa última fase para uma tentativa de matematização da psicanálise.

A partir de estudos da perceção e do comportamento da criança se poderia aquilatar uma aprendizagem do "eu", através da metáfora do espelho – autognose e especulação. A publicação do portentoso volume dos *Escritos* (1966) de Lacan levaria a sua sedução para fora dos anfiteatros académicos, onde pontificava (há fotografias e gravações impressionantes). Vende 5.000 exemplares em quinze dias, e ao todo mais 50.000 em trinta anos. A publicação, a partir de 1973, dos seus *Seminários*, reforça a aura da oralidade do "mestre". Contudo, alguns dos seus aforismos "provocadores" (tais como "a mulher não existe") valer-lhe-iam críticas feministas e femininas, embora mais tarde tenha havido uma recuperação ou reinterpretação desta parte da obra de Lacan. A propósito de Lacan se colocou também a questão do próprio poder da psicanálise. Na verdade, falar em biopoder e olvidar a possibilidade (e a realidade: afinal apenas na sua génese identificada pelos clássicos de Foucault) de um psicopoder seria deixar a análise pela metade.

E não eram as equipas *psico-sociais* e a *agit-prop*, ou o *marketing* político, e afins, formas de exercício de condicionamento (logo, poder), com base em elementos psicológicos e afins? Até que ponto as mil e umas formas de hipnose não terão aplicação coletiva, e desde logo mediática? Teoria da conspiração? Recuemos ao séc. XVIII (*v.g.*: R. Darnton, *La fin des Lumières*, Paris, Perrin, 1984).

1966 é um ano de triunfo do estruturalismo. Não apenas Lacan, mas Foucault, com *As Palavras e as Coisas*, a *Crítica e Verdade*, de Barthes, sem esquecer a *Teoria da Literatura* de Todorov (1939). No ano seguinte, Guy Debord (1931-1994) lança a primeira edição de *A Sociedade do Espetáculo*, essa "guerra do ópio permanente", e cujo título é uma síntese certeira da nossa civilização presente. É, mais uma vez, a problemática da alienação. No final do seu prefácio, na edição de 1992, o autor adverte: "É preciso ler este livro tendo em mente que ele foi escrito com o intuito deliberado de perturbar a sociedade espetacular. Não exagerou nada" (trad. de Estela dos Santos Abreu, Rio de Janeiro, Contraponto, 9ª reimp., 2007: 12).

A alienação está igualmente no cerne da sociedade de consumo, já denunciada em 1968 pelo filósofo, sociólogo (e também fotógrafo e letrista) Jean Baudrillard (1929-2007) no seu *Sistema dos Objetos*, que se prolongará em *A Sociedade de Consumo* (1970), e muitos outros, desde logo *Para uma Crítica da Economia Política do Signo* (1972) e o denso *A Troca Simbólica e a Morte* (1976). Em 1992, publicará *A Ilusão do Fim ou a Greve dos Acontecimentos*, num registo muito mais subtil e radical que o de Fukuyama, aliás: não é a História que chega a um fim, é como que o seu próprio fim... Mas não deixará de comentar a guerra do Golfo e o 11 de setembro, eventos de uma história *quente*, para relembrarmos a dicotomia de Lévi-Strauss.

No mesmo ano 1968, Georges Dumézil (1898-1986) publicará o primeiro volume do seu monumental *Mito e Epopeia* (3 v., 1968-1973), dois termos em si já profundamente políticos, que de forma erudita nos ajuda a compreender as relações do mito com aquele género literário, mas, mais ainda, nos revela, em concreto, a ideologia trifuncional dos indo-europeus, que será uma das suas diuturnas estruturas discursivas (e decerto paradigma). Ora esse pensar, *grosso modo*, em soberania, guerra e produção, em clero, nobreza e povo, em *Júpiter, Marte e Quirino* (como na obra homónima, reunindo textos publicados entre 1941 e 1948) é uma dessas estruturas do imaginário, que, não sendo tão fundas quanto as antropológicas – recordemos o livro de 1960, de Gilbert Durand, *As Estruturas Antropológicas do Imaginário* (1921) – serão pelo menos "as" indo-europeias. Evidentemente, os estudos deste filólogo comparatista não deixariam de perturbar. Estudioso de temática "perigosa" ou "suspeita", é expulso da universidade por ser maçom, em 1941, e mais tarde acusado de simpatias nazis. Dessas polémicas surge o sugestivo livro de Didier Eribon *Faut-il brûler Dumézil?*, que refuta as últimas suspeitas de que foi alvo. Dumézil esteve no horizonte mental de Foucault e de Lévi-Strauss, pelo menos nos seus primeiros trabalhos, e na trifuncionalidade se funda um Georges Duby (1919-1996) em obras como *As Três Ordens ou O Imaginário do Feudalismo* (1978) e *O Cavaleiro, a Mulher e o Padre* (1981). Mas o estudo mais clássico sobre os indo-europeus será ainda o do linguista Émile Benveniste (1902-1976), que em 1969 publicará os dois fascinantes volumes do *Vocabulário das Instituições Indo-Europeias*. A questão indo-europeia continua polémica e enigmática, como o atesta, entre muitos, *Arqueologia e Linguagem. O "Puzzle" das Origens Indo-Europeias* (1987), de Colin Renfrew. E a questão já tinha despertado a atenção até do célebre jurista Jhering.

TENSÕES E BALANÇOS: DE CHOMSKY A LUC FERRY E COMTE-SPONVILLE

O que é um justo? É alguém que põe a sua força ao serviço do direito, e dos direitos, e que, decretando nele a igualdade de todo o homem com todo o outro homem, apesar das desigualdades de facto ou de talentos, que são inúmeras, instaura uma ordem que não existe, mas sem a qual nenhuma ordem jamais poderia satisfazer-nos. O mundo resiste, e o homem. Portanto, é preciso resistir-lhes – e resistir antes de tudo à injustiça que cada um traz em si mesmo, que é cada um. É por isso que o combate pela justiça não terá fim.
André Comte-Sponville

Os livros simbólicos dos anos seguintes oscilam entre as direitas e as esquerdas, os socialismos e os capitalismos, o Estado e a sociedade.

Em 1969, o linguista Noam Chomsky notabiliza-se na sua intérmita luta ideológica com *O Poder Americano e os Novos Mandarins*. Nesse mesmo ano, seguinte ao maio de 68 francês e ano das lutas académicas entre nós, sai um testemunho de uma família de pensamento complexa e vasta, que não vai nada na direção que as coisas levam, antes, de forma esotérica até, se reivindica da tradição: *Revolta contra o Mundo Moderno*, de Julius Evola (1898-1974), desde logo considerando o próprio direito natural anti tradicional e subversivo, e procedendo a uma demolição erudita do "mundo moderno". Em 1964, o autor, nascido na pequena nobreza siciliana, criticara já o fascismo como fenómeno pequeno-burguês (*O Fascismo Visto da Direita, Seguido de Notas sobre o Terceiro Reich*). Definindo-se, porém, como um "superfascista", não desfez a ambiguidade que persiste sobre a sua classificação. Como Evola, vários outros haverá, ao longo do século, que se reivindicam do mundo pré-revolucionário ou de posições anti modernas. O seu pensamento, assim como o de autores conexos, normalmente servido por estilo e mito, exigiria um outro espaço. São certamente mais estudados no âmbito dos estudos "tradicionais" ou esotéricos que na Filosofia Política clássica. Aristocrática, estetizante e pagã será, *v.g.*, também a "nova direita", que teve o seu mais conhecido arauto em Alain de Benoist (1943), com o seu enciclopédico *Vu de Droite: Anthologie Critique des Idées Contemporaines* (1977), em que passa em revista numerosos autores e temas que recupera para a sua *summa*, e não deixa sequer de referir a diferença até entre a gastronomia da direita e da esquerda. Serão todos estes, na sua pluralidade, afinal, o outro lado do espelho da modernidade? Uma espécie de sociológico "grupo-testemunha"?

Voltando ao "fio do século", um dos "nouveaux philosophes" (muitos deles marxistas arrependidos), Jean-Marie Benoist (1942-1990) proclama em título: *Marx está Morto* (1970). Mas é, evidentemente, uma morte muito diferente da que poderiam proclamar os críticos tradicionalistas, ou mesmo da "nova direita". Na mesma corrente (plural) dos "novos filósofos" se integrarão nomes como André Glucksmann (1937) que publica, em 1977, *Os Mestres Pensadores*, criticando o panurgismo (ou "carneirismo") e a hagiografia dos autores marxistas clássicos, assim como Bernard-Henri Lévy (1948), que no mesmo ano fará sair *A Barbárie de Rosto Humano*. Em 1975, Jean-Marie Benoist publica a *Tirania do Logos*, em que não é poupado o carácter autoritário da própria filosofia, quiçá com ecos da intuição kantiana do "ar *grand seigneur* em filosofia". Mas a dialética não para. Numa entrevista de maio 1977, à revista *Minuit*, Gilles Deleuze (1925-1995) dirá que o pensamento dos "novos filósofos" é nulo. Porque procederia por grandes parangonas e associações das mesmas (como "a lei e o rebelde", "o poder e o anjo") e... precisamente "plus le contenu de pensée est faible, plus le penseur prend d'importance, plus le sujet d'énonciation se donne de l'importance par rapport aux énoncés vides". O que parece precisamente retomar a crítica d'*A Tirania do Logos*. Em todo o caso, os "novos filósofos" mais que anticomunistas (como tanto se lhes criticou), revelam uma comum preocupação de retorno aos clássicos nas suas referências e citações...

Se *Uma Teoria da Justiça* (1971) de John Rawls (1921-2002) acaba por ser uma obra central, no seu assumido retomar kantiano e sobretudo na sua moderação política, está rodeada de propostas bem mais radicais. A modéstia assumida pelo autor no seu prefácio contrastaria com o enorme eco, favorável e crítico, que a obra conheceu. Em 1972, em *O Trabalho da Obra, Machiavel*, Claude Lefort (1924) procura justamente reabilitar o secretário florentino, Maquiavel, não deixando de creditar ao seu autor uma sensibilidade à luta de classes, por exemplo. E logo em 1974 surge, como vimos, a réplica libertária a Rawls, de Robert Nozick (1938-2002), *Anarquia, Estado e Utopia*. No mesmo ano, o futuro autor de *A Condição Pós-Moderna* (1979), Jean-François Lyotard (1924-1998), situando-se num marxismo crítico (pertenceu ao grupo Socialismo ou Barbárie, criticando a URSS, mas não se identificando com o trotskismo), publica *Economia Libidinal*, em que advoga como que uma superação quer da opressão quer da atração tanática.

Uma obra de um historiador, J. G. A. Pocock, *The Machiavellian Moment: Florentine Political Thought and the Atlantic Republican Tradition* (1975), vai despertar alguns para os velhos valores republicanos. E também Quentin Skinner (1940), em *Liberdade antes do Liberalismo* (1998), contribuiria para essa consolidação teórica, que, sem prejuízo da cientificidade da História, por força a mitifica também. O neorepublicanismo, por um lado, e a redescoberta dos republicanismos históricos, mais ou menos antigos, são faces de um outro fenómeno político e do pensamento político típico do século XX, mas que certamente se prolongará no futuro: opondo-se não raro esta posição quer aos excessos individualistas do liberalismo conservador, quer ao fragmentarismo social do comunitarismo multiculturalista, numa proposta social moderada e num transculturalismo integrador. No fundo, o "governo das leis e não dos homens" dos clássicos ("livres porque obedecendo às leis"), retomado nos EUA por um John Adams. Na corrente neo-republicana, saliente-se, além dos mais jovens, o irlandês Philip Pettit (1945) autor, entre outros, de *Republicanismo* (1997) e de *Regras, Razões e Normas* (2002). Até a peça de teatro de Savater *Catão. Um Republicano contra César* (1989) poderá latamente ser considerada numa perspetiva da renovação do pensamento republicano. O centenário da implantação da República, em Portugal (2010) foi também ensejo para o redespertar dessa reflexão, com a publicação de obras historiográficas e também historiográfico-teóricas, como a de Luís Salgado de Matos *Tudo o que sempre quis saber sobre a Primeira República em 37 mil Palavras*, Lisboa, ICS, 2010. Contribuímos para o debate com o nosso livro *Para uma Ética Republicana*, Lisboa, Coisas de Ler, 2010. E em 2011 demos a lume: *O Essencial sobre a I República e a Constituição de 1911*, Lisboa, IN-CM, 2011. V. também Rodrigo Silva/Leonor Nazaré (org.), *A República por Vir*, Lisboa, Fundação Calouste Gulbenkian, 2011.

1985 é já tempo para balanços: o filósofo humanista laico, e também republicano (posto que os republicanismos americano e francês tenham as suas diferenças), Luc Ferry (1951) publica *O Pensamento '68*. Ainda a propósito do pensamento dos já clássicos, e com intenções didáticas, o filósofo presta alto serviço, na sua excelente síntese *Aprender a Viver* (2006), que analisa diferentes épocas e correntes à luz de uma tríplice grelha de aproximação: a teoria (inteligência do que é), a ética (sede de justiça) e a sabedoria (busca da salvação). Esta obra torna inteligível a história geral da filosofia ocidental onde muitos haviam falhado, posicionando-se, sem falsear o pensamento dos seus interlocutores. No final da obra, o autor evoca a sua colaboração e amizade com outro filósofo contemporâneo, André Comte-Sponville (1952):

> Tudo nos opunha: tínhamos aproximadamente a mesma idade, poderíamos ter sido competidores. André vinha, politicamente, do comunismo; eu, da direita republicana e do gaullismo. Filosoficamente, ele inspirava-se em Espinosa e nas sabedorias do Oriente; eu, em Kant e no cristianismo. Encontramo-nos e, em vez de nos odiar, como teria sido simples fazê-lo, começamos a acreditar um no outro, quer dizer, não supor, *a priori*, que o outro estava de má fé, mas procurar, com todas as forças, compreender o que poderia seduzir e convencer numa visão do mundo diferente da nossa própria. (Trad. Véra Lúcia dos Reis, Rio de Janeiro, Objetiva, pp. 299-300, adapt.)

Ministro entre 2002 e 2004, Luc Ferry deixou o seu nome ligado aos problemas suscitados pelo uso de símbolos religiosos nas escolas, numa França de legado republicano muito vivo, mas com crescentes "minorias", designadamente muçulmanas.

André Comte-Sponville escreveu belos livros enaltecendo a responsabilidade, e repensando as virtudes para os tempos modernos, como *Pequeno Tratado das Grandes Virtudes* (1995), em que sucessivamente considera a delicadeza ou polidez, a fidelidade, a prudência, a temperança, a coragem, a justiça, a generosidade, a compaixão, a misericórdia, a gratidão, a humildade, a simplicidade, a tolerância, a pureza, a doçura, a boa-fé, o humor, e o amor. Em 2008, foi nomeado membro do comité consultivo nacional de Ética francês. Não esqueçamos que, além dos valores, que, autonomamente ou sob forma de grandes princípios, norteiam hoje o pensamento constitucional, se assiste atualmente a um regresso da reflexão sobre as virtudes políticas, sobretudo por via do pensamento (neo)republicano, até como forma de reação ao vir a lume, por todo o mundo, de inúmeros escândalos de esbanjamento, nepotismo, e corrupção por parte dos poderes.

CONSTITUCIONALISTAS E JUSFILÓSOFOS: DE RONALD DWORKIN E MICHEL VILLEY AO DIREITO FRATERNO

> *Aonde queremos chegar? Na compreensão de que a ideologia da igualdade social é a mais estratégica das ideologias, por ser a igualdade social a necessária ponte entre a Liberdade e a Fraternidade. Sendo esta o ponto ômega ou o pináculo da evolução político-jurídica, tanto quanto o Amor é o ponto mais alto da evolução espiritual.*
> Carlos Ayres Britto

A reflexão constitucional aproxima-se já no século XX cada vez mais da filosófico-jurídica e da filosófico-política. A tal conduz um tendencial esquecimento do direito natural, e o desenvolvimento de jurisdições constitucionais que, no limite, "julgam as leis" de acordo com "valores" jurispolíticos ínsitos nas Constituições. Não são só os Direitos Humanos a nova linguagem do Direito Natural. O Direito Constitucional, entendido como ramo fulcral e irradiador, topo da pirâmide jurídica, acaba por ser uma positivação dinâmica de boa parte das melhores aspirações jusnaturalistas. Cada vez mais se imbricam Direito, Constituição e Política. E as suas filosofias.

Começamos a afastar-nos do tempo das proclamações (e declarações) de direitos como simples *aleluias jurídicos*. Ronald Dworkin (1931) lança em 1977 *Levar os Direitos a Sério*, livro que será determinante de uma muito influente carreira. Entre nós, entrou em diálogo com este autor, logo no próprio título, José Joaquim Gomes Canotilho (1941), no artigo "Tomemos a sério os direitos económicos, sociais e culturais", 1984. Está realmente em causa a efetivação concreta, jurídica, dos direitos, e especificamente dos direitos sociais, que conhecerão reconhecimento crescente, até à viragem neoliberal. A qual, contudo, embora teimando em afirmar-se, sofreria duro revés (até com "conversões" significativas à economia social) com a crise especulativa de 2009-2010.

Numa posição diversa, mais purista e conservadora, se manifesta o filósofo do direito francês de formação histórica e romanista Michel Villey (1914-1988), que, em 1983, contra a maré geral de entusiasmo pelos direitos humanos, publica *O Direito e os Direitos do Homem*, procurando resgatar uma conceção histórica e objetivista do direito, e desligá-lo da política (agora também da política dos direitos humanos), num empreendimento que se diria simétrico ao de Kelsen, na sua gorada *Teoria Pura do Direito*. Brilhante polemista e de sólida formação clássica, Villey era também irónico e tinha *bom perder*: um dia pagou uma garrafa de champanhe a um discípulo que com ele apostara a propósito da existência do direito de vida e de morte sobre os escravos em Roma. Do mesmo modo, numa das suas últimas entrevistas, ao jornal *Le Monde*, não deixaria de, ironicamente ou não, reconhecer que poderia doravante haver fé (ou esperança?) nos direitos humanos a partir do momento em que para eles já havia um tribunal europeu: fiel à sua ideia de que o direito se liga ao litígio e à sua tutela em concreto. Em *O Direito e os Direitos do Homem* desenvolvera a crítica a um paradigma que lhe parece um intruso no corpo ancestral do direito. E contudo, hoje, falar de um sem os outros quase passará por uma heresia aos olhos da opinião pública ocidental.

Os direitos humanos chocaram alguns. E naturalmente mais os grupos mais conservadores e especialmente tradicionalistas, sobretudo em Espanha e na América Latina, mais arreigados a uma particular interpretação ideológico-política de um "tomismo" ideologizado e de um "direito natural" muito identificado com as suas opções ideológicas. Mas decerto mais ainda virão a alterar a visão do direito propostas como a de Eligio Resta, *O Direito Fraterno* (2002), ou de Michele Carducci (1963), *Por um Direito Constitucional Altruísta* (2003), ou, no Brasil, Carlos Ayres Britto (1942), antigo ministro do Supremo Tribunal Federal, que termina a sua *Teoria da Constituição* (2006) com um capítulo a que chama "A Constituição fraternal"... Tudo começa com o desenvolvimento do que chamaríamos uma democracia social, mas logo se proclama a necessidade da Fraternidade. A esperança exala de passos como este:

> Aonde queremos chegar? Na compreensão de que a ideologia da igualdade social é a mais estratégica das ideologias, por ser a igualdade social a necessária ponte entre a Liberdade e a Fraternidade. Sendo esta o ponto ômega ou o pináculo da evolução político-jurídica, tanto quanto o Amor é o ponto mais alto da evolução espiritual. (*Teoria da Constituição*, 3ª tiragem, Rio de Janeiro, Forense, 2006, 1ª ed., 1ª tiragem, 2003: 217)

Apesar de existirem muitas movimentações obscurantistas, que procuram escapismos abstencionistas ou salvações ilusórias, apesar de haver muita ignorância e mesmo assunção de egoísmos, que procuram apagar o legado liberal (veteroliberal), democrático e social, também se nota a emergência de prudentes e esclarecidos juristas e pensadores que sonham com uma sociedade melhor, na linha dos sonhos da Revolução Francesa no que de mais genuíno e puro teve. E que se repercutiram em outras mudanças. Podemos tudo sintetizar num nome e numa reivindicação institucional. O nome é Direito Fraterno Humanista. A reivindicação é a criação de um Tribunal Constitucional

Internacional (v., *inter alia*, além dos citados, Reynaldo Soares da Fonseca, *O Princípio Constitucional da Fraternidade*, Belo Horizonte, D'Plácido, 2019, Yadh Ben Achour / Paulo Ferreira da Cunha, *Pour une Cour Constitutionnelle Internationale*, Oeiras, *A Causa das Regras*, 2017). Há também, nessa confluência de sonhos, realizáveis, a reivindicação da Paz. Cf., por todos, Monique Chemillier-Gendreau, *De la guerre à la communauté universelle. Entre droit et politique*, Paris, Fayard, 2013.

A distância frente à política quotidiana, o "déficit" democrático de algumas das suas instituições, a dimensão burocrática, e alguma inoperância, ou pelo menos lentidão, da União Europeia em lidar com situações críticas (grandes crises financeiras, refugiados, e a pandemia CCovid-19) não afirmaram ainda esta dimensão da política. Alguns temem já que seja, sobretudo para os países do Sul (muitas vezes atacados, caluniados e desconsiderados por alguns políticos extremistas do Norte), um "mau negócio", pela falta de solidariedade quando se revela necessário. Oxalá o sonho Europeu não venha a perecer pelo economicismo e pela miopia política. Não falamos desta dimensão neste livro, porque a repercussão da UE na filosofia do Direito e do Estado não parece ultrapassar o Direito Europeu positivo e as discussões sobre a natureza da mesma, com interesse especulativo geral limitado. (v., por todos, Ferreira da Cunha, *Novo Direito Constitucional Europeu*, Coimbra, Almedina, 2005; Idem, *Repensar o Direito Internacional*, Coimbra, Almedina, 2019). De qualquer forma, há ainda escasso distanciamento para encarar esta realidade, da qual fazemos parte, e nos condiciona.

Não são estas as únicas convulsões na "tribo dos juristas": estudos de direito e sociedade, estudos literários críticos, jurisprudência feminista, renovação da tópica jurídica, e ainda novas orientações históricas, sociológicas e jurisfilosóficas abalam até a *Mitologia Jurídica da Modernidade* (2003), como lhe chamou Paolo Grossi (1933), e a relação do jurídico com o político.

REPENSANDO OS JUSNATURALISMOS

> *Toutes choses y branlent sans cesse:*
> *la terre, les rochers du Caucase,*
> *les pyramides d'Egypte, et du*
> *branle public et du leur.*
> Montaigne, "Du Repentir", *Essais*, III, 2.

I. Como o Cisne de Goethe, ainda o Direito Natural

Uma das matérias que outrora consumia as vigílias dos filósofos do Direito (e não deixava de provocar certamente insónias aos estudantes), e que de algum modo e em alguns círculos (nunca todos, claro) passou de moda é a questão do Direito Natural. Pode dizer-se que tal é resultado já de uma mudança de paradigma.

As mudanças de paradigma, como cremos ter aprendido com o filósofo português contemporâneo Desidério Murcho, são, afinal, esquecimentos e passagens para a ribalta do que se discute em tudo semelhantes à moda.

Seja como for, sob o nome de "Direito Natural", que foi mesmo designação de cadeira universitária durante muito tempo (até há não muitos anos assim chamada em Espanha: e era aí logo a primeira cadeira, em vez da nossa "Introdução ao Direito"), estudaram-se e ensinaram-se, afinal, muitas questões de filosofia do Direito.

Se trocarmos, então, a expressão Direito Natural por Filosofia do Direito (ou até por sistema de Direito ou opinião sobre o direito, nas piores das hipóteses) talvez consigamos compreender melhor como é que sob o mesmo nome se acolheram, durante séculos, as mais díspares teorias. Goethe disse-o para o Direito Romano, mas podia tê-lo dito para o Direito Natural: é como o cisne. Por vezes não o vemos, porque mergulhou no profundo lago. Mas de novo emerge um pouco depois, à superfície, em toda a sua elegância.

Digamos que o paradigma dominante da reflexão filosófica sobre o Direito encaminhou a reflexão deste tipo para a questão de *um direito natural*. Sobre o que fosse, nesse sintagma, "direito" e o que fosse "natureza" ou o "natural" próprio desse "direito" foi – e continua a ser – tema para as mais díspares conceções, e não pacíficas polémicas. Desde logo, o que seja a "natureza" de que se versa nesse Direito natural é algo de muito complexo. O Direito natural não é direito ecológico, verde, de conservação do património natural, etc. – como um dia um interessado jornalista confundia, quando organizámos um colóquio de direito natural...

Em geral, acaba-se por concordar, nesses ou noutros termos, que se trata de um modelo ideal de natureza (natureza como ideal), ou como emanação divina (obra perfeita de Deus? obra perfetível de Deus pela mão humana?), ou identificando a natureza com a razão (uma razão não raro deificada – natureza como Razão), ou porejando essa natureza de eticidade e de valores (natureza axiologizada). Rarissimamente se verá apelar-se para a natureza física (*physis*), essa natureza que, no limite, teria a lei da "luta pela vida", "lei do mais forte", ou "lei da selva".

A verdade é que, em geral, o molde, operador, ou paradigma "direito natural", em si mesmo, se revelou apto a resolver (ou melhor: a esclarecer, a veicular... porque nada se resolve definitivamente nestas matérias aporéticas) muitíssimos problemas que hoje consideramos obviamente da Filosofia do Direito em geral.

Por um lado, o jusnaturalismo esclareceu o próprio problema do ser, da essência, ou da natureza do direito, que em geral foi por ele considerado, ao contrário do monismo dos positivistas, dúplice (ou tríplice – como no caso de Luigi Lombardi Vallauri (1990: 25 *et seq.*), com a existência, a par do natural e do positivo, de um direito "livre" –, mas, de qualquer modo, plural).

Por outro lado, o jusnaturalismo estabeleceu o primado das leis (e mais ainda dos princípios, a partir de um dado momento, sobretudo jusracionalista) superiores, no limite que derivam da divindade, da natureza das coisas, da razão... sobre a legislação positiva, de simples criação voluntarista humana. O jusnaturalismo de São Tomás de Aquino, por exemplo, foi dos primeiros a estabelecer como que uma pirâmide normativa (desde a lei divina às leis positivas, passando por vários degraus intermédios) antes da conceção piramidal positivista-logicista que hoje leva o nome de Hans Kelsen.

Por outro lado ainda, o jusnaturalismo procurou submeter, ao menos teoricamente, o poder (e portanto a política) ao Direito. É esse o sentido da grande narrativa mítica primordial do jusnaturalismo, a de Antígona, que tem em Sófocles a sua formulação canónica, mas que também adquire aportações de relevo na Antígona anti-nazi de Jean Anouilh, e na de António Sérgio, que tem a novidade de colocar o público em diálogo com os atores, sendo que o público também desempenha, afinal, um papel: o de intérprete da peça.

Finalmente (para sintetizarmos), o jusnaturalismo encontrou um diálogo, entre o Direito e a Moral, ou, pelo menos, uma ponte entre ambos, permitindo eventualmente uma linguagem não especificamente "moralista" (ou ao menos aparentemente não moralista) para a entrada de assuntos morais e éticos na reflexão filosófica sobre o Direito. Alguns dirão, porém, que o direito natural não passa de uma camuflagem pretensamente universalista e "civil" para mascarar dogmas morais, ou mesmo religiosos. Mas a esses se poderá responder que é muito triste conceber o Direito só como expressão da força, se se conceber, como alguns nórdicos, por exemplo, que a própria Justiça é uma palavra e não mais que isso, ou que, no limite, é um alfobre de sentimentos mais ou menos "lamechas".

O problema, hoje, é que esta linguagem, este operador teórico, de há muito que deixou de ser usado correntemente (designadamente nos tribunais), foi desacreditado em alguns círculos pelo aproveitamento político que algumas ditaduras e conservadorismos dele fizeram num passado recente, e em todo o caso os seus ideais mais explícitos, para além de complexas teorias sempre diferentes (e nos tempos áureos proliferando em livros como cogumelos nas feiras do livro de Leipzig), acabariam por se condensar nas Declarações de Direitos, e nas Constituições modernas, numa primeira fase. Nos nossos dias, como assinalou Francisco Puy, o direito natural tem uma nova linguagem, que é a dos Direitos Humanos.

Tem por isso interesse meramente histórico e erudito o desenvolvimento daquelas teorias do Direito Natural que não constam de grandes espíritos que o usaram: como Aristóteles, Tomás de Aquino, ou Montesquieu. "Les théories perdent les hommes", dizia Cézanne.

A ideia corrente de Direito natural pouco tem a ver com o que ele realmente "será" (valeria a pena especular sobre o "ser" de uma teoria...). Diz-se frequentemente que ele é o direito perfeito, o direito justo, etc. – nisso se contrapondo ao direito como que "decaído" que seria o direito positivo.

Ora, como dizem os melhores dos jusnaturalistas, não se trata nada disso. Porque se o direito natural não pode ser, por definição, injusto, e se, realmente, há muito direito positivo injusto por esse mundo, o facto é que direito natural e direito positivo, mesmo numa teoria jusnaturalista pura, precisam um do outro. Nenhum direito natural pode determinar a cor dos impressos, o montante das propinas (mensalidades universitárias), ou as penas a atribuir a um crime. Nesse sentido, um outro lugar-comum, considerando o direito natural – também com erro, mas menor – um "conjunto de princípios", é uma tentação para o teórico mais facilitista. Talvez o direito natural seja um conjunto de princípios, mas, como eles em boa medida se positivaram já, é, assim, direito natural positivo.

Outro erro comum é afirmar-se que o direito natural é eterno, imutável, universal. Tal não foi afirmado pelos grandes clássicos e fundadores; muito pelo contrário. Até a natureza humana é tida por mutável em São Tomás.

Mas avaliar o que realmente é imutável e o que é mutável é um dos maiores desafios à inteligência e à imaginação jurídicas. É frequente pensar-se na sempiternidade de certos valores ou princípios: mas, de um momento para o outro, se vê que havia um princípio maior por detrás do alegado princípio máximo, e que o princípio que se pensava fundamental teve que ceder para revelar o outro, algo escondido. Matérias a que alguns chamam de civilização, e que levam, em alguns países, a agudas clivagens ideológicas e sociais, como o divórcio, o aborto, a eutanásia, o casamento de homossexuais, etc., podem eventualmente estar nesse âmbito? A falta de consenso sobre eles é ainda um fator obnubilador do problema. Mas são desafios a considerar seriamente.

Do mesmo modo, uma corrente a que se tem chamado (sem o seu consentimento, é óbvio) *jusnaturalismo positivista* (não confundir com o direito natural positivo, *v.g.* das constituições modernas e das declarações de direitos) enuncia regras alegadamente universais – identificadas com o direito natural – e que podem ir do decálogo de Moisés (que só tem deveres) a listas muito menos óbvias (por exemplo, incluindo o respeito estrito do domingo – porque não sábado ou sexta-feira, para grupos religiosos como judeus ou muçulmanos? – como dia de descanso semanal).

Para o juspositivismo, mesmo que admita que, no plano político ou moral, pode haver o problema da lei injusta e da desobediência à mesma, as coisas são muito mais plácidas. Embora sempre haja teóricos que enredem o problema, claro. O positivista legalista dirá que, no limite, a lei é dura mas é a lei (*dura lex, sed lex*) e que é para cumprir.

Além dos positivistas legalistas, há ainda os sociológicos e os historicistas. Os primeiros, fazem derivar a obrigatoriedade da norma da sociedade que a gera, mas em geral não são inócuos quanto aos estratos sociais e às opções ideológicas que privilegiam, nos seus estudos e nos seus corações. Os segundos, basicamente se identificam com o marxismo-leninismo, que acaba, na prática, por ser legalista nos países em que reina, e sociologista naqueles em que não detém o poder.

II. Novos Olhares, Questões Antigas

Mas o entendimento (mesmo histórico) do Direito Natural está a mudar muito, sendo postas em crise as teses da sua cindibilidade em antigo e moderno, como pretendeu (com vasta posteridade) Léo Strauss (1899-1973), em *Direito Natural e História* (cujas teses foram elaboradas entre 1949 e 1953).

Há também a considerar, noutra clave, outras aportações, até de economistas cultos, como Gunnar Myrdal (1898-1987), em *Aspectos Políticos da Teoria Económica* (1953). Myrdal era também jurista, e ganhou em 1974, *ex aequo* com Hayek, o impropriamente chamado prémio Nobel da Economia. Mas sendo, obviamente, de orientação muito diversa à do liberal austríaco. Estas aportações, assim como as das teorias da Justiça, de Rawls, de Sandel, de Amartya Sen, mereceriam mais atenção e mais diálogo por parte de muitos jusnaturalistas que, parecendo donos de uma verdade cristalizada entre a Antiguidade e o século XIII, assim se eximem a ver o que vai pelo Mundo. Felizmente não todos.

Os autores referidos são valores seguros. Corre-se, contudo, o risco de, com corneta mediática, por razões de modismo ou alimentadas por ideologias, comecem a proliferar gurus no mundo jurídico como já há um pouco (ou muito) noutras áreas. Em geral, são pessoas com grande facilidade de comunicação mediática (ou apoiadas por máquinas nessa área eficientes), cujas soluções, palatáveis e simplistas, podem agradar às massas de juristas (o que deveria ser uma *contraditio in terminis*, mas já não é). Uma espécie de "jurisfilosofia popular" (sem assim se apresentar, claro), como a filosofia popular que já a Kant repugnava. O grande antídoto para estas vulgarizações muitas vezes deformadoras (porque se não trata nunca de pensamentos nem originais nem profundos), é o conhecimento mais difundido dos clássicos. Quem leu autores sérios e com provas dadas, naturalmente só pode rir-se e deplorar a infantilidade de alguns que, sem essa formação, pretendem mostrar verdades salvíficas e ter "descoberto a pólvora".

III. Para um Balanço Provisório

O grande problema teórico atual, quanto as divisões do direito natural (e, portanto, quanto a uma espécie de dupla essência, e até essência contraditória, nas suas duas fases, para alguns) cremos poder colocar-se assim: ao estudarmos autores do século XVIII – mesmo do século XVIII – como Melo Freire, Tomás António Gonzaga, António Diniz da Cruz e Silva ou António Ribeiro dos Santos – não notamos senão nalguns aspetos muito superficiais de estilo de época ou cor local aquela radical cisão entre o seu direito (natural moderno, jusracionalista) e a tradição jusnaturalista aristotélico-tomista. Claro que, entretanto, há aspetos políticos que se intrometem. Há o legalismo suareziano, há o voluntarismo, há sobretudo o despotismo esclarecido ao nível político. Mas ao nível da metodologia e das grandes conceções do direito, nomeadamente do Direito Natural, haverá mudanças significativas face ao dito "realismo clássico"? Ou essas mudanças são sobretudo de *décor* e de política?

Também no plano político muito se sublinhou a clivagem entre as liberdades tradicionais, como os velhos direitos ibéricos e as liberdades modernas, que começaram por ser liberais (mas depois foram sendo adotadas por quase todos). Ao cabo de anos de pesquisa nessa área, também concluímos (e, por exemplo, as classificações de um autor como António Ribeiro dos Santos, segundo os autores, são disso eloquentes: mais liberal, mais tradicionalista, mais proto-liberal, etc.) que a separação era sobretudo artificial, e motivada politicamente: os tradicionalistas não queriam, de modo nenhum, ser confundidos com liberais, e vice-versa. Quando, na verdade, muito entre uns e outros é continuidade. Pese a uns e a outros. O que ambos têm como inimigo comum certo e jurado é o absolutismo. E também se pode concluir que a Constituição moderna, liberal, tem como antepassado legítimo, também, a velha Constituição histórica... Por isso é que as primeiras constituições codificadas francesa, espanhola e portuguesa, todas, têm a franqueza de reconhecer que havia direitos antigos entretanto esquecidos... com o absolutismo. Nos preâmbulos das três está claramente feita essa ponte entre o velho e o novo.

Esta situação-testemunha nos permite duvidar mais e mais se realmente a oposição entre direito natural clássico e direito natural moderno é substancial. Cremos que não é. Cremos que aqui joga também a aversão mútua dos que juram só pela Idade Média e dos que juram só pelo Século das Luzes por razões políticas, filosóficas, religiosas, etc.

Há muito trabalho a fazer sobre a História e o verdadeiro sentido e prática dos diversos jusnaturalismos (v. Gordeney, Tierney, Lopes). Com objetividade e sem preconceitos.

O grande problema do jusnaturalismo é, afinal, o enunciado por Villey, como é sabido: "Je ne recommande pas à tous le droit naturel, mais à ceux-là seulement qui peuvent comprendre. Le droit naturel est ésotérique" (Villey, 1995: 45).

Talvez seja o caso de, um dia, com alguma frieza, se vir a fazer o balanço do jusnaturalismo, apartando o que está vivo dele e o que está morto. Tal não pode ser feito aqui: visamos nada mais que curta reflexão intermédia, numa paragem a meio do caminho. E ele ainda se nos afigura longo.

Cremos que (correndo o risco de adiantar algumas hipóteses desde já), na sua ambivalência, é muito atual (mas falta concretizá-la, ou então deixá-la assim, como um simples programa sem conteúdo ainda, à mercê da imaginação de cada um) a ideia villeyana de um Direito Natural metodológico, de um Direito Natural praticamente confundindo-se com o método dialético próprio do Direito *tout court*.

Embora concedamos que esta perspetiva é um tanto desconcertante – porquanto sempre estamos à espera de um qualquer código sintético, escrito em letras de oiro sobre placas de mármore. Deriva esta espera, certamente, dos lugares-comuns que nos inculcaram, dessa nossa sede de uma lei positivada qualquer, ainda que se diga que é "natural": e esta magnética atração daria todo um estudo sobre a chamada "filosofia espontânea dos juristas", o legalismo positivista – como bem sublinharia Braz Teixeira.

Seria, no fundo, direito natural pesquisar uma natureza e uma natureza humana que se revela na mutabilidade e na polaridade e conflito entre as coisas, e, por isso, a dialética seria a única forma de detetar soluções naturais para uma natureza que, precisamente ao contrário do que inculcam as ideias consabidas de Direito Natural, não pode ser colocada num código rígido. Embora nessa dialética, como é sabido, tenha de haver alguns pontos de acordo, bases para a discussão que se não discutem... e que podem não ser (como sabemos dos exemplos aristotélicos) absolutos físico-naturais ou sociológicos...

Outro aspeto que julgamos ser não só de atualidade, mas de algum modo perene, é precisamente o conjunto de aquisições já referidas. Não na sua formulação pura e simples, mas no seu legado, mais depuradamente entendido.

Assim, é óbvio que nem todos aceitam o carácter plural (*hoc sensu* – porque há vários tipos de "pluralismo" jurídico, alguns sem nada a ver com este problema) do direito, como coisa ontológica, intrínseca ao mesmo. Mas o Direito Natural, mesmo em alguns casos tendo sido um pretenso álibi para poderes não democráticos (aliás de efeito muito escasso), em geral mostrou que o direito positivo não é indiscutível. Pode ser outro, e pode ter outro(s) acima dele. Mesmo alguns positivistas, como Austin e Bentham, se sentiram e sentem na necessidade de dizer que é possível, em alguns casos, desobedecer ao direito injusto (Wacks, 2006: 19 ss.). Tal leva-nos a admitir que o Direito Natural teve um papel positivo na limitação do poder, como limite ao abuso do poder. O mil e uma vezes glosado tema de Antígona, seja propriamente de Direito Natural, seja outra coisa (como se disse para a de Sófocles), foi tendo o seu efeito. Pelo menos ao nível moral...

Também no domínio da estrutura do direito e na hierarquia das realidades jurídicas, o jusnaturalismo inculcaria a ideia de que o princípio está acima da norma, o que é, em princípio, um bom princípio... desde que bem utilizado.

Finalmente, e acima de tudo, o jusnaturalismo valerá pela sua *pedagogia* em prol de um direito justo, já que ele foi, durante séculos, a teoria da justiça, melhor, as várias teorias da justiça: porque se revelou muito plural em si mesmo...

O que realmente fica, acima de tudo, e nesse sentido muitos se poderão ainda dizer, e com orgulho, jusnaturalistas, é a *preocupação* com o Direito muito acima do formalismo, do jogo de conceitos, das armadilhas da chicana, dos ventos da política, da oratória balofa dos pretórios, da rotina e da vaidade das escolas. Trata-se de ter uma preocupação com aquela a quem se chamou já *mãe do direito* (como dizia uma glosa medieval): a Justiça, porque ele deve derivar dela como um filho de sua mãe.

A filigrana teórica de milhares de doutrinadores sobre as múltiplas modalidades de direito natural está hoje votada às curiosidades museológicas que um grupo eleito e restrito de estudiosos podem estudar como documentação, e História. Mas de toda essa saga fica mais que a luta das escolas e a maranha das teorizações, algumas complexíssimas. De tudo fica o mesmo *amor à Justiça*, e com este enorme monumento do pensar e da civilização se presta tributo às deusas *Thémis*, *Diké* e *Iustitia*...

O Direito natural deixa um rasto atrás de si, feito de *direitos humanos*, cuja aplicação prática foi no início questionada, mas que se tornou crescente, feito mais ainda de um *espírito*: o espírito indómito contra os abusos, as arbitrariedades, as injustiças. Esta uma defesa do Direito Natural que não é, como será a de muitos jusnaturalistas de hoje, uma nova defesa de Numância, como assinalou José Calvo González.

É possível que no plano descarnado da lógica a tradição positivista supere algum apriorismo e por vezes paixão dos jusnaturalistas... Não o sabemos ao certo. Talvez sejamos suspeito para o avaliar. A verdade, porém, é que o legado jusnaturalista, com os seus momentos de sombra, já reconhecidos, parece mais polarizador da ideia de luta contra a injustiça e pela Justiça.

Obviamente sempre há espíritos hiper-racionalistas (como alguns da escola nórdica, que já ao de leve evocámos) que nos dirão que isso de Justiça nada é, que é uma palavra sem conteúdo porque com todos os conteúdos que as paixões neles queiram colocar. E outros, que nem precisam de ser tão radicais, logo nos dirão que a chave mestra do problema da Justiça no pensamento clássico, o *suum cuique tribuere*, afinal coloca mais questões do que resolve. Ou que, na verdade, só mesmo coloca a questão: *E o que é que se deve atribuir a cada um?* Sabemos que a resposta do titularismo é uma resposta positivista (seria de cada um o que lhe pertencesse por via de um título jurídico), e que a superação dessa resposta (afirmando que o maior título é ser-se Pessoa) remete para uma nova forma de direito "impuro": porque nos leva claramente a assumir a entrada de considerações políticas no Direito. Ao ser Pessoa, a Pessoa A, B, C, tem direito a que se lhe proporcione o livre desenvolvimento da personalidade, tem direito à dignidade, e uma coisa e outra implicam, no limite, que a quem nada tem por título algo seja atribuído politicamente, por Justiça Social. E aqui se separam as águas, ou bifurcam os caminhos...

Mas a Justiça continua a ser luzeiro que brilha para muitos, uns vendo nela umas cores, e outros outras.

Continuamos, porém, a considerar que, com todas as polissemias e todas as paixões, a Justiça é ainda um dos grandes valores da humanidade, quiçá grande precisamente por nele caberem aspirações muito diversas... E que o que nos oferece a ausência de preocupação com a Justiça não será muito positivo. Afinal, o Direito seria o quê? O fruto da vontade do legislador, potencialmente do tirano? A secreção eventual de um humor do juiz? O resultado coativo de forças sociais massivas, no limite a vontade de um demagogo que as conduza?

Preferimos não saber bem o que é a Justiça, mas continuar a procurá-la. E nessa demanda, honrar a tradição do Direito Natural, sem esquecer os esforços, por vezes ciclópicos, dos juspositivistas, que têm um papel importantíssimo, quantas vezes com o seu ácido crítico a fazer reagir os dogmas, em que pode cair um pensamento mais idealista... E não esqueçamos que o legalismo é o "grau zero" da Justiça.

IV. Avatares Jusnaturalistas. O Jusnaturalismo noutras Claves

Além da clássica dicotomia entre juspositivismo e jusnaturalismo, e independentemente do facto de, com menos rigor, haver quem considere jusnaturalista todo aquele que não é positivista, têm vindo a tornar-se úteis e relevantes outras divisões entre os juristas, com atinências filosóficas.

A primeira é a que contrapõe as ideias dos legalistas às dos judicialistas. Há quem ponha todas as suas complacências na generalidade e abstração da lei, e quem acredite sobretudo na prudência do juiz. Há mesmo, como é patente pela análise histórica, períodos legalistas e períodos judicialistas. E normalmente dos exageros de uns surgem autores defensores do outro, pendularmente.

A questão jusnaturalista não é alheia a uma orientação metodológico-jurídica. Na dicotomia pensamento sistemático-dogmático *vs.* pensamento tópico-problemático, muito relevante também, se opõe a consideração do direito como ciência, sistematização, conceito e construção, lógica, e a sua consideração como arte, diálogo, desconstrução e reconstrução permanentes, lógica impregnada de valores e não alheia a sentimentos e outras dimensões do humano.

Há assim juristas que raciocinam como que *more geometrico*, preocupados com silogismos e subsunções, grandes teorias, grandes conceitos, grandes definições, de forma dogmática, hiper-racionalista. E há juristas que creem que a força da sua arte é a consideração das suas fraquezas e limitações, e que procuram sobretudo a solução justa para o caso concreto através de uma consideração que às próprias fontes do direito chega por vezes a encarar como tópicos.

O exagero do pensamento sistemático é realmente um dogmatismo estéril, alheio não só à justiça, como à própria realidade natural e social. O exagero do pensamento tópico-problemático seria o seu resvalar para um direito livre, desprezando os padrões normativos vigentes, que, como vimos, são o grau zero (o mais elementar) da justiça, porque significam segurança jurídica.

É normal que os defensores de cada destas posições sejam solidários de posições análogas nos diferentes enfoques. Assim, alguém que ontologicamente seja jusnaturalista, ou, pelo menos, pluralista, ou antipositivista-legalista, será, normalmente, judicialista e defensor de uma metodologia tópico-problemática. Embora não seja obrigatória esta coincidência total de pontos de vista. Do mesmo modo, um jurista ontologicamente positivista será certamente legalista e metodologicamente defensor do pensamento dogmático e sistemático. Mas nem sempre o esperável é o que ocorre, e há surpreendentes híbridos teóricos...

Uma das tentativas de *superação* atual quer do jusnaturalismo quer do juspositivismo é o neoconstitucionalismo, o qual tem também várias facetas: desde a teórica à mais polémica vertente judicial, que pratica o ativismo, por vezes *contra legem*... Mas cremos que não ficaremos, de modo nenhum, por aqui – já há autores que contam esta corrente mais ou menos a meio apenas das novas vagas de superação (Gomes, Oliveira Mazzuoli, 2010).

Num certo sentido, o próprio neoconstitucionalismo comunga de muitas ideias jusnaturalistas, na sua essência, apesar de recusar o rótulo com veemência e sinceridade. E também é óbvio que não vamos batizar de jusnaturalista quem o não queira ser. Nós, a quem, pelo contrário, o rótulo por vezes incomoda, dadas certas vizinhanças...

Compreende-se assim muito bem que alguns autores, como Virginia e Percy Black hajam mesmo querido partir de novo do nada, criando uma nova expressão: "direito vital". Contudo, há expressões que frutificam e outras que não. Esta não teria posteridade.

E essa é certamente mais uma razão para que se possa continuar a ser jusnaturalista, e a usar-se ainda o nome, que tem pergaminhos, e algumas manchas, como tudo o que é antigo e afinal humano... Com alguns ademanes barrocos, poderemos falar hoje em "neojusnaturalismo", ou "jusnaturalismo crítico" ou "neojusnaturalismo crítico"...

Mas o que interessa, muito mais que os rótulos, é a *fidelidade* ao mesmo *espírito de Justiça*. Essa é que importa, e tanto mais importa (se pode importar mais, se o seu importar não é sempre um Absoluto) neste nosso tempo crítico em que o Mundo tanto precisa de sentido, para o qual a Justiça tanto pode contribuir...

Bibliografia Geral

FERREIRA DA CUNHA, Paulo, *Droit naturel et méthodologie juridique*, Paris, Buenos Books International, 2012.

—, *El Derecho Natural, Historia e Ideologia, in Las Razones del Derecho Natural. Perspectivas Teóricas y Metodológicas ante la Crisis del Positivismo Jurídico*, 2ª ed. corrigida, reestruturada e ampliada, Buenos Aires, Editorial Ábaco de Rodolfo Depalma, 2008.

—, *Entre a Superação do Positivismo e o Desconforto com o Direito Natural Tradicional, in História do Pensamento Filosófico Português*, dir. de Pedro Calafate, v. V, t. 2, Lisboa, Caminho, 2000, p. 58 *et seq.*

—, *Pensamento Jurídico Luso-Brasileiro*, Lisboa, Imprensa Nacional, Casa da Moeda, 2006.

—, *Temas e Perfis da Filosofia do Direito Luso-Brasileira*, Lisboa, Imprensa Nacional-Casa da Moeda, 2000.

—, *O Ponto de Arquimedes. Natureza Humana, Direito Natural, Direitos Humanos*, Coimbra, Almedina, 2001.

—, *Um Clássico Contemporâneo do Direito Natural*: Natural Law, *de Maritain, in* "Revista da Faculdade de Direito da Universidade do Porto", III, 2006, p. 653-660.

—, *Direito Natural, Justiça e Política*, Coimbra, Coimbra Ed., v. I, 2005.

—, *Direito Natural, Religiões e Culturas*, Coimbra, Coimbra Ed., 2004.

—, *Addison's Theory of Justice: a New Natural Law, in* Antígona. Law and Humanities Studies online, v. IV, mar. 2003 – www.antigona.web.pt.

—, *Do Direito Natural Positivo – Princípios, valores e direito natural nas constituições e nos códigos civis portugueses e espanhóis, in Estudos em Homenagem à Professora Doutora Isabel de Magalhães Collaço* – v. II, Coimbra, Almedina, 2002.

—. Direito Natural e Jusnaturalismo. Teste a alguns conceitos difusos, Separata da Revista O Direito, ano 133º (2001), nº II (recebido 20 dez. 2001).

—, *Direito Natural e Teoria da Justiça. Deontologia, Terminologia e Sistematização, in* "Persona y Derecho, Estudios en Homenaje al Prof. Javier Hervada" (I), v. 40 – 1999*, p. 13-52.

—, We are all Guilty. A case on Natural Law, International Law and International Politics, in Fides. *Direito e Humanidades*, Porto, Rés, III, 1994, p. 61 *et seq.*

—, A Natural natural Law. Michel Villey, *in* "Vera Lex – *International Journal of Natural Law and Right*", v. XI, nº 1, New York, 1991.

GOMES, Luiz Flávio, OLIVEIRA MAZZUOLI, Valerio de, *Direito Supraconstitucional*, São Paulo, Revista dos Tribunais, 2010.

GORDLEY, James, *The Philosophical Origins of Modern Contract Doctrine*, Oxford, Oxford University Press, 1992.

LEFORT, Claude, *Écrire – à l'épreuve du politique*, Paris, Calmann-Lévy, 1992, trad. port. de Eliana de Melo Souza, *Desafios da Escrita Política*, São Paulo, Discurso Editorial, 1999, p. 259-297.

LOMBARDI VALLAURI, Luigi, *Diritto naturale e diritto libero*, in Persona y Derecho, n° 23, 1990, p. 25 *et seq.*

LOPES, José Reinaldo de Lima, *As Palavras e a Lei. Direito, ordem e justiça na história do pensamento jurídico contemporâneo*, São Paulo, EDESP, 2004, máx. p. 267 *et seq.*

VILLEY, Michel, *Réflexions sur la Philosophie et le Droit. Les Carnets*, Paris, PUF, 1995, p. 45.

TIERNEY, Brian, *The Idea of Natural Rights: Studies on Natural Rights, Natural Law, and Church Law, 1150-1625*, Grand Rapids / Cambridge, William B. Eerdmans, 1997.

Bibliografia Contemporânea Clássica

BLACK, Percy, *Mirror Images behind the rhetoric of natural and positive law*, in "Vera Lex", New York, v. XI, n° 2, p. 36 e 38.

—, *Natural Law and Positive Law: forever irresolvable?* in "Vera Lex", New York, v. X, n° 2, 1990, p. 9-10.

—, *Challenge to Natural Law: The vital law*, in "Vera Lex", v. XIV, n°s 1 e 2, 1994, p. 48 *et seq.*

BLOCH, Ernst, *Derecho Natural y Dignidad Humana*, trad. cast. de Felipe González Vicen, Madrid, Aguilar, 1961.

BOBBIO, Norberto, *Giusnaturalismo e positivismo giuridico*, Milano, Ed. di Comunità, 1984.

CHARMONT, J., *La renaissance du droit naturel*, 2ª ed., Paris, Duchemin, 1927.

D'ORS, Álvaro, *Derecho y Sentido Común. Siete Lecciones de Derecho Natural como Límite del Derecho Positivo*, Madrid, Civitas, 1995.

DIJON, Xavier, *Droit naturel*, I. *Les questions du droit*, Paris, P.U.F., 1998.

DUFOUR, Alfred, *Droits de l'Homme, droit naturel et histoire*, PUF, Paris, 1991.

ENGELMANN, Wilson, *Crítica ao Positivismo Jurídico. Princípios, Regras e o Conceito de Direito*, Porto Alegre, Sergio Antonio Fabris, 2001.

—, *Direito Natural, Ética e Hermenêutica*, Porto Alegre, Livraria do Advogado, 2007.

FINNIS, John, *Natural Law and Natural Rights*, 7ª reimp., Oxford, Clarendom Press, 1993.

GALVÃO DE SOUSA, José Pedro, *Direito Natural, Direito Positivo e Estado de Direito*, São Paulo, Revista dos Tribunais, 1977.

GARCIA HUIDOBRO, Joaquín, *Razón Práctica y Derecho Natural*, Valparaíso, EDEVAL, 1993.

GRZEGORCZYK, Chr, TROPER, M. / MICHAUT, F., *Le positivisme juridique*, Paris, Dalloz, 1974.

HERVADA, Javier, *Introducción crítica al Derecho Natural*, 4ª ed., Pamplona, EUNSA, 1986.

—, *Historia de la Ciencia del Derecho Natural*, Pamplona, EUNSA, 1987.

—, *Introducción crítica al Derecho Natural*, 4ª ed., Pamplona, EUNSA, 1986.

KELSEN, Hans, *Das Problem der Gerechtigkeit*, trad. port. de João Baptista Machado, *A Justiça e o Direito Natural*, 2ª ed., Coimbra, Arménio Amado, 1979.

LE FUR, Louis, *La théorie du Droit Naturel depuis le XVIIe siècle et la doctrine moderne*, Académie de Droit International, Recueil des Cours, 1927, III, tomo 18, Paris, Hachette, 1928.

LECLERCQ, Jacques, *Du droit naturel à la Sociologie*, trad. port., *Do Direito Natural à Sociologia*, Duas Cidades, São Paulo, s.d.

MALTEZ, José Adelino, *Voegelin e a Procura do Direito Natural*, Prefácio a *A Natureza do Direito e outros textos jurídicos*, de Eric Voegelin, Lisboa, Vega, 1998.

MARITAIN, Jacques, *Natural Law. Reflections on Theory and Practice*, ed. e introd- de William Sweet, South Bend, Indiana, St. Augustine's Press, 2001.

MAYER-MALY, D., SIMONS, P. M. (ed.), *Das Naturrechtsdenken heute und morgen*, Duncker & Humblot, Berlin, 1983.

MOREAU, Pierre-François, *Le Récit Utopique. Droit naturel et roman de l'Etat*, Paris, P.U.F., 1982.

PIZZORNI, Reginaldo, *Il Diritto Naturale dalle Origine a S. Tommaso d'Aquino*, 3ª ed., Bolonha, ESD, 2000.

PUY, Francisco (org.), *El Derecho Natural Hispanico. Actas de las 'Primeras Jornadas Hispánicas de Derecho Natural'*, Madrid, Escelicer, 1973.

—, *Teoria Tópica del Derecho Natural*, Santiago do Chile, Universidad Santo Tomás, 2004.

—, *Lecciones de Derecho Natural*, I. *Introducción a la Ciencia del Derecho Natural*, 2ª ed. corrig. e aum., Santiago de Compostela, Porto, 1970.

RENOUX-ZAGAMÉ, Marie-France, *Les Carnets de Michel Villey: le droit naturel comme échec avoué*, Droits. Revue Française de Théorie, de Philosophie et de Culture Juridique, 23, p. 115 *et seq.*

RODRIGUEZ PANIÁGUA, José Mª, *Derecho Natural o Axiologia Juridica?*, Madrid, Tecnos, 1981.

SANCHO IZQUIERDO, Miguel, *Lecciones de Derecho Natural como una introducción al estudio del derecho*, Pamplona, EUNSA, 1966.

SANCHO IZQUIERDO, Miguel/HERVADA, Javier, *Compendio de Derecho Natural*, Pamplona, EUNSA, 2 v. 1980, 1981.

SERNA, Pedro, *Modernidad, Posmodernidad y Derecho Natural: un iusnaturalismo posible*, in "Persona y Derecho", 20, 1989, p. 155 *et seq.*

SIGMUND, Paul E., *Natural Law in Political Thought*, Lanham, Nova Iorque, Londres, University Press of America, 1971.

STRAUSS, Leo, *Natural Right and History*, Chicago, The Chicago University Press, 1953.

TRIGEAUD, Jean-Marc, *Ce droit naturel que le positivisme a inventé*, in *Métaphysique et Éthique au Fondement du Droit*, Bordeaux, Biere, 1995, p. 161 *et seq.*

—, *Droits naturels et droits de l'homme à l'aube du XXème siècle: la tradition classique du droit naturel et son dépassement personnaliste*, in *Métaphysique et Éthique au Fondement du Droit*, Bordeaux, Biere, 1995.

—, *La Tradizione classica del diritto naturale e il suo soperamento personalistico*, *in Iustitia*, Unione Giuristi Cattolici Italiani, Roma, Giuffrè, Ano XIL, abr./jun. 1991.

TRUYOL SERRA, António, Esbozo de una Sociologia del Derecho Natural, *in Revista de Estudios Politicos*, Madrid, v. XXIV, 1949.

TUCK, Richard, *Natural Rights Theories. Their origin and development*, Cambridge, Cambridge University Press, 1979.

VALLET DE GOYTISOLO, Juan, *Que és el derecho natural?*, Madrid, Speiro, 1997.

VILLEY, Michel, *Abrégé de droit naturel classique*, in "Archives de Philosophie du Droit", VI, Paris, Sirey, 1961, p. 25-72.

—, Jusnaturalisme, essai de définition, *in Revue Interdisciplinaire d'Etudes Juridiques*, nº 17, 1986.

—, *Mobilité, diversité et richesse du Droit Naturel chez Aristote et Saint Thomas*, in "Archives de Philosophie du Droit", XXIX, 1984, p. 190-199.

WOLF, Eric, *Das Problem der Naturrechtslehre*, trad. cast. de Manuel Entenza, *El problema del derecho natural*, Barcelona, Ariel, 1960.

FILOSOFIA E CONSTITUIÇÃO.

SOBRE A DIMENSÃO ÉTICA NO DIREITO DO POLÍTICO

I. Valores Únicos ou Pluralismo Valorativo?

A questão dos valores pode esbarrar com uma desconstrução filosófica ou ideológica. Afinal, que valores? Os teus ou os meus? Os de gregos ou os de troianos? E que partido tomará a Constituição formal e os constituintes que a elaborarem? Ou os revisores que a reformarem?

Vinicius de Moraes liquidou culturalmente esses alegados e autoproclamados "puros", os que têm valores unívocos e os únicos valores positivos, válidos, na sua *Carta aos Puros*:

> Ó vós, homens sem sol, que vos dizeis os Puros
>
> E em cujos olhos queima um lento fogo frio
>
> Vós de nervos de *nylon* e de músculos duros
>
> Capazes de não rir durante anos a fio.
>
> (...)
>
> Ó vós que vos comprais com a esmola feita aos pobres
>
> Que vos dão Deus de graça em troca de alguns restos
>
> E maiusculizais os sentimentos nobres
>
> E gostais de dizer que sois homens honestos.
>
> Ó vós, falsos Catões, chichibéus de mulheres

Que só articulais para emitir conceitos

E pensais que o credor tem todos os direitos

E o pobre devedor tem todos os deveres. (Moraes, 1998)

Mas não há unanimidade no pluralismo. António José de Brito (1927), por exemplo, critica duramente o pluralismo ético e a resignação teórica com o mesmo nos nossos dias, abrindo assim um seu artigo:

> O filósofo que aponta o que, incondicionalmente, deve ser ou o que tem valor em si, está um pouco na posição do ditador que pretende impor a todos as suas orientações axiológico-políticas. É óbvio que hoje em dia a atitude do ditador recebe a maior das reprovações. Compreende-se, assim, que um grande número de pensadores se recuse a colocar-se numa situação alvo de uma generalizada repulsa, declarando que o género humano – ou uma parte do género humano – está completamente errado e limita-se a apontar o que certas pessoas ou grupos de pessoas – nações, raças, igrejas – tomam como modelos de conduta e nada mais. As prescrições são, assim, abandonadas por puras descrições (Brito, 2011: 252).

Distinguiríamos: uma coisa é querer impor ditatorialmente uma ética a todos os demais (a nossa – e isso não pode ser coisa boa, nem ter bons efeitos, por muito excelente que seja a nossa ética); outra coisa, diferente, é aceitar de forma acrítica qualquer dislate moral, e mesmo acomodar-se ao puro e simples atomismo e pluralismo ético naquilo que comodamente nos exime de pensar e procurar ir mais além. Sabemos que a qualificação como "dislate moral" também depende de quem qualifique, mas há, por assim dizer, um conjunto de regras mínimas de convivência: e esse "mínimo ético" *hoc sensu* é que, na verdade, dá a base ao Direito – pois *non omne quod licet honestum est*... Digamos que o feroz ou loucamente antiético seria, em geral, considerado crime... Embora sejam muito complexas as generalizações.

Por outro lado, não parece haver dúvidas de que a não aceitação, sobretudo no plano jurídico, de algumas consequências do pluralismo de convicções sobre o certo e o errado, pode levar a um totalitarismo. Do mesmo modo que a aceitação acrítica do pluralismo, e a sua aplicação *à outrance* também conduziriam ou ao anomismo mais dissolutor, ou a uma outra forma de totalitarismo (como o descrito por Steven Lukes, 1996):

> quando se pretendem punir os que supostamente infringem os ditames da nova ortodoxia antidogmática, sobretudo os que pecam por distração ou apenas pecam na perspetiva persecutória de novos inquisidores da plena heterodoxia, ou que na verdade a podem utilizar para vinganças pessoais ou meramente para virem a ocupar os lugares dos outros... (Finkielkraut, 2011: 121 *et seq.*).

Em todo o caso, salvo desinências ainda não muito relevantes, parece ser verdade que, sobre bases éticas judaico-cristãs, se criaram valores a que chamamos burgueses. Descobrimos uma obra deliciosa sobre o assunto, que dá que pensar: *Les Valeurs Bourgeoises* (Hourdin/Ganne, 1967).

Desde logo, se há valores burgueses é porque os valores não são, pelo menos sempre, absolutos (Ferreira da Cunha, 2006: 703 *et seq.*; Hessen, 2001: 95 *et seq.*). E isso é uma conclusão perigosa, que muitos dos especialistas na matéria não ousariam subscrever. Pior: que repudiariam com veemência.

Contudo, cremos que a conclusão pelo carácter não absoluto dos valores se impõe. Caso contrário, uma classe, ou o pensamento associado a ela, não poderia ter valores seus, privativos, antes os valores seriam de todos – e até só o seriam mesmo se de todos comuns fossem. O mito de uma Constituição pequena, enxuta, consensual afinal, pode ancorar-se nessa ilusão de uma "comunhão de santos" em valores unânimes.

Ora o facto de se reconhecer que há valores localizados, e, mais ainda, valores "de classe" é uma revolução epistemológica e, mais ainda, ética. E na verdade, apesar de os valores em geral serem muitas vezes desgarrados de uma situação, de um contexto, como que imaterializados, pelo menos a sua tonalidade e a sua interpretação não são absolutos, mas radicados. Evidentemente que os valores religiosos são radicados, e nada consensuais, segundo os credos (apesar de poder haver profundas convergências entre muitas convicções espirituais, para além das idiossincrasias – Eliade, 1992; Schuon, 1991). E também os valores estéticos comportam imensa variação. De modo semelhante, os valores políticos naturalmente decorrem de opções ideológicas. Há quem diga, até, que certas ideologias não são senão a adesão a certos valores... E mesmo os valores morais, que deveriam (em teoria) congregar todas as pessoas de boa vontade, de educação mínima, de trato cordato, etc., mesmo esses, não são consensuais. Assim afirma Hessen:

> Há, com efeito, homens, dotados aliás dum alto intelecto, que são, por assim dizer, cegos para certos e determinados valores. Não me refiro já a certas pessoas, possuidoras de uma inteligência unilateral, que ignoram o mundo do belo e da arte, mas sim a um certo tipo de espírito muito moderno e generalizado que parece, muitas vezes, associado a um fino intelecto, rápido e cheio de mobilidade, geralmente possuidor de uma alta cultura, e que todavia não possui o sentido dos valores éticos (...) (Hessen, 2001: 116).

Hessen acrescentava à cegueira a valores éticos uma idêntica dificuldade com os valores religiosos. Ou seja: há pessoas insensíveis (cegas) a valores éticos, e há pessoas indiferentes (cegas) a valores religiosos. Como há também – e por vezes surpreendentemente, dado poder tratar-se de pessoas cultas e até sensíveis noutros domínios – há quem não se comova com valores estéticos, ou mesmo com a Arte, ou certos tipos de Arte.

Fiquemos aqui pelos primeiros valores, embora deva dizer-se ainda que a insensibilidade estética ou religiosa não será isenta de implicações políticas e jurídicas. Há, por exemplo, crimes contra direitos morais de autor perpetrados por pessoas que manifestamente encolhem os ombros a essa realidade. E o mesmo se diga de chocar os sentimentos religiosos deste ou daquele indivíduo ou deste ou daquele grupo.

Em geral, não é apenas o problema, visto da perspetiva de quem acredita em certos valores morais, da indiferença ou até reação de outros a esses mesmos valores. É que se coloca o problema, importantíssimo, de quem define os valores, para poder acusar de cegueira os que deles não partilhem... A verdade é que, perante a justiça, a liberdade, a igualdade, ou outros valores, há quem se não comova. Não cremos que seja uma qualidade esse embotamento. Mas tem de reconhecer-se que é precisa alguma audácia para proclamar que *a nossa verdade é a verdade,* mesmo nesta matéria (principalmente nesta matéria). Contudo, é um risco que se terá que correr. Quando lembramos Rousseau e o que ele diz sobre a liberdade, pensamos que há quem esteja agrilhoado na caverna e perdemos os complexos relativistas: "(...) de vils esclaves sourient d'un air moqueur à ce mot liberté" (*Du Contrat Social,* III, 12). O mesmo diz William Cowper: "Freedom has a thousand charms to show / That slaves howe'er contented, never know" (*apud* Sen, 2010: 378).

Não podemos deixar que a liberdade (e outros grandes valores) sejam relativizados por quem lhes não conhece as delícias... Por quem mesmo sofre pesadamente a sua privação.

Depois de tempos de muita desconstrução, muita inversão de valores, muita contestação, será que virá o tempo de surgirem vetores, correntes, personalidades moderadas e construtivas, mas com o rasgo de indicar caminhos e não se quedarem reticentes, perante uma pretensa liberdade sem limites de cada um, que, levada a sério, tornaria a vida social impossível e acabaria por tornar real a utopia do Marquês de Sade, com a legalização do próprio homicídio? Não, há coisas em que nos basta a consciência moral íntima, a experiência de séculos, e a validação dos nossos pares de boa vontade. Sobretudo em matéria penal não há como claudicar ante modismos e poses *blasées* e também não quando se está em guerra ou a enfrentar uma pandemia que a todos ameaça, na própria sobrevivência (Ferreira da Cunha, 2020: 107 ss.).

A não consensualidade é a situação (um pouco angustiante, até, para quem não esteja habituado à grande variedade e relatividade das posições) em que se encontram os valores burgueses, como, também, os valores republicanos, por exemplo. Os primeiros, como valores de uma mundividência de classe. Os segundos, como valores de uma cosmovisão ideológica, embora o republicanismo seja, em geral, uma ideologia "trans-ideológica", com alguma transversalidade... E o que se diz dos valores diga-se, em certa medida, e *mutatis mutandis*, das virtudes (Foyer, 2009: 89 *et seq.*, 349 *et seq.*).

Pois bem. A crítica aos valores burgueses é uma crítica, afinal, talvez não a valores, mas a comportamentos que não poderíamos, por definição, alçar a valores, como a mesquinhez, o terra-a-terra, o materialismo, a crença na legitimidade da desigualdade, etc. É, em suma, a crítica da adoração do bezerro de oiro, manchado pelo "sangue dos pobres" (Hourdin, Ganne, 1967: 5-8).

Já, pelo contrário, a defesa dos valores burgueses no referido livro é realmente um pouco surpreendente. Como é evidente, o defensor, Georges Hourdin, não vai defender o que o atacante, Gilbert Ganne, critica e execra. Não é isso que ele defende. Pelo contrário, são valores até certo ponto consensualizáveis – e essa é, realmente, a grande arte da burguesia, tanto em relação aos valores como às virtudes: o procurar transformar a sua ideologia, a sua cosmovisão, em ideologia e cosmovisões *naturais, de todos.*

O autor começa por confessar que já execrou a burguesia, que a amaldiçoou e a culpou por todos os crimes. Reconhece mais fraternidade e solidariedade na classe operária e mais comunhão com a natureza nos camponeses. Mas considera que os valores burgueses têm um "carácter universal", com que a burguesia teria enriquecido "o património comum da humanidade". De que forma?

Que valores são esses que se pretendem universais? Além de uma dada pose, um certo estilo, que é revolucionário por um lado (veja-se o que da burguesia dizem Marx e Engels no *Manifesto Comunista*) e depois se torna acomodado (no "contrassenso permanente que é um burguês de direita", como afirma Hourdin), são apresentados, em tom enfático, alguns:

a) *Progressismo*. Desde logo, a defesa e a prática do progresso económico, mas também do progresso educativo, e do progresso que leva à Paz. O qual é cultural e moral, antes de diplomático e político.

b) *Pacifismo*. Apesar da acusação recorrente de que *o capital não tem pátria*, e de que visa apenas o lucro, ainda que fomentando guerras, predações, insensibilidade social e até à saúde e vida alheias, o autor considera que o valor burguês, aqui, seria mesmo o da defesa e construção da paz.

c) *Livre Pensamento*. Implicando séria atenção quer à liberdade da sua expressão, quer à liberdade da sua formação e crítica, nomeadamente por uma grande atenção à Educação e à sua qualidade e difusão por todos os estratos sociais.

d) *Tolerância e Fraternidade*. Ambas praticadas com "fé na prática da liberdade e na procura da justiça". Exigindo respeito pelas próprias opiniões, e tributando o mesmo respeito pelas opiniões dos outros. Com confiança na descoberta do que cada um tem de melhor – o que, poderíamos dizer, remete para o direito "ao livre desenvolvimento da personalidade".

e) *Humanismo*. E desde logo a defesa dos Direitos Humanos (e implicitamente dos Direitos Fundamentais – que, por comodidade, se podem considerar a versão doméstica, em cada país, daqueles direitos universais), não só os políticos, mas também os sociais. E o autor curiosamente considera que é aqui, na defesa dos direitos de liberdade, que se separam os valores burgueses dos que chama socialistas (querendo referir-se apenas aos dos países do antigo Leste europeu e afins), afirmando, profeticamente: "O que hoje continua a separar o socialismo (China e Cuba à parte) das nossas sociedades industriais burguesas, que já não são liberais senão de nome, é a conceção das liberdades individuais (...) Mas ainda aí existem indícios de que as necessárias aproximações se irão produzir" (Hourdin/Ganne, 1967: 37).

E chega ao ponto de afirmar a não contradição entre os valores burgueses e os socialistas, formulando a dado passo esta imagem de certo modo cativante, embora naturalmente discutível (como também muito discutível é se a ex-URSS, e em especial a de uma dada época, se poderia tomar como representante do *socialismo*, ou pelo menos de todo ele – mas esse já é outro complexo problema): "Se vejo aparecer, no écran da televisão, Kossyguine com ar cortês, de homem de bem, inteligente e plácido, de grande caixeiro-viajante obrigado a ocupar-se das coisas da vida internacional, eu reconheço-o como um dos meus (...) Deixemo-nos de coisas! A burguesia não morreu, mesmo nos países socialistas" (Hourdin/Ganne, 1967: 35).

E o curioso é que é a própria ideologia marxista-leninista (que à partida é de classe e de clivagem) que parece também aspirar a uma universalização. Como afirma Álvaro Cunhal:

O carácter humanista da moral proletária deriva fundamentalmente de que os interesses e os objetivos do proletariado coincidem com os do futuro da humanidade no seu conjunto, de que cabe ao proletariado a missão histórica de pôr fim à milenária divisão da humanidade em classes antagónicas, em exploradores e explorados, e de criar a sociedade sem classes. Com o comunismo, a moral do proletariado, no seu desenvolvimento, conservando embora as suas raízes de origem, deixará de ser uma moral de classe, para se tornar a moral de todos os homens fraternalmente unidos por objectivos comuns, a "moral verdadeiramente humana" de que falava Engels (Cunhal, 1974).

Assim, perguntamo-nos de novo pela consensualidade ou não dos valores. E em grande medida avançamos a possibilidade de haver um enorme consenso formal, sobre grandes ideias atrativas, mas depois uma especificação ou concretização diversa, designadamente por via de ideologias diferentes e suas diversas práticas.

A ética do comerciante não é a do intelectual, ou a do militar. Podem comungar todos de um fundo ético comum, e dissentir em questões particulares, nomeadamente deontológicas. Mas há mais que isso. Na ética castrense, por exemplo, a deontologia está muito para além das regras de um ofício mecânico ou burocrático: prende-se com o viver e o morrer, o matar e o não matar, etc. Há uma diferença qualitativa, não uma mera desinência ou uma especificidade folclórica.

Além dos aspetos de classe e atividade profissional, também os civilizacionais (chamemos-lhes assim) constituiriam, para alguns, clivagens insanáveis no plano valorativo.

Alguns autores têm sublinhado pretensos valores autoritários asiáticos, contra pretensos valores democráticos ocidentais. A universalidade dos direitos humanos, por exemplo, estaria assim em sério risco. Porém, uma autoridade como Amartya Sen desvaloriza e desmistifica por completo essa ideia. Pelo contrário, as ideias deste renomado autor contemporâneo assentam precisamente

> na crença no potencial das diferentes pessoas de diferentes culturas para compartilhar muitos valores e concordar em alguns comprometimentos comuns. O valor soberano da liberdade (...) possui, com efeito, essa característica de acentuada presunção universalista (Sen, 2010: 313).

Outro problema igualmente complexo é o da compatibilização entre valores, e das suas possíveis antinomias e conflitos. Evidentemente que nesse capítulo deve imperar a ideia (nascida no seio de querelas hermenêuticas do Direito Constitucional) de *concordância prática* (Ferreira da Cunha, 2008: 63 *et seq*.) entre valores em conflito, com a preservação do máximo de efetividade possível de cada valor em confronto, mas, no mínimo, de um círculo radical de cada valor. É evidente que nem mesmo os valores são absolutos, no sentido de, por mor de um valor, se ter de sacrificar totalmente um outro. E por isso é que uma tabela de valores abstrata seria uma monstruosidade. É apenas no concreto, e parcialmente, que um valor pode ceder a outro, ou um valor pode sobrepor-se a outro. Tal em nada retira ao sistema axiológico em causa. Pelo contrário. Dá-lhe a flexibilidade necessária à complexidade e variedade das questões concretas da vida.

E uma das grandes vantagens de um não cognitivismo ou objetivismo desta concreta ética de valores é o de não fundar uma moral positivada num manual de escuteiro qualquer, permitindo outrossim a evolução dos sentidos dos grandes valores, adaptando-se aos novos tempos. Alguns poderão criticar valores constitucionais que ainda não se concretizaram. Mas a verdade é que, parafraseando Marx, *mutatis mutandis*, a Constituição não é uma utopia, com "menus detalhados para as tasquinhas do futuro". Tal como o tempo presente, ela está entre o passado que já foi, e um porvir que ainda não se concretizou. Sempre (Brunet, 2009: 130).

II. Comparando Constitucionalismos

Sublinhou, já nos finais dos anos 80 do século XX, Peter Häberle que o Direito Comparado era o quinto método de interpretação, a acrescentar aos que Savigny sintetizou, em 1840, e que continuam como um dos arsenais jurídicos do passado mais repetidamente utilizados nos nossos dias. Será a utilização desse vetor hermenêutico que iremos usar agora.

Da lição da Constituinte e da Constituição espanholas muito há a recolher. É até um legado mais estruturado que o provindo da Convenção e do projeto de Constituição europeia.

Ao irem beber na Constituição Portuguesa de 1976, os constituintes espanhóis de 1978 usufruíram dos *data* e do espírito de um moderno Estado Democrático e Social de Direito, e puderam melhor organizá-los (Ferreira da Cunha, 2003: 95 *et seq.*). Coisa que a acidentada feitura da contudo excelente Constituição portuguesa de 1976 não permitiria.

Porém, como ninguém foge à sua circunstância, também acabaria a Constituinte espanhola por infletir a pureza conceitual original em favor de alguma cautela política, sacrificando ao ritual constitucional do "depois de casa roubada, trancas à porta", pelo qual cada constituição procura evitar o que considera serem erros, excessos, ou perversidades da realidade constitucional anterior (e sobretudo da imediatamente anterior). Donde, saídos do franquismo, os constituintes espanhóis elevaram o princípio do "pluralismo político" à categoria mais alta, mais fundante, no domínio juspolítico, atribuindo-lhe a dignidade de *valor superior*. Não *fosse o diabo tecê-las*, até porque os espanhóis, não acreditando em bruxas, sabem que *las hay*. E dizem-no.

De qualquer modo, ficaram a coroar a Constituição espanhola três belíssimos, fundantíssimos valores: Liberdade, Igualdade e Justiça. Para além de se ter incluído mais um alegado (mas não real) "valor", o pluralismo político. O qual, como se disse, sendo obviamente muito importante, seria, contudo, subsumível na Liberdade.

São valores de que tem de reclamar-se qualquer Estado constitucional dos nossos dias, em qualquer parte do Mundo. Porque são valores globalizados, e não privativos de nenhuma cultura específica, ou de qualquer partido ou ideologia. Embora possa haver incompreensão, em alguns sectores, relativamente a alguns deles, ou quiçá a todos...

Cremos que não pode haver uma visão canónica do que cada um destes valores seja, precisamente para evitar que do canónico se passe ao dogmático. E, para além de um círculo mínimo de cada um (tal como no núcleo duro, irredutível e irrenunciável dos direitos fundamentais – "descoberta" e "conquista" que partiu da interpretação do art. 19 /2 da *Grundgesetz* – Häberle, 1983; Drews, 2005), que se pode apurar quase com o senso comum, estamos em crer que o ideal é a abertura de cada um dos conceitos: de forma a permeabilizar a doutrina a novas ideias, novas vivificações dos mesmos – que, caso contrário, enquistariam em fórmulas feitas, tendendo a não ter sentido com a evolução das sociedades e das mentalidades.

Os valores podem não ser, em teoria, muito precisos. Mas é precisamente daí que pode surgir a sua enorme riqueza prática, porque mais plásticos assim a serem reconstruídos e invocados como tópicos sempre renovados (e tópicos de grande alcance persuasivo) a partir de pleitos constitucionais concretos.

É necessária uma clara ideia sobre a posição relativa de valores e princípios na hierarquia dos entes constitucionais. Como disse Cabral de Moncada:

> Se virmos bem, teremos de reconhecer que é e será sempre uma determinada interpretação desses valores positivados, valores espirituais projetados sobre a vida, na sua combinação com as exigências das mais fundamentais condições de vida das sociedades, que constitui a base dos *"princípios gerais"* do ordenamento jurídico dos Estados (Moncada, 1955: 307).

É necessário ainda que estejamos preparados para algumas antinomias e dificuldades, como assinalou, por exemplo, Max Scheler.

Desde que não se contradigam a si mesmos, a ductilidade destes valores é muito grande, e apta precisamente a desempenhar um papel no trabalho de Sísifo da permanente reconstrução teórica e simbólica dos fundamentos das nossas sociedades pluralistas. Conquanto tal labor seja feito com seriedade e animado precisamente pelo espírito fundamental desses valores: com ânimo de Liberdade e para a Liberdade, com aspiração à Igualdade na diferença, que parte já da essencial igualdade e irrepetibilidade de todos os Homens, e com *constante e perpétua vontade* de Justiça.

III. A Experiência da Constituição Europeia

Recordemos história recente. A Convenção Europeia, que decidiu fazer um Projeto de tratado constitucional instituidor de uma Constituição para a União Europeia, integrou no seu projeto, na íntegra, a Carta de Direitos já anteriormente aprovada, a qual tinha já um Preâmbulo alusivo a valores. Mas não prescindiu de antepor um Preâmbulo geral a todo o texto. Daí resultaria que coexistam duas tábuas de valores não coincidentes, nesse texto constitucional que acabou por ser a base do atual Tratado de Lisboa.

O art. I – 2º do referido Projeto pretende precisamente esclarecer a relação da União Europeia com os valores jurispolíticos.

Na verdade, são aí considerados valores fundantes da União Europeia entidades do mundo mental/cultural/espiritual que podem ser catalogadas, em boa verdade, quer como valores, uns, quer princípios, outros, quer ainda como atitudes e cumprimento de deveres fundadas nuns e noutros.

Exemplo deste sincretismo classificatório é a consideração como *valor* do *respeito* pelos direitos, incluindo os das pessoas pertencentes a minorias. Sem dúvida que este último caso é deveras e crescentemente importante, e até reconhecido já na Constituição da Hungria de 1989 como concorrendo para a coesão constitucional. Com efeito, diz-se aí que as minorias são fatores de formação do Estado: uma visão realmente original e ao arrepio dos preconceitos hiper-concentracionários e unitaristas. Apesar de toda esta importância, a sua dimensão absoluta, valorativa, será a nosso ver ainda insuficiente, por excessivamente particular.

Nesta linha, indiscriminadamente se consideram como sendo valores a Liberdade e a Igualdade, que o são, mas também aspetos ou desenvolvimentos de uma e de outra (e também da Justiça, outro valor, que não é considerado expressamente como tal – ausência clamorosa, num texto jurídico – a fazer lembrar idêntica omissão no *Tímpano das Virtudes* de Rafael – Ferreira da Cunha, 2004): como a democracia, e o Estado de Direito (além do referido respeito pelas pessoas pertencentes a minorias).

A falta da Justiça como valor não tem explicação nem justificação. O valor da Justiça é fundamentalíssimo em Direito em geral. Além de ter nos nossos dias dimensões políticas importantes, como quando se fala em "Justiça política" e em "Justiça social" (Azevedo, 2000; Boudin, 1992: 122 *et seq* ou 1998: 275 *et seq*.).

Recordemos dois clássicos apenas para aquilatar da lacuna. Se Otto von Gierke já nos recordava que "A ideia de Direito é, como as ideias da Verdade, do Bem e do Belo, só comparável a si própria e tem em si mesma o seu valor. Por isso, se o fim superior de todas as normas jurídicas particulares é a realização da justiça, é o fim de si mesmo" (von Gierke, 1895, I: 15), Radbruch vai mais longe e é mais específico ao identificar o valor jurídico com a Ideia de Direito e a Justiça: "O Direito é a realidade que tem o sentido de servir o valor jurídico, a ideia do Direito. A ideia do Direito não pode ser outra senão a Justiça" (*Rechtsphilosophie*, 123).

Não são só, infelizmente, lacunas. São antinomias que o Projeto abriga no seu seio. Há, por exemplo, uma contradição classificatória patente: se a democracia e o Estado de Direito se encontram no elenco muito vasto de "valores" no art. I-2º, já no Preâmbulo da Carta dos Direitos Fundamentais da União, da Parte II, integrado de pleno direito e com total valor jurídico no projeto de Constituição (como vimos), com muito mais acerto se afirma que a democracia e o Estado de Direito são antes princípios. Embora ainda excessivamente generoso, o Preâmbulo é mais comedido que o referido artigo I-2º, considerando "valores indivisíveis e universais" apenas a dignidade do ser humano, a liberdade, a igualdade e a solidariedade.

No articulado, acrescenta-se ainda a caracterização da sociedade resultante da aplicação dos valores, comuns aos Estados-membros. É a descrição abreviada da eutopia realizável pelo Projeto de Tratado Constitucional europeu: uma sociedade "caracterizada pelo pluralismo, a não discriminação, a tolerância, a justiça, a solidariedade e a igualdade entre mulheres e homens".

Todos estes são aspetos que desenvolvem, mas se poderiam reconduzir, afinal de contas, à tríade valorativa liberdade, igualdade e justiça. Todos os elementos invocados se subsomem nos três grandes valores. Talvez mais nuns do que noutros, mas, em geral, em pelo menos um dos três.

Mais que a abertura do catálogo (que, para ser feita solidamente, talvez tenha ainda que esperar a solidificação de ideias em suspensão nos ares dos tempos), uma muito fecunda criatividade constitucional pode ver-se logo no Preâmbulo da Constituição brasileira:

> Nós, representantes do povo brasileiro, reunidos em Assembléia Nacional Constituinte para instituir um Estado Democrático, destinado a assegurar o exercício dos direitos sociais e individuais, a liberdade, a segurança, o bem-estar, o desenvolvimento, a igualdade e a justiça como valores supremos de uma sociedade fraterna, pluralista e sem preconceitos,

fundada na harmonia social e comprometida, na ordem internacional, com a solução pacífica das controvérsias, promulgamos, sob a proteção de Deus, a seguinte Constituição da República Federativa do Brasil.

Como sabemos, Liberdade, Igualdade e Justiça têm precisamente um contexto cultural. Eis que os valores clássicos estão todos individualizados no Preâmbulo da Constituição brasileira, mas como que mesclados criativamente (e com sentido histórico-cultural) com outros valores, enquadradores, que os sustentam e os modulam.

Assim, a Igualdade não é apenas interpretável como a velha "Igualdade perante a lei". Pois se ancora nos direitos sociais, no bem-estar e no desenvolvimento, além de nos outros dois valores clássicos. Uma igualdade com direitos sociais, com bem-estar geral e com desenvolvimento é uma Igualdade de um certo tipo. Ganha em sentido, ganha em determinação. É, numa palavra, mais cidadã e mais igual. Além de que a remissão para a utopia social de uma "sociedade fraterna, pluralista e sem preconceitos, fundada na harmonia social" igualmente robustece profundamente o valor da Igualdade.

De modo semelhante, a Liberdade é, neste mesmo contexto, totalmente descartada de qualquer ideia de mero *laissez faire*, com esta modulação paralela da Igualdade, e também a Justiça redobra em sentido quando assim enquadrada. E não esqueçamos que se fala quer de direitos sociais, quer de direitos individuais, acautelando as várias dimensões da Justiça.

Contudo, tal como depois sucederia no projeto de Constituição europeia, ainda aqui persiste algum sincretismo. Não cremos que sejam ao mesmo título, e em rigor, passíveis de consideração como "valores superiores", em pé de igualdade, todos os que são enunciados neste Preâmbulo. Desde logo, os direitos não podem ser considerados valores.

Em contrapartida, fica o desafio em pensar o desenvolvimento e o bem-estar como valores. Será que os poderemos integrar nos valores simplesmente sensíveis, ou compreender que eles têm uma dimensão cultural, e, por isso, poderiam ser incluídos nos espirituais? Grave desvio aos princípios?

A imaginação constitucional não pode petrificar-se perante desafios de heterodoxia, como também não pode ultrapassar barreiras levianamente, só pelo gosto de inovar, numa paixão da originalidade realmente sem sentido, e reprovável. Mas a porta dos valores está aberta. E a criatividade valorativa, como a manifesta na Constituição brasileira, é certamente um passo decisivo para a imaginação axiológica. A qual, como tudo o que é humanamente construído, é, e deve continuar a ser, serviço do Homem, e nunca o contrário. Apesar de o Homem ser protagonista de valores – fórmula que funcionalizando-o de forma muito especial, o engrandece – o certo é que não é títere de uma peça que não escreveu. Os valores do Homem são os *seus* valores. E por isso ele os encarna e faz atuantes. E os pode renovar e aprofundar, com imaginação ética. E as constituições, que não são templos alegóricos habitados por sombras, mas instrumentos atuantes de cidadania viva e sensitivas do pulsar e da cultura dos povos, obviamente interiorizam e projetam esses valores, na sua dimensão dialética e dúplice, jurídica e política.

Mister é – ovo de Colombo, mas cada vez mais vital – que essas constituições sejam na prática postas em ação por protagonistas políticos que, sem apregoarem virtude, tenham a virtude como a virtualidade dos princípios ativos dos medicamentos:

a capacidade de agir, e de sarar. A dimensão ética da Constituição implica as duas dimensões: valores e virtudes. Numa vera filosofia prática. Mas isso sempre soubemos, desde os romanos, ser o próprio Direito, *tout court*. Porque cultivamos, dizia Ulpiano, *veram nisi falor phisophiam, non simultanam affectantes*.

IV. Neoconstitucionalistas e Ética no Direito

Algumas aportações mais recentes não fazem a nosso ver senão corroborar, noutras claves, noutros estilos, as grandes lições dos clássicos. Infelizmente, muitos dos nossos contemporâneos animam-se com ideias que já luziam nas alegadas trevas da Idade Média (ou até antes), desde que bem embaladas em invólucros de pretensa novidade. Mas é óbvio que não podemos estar desatentos ao que se vai fazendo no nosso tempo, por muito que, por vezes, seja *too much ado about nothing*. A facilidade de publicação, e a possibilidade de os editores apostarem em certos autores fiados na sua audiência estudantil ou no seu crédito político levanta barreiras a muitas publicações. Por outro lado, a má fama que se foi insensivelmente criando para a obra clara e sintética, para mais na Filosofia, vai levando à proliferação de trabalhos rebarbativos, redundantes, e imensos, que se resumiriam em meia-dúzia de páginas, e que pouco de novo trarão.

Fiquemos, porém, com alguns tópicos, em diálogo com alguns dos autores modernos que mais relevantes se têm mostrado nestas áreas para uma tentativa de dilucidação do nosso problema.

Não será por mera ordem alfabética que, no tocante a novos ventos filosófico-constitucionais, devemos começar por Alexy. Robert Alexy, contra a filosofia espontânea dos juristas que é o positivismo legalista (como bem recordou um António Braz Teixeira), é um dos que insistem em que o próprio discurso jurídico não pode ser separado dos valores, e mais: que ele seria mesmo apenas uma modalidade, um caso específico, do discurso prático ou moral. E a propósito de Alexy se diga, em clave ao mesmo tempo constitucional e jurisfilosófica, ambas ligadas pela hermenêutica, que a *vexata quæstio* do despique (até ontológico) entre valores e princípios, que alguns cuidam ingenuamente superar prescindindo por completo dos primeiros, é afinal suscetível de uma tradução bem simples: os próprios princípios são da família dos valores, e ambos é que têm conteúdo axiológico, sendo as regras, que deles devem depender, mais o seu reflexo, e o molde jurídico mais comum, ancilar, dependente, ao rés-do-chão (ou ao primeiro andar, se neste colocarmos os atos jurídicos ou seus homólogos) da pirâmide jurídica. Fundo axiológico, forma jurídica: eis, pois, uma formulação que é afinal glosada, de mil e uma maneiras, pelos autores que nesta sintonia andam. Contudo, Alexy não alinhará pelo *pan-constitucionalismo*, sendo moderado na articulação lei/Constituição. Donde se deva certamente perguntar se não será um tanto forçado considerá-lo (e na verdade a uns tantos mais) como um puro (ou extremo) "neoconstitucionalista". Ou (talvez melhor ainda) se não será mais prudente entender o neoconstitucionalismo não como o tal "tomar o freio nos dentes" por parte de uma Constituição assumida como suprema e soberana (e nunca seria a Constituição em si que o faria, antes os aurigas constitucionalistas e juristas em especial), antes entendê-la como entidade reinante, sem dúvida, e obviamente cogente, interventiva até, não repugna nada que programática (sempre a Constituição é programática, o problema é saber que tipo de programa tem), mas jamais totalitária.

Uma Constituição não poderá ser um vasto eucaliptal secando em volta todas as demais fontes. Pelo contrário, deve ser a seiva de que os vários ramos do Direito se alimentem. Nisso, os mais denodados constitucionalistas, ao pregarem a constitucionalização do Direito, têm razão. E ao constitucionalizar-se o Direito todo, ele também se eticiza, ou melhor, se eticiza com um timbre ético-político decididamente mais moderno.

Ninguém negará que o Direito Romano tem uma ética como fundo. Mas será uma ética para o nosso tempo? Não cremos que o *bonus paterfamilias* possa ser *salvo*, senão nalguma lisura negocial e pouco mais, como modelo de virtudes e de valores para os nossos tempos muito mais pluralistas e muito mais complexos. A ética do Direito hodierno poderá até trilhar novos caminhos, e insuspeitados. Mas, pelo menos, deve ancorar-se sobre as principais bases do Estado moderno.

Nem se fala de pós-modernidade, e é certo, como afirma Manoel Gonçalves Ferreira Filho (2010), que não há *Estado pós-moderno*, isso não há, nem sabemos muito bem como pudesse ser – a nossa pós-modernidade, a havê-la, seria pós-estadual... Mas esse já é um outro problema.

Paolo Grossi (2011) insiste nessa categoria, por exemplo, mas mais no plano da sociedade, da Constituição e do Direito que do próprio Estado. Aliás, o Estado é, por natureza, por génese, um produto moderno, da Modernidade... Talvez nessa vinculação à modernidade esteja a sua insuscetibilidade de reforma ou sequer renovação pós-modernas...

A Modernidade evoluiu do Renascimento e do Humanismo para as Luzes, Iluminismo e *Esclarecimento,* como agora por vezes se traduz, que sem dúvida tiveram pontos obscuros, sombras, mas que em grande medida trouxeram uma libertação tão radical e profunda que não estaríamos sequer em condições anímicas para dele prescindir. No Iluminismo e depois na Revolução Francesa e Ocidental estão as bases do mundo liberal e depois democrático e social de hoje. Recuar a partir daí sempre foi uma irreparável perda, como ocorreu com os totalitarismos de má memória, que todos recusaram os fundamentos da nossa atual civilização, no que de melhor tem.

Mas que fundamentos são esses? Sempre os valorativos, e constitucionais. Que se podem sintetizar nos valores políticos atribuídos à Revolução Francesa, que a Constituição espanhola de 1978 sintetizaria quase na perfeição, mas que, por exemplo, os últimos textos constitucionais europeus (que o são, ainda que alguns lhes recusem tal estatuto) desastradamente têm confundido... Em suma, os valores (e alguns são homónimos de outras realidades: principiais, por exemplo, mas também de virtudes) da liberdade, da igualdade e da fraternidade (com variantes de justiça ou solidariedade, ou humanidade... por exemplo). Debalde buscaríamos esses valores fora do ambiente histórico-espiritual da Modernidade, e especificamente da posteridade das Luzes, essa grande emancipação da Humanidade, porque caminho para ela, que Kant assinalou no seu nunca por demais relembrado *Was ist Aufklärung*?

Luigi Ferrajoli, que sublinha o papel político (e ético) da decisão jurídica (dos juristas – que não são meros agentes de subsunção), avança, como é sabido, quatro critérios da dimensão valorativa da pessoa, no fundo quatro grandes itens, que são valores ou para-valores: igualdade, que, apesar de ser a ideia ocidental mais tardia a entrar no "Synthopticon" dos *Great Books* da Encyclopaedia Britannica, é, realmente, um valor; e ainda democracia, paz e lei do mais fraco (esta última claramente expressa constitucionalmente no preâmbulo, significativamente redigido por um poeta, da Constituição da Confederação Helvética).

Talvez no rigor do eticismo mais estrito não se possam considerar como valores estes três últimos; certamente tal não será mesmo possível, nem com muito boa vontade categorial, mas o certo é que refletem eles, em clave moderna, a luz própria das estrelas éticas que são os valores políticos fundamentais de que falávamos antes.

A paz é obra da justiça (Is., XXXII, 17), a democracia é o nome comum da liberdade, que é valor também, e a lei do mais fraco uma dimensão (social, sobretudo) da Justiça, outro dos grandes e primeiros valores políticos.

Um outro autor hodierno, e com igual fama de neoconstitucionalista, é Carlos Nino, o qual nos reforça nesta perspetiva filosófica, e especificamente ética, do novo (mas *everything old is new again*) do Direito Constitucional. E fá-lo, nomeadamente ao criticar a cristalização epistémica da "castidade melódica" (a expressão tomamo-la de empréstimo a Vieira de Andrade, 1973: 3-4) das práticas teóricas de quantos (de Hans Kelsen a Alf Ross, passando por outros, de menor vulto) jurariam fidelidade eterna ao direito posto, sem sequer aparente abertura para propostas *de iure constituendo*, mas utilizando um argumento decisivo: pelo quanto tal denota de adesão a uma *Weltanschauung* jurídica de fechamento a valores. Nino insiste na necessidade de diálogo e de fundamentação pela moral, ao ponto de entender os Direitos Humanos como direitos morais.

Em suma, o ponto de Arquimedes do Direito (como lhe chamamos desde 1978), e portanto o ponto de Arquimedes também do Direito Constitucional, não poderia deixar de ser algo que é objeto da Filosofia do Direito também, ou seja, os valores, uma das principais facetas da axiologia e da ética.

A principiologia de Ronald Dworkin encontra-se também porejada por uma ideia de conteúdo, de substancialidade, e não de mero formalismo, o que só pode ser entendido como uma remissão para a ética. Valem os princípios não porque como tais sejam "postos". Isso implicaria um positivismo legalista já não de regras, mas de princípios, também criticado por um Zagrebelsky no seu *Direito dúctil*. O que não custa conceber, porquanto há mesmo um positivismo normativo não jurídico, por exemplo de uma normatividade simplesmente moral, como assinalou Werner Schöllgen:

> O tipo moral de subsunção, que apenas trabalha logicamente (...) não se distingue em absoluto do positivismo jurídico pelo espírito e pelo método, mas apenas pela matéria. Trata-se de um positivismo de princípios, pois manipula-se com estes da mesma forma que o positivista do direito com artigos e parágrafos de um código (1961: 18) (tradução nossa).

Os princípios valem, isso sim, pelo seu conteúdo, que tem de ser, de algum modo, ao menos, moral.

Estas bases "ontológicas" levam à conceção de uma atividade judicial em que o *taking rights seriously* remete para uma aplicação do Direito que equivale a uma (pelo menos uma das possíveis) leitura ética da Constituição, e de modo nenhum uma leitura simplesmente técnica, ou tecnocrática.

Bibliografia

Autores

ALEXY, Robert, *Theorie der juristischen Argumentation. Die Theorie des rationalen Diskurses als Theorie der juristischen Begründung*, 1983, trad. port. de Zilda Hutchinson Schild Silva, *Teoria da Argumentação Jurídica: A Teoria do Discurso Racional como Teoria da Justificação Jurídica*, São Paulo, Landy, 2008.

—, *Theorie der Grundrechte*, 2ª ed., 1994, trad. port. de Virgílio Afonso da Silva, *Teoria dos Direitos Fundamentais*, São Paulo, Malheiros, 2008.

—, *Recht, Vernunft, Diskurs*, 1995, trad. port. de Luís Afonso Heck, *Direito, Razão, Discurso: Estudos para a Filosofia do Direito*, Porto Alegre, Livraria do Advogado, 2009.

—, *Begriff und Geltung des Rechts*, 2002, trad. port. de Gercelia Batista de Oliveira Mendes, *Conceito e Validade do Direito*, São Paulo, WMF Martins Fontes, 2009.

DWORKIN, Ronald, *A Matter of principle*, Harvard, Harvard University Press, 1985.

GROSSI, Paolo, *Novecento Giuridico: un Secolo Pos-Moderno*, Nápoles, Università degli Studi Suor Orsola Benincasa, 2011.

KANT, Immanuel, *Was ist Aufklärung?*, 1784.

PEREIRA MENAUT, Antonio-Carlos, *Constitución, Princípios, Valores*, Separata de Dereito. Revista "Xurídica da Universidade de Santiago de Compostela", v. 13, n. 1, 2004, p. 200-201.

SCHÖLLGEN, Werner, *Konkrete Ethik*, Duesseldorf, Patmos, 1961, trad. cast. de Daniel Ruiz Bueno, *Ética Concreta*, Barcelona, Herder, 1964.

VIEIRA DE ANDRADE, José Carlos, *Grupos de Interesse, Pluralismo e Unidade Política*, suplemento do "Boletim da Faculdade de Direito", v. XX, Universidade de Coimbra, Coimbra, 1973.

ZAGREBELSKY, Gustavo, *Il Diritto mite*, Turim, Einaudi, 1992.

Teorias

AA. VV. *Neoconstitucionalismo*, coord. de Regina Quaresma, Maria Lucia de Paula Oliveira e Farlei Martins Riccio de Oliveira, Rio de Janeiro, Forense, 2009.

CADEMARTORI, Luiz Henrique Urquhart, DUARTE, Francisco Carlos, *Hermenêutica e Argumentação Neoconstitucional*, São Paulo, Atlas, 2009.

CRUZ, Bárbara *et al.*, *Teoria da Argumentação e Neo-Constitucionalismo. Um Conjunto de Perspectivas*, Prólogo de Manuel Atienza, Apresentação de António Manuel Hespanha e Teresa Pizarro Beleza, Coimbra, Almedina, 2011.

DUARTE, Écio Oto Ramos / POZZOLO, Susanna, *Neoconstitucionalismo e Positivismo Jurídico. As Faces da Teoria do Direito em Tempos de Interpretação Moral da Constituição*, São Paulo, Landy, 2006.

FERREIRA FILHO, Manoel Gonçalves, *Notas sobre o Direito constitucional pós-moderno, em particular sobre certo Neoconstitucionalismo à brasileira, in* "Systemas – Revista de Ciências Jurídicas e Econômicas", v. 2, nº 1, 2010, p. 101-118.

RIBEIRO MOREIRA, Eduardo, *Neoconstitucionalismo. A Invasão da Constituição*, São Paulo, Método, 2008.

Referências do texto

AZEVEDO, Plauto Faraco de, *Direito, Justiça Social e Neoliberalismo*, 1ª ed., 2ª tiragem, São Paulo, Revista dos Tribunais, 2000.

BOUDON, Raymond, *Sentiments of Justice and Social Inequalities*, "Social Justice Research", v. 5, nº 2, junho 1992, p. 122 *et seq.*, recolhido *in Le juste et le vrai*, Paris, Fayard, 1995, trad. port. de Maria José Figueiredo, *O Justo e o Verdadeiro. Estudos sobre a Objectividade dos Valores e do Conhecimento*, Lisboa, Instituto Piaget, 1998, p. 275 *et seq.*

BRITO, António José de, *Apontamento quási superficial sobre Ética, in* "Nova Águia", nº 8, 2º Semestre de 2011, p. 252 *et seq.*

BROTERO, Avellar, *A Filosofia do Direito Constitucional*, São Paulo, Malheiros, 2007, Introd. de José Afonso da Silva.

BRUNET, Pierre, *Le concept de République dans le droit public français*, in La République en perspectives, dir. de Brigitte Krulic, Quebeque, Les Presses de l'Université Laval, 2009, máx. p. 130.

CUNHAL, Álvaro, *A Superioridade Moral dos Comunistas*, s. l.: Edições Avante, 1974, última página, artigo publicado na revista "Problemas da Paz e do Socialismo", nº 1, janeiro de 1974.

DREWS, Claudia, *Die Wesensgehaltsgarantie des Artikels* 19 II GG, Baden-Baden, Nomos, 2005.

ELIADE, Mircea, *Tratado de História das Religiões*, nova ed., trad. port., Porto, Asa, 1992 (ed. anterior, Lisboa, Cosmos).

FERREIRA DA CUNHA, Paulo, *Crimes & Penas. Filosofia Penal*, Coimbra, Almedina, 2020.

—, *Direito Constitucional Anotado*, Lisboa, Quid Juris, 2008.

—, *Filosofia do Direito*, Coimbra, Almedina, 2006.

—, *O Século de Antígona*, Coimbra, Almedina, 2003.

—, *O Tímpano das Virtudes*, Coimbra, Almedina, 2004.

—, *Para uma Ética Republicana*, Lisboa, Coisas de Ler, 2010.

FINKIELKRAUT, Alain, *Un coeur intelligent*, Paris, Stock, Flammarion, 2009, trad. port. de Marcos de Castro, *Um Coração Inteligente*, Rio de Janeiro, Civilização Brasileira, 2011.

FOYER, Jean *et al.* (dir.), *La Vertu*, Paris, PUF, Académie des sciences morales et politiques, 2009.

FRANCE, Anatole, *Thais*, ed. electr., s.d. (orig.: 1890).

GIERKE, Otto von, *Deutsches Privatrecht*, Leipzig *et al.*, Duncker & Humblot, 1895.

GUARDINI, Romano, *Ethik. Vorlesungen an der Universität München*, trad. cast. de Daniel Romero e Carlos Diaz, *Ética. Lecciones en la Universidad de Múnich*, Madrid, BAC, 1999.

HÄBERLE, Peter, *Die Wesensgehaltsgarantie des Art. 19 Abs. 2 Grundgesetz – Zugleich ein Beitrag zum institutionellen Verständnis der Grundrechte und zur Lehre des Gesetzesvorbehalt*, 3ª ed., Heidelberg, 1983, trad. cast. de Joaquín Brage Camazano, com uma apresentação e um estudo Preliminar de Francisco Fernández Segado, *La Garantía del Contenido Esencial de los Derechos Fundamentales en la Ley Fundamental de Bonn*, Madrid, Dykison, 2003.

HESSEN, Johannes, *Filosofia dos Valores*, nota de apresentação de Marina Ramos Themudo, nova ed., Coimbra, Almedina, 2001.

HOURDIN, Georges, GANNE, Gilbert, *Les valeurs bourgeoises*, Nancy, Berger-Levrault, 1967, trad. port. de Alfredo Barroso, *Os Valores Burgueses*, Lisboa, Livros do Brasil, s.d.

LUKES, Steven, *The Curious Enlightenment of Professor Caritat*, Verso, 1995, trad. port. de Teresa Curvelo, revisão de Manuel Joaquim Vieira, *O curioso Iluminismo do Professor Caritat*, Lisboa, Gradiva, 1996.

MONCADA, Luís Cabral de, *Filosofia do Direito e do Estado*, v. II, reimp., Coimbra, Coimbra Editora, 1955.

MORAES, Vinicius de, "Carta aos Puros", in *Poesia Completa e Prosa*, org. de Alexei Bueno, Rio de Janeiro, Nova Aguilar, 1998.

PEREIRA MENAUT, Antonio-Carlos, *Constitución, Principios, Valores*, Separata de "Dereito. Revista Xurídica da Universidade de Santiago de Compostela", v. 13, nº 1, 2004, p. 200-201.

SCHUON, Frithjof, *A Unidade transcendente das religiões*, trad. port. de Pedro de Freitas Leal, Lisboa, Dom Quixote, 1991.

SCLIAR, Moacyr, *A Mulher que Escreveu a Bíblia*, São Paulo, Companhia das Letras, 1999.

SEN, Amartya, *Development as Freedom*, trad. port. de Laura Teixeira Motta, revisão técnica de Ricardo Doninelli Mendes, *Desenvolvimento como Liberdade*, São Paulo, Companhia das Letras, 2010.

VAZIO, MAL, CRUELDADE, EUROPA E ESPERANÇA: STEINER, HESSEN, BORGES, RITTER, ROSSET

Tentei passar a minha vida a compreender por que a alta cultura não conseguiu erradicar a barbárie.

George Steiner

Anos 80, tempo também de outros olhares sobre a História, ou olhares sobre a contemporaneidade e a própria natureza humana, a partir de momentos traumáticos da História, ou simplesmente do quotidiano. Em 1983, Gilles Lipovetsky (1944) inicia a publicação de uma obra perturbante, metendo o dedo na ferida da vacuidade e da encenação e superficialidade (e moda) da nossa civilização: ao livro *A Era do Vazio*, dedicado ao individualismo, seguir-se-ão títulos como *O Império do Efémero* (1987), sobre a moda, *O Crepúsculo do Dever* (1992), *La société de déception* (2006), e *Écrã global* (2007). Mais recentemente, *v.g., Da Leveza: Para Uma Civilização do Ligeiro* (2016) e *Plaire et toucher: Essai sur la société de séduction* (2017). Sublinha-se o paradoxo da promoção de uma ilusória felicidade privada, e da busca desenfreada e individualista dessa pseudo-felicidade, paralelamente ao crescimento da depressão dos indivíduos isolados, e à incapacidade social de criação de bem comum, ou felicidade pública, ou geral.

O pensamento do polígrafo, mas sobretudo teórico da literatura e da cultura, George Steiner (1929-2020) não pode deixar de levar a marca do holocausto, de que conclui que o Homem é muito mais hábil a construir e a efabular infernos que paraísos. Apesar dos dois volumes da *História do Paraíso* (1992) do historiador Jean Delumeau (1923-2020). Sai, em 1986, *No Castelo do Barba Azul. Notas para uma Redefinição da Cultura*, obra de maturação, olhar seguro e sábio sobre o Homem e a civilização e, no fundo, veiculando a ideia de uma surda omnipresença do mal, que já o filósofo e teólogo católico Johannes Hessen (1889-1971) sublinhava na sua *Filosofia dos Valores* (1937), parecendo subliminarmente falar-nos do nazismo:

> O mal afirma-se, pelo contrário, como uma irrecusável evidência na vida humana. Todos aqueles que já lutaram um dia com esta força, ou que já compassivamente presenciaram a luta de outros com ela, poderão dizer alguma coisa a este respeito. Negar a realidade do mal, ou considerá-lo um simples *ens privativum* é o mesmo que fechar arbitrariamente os olhos à evidência e dar provas dum completo alheamento da realidade e da vida (Trad. de Luís Cabral de Moncada, Coimbra, Almedina, 2001: 73).

Também o original escritor argentino Jorge Luis Borges, em *A Cabala* (in *Obras Completas*, III, Lisboa, Teorema, 1998: 284) conflui nesse caminho, refutando as "defesas" teológicas do mal, apenas concedendo em citar Leibniz quando, no seu proverbial otimismo, considerara que o mal "é necessário para a variedade do mundo".

Steiner já tinha publicado *Nostalgia do Absoluto* (1974), recolhendo cinco interessantes palestras radiofónicas. Depois de dialogar com Marx, Freud, Lévi-Strauss, ou com a Escola de Frankfurt, talvez não nos surpreenda apresentando o homem como "um carnívoro cruel, construído para avançar (...) contra e por cima dos obstáculos", magneticamente atraído por eles. Mas, se crê que a verdade tem futuro, não está certo de que o Homem, hóspede do Planeta, também o tenha. Como, então, uma verdade sem seu obreiro ou, ao menos, espectador?

Recordemos ainda aqui Gerhard Ritter (1888-1967), com a sua demonização do poder. E a mais próxima saída, em 1988, da obra de Clément Rosset (1939) *O Princípio da Crueldade*, propondo uma ética da crueldade a partir da verificação de que todo o real é, de si, cruel. Stamatios Tzitzis (1957) não se afastará muito destas preocupações com a sua *Estética da Violência* (1997), de feição iconoclasta, a que não serão alheias as suas investigações filosófico-penais e criminológicas.

Colocar, para o Homem, a questão do mal, e a questão do mal como raiz política, é decerto a suma radicalidade neste âmbito. Mais longe, só, entre nós, Braz Teixeira (1936), problematizando *Deus, o Mal e a Saudade* (1993), mas muito para além do simplesmente político.

Contudo, não se limitará a este tema antropológico cultural e metafísico a reflexão com implicações filosófico-políticas de George Steiner. É, por um lado, um olhar penetrante sobre a educação e os seus contemporâneos descaminhos. Sente-se nele uma nostalgia da relação mestre-discípulo (*Lições dos Mestres*, 2003), que considera ser uma forma de amor desinteressado. Por outro lado, e numa vertente mais afirmativa, reflete sobre a Europa e o seu futuro (*A Ideia de Europa*, 2004), em que ao desencanto pode – e talvez deva – suceder a esperança:

> Se os jovens ingleses escolhem classificar David Beckham acima de Shakespeare e Darwin na lista dos tesouros nacionais, se as instituições culturais, as livrarias e as salas de concertos e teatro lutam pela sobrevivência numa Europa que é fundamentalmente próspera e onde a riqueza nunca falou tão alto, a culpa é muito simplesmente nossa. Assim como o poderia ser a reorientação do ensino secundário e dos meios de comunicação social, por forma a corrigir-se esse erro. (...) É entre os filhos frequentemente cansados, divididos e

confundidos de Atenas e de Jerusalém que poderíamos regressar à convicção de que "a vida não refletida" não é efetivamente digna de ser vivida. (Trad. de Maria de Fátima St. Aubyn, Lisboa, Gradiva, 2006: 54-55)

A preocupação com o futuro e o papel dos jovens de hoje encarna entre nós sobretudo em Fernando Pereira Marques, que em 2007 dá à estampa o agudo ensaio, de título anteriano, *Esboço de um Programa para os Trabalhos das Novas Gerações*, que quase a abrir apresenta uma mensagem muito direta:

> (...) é preciso retomar o facho das lutas passadas; desmontar as mitificações ideológicas e políticas com que os senhores do mundo justificam a sua dominação; denunciar o cinismo e a hipocrisia dos que vivem no imediato, na e para a embriaguez da riqueza e do poder que detêm; despertar as pessoas da sua inconsciência e da sua cegueira, fascinadas como estão pelos objetos e pelo espetáculo do consumismo (Porto, Campo das Letras, p. 9).

FANATISMOS MÁGICOS E PSEUDOCIENTÍFICOS VS. ESTADO DE DIREITO

> *(...) um segredo iniciático revelado não serve para nada. No entanto, as pessoas mostram-se ávidas de segredos e aquele que é tido como possuidor de um segredo não revelado adquire sempre uma forma de poder (...) O importante é fazer com que os outros acreditem que possuímos um segredo. (...) É preciso vangloriar-se de um segredo vazio.*
> Umberto Eco, Algumas Revelações sobre o Segredo, in *Aos Ombros de Gigantes,* trad. port. de Liliana Aguiar, Lisboa, Gradiva, 2018, pp. 349-350.

I. Metamorfoses

Um político muito experiente, que se eternizou no poder (donde só saiu por um acidente), disse um dia que "em política, o que parece, é". O que significa que, para o exercício do poder (diria Maquiavel, para a sua conquista, preservação e expansão), importam muito as aparências, e convencer as pessoas delas e por elas. Há, na política, espécie de seiva do Estado e do próprio Direito, esse pecado original da mentira, da dissimulação, da "bandeira que cobre mercadoria" como da ideologia disse Karl Jaspers (cf., sobre ideologia e mentira, num registo de "Psicopatologia", Joseph Gabel, *La Fausse conscience*, Paris, Minuit, 1962, p. 163 *et seq.*. Um estudo bastante desenvolvido sobre o problema da mentira nos tempos atuais e com as conexões que interessa fazer, é o de

Umberto Eco, Dizer o Falso, Mentir, Falsificar, in *Aos Ombros de Gigantes*, trad. port. de Liliana Aguiar, Lisboa, Gradiva, 2018, p. 247 *et seq*.).

Um poema de Friedrich von Logan sobre os políticos, começa eloquentemente assim: "Anders sein und anders scheinen / Anders reden, anders meinen"... Os políticos não são todos iguais, nem todos impostores, mas não se pode negar que existe esse conceito (e preconceito) deles. Razão para que se excedam a si mesmos em provas de veracidade.

Importa assim ter presentes fenómenos de metamorfose ou engodo oportunista. E analisá-los com rigor. Sempre se evidenciaram socialmente, embora possamos estar a atingir um seu auge com a proliferação de *fake news*, que a rapidez das redes sociais e meios de comunicação afins disparam em rumores, boatos, e mistificações. Já no Pós-escrito de 1972 ao seu livro *I Benandanti*, Carlo Ginzburg aludia à "onda da moda neo-ocultista". Cf. *I Benandanti. Stregoneria e culti agrari tra Cinquecento e Seicento*, Turim, Einaudi, ed. de 1972, trad. port. de Jônatas Batista Neto, *Os Andarilhos do Bem. Feitiçaria e cultos agrários nos séculos XVI e XVII*, São Paulo, Companhia das Letras, 2010. É uma forma de qualificar um sem número de movimentos...

Nestas andanças de mostrar o que se não é, em política clássica, não é apenas, por vezes, uma direita que copia a esquerda para sobreviver (ou para se fingir "moderna"), ou uma esquerda que copia a direita para enriquecer (ou enriquecerem e/ou se promoverem alguns dos seus membros, pessoalmente – *v.g.*, Ferreira de Castro, *A Curva da Estrada*, Lisboa, Guimarães, 1950), ou para se fingir "responsável". Com a falência evidente da civilização materialista, mil e um movimentos "alternativos", "espirituais", "esotéricos", "místicos", etc., com maior ou menor enquadramento e implicações políticas (nem que seja apenas o "escapismo" e absentismo político), parece terem visto confirmadas as suas razões. Já captavam milhões de adeptos fervorosos, mas até onde não chegarão? (v. muitos exemplos de grupos in José Manuel Anes, *Uma Introdução ao Esoterismo Ocidental e suas Iniciações*, 2ª ed., Arranha-Céus, 2014). Os tempos críticos, muito críticos, são sempre bons tempos para radicalismos, políticos ou religiosos, e mais ainda se se juntar à componente religiosa um milenarismo qualquer. O Apocalipse, o medo, vende muito, provocando conversões verdadeiras e falsas. Sempre isso se soube.

Se os grupos se metamorfoseiam e se mascaram por razões de *marketing* político, também as carnavalizações e os embustes chegam a domínios como o sagrado e a ciência. Com fins de lucro material, muitas vezes, mas, no limite com uma dimensão política, porque há, em geral, muita sede de poder envolvida. Pode ser poder geral, político, ou apenas poder de dominação de pessoas e grupos, ainda que pequenos. A própria relação do "guru" (doravante escreveremos sem aspas) no limite com o seu único discípulo merece ser ponderada. Até que ponto é a de Mestre-Discípulo, ou uma relação complexa que lembre a dialética hegeliana do Senhor e do escravo?

II. Poderes Totalitários

Pelo menos alguns desses movimentos, grupos, círculos, seitas, e gurus, têm verdadeiro poder (por vezes, totalitário, esmagador: ao ponto de fazerem perder vontade própria) sobre os seus membros e sequazes, que com frequência os seguem acriticamente. Não são raras técnicas mágicas e/ou psicológicas de "quebra do ego", submissão cadavérica e "reprogramação" das personalidades, que tanto pode enquistar num dogma para toda a vida, como ser errática, à vontade de quem manda (e há grupos em que essa imposição de versatilidade e exercício da obediência é regra). Atua-se por vezes de forma proselítica, outras com profunda intolerância para com os outros. Cada círculo acredita ser dono da verdade, e em muitos casos tem uma ética própria, que bem pode ser um relativismo devastador, que permite tudo pensar e tudo fazer. Sendo o mundo uma ilusão, nada sendo verdadeiro, tudo é permitido. Talvez esta libertação de constrangimentos morais seja uma vertente da sedução de alguns, enquanto a obediência sem limites será o fascínio de outros. Tudo isto mais ou menos sempre aconteceu. Lembremo-nos de heresias e milenarismos. Mas agora é uma onda globalizada, servida por poderosos meios, como a *Internet*. – donde seja necessário tomar mais precauções, nomeadamente éticas (*v.g.*, Gilberto Dupas, *Ética e Poder na Sociedade da Informação*, 3ª ed., São Paulo, Unesp, 2011). Alguns líderes podem mesmo ser os psicopatas de que explicitamente fala a psiquiatra Ana Beatriz Barbosa Silva (*Mentes Perigosas. O Psicopata mora ao lado*, Rio de Janeiro, Fontanar, 2008 – v. *infra*, n° 36. Psicopatologia do Poder).

Seria interessante aprofundar cientificamente, desde logo psiquiatricamente, mas também sociologicamente, o que levará algumas pessoas a fundar ou liderar esses movimentos, ou simplesmente a seguir uma carreira de curandeirismo ou afim. Uma obra insuspeita de cientismo parece desvelar-nos uma primeira ponta do véu:

> E chegamos praticamente ao seguinte: um homem ou uma mulher – com mais frequência uma mulher – sendo naturalmente feiticeira, é levada a tentar alguns experimentos simples e, ao ser bem-sucedida, em virtude de um poder provavelmente latente em todos nós, é induzida a continuar por amor às emoções e por amor ao êxito e ao poder, até que a emoção cresça como o vício da bebida. E considerando as evidências, somos obrigados a admitir que deve haver uma força nos próprios rituais. Eles não apenas inflamam a imaginação do praticante, mas fazem isso e algo mais; o ritual e o praticante agem e reagem mutuamente, criando uma desenfreada embriaguez, um êxtase. Torna-se impossível resistir, parar. Serão atiradas nesse vórtice a fama, a fortuna, a reputação e a própria vida, a fim de obter mais e mais delícias nesse sonho de loucura (S. L. MacGregor Mathers/J. W. Brodie-Innes, The Sorcerer and His Apprentice. Unknown Hermetic Writings, org. de R. A. Gilbert, The Aquarium Press, 1983, trad. port. de Yolanda Steidel de Toledo, O Feiticeiro e o seu Aprendiz, São Paulo, Pensamento, 1993, p. 157).

Passemos do individual ao social. É de crer que um eventual prolongamento da crise pandémica do Covid-19 e o agravamento do número de infetados (e sobretudo se houver grande crescimento da curva dos óbitos) possa levar ao recrudescimento de fenómenos de fanatismo, não só político *tout court*, como mágico e afim (B. Chouvier, *Les Fanatiques*, Paris, Odyle Jacob, 2009). Recordemos *O Sétimo Selo* de Ingmar Bergman (Suécia, 1956). As pestes geram reações emotivas que muitas vezes se canalizam para formas primitivas de "religiosidade". (Sobre as epidemias, em geral, v. António Eduardo Bruno Lopes João, Aspectos Históricos e Sociais das Epidemias, in *Psiquiatria de Catástrofe*, Memória do Encontro Psiquiatria de Catástrofe e Intervenção na Crise, Coord. De Luísa Sales, Hospital Militar Regional n° 2, Serviço de Psiquiatria, Coimbra, Almedina, 2007, p. 99 *et seq.*, que termina com esperança de rápida debelação da próxima pandemia – que é, na verdade, a atual.)

Parece mesmo que já há uns tempos se eleva um clima de tensão *numinosa*. A par do apoio, por exemplo, de grupos neopentecostais (nem todos, cremos) a projetos e personalidades políticas no mínimo autoritárias e obviamente nada laicistas, registe-se ainda o fenómeno (já mais antigo) de híper-religiosidade (no caso católico, o chamado "catolicismo insaciável" – expressão de Julian Marías, retomada por Jean Lauand e Chie Hirose, nomeadamente in *"Catolicismo insaciável": dos dogmas às representações sociais*, "Educação & Linguagem", vol. 15, nº 25, pp. 206-227, jan.-jun. 2012). São fenómenos marginais, que às igrejas cristãs tradicionais não comprometem. Mas perturbam.

Há, além disso, um mimetismo ou uma camuflagem de poderosas máquinas de fazer dinheiro (e de obter poder) que se fazem passar por meros centros de profunda espiritualidade ou sofisticada técnica *bio-psico-social*. Se pensarmos que, em alguns países, as entidades religiosas (que podem ser interpretadas como tais *latissimo sensu*) parece terem isenções fiscais e de obrigações militares, compreende-se certamente um motivo mais para a proliferação. É esclarecedor ainda atentar nos nomes um pouco bizarros de denominações que vão aparecendo, e mesmo nos anúncios em jornal anunciando "trespasse" de seita e templo, naturalmente indicando o valor do "negócio".

Obviamente estas realidades em nada tocam, na sua essência, os altos valores espirituais e religiosos. O que fazem é confundir alguns... e ludibriar outros.

III. Sagrações e Profanações

Certos grupos não se apresentam com marca religiosa, mas científica. Aos seus líderes seria importante que se pedissem os diplomas por Universidades credíveis do sistema de ensino institucional nos vários países, e não cabriolas de puro *marketing*. Os mais velhos de nós, habituados a cultos e médicos uns e outros recatados, severos até, espantam-se (poucos deixar-se-ão seduzir) pelas curas milagrosas ou "científicas" (há uma mescla, por vezes) claramente espetaculares: estamos numa sociedade do espetáculo (v. Guy Débord, *La Société du Spectacle*, nova ed., Paris, Gallimard, 1992). Os novos oficiantes podem chamar-se com nomes reconhecíveis na linguagem religiosa, como "bispos" (parece, contudo, haver mais "bispos" que simples padres ou pastores). Mas outros remetem para o léxico académico. Se a hierarquia de uma denominação é assunto interno da mesma (não estamos em tempo de regalismo), já o mesmo não ocorre com os títulos académicos ou afins, que têm que ter uma legibilidade pública e uma credibilidade jurídica.

Presumindo-se, desde logo, que não se pode ser "Prof." ou "Dr." sem um diploma válido, e que as regras para dar diplomas também normalmente estão definidas legalmente. Infelizmente, também se podem obter hoje diplomas e até títulos de nobreza na *Internet*, a troco de dinheiro. Não são obviamente este tipo de diplomas que se exigem a quem pretenda ser "cientista" ou "pastor" (de qualquer forma, condutor de pessoas nesses âmbitos). Será que nos habituamos a essa banalização dos títulos, por qualquer mágico, ilusionista, ou prestidigitador se poder dizer "Professor"?

Enquanto isso, criticou-se o diretor-geral da Organização Mundial de Saúde (OMS), Dr. Tedros Adhanom Ghebreyesus, por ser apresentado como "Dr." – *sem ser médico*. Na verdade, ele é Doutor (doutorado, com doutoramento) em Saúde

Comunitária. Se isso não é ser doutor!!! Os médicos sem doutoramento são chamados "doutores" por tradição e simpatia social, assim como, em países latinos, os licenciados e até bacharéis, no trato social igualmente o são... Mas é uma prática que para algumas profissões tende a desaparecer: raramente se trata um informático ou um pintor por doutor, a menos que exerça a profissão de professor (e nesse caso, em Portugal, usa-se a *bizarra* abreviatura: "setôr" – que seria "Senhor Doutor"; já no Brasil o "Professô" é o mais corrente). Não fazia nada mal que se ensinasse a linguagem dos graus e títulos académicos como elemento de educação cívica (cf. Paulo Ferreira da Cunha, *As Pátrias dos Doutores*, inicialmente publicado na revista "Língua Portuguesa", no Brasil, e hoje *online*: http://pedagogiavida.blogspot.com/2011/03/as-patrias-dos-doutores.html – acesso em 10 de abril de 2020). Aliás, a educação cívica é essencial, e não se diga que é típica do autoritarismo, ou que está proibida pelo art. 4, nº 2 da Constituição da República Portuguesa. Não menos democrática é, por exemplo, a França, e produziu, por exemplo, o excelente (obviamente discutível, mas tal é da natureza da democracia) livro para o 3º ciclo dos liceus de Chantal Delsol, *Manuel d'instruction civique et morale*, Paris, La Librairie des Écoles, 2011. E mesmo manuais de instrução em boas maneiras fazem muita falta hoje em dia (diversos de livros de pedantismo social, para uso de candidatos a colunas sociais e afins). Lembramos o nosso livro de quando éramos criança, obviamente datado (mas podiam fazer-se atualizações), de Carlos Fiore, *O Livro da Cortesia*, Porto, Edições Salesianas, s.d.. O nosso era para rapazes, mas acreditamos que houvesse outro para meninas. Curiosamente recordo bem que se podia escolher o tom (não sei se o material) da capa, o que pressupõe que seria mesmo para ser usado como "manual" que se transporta, que se "tem à mão". Mais recentemente, sem ademanes supérfluos (mas também não muito desenvolvido) é *Etiqueta e Boas Maneiras no Dia-a-Dia*, 2ª ed., Lisboa, Texto Editora, 2003, que utiliza alguns excertos, devidamente autorizados de *Gestos, Cortesia, Etiqueta, Protocolo*, de Elizabete Andrade, *ibidem*, 2001. Está na hora de falar de novo em educação cívica e em civismo (depois de, entre nós, as reflexões de António Sérgio, *Educação Cívica*, Prefácio de Vitorino Magalhães Godinho, 3ª ed., Lisboa, Sá da Costa, Ministério da Educação, 1984; Afonso Botelho, *Origem e actualidade do Civismo*, Lisboa, Terra Livre, 1979).

É interessante como essas novas "ideologias" oscilam na inserção ora no oculto, sagrado, etc., ora no científico. Mas também pode haver híbridos. A "oferta" é imensa, e não se tem insistido o suficiente nos perigos que alguns desses fenómenos constituem para a bolsa, a sanidade mental e a liberdade dos cidadãos. A relação de alguns deles com a deformação sistemática da realidade científica, ou mesmo a sua negação, é algo de muito preocupante. Há gurus e grupos, além, naturalmente, dos satanistas e afins, que pregam o Mal como sendo o Bem (cf. crítica, numa perspetiva católica, Carlo Climati, *Os Jovens e o Esoterismo*, trad. port., Lisboa, Paulinas, 2001), que defendem que a Terra é plana, que o *Coronavírus* é uma conspiração política (comunista, parece), que todas as vacinas são nocivas, que alguns povos são imunes aos contágios (decerto porque superiores), etc.. Outros pretendem que planam sobre as águas (todos os que fizeram o teste morreram afogados), que possuem e que conseguem transmitir aos discípulos técnicas salvíficas, no Além e no Aquém, etc. Esclarecedor, na sua superior ironia, é o filme de Woody Allen: *Magic in the Moonlight* (*Magia ao Luar*), USA, 2014.

IV. Conflito de Direitos e o Perigo do Bode Expiatório

Uma República, mesmo laica, tem de ser pluralista, convivente (mais até que tolerante), e se até Jesus expulsou os vendilhões do Templo (Mc. XII, 15-19; Mt. XXI, 12-17, Lc. XIX, 45-48, Jo. II, 13-16), o Estado tem, em geral, tido em contrapartida uma sábia abstenção. Mas quando o equilíbrio social e os direitos das Pessoas podem ser postos em causa de forma grave, por certos grupos, alguns deles militarizados até? Não devem ser todos confundidos: há grupos e grupos. Podemos, porém, em alguns momentos, estar perante colisão de direitos: liberdade religiosa, educativa, de associação e expressão *vs.* dignidade da pessoa humana, direito geral de personalidade, liberdade de pensamento, direitos de membros de associações, etc. Até direitos do consumidor, claro. É preciso que o cidadão comum esteja atento, e seja ensinado a distinguir onde acaba a crença legítima e começa o charlatanismo e até a política totalitária sob capa de religião ou de ciência. Seria uma forma de autodefesa do Estado de direito democrático, e mais uma arma da cidadania crítica e responsável.

No meio de tudo isto, há o perigo real de se confundirem instituições sérias e com pergaminhos antigos e provas dadas (pela retidão de costumes, pelo honesto estudo, e até luta pela liberdade política ou pela solidariedade social) com seitas fanatizantes (que podem até aparecer sob qualquer capa, *v.g.* "empresas", ONG's) dominadas por psicopatas predadores. É preciso apartar o trigo do joio. A obra de Umberto Eco, sobretudo nos últimos anos da sua vida, reflete muito certeiramente sobre estes problemas. E é deliciosa de se ler, pela ironia e humor. Em tudo é preciso prudência e o seu discernimento.

O mito do bode expiatório é um dos reversos da medalha da proliferação de coisas "ocultas", segredos, etc. Liga-se muito às teorias da conspiração. É fácil inventar uma teoria em que grupos particularmente envolvidos, historicamente, com uma aura de estigmatização passam a ser culpados por todos os males, sozinhos ou numa enorme conspiração "global". Chegaria a ser divertido se não fosse perigoso. Porque a história das perseguições a esses grupos ou categorias de pessoas, essa sim, é bem real (v. Umberto Eco, A Conspiração, in *Aos Ombros de Gigantes*, cit., p. 357 ss. ; René Girard, *Le Bouc Emissaire*, Paris, Grasset, 1982).

Em *Sobre a Tirania. Vinte Lições do Século XX* (Lisboa, Relógio D'Água, 2017), Timothy Snyder, que começa por citar Kolakowski ("Na política, ser-se iludido não é desculpa"), estabelece um programa a seguir, também aplicável, em geral, a este desafio. Alguns conselhos avisados, selecionados para a presente questão: *Não obedeças por antecipação, defende as instituições, responsabiliza-te pela face do mundo, lembra-te da ética profissional, fica alerta com os paramilitares, sê prudente se tiveres de andar armado, opõe-te, estima a nossa linguagem, acredita na verdade, investiga, estabelece uma vida privada, contribui para boas causas, aprende com os teus semelhantes de outros países, fica atento a palavras perigosas, mantém-te calmo quando o impensável acontecer, sê o mais corajoso que te for possível,* etc.. Alguns são fundamentais para lidar com estes fenómenos.

V. Outras Sabedorias

Entretanto, enquanto alguns vendem sabedoria e técnicas para a obtenção da felicidade (e com preço nem sempre apenas monetário), há quem nisso pense maduramente, e estude as sabedorias clássicas, e o legado (universal, em tantos aspetos) de humanismos laicos, e sabedorias e religiosidades multisseculares, sem qualquer intuito comercial ou de controlo das mentes. Uma das dimensões desse trabalho (não a única) é o estudo do contributo de grandes nomes da cultura e da literatura para um património comum universal. Muitos deles são autores com importância para a Filosofia do Direito e do Estado. Não apenas os estudados, como quem os estuda, são relevantes para o nosso escopo. Por exemplo, só para um período da poesia inglesa, digamos "Romântico", poderíamos contar como relevantes do ponto de vista político nada menos que Shelley, Byron, Kipling, Yeats, Spender, e mesmo Tennyson e Arnold, tendo mesmo o polifacetado artista Morris chegado a líder político, além de teórico (cf., Paul Thompson, *William Morris*, Londres, Heinemann, 1967, p. 189 *et seq.*)

De entre os que se debruçam sobre estes tesouros, veja-se o caso de Harold Bloom (1930-2019), que depois de ter desenvolvido a questão da originalidade e da influência (*The Anxiety of Influence*, Nova Iorque, Oxford University Press, 1973, trad. port. pela editora Cotovia), de ter tentado descrever o cânone literário ocidental (*The Western Canon. The Books and the School of the Ages*, trad. port., introd. e notas de Manuel Frias Martins, *O Cânone Ocidental*, Lx., Temas e Debates, 1997) e de ter colhido cem grandes vultos no volume *Génio* (*Genius: a mosaic of one hundred exemplary creative minds*, trad. bras., *Gênio*, Rio de Janeiro, Objetiva, 2003), mais recentemente enfrentou de forma direta o problema da procura da sabedoria, com *Where Shall Wisdom be found?* (trad. port. de Miguel Serras Pereira, *Onde está a Sabedoria?*, Lx. Relógio D'Água, 2008).

Na verdade, no cânone culto normal, a sabedoria encontra-se não em interpretações fantasistas de velhos esoterismos e muito menos em ludíbrios mediáticos ou produtos de hiperprotagonismos de gurus, mas em tradições intelectuais bem conhecidas, umas laicas e outras religiosas. Cruzam-se aqui legados que procuram pelos clássicos [como Italo Calvino (1923-1985), *Perchè leggere i classici*, Milão, Arnoldo Mondadori, 1991, trad. port. de José Colaço Barreiros, *Porquê ler os Clássicos*, Lisboa, Teorema, 1994; ou Michael Dirda, *Classics for Pleasure*, trad. port. de Rodrigo Neves, *O Prazer de Ler os Clássicos*, São Paulo, Martins Fontes, 2010], e pelos Mestres. Neste último caso, notem-se os Mestres religiosos consagrados, a par de um mítico filósofo, Sócrates, na obra de Karl Jaspers (1883-1969) (*Die massgebenden Menschen*, Berlim, Piper, 1964, trad. port. de Jorge Telles de Menezes, *Os Mestres da Humanidade. Sócrates, Buda, Confúcio, Jesus*, Lisboa, Edições 70, 2018), e a discussão "arqueológica" sobre a veneração dos Mestres (sobretudo académicos e afins) empreendida por George Steiner (1929-2020) (*Lessons of the Masters*, 2003, trad. port. de Rui Pires Cabral, *As Lições dos Mestres*, Lisboa, Gradiva, 2005). Todos são elementos importantes para se compreender o que é o cânone culto, e como muito do que está fora dele o deve invejar, imitar, e anatematizar como intelectualismo estéril, não prático, e, no limite, fazedor de infelicidade. Enquanto a autoajuda ou afins (falamos em termos latos; conhecemos um ou dois livros de autoajuda da maior utilidade... mas não traduzem o Absoluto, não desvendam o Oculto, não edificam uma Moral, nem oferecem a Felicidade – seria muito barato), ou dogmatismos sectários, seriam a Salvação. Livros como *Bluebeard's Castle (Some notes towards the redefinition of Culture)*, trad. port.

de Miguel Serras Pereira, *No Castelo do Barba Azul. Algumas notas para a redefinição da Cultura*, Lisboa, Relógio D'Água, 1992 e *Les logocrates*, Paris, Éditions de l'Herne, 2003, trad. port. de Miguel Serras Pereira, *Os Logocratas*, Lisboa, Relógio D'Água, 2006, muito auxiliam também a compreender o que entendem as pessoas verdadeiramente cultas por cultura e sabedoria. Obviamente, com as suas debilidades, tiques, determinações sociais, etc. Pierre Bourdieu tem muito interessantes contributos para a análise das elites (no sentido rigoroso), de poder e de intelectualidade (Individualmente, *Homo academicus*, Paris, Les Éditions de Minuit, 1984 e *La noblesse d'État: grandes écoles et esprit de corps*, Paris, Les Éditions de Minuit, 1989. E com Jean-Claude Passeron, *Les héritiers : les étudiants et la culture*, Paris, Les Éditions de Minuit, 1964, e *Éléments pour une théorie du système d'enseignement*, Paris, Les Éditions de Minuit, 1970). Também se revela muito importante compreender o fenómeno religioso e o funcionamento do mito da ciência e da cientificação (a bibliografia é infinda, mas, para o primeiro caso, obviamente que se teria que ler, desde logo, Rudolf Otto, Mircea Eliade, etc., por um lado, Karl Popper, Bernard d'Espagnat e muitos outros, do outro – veja-se, *v.g.*, Kurt Hübner, *Kritik der Wissenschaftlichen Vernunft*, 3ª ed., Friburgo/Munique, Karl Alber, 1986, trad. port. de Artur Morão, *Crítica da Razão Científica*, Lisboa, Edições 70, 1993). Desde logo é importante ter-se uma noção compreensiva de como se constituem e funcionam as crenças (*v.g.*, Adauto Novaes (org.), *A Invenção das Crenças*, São Paulo, SESC, 2011; Eduardo Giannetti, *Mercado das Crenças*, trad. port., São Paulo, Companhia das Letras, 2003).

VI. O Trigo e o Joio

Não só propomos alta cultura, *crème de la crème*. Quem procurar lições mais ou menos práticas, ganhará com livros (alguns de alta divulgação) de algum modo direcionados ou direcionáveis para a ação (e com implicações políticas e jurídicas, evidentemente), como (sem qualquer ordem, e elencando obras muito díspares, mas todas com algum interesse ao menos: Ryan Holiday/Stephen Hanselman, *The Daily Stoic. 366 Meditations on Wisdom, Perseverance, and the Art of Living*, Nova Iorque, Penguin, 2016; Rafael Santandreu, *El Arte de no amargarse la vida*, trad. port. de Isabel Haber, *A Arte de não Amargar a Vida*, Lisboa, Bertrand, 2015; Walter Riso, *El Arte de ser Flexible*, trad. de Marcelo Barbão, *A Arte de ser Flexível*, Porto Alegre, L&PM, 2018; Alberto Acosta, *O Buen Vivir. Uma oportunidade de imaginar outros mundos*, São Paulo, Autonomia Literária, 2016; ed. *online*: https://br.boell.org/sites/default/files/downloads/alberto_acos-ta.pdf (acesso em 12 de junho de 2016); Frei Bento Domingues, *O Bom Humor de Deus e outras histórias*, org. de António Marujo e Maria Julieta Mendes Dias, Lisboa, Círculo de Leitores / Temas e Debates, 2015 (tema de algum modo também glosado por Jean Lauand, via Tomás de Aquino: http://www.hottopos.com/piadas/bomhumor.htm, última consulta em 10 de abril de 2020); A. C. Grayling, *The Good Book*, trad. port. de Denise Bottmann, *O Bom Livro. Uma Bíblia Laica*, Rio de Janeiro, Objetiva, 2014; Paolo Scquizzato, *L'inganno delle illusioni*, Turim, Effatá, 2010; Julián Marías, *La educación sentimental*, 2ª reimp., Madrid, Alianza editorial, 1992; Jean D'Ormesson, *Guide des égarés*, Paris, Gallimard, 2016; Luc Ferry, *La révolution de l'Amour*, Paris, Plon, 2010, trad.

port. de Pedro Vidal, *A Revolução do Amor. Para uma Espiritualidade Laica*, Lisboa, Círculo de Leitores / Temas e Debates, 2011; Idem, *7 Façons d'être heureux ou Les paradoxes du bonheur*, XO Éditions, 2016, trad. port. de Jorge Pereirinha Pires, *7 Lições para ser Feliz, ou os paradoxos da felicidade*, Lisboa, Círculo de Leitores / Temas e Debates, 2017; Chantal Couvreur, *La qualité de vie. Art de vivre pour le XXIe siècle*, Paris, Racine, 1999; Philippe Delerm, *Ma grand-mère avait les mêmes. Les dessous affriolants des petites frases*, Paris, Points, 2008; Viktor Frankl, *Das Leiden am sinnlosen Leben. Psychotherapie für heute*, Friburgo, Erder, 2013, trad. port. de Álvaro Gonçalves, *A Falta de Sentido na Vida. Psicoterapia para os dias de hoje*, Lisboa, Pergaminho, 2017; Erling Kagge, *A Arte de Caminhar. Um passo de cada vez*, trad. port. de Miguel de Castro Henriques, Lisboa, Quetzal, 2018). É uma lista um pouco aleatória, percorrendo as estantes com um relance. Mas que demonstra que *o espírito sopra onde quer*, e há muita variedade de livros que se podem ler sem medo de doutrinação e formatação. Embora qualquer livro exija sempre sentido crítico.

Há ainda meditações e "exercícios espirituais" das diferentes tradições ligadas a correntes sérias e reconhecidas, desde logo as das "grandes religiões". A biblioteca nesse domínio é imensidão, e não é aqui o lugar para nela sequer nos adentrarmos.

Deixe-se apenas uma nota sobre a divergência profunda que por vezes existe entre a linguagem filosófica, a religiosa e a destes novos (e alguns não tão novos) movimentos. Por exemplo, "meditação". É uma palavra que no léxico filosófico implica autognose (γνῶθι σεαυτόν), autoexame, reavaliação ética, tomada de consciência e de partido (mesmo contra si próprio); consciencialização transcendente, sobre o sentido profundo, dirigindo a indagação pela arte, por exemplo; consciencialização da necessidade de ação no presente – pragmática (cf. Karl Jaspers, *Einführung in die Philosophie*, trad. port. de Manuela Pinto dos Santos, *Iniciação Filosófica*, 7ª ed., Lisboa, Guimarães, 1984, p. 117 ss.). Não nos parece que em muitas latitudes dos fenómenos em causa seja este o significado de "meditação". Donde o filósofo (melhor, o aprendiz de filósofo, que não abundam por aí verdadeiros e próprios filósofos completos) se deva precaver de dizer que está a meditar, e muito mais que está "em meditação"... Pode ser interpretado de forma errónea.

Coisa semelhante ocorre com a palavra "magia". Independentemente das mil e uma discussões sobre o tema, registemos um livro muito didático, para crianças, em que noções de profilaxia médica, digamos assim, são assimiladas a magia (não esqueçamos que, um pouco mais tarde, essas crianças irão certamente – e justamente – deliciar-se com os livros de Harry Potter). Um dos poemas do livro reza, no seu início de tal forma, que, fora do contexto, poderia levar a interpretações mais "profundas". Mas não. Parece ser só, pela continuação, que é uma recomendação para que se tomem medicamentos a horas certas e prescritas e nas doses receitadas: "A magia / não é feita de uma maneira apressada. / não tem pressa. / Não tem pressa! / Isso era o que mais faltava! / A magia é delicada! / Pode ver-se a magia com vagar, / a magia é bem bonita, / mas a magia termina / quando se deixa imitar" (Ana Luísa Amaral *et al.*, *Doses de Magia*, ilustrações de Anabela Dias, (Lourosa), Associação Vida, 2013, p. 14). A *imitação* em magia é um tema muito interessante, noutro contexto.

Há também muito a aprender em ensaios mais distendidos de autores sólidos, que leram e não tresleram e ganham ou ganharam a vida sem querer converter ninguém às suas ideias, nem prometendo este mundo e o outro. Citemos apenas três, a título de exemplo, há não muito (re)editados entre nós: Agostinho da Silva, *Páginas Esquecidas*, fixação do texto, seleção, introdução e notas de Helena Briosa e Mota, Lisboa, Quetzal, 2018; G. K. Chesterton, *On Lying in Bed and other Essays*, trad. port. de Frederico Pereira, *Ficar na Cama e outros Ensaios*, Lisboa, Relógio D'Água, 2016 e de novo George Steiner, *George Steiner at the New Yorker*, Introdução de Robert Boyers, trad. port. de Joana Pedroso Correia e Miguel Serras Pereira, *George Steiner em The New Yorker*, Lisboa, Relógio D'Água, 2017.

Aliás, terapia por terapia, porque não, então, a Biblioterapia? No frontão da biblioteca de Tebas haveria uma inscrição dizendo "Medicina da Alma". Quão interessante, se nos lembrarmos que já se comparou o Direito a uma "medicina da cultura". O *Legal storytelling* é uma arma ponderosa para movimentação política, através da Literatura. Não é uma terapia pessoal, mas pretende de algum modo "curar" ou "melhorar" a sociedade, ou alguns dos seus aspetos. Pela nossa parte, consideramos que há excelentes guias de livros a ler. E quem se determine mesmo a fazê-lo não pode ser vencido pelo tédio ou pela angústia pelo confinamento ou quarentena. Indicaríamos apenas três obras: Pierre Boncenne (ed. rev. e corrig. por), *La Bibliothèque Idéale*, nova ed., Paris, Albin Michel, 1992 (Prefácio de Bernard Pivot, Posfácio de Alain Jaubert); Emile Faguet, *L'Art de Lire*, trad. port. de Adriana Lisboa, *A Arte de Ler*, Rio de Janeiro, Casa da Palavra, 2009; Alberto Manguel, *A Reading Diary – A Year of Favourite Books*, trad. port. de José Geraldo Couto, *Os Livros e os Dias. Um Ano de Leituras Prazerosas*, São Paulo, Companhia das Letras, 2005.

Como é óbvio, todas as terapias necessitam de uma robusta deontologia profissional da parte dos seus práticos (sobre deontologia do terapeuta, são de ponderar, sempre *cum grano salis*, as observações endógenas à arte de Harlene Anderson, *Conversation, Language and Possibilities – A Postmodern Approach to Therapy*, trad. port. de Mônica Giglio Armando, *Conversação, Linguagem e Possibilidades. Um Enfoque Pós-Moderno da Terapia*, São Paulo, Roca, 2009, máx.p. 79 *et seq.* De notar esta advertência inicial: "A Editora e a Autora não se responsabilizam por quaisquer consequências advindas do uso das informações contidas neste livro. É responsabilidade do profissional, com base em sua experiência, determinar a melhor aplicação do uso desta obra"), já que há, mesmo no domínio realmente científico, *Deuses e Demónios da Medicina*, como intitulou Fernando Namora (Mem Martins, Europa-América, 1980). E existe, realmente, um "poder médico", que em tempos de crise sanitária pode ainda revelar-se maior (cf., já o número da revista *Pouvoirs* n° 89 – *Le pouvoir médical* – abril de 1999). Se o exercício de uma profissão antiga, com juramento Hipocrático, com profissionais altamente formados e selecionados, pode levantar angústias à Liberdade e direitos dos cidadãos/pacientes, imagine-se o que será com práticas não controladas, por não se sabe quem dirigidas, e eventualmente remetendo para um mandato ou unção divina, ou do Oculto! A noção, hoje já corrente, de Biopoder, é muito relevante e a integrar numa Teoria do Direito e do Estado. Cf., por todos, desde logo, Foucault, *La volonté de savoir*, Paris, Gallimard, 1976 (Tomo I da *Histoire de la sexualité*); *Il faut défendre la société*, Curso no Collège de France, 1975-76, Hautes études, Gallimard/Seuil, trad. port. Carlos Correia Monteiro de Oliveira, *"É Preciso Defender a Sociedade"*, Lisboa, Livros do Brasil, 2006.

O curioso é que não parece haver uma chave fácil e transmissível para distinguir a obra do cânone daquela que dele sai. Ou talvez haja. Mas só indicativamente e com todas as precauções. Longe de nós embarcar na facilidade de um catálogo desses... De qualquer modo, tentemos: a capa da obra canónica é sóbria, a da outra é um choque de promoção da venda; mesmo as letras de uma e outra logo na capa diferem muito: a obra séria tem letras de dimensão normal, a outra não; a linguagem da primeira é discreta e pode ser até difícil (não por gosto de complicar, mas porque há mesmo coisas complexas e difíceis de explicar), a da segunda procura ser fácil, palatável, sedutora, normalmente cheia de exemplos, historinhas, que procuram dar verosimilhança; a obra séria geralmente não dá receitas, e em matérias complexas como estas tem tendência mais a problematizar que a prescrever pílulas de soluções; a obra clássica, sobretudo se for contemporânea, terá um abundante aparato de fontes, sendo sempre possível reconstituir através delas onde o autor ou autores se inspiraram e onde colheram os seus dados; esta obra não terá ambiguidades de atribuição de teorias, citações, e mesmo de datas; normalmente, se for recente, dirá claramente quem é o autor, que títulos e graus académicos tem, onde trabalha, etc., e não mistificará nunca a sua titulação fazendo-o passar pelo que possa não ser; etc., etc..

Referidas estas questões a propósito de um dos fenómenos de mistificação do nosso tempo, não deixa de se poder aplicar a toda a produção científica. E não estritamente com requisitos de rigor académico. Há regras de deontologia autoral que devem manter-se.

Aliás, importa sublinhar que o livro já é, em si mesmo, um objeto de um tempo que alguns pretendem ultrapassar (devemos ler e reler George Steiner, *Le silence des livres, suivi de Ce vice encore impuni*, de Michel Crépu, trad. port. de Margarida Sérvulo Correia, *O Silêncio dos Livros, seguido de Esse vício ainda impune*, de Michel Crépu, 2ª ed., Lisboa, Gradiva, 2012 e ainda Lindsay Waters, *Enemies of promise: publishing, perishing and the eclipse of scholarship*, trad. port. de Luiz Henrique de Araújo Dutra, *Inimigos da Esperança. Publicar, Perecer e o Eclipse da Erudição*, São Paulo, UNESP, 2006, e, naturalmente, a distopia de Ray Bradbury, *Fahrenheit 451*, Nova Iorque, Ballantine Books, 1953, depois tornada um filme clássico, de François Truffaut, em 1966, e com nova versão em 2018).

Um fenómeno de mistificação poderá ainda conceder em escrever um ou outro livro (pode ser livro escrito, na verdade, por um escritor-sombra, e não pelo próprio guru ou líder, que não terá tempo, disposição ou arte para tanto, muitas vezes). Mas não é sobretudo pelo livro que estes fenómenos se entronizam. É pelo contacto direto de massas (antes do vírus), em assembleias religiosas ou afins em que são comuns os "transes" e os "milagres", e pela televisão, onde os podemos igualmente ver. Também em fenómenos de transmissão semelhante por redes sociais. É, pois, o fenómeno sobretudo massivo e hipnótico do contacto com as massas, pelos sentidos. Fenómenos que, sabemo-lo de equivalente político no século passado, são de grande eficácia na alienação das massas e na fidelização fanática de cada convertido.

O livro é lateral na doutrinação fanática, nos nossos dias. Mesmo o clássico jornal, que no séc. XIX e XX ainda inflamava a opinião (publica), com graça dita, pelo rei D. Carlos I, ser "a opinião que se publica", perde influência para a televisão, e esta (pelo menos de algum modo) para a *Internet* e afins. E a imagem e o gesto, que ela regista e transmite, substituem a palavra. O problema não é apenas de fazer a defesa do livro, e de todos os escritos, nomeadamente em papel (belo elogio da escrita é o de Eduardo Lourenço, centrado na evocação desse pioneiro ensaísta, Montaigne: *Montaigne ou la vie écrite*, s.l., L'Escampette, 2004). É mais: é a necessidade civilizacional de resgatar a própria Palavra. O Prémio Nobel da Medicina Konrad Lorenz chegou a temer pela continuação da palavra significativa – e não apenas ele. Há estudos que chamam a atenção para esse problema, como, desde logo, de Niklas Luhmann, *A Improbabilidade da Comunicação*, trad. port. com seleção e apresentação de João Pissarra, Lisboa, Vega, 1992 e de Lamberto Maffei, *Elogio della parola*, Bolonha, Il Mulino, 2018, trad. port. de José Serra, *Elogio da Palavra*, Lisboa, Edições 70, 2019.

Não se fique com a ideia, porém, de que há realidades "culturais" (num conceito antropológico latíssimo de cultura – praticamente apenas oposto a "natureza") *intocáveis* por uma cultura ou por uma intelectualidade que, dirigindo ainda hoje (não se sabe até quando, porque pode haver infiltrações deformadoras, desvirtuadoras) a Universidade, as Academias, os programas cultos de comunicação social, as melhores editoras e as melhores revistas, as discriminaria sempre. Por via do que seria eventualmente chamado "preconceito intelectualista" (pelo menos) seriam algumas matérias sempre subalternizadas, e com lepra (ou vírus) para os *clercs* que delas se aproximassem. Não é assim. O que ocorre é que a certas matérias não se tem reconhecido dignidade científica, filosófica ou afim, garantidora de um lugar nesses areópagos. O tipo de argumentação e/ou a associação a venda de serviços e produtos pode ter contribuído para isso. Em grande medida é, também, tradição.

Mas não se deve levar esta interdição a fio de espada. Virtualmente não há nenhum assunto, nenhuma área do espírito ou da atividade humana que não possa ser estudada com métodos científicos, filosóficos ou afins, de nível universitário. Uma questão é estudar essas matérias no plano historiográfico, sociológico, antropológico, etc., e uma outra, muito diferente, é a apologia e a "iniciação" nesses mistérios, segredos, técnicas, ou a veiculação proselítica dessas matérias. O ponto de vista da ciência terá que ser sempre racional, crítico, experimental quanto o possa ser, etc. Não poderá remeter para "energias" de que não possa verificar, de preferência laboratorialmente, a existência (cf. Leandro Karnal, *A magia atrapalha o progresso das pessoas*, in https://www.youtube.com/watch?v=U9ZCbfcnUr8 (última consulta em 12 de abril de 2020), não poderá firmar-se em testemunhos vagos, por "ouvir dizer", ou por comunicação do Além, ou por ciência infusa do depoente, etc. Não se recusa (como poderia?) que há eruditos (até sábios!) em áreas que formalmente não chegaram ainda ao ensino oficial. Algumas lá chegarão, certamente. Não se recusa que alguns estudiosos de matérias que não podemos (pelo menos ainda) considerar como científicas têm um arcaboiço de dados, de histórias, de referências até, que argumentam com argúcia, e até polemizam com paixão e com acerto entre os seus pares. Contudo, bem se pode comparar uma obra antropológica sobre a magia ou a feitiçaria com um manual para magos ou feiticeiros, e ver que são géneros literários muito diferentes. Mesmo uma história de uma dessas *epistemai* feita por um historiador, um sociólogo, um antropólogo ou um "oficial desse ofício" serão muito diferentes. O que é naturalíssimo, porque um fala exogenamente e outro endogenamente.

O problema, em muitos casos, é simples de resolver: é uma questão de mera qualidade intelectual, de fontes, de clareza, de argumentação, de lógica, etc. Contudo, há situações mais complexas. Atrever-nos-íamos a dizer que entre um gigante da Antropologia e um gigante de uma dessas áreas, ambos de grande craveira intelectual e que dominassem ambos as "regras do método" académico, ainda assim a diferença seria muito grande. E qual seria?

Antes de mais, ver-se-ia diferente estilo, porque diversa intenção. Comparem-se dois títulos sobre o mesmo tema, a Magia, de dois autores ao que parece consagrados, nos respetivos campos: *Dogme et rituel de la haute magie* (Éliphas Lévi, 1914), um; o outro, *Esquisse d'une théorie générale de la magie* (Marcel Mauss, *Esboço de uma Teoria Geral da Magia*, Lisboa, Edições 70, 2000).

Fácil é descobrir quem é quem. De um lado, interessa o dogma e a prática ritual; do outro é apenas uma tentativa, um esboço de teorização. Um dos aspetos essenciais da "eficácia", daquelas práticas, diz-se no livro organizado por Gilbert, é a lei da "confiança completa" em si próprio (S. L. MacGregor Mathers / J. W. Brodie-Innes, *Op. cit.*, p. 153). Pelo contrário, o cientista social ou o filósofo têm um método de constante duvidar... Por outro lado, nesta mesma obra, que acabámos de referir, se remete para a sede de poder como motivação, que não é (em princípio, pelo menos não de forma direta) o caso nas ciências e *epistemai* do outro lado. Referindo-se a confissões de feiticeiras, regista: "(...) quase invariavelmente, demonstraram um forte desejo de ter poder, aliado, não raro, a uma curiosidade insaciável e a um tédio intenso, provocado por uma vida aborrecida e destituída de colorido" (*Idem, ibidem*, p. 151). Nada impede, porém, que, hoje em dia, não se trate, pelo contrário, não da monotonia da vida, mas de uma existência frenética, saltitante, errática, permanentemente em busca de experiências, novas sensações, novos prazeres e novos poderes. Muito colorida, uma explosão de cor, que nunca se satisfaz. Uma coisa é a sede de Absoluto, a procura da Verdade; outra, muito diferente, é a insatisfação irrequieta, que na melhor versão e mais culta serão o prometeico e o fáustico, e no mais banal se resumirão a inquietação, frenesim e diletantismo.

Uma curiosidade interessante é o facto de a edição brasileira do livro de Lévi ir em 2017 na 1ª reimpressão da 21ª edição, enquanto a tradução portuguesa de Mauss, de 2000, não ter tido, que saibamos, nenhuma reedição ou reimpressão. Evidentemente que a magia prática é muito mais apelativa para um grande público, em que cada um dos interessados, contudo, pretende ser diferente, ter poderes especiais, ou, pelo menos, de algum modo deles participar. Como de algum modo cremos ter lido também em Umberto Eco, no seu *Aos Ombros de Gigantes*.

O cientista social, mesmo que creia, não faz intervir a sua crença na sua *episteme*. Já o intelectual de peso que escreve como adepto, como guru, com o fito do proselitismo, não é ciência que está a fazer. E por isso não está vinculado à especial lisura, distanciamento e rigor do cientista. Mesmo que aplique as regras científicas até um certo ponto, sempre denunciará, mais tarde ou mais cedo, um calcanhar de Aquiles: ele acredita e quer que os outros acreditem. Embora se diga que para resultar é preciso inabalável convicção, temos de considerar que essa convicção pode ser só a que se inspira aos crentes. Disso se dão conta os mais esclarecidos e autorreflexivos estudos "herméticos", como se pode ler na obra já anteriormente citada:

> O estudante deve decidir de uma vez por todas se deseja estudar bruxaria ou folclore: ambos são profundamente interessantes, mas essencialmente diferentes, embora em muitos pontos haja coincidência entre eles. Podemos dizer, talvez, que o folclore corresponde à arqueologia e que a bruxaria corresponde à biologia dessa fase da história humana. O folclore é estudado de fora para dentro; o que desperta a curiosidade são os aspetos externos (...) Mas a bruxaria é estudada de dentro para fora; (...) e a verdade das histórias torna-se de suprema importância (S. L. MacGregor Mathers/J. W. Brodie-Innes, *Op. cit.*, p. 158).

Vale aqui, em geral, a *forma mentis* do pensamento mágico, que tem o condão de abolir, suspender, contornar as regras da racionalidade comum. Na síntese de Manfred Lurker: "(...) nela [na magia] torna-se ativo um estilo de pensamento que vivencia uma ação metafórica como sendo eficaz sem mecanismo causal.". Mais adiante recorda que "o funcionamento destes procedimentos altamente irracionais jamais é questionado nas culturas primitivas", mas também na sociedade atual ocorre essa espantosa metamorfose que consiste num pensamento mágico pseudocientífico, diríamos: "Nas culturas mais adiantadas, a magia é muitas vezes incluída num sistema de ações complexas e convencionadas, que emprestam um caráter quase científico aos acontecimentos não causais". Interpretamos como se tratando de um ritual, uma linguagem, um *fumus* de cientificidade, mas continuamos a ter "procedimentos altamente irracionais". Cf. Manfred Lurker, *Dicionário de Simbologia*, 2ª ed. port., trad. de Mário Krauss e Vera Barkow, São Paulo, Martins Fontes, 2003, p. 409 *et seq.*.

Replicar-nos-ão que o mesmo ocorre com os escritos (apologéticos e devocionais) religiosos clássicos. Sem dúvida. Só que estes escritos existem como género há séculos, com curso normal (apenas sobressaltado por inclusão no *Índex* deste ou daquele, por heresia...), e o tipo de salvação que pregam, em geral, não funciona *deus ex machina*. Não são nunca um manual de instruções para obter a felicidade, a saúde, a riqueza, o triunfo no trabalho, ou a sorte nos amores. O que hoje se vende são produtos rapidamente adquiríveis, técnicas padronizadas, muitas vezes não requerendo nenhuma *metanoia* do praticante. Esse preceitualismo lembra as receitas dos feitiços. E alguns assumidamente o serão. Já, em contrapartida, as espiritualidades religiosas antigas requerem mil e uma penas aos que a elas se proponham, mais exigindo até que prometendo.

Entretanto, é necessário conhecer aquelas outras realidades, e o estudioso das ciências sociais, desde logo, como o estudioso das ciências médicas, não deixarão de tentar compreender (exogenamente) esses fenómenos. *Nada do que é humano me é alheio*, lema de Terêncio, que o cientista não pode recusar viver, aplicar.

E não quer mesmo dizer que alguns dos práticos de técnicas não aprovadas pelas Academias, pelas Ordens dos Médicos, etc., não possam ter formação formal em ciências acreditadas, e não possam ainda produzir trabalhos científicos, ajudando os cientistas que não praticam mais que ciência a compreender as suas racionalidades ou inspirações. Importante é que não falseiem os dados, nem usem a retórica ou *mise en scènes* científica para impostura. Veja-se, *v.g.*, Michel de Pracontal, *L'Imposture Scientifique en dix Leçons*, Paris, La Découverte, 1986. E também Stanislav Andreski, *Social Sciences as sorcery*, trad. fr. de Anne e Claude Rivière, *Les Sciences Sociales – Sorcellerie des temps modernes*, Paris, P.U.F., 1975.

Um exemplo apenas de como o diálogo é complicado. A tese de doutoramento de Élizabeth Teissier, conhecida como astróloga, defendida no domínio da sociologia, mas com objeto astrológico (*Situation épistémologique de l'astrologie à travers l'ambivalence fascination-rejet dans les sociétés postmodernes*), apesar de dirigida por um grande nome da área e presidida por outro grande nome (Maffesoli e Moscovici) foi alvo de muito grande controvérsia, e ela mesmo intentaria um processo (que acabaria por perder em duas instâncias) considerando atentatória da sua reputação a respetiva página da *Wikipedia*. Com efeito, pelo menos no momento (11 de abril de 2020), a respetiva página contém um conjunto de informações (a começar por referência a uma alegadamente falsa citação de Einstein a favor da astrologia com que abriria o seu trabalho) que, podendo não ser abonatórias, glosando agora as palavras do tribunal, serão consentidas na nossa sociedade, ao menos à luz da liberdade de crítica : « les propos tenus à l'égard de Mme Teissier ne sont pas insultants et relèvent plutôt de la libre critique" (*apud* página cit.).

Julgamos que se podem tirar conclusões (em muitas dimensões) sobre este episódio, tão rico...

Há outros estudos que se pretendem sobre objeto menos ortodoxo, mas feitos no plano da maior ortodoxia académica, e que não tiveram, que saibamos, contestação das academias. Por exemplo, P. Erny (dir.), *Des astres et des hommes*, Paris, l'Harmattan, 1996; Maria Isabel Sampaio Barbudo (coord.), *O Esoterismo e as Humanidades*, Colóquio organizado pelo Conselho Directivo da Faculdade de Letras de Lisboa, 27-28 de maio de 1999), Lisboa, Colibri, 2001.

Apesar de o título da tese referida remeter para uma ambivalência, ela é, certamente ainda, bastante localizada. Mas seria bom haver estatísticas sobre a fiabilidade e reputação destes fenómenos. À falta de dados atualizados, não deixa de ser pelo menos curioso ver o que o *Dicionário das Ideias Feitas*, de Flaubert, diz de duas entradas próximas, "magia" e "magnetismo": "MAGIE – S'en moquer (...) MAGNÉTISME – Joli sujet de conversation avec les dames – et qui sert à faire des femmes." (Gustave Flaubert, *Dictionnaire des idées reçues*, in *Bouvard et Pécuchet*, ed. de Claudine Gothot-Mersch, Paris, Gallimard, 1999, p. 538). Confessamos não ter compreendido muito bem o segundo verbete.

VII. Sinais dos Tempos

Sintetizando algumas das críticas e alarme:

a) proliferação da intromissão, muito para além do razoável, por parte de grupos religiosos na política, pisando a laicidade constitucionalmente instituída, que é uma garantia para todos, crentes de todos os credos e não crentes;

b) aumento de casos de criação de falsas expectativas em pessoas sugestionáveis, prometendo o que não podem dar, e assim, em geral, obtendo vantagens financeiras vultuosas;

c) arregimentamento de pessoas em grupos que lhes confiscam a liberdade individual e controlam os seus passos, criando "tropas de choque" para o que venha a ser necessário, dado o seguidismo desses adeptos – armados simbolicamente ou mesmo realmente – veja-se o desrespeito a medidas de evitamento social, com cultos e manifestações de rua, tendo ao que parece em alguns países provocado muito mais infeções pela Covid-9;

d) aparente usurpação pública de títulos e graus académicos por parte de alguns rostos (que a ausência ou ambiguidade de dados sobre titulações legitimamente fazem suspeitar, se não presumir, dado o dever se lisura e boa fé), certamente com o fim de promoção social e junto dos fãs, e especificamente, decerto, para coonestarem práticas não aceites pelas instituições médicas e afins institucionalmente reconhecidas e únicas capazes de conferir reconhecimento (note-se que também não é deontologicamente ao menos admissível que alguém que pratica uma arte divinatória ou curativa use o "Dr." ou o "Prof." a que teria socialmente ou até academicamente direito noutra área, sem nenhuma relação com a sua atividade publicitada);

e) criação potencial de climas de culpabilização de certas categorias de pessoas ou grupos como bodes expiatórios, o que aliado à exaltação ("transe") que se pode ver em alguns cultos televisivamente difundidos, pode levar a confrontações físicas e predações do tipo *Kristallnacht*;

f) o negócio de números astronómicos de mezinhas, ditas por vezes "suplementos alimentares", que muito frequentemente ao menos a Medicina considera sem qualquer utilidade e que por vezes, até, nem que seja apenas pelo seu preço elevado, afastam as pessoas de medicamentos convencionais realmente eficazes, contribuindo para o agravamento das doenças;

g) o fomento de ideias fantasiosas sobre pontos consabidos da Ciência, alguns criminosamente responsáveis por doença e morte, como os dogmas anti vacinação;

h) potencial criação de um clima de desresponsabilização pessoal, fundado na crença em líderes salvadores, alegadamente sagrados para a comunicação com o Além, que procuram evidenciar estar na posse de forças poderosas (ainda que a tática usada possa ser apresentarem-se como simples "veículos", aplicadores de meras "técnicas" – o que será muitas vezes tido à conta de modéstia);

i) e, mais ainda, crença em formas religiosas ou para-religiosas ora propensas ao quietismo e à resignação com um destino já escrito, ora vendo a solução em atividades violentas (insurrecionais ou autodestrutivas: pense-se nos suicídios em massa de algumas seitas), ditadas por líderes extremistas, etc.

Na preocupação com estes pontos, ora todos, ora alguns, confluem pessoas de muito diverso género:

1) os filosófica ou ideologicamente materialistas pensarão que estes fenómenos são outra forma de "ópio do povo", pior ainda que as religiões clássicas, graves e severas;

2) muitos dos crentes destas religiões que não sejam tentados a conciliar com os novos fenómenos (característica dos tempos ditos "pós-modernos" é a hibridação, a "mestiçagem", o sincretismo religioso) alarmar-se-ão, certamente, por lhes repugnar a profanação, a heresia, a *carnavalização* ritual, a simonia, e outros verão nestes fenómenos, numa perspetiva muito prosaica, uma verdadeira "concorrência desleal" – porque, onde antes havia sacrifício, agora há promessa de facilidade;

3) os cientistas não descortinam nestas práticas (que são muito diversificadas e com muitas vestes) provas científicas, métodos científicos, validações científicas, e tenderão certamente a classificar de charlatanismo ou sugestão,

pessoal ou coletiva, os resultados reais que possa haver, e suspeitar que outros resultados são fruto de combinação, encenação, teatro.

E dentro de cada grupo há vários tipos de sensibilidade.

Filosofia e ideologia, religião e ciência desaguam, pois, na sua crítica e apreensão. Devemos, entretanto, deixar claro que muitos destes fenómenos parece serem híbridos em si mesmos (tal como a face de Janus da política, desenvolvida por Maurice Duverger), e poderão mesclar aspetos científicos com aspetos religiosos ou derivados de práticas religiosas, com elementos filosófico-religiosos. Porém, a avaliação de cada um destes casos terá que ser pontual, e a *árvore avaliar-se-á pelos seus frutos* e numa perspetiva global. Dizer-se que Hitler era um saudável vegetariano e amigo dos animais não o iliba do Holocausto nem da II Guerra Mundial.

A riqueza faustosa de gurus, a prosperidade e proliferação dos seus estabelecimentos, naturalmente derivando dessa condição, os relatos dos que conseguiram escapar à doutrinação e ao controle mental de seitas, as acusações de crimes nelas perpetrados (de crimes económicos a sexuais), merecem ser investigados e reveladas conclusões rigorosas e independentes. E o que for provado como calunioso deve ter consequências.

Há situações de lusco-fusco. Pode haver pessoas de boa vontade que se deixem seduzir por efeitos que viram ser positivos, por exemplo ao nível "curativo" (sobretudo psicológico – por relaxamento ou sugestão, e mesmo assim mais agindo sobre sintomas que sobre as doenças, ao que parece), de solidariedade social (há grupos que efetivamente têm ações caritativas), ou outros epifenómenos de máquinas de fazer dinheiro ou de exercer poder, cuja essência, porém, não conseguem vislumbrar sequer, dado que essas dimensões ficam na sombra de atividades com resultados positivos. E uma mente livre tem de estar disponível também para acreditar, com provas, que o que possa ver seja mesmo realidade e não ilusão ou epifenómeno. O contrário seria um outro dogmatismo.

Não se faz também aqui uma condenação liminar de todo esse tipo de realidades que vivem nas margens da religiosidade e da ciência "oficiais". Alguém disse – com exagero, mas com alguma graça – que "uma seita hoje será uma religião amanhã". É preciso algum sentido de humor para o compreender. Há, contudo, casos clamorosos, que a comunicação social não tem deixado de relatar, uma vez por outra. E é a pensar nesses casos, muitos escandalosos e até repugnantes, que falamos.

Há, desde logo, uma divisão liminar a fazer: o primeiro caso é o do psicopata com sede de poder, dinheiro e prazer que se utiliza de uma posição para levar por diante os seus intentos criminosos, e para quem terapia ou religiosidade, espiritualidade ou o que seja são meios, instrumentais, de conseguir o que pretende, não havendo nele nenhuma boa-vontade, altruísmo, ou sequer convicção ou crença.

E, quem diz um, diz um grupo de pessoas (verdadeira associação criminosa) que satisfaz os seus intentos com a montagem de uma organização, empresa, serviço, com fachada excelente.

O outro caso é o do ilusor iludido (recorde-se que às bruxas portuguesas parece que raramente eram aplicadas penas, na Idade Média, porque sábios juízes as tinham por "ilusas", iludidas, enquanto noutros lugares as faziam confessar requintes de perversidade em conluio com o Maligno).

Trata-se, nestes casos, de alguém que tem boas intenções, mas que está ele próprio imbuído de falsas crenças. Nomeadamente nos seus poderes ou nos de técnicas ou rituais que vai aplicando ou celebra. E como vai tendo seguidores, mais se lhe reforçam as convicções. Mal comparando, lembra o passador-consumidor de droga clássico. O qual em si mesmo faz confluírem dois papéis antagónicos entre si.

Diz-se que na política, só há duas possibilidades: ou os honestos comandam os desonestos, ou estes àqueles. Ora, também como na política, o normal é que a encenação de maravilhas, feita pela desonestidade, acabe por fascinar os honestos, que facilmente se tornarão discípulos fascinados dos mistificadores. No caso vertente, seria impossível que os honestos (que aqui são ingénuos) pudessem de algum modo sobrepor-se aos desonestos. Embora por vezes a ingenuidade seja só por metade inocente: alguns dos discípulos fervorosos de gurus poderosos, no final de contas querem dominar as suas técnicas, eventualmente os seus "truques", para poderem, como eles, usufruir da fama, do poder, do prestígio (dentro dos respetivos círculos), do dinheiro, etc., auferidos por a quem seguem e que gostariam de eficaz e competentemente imitar.

Evidentemente que também seria de tentar preservar os direitos e a sanidade dos honestos que procuram de algum modo "imitar" a magia dos mistificadores, não enquanto imitadores, aprendizes de feiticeiro, mas enquanto pessoas, e pessoas "ilusas" que são também agentes de propagação de ilusões.

Dito isto, gostaríamos que fosse óbvio que estas reflexões, em concreto, não se integram no tipo das que teriam sido feitas por esses ditos "ateus estúpidos" (já criticados por livres pensadores há um par de séculos), nem, nos antípodas, por religiosos fanáticos vendo o diabo em tudo o que aparentemente lhes faça concorrência nos caminhos para o Além, nem por certos cientistas (sobretudo práticos, como médicos, psiquiatras e psicólogos) incapazes de compreender outras vias de cura ou de alívio, ainda que por sugestão ou artifício, nem por ideólogos suficientes, estigmatizando todas estas realidades como ludíbrio e alienação, nem pelos mais ou menos desocupados fautores de teorias da conspiração, que nestes e naqueles sempre encontram os culpados pelas desgraças, e nisso encontram certamente desenfado. O curioso é que, de entre estes vários grupos ou categorias, alguns são ao mesmo tempo sujeito e objeto neste estudo. Há obviamente neste fenómeno muita diabolização, muita teoria da conspiração, muita falsa religiosidade ou espiritualidade, e também falsa ciência, etc..

O que pessoalmente pensamos nos planos religioso, filosófico, científico, ideológico, etc., procuramos que não tivesse intervenção de maior (melhor se não condicionasse em nada – se tal fosse possível) nas nossas considerações, que são mais um levantamento de angústias que um afirmar de posições irredutíveis.

Não reivindicamos uma impossível assepsia total, mas o necessário distanciamento. Parece-nos, assim, mais ou menos óbvio que muitos dos fenómenos em causa se explicam pela psicologia de massas uns, e outros pela sugestão pessoal, e que esse tipo de induções e manipulações podem ser usados para o bem (tranquilizar massas em pânico, distrair a dor de um doente incurável e que já não responde a analgésicos normais (?)) ou para o mal (obrigar alguém, pela sugestão, a cometer um crime, ou massas a irem para as ruas, desprotegidas, desafiando as medidas de confinamento em tempos pandémicos). Mas o simples facto de serem instrumentos poderosos, não se sabe em que mãos, devem levar a que sejam estudados por profissionais competentes (mas também não dogmáticos, abertos a descobertas), sobre eles se reflita profundamente, e que o Estado de Direito não deixe a questão ao "livre jogo do mercado", sem se preocupar com as consequências de um possível mau uso. Para proteção das instituições e da Liberdade e Dignidade de cada um dos seus cidadãos.

Passemos à questão mais macro-. Se os inimigos da democracia continuam a ser essencialmente do mesmo tipo, avultando messianismos, populismos, xenofobias, tirania do indivíduo e, hoje, neoliberalismo (Tzvetan Todorov, *Les Ennemis intimes de la démocratie*, Paris, Laffont/Versilio, 2012), já atualmente temos o fenómeno novo, e muito problemático, da globalização (Jean-Marie Guéhenno, *L'avenir de la liberté*, Paris, Flammarion, 1999).

Talvez, no final de contas, não fosse mau haver um texto-guia (melhor: vários) para civicamente, democraticamente, em nome do pluralismo e da Liberdade, nos chamar a atenção para os perigos que espreitam por parte de todos os fanáticos, os quais tanto podem (todos mesmo) ser qualificados como sequazes de uma ideologia como de uma religião (depende das terminologias). Sobre interseções e traduções entre o religioso, o mágico e o ideológico, desde logo, Marc Augé (dir.), *La Construction du monde*, Paris, Maspero/La Découverte, 1974, trad. port. de Isabel Braga, *A Construção do Mundo. Religião, Representações, Ideologia*, Lisboa, Edições 70, 2020.

Para o fascismo ou neofascismo político, Umberto Eco já avançou com alguns traços que são sinais de alerta (v. *Costruire il Nemico e altri scritti occasionali*, Milão, Bompiani, 2011 e muito em especial em "Fascismo Eterno", capítulo do livro – por vezes autonomizado, que o merece – *Cinque scritti morali*, trad. port. de José Colaço Barreiros, *Cinco Escritos Morais*, Lisboa, Relógio de Água, 2016, p. 25 *et seq.*).

Seria o caso de ver outras dimensões em que se constroem muros à liberdade do Homem, seja pelo controlo das consciências de índole sectário, seja pela sugestão pseudocientífica, seja pela culpabilização e pelos interditos de ideologias identitárias, revanchistas e afins, politicamente corretas.

Perante tantas sereias que nos dizem, "com olhos doces" ou bota cardada, "vem por aqui" (para relembrar o imortal *Cântico Negro*, de José Régio), para a preservação da nossa Civilização e do nosso *modus vivendi* plural e da nossa santa Liberdade, para que continuemos a poder pensar pela nossa própria cabeça, e não sermos colonizados por ideias de outros, é muito necessário encontrar formas de socialmente resistir à formatação das almas e dos espíritos. Nisso, estamos certos, dão as mãos, sem fanatismos e mútuas exclusões, o Homem laico, o Homem de ciência e o Homem verdadeiramente religioso que amem a busca da Verdade e o compromisso com a Liberdade e a Dignidade da Pessoa.

O fenómeno do populismo é massivo. O aderente dele descarrega as suas frustrações no anonimato da massa, transferindo a mão vingadora dela para um potencial ou atual ditador sem limites. Já o fenómeno da adesão esotérica, mágica, etc., podendo ser, em alguns, de transporte místico ou ascese, noutros tem uma dimensão bem mundana, que se prende com o snobismo. Mas há fenómenos que se cruzam, aqui. No fundo, para alguns, pertencer a uma seita ou afim é sucedâneo de pertencer a um partido totalitário, com o mesmo militarismo e mensagem messiânica. Para outros, e para grupos mais seletos e chiques, é um fenómeno de adesão a um elitismo social, em que se vai ascendendo de grupo em grupo, até ao mais snob de todos. Um livro absolutamente imprescindível para compreender este último fenómeno é o de Ph. Du Puy De Clinchamps, *Le Snobisme*, Paris, P.U.F., 1964, máx. pp. 104 ss.. Uma verdadeira *coincidentia oppositorum*: como, aliás, ocorre com o fascismo, com o seu lado elitista e a sua vertente massiva e até de brutalidade das massas.

ORIGENS E SÍMBOLOS: CLAVAL, LACOSTE, SERRES E BOURDIEU

Ah, tudo é símbolo e analogia!
Fernando Pessoa

Em 1985, o geógrafo Paul Claval publica um apaixonante estudo, *Os Mitos Fundadores das Ciências Sociais*. Tem importância que o refiramos. É que, embora grandes autores, como decerto até Villey, pareçam ceder à tentação de sublinhar estranhamento face à nova perspetiva epistemológica trazida pela autonomização e consolidação destas ciências, o certo é que a filosofia do Direito e do Estado, com elas, passa a falar também a sua linguagem e a aproveitar o seu labor. É cada vez mais de um estudo interdisciplinar sobre o pensamento político que se trata, o que se reflete até nos títulos de novas cátedras universitárias e de *textbooks*. A consciência das implicações e pressupostos políticos e filosófico-políticos do labor dos vários cientistas sociais é crescente. Baste-nos o exemplo de um outro geógrafo, Yves Lacoste, e o título do seu célebre livro *La Géographie ça sert d'abord à faire la guerre* (1976), além dos seus muitos escritos de geopolítica. A qual se combina também com a demografia e outras ciências, como no clássico *Geopolítica da Fome* (1951), do brasileiro Josué de Castro (1908-1973).

Já em 1987, Michel Serres (1930), sobretudo conhecido como filósofo das ciências, com experiências diversificadas, entre as quais a da marinha, e consagrado pela série de cinco volumes *Hermes* (1969-1980), lança *O Contrato Natural*. Esta coletânea inclui nomeadamente o texto de uma brilhante conferência que pronunciou no Centro de Filosofia do Direito da Universidade de Paris II: fazendo o direito, e portanto o poder e a política, anteciparem-se à própria ciência da geometria, nascida da necessidade de medir, para ajudar a resolver conflitos pela propriedade de terras após as cheias do

Nilo. Ainda hoje relembramos o impacto dessa conferência, a que assistimos. É um interessante e simbólico contributo para a arqueologia das origens e da relação entre ciência e poderes, e ciências de poderes, como o direito.

Do fino sociólogo francês Pierre Bourdieu (1930-2002) sairá em 1988 *O Poder Simbólico*. A contribuição do autor para o estudo do político será vasta, mesmo na análise de relações de poder concretas, como o poder académico e afins (*Os Herdeiros*, 1964, *A Reprodução*, 1970, *Homo Academicus*, 1984, *A Nobreza de Estado*, 1989). E, mais recentemente, *v.g.* o curso *Sobre o Estado*, no Collège de France (2012). De entre os seus tópicos explicativos, mais ainda do que o *habitus*, conexão entre a socialização e a ação dos indivíduos, e sentido prático (de ajustamento aos desafios), importa para o nosso terreno a noção de violência simbólica. Na multidimensionalidade das lutas políticas, há também lutas simbólicas. E a violência simbólica exerce-se mesmo provocando em alguns a ilusão da sua integração e da pacificação e relativa harmonia do todo social. Outra forma de alienação.

34

PENSAMENTO DÉBIL E ATRAÇÃO DO FIM: VATTIMO, RORTY, BAUDRILLARD, FUKUYAMA, DERRIDA, ŽIŽEK

> *Pois isto não é o fim. Não, nem sequer o começo do fim.*
> *Mas talvez seja o fim do começo.*
> Winston Churchill

Já em 1983, Gianni Vattimo publicara, com P. A. Rovatti, *O Pensamento Débil*. Será um conceito com fortuna. Baseado nas ruturas de Nietzsche e de Heidegger, os defensores do pensamento débil assumem os limites do filosofar contemporâneo, contra a afirmação pujante, ou pensamento "forte", da dialética hegeliana ou marxista e do pensamento cristão mais clássico. E até da própria fenomenologia, da psicanálise e do estruturalismo. Do ponto de vista político, as consequências são tiradas pelo próprio Vattimo, que considera ser o pensamento débil a condição para a democracia, com pluralismo e tolerância. A ação de Vattimo é vasta e plural, desde a causa homossexual à defesa de um cristianismo secularizado. Bem diferente é a proposta do psiquiatra espanhol Enrique Rojas (1949), que em *O Homem "Light"* (1992) critica a "vida sem valores" individualista e materialista, e advoga, pelo contrário, aquilo a que Vattimo chamaria um pensamento forte.

Já, pelo contrário, se poderão ver confluências entre o pensamento débil e os relativismos, de que o neopragmático (e pós-analítico – procurando até de algum modo conciliar o legado anglo-saxónico e o "continental") Richard Rorty (1931-2007) é um exemplo atual, com a sua visão minimalista do próprio conhecimento científico. É verdade que o apóstolo Paulo fala da nossa experiência *per speculum in ænigmate* (1 Cor. XIII, 12), ora Rorty escreverá *A Filosofia e o Espelho da Natureza* (1979). O liberalismo (de esquerda, à americana) e a democracia de Rorty decorrem do seu relativismo, e não da "metafísica" principial das Luzes, que critica (desde logo por a considerar "metafísica").

Uma das grandes contribuições para o arcaboiço concetual cultural em geral dada por este autor (considerado até por alguns o maior filósofo estadunidense: mas não entraríamos nesses "concursos", por norma mais de celebridade que de valor) é a dicotomia que estabelece entre dois tipos-ideais, que tanto se podem aplicar a intelectuais como a políticos, a juristas, ou mesmo a pessoas fora desses círculos. *Agelasta*, de um lado, é dogmático, petrificado, de pensamento mecânico; *ironista*, pelo contrário, tem maleabilidade, subtileza, capacidade crítica, e, ainda mais que auto-crítica, auto-ironia.

Politicamente trata-se sobretudo de um liberalismo social, solidário, e mesmo consciente das suas limitações, auto-irónico, grandemente impressionado com a crueldade e disposto a combatê-la, sobretudo desenvolvido num livro cujo título é eloquente de todo o seu pensamento, nas suas diversas dimensões: *Contingência, Ironia e Solidariedade* (1989).

No mesmo ano da obra de Vattimo *O Pensamento Débil*, de 1983, um outro empreendimento não dogmático (mas que alguns poderão considerar poder vir a ter desenvolvimentos dogmatizantes insuspeitados) se consubstancia em *Esferas da Justiça*, de Michael Walzer. O autor havia combatido a guerra do Vietname, e atualizado teoricamente as velhas teorias da guerra justa em *Guerras Justas e Injustas* (1977). Ao verificar a total impossibilidade da universalidade de uma moral aceite espontânea e pacificamente, apercebe-se da existência mesmo de diversos estratos sedimentares (e não comunicantes), ou esferas morais, nos diferentes níveis de existência dos indivíduos. O seu comunitarismo político (rótulo nem sempre assumido pelos assim apodados) é partilhado, *mutatis mutandis*, por outros autores influentes, como Alasdair MacIntyre (1929), que contudo prefere qualificar-se como "aristotélico revolucionário" (parecendo a alguns compatibilizar Marx e São Tomás, mas também este e Santo Agostinho), particularmente conhecido nestas áreas pelo seu *Depois da Virtude* (1981) e *Whose Justice? Which Rationality?* (1988).

Em 1989, o filósofo iconoclasta Slavoj Žižek (1949) publica *O Sublime Objecto da Ideologia*. Reutiliza Lacan (*Como Ler Lacan*, 2007 e já *Enjoy your Symptom*, 2000) desde logo na sua tríade "real, simbólico e imaginário", assim como, *lato sensu*, o pensamento crítico, para uma muito original e perturbadora demolição das águas mornas da sociedade e do pensamento contemporâneos. O uso como que "alternado" de tópicos ditos de "esquerda" e de "direita" (numa visão tradicional), confundirá quem não desconstrua o seu discurso, e entenda as suas próprias estratégias retóricas. Não será profecia vaticinar que ainda correrão rios de tinta a seu propósito. Critica, assim, entre muitos outros aspetos da contemporaneidade, a fatuidade dos significantes vazios comemoracionistas e criadores de falsas unanimidades, a informalidade *snob* dos novos senhores, a ideologia multiculturalista liberal tolerante, e chega a defender uma coragem ética de matar os "inimigos da humanidade", mais que a de salvar pessoas. Talvez por isso tenha escrito sobre Robespierre (*Virtude e Terror*, 2007). Confluímos com ele numa conferência internacional, em 2007, em Londres. Da sua palestra, muito esperada e concorrida, ficou a impressão de uma força da natureza, novo martelo nietzschiano, que impressionou colegas de todos os quadrantes ideológicos. Lembrou que uma norma de Pequim proibia os futuros Dalai Lama de encarnar fora de território chinês. Chamou a atenção para os mistérios escuros a que se referia Kant: o nascimento das crianças e a origem do direito. Criticou a alegada não evolução da Igreja Católica – "o Papa diz que não acredita na evolução. Eu também. Eles nunca evoluem", e a proposta de forças políticas polacas para nomear Cristo "rei eterno da Polónia", acabando com a república. Afirmou que a Turquia é mais europeia que a Europa. Ironizou aludindo ao "velho mantra marxista", e lembrou que Luther King nunca teria falado de "tolerância". Mas certamente o mais impressionante seria a sua teoria da simbiose política, pela qual haveria mútuo parasitismo entre poder e protesto. Em Portugal, tem havido quem, como José Adelino Maltez (1951), fale da direita que convém à esquerda e *vice-versa*, o que é a dimensão ideológica do mesmo problema. Slavoj Žižek (1949) reconhece que há uma nova Europa, mas que devia ser bombardeada. Como é sabido, em 1990 candidatou-se a presidente da República da Eslovénia. Algo poderá lembrar neste autor os "novos filósofos", e não faltará quem o possa acusar de *épater le bourgeois*. Para já, cf. Marcelo Grillo, *O Direito na Filosofia de Slavoj Žižek*, São Paulo, Alfa Omega, 2014 e Sousa Dias, *Žižek, Marx & Beckett e a democracia por vir*, Lisboa, Documenta, 2014.

Como dissemos, em 1989 Francis Fukuyama publica um artigo, que daria lugar a um livro em 1992, *O Fim da História e o Último Homem*, considerando que a democracia liberal capitalista seria o estádio final da História, a concretização do velho mito (utópico) da *consumação dos séculos*. Recordemos, entretanto, que o fim da História estava previsto para os "amanhãs que cantam" na escatologia marxista. Tratava-se, agora, de escatologizar o capitalismo. Porém, o próprio autor parece mais tarde ter enveredado por reflexões mais matizadas: em 2002 fala de um "futuro pós-humano" por via da revolução biotecnológica, e em 2006 publica um livro de significativo título: *After the Neocons: Where the Right went Wrong*, que contudo sairia nos EUA sob a designação mais inócua de *A América na Encruzilhada*. Mais recentemente, embrenha-se pela análise do identitarismo: *Identity: The Demand for Dignity and the Politics of Resentment*, 2018. Naquele mesmo ano de 1992, como vimos também, Baudrillard fala ainda de "greve dos acontecimentos", mas também de "ilusão do fim". E para Baudrillard não há mesmo fim:

> Como chegámos demasiado tarde para o começo, só o fim parecia estar ao nosso alcance. Tínhamo-nos aproximado dessa eventualidade com a era atómica. Mas... azar! O equilíbrio do terror suspendeu, depois adiou definitivamente (?), o acontecimento final, mas agora, com o triunfo da dissuasão, temos de nos habituar à ideia de que já não há fim, que não haverá fim, que a própria história se tornou interminável. (*A Ilusão...*, trad. de Manuela Torres, Lisboa, Teorema, 1995: 170)

O complexo e para alguns até críptico filósofo da "différence" (*L'Écriture et la Différence*, 1967), desconstrutor da metafísica até nos aparentemente antimetafísicos autores, e apontando para a ideia da construção do pensamento pela escrita ("nada está fora do texto", afirmaria em *Da Gramatologia*, 1967), não apenas implicitamente traz aportações à filosofia política. Em 1991, Jacques Derrida (1930-2004) publica *L'Autre Cap*, embrenhando-se pelos temas da Europa, da democracia e da opinião pública. Pergunta-se (e ainda não eram tempos de concentração e economicismo editoriais) sobre o que seria dos Rimbaud e dos Nietzsche se fossem julgados pelas bitolas mediáticas. Já De Quincey (1785-1859) separara "literatura do saber" e "literatura do poder", mas agora a questão ganha novos contornos. É um problema importantíssimo, porque antecipa a questão do estrangulamento da autoria e da criação, pela antecensura do vendável e do consumível. E, como reação aos *media*, propõe o direito de resposta, uma ideia certamente a aprofundar face aos problemas da liberdade da palavra, hoje. Em 1993, voltaria à filosofia política explícita com *Espectros de Marx*.

DA TEOLOGIA À ÉTICA E À ESTÉTICA POLÍTICAS

(...) e voga o Globo pirata no céu tempestuoso.
Henri Michaux, *apud* Peter Sloterdijk

A grande atualidade político-religiosa do momento parece ser o fundamentalismo religioso e político de grupos neopentecostais. Tendências para eivar os fiéis de conceções extremistas não são desconhecidas quando o sacerdócio dá as mãos com o poder, e o poder é também extremista. Embora muito relevante (e preocupante), é um fenómeno, contudo, mais de história política que de pensamento político ou de filosofia do direito e do estado.

Num registo completamente diverso, profundamente intelectual, e não proselítico, houve uma tendência para muitos pensadores e juristas católicos encontrarem no jusnaturalismo a explicação e filosofia jurídica adequada. A lista dos contemporâneos nessa senda seria muito extensa. Contudo, não cremos ser, como alguns exteriormente pensam, nem uma necessidade nem uma obrigatoriedade. Pode-se ser católico sem ser jusnaturalista (os jusnaturalistas titularistas não são verdadeiros jusnaturalistas, desde logo) e ser jusnaturalista sem ser católico (deu-se durante muito tempo o exemplo do marxista Bloch). Na sua obra de síntese *Le réalisme juridique,* Bruxelles, Story-Scientia, 1987, J. P. Schouppe elenca vários nomes que poderiam ser considerados nessa perspetivação.

Muito interessantes são também as inferências e inspirações que de estudos de pendor primariamente religioso se podem retirar para o Direito. Não se trata, de modo algum, de mesclar uma *episteme* com outra, e muito menos de subordinar a juridicidade a uma crença. Trata-se apenas de reconhecer que há um lastro cultural de grande valor em algumas tradições teológicas e afins, que pode aproveitar à reflexão jurídica, e também à compreensão histórica do Direito – porque, historicamente, as relações entre Direito e religiosidades e credos é um facto.

Assim, além de referências que várias encíclicas dos papas (nomeadamente da doutrina social da Igreja – e até ao Papa Francisco, que não tem recuado ante muitos problemas políticos da atualidade, e outros de sempre), tome-se apenas, por exemplo, a Carta de Paulo aos Romanos. Referências de importante cunho jurídico se podem colher em dois comentários contemporâneos sobre esse texto do Novo Testamento: *Der Der Römerbrief*, de Karl Barth (2ª ed. de 1922) e, mais recentemente, *Il tempo che resta : un commento alla Lettera ai Romani* de Giorgio Agamben (2000).

Recuemos historicamente um pouco. Sempre a teologia pairou, mais ou menos explicitamente, sobre a filosofia política. Ainda no século XX, não recordamos a explícita *Teologia Política* de Carl Schmitt (1888-1985), ou *As Religiões Políticas* (1938) de Eric Voegelin (1905-1985)? Também as *Lições VII* do jusfilósofo e psicanalista Pierre Legendre (1930) dizem tudo no título e no subtítulo: *Le désir politique de Dieu. Étude sur les montages de l'État et du Droit* (1998).

Na contemporaneidade, não é apenas a influência do pensamento teológico sobre a política e o pensamento político, nas suas mais diversas formas, que persiste, apesar de todas as secularizações, como ainda ao próprio pensamento teológico se assacam dimensões e até determinações políticas. O fenómeno da "teologia da libertação" desde logo aí está a comprová-lo. É impossível ignorar, por exemplo, o vulto intelectual de um Leonardo Boff (1938). E se esta corrente é sobretudo católica, e em especial latino-americana, do lado evangélico há também renovação libertadora, até explicitamente com nome semelhante. É o caso da revista *Théolib.*, cujo "manifesto" ou "credo" (claramente teológico-político) poderá chocar alguns cristãos, e entusiasmar outros (http://www. theolib.com/foi.html).

Não é assim de estranhar que John Hick (1922), com a sua teologia cristã pluralista – "pluralidade de inclusivismos mutuamente inclusivos", que propõe em *Uma Teologia Cristã das Religiões: o Arco-Íris das Fés* (1995) –, possa ter sido por alguns encarado como produto do racionalismo pós-iluminista ao serviço do imperialismo intelectual do Ocidente. O que significa que o discurso dos direitos humanos universais ainda não chegou ao terreno teológico, nem ao "discurso da suspeita". Hick defende uma liberdade religiosa que também é teológica:

> (...) as estruturas oficiais das Igrejas tradicionais não estão, hoje em dia, dispostas a acolher ideias controversas. Todavia, os "hereges" e os "radicais" não são mais queimados vivos na fogueira, nem torturados pela Inquisição. Actualmente, pode dizer-se qualquer coisa, apesar disso custar, muitas vezes, a carreira e o futuro profissional da pessoa em questão. (Trad. adapt. de Luís Henrique Dreher, São Paulo, UPRJ, 2005: 26)

Se a religião foi e continua a ser motivo para múltiplos conflitos políticos, a consideração, que Hick faz, de que os frutos espirituais e morais das grandes religiões são idênticos (quer se baseiem em Deus, na Realidade Última, no Transcendente, ou no Real), não devendo combater-se, mas compreender-se, é uma posição filosófico-política de grande significado. Trata-se, afinal, de uma eticização humanista do fenómeno da convivência religiosa.

Confluentes para essa tentativa de pacificação são as reflexões do escritor Amós Oz, em *Como Curar um Fanático* (2002), breve mas incisivo manifesto onde se apresenta como "especialista em fanatismo comparado". O fanático crê possuir a verdade e uma enorme superioridade moral. A partir daí, os outros perdem, a seus olhos, a sua dignidade, e os consensos tornam-se impossíveis. Sentimental, no fundo, o fanático prefere sentir a pensar (ainda que possa depois raciocinar mecanicamente a partir de um sentimento-base), e possui um fascínio enorme pela morte, o que o faz arrostar perigos e sacrificar até a vida. Trata-se, afinal, de desprezo por este mundo, e vontade de o trocar pelo Paraíso. O subtil escritor brasileiro Gabriel Périssé, em "O fanatismo religioso é um ateísmo" (*Correio da Cidadania*, 4 de setembro de 2007), dirá que o fanático é, afinal, um ateu. No fundo, indignado por Deus não ter criado um mundo perfeito, e disposto a substituir-se-lhe nessa sagrada tarefa. Pelo proselitismo, pela bomba, pela guerra... E o pensador católico Jean Lauand (1952), baseado num texto do também católico Julián Marias (1914-2005), censurado pelo franquismo, alertará para os perigos de uma "religiosidade insaciável" ("Raízes medievais da 'religião insaciável' (e seu antídoto: S. Tomás de Aquino)", *in Filosofia e Educação: Estudos 3*, São Paulo, Factash, 2007: 99 *et seq.*). Desenvolveu depois essa perspetiva em artigo, já citado, com Chie Hirose. Trata-se afinal de um totalitarismo, ainda que inicialmente privado, do sagrado sobre o profano. O que tem como consequência a própria banalização (e politização) do primeiro.

Um belo estudo de um filósofo-jurista contribui para o debate teológico-político na contemporaneidade. Trata-se do livro de Nelson Saldanha (1935) *Secularização e Democracia. Sobre a Relação entre Formas de Governo e Contextos Culturais* (2003). Não se limitando a tais relações, e depois de profundas análises, critica a "razão do mais forte", o abandono das minorias, o falseamento dos conceitos, a corrupção das democracias pelo dinheiro, e propõe para a salvação da democracia entendida como um humanismo que incluiria o relativismo, o pluralismo, a articulação do cidadão entre direitos e deveres, e a "reabertura da reflexão sobre o socialismo".

As próprias ideologias (mesmo as mais modernas, como o comunitarismo ou o "triunfante" utilitarismo político) se desmitificam e descem dos seus altares para serem impiedosamente satirizadas por um Steven Lukes (1941) em *O Curioso Iluminismo do Prof. Caritat* (1995), sob a forma de romance utópico ou "fábulas sobre direitos humanos". O autor dedica-se também a vários outros estudos, mais classicamente académicos, *v.g.*, multiculturais, e sobre o futuro da esquerda e do socialismo.

É centrando-se na ética, num humanismo ético, que Fernando Savater (1947) desenvolve a sua obra, também muito preocupada, como é natural, com a educação (v. *O Valor de Educar*, 1997). Em *Política para Amador* (2004), traduzido como *Política para um Jovem*, entre inúmeros conselhos e observações da maior valia para jovens e menos jovens, o pensador basco sublinha que a ética não pode ficar à espera da política, desculpando-se com ela. Afinal, a ação ética é uma forma de política, e deve ser dirigida para a liberdade, a justiça e a assistência, a que poderíamos chamar solidariedade. No final, uma citação de Stendhal, que sintetiza um programa de vida: tentar não a gastar nem odiando nem temendo. Sentimentos com muito de político, sem dúvida.

Ainda na mesma clave ética, o autor reelaborará de forma iconoclasta o decálogo de Moisés, em *Os Dez Mandamentos no Século XXI* (2004), mas em que, pessimista com a natureza humana, conclui, com um travo amargo:

(...) sob o ponto de vista da legalidade, o deus vingativo e cruel é muito mais eficaz. Porque o deus amável diz: "Amai-vos uns aos outros e não precisareis de leis...", o que é verdade; mas, desgraçadamente, não nos amamos uns aos outros. Por isso, nos voltamos para outro preceito mais contundente: "Temei-vos uns aos outros e aceitai as leis".

É um final a comparar com o do livro de ética para jovens.

Na verdade, as preocupações éticas arriscam-se a ficar pela especulação e pelo discurso. Na prática, como dizia o *Sunday Express* do saboroso livro do dirigente do Partido Conservador britânico barão Alistair McAlpine (1942) *Cartas a um Jovem Político, do Seu Tio* (1995), "as maquinações da corte dos Medici são tão relevantes para os políticos modernos como o foram no século XV".

O crítico literário Edward W. Said (1935-2003) reúne em *Humanismo e Crítica Democrática* (2004) um interessante conjunto de conferências em que pulsa a questão política. Retoma o tema do sujeito, em diálogo com os seus grandes críticos, coloca o problema do humanismo, das humanidades, e da arte, questiona o terrorismo e o 11 de setembro, reflete sobre a educação e a universidade, etc. No campo político mais concreto, exemplifica com o custo dos cuidados de saúde e dos medicamentos para uma crítica ao sistema de proteção por seguros e ao poder das empresas. Por alguma razão o presidente Obama procuraria uma reforma do sistema de saúde nos EUA, e seria tão atacado pelos interesses. E quanto ao futuro, relembra o último verso do poema de Cavafis, "À espera dos bárbaros": "Eles seriam, esses bárbaros, afinal um tipo de solução".

Na sua trilogia *Esferas* (1998-2004), o filósofo alemão Peter Sloterdijk (1947) começa modestamente por dizer ser essa a obra que Heidegger deveria ter escrito. Este estudo procura explicitar as articulações da "estrutura alveolar" que permite a existência do Homem nas suas várias dimensões, e não deixa de lembrar (mas só um tudo-nada) a estrutura da teorização de Walzer (1935)... assim como tentativas teorizadoras jurisfilosóficas de um Willis Santiago Guerra Filho (1961). Mais recentemente, publica uma teoria filosófica da globalização (conceito que na realidade relativiza historicamente, pois já houve várias vagas globalizadoras): *Im Weltinnenraum des Kapitals* (2005), traduzido por *Palácio de Cristal*. Numa escrita por vezes oscilando entre o denso e o poético, convocando-nos para sempre novas perspetivas e referências, de capítulo para capítulo, faz este livro jus ao exergo da sua primeira parte, da autoria de Henri Michaux (1899-1984), esse admirável mago e vagamundo: "e voga o Globo pirata no céu tempestuoso".

De entre as múltiplas sugestões e provocações da sua rica escrita, não esqueçamos esta: "a social-democracia terrestre aborrece do ponto de vista filosófico e não satisfaz do ponto de vista estético". Em lugar dela, parece propor "uma esquerda celeste" (trad. de Manuel Resende, Lisboa, Relógio D'Água, 2008: 279).

A Passo de Caranguejo (2006) é o saboroso título de mais uma coletânea de artigos de Umberto Eco (1932), versando sobretudo sobre guerra e populismo mediático. Num dos capítulos, o semiólogo italiano, com o seu proverbial humor, enuncia aquilo em que os teologicamente descrentes contemporâneos passaram a acreditar. Apenas alguns exemplos: alquimia, médiuns, templários, Dan Brown, tradição, Trismegisto, terceiro segredo. É claro que Eco (como outros autores de muito mérito) fica prejudicado na sua reputação de pensador pelo seu estilo irreverente, irrequieto, irónico – matérias em que reflete até (*Entre a Mentira e a Ironia*, 1998). Aliás, um dos maiores problemas políticos do nosso tempo é a falta de sentido de humor e de capacidade interpretativa (e de aceitação) da ironia. O que se reflete também na sisudez de algumas propostas teóricas.

Em *A Passo de Caranguejo* é de um hino à razão e ao bom senso que se trata. E parece dificilmente haver "boa política" sem ambos, em partes equilibradas. É consciente e consequente a defesa do Iluminismo que Eco faz, no mesmo livro, considerando o iluminista o que acredita numa ética baseada num princípio de negociação, e ciente de que o Homem necessita de alimento, sono, afeto, ludismo e interrogação das coisas. Simples antropologia de bom senso. Já em *Como Viajar com um Salmão* (1992), o autor afrontaria o politicamente correto, o mau uso das novas tecnologias, a sociedade do espetáculo e o tradicionalismo.

Mas Eco é também um desmitificador (como bom semiólogo) de preconceitos muito correntes no nosso tempo, ou melhor, que surpreendentemente renascem no nosso tempo, depois de crermos que haviam sido enterrados com o fim do nazismo, da guerra fria, etc.: desde logo, o antissemitismo, depois a teoria da conspiração, maquinada por grupos sinistros. Estes lugares comuns, assim como esoterismos malsãos e charlatanismos vários, começam por ser postos a nu e a ridículo em *O Pêndulo de Foucault* (1989) para serem ainda mais desmascarados, com finíssima ironia, em *O Cemitério de Praga* (2010), um *best-seller* que duvidamos esteja a ser realmente compreendido. Imprescindíveis ainda: *Construir o Inimigo* (2011) e *Aos Ombros dos Gigantes* (2017).

PSICOPATOLOGIA DO PODER

Sede de poder autoritária e demagogia, em contexto favorável, designadamente de crise, permitem o estabelecimento até de totalitarismos.

Se o autoritarismo é um traço de carácter que pode ainda assim ser controlável no contexto de regras democratizantes e de controlo de poderes, com lideranças coletivas ao mesmo tempo fortes e democráticas (únicas capazes de travar os ímpetos dos autoritários), o problema pode tornar-se muito mais sério quando temos perante nós verdadeiros psicopatas.

Em 2008, Ana Beatriz Barbosa Silva publica, no Rio de Janeiro, com a chancela da Fontanar, o livro *Mentes Perigosas*, em que nomeadamente se deixa este alerta social geral:

> Os psicopatas estão por toda a parte e no dia a dia é possível encontrá-los em diversas categorias profissionais. Em particular, em organizações e em empresas públicas ou privadas. (...) Sem qualquer sombra de dúvida o papel de liderança em cargos como diretor, gerente, supervisor ou executivo é sempre algo muito atraente para um psicopata. Esses cargos, além de oferecerem bons salários, proporcionam status social, poder e um amplo território de atuação e influência. (p. 95)

O psicopata facilmente se revestirá da camuflagem necessária para os seus fins predatórios, que visam exclusivamente as divindades do tipo psicológico em causa: poder, dinheiro e prazer. Essa camuflagem tanto pode ser a afetação de competência técnica num emprego, desde logo maquinada por formas inteligentes de engenharia na confeção de *curricula*, como de um *marketing* pessoal de grande charme e eficácia.

Ora na política, pelo menos em certos casos (que serão os mais frequentes), há da parte de quem já está nas organizações uma ingenuidade confrangedora relativamente a quem bate à porta. Acontece em partidos, movimentos, sindicatos, um pouco por todo o lado. A ideologia, ou, no mínimo, a comunhão de causas, que deveria ser *conditio sine qua non* para a admissão, em muitos casos se tornou "discreta" e difusa. Mesmo nos partidos mais extremistas, em que a nota ideológica é ainda dominante e identificadora, a capacidade de verificação da coerência dos recém-chegados deixa muito a desejar. Um psicopata facilmente se revelará conhecedor das cartilhas, dos tratados ideológicos, da história do partido, da biografia dos seus líderes, e será um militante esforçado e dedicadíssimo, uma excelente e invejável aquisição. Simplesmente, a sua ascensão será fulgurante, e terminará sempre em proveito próprio.

O psicopata jamais é sincero. Quase se duvidará se tem uma real identidade para além de ser uma máquina ao serviço de si próprio, uma personagem encenada na perfeição como máscara da sua sede de poder, prazer e bens. Sem escrúpulos, o psicopata é um perfeito imitador das regras e até dos altos ideais e valores de qualquer instituição em que entre. Será santo nas igrejas, sábio nas academias, empreendedor nas empresas. Debitará todos os chavões que achar serem abracadabras abridores de portas. E não terá, como é óbvio, qualquer sentimento, salvo os postiços, que são de vez em quando úteis para a sua popularidade, prestígio, boa reputação.

Agirá com plano frio, calculado, implacável. Não necessariamente para cometer um genocídio, ou um assassinato, ou um desfalque. Há psicopatas que se contentam com fraudes relativamente pequenas, lugares comparativamente modestos. Contudo, se a afeção for grave, e aberto o espaço das oportunidades, quem sabe até onde não subirão? E em muitos casos parecerão tão completamente iguais aos melhores dos outros, das pessoas normais... Só que infernizando a vida destas, sempre que possam, sempre que tal sirva os seus interesses, ou somente o seu prazer pessoal de afirmação do mando, por exemplo.

Atentemos de novo num trecho da referida psiquiatra, que não pode deixar de nos perturbar:

> A grande maioria dos psicopatas utiliza suas atividades profissionais para conquistar poder e controle sobre as pessoas. (...) Muitos se camuflam em pessoas responsáveis através de suas profissões. Nesse contexto, podemos encontrar policiais que dirigem redes de prostituição, juízes que cometem os mesmos delitos que os réus – mas no julgamento condenam com argumentações jurídicas impecáveis. Banqueiros que disseminam falsos boatos econômicos na economia. Também alguns líderes de seitas religiosas, que abusam sexualmente de seus discípulos, ou ainda políticos e homens de Estado que só utilizam o poder em proveito próprio. Estes últimos costumam representar grandes perigos pelo tamanho do poder que podem deter (*ibid.*: 101).

A conclusão da autora sobre a relação entre psicopatologia e política é clara, irrefutável e muito preocupante: "A política propicia o exercício do poder de forma quase ilimitada. Poucos cargos permitem um exercício tão propício para a atuação dos psicopatas" (*ibidem*).

Para mais, psicopata não é feliz. É incapaz de partilha, diálogo real, vero amor. E essa insensibilidade monstruosa chega a redundar em desconhecimento da própria infelicidade. Uma espécie de cegueira moral profunda. Essa infelicidade deve ser uma das razões da sua constante insaciabilidade, acumulando cadáveres de adversários, despojos de guerras, troféus de vitórias.

Em tempos que exigem balanço sobre o que têm feito os políticos, não seria útil que se ponderasse até que ponto têm faltado pessoas ponderadas e sabedoras, intrinsecamente honestas, e não calculistas ou demagogos mediáticos, mais ou menos sedutores ou desabridos? Quantos psicopatas governaram já o Mundo e quantos, nestes nossos tempos de macrodemocracia, não estão a criar, na administração, nas autarquias, nas empresas, e até nas famílias, bolsas de injustiça e despotismo pessoal? Haveria que indagar se muitas das nossas microditaduras, que inquinam por dentro o corpo geral das macrodemocracias contemporâneas, se não deverão mesmo à presença velada e hipócrita, mas omnipresente e persistente, de psicopatas, para quem o poder é instrumento dos seus imensos narcisismo e egoísmo.

EMANCIPAÇÃO OU BARBÁRIE?

Porque a noite caiu e os bárbaros não vieram.
E alguns dos nossos, vindos da fronteira, dizem
Que já não há mais bárbaros.
O que nos irá acontecer sem eles?
Eles seriam, esses bárbaros, afinal um tipo de solução.
C. Cavafis

O citado poema de Cavafis, "À espera dos bárbaros" vem-nos imediatamente à memória ao abrirmos a primeira página de *The Assault on Reason* (2007), do prémio Nobel da Paz Albert Arnold ("Al") Gore Jr. (1948). Tanto nesse poema como no livro se fala significativamente do mutismo do Senado. Quando os senados, normalmente loquazes, se calam, algo está para mudar...

O próprio Homem como sujeito da política perde o monopólio. Colhendo a sementeira dos pioneiros dos defensores dos direitos dos animais, como Peter Singer (1946) e a sua *Libertação Animal* (1975), multiplicam-se os estudos e os manifestos. Elisabeth de Fontenay (1934), em *Sem Ofender o Género Humano. Reflexões sobre a Causa Animal* (2008), desconstrói a própria diferença entre homem e animal, depois de já se ter debruçado autonomamente em vários outros livros sobre o problema, desde *O Silêncio dos Animais* (1998).

E como que em balanço, Antoine Garapon, antigo magistrado que já nos tinha brindado, entre muitos outros, com *L'Âne portant des reliques* (1985), lança *Podemos Reparar a História? Colonização, Escravatura, "Shoah"* (2008).

Reparar a História? Intento generoso. Justo, naturalmente. Mas possível, já hoje? Decerto outros desafios, mais urgentes e não pouco perigosos, se nos colocam.

No mesmo ano de 2008, o holandês Rob Riemen dá à estampa um livro estranho, e com um título mais estranho ainda: *Nobility of Spirit – A Forgotten Ideal*. Começa amenamente com recordações culturais que se diriam inócuas, em estilo plácido e dialogado, nomeadamente com a filha mais nova de Thomas Mann, Elisabeth Mann Borgese. Mas a obra começa a adensar-se e recorda-nos momentos essenciais da cultura europeia (recordando Goethe, Thomas Mann, o Sócrates de Platão, etc.), e dos valores que lhe andam associados, os quais parecem encontrar-se em perigo nos nossos dias. Ao recordar as preocupações de Mann com o estado de coisas que levaria ao nazismo, há razões para nos inquietarmos com o presente.

No prefácio que outro grande vulto da nossa cultura contemporânea escreve nesta obra, pode ler-se:

> São múltiplas as forças que agora se alinham contra os valores humanistas. (...) a mais elevada cultura, a decência esclarecida não oferecem proteção contra a barbárie totalitária. Na verdade, eminentes pensadores e artistas foram partidários dessa barbárie. Numa nota positivamente ambivalente, a democratização das políticas actuais, o nivelamento igualitário da educação, e o lugar dominante dos meios de comunicação de massas militam contra esse elitismo guardado na fórmula de Thomas Mann: *Nobreza de Espírito*. (*Nobreza de Espírito*, Lx., Bizâncio, 2011: 12-13)

Mas não se trata de um passadismo oligárquico: pelo contrário, como Riemen explica, baseado em Mann, "a verdadeira democracia não se consegue realizar sem uma tendência aristocrática – tem de ter uma nobreza, não de sangue, mas de espírito" (Riemen, 2011: 69). Não deixa de ser interessante, e talvez sintomático, que apareçam estes alertas pouco antes de terem irrompido motins sem razão à vista (como, por exemplo, os de Inglaterra no Verão de 2011), qualificados então pelo Primeiro Ministro Británico, James Cameron, como manifestações de doença de certos sectores da sociedade, que se julgam senhores de todos os direitos crendo que não têm nenhuns deveres e responsabilidades. Na verdade, nada era reivindicado pelos sublevados. Independentemente de todas as conotações das palavras (inusuais hoje, e politicamente incorretas) de uns e de outros, nota-se um fervilhar que pode levar a uma reação populista de *law and order*, que, no limite pode aplaudir qualquer totalitarismo de mão de ferro. E quem se lembra, também, das reivindicações dos *coletes amarelos* em França?

Mas se nuvens negras pairam no nosso presente, o facto de alguns começarem a chamar a atenção para elas, não servindo de consolação, é pelo menos esperança de que nem todos caminhamos mais ou menos estultamente para abismos. E – se pode haver gradação nos abismos – pior ainda seria se escolhêssemos, com a nossa passividade (e a sempre proverbial *trahison des clercs*) precisamente os mesmos abismos totalitários do passado... ou, o que é o mesmo, os seus legítimos herdeiros.

Mesmo uma gota de pensamento é infinita, e apesar de a biblioteca ser eterna e ilimitada, felizmente – *contradictio in terminis*? – nem tudo está ainda escrito, e nem tudo foi ainda decifrado. "A certeza de que está tudo escrito anula-nos ou envaidece-nos. Conheço distritos onde os jovens se ajoelham diante dos livros e lhes beijam barbaramente as páginas, mas não sabem decifrar uma única letra" (Jorge Luis Borges, *A Biblioteca de Babel*, 1941, *in Obras Completas*, I, Lisboa, Teorema, 1998: 488).

Em todo o século XX e nas duas primeiras décadas do século XXI, tem-se a filosofia política, em geral, debatido com o prometeísmo da Modernidade e o das Luzes. É sempre afinal esse o grande problema, que Kant colocara como questão de emancipação e maioridade, no seu célebre *Was ist Aufklärung*? A verdade é que a maioridade efetiva não se adquire, nem filo- nem ontogeneticamente pelo decurso do tempo. Num texto postumamente editado, *Qu'est-ce que les Lumières* (1993), Michel Foucault afirma: "Não sei se alguma vez nos tornaremos maiores". De qualquer modo, é necessário sempre "um trabalho nos nossos limites, ou seja, um labor paciente que dê forma à impaciência da liberdade".

PÓS-MODERNIDADES CONTRA AS LUZES

Há uma perigosa demissão pós-moderna relativamente aos sonhos, às utopias, às metanarrativas. Em suma, à Esperança e à capacidade de as pessoas, pela sua vontade e determinação (com muito trabalho e, naturalmente, alguma sorte), poderem mudar o seu destino e implantar sociedades mais justas, mais livres, mais fraternas (como diz o Preâmbulo da Constituição da República Portuguesa de 1976, que felizmente nunca foi revisto). Tanto mais perigosa é essa demissão quanto a falta de cultura leva muitos a aderir criticamente às modas, estigmatizando, sem conhecer, o precioso legado do passado. O passado é o melhor aliado de um bom futuro. E sim, é possível tirar dele lições, embora isso seja raro – *Historia, magistra vitæ*, dizia Cícero.

A omissão pós-moderna, com todos os seus tentáculos e implicações, repercutidos por entusiastas, militantes ou simples ecos da moda, tem sido muito grave, porque tem (para além de alguns aspetos positivos, que sempre os há – na informalidade, nas artes, na hibridação, etc.) minado os fundamentos da cultura e da política – numa cedência permanente ao politicamente correto e ao pensamento único, que muitas vezes só implica com a tradição e o clássico por implicar, para se afirmar, ser diferente, e ganhar poder. Porque, nomeadamente, os interditos que prega são formas de causar medo nos interlocutores, são formas de paralisar a naturalidade dos comportamentos, são formas de censura, de uma censura cuja chave de interditos só cada grupo politicamente correto (e não se pode agradar a todos!) tem a posse. Hoje pode isto ser proibido, amanhã o contrário disso. Assiste-se ao eclodir de um totalitarismo (ou vários, que para uma situação totalitária confluem) que começa a expandir-se e tem na delicadeza de uns e na cobardia de outros belos aliados. Nomeadamente a crítica e a demolição da Modernidade e das Luzes (e de tudo o resto que não caiba nos estritos padrões dos novos dogmatismos, numa redução ao "medieval"... tudo seria terrivelmente *obscurantista e medieval*...) são elementos de grande injustiça e frequentemente de grande desconhecimento ou manipulação histórica. Paradoxalmente, ao mesmo tempo que cada grupo gostaria de impor a sua lei e a sua linguagem e concetualização a todos e a cada um, a verdade é que os grupos se estilhaçam, e estilhaçam a comunidade. Passa a não haver conceitos e linguagem comum: cada qual dita as suas regras. E o que era placidamente aceite como consabido, neutral, passa a ser encarado como ideológico, afrontoso, e potencialmente elegível para a criminalização até. Uma certa tolerância com alguns comportamentos talvez não o cúmulo da virtude ou da meticulosidade médica (como fumadores, omnívoros, gordos, consumidores de bebidas alcoólicas) passa, em muitos casos, a intolerância radical. Enquanto isso, no primeiro dia em que a OMS declarou a Covid-19 pandémica (11 de março de 2020), algumas praias portuguesas eram invadidas por banhistas totalmente despreocupados, demonstrando uma total falta de civismo e de consciência dos perigos de contágio. Sinal da enorme falta de educação e de solidariedade social e civismo, com riscos enormíssimos. Cuja culpa remota é, de há muito tempo, uma educação (familiar, escolar e mediática) laxista, que não conseguiu inculcar nas pessoas em geral (e especialmente nos jovens, a quem faltam exemplos) uma ética de responsabilidade. Compreende-se (mas não se desculpa) que haja uma displicência por parte de muitos ante uma música de fundo mediática de *fake news* e uma sociedade de *salve-se-quem-puder*, em que o sucesso material parece ser o único critério. Coisa diferente era o mundo da Modernidade e do Iluminismo em especial, que apontava para metas, utopias, e tinha valores e virtudes. Para não discutir sequer o que se passou antes...

Já o próprio Lyotard, um dos pais filosóficos do pós-modernismo, parecer haver matizado a sua posição sobre a Modernidade, designadamente afirmando:

> A pós-modernidade não é uma nova idade, é a reescrita de alguns traços reivindicados pela modernidade, e antes de mais, da pretensão a fundar a sua legitimidade num projeto de emancipação da humanidade pela ciência e pela técnica. Mas esta reescrita há muito que está a ser conduzida pela própria modernidade (1997: 189).

Não nos esqueçamos que a recusa do mito e das metanarrativas vai de par com os ataques políticos aos últimos frutos do Iluminismo jurídico, as Constituições do Estado constitucional – de direito, democrático, social e de cultura (Häberle, 2003; Sánchez Ferriz, 1993). Com tentativas de *rever e romper* (Lucena, 1-75; Ferreira da Cunha, 2012) os textos que, sensivelmente até à última década do séc. XX, se inspiraram em grandes ideais de raiz iluminista. A Constituição portuguesa de 1976, a Constituição espanhola de 1978 e a Constituição brasileira de 1988 (aliás em grande medida inspiradas na portuguesa de 1976) seriam alguns dos seus primeiros momentos altos. Não impunemente as noções de Constituição e Mito se equivalem tanto (Frye, 1971: 489 ss.; Ferreira da Cunha, 1996, 2002)...

Claro que esta nossa formulação sabe a anacrónico (aparentemente invertendo a cronologia). Mas "everything old is new again", e as promessas do Iluminismo e da Revolução Francesa (ou por ela assumidas, como a tríade Liberdade – Igualdade – Fraternidade – Ferreira da Cunha, 1999: 250 ss.) voltam hoje a brilhar como esperança social e política (embora ainda muito localizada, porque as modas são outras), já que o *spleen* pós-moderno não nos libertou de ilusões, antes nos mergulhou na confusão e alienação da pós-verdade (Putnam, 2008) e no relativismo (Mattei, 2008, Baillargeon,

2015: 84-89; matizando, v. Eco, 2018: 109 *et seq.*) e fez voltarem (por falta de convicção e certezas democráticas e sociais) os velhos espetros que hoje se chamam "populistas" (AA.VV., 2018: 30 ss.). Bem podem ser considerados, se ganharmos fôlego para o encarar, como avatares do um eterno retorno (Riemen, 2012)... E depois, a Fraternidade (já prefigurada, por exemplo, pela *Paz Perpétua* de Kant), não apenas ao nível geral e internacional, mas também interpessoal e nacional, é uma promessa não cumprida (Resta, 2002; Debray, 2009). Por isso, ela é tão urgente, hoje, mesmo ao nível do Direito, que nela pode ver a sua terceira grande fase histórica, depois do Direito objetivo clássico e do Direito subjetivo moderno pré-revolucionário. E é assim que a utopia como princípio esperança (Mucchielli, 1980; Bloch, 1959), e desde logo com a recuperação das metanarrativas que a fundam, explicam e legitimam, aparece hoje como uma necessidade de sobrevivência da própria ideia de Humanidade, e pode ser apercebida por oficiais de muitos ofícios, que refletem sobre o que se passou depois que enterramos os nossos sonhos iluministas (ou alguns o fizeram): "Sem esse elemento utópico, ainda que residual, não será possível qualquer redução da heteronomia. Por isso, a renúncia ao projeto da filosofia iluminista me parece uma atitude conformista, para não dizer conservadora" (Bonsiepe, 2011: 20-21).

O grande problema em que se situa a contemporaneidade, a raiz e mãe de todos os outros, parece ser a demissão das massas relativamente ao pensamento, desde logo à consciência da sua condição. Há um anti-intelectualismo que conforta a preguiça mental de sociedades baseadas no trabalho e no consumismo, embora cada vez mais trabalho e menos capacidade de consumo. O que é, também, acompanhado por uma traição e impreparação das elites (Benda, 1927), sobre as quais já se pergunta se devem existir (AA.VV., 2018: 50 ss.), e que em alguns países se confundem (erroneamente ou com imensa sabedoria?) simplesmente com oligarquias (mesmo na linguagem corrente). Grande papel nesta demissão tem – como já aflorámos – a falta de educação para as coisas mais profundas (a falta de educação política, ética, para o Direito e especificamente os Direitos Humanos, a cidadania, etc. – embora possa até haver disciplinas académicas sobre isso). Já o filósofo de Königsberg claramente identifica dois males que contribuem muito para a situação que hoje podemos identificar como falta de civismo e de cidadania: a preguiça e a cobardia.

No caso contemporâneo, a cobardia acentua-se pela consciência cada vez maior (e o medo face a ela) de que se vive numa sociedade altamente complexa e aleatória, em que a pessoa individualmente considerada tem um raio de liberdade de ação muito limitada, uma capacidade de intervenção e influência sobre o resultado excessivamente restrita. Está-se, realmente, numa sociedade de risco (Beck, 1986), em que a comunicação social, sobretudo, submete os cidadãos a um contínuo bombardeamento de más notícias e mesmo catástrofes, cuja lição essencial é a de que o sair de limites muito acanhados de uma privacidade recatadíssima redunda segura ou muito provavelmente em desgraça. Há um *stress* permanente a que o cidadão (o cidadão-espetador de uma sociedade de permanente espetáculo – Débord, 1992) é submetido, e que tem a sua explicação, por exemplo, na chamada "doutrina do choque", comparável ao tratamento (?) psiquiátrico com choques elétricos (Klein, 2008). A alienação tecnológica não poderia ser prevista por Kant, mas não é ela a raiz senão a consequência do problema de fundo, a alienação geral. Como advertiu Pacheco Pereira,

É a mudança da sociedade que potencia o uso de determinadas tecnologias, que depois acentuam os efeitos de partida. Muitas tecnologias de "contacto" – como programas de "presentificação", que fazem as pessoas olharem para os seus telemóveis centenas de vezes por dia, e os adolescentes, na vanguarda desta nova ignorância juntamente com os seus jovens pais adultos, passarem o dia a enviarem mensagens sem qualquer conteúdo – só têm sucesso porque se deu uma deterioração acentuada das formas de sociabilidade interpessoais, substituídas por um *Ersatz* de presença e companhia tão efémero que tem de estar sempre a ser repetido. Sociedades sem relações humanas de vizinhança, de companhia e amizade, sem interacções de grupo, sem movimentos coletivos de interesse comum dependem de formas artificiais e, insisto, pobres, de relacionamento que se tornam adictivas como a droga (Pacheco Pereira, 2016).

Certamente o veredito mais lúcido sobre aquilo em que redunda(rá) a pós-modernidade inconsistente (líquida, diria Baumann em inúmeros livros), sem fundamento num "suplemento de alma" e de fé no futuro (sem utopia e esperança) nem enraizamento em bases sólidas de tradição (como sublinharia já Simone Weil, 2014) será o de Vilém Flusser, que sublinha a situação de eliminação da Pessoa, apoucada em consumidor de informação heterodeterminada, ao ponto de esse reduto de significação do sentido do mundo, o Direito, ser doravante uma produção técnica, produzida por computadores e não por juízes:

(...) terei eliminado a 'justiça' no sentido de 'vitória do Bem sobre o Mal', porque terei eliminado os valores.

A revolução telemática pode ser considerada uma técnica que substitui os juízes por computadores. (...) O homem de repente se vê eliminado do processo criativo, reduzido a consumidor de informações produzidas. Em suma: totalitarismo (Flusser, 2008: 122).

E quanto à melopeia descrente, desistente, ou carnavalizada (Bakhtin, Kristeva), levando água ao moinho da religião capitalista (Walter Benjamin, 2013) na sua versão mais fundamentalista (o neoliberalismo, hiperliberalismo ou ultraliberalismo, a que Adriano Moreira chamou "neoliberalismo repressivo"), vem à memória um texto que lhe é um simétrico também. No fim de ter passado em revista essas manifestações de esperança que são as utopias, Gilles Lapouge afirma, em tom maior e canoro (embora em alguns passos um tudo-nada enigmático, como aliás devem ser as grandes proclamações):

Comment s'interdire de rêver? Comment ne pas courir à d'autres grands larges? Honneur et gloire, orgueil, oriflammes et défis, cathédrales et pyramides, quelle vanité siles enfants meurent! N'est-il pas tentateur d'échanger Rome, Babylone et Jérusalem contre les rési-dences de la léthargie? (...) La raison triomphe et le temps recule enfin ; voici les grands déserts énigmatiques où se fige l'heure (Lapouge, 1978: 300).

Bibliografia

AA. VV., *Avons-nous besoin des élites?*, dossier de "Magazine philosophique", nº 124, novembro de 2018, p. 50 ss..

AA. VV., *Les menteurs. Comment les populistes manipulent les idées et l'opinion*, dossier de "Le nouveau Magazine Littéraire", nº 11, novembro de 2018, p. 30 ss..

BAILLARGEON, Normand, *Liliane est au lycée: est-il indispensable d'être cultivé?*, trad. port. de Rosa Freire d'Aguiar, *De que serve ser Culto?*, Rio de Janeiro, Apicuri, 2015.

BECK, Ulrich, *Risikogesellschaft*, Francoforte-sobre-o-Meno, Suhrkamp, 1986.

BENDA, Julien, *La trahison des clercs*, Paris, Grasset, 1927.

BENJAMIN, Walter, *O Capitalismo como Religião*, org. de Michael Löwy, trad. de Nélio Schneider, São Paulo, Boitempo, 2013.

BLOCH, Ernst, *Das Prinzip Hoffnung*, Frankfurt, Suhrkamp, 1959.

BONSIEPE, Gui, "Design e Democracia", *Design, Cultura e Sociedade*, São Paulo, Blucher, 2011.

DÉBORD, Guy, *La société du spectacle*, Paris, Gallimard, 1992.

DEBRAY, Régis, *Le moment fraternité*, Paris, Gallimard, 2009.

ECO, Umberto, *Sulle Spalle dei Giganti*, Milão, La nave di Tesco, 2017, trad. port. de Eliana Aguiar, *Aos Ombros de Gigantes*, Lisboa, Gradiva, 2018.

FERREIRA DA CUNHA, Paulo, *Constituição & Política. Poder Constituinte, Constituição Material e Cultura Constitucional*, Lisboa, Quid Juris, 2012.

—, *Constituição, Direito e Utopia. Do Jurídico-Constitucional nas Utopias Políticas*, Coimbra, Faculdade de Direito de Coimbra, Studia Iuridica, Coimbra Editora, 1996.

—, *Mito e Constitucionalismo. Perspectiva conceitual e histórica*, Suplemento ao Boletim da Faculdade de Direito de Coimbra, vol. XXXIII, Coimbra, 1990.

—, *Mysteria Ivris. Raízes Mitosóficas do Pensamento Jurídico-Político Português*, Porto, Legis, 1999.

—, *Teoria da Constituição*, I. *Mitos, Memórias, Conceitos*, Lisboa/São Paulo, 2002.

FLUSSER, Vilém, *O Universo das Imagens Técnicas. Elogio da Superficialidade*. Revisão técnica de Gustavo Bernardo, São Paulo, Annablume, 2008.

FRYE, Northrop, *Littérature et Mythe*, in "Poétique", n° 8, Paris, 1971.

HÄBERLE, Peter, *El Estado Constitucional*, estudo introdutório de Diego Valadés, trad. e índices de Héctor Fix-Fierro, México, Universidad Nacional Autónoma de México, 2003.

KLEIN, Naomi, *The Shock Doctrine: The Rise of Disaster Capitalism*, 2007, trad. port. de Vania Cury, *A Doutrina do Choque: A Ascensão do Capitalismo de Desastre*, Nova Fronteira, 2008.

LAPOUGE, Gilles, *Utopie et civilisations*, Paris, Flammarion, 1978.

LUCENA, Manuel de, "Rever e Romper (Da Constituição de 1976 à de 1989)", in *Revista de Direito e de Estudos Sociais*, ano XXXIII, VI da 2ª série, n. 1-2, p. 1-75.

LYOTARD, François, *Réécrire la modernité*, "Cahiers de philosophie", Lille, s.d., p. 202, *apud* Moisés de Lemos Martins, *A Escrita que envenena o olhar. Deambulação pelo território fortificado das Ciências do Homem*, In *Recuperar o Espanto: O Olhar da Antropologia*. Coord. de Vítor Oliveira Jorge; Raúl Iturra. Porto: Afrontamento, 1997.

MATTEI, Roberto de, *La Dittatura del Relativismo*, trad. port. de Maria José Figueiredo, *A Ditadura do Relativismo*, Porto, Livraria Civilização, 2008.

MOREIRA, Adriano, https://www.noticiasaominuto.com/politica/198195/portugal-esta-governado-por-neoliberalismo-repressivo (última consulta em 10 de janeiro de 2019).

MUCCHIELLI, Roger, *Le Mythe de la cité idéale*, Brionne, Gérard Monfort, 1960, reimp. Paris, P.U.F., 1980.

PACHECO PEREIRA, José, *A ascensão da nova ignorância*, in "Público", 31 de dezembro de 2016, ed. online: https://www.publico.pt/2016/12/31/sociedade/noticia/a-ascensao-da-nova-ignorancia-1756629 (consultado a 2 de janeiro de 2017).

PLUCKROSE, Helen/LINDSYA, James, *Teorias Cínicas*, trad. port. de João Luís Zamith, Lisboa, Guerra e Paz, 2021.

PUTNAM, Hilary, *O Colapso da Verdade e outros ensaios*, trad. port., Aparecida, SP, Ideias & Letras, 2008.

RESTA, Eligio, *Il Diritto Fraterno*, Roma / Bari, Laterza, 2002.

RIEMEN, Rob, *De eeuwige terugkeer van het fascisme*, trad. port. de Maria Carvalho, *O Eterno Retorno do Fascismo*, trad. port., Lisboa, Bizâncio, 2012.

SÁNCHEZ FERRIZ, Remedio, *Introducción al Estado Constitucional*, Barcelona, Ariel, 1993.

WEIL, Simone, *L'Enracinement – Prélude à une déclaration des devoirs envers l'être humain* (1949), trad. port., *O Enraizamento. Prelúdio para uma Declaração dos Deveres para com o Ser Humano*, Lisboa, Relógio D'Água, 2014.

CORRENTES E PARADIGMAS DA MUDANÇA DE IDADE JURÍDICA

É inegável que a Filosofia política vai – apesar de tudo – muito à frente do direito na sua ânsia de libertação. Há até entre a política e o direito uma dialética, pela qual, nos momentos pacíficos e ordeiros, a política subleva e o direito trava, conserva (não raro obstaculiza o progresso), e, nos momentos de desbragamento político, quando a política incendeia, ainda que fazendo-se ordem, ou nova ordem (as mais das vezes querendo-se esta última), parece ser o direito que é revolucionário, porque reivindicando em nome de uma legitimidade de justiça, por cima do simples mando.

Nos nossos tempos, posto que atravessados por profundas crises que umas nas outras se encadeiam e umas de outras se vão sem fim se alimentando, há (apesar de tudo) uma ordem burguesa imperante, que o folclorismo pós-moderno de muitos jamais conseguiu subverter. E cujos erros e exageros a queda dos "socialismos reais" do Leste europeu veio agravar, por perecimento do que era, para muitos, farol alternativo, ou contrapoder... Perecimento não apenas de facto, mas também de legitimidade. Há, assim, apesar de alguns inconformados, inconformistas, e reformistas um tanto perdidos, um *mainstream* essencialmente capitalista e neoliberal, que aliás mina (com maior ou menor sucesso) todas as formações políticas não esquerdistas (no sentido leninista: não meramente "de esquerda", mas de extrema esquerda) comunistas ou suas legítimas herdeiras.

Neste contexto, as correntes jurídicas críticas (como os *critical legal studies, Law & society*, "jurisprudência" feminista, etc.) como que se acantonaram em fórmulas contestatárias consabidas, defendendo os seus bastiões, não logrando (e a maior parte delas não parecendo pretender) realmente comparecer no terreno da luta concreta pelo direito concreto, mas encerrando-se na esperança de uma qualquer revolução. Salvo algumas louváveis exceções – e sobretudo louváveis porque assim mostram o que efetivamente pretendem no campo jurídico, em concreto, jogando o jogo democrático, que implica essa ação de propor medidas dentro do contexto existente.

Mas, por exemplo, a propósito das posições de autoras feministas como Catharine MacKinnon, Janet Rifkin e outras, o livro de Filosofia do Direito da Cavendish lawcards series (*Jurisprudence*, 3ª ed., Londres/Sidnei, 2002: 149) afirma:

> The law is essentially a male instrument, and this gives it an inherent masculinity which cannot be changed simply by increasing women's entry into the structures of the legal system or by incorporating female values in its rules or processes. Similarly, it is futile to try and use legislation or litigation to try to improve the status of women. Because of its male character, the law will simply produce male centred outcomes and reproduce male dominated relations.

E o texto insiste, procurando desfazer o que considera serem mito e fantasia, é certo que não provando, mas afirmando com veemência e uma tamanha convicção, que quase nos persuadiu por completo:

> The apparent neutrality of law and the equality of all persons before it is thus a myth and a fantasy promoted by a State which, by appearing to be liberal, promotes a "false consciousness" amongst women which convinces them that they are actually free when they are not.

E por isso a solução só pode vir da consciencialização feminina (neste sentido), que conduzirá (só pela consciencialização? não cremos...) ou conduziria (com a crise atual que tanto afeta homens como mulheres, e ainda mais estas, parece tudo muito distante... mas alguns pensarão que mais próximo...) "(...) to a radical and fundamental restructuring and reorienting of society's basic structures, including the legal system and the law".

Como no marxismo clássico, não há receitas paras as tasquinhas desse futuro.

E serão estas considerações, um poderoso argumento contra, por exemplo, as quotas femininas na política?

Seja como for, há outras posições sobre o novo no Direito, e que são mais interventivas *hic et nunc*. É o caso do próprio ativismo judicial, em muitos casos ligado à corrente do neoconstitucionalismo. É o caso do direito achado na rua. É o caso dos que já começam a ver, e a tentar desenvolver, no próprio direito já constituído, elementos dissonantes com o cânone positivista, legalista, conservador, dogmático, construtivista, abstracionista, proprietarista, etc. E esses elementos dissonantes começaram com o direito social (como sublinhou Paulo Bonavides num livro clássico hoje: *Do Estado Liberal ao Estado Social*, e que Cabral de Moncada, embora numa perspetiva muito do seu tempo e das suas preferência ideológicas, também já tinha detetado na sua *Filosofia do Direito e do Estado*, I, 2ª ed., Coimbra, Coimbra Editora, 1955: 368 ss.) e prolongam-se hoje com várias denominações que acentuam a esperança humanista, fraterna, do direito contemporâneo que quer ser e fazer futuro. Também se fala abundantemente em direito pós-moderno, e, mais singelamente, em direito contemporâneo. Mas sempre com o fito de procurar assinalar ou descobrir o novo.

E é certo que, do ponto de vista paradigmático-metodológico, as duas grandes épocas do Direito já se encontram esgotadas.

O direito objetivo, que foi como o Direito nasceu, da *plena in re potestas*, do *ius utendi, fruendi et abutendi* daria lugar ao mais subtil direito subjetivo, que muito deve, como se sabe, ao nominalismo de Ockham e ao franciscanismo jurídico, tão plasticamente evocado nas entrelinhas de *O Nome da Rosa*, de Umberto Eco. Mas os próprios direitos humanos já tinham confundido muitos (Villey, Massini, D'Ors, etc., etc.) entre outras razões também porque não cabiam nos moldes da relação jurídica tradicional do direito subjetivo. E cada dia que passa mais se sente a necessidade de o direito mudar de pele, para se renovar.

Há, assim, na confluência de muitas correntes que se distanciaram, em tempos e por formas diferentes, do "bloco do Direito no poder do Direito" (diríamos assim lembrando, *mutatis mutandis*, o malogrado Nicos Poulantzas, *Poder Político e Classes Sociais*), muitos vetores a trabalhar pela renovação, quiçá mesmo pela refundação do Direito. O qual é sempre *constante e perpétua vontade de atribuir a cada um o que é seu* (*constans et perpetua voluntas suum cuique tribuere*), como no velho brocardo de Ulpiano, mas precisa, hoje em dia, de renovadas formas de pensar o *suum* de cada qual, e de aperfeiçoar os processos pelos quais irá obter o seu eterno *desideratum*.

Bibliografia

BONAVIDES, Paulo, *Do Estado Liberal ao Estado Social*, 10ª ed., São Paulo, Malheiros, 2011.

CABRAL DE MONCADA, Luís, *Filosofia do Direito e do Estado*, I, 2ª ed., Coimbra, Coimbra Ed., 1955.

ECO, Umberto, *Il Nome della Rosa*, Milano, Bompiani, 1980, trad. port. de Maria Celeste Pinto, *O Nome da Rosa*, 5ª ed., Lisboa, Difel, 1984.

—, *Jurisprudence*, 3ª ed., Londres, Sidnei, 2002.

POULANTZAS, Nicos, *Poder Político e Classes Sociais*, trad. port., São Paulo, Martins Fontes, 1986.

PARA UM NÃO-BALANÇO DA FILOSOFIA DO DIREITO CONTEMPORÂNEA

I. Autores de Síntese?

No século XX multiplicaram-se os filósofos do Direito. Também se multiplicaram os ensaios e mesmo os manuais, o que não implica a existência de filósofos, mas de ao menos seus leitores e comentadores (que são muito precisos). O fenómeno ocorre por todo o mundo, embora de forma desigual, e com o natural privilegiar de diversas problemáticas e com escolha de diferentes autores, havendo certas culturas muito encerradas nas suas próprias temáticas e autores da sua língua.

O aumento significativo da massa crítica deu à área uma grande pujança – apesar da resistência conservadora e retrógrada até de algumas academias dominadas pelo positivismo empírico e ingénuo, que, com mais ou menos perífrases e hipocrisias, consideram ainda que se trata de especulações sem interesse e nem sequer jurídicas.

Alguns filósofos do Direito (mas não sem o terem conseguido frequentemente à custa de uma justíssima e quase inevitável costela filosófico-política) chegaram mesmo às ribaltas: alguns deles tendo obtido muito renome e até moda. E alguns juristas, não filósofos mas com alguma veia especulativa e teorética, foram mesmo sendo motivo de algum culto da personalidade, por parte dos seus fãs, justamente cansados de um direito pedestre, árido, esquálido, e exegético.

Se, no plano das posições políticas, se pôde fazer algum levantamento, embora superficial, dos novos contributos, já no Direito, que é peixe de águas profundas, ainda é muito cedo para desenvolvimentos pormenorizados. O que entusiasma tantos hoje pode totalmente cair no olvido amanhã. Por isso, relembremos, numa síntese das sínteses, apenas alguns nomes e os tópicos que a eles andam mais associados.

Atentemos naquela que consideramos ser uma das melhores sínteses de Filosofia do Direito mais recentes, de entre as publicadas em línguas do nosso quadrante cultural: a *Introduction à la Philosophie du Droit*, do greco-francês Stamatios Tzitzis, do CNRS francês.

Não sem alguma coragem "academicamente incorreta", no que tange ao século XX, depois da escola histórica alemã, encontramos nesta obra, muito completa e *savante*, capítulos referentes a apenas três nomes: Hans Kelsen, Michel Villey e John Rawls. Além do mais, com um mínimo de equilíbrio cultural: um austríaco, depois exilado, um francês, e um norte-americano.

Kelsen é sobretudo lembrado pelo positivismo lógico a partir da norma fundamental (*Grundnorm*) e pelo projeto de purificação do Direito.

Villey é o paladino contemporâneo do realismo clássico.

E Rawls, neokantiano, renova o contrato social num modelo hipotético (em que avulta o "véu de ignorância" sobre a "posição originária" de cada um, o que levará cada qual a, preventivamente, conceber uma sociedade em que qualquer pessoa tenha os mesmos direitos e oportunidades) e acaba por justificar a um tempo os direitos e as liberdades e a desigualdade com base no mérito.

Além deles, e no nosso século XXI, mais em particular, alguns nomes se revelaram relevantes, e é possível que tenham alguma posteridade.

De todos, retenhamos dois. Significativamente, nenhum deles é propriamente um filósofo do Direito de preocupações primacialmente jurídicas (menos ainda juridistas). Um é mais um filósofo político, o outro mais um economista que filosofa as questões da justiça.

O primeiro é Michael Sandel (1953), cujas lições em Harvard estão na *Internet*. Crítico de Rawls e com inclinações comunitaristas (embora certamente recuse o rótulo), antes de mais tem o enorme mérito de ter feito pensar milhares de jovens (e menos jovens), primeiro com o seu ensino muito concorrido, e desde 2005 *online*. O seu livro *Justiça* (2009), é uma súmula do curso dado em Harvard, e é um belo exemplo da forma norte-americana de filosofar o direito e a política, a partir sempre de exemplos práticos e interpeladores.

Outro vulto a considerar é o já hoje largamente galardoado professor indiano Amartya Sen (1933), que na sua volumosa obra *A Ideia de Justiça* (2009), novamente polemizando com Rawls (que é o herdeiro e acaba por ser símbolo, no mundo de cultura anglo-saxónica, de todo o contratualismo), procura filiar-se no que considera ser uma família alternativa a esse utopismo social dos contratualistas (aí englobando Hobbes, Locke, Kant e Rousseau: todos muito diferentes entre si, na verdade...). Essa família teria como principal objetivo, nesta sede, a busca da justiça pela "comparação entre os diversos modos de vida que as pessoas poderiam ter" nos diferentes contextos institucionais. E os seus nomes principais seriam – não é indiferente os seus interesses e o estilo da sua filosofia política: todos muito menos "literários" – Adam Smith, Condorcet, Stuart Mill e Marx.

O autor assim dá-nos uma nova chave de leitura da filosofia política e da justiça, numa perspetiva que merece ser considerada, embora os cortes, as relações e as associações possam ser sempre objeto de novas recomposições.

É particularmente reconfortante (independentemente das teses concretas avançadas) ver um autor contemporâneo como Sen, e para mais bafejado com a sorte do reconhecimento internacional, não recuar perante dificuldades reais da teoria, não banalizar, e ser capaz de uma escrita não simplesmente casuística, mas com referências clássicas, alusões ao rico património cultural indiano, que é o seu, e até um certo sentido estético da escrita.

II. Eterno Retorno de Grandes Questões

O Direito *deve dar sentido ao Mundo* – nas narrativas, a recompensa do bem e o castigo do mal sempre foram um reconforto. Quando o Direito não contribui para isso, mas, como no *Processo* de Kafka, para agravar a sua falta de sentido, não é Direito, é verdadeiramente anti Direito.

Permitamo-nos um brevíssimo esboço monográfico, pois. Nesta clave apenas (e tantas outras se poderiam escolher) teríamos curiosas dicotomias e interessantes diálogos, *hic et nunc*.

Ao contrário do existencialismo, que sublinha a abertura e indeterminação do Homem, ao ponto de poder resvalar para o absurdo, o Personalismo parece mais sublinhar as constantes da dignidade humana, a qual, no limite, teria como base uma natureza humana, e não apenas uma humana condição. Ao falar-se em Pessoa está a pressupor-se já um valor que se acrescenta ao mero indivíduo, e como que se está a fazer uma abstração positiva da própria Humanidade toda... Tal como, aliás, quando se fala em Direito Natural se não está, as mais das vezes, a falar em natureza física, mas numa natureza segundo a razão (mesmo que se proscreva o racionalismo): uma natureza axiologizada, determinada por valores.

Foi precisamente o existencialismo (e a antropologia dele solidária, como bem viu João Baptista Machado) que colocou em questão essa natureza humana: seria precioso guia para daí se extrair um Direito Natural.

Com efeito, uma dimensão importante do existencialismo jurídico parece ser solidária da *démarche* antropológica, que ao considerar o homem como um ser biológico-instintivamente quase indeterminado, lhe abre um universo de possibilidades, enquadrando-se o direito no mundo criado, inventado, das instituições que são segundas naturezas, e naturezas segundas (na verdade, são cultura). Em Portugal, o pioneiro representante desta corrente seria João Baptista Machado. Esta perspetiva afeta muito o jusnaturalismo, embora este autor ainda pensasse na possibilidade de um *novo direito natural*, que não chegou, porém, a desenvolver.

O existencialismo parece querer, algo desesperadamente, encontrar um sentido (e a felicidade) para a vida. Por alguma razão Camus, n'*O Mito de Sísifo*, aponta afinal como programa que "é preciso imaginar Sísifo feliz". Por alguma razão Baptista Machado ainda fala em direito natural, num *novo direito natural* – como dissemos. Já o personalismo parece, em alguma medida, pressupor esse sentido, postulá-lo. Donde o personalismo poder redundar em dogmatismo, sem o querer, e o existencialismo em desconstrução niilista, também sem o querer, certamente. E depois há uma imensidão de aproveitamentos e de desvios: não é culpa do personalismo nem de Pico dela

Mirândola (1463-1494), autor de *De Hominis Dignitate Oratio*, já em 1480, que hoje haja no mundo sentenças que, sempre com base na dignidade da pessoa humana, decidam umas A e outras o justo contrário de A. A dignidade da pessoa humana tornou-se, mercê dessa corrupção judicial, sobretudo, uma gazua capaz de abrir todas as portas. Como também, não o esqueçamos, em certo sentido, já o direito natural servira para revolucionários e contrarrevolucionários ou reacionários (Puy 1984: 135; Atienza, 1985: 121-123; Wacks, 2006: 3).

Ao lermos personalistas e jusnaturalistas de um lado – sem esquecer que há personalistas e afins que negam ou falam da superação do jusnaturalismo (*v.g.* Trigeaud, 1991), e existencialistas e antropólogos do outro, ainda podemos sentir a nossa razão e o nosso coração pendularmente inclinar-se para um lado e para o outro. Era essa a lição que queríamos tirar da convocação destes contendores: não é necessário que se decida quem terá razão, mais importante ainda é apreciar a razão e as razões de uns e de outros. E a razão pode até estar dispersa pelos diversos lados. Se há disciplina que se deve exercitar na luta ao maniqueísmo, com tantos feitos nocivos ao longo da História, essa é a nossa.

E contudo, como se pode inferir de algumas passagens de Braz Teixeira (1994: 148) ou de Almeida Costa (1992: 473-474), na prática o positivismo legalista continua, em grande medida, a imperar, só contraposto, num salto por vezes de gigante e algumas vezes no escuro, pelo ativismo judicial de raiz principiológica, mas que muitas vezes usa os princípios da dignidade da pessoa humana e da proporcionalidade para A e o contrário de A.

Havendo até um jusnaturalismo positivista (a que aludem, *v.g.*, Trigeaud, 1993 e Ferreira da Cunha, 2009), que afinal troca a lei do positivismo legalista apenas por um rol de títulos jurídicos por vezes um pouco mais extenso, mas que persiste no mesmo paradigma do normativismo, havendo uma geminação inimiga de ambos os quadrantes, pergunta-se se o que há a superar não é mais um estilo, um posicionamento, que propriamente teorias, que acabam corrompidas, e em mútua atração. Por isso, Luis Alberto Warat (2009) falará de um novo paradigma da razão sensível para substituir o paradigma da razão normativa.

Contudo, se quisermos ainda preservar algo da tradição mais clássica, sem deixarmos de atender aos ventos e reptos mais modernos e pós-modernos, talvez possamos falar de um plural e pluralista *neojusnaturalismo crítico* como possibilidade de síntese entre o antigo e o novo. Quando ouvimos (e, neste caso, mesmo ao lermos, ecoa nos nossos ouvidos) o verbo eloquente de Paulo Bonavides, não podemos esquecer que há ainda uma possibilidade de jusnaturalismo renovador. Assim nos ensina o emérito jurista cearense:

> Tiveram grande parte em tais mudanças [refere-se às revoluções constitucionais, das liberais às sociais] as ideologias. Aliás, enquanto não positivam seus valores, as ideologias guardam na essência uma dimensão encoberta de jusnaturalismo. Em verdade, o direito natural actuou sempre como poderosa energia revolucionária e máquina de transformações sociais. Graça à força messiânica de seus princípios, tem ele invariavelmente ocupado a consciência do Homem em todas as épocas de crise, para condenar ou sancionar a queda dos valores e a substituição dos próprios fundamentos da sociedade (Bonavides, 2004: 29-30).

Mas as palavras são ainda palavras, as classificações ainda classificações: não que sejam arbitrárias, pois transportam em si história e conotações; mas também não são tudo, e não deixam de poder ser objeto de disputa mais ou menos vã, muitas vezes precisamente por confusões conotativas...

III. Novas Correntes, Novas Práticas

Será já nos finais do século XX que novas correntes começaram a dar uma nova feição ao Direito, ao mesmo tempo na teoria e na prática.

O *legal storytelling*, por exemplo, é interventivo, sendo uma aplicação até quantas vezes política dos *critical legal studies* e especificamente do movimento de direito e literatura. Mas maior relevo ainda, e muita polémica, tem dado o neoconstitucionalismo, que se pretende a um tempo superador do positivismo e do jusnaturalismo, e tem, no mundo concreto, correntes de grande intervencionismo judicial. No fundo, trata-se de uma forma de consequentemente dar corpo (na prática judicial, desde logo) às ideias que crescentemente têm vindo a emergir (desde logo, com culminâncias em autores como Ronald Dworkin) segundo as quais o direito é, sobretudo, interpretação.

A presente ribalta internacional da discussão filosófico-jurídica tem sido muito permeabilizada por uma discussão que tem raízes filosóficas gerais mais fundas (quanto a uma cosmovisão, desde logo), e que está muito tingida de cores filosófico-políticas, quando não da política e da ideologia *tout court*.

Multiplicam-se os contendores, sobretudo no mundo anglo-saxónico e, por sua via, no mundo inteiro (dado o seu presente predomínio, desde logo civilizacional e linguístico. O debate é, sobretudo, entre as escolas liberais, que sempre terão um pé fincado no utilitarismo, e que podem chegar ao hiperliberalismo dos libertários *hoc sensu* (*libertarians* – porque há libertários anarquistas de esquerda), protagonizados em Harvard por Robert Nozick (1938-2002) e aqueles a quem se acabou por chamar "comunitaristas".

Detenhamo-nos, neste momento, sobretudo nestes dois contendores.

O credo liberal e ultraliberal de hoje, esse, está muito à vista, e poderia ser quiçá resumido neste trecho de Peter Sloterdijk, que não traduzimos do castelhano, porque certamente mais impressivo nessa tradução que em português, e mais acessível que o original alemão. O autor parte do fundamento filosófico do liberalismo, o primado do indivíduo, que redunda na subjetividade:

> Desde la subjetividad humana de nuestro tiempo asoma el alma del dinero cada vez con menos tapujos: una sociedad de compradores comprados y de prostituyentes prostituidos se instala en las relaciones globalizadas del mercado. El lema liberal ya clásico del *laissez faire* se explicita en el moderno chupar y dejar chupar. La telecomunicación es cada vez más difícil de distinguir del televampirismo. Televidentes y telechupones se nutren de un mundo licuado que apenas ya sabe lo que es lo sólido o una vida propia (Sloterdijk, 2011: 109-110).

Obviamente que há aqui intertextualidade com a Modernidade (e até o amor) *líquidos* proclamados por Zygmunt Bauman (1925).

Como todas as escolas moderadas, pela sua maior parte, os comunitaristas por um lado dividem-se em múltiplas tendências, por outro de algum modo argamassam programas contraditórios (são, aqui e ali, mais à esquerda em economia e mais à direita em moralidade – por exemplo), e por outro lado ainda os que normalmente são considerados como sendo seus membros não raro rejeitam ou colocam reticências a esses rótulos.

Têm sido identificados com o comunitarismo, na verdade, figuras tão diversas entre si (mas concorda-se que com ligações e afinidades) como o autor de *Depois da Virtude* (1981), Alasdair MacIntyre (1929), um aristotélico convertido ao catolicismo, outro católico, este social-democrata, como Charles Taylor (1931), o autor das *Esferas da Justiça* (1983), Michael Walzer (1935), que ao mesmo tempo retoma as teorias da guerra justa e aponta para um pluralismo de critérios para estabelecer a justiça social ("teoria da igualdade complexa"), e o próprio Michael Sandel (1953).

O já citado Steven Lukes (1941), em *O Curioso Iluminismo do Prof. Caritat* (1995), efabula estas posições até ao limite utópico em cidades-ideais como *Utilitária, Libertária, Comunitária*, etc.

Além da oposição comunitarista ao liberalismo (que, contudo, é muito polissémico nos EUA, indo dos libertários anarco-capitalistas e dos neoconservadores até a "sociais-democratas", como um Rawls: pelo que sempre é preciso precisar bem do que se fala), é hoje muito interessante uma outra perspetiva, o neo-republicanismo. Foi crescendo no mundo académico sobretudo a partir de estudos historiográficos, mas é, na verdade, uma corrente filosófico-política alternativa (Pocock, 1981; Skinner, 1975). Movimento que também questiona o lugar-comum (e mito) segundo o qual é ao liberalismo que se devem as raízes das nossas sociedades democráticas. Mas que sobretudo é importante por uma preocupação renovada com a ética em política. E que tem, historicamente, pergaminhos de que pode legitimamente orgulhar-se.

Há temas que não encontram jamais solução definitiva, e a sua discussão filosófica é sem fim: por exemplo, em filosofia penal, os fins das penas, os crimes e se há algo que essencial ou naturalmente cunhe o crime... É grato ver-se, contudo, que o direito penal, mesmo o positivo, tem sido dos ramos de direito que mais tem interiorizado as grandes preocupações filosóficas, e, desde logo (até pela sua natureza) éticas. Assim também, não admira que tenha sido dos primeiros ramos jurídicos a constitucionalizar-se. Pode ler-se, por exemplo, essa vocação filosófica num manual de Direito Penal como o de Figueiredo Dias: "O que de mais apaixonante para mim existe na doutrina penalista é justamente a sensação, ilusória que seja, que dá a quem a trabalha de participar de algum modo na tarefa sísifica de sondar a condição humana" (Figueiredo Dias, 1993: 10). Explicitamente, Eduardo Correia, já deixara clara a relação do crime e da filosofia, no manual respetivo, formulando a questão de maneira mais geral: "o crime, como objeto do mundo cultural, supõe para a sua valoração uma certa atitude filosófica, quantas vezes absolutamente indispensável para o compreender (...)" (Correia, 1968: 9).

E no cruzamento do filosófico e do constitucional, em que hoje avulta o super-conceito da "dignidade da pessoa", afirma Figueiredo Dias: "é no homem delinquente e na preservação da sua dignidade que radica o axioma onto-antropológico de todo o discurso jurídico-penal" (*ibid.*).

Mas se a teoria penal se tem elevado a alturas éticas nunca até hoje vistas, persistem problemas práticos que têm levado à reflexão, e certamente ocuparão mais ainda a doutrina nos tempos que se avizinham.

Por um lado, é a sempre complexa razão ou equilíbrio entre a honra e a liberdade de expressão. Em muitos casos, pode parecer que o excesso de proteção, ainda que só jurisprudencial, dos humores chocados de queixosos com poder e dinheiro pode ser fator de dissuasão de apresentação pública de factos e de ideias por parte de quem, desde logo jornalistas, não tem, à partida, os mesmos trunfos para a lide judicial com base no que dá a público (cf. Preto, 2010).

Por outro, é a tensão entre a liberdade absoluta, criativa (e eventualmente chocante...) da arte, também como liberdade de expressão, de um lado, e sentimentos que se referem a valores não estéticos (ou mesmo estéticos também), muito considerados comunitariamente por vezes: como os da religião, da pátria, da família, da moral corrente, etc. Sendo por vezes que certa arte parece apresentar-se apenas para chocar e que certos grupos se chocam por demasiado pouco...

Ganha ainda nos tempos correntes muito eco na comunicação social uma lógica de bodes expiatórios: racismo, xenofobia, homofobia, anticomunismo primário, antissemitismo, anti-islamismo, etc., etc. Estes, ou alguns destes, seriam culpados por todos os males concretos de cada país e do mundo, numa terrível conspiração mundial, tentacular, digna do romance de Chesterton (1874-1936) *O Homem que era Quinta-Feira* (1908), em que o chefe dos anarquistas era também o chefe da polícia... Só uma educação cívica esclarecida, e novas orientações jornalísticas, não no sentido do sensacionalismo, mas do rigor informativo, poderão ir combatendo eficazmente o preconceito crescente... Será solução perseguir os nazis tirando-lhes os filhos, como alguns pretendem, para estancar a epidemia na raiz? Bom seria que as sociedades se prevenissem da proliferação de neonazis, descontentes com o sem sentido e a injustiça que o presente sem futuro lhes oferece...

E evidentemente continuam as polémicas "civilizacionais", algumas em conexão com progressos biotecnológicos ou psicológicos, que certamente levarão a que, no futuro, se tenham que redefinir profundamente institutos como casamento, filiação, divórcio. E, provavelmente a seguir, se venha certamente a repensar o testamento, o contrato, e muitas das bases romanísticas do nosso direito atual.

Como dissemos, os acontecimentos do 11 de setembro e as crises financeiras que têm ensombrado o final da primeira década e a segunda do século XXI não têm sido de molde a permitir o desabrochar do modelo de Direito que, a partir da prevalência ou centralidade do Direito Constitucional, se estava a consolidar na Europa, com esperanças de expansão e recriação noutras latitudes: o Estado social europeu, num Estado de direito democrático social e de cultura. Veremos, para além do que já se conhece, se novos autores virão legitimar retrocessos de liberdades e de direitos, e se outros virão em defesa de sua dama...

Uma das razões por que no continente americano, e sobretudo no Brasil, a reivindicação social (sobretudo na saúde) assumiu a forma de ativismo judicial e litigiosidade social crescente é muito simples de entender, se cotejarmos a situação com a europeia: é que aí tais problemas eram resolvidos a montante, com sistemas de saúde muito protetores, que agora começam a ser postos em causa, por falta de meios. Será que o caminho, na Europa, ou pelo menos em alguns dos seus países mais críticos, virá a ser trilhar as sendas do ativismo judicial brasileiro, pelo claudicar dos sistemas públicos de saúde de qualidade?

Para já, o ativismo judicial na Europa tem sido de um tipo muito pouco conhecido quando se encara o problema, mesmo teoricamente: o poder judicial, mesmo a jurisdição constitucional, ao contrário do Brasil, não se substitui ao executivo, e não tem concedido prestações a quem mais precisa. Do retrocesso na gratuitidade de serviços sociais, ou mesmo cortes de salários só se tem recuperado por reviravolta política. É um outro modo de encarar as coisas.

Esquece-se, porém, em todo este debate, com alguma frequência, que o ativismo judicial tanto pode ser positivo para certos cidadãos em concreto como para eles negativo, tanto pelo interesse geral, como contra, tanto pelas gerações atuais como pelas vindouras... Na realidade, não há nele um timbre absoluto e para todo o sempre... Contudo, a autorrestrição judicial em geral é uma boa regra, só devendo o julgador ultrapassar as regras clássicas de prudência (e de separação dos poderes) em casos muito excecionais, e certo da sua legitimidade para tal, e da legalidade da sua ação hermenêutica. Decerto uma legalidade não pedestremente "legalista", mas, desde logo, uma legalidade de procedimento e constitucional. Seria, porém, matéria para grandes desenvolvimentos que aqui não podem caber.

O século XX viu o renovo de todas as correntes e o surgimento de novas – uma espécie de grande feira da História, porque todas as filosofias são de todos os tempos. O século XXI ainda está a encontrar o seu rosto, com que posará para a História.

Provavelmente esse rosto não deixará de ser, como o do século que findou, um *puzzle* de muitos pequenos rostos. Oxalá, porque isso significará fecundidade de pensamento, e pluralismo.

Mais que tudo, o nosso século XXI necessita urgentemente, no domínio da Filosofia do Direito e do Estado, não de capelinhas ou seitas doutrinais que recitem cartilhas, mais ou menos conservadoras, mais ou menos progressistas (pouco importa afinal), vulgarizações do pensamento de estrelas que afinal se mediatizam e se cristalizam, sobretudo por obra de epígonos acríticos, antes precisa de uma profunda renovação do pensamento jurídico. Encontrando, com imaginação (e há uma *imaginação jurídica*), novos paradigmas filosóficos que, por via de metodologias simples e acessíveis ao comum do jurista (como foram algumas teorias bem-sucedidas de Montesquieu, de Savigny, de Miguel Reale), venham a desaguar em mais Justiça concreta. Porque é para isso que existe a teoria: para pensar a prática e para a melhorar. Não para espaventar erudição, não para consumir ócios, não para confundir os ingénuos, não para doirar vaidades, não para legitimar poderes.

Bibliografia

Citados no texto

CORREIA, Eduardo, com a colaboração de Jorge de Figueiredo Dias, *Direito Criminal*, vol. I, reimp., Coimbra, Almedina, 1968.

FIGUEIREDO DIAS, Jorge de, *Direito Penal Português*. *As Consequências Jurídicas do Crime*, Lisboa, Aequitas/Editorial Notícias, 1993.

Geral

ALMEIDA COSTA, Mário Júlio de, *História do Direito Português*, 2ª ed., Coimbra, Almedina, 1992.

BAPTISTA MACHADO, João, *Antropologia, Existencialismo e Direito. Reflexões sobre o Discurso Jurídico, in* "Revista de Direito e de Estudos Sociais", v. XI e XII, 1965.

BAUMAN, Zygmunt, *Liquid Love: On the Frailty of Human Bonds.* Cambridge, Polity, trad. port. de Carlos Alberto Medeiros, *Amor Líquido: Sobre a Fragilidade dos Laços Humanos*, Rio de Janeiro, Jorge Zahar Editor, 2003.

—, *Liquid Fear*, Cambridge, Polity, trad. port. de Carlos Alberto Medeiros., Jorge Zahar Editor, 2006.

—, *Liquid Life*, Cambridge, Polity, trad. port. de Carlos Alberto Medeiros. *Vida Líquida*, Jorge Zahar Editor, 2005.

—, *Liquid Times: Living in an Age of Uncertainty*, Cambridge, Polity, trad. port. de Carlos Alberto Medeiros, Tempos Líquidos, Jorge Zahar, 2006.

BRAZ TEIXEIRA, António, *Sobre os Pressupostos Filosóficos do Código Civil Português de 1867, in* "Fides. Direito e Humanidades", III, Porto, Rés, 1994.

CAMUS, Albert, *Oeuvres, Essais*, col. La Plêiade, Paris, Gallimard, 1965.

CHESTERTON, Gilbert Keith, *The Man Who Was Thursday*, 1908.

FIGUEIREDO DIAS, Jorge de, *Direito Penal Português. As Consequências Jurídicas do Crime*, Lisboa, Aequitas / Editorial Notícias, 1993.

KAFKA, Franz, *Der Process*, trad. port., *O Processo*, Mem Martins, Europa-América, s.d.

LUKES, Steven, *The Curious Enlightenment of Professor Caritat*, Verso, 1995, Trad. port. de Teresa Curvelo, revisão de Manuel Joaquim Viera, *O curioso Iluminismo do Professor Caritat*, Lisboa, Gradiva, 1996.

MACINTYRE, Alasdair, *After Virtue. A Study in Moral Theory*, reed., Londres, Duchworth, 1985.

NOZICK, Robert, *Anarchy, State and Utopia*, 3ª reimp., Oxford, Basil Blackwell, 1986.

PICO DELLA MIRANDOLA, Giovanni, *De Hominis Dignitate Oratio*, 1480.

POCOCK, J. G. A., *The Machiavellian Moment. Florentine Political Thought and the Atlantic Republican Tradition*, Princeton / Londres, Princeton University Press, 1975.

PRETO, José, *Estado contra Direito. Flagrantes do Assédio à Liberdade de Expressão*, Lisboa, Argusnauta, 2010, com Prefácio de António Pedro Dores.

RAWLS, John, *A Theory of Justice*, Harvard University Press, 1971, trad. bras. de *Uma Teoria da Justiça*, Brasília, Edições da Universidade de Brasília, Introdução e tradução de Vamireh Chacon, 1981.

SANDEL, Michael J., *Justice: What's the Right Thing to Do?*, Farrar, Straus and Giroux, 2009.

SEN, Amartya, *The Idea of Justice*, Harvard University Press / Londres, Allen Lane, 2009, trad. port. de Denise Bottmann e Ricardo Doninelli Mendes, *A Ideia de Justiça*, São Paulo, Companhia das Letras, 2011.

SKINNER, Quentin, *Liberty before Liberalism*, Cambridge, Cambridge University Press, 1981.

SLOTERDIJK, Peter, *Philosophische Temperamente. Von Platon bis Foucault*, Munique, Diederichs, 2009, trad. cast. de Jorge Seca, *Temperamentos Filosóficos. De Platón a Foucault*, 2ª ed., Madrid, Siruela, 2011.

TZITZIS, Stamatios, *Introduction à la philosophie du droit*, Paris, Vuibert, 2011.

WACKS, Raymond, *Philosophy of Law. A Very Short Introduction*, Oxford / Nova Iorque, Oxford University Press, 2006.

WALZER, Michael, *Spheres of Justice. A Defense of Pluralism and Equality*, Nova Iorque, Basic Books, 1983.

Direito e Literatura – autores latinos

AA. VV. – *O Encontro entre Themis e Apolo: A Conexão entre Direito e Literatura*, coord. de André Trindade e Germano Schwartz, Curitiba, Juruá, 2008.

CALVO GONZÁLEZ, José, *Comunidad jurídica y experiencia interpretativa. Un modelo de juego intertextual para el Derecho*, Barcelona, Ariel, 1992.

—, *El Discurso de los Hechos*, Madrid, Tecnos, 1993.

—, *La Justicia como relato. Ensayo de una semionarrativa sobre los jueces*, Málaga, Ágora, 1996.

—, *Derecho y Literatura. Intersecciones Instrumental, Estructural e Institucional*, in *Direito & Literatura*, coord. de Paulo Ferreira da Cunha, "Cadernos Interdisciplinares Luso-Brasileiros", V. II, Porto, Instituto Jurídico Interdisciplinar / CEMOrOc, 2009.

—, *Derecho y narración. Materiales para una teoría y crítica narrativista del Derecho*, Barcelona, Ariel, 1996.

MALAURIE, Philippe, *Droit et Littérature*, Paris, Cujas, 1997.

SCHWARTZ, Germano André Doederlein, *A Constituição, a Literatura e o Direito*, Porto Alegre, Livraria do Advogado, 2006.

Direito e Literatura – autores anglo-saxónicos

GOODRICH, Peter, *Reading the Law*, Oxford, Basil Blackwell, 1986.

JACKSON, Bernard S., *Law, fact and narrative coherence*, reimp., Liverpool, Deborah Charles, 1991.

PAGE, William, *The place of Law and Literature*, in "Vanderbilt Law Review", n° 39, 1986, p. 408 ss.

POSNER, *Law and Literature: a misunderstood relation*, Harvard, Harvard University Press, 1988.

SMITH, J. Allen, *The coming Renaissance in Law and Literature*, in "JLE", n° 30, 1979, p. 13 ss.

THOMAS, Brook, *Reflections on the Law and Literature Revival*, in CI, n° 17, 1991, p. 510 ss.

WARD, Ian, *Law and Literature*, in "Law and Critique", v. IV, t. 1, 1993, p. 43 *et seq.*

WEISBERG, R., *Coming of age some more: 'Law and Literature' beyond the Cradle*, "Nova Law Review", n° 13, 1988.

—, *Comparative Law in Comparative Literature: the figure of the 'Examining Magistrate' in Dostoievski and Camus*, "Rutgers Law Review", n° 29, 1986, p. 237 *et seq.*

—, *Text into Theory: a Literary approach to the Constitution*, in "Georgia Law Review", n° 20, 1986, p. 939 *et seq.*

—, *The Law-Literature Enterprise*, in "Yale Journal of Law and Humanities", n° 1, 1988, p. l *et seq.*

WHITE, James Boyd, *Law as Language: Reading Law and Reading Literature*, in "Texas Law Review", n° 60, 1982.

Algumas novas correntes – críticas e pluralistas

DEMBOUR, Marie-Bénédicte, *Le pluralisme juridique: une démarche parmi d'autres, et non plus innocente*, "Revue Interdisciplinaire d'Etudes Juridiques", n° 24, 1990, p. 43 *et seq.*

GRÜNE, Carmela, *A Teoria e Prática do Jornal Estado de Direito*, in "Estado de Direito", Porto Alegre, ano V, n° 30, 2011.

SOUSA JÚNIOR, José Geraldo de, *Direito como Liberdade: o Direito achado na rua: experiências populares emancipatórias de criação do Direito*, 2008, Tese (Doutorado em Direito) – UnB, Brasília, 2008.

SOUSA SANTOS, Boaventura de, *O Discurso e o Poder. Ensaio sobre a Sociologia da Retórica Jurídica*, separata do "Boletim da Faculdade de Direito", Coimbra, 1980.

WOLKMER, Antônio Carlos, *Introdução ao Pensamento Jurídico crítico*, 4ª ed., São Paulo, Saraiva, 2002.

—, *Pluralismo jurídico: fundamentos de uma nova cultura no Direito*, São Paulo, Alfa Omega, 2001.

Positivismo e Jusnaturalismo

ATIENZA, Manuel, *Introducción al Derecho*, Barcelona, Barcanova, 1985.

BONAVIDES, Paulo, *Do Estado Liberal ao Estado Social*, 7ª ed., 2ª tiragem, São Paulo, Malheiros, 2004.

FERREIRA DA CUNHA, Paulo, *Síntese de Filosofia do Direito*, Coimbra, Almedina, 2009.

GROSSI, Paolo, *Primeira Lição sobre Direito*, trad. port. de Ricardo Marcelo Fonseca, Rio de Janeiro, Forense, 2008, máx. p. 70 *et seq.*

PUY, Francisco, *Tópica Jurídica*, Santiago de Compostela, I. Paredes, 1984.

TRIGEAUD, Jean-Marc, *Introduction à la Philosophie du Droit*, 2ª ed., Bordeaux, Biere, 1993.

Novos Paradigmas no Direito – Humanismo, Fraternidade, Altruísmo, Postmodernidade

AYRES BRITTO, Carlos, *Teoria da Constituição*, Rio de Janeiro, Forense, 2006, p. 216 *et seq.*

—, *O Humanismo como Categoria Constitucional*, Belo Horizonte, Forum, 2007.

BITTAR, Eduardo C. B., *O Direito na Pós-Modernidade*, Rio de Janeiro, Forense, 2005.

CARDUCCI, Michele, *Por um Direito Constitucional Altruísta*, trad. port., Porto Alegre, Livraria do Advogado, 2003.

FERREIRA DA CUNHA, Paulo, *Geografia Constitucional. Sistemas Juspolíticos e Globalização*, Lisboa, Quid Juris, 2009, p. 313 *et seq.*

—, *Pensar o Direito II. Da Modernidade à Postmodernidade*, Coimbra, Almedina, 1991.

GOMES, Luiz Flávio, OLIVEIRA MAZZUOLI, Valerio de, *Direito Supraconstitucional*, São Paulo, Revista dos Tribunais, 2010.

RESTA, Eligio, *Il Diritto Fraterno*, Roma/Bari, Laterza, 2002.

WARAT, Luis Alberto, *Do Paradigma Normativista ao Paradigma da Razão sensível, in Temas Emergentes no Direito*, coord. de Marcelino Meleu/Mauro Gaglietti/Thaise Nara Graziottin Costa, Passo Fundo, IMED, 2009, p. 13 *et seq.*

Imaginação Jurídica

EDELMAN, Bernard, *Quand les juristes inventent le réel*, Paris, Hermann, 2007.

GIRAUDOUX, Jean, *La guerre de Troie n'aura pas lieu*, Paris, Grasset, 1935.

MARTINEZ GARCÍA, Jesús Ignacio, *La Imaginación Jurídica*, Madrid, Debate, 1992.

PETIT, Carlos (ed.), *Pasiones del jurista*: amor, memoria, melancolía, imaginación, Madrid, Centro de Estudios Constitucionales, 1997.

WHITE, James Boyd, *The Legal Imagination*: studies in the nature of legal thought and expression, Little Brown, Boston, 1973.

Ativismo Judicial

ANDRADE, Manuel de, *Sentido e Valor da Jurisprudência, in* "Boletim da Faculdade de Direito", Universidade de Coimbra, XLVIII, 1972.

BARROSO, Luís Roberto, em colaboração com Ana Paula de Barcellos, *Fundamentos Teóricos e Filosóficos do Novo Direito Constitucional Brasileiro (Pós-modernidade, Teoria Crítica e Pós-positivismo, in* "Interesse Público," nº 19, 2003.

FERREIRA FILHO, Manoel Gonçalves, *Notas sobre o Direito constitucional pós-moderno, em particular sobre certo Neoconstitucionalismo à brasileira, in* "Systemas – Revista de Ciências Jurídicas e Econômicas", v. 2, nº 1, 2010, p. 101-118.

GOMES CANOTILHO, José Joaquim, *O Direito dos Pobres no Ativismo Judiciário, in Direitos Fundamentais Sociais*, org. com Marcus Orione Gonçalves Correia e Érica Paula Barcha Correia, São Paulo, Saraiva, 2010.

RAMOS, Elival da Silva, *Ativismo Judicial. Parâmetros Dogmáticos*, São Paulo, Saraiva, 2010.

O SÉCULO XXI E O FUTURO ABERTO
DO ESTADO E DO DIREITO

Pode dizer-se que o séc. XXI nasce simbolicamente na queda do Muro de Berlim (1989), no *crash* do neoliberalismo e na tomada de posse de Barack Obama para a presidência dos EUA (2009). Mas, depois, outro ciclo pareceu começar, que também se pode simbolizar com eleições nas Américas (embora ecoe em todo o mundo): a de Donald Trump, nos EUA, em 2017, e de Jair Bolsonaro em 2019 no Brasil.

Em poucos anos mudou, e voltou a mudar, de algum modo, o panorama político, com o ocaso (alguns dirão afundamento ou desmoronamento) simbólico de duas ideologias que pareciam eternas, sem que se perdesse (pelo contrário, voltando a galope como tudo o que é natural) a necessária ideologia. Mas a situação tem a sua cor local, sempre. Nem as palavras e os rótulos políticos significam a mesma coisa neste e naquele país. "Liberal", por exemplo, ou "socialista", representam coisas muito diferentes na Europa ou nos EUA. E embora muitos partidos, aqui e agora, ainda prefiram um discurso de linha branca, escondendo até, por uma razão ou por outra, as suas origens ideológicas ou delas se esquecendo, outros há que começam a fazer questão de mostrar os seus pergaminhos, a sua filiação, a sua vinculação com a história do pensamento político. A afirmação sem complexos de discursos populistas é sinal de uma clarificação ideológica. Mas o que se vai notando é algum *deficit* ideológico por parte dos mais moderados, que não se conseguiram reinventar ainda...

Nenhum político que se preze e nenhum cidadão digno desse nome podem estar tranquilamente na sua esfera pública desconhecendo os gigantes de pensamento e ação política que nos precederam, as correntes que animaram o debate político, os factos que determinaram o curso da História. Ou seja: apesar de os tempos de hoje serem de grande ignorância e de grande falta de cultura geral, como podem os protagonistas da política de hoje (políticos e cidadãos), continuar a viver tranquilamente as suas opções e a travar as suas guerras políticas sem reconhecerem que são, como dizia Bernardo de Chartres, "anões aos ombros de gigantes"?

No plano jurídico, a contemporaneidade é deveras contraditória. O Direito demora sempre mais a interiorizar as mudanças, mesmo as que na política se fazem através da revolução.

Mas há algumas mudanças que imediatamente se repercutem sobre o Direito, como os trágicos acontecimentos de 11 de setembro nos EUA. Este, que é um acontecimento primacialmente político, e as vagas sucessivas de crise financeira, assim como a Covid-19, desencadeando novas crises, são constrangimentos poderosíssimos ao Direito do século XXI, designadamente ao Estado de direito democrático social e de cultura que estava em vias de se consolidar e alargar, a partir da Europa.

Corre-se o risco de, com a autonomia relativa do pensamento e da filosofia, ainda haver nos nossos dias quem pense o Direito como se não tivesse havido o 11 de setembro, com as suas implicações securitárias, entre outras, e como se não tivessem ocorrido as crises financeiras em cadeia, com a consequência da real regressão de direitos, não só sociais, mas até "liberais" e "contratuais" de muitos, nomeadamente os europeus dos países na mira da especulação financeira, os do Sul. E tentar ignorar a pandemia do vírus é fatal. Obviamente que a reflexão filosófico-jurídica não serve para coonestar a realidade, nem mesmo para meramente aos factos ir reagindo. Porém, não pode deixar de haver uma interiorização da realidade: a crise está conseguindo criar o clima de capitalismo de choque capaz de levar de vencida os direitos que se julgavam mais irreversíveis. Ora essa realidade tem que ter consequências jurisfilosóficas. Além de, obviamente, políticas e jurídicas.

Mas se o 11 de setembro provocou mudanças de tomo, a situação sanitária mundial pode vir a mudar a face da civilização, *as we know it...*

Temerários ainda concretos prognósticos, poderá contudo avançar-se que mudanças significativas deverão ocorrer na sequência da pandemia de 2020, do *Coronavírus.*

As alterações no quotidiano, pelo menos das pessoas conscientes e nos países mais previdentes, já fazem antever que não serão só rotinas e modos de sociabilidade a mudar, pelo menos durante um certo tempo – mas sabe-se lá até quando.

Será este tempo um ponto de clivagem na História?

No mínimo, a situação de perigo (em muitos casos infelizmente concretizado) perante um flagelo, que a todos sem distinção atinge, certamente poderá alertar algumas consciências, fazendo compreender a importância da humildade e da solidariedade. O salve-se-quem-puder da ideologia da ganância, do triunfo a todo o preço, dividindo o mundo entre os *winners* e os *losers,* não funciona *mesmo* quando a doença não escolhe ricos ou pobres. E todos os nacionalismos, xenofobias, segregacionismos de género, racismos e afins são obviamente surpreendidos e derrubados por uma praga que atinge todos os seres humanos, sem desinências ou distinções.

Grande lição é a da necessidade social imperiosa de o Estado ter um papel decisivo na saúde e noutros domínios de segurança básica e de sobrevivência dos cidadãos. Não pode ser um Estado qualquer: de direito, democrático, participado, pluralista, mas dotado de autoridade democrática, mecanismos de decisão e de poder, e na posse de meios essenciais de ação, desde logo de gestão, propriedade e liquidez. E um Estado social: ou seja, que não abandona os cidadãos à sua sorte.

A complexidade e magnitude desta ameaça mostra que há setores básicos que precisam de ter uma forte, coerente, robusta, coordenada e financiada resposta pública. Alguns parecem converter-se agora aos Serviços Nacionais de Saúde. Antes tarde que nunca. O problema foi o depauperamento desses serviços por uma obsessão ideológica ou, pior, por mero descaso pelos outros.

Negar a necessidade do Público (não como dédalo coletivista, antes como expressão organizada da Solidariedade), designadamente em nome de teorias abstratas de "liberdade" (realmente libertina) de mercados (liberdade que apenas a muito poucos aproveitou e já muitos levou à miséria – não se discutindo, porém, se "regulada"), é no mínimo uma falácia, que fica demasiado à evidência em tempos de generalizada vulnerabilidade, e especialmente dos mais débeis em todos os sentidos. Dos quais todos precisamos.

Coloca-se ainda com muita acuidade a questão, clássica mas com novos contornos, do ponderar, de forma concreta e não teórica apenas, entre liberdade e segurança. Mas obviamente que, em tempos de especial emergência, a liberdade mais "superficial", e designadamente lúdica ou do capricho, tem de ser ordenada ao bem comum: *salus populi suprema lex esto* (Cícero, *De Legibus*, III, 3). Uma pandemia, qualquer catástrofe natural alargada (terramoto, erupção vulcânica, etc.) é equiparável à guerra. Ou pior.

Tem é que se acautelar (como fazem várias Constituições) um círculo essencial de direitos, mesmo em caso de ser decretado algum dos *estados de exceção*. Nesta, como em muito mais matérias, a grande questão é de ponderar o bom senso e a capacidade de rasgo imaginativo e de decisão (isso distingue os estadistas dos políticos *tout court*), com um amor genuíno à liberdade, direitos e bem-estar do Povo. E, no limite, à sobrevivência geral, que não se confunde com uma estrita Arca de Noé, como no filme *2012* (Roland Emmerich, EUA, 2009).

Um aspeto que por alguns foi colocado em relevo logo no início das quarentenas decretadas pelo surto vírico, e que merece ser aprofundado e repensado, é que finalmente muitas pessoas regressaram a casa e à família, depois de tempos frenéticos de trânsito, correria, e permanência nos empregos.

Se o teletrabalho coloca sérios problemas a algumas atividades que são por natureza de contacto direto (como ensinar e aprender), e deverá ser abandonado logo que terminem os perigos, já noutros casos seria decerto a grande solução, não só para o tempo da crise, como para sempre. Permitindo às pessoas uma vida mais humanizada e mais próxima dos filhos pequenos. Há, em geral, numa comoção como a de uma tal catástrofe a possibilidade de cada um se repensar integralmente, e repensar o seu papel na sociedade. É tempo de *metanoia*.

Outro dos problemas a considerar é o de saber até que ponto a situação pandémica e as medidas, tomadas e por tomar, num clima de *fake news* e algum pânico, pelo menos em alguns setores sociais, não poderão contribuir para o agigantar de alguns fantasmas e o renascer de monstros ou demónios – de que já falámos anteriormente.

Não é um desafio simples. As situações de crise dramática são favoráveis à subida à ribalta do melhor e do pior da natureza humana.

Vetor do florescimento desta perversão demagógica ou populista do sistema será o *deficit* de educação política, cívica e mesmo cultural geral, de que as democracias em grande medida se foram demitindo pela prevalência do economicismo e do eleitoralismo.

Acresce a degradação das condições sociais e económicas de grandes camadas da população, as quais perderam a fé e a esperança em movimentos reformistas inseridos no sistema, podendo lançar-se nos braços do oportunismo demagógico. Nem sequer se apercebendo, frequentissimamente, da sua natureza ideológica.

Agindo, assim, muitas vezes, como mero protesto contra a sua situação de vida degradada, quando não mesmo degradante. E culpando a torto e a direito, com ou sem razão, todas as instituições. Nada escapando a uma crítica tão demolidora quão desesperada, de que as redes sociais, desde logo, se vão fazendo um agigantado eco.

O Direito, naturalmente, irá sofrer adaptações. Espera-se, contudo, que a crise possa ser oportunidade para que se afirmem as correntes humanistas, fraternas, solidárias, altruístas e sociais, sem perda do legado liberal clássico, e não se caia na tentação de um direito instrumental ao serviço de um poder meramente voluntarista ou tecnocrático.

É precisa muita imaginação e clarividência para dar uma resposta a todos estes desafios e, como dizia Chesterton (1874-1936), *estudar hidráulica enquanto Roma arde.*

CRONOLOGIA DOS AUTORES MAIS RECENTES

A lista que se segue (organizada pela data de nascimento) visa a contextualização e um mais rápido cotejo cronológico por parte do leitor que, por exemplo, pretenda comparar o tempo de dois ou mais autores. A sua apresentação impõe, porém, algumas explanações.

Antes de mais, é óbvio que sempre é inevitável a lacuna. E de modo nenhum aspirámos à completude. Depois, obviamente, um autor não se torna relevante no mesmo ano em que nasceu. Os autores contemporâneos nasceram, em alguns casos, antes dos tempos que temos por contemporâneos. Por isso, fizemos recuar a lista a 1842, data de nascimento mais recuada de um autor que publicará ainda num período *relativamente recente*, Kropotkine. Sublinhe-se ainda que a quase totalidade dos autores desta lista é referida neste volume, ainda que, em certos casos (até pela delimitação temporal assumida), apenas a propósito de outros.

É obviamente uma seleção pessoal, mas que se quer englobante dos domínios da Política e do Direito, abrangente e dialogante com o conjunto das ciências sociais e humanas e da literatura, embora considerando esta apenas incidentalmente, no domínio de uma filosofia do direito e do estado "implícita". Trata-se, pois, de uma conceção interdisciplinar clássica, mas louvada também, por Alan Liu, como o suprassumo da moderna academia (*apud* Joe Moran, *Interdisciplinarity*, Londres, Routledge, 2002: 1). Não, evidentemente, dessa interdisciplinaridade legitimadora de supressão de estudos por razões economicistas. Que de interdisciplinaridade tem apenas o nome, que é álibi. Na verdade, e na esteira de Gonçal Mayos, trata-se já de uma *pós-disciplinaridade*, o paradigma a que nos acolhemos atualmente.

É óbvio que, por um processo de simpatia de proximidade que Eça de Queirós fez encarnar na sua personagem Luisinha Carneiro, tendemos a sentir mais o que nos está perto. E não só na geografia, como no tempo. E assim, é naturalíssimo que sejam eventualmente consideradas escandalosas as ausências, as lacunas de autores que nos são mais familiares, mais próximos. É, porém, próprio deste tipo de estudos não poderem abarcar a totalidade dos que mereceriam neles figurarem. E ativemo-nos, *brevitatis causa*, ao pensamento ocidental. Deixando assim de fora, só para falar dos mais modernos, mas já clássicos, um Mahatma Gandhi (1869-1948), um Kwasi Wiredu (1931), um Fung-Yu-Lan (1895-1990), e muitos mais.

O escritor liberal francês Guy Sorman (1944), no seu *Os Verdadeiros Pensadores do Século XX* (1989), título aliás impressionante, conseguiu cobrir todas as áreas do espírito com apenas vinte e oito nomes. Confessamos a nossa incapacidade em reduzir a tão escassas "entradas" a multidão de intelectuais para com quem nos sentimos em dívida. E também não saberíamos em muitos casos distinguir os "verdadeiros" dos "falsos".

Mesmo não falando dos autores lusófonos (que sacrificámos em muito grande medida, mas contamos vir a tratar expressamente em volume separado: que o merecem plenamente), pode parecer a alguns um crime de mutilação a forma apressada e quase aforística com que se passa por nomes que se considerem (e são) fundantes.

A verdade, porém, é que toda a pessoa está no seu mais ínfimo eco; e um simples título, citação, ou até uma *petite histoire* podem resumir o significado de um autor. Não se pretende aliás mais que dar uma rápida panorâmica, evocando o que sabem aos que já conhecem, e favorecendo o estudo dos que queiram vir a pesquisar para diante, procurando em mais substanciosas obras. E, desde logo, a documentada *Introdução ao Pensamento Contemporâneo – Tópicos, Ensaios, Documentos*, Lisboa, Edições Universitárias Lusófonas, 2007, organizada por Fernando dos Santos Neves. E, para começar, talvez os números 380, de outubro de 1999 e o monográfico sobre o pensamento moderno, de 1996, do *Magazine Littéraire*, por exemplo. Outras tentativas, mais recentes, não nos parecem tão conseguidas ou consensuais. As que conhecemos, evidentemente.

Finalmente, optámos por apenas enunciar aqui os autores já falecidos. A leitura do prefácio da *Breve História da Filosofia* de Robert C. Solomon e Kathleen M. Higgins, obra que prescinde mesmo de tratar qualquer filósofo vivo, plenamente nos convenceu de que não há como superar a miopia da contemporaneidade... Isso também nos justificou os nossos pruridos no tratamento de alguns autores do nosso tempo. A concisão ou a lacuna para com eles só poderão ser compensadas ou colmatadas com o distanciamento e a justiça que se espera (talvez ingenuamente, mas com Esperança) venham mais tarde.

1842 Kropotkine, Petr Alexeievitch, príncipe (1842-1921);
1843 Tarde, Gabriel de (1843-1904);
1844 Nietzsche, Friedrich (1844-1900);
1847 Sorel, Georges (1847-1922);
1848 Pareto, Vilfredo (1848-1923);
1849 Rée, Paul (1849-1901);
1853 Soloviev, Vladimir Sergueievitch (1853-1900);
1855 Tönnies, Ferdinand (1855-1936);
1857 Lévy Bruhl, Lucien (1857-1939);
1857 Saussure, Ferdinand de (1857-1913);
1857 Veblen, Thorstein / Tosten (1857-1929);
1858 Durkheim, Émile (1858-1917);
1859 Simmel, Georg (1859-1918);
1861 Carré de Malberg, Raymond (1861-1935);

1863 Sombart, Werner (1863-1941);
1864 Unamuno, Miguel de (1864-1936);
1864 Weber, Max (1864-1920);
1867 Benda, Julien (1867-1956);
1868 Alain (1868-1951);
1870 Lenine, Vladimir Ilyich Ulianov, dito (1870-1924);
1872 Mauss, Marcel (1872-1950);
1872 Russell, Bertrand (1872-1970);
1873 Moore, George Edward (1873-1958);
1875 Gentile, Giovanni (1875-1944);
1875 Jung, Carl Gustav (1875-1961);
1879 Trotsky, Leon (1879-1940);
1880 Spengler, Oswald (1880-1936);
1881 Kelsen, Hans (1881-1973);
1881 Rêgo, Teixeira (1881-1934);
1881 Teilhard de Chardin, Pierre (1881-1955);
1881 Von Mises, Ludwig (1881-1973);
1882 Maritain, Jacques (1882-1973);
1883 Jaspers, Karl (1883-1969);
1883 Ortega y Gasset, José (1883-1955);
1883 Schumpeter, Joseph Alois (1883-1950);
1883 Keynes, John Maynard (1883-1946);
1884 Gilson, Étienne (1884-1944);
1884 Girard, René (1884-1978);
1885 Bloch, Ernst (1885-1977);
1885 Lukács, György (1885-1971);
1888 Ritter, Gerhard (1888-1967);
1888 Schmitt, Carl (1888-1985);
1889 Hessen, Johannes (1889-1971);
1889 Hitler, Adolf (1889-1945);
1889 Wittgenstein, Ludwig Josef (1889-1951);
1891 Gramsci, Antonio (1891-1937);
1893 Mao Zedong (1893-1976);
1893 Rosenberg, Alfred (1893-1946);
1895 Horkheimer, Max (1895-1973);
1895 Jünger, Ernst (1895-1998);
1896 Piaget, Jean (1896-1980);
1897 Reich, Wilhelm (1897-1957);
1898 Dumézil, Georges (1898-1986);
1898 Evola, Julius (1898-1974);
1898 Grenier, Jean (1898-1971);
1898 Marcuse, Herbert (1898-1979);
1899 Borges, Jorge Luis (1899-1986);
1899 Hayek, Friedrich August von (1899-1992);
1899 Michaux, Henri (1899-1984);
1899 Strauss, Léo (1899-1973);

1900 Freyre, Gilberto (1900-1987);
1900 Gadamer, Hans Georg (1900-2002);
1901 Lacan, Jacques (1901-1981);
1901 Lefebvre, Henri (1901-1991);
1901 Voegelin, Eric (1901-1985);
1902 Adler, Mortimer (1902-2001);
1902 Benveniste, Émile (1902-1976);
1902 Friedmann, Georges (1902-1977);
1902 Kojève, Alexandre (1902-1958);
1902 Popper, Karl Raimund (1902-1994);
1902 Ruyer, Raymond (1902-1987);
1903 Adorno, Theodor (1903-1969);
1903 Jankélévitch, Vladimir (1903-1985);
1903 Jouvenel, Bertrand de (1903-1987);
1903 Lorenz, Konrad (1903-1989);
1904 Weil, Eric (1904-1977);
1905 Aron, Raymond (1905-1983);
1905 Levinas, Emmanuel (1905-1995);
1905 Mounier, Emmanuel (1905-1950);
1905 Sartre, Jean-Paul (1905-1980);
1906 Arendt, Hannah (1906-1975);
1906 Rougemont, Denis de (1906-1985);
1906 Senghor, Léopold (1906-2001);
1906 Silva, Agostinho da (1906-1994);
1907 Patocka, Jan (1907-1977);
1908 Beauvoir, Simone de (1908-1986);
1908 Castro, Josué de (1908-1973);
1908 Lévi-Strauss, Claude (1908-2009);
1908 Merleau-Ponty, Maurice (1908-1961);
1909 Bobbio, Norberto (1909-2004);
1909 Weil, Simone (1909-1943);
1910 Polin, Raymond (1910-2001);
1910 Reale, Miguel (1910-2006);
1912 Finley, Moses I. (1912-1986);
1912 Friedman, Milton (1912-2006);
1912 Rodrigues, Nelson (1912-1980);
1913 Camus, Albert (1913-1960);
1913 Ricoeur, Paul (1913-2005);
1914 Marías, Julián (1914-2005);
1914 Roper, Trevor (1914-2003);
1914 Villey, Michel (1914-1988);
1915 Barthes, Roland (1915-1980);
1915 Correia, Eduardo (1015-1991);
1917 Prigogine, Ilya (1917-2003);
1919 Duby, Georges (1919-1996);
1921 Freund, Julien (1921-1993);

1921 Rawls, John (1921-2002);
1922 Castoriadis, Cornelius (1922-1997);
1922 Kuhn, Thomas Samuel (1922-1996);
1923 Girard, René (1923-1978);
1923 Jean Delumeau (1923-2020);
1924 Lyotard, Jean-François (1924-1998);
1925 Deleuze, Gilles (1925-1995);
1925 Ehrhardt Soares, Rogério (1925-2013);
1926 Foucault, Michel (1926-1984);
1927 Barros, Spencer Maciel de (1927-2000);
1927 Luhmann, Niklas (1927-1998);
1929 Baudrillard, Jean (1929-2007);
1929 Luther King, Martin (1929-1968);
1929 George Steiner (1929-2020);
1930 Bourdieu, Pierre (1930-2002);
1930 Derrida, Jacques (1930-2004);
1930 Bloom, Harold (1930-2019)
1931 Rorty, Richard (1931-2007);
1932 Eco, Umberto (1932-2016);
1934 Clastres, Pierre (1934-1977);
1934 Weil, Simone (1934-1951);
1935 Said, Edward W. (1935-2003);
1936 Almeida, Aníbal (1936-2002);
1938 Nozick, Robert (1938-2002);
1942 Benoist, Jean-Marie (1942-1990);
1946 Dworkin, Andrea (1946-2005).

Sendo multidão as obras de bibliografia ativa e passiva neste domínio, limitamos a bibliografia a Dicionários, Enciclopédias, Histórias da Filosofia e do Pensamento Jurídico, Político e afins. Nas várias obras citadas se encontrarão abundantes pistas bibliográficas para os autores, obras e temas aqui mencionados.

Filosofia Política e Geral

ABBAGNANO, Nicola, *História da Filosofia*, vários tradutores, 14 v., várias edições, Lisboa, Presença.

ALAIN, *Abrégé pour les aveugles*, Paris, Flammarion, várias edições.

AMARAL, Diogo Freitas do, *Ciência Política*, I, nova ed., Lisboa, 1994; II, 2ª ed., Lisboa, 1991 (policopiada).

—, *História das Ideias Políticas*, I, 3ª reimpr., Coimbra, Almedina, 2003 (1ª ed. 1997).

American Spirit Political Dictionary, http://www.fast-times.com/politicaldictionary.html.

ARON, Raymond, *Les étapes de la pensée sociologique*, Paris, Gallimard, 1967; trad. port. de Miguel Serras Pereira, *As Etapas do Pensamento Sociológico*, Lisboa, Círculo de Leitores, 1991.

AUROUX, Sylvain, *Dictionnaire des auteurs et des thèmes de la philosophie*, Paris, Hachette, 1991.

BARZUN, Jacques, *From Dawn to Decadence. 500 Years of Cultural Triumph and Defeat. 1500 to the Present*, HarperCollins Publ., 2000, trad. port. de António Pires Cabral e Rui Pires Cabral, *Da Alvorada à Decadência. 500 Anos de Vida Cultural do Ocidente. De 1500 à Actualidade*, Lisboa, Gradiva, 2003.

BLOCK, Maurice, *Petit dictionnaire politique et social*, Paris, Perrin, 1896.

BRONOWSKI, J., e MAZLISH, Bruce, *The Western Intellectual Tradition*, 1960; trad. port. de Joaquim João Braga Coelho Rosa, *A Tradição Intelectual do Ocidente*, Lisboa, Edições 70, 1988.

BURNS, J. H. (ed.), *The Cambridge History of Political Thought. 1450-1700*, Cambridge, Cambridge University Press, 1991.

CAILLÉ, Alain/SENELLART, Michel/LAZZERI, Christian, *Histoire raisonnée de la philosophie morale et politique*, t. I, *De l'Antiquité aux Lumières*, Paris, Flammarion, 2007.

CALAFATE, Pedro (dir.), *História do Pensamento Filosófico Português*, Lisboa, Caminho, vários volumes., 1999.

CALMON, Pedro, *História das Ideias Políticas*, Rio de Janeiro, Livraria Freitas Bastos, 1952.

CHÂTELET, F., DUHAMEL, O., e PISIER, E., *Dictionnaire des Œuvres Politiques*, Paris, PUF, 1986 (há nova edição).

CHÂTELET, François (dir.), *História da Filosofia*, Lisboa, Dom Quixote, 8 v. (também existe uma versão, condensada em 4 v., editada pela mesma editora).

CHEVALLIER, Jean-Jacques, *Histoire de la pensée politique*, nova ed., Paris, Payot, 1993.

—, *Les Grandes Œuvres politiques de Machiavel à nos jours*, reed., Paris, Colin, 1986.

CLÉMENT, Marcel, *Une Histoire de l'Intelligence*, Paris, L'escalade, vários volumes, 1979-.

COHN, J. F., *Los Grandes Pensadores. Introducción Histórica a la Filosofía*, trad. cast. de Domigo Miral, Barcelona, Labor, s.d.

COLAS, Dominique, *Dictionnaire de la pensée politique*, Paris, Larousse, 1997.

COSTA, Nelson Nery, *Ciência Política*, 2ª ed., pref. de Paulo Bonavides, Rio de Janeiro, Forense, 2005.

COSTON, Henry (dir.), *Dictionnaire de la politique française*, Paris, Publications Henry Coston, diff. La Librairie Française, 1967.

DORTIER, Jean-François (coord.), *Le Dictionnaire des Sciences humaines*, trad. port. Maria do Rosário Paiva Boléo, *Dicionário das Ciências Humanas*, Lisboa, Climepsi, 2006.

ELLIOTT, Florence, *A Dictionary of Politics*, Londres, Penguim 1969, trad. port., *Dicionário de Política*, 2ª ed., Lisboa, Dom Quixote, 1975.

Enciclopédia *Logos*, Lisboa, São Paulo, Verbo. vv.dd.

Enciclopédia *Pólis*, Lisboa, São Paulo, Verbo. vv. dd.

FERRATER MORA, José, *Dicionário de Filosofia*, trad. port. de António José Massano e Manuel J. Palmeirim, Lisboa, Dom Quixote, 1977.

FERRY, Luc, *Apprendre à vivre. Traité de philosophie à l'usage des jeunes générations*, Paris, Plon, 2006.

FERRY, Luc/RENAUT, Alain, *Philosophie Politique*, Paris, P.U.F., 1984-1985, 3 v.

FRANCA, Leonel, *Noções de História da Filosofia*, 24ª ed., Rio de Janeiro, Agir, 1990.

GAARDER, Jostein, *O Mundo de Sofia. Uma Aventura na Filosofia*, trad. port. de Catarina Belo, Lisboa, Presença, 1995.

GAMBRA, Rafael, *Pequena História da Filosofia*, trad. port. de Leonor Aires de Campos, Porto, Tavares Martins, 1964.

GARCÍA MORENTE, Manuel, e ZARAGÜETA BENGOECHEA, Juan, *Fundamentos de Filosofia e Historia de los sistemas filosóficos*, 2ª ed., Madrid, Espasa-Calpe, 1947.

GETTELL, Raymond G., *História das Ideias Políticas*, trad. e nota final de Eduardo Salgueiro, Lisboa, Editorial inquérito, 1936.

GOMBRICH, Ernst H., *In Search of Cultural History*, Oxford, Oxford University Press, 1969.

GOMBROWICZ, Witold, *Cours de Philosophie en six heures un quart*, Paris, Rivages, 1995.

GOYARD-FABRE, Simone, *Philosophie politique, XVIe-XXe siècle*, Paris, PUF, 1987.

HUISMAN, Denis (org.), *Dictionnaire des mille œuvres clés de la philosophie*, Paris, Nathan, 1993.

JULIA, Didier, *Dictionnaire de la philosophie*, Paris, Larousse, 1991, 1992.

KUNZMANN, Peter *et al.*, *Atlas zur Philosophie*, Munique, Deutscher Tachenbuch, 1991.

LALANDE, André (org.), *Vocabulaire Technique et critique de la Philosophie*, trad. port. coord. por António Manuel Magalhães, *Vocabulário – Técnico e Crítico – da Filosofia*, Porto, Rés, s.d., 2 v.

LARA, António Sousa, *Da História das Ideias Políticas à Teoria das Ideologias*, 3ª ed., Lisboa, Pedro Ferreira, 2000.

MARÍAS, Julián, *História da Filosofia*, trad. port., Porto, 1973 (orig.: Madrid, Revista de Occidente, 1941).

MILLER, David *et al.* (ed.), *The Blackwell Encyclopaedia of Political Thought*, Oxford, Basil Blackwell, 1987.

MOSCA. G., e BOUTHOUL, G., *Histoire des doctrines politiques*, Paris, Payot; trad. port. de Marco Aurélio de Moura Matos, *História das Doutrinas Políticas*, 3ª ed., Rio de Janeiro, Zahar, 1968.

ORY, Pascal (dir.), *Nouvelle Histoire des Idées Politiques*, Paris, Hachette, 1987.

PADOVANI, Umberto, CASTAGNOLA, Luís, *História da Filosofia*, 12ª ed. bras., São Paulo, Melhoramentos, 1978.

PISIER, Evelyne, *et al.*, *Histoire des idées politiques*, Paris, PUF; trad. port. de Maria Alice Farah Calil Antonio, *História das Ideias Políticas*, São Paulo, Barueri, Manole, 2004.

PRÉLOT, Marcel, e LESCUYER, Georges, *Histoire des idées politiques*, Paris, Dalloz, 1997; trad. port. de Regina Louro e António Viana, *História das Ideias Políticas*, Lisboa, Presença, v. I, 2000, v. II, 2001.

RAYNAUD, Philippe, e RIALS, Stéphane (dir.), *Dictionnaire de philosophie politique*, 3ª ed., Paris, PUF, 2003.

RENAUT, Alain (dir.), *Histoire de la philosophie politique*, Paris, Calman-Lévy, 1999; trad. port., *História da Filosofia Política*, Lisboa, Instituto Piaget, 5 v., 2000.

REVEL, Jean-François, *Histoire de la Philosophie Occidentale*, Paris, Stock, 1968, trad. port. de Maria Tacke, *História da Filosofia Ocidental*, 2 v., Lisboa, Moraes, 1971.

SABINE, George, *A History of Political Theory*, Nova Iorque, Holt, Rinehart e Winston, 1937; 20ª reimpr. da ed. em língua castelhana, *Historia de la Teoría Política*, México, Fondo de Cultura Económica, 1945.

SAVATER, Fernando, *El Arte de Ensayar*, trad. port. de Francisco Telhado e Pedro Vidal, *A Arte do Ensaio. Ensaios sobre a Cultura Universal*, Lisboa, Temas e Debates, Círculo de Leitores, 2009.

SLOTERDIJK, Peter, *Philosophische Temperamente. Von Platon bis Foucault*, Munique, Diederichs, 2009, trad. cast. de Jorge Seca, *Temperamentos Filosóficos. De Platón a Foucault*, 2ª ed., Madrid, Siruela, 2011.

SOLOMON, Robert C., HIGGINS, Kathleen M., *A Passion for Wisdom. A Very Brief History of Philosophy*, Oxford, Oxford University Press, 1997, trad. cast. de Ángel Rivero, *Breve Historia de la Filosofía*, 2ª reimp., Madrid, Alianza Editorial, 2007.

SOUSA, José Pedro Galvão, GARCIA, Clovis Lema, CARVALHO, José Fraga Teixeira de, *Dicionário de Política*, São Paulo, Queiroz, 1998.

STANGROOM, Dr. Jeremy, *Little Book of Big Ideas. Philosophy*, Londres, A&C Black, 2006.

STRAUSS, Léo, e CROPSEY, Joseph (org.), *History of Political Philosophy*, 3ª ed., Chicago, University of Chicago Press, 1987, trad. cast. de Leticia Garcia Urriza, Diana Luz Sanchez e Juan José Utrilla, *Historia de la Filosofia Política*, México, Fondo de Cultura Económica, 1993.

THEIMER, Walter, *História das Ideias Políticas*, Lisboa, Arcádia, 1970.

TOUCHARD, Jean (org.), *História das Ideias Políticas*, Lisboa, Europa-América, 1970 (vários volumes).

VOEGELIN, Eric, *Estudos de Ideias Políticas... De Erasmo a Nietzsche*, apres. e trad. de Mendo Castro Henriques, Lisboa, Ática, 1996.

Filosofia do Direito

ARNAUD, André-Jean (ed.), *Dictionnaire encyclopédique de théorie et de sociologie du droit*, Paris, LGDJ, 1993.

BILLIER, Jean-Cassien, *Histoire de la philosophie du droit*, Paris, Armand Colin / VUEV, 2001, trad. port. de Maurício de Andrade, *História da Filosofia do Direito*, Barueri, São Paulo, Manole, 2005.

BITTAR, Eduardo C. B., ALMEIDA, Guilherme Assis de, *Curso de Filosofia do Direito*, 9ª ed., São Paulo, Atlas, 2011.

CICCO, Cláudio De, *História do Pensamento Jurídico e da Filosofia do Direito*, 5ª ed., São Paulo, Saraiva, 2010.

FASSÒ, Guido, *Storia della filosofia del diritto*, Bologna, Il Mulino, 1970, 3 v.; há também ed. esp. *Historia de la Filosofia del Derecho*, Madrid, Pirâmide, 1982, 3 v.

FERREIRA DA CUNHA, Paulo, *Filosofia do Direito. Fundamentos, Metodologia e Teoria Geral do Direito*, 3ª ed., revista, atualizada e desenvolvida, reimp., 2019.

GOYARD-FABRE, Simone, SÉVE, René, *Les grandes questions de la philosophie du droit*, Paris, PUF, 1986.

GRAY, Christopher (ed.), *The Philosophy of Law: an Encyclopedia*, Nova Iorque, Garland, 1999.

MORRIS, Clarence (org.), *The Great Legal Philosophers*, University of Pennsylvania Press, 1959, trad. port. de Reinaldo Guarany, *Os Grandes Filósofos do Direito*, São Paulo, Martins Fontes, 2002.

RENAUT, Alain / SOSOE, Lukas, *Philosophie du droit*, Paris, PUF, 1991.

TZITZIS, Stamatios, *Introduction à la philosophie du droit*, Paris, Vuibert, 2011.

VALLANÇON, François, *L'État, le droit et la société modernes*, Paris, Armand Colin, 1998.

—, *Philosophie juridique*, Paris, Studyrama, 2012.

VILLEY, Michel, *La Formation de la pensée juridique moderne*, nova ed., Paris, Montchrestien, 1975.

WACKS, Raymond, *Philosophy of Law. A Very Short Introduction*, Oxford, Nova Iorque, Oxford University Press, 2006.

Filosofia do Direito e do Estado

ADOMEIT, Klaus, *Filosofia do Direito e do Estado*, Porto Alegre, Sergio Antonio Fabris, 2001, 2 v.

BRIMO, Albert, *Les grands courants de la philosophie du droit et de l'Etat*, 3ª ed., Paris, Pedone, 1978.

MONCADA, Cabral de, *Filosofia do Direito e do Estado*, 2 v., Coimbra, Coimbra Editora, v. I, 2ª ed., 1953, v. II, 1966; nova ed. em um único volume, *ibidem*, 1995.

TRUYOL Serra, António, *História da Filosofia do Direito e do Estado*, Lisboa, Instituto de Novas Profissões, v. I, 1985, v. II, 1990.

Esta obra foi composta em fonte Palatino Linotype,
corpo 10 e impressa em papel Offset 75g (miolo) e
Supremo 250g (capa) pela Gráfica e Editora O Lutador
em Belo Horizonte/MG.